최신 개정판

설민석 직강! 한능검 1급 준비는

단꿈자격증

설민석 한국사 능력검정시험 개념완성

설민석 편저

심화 (1·2·3급)

넌~ 필기하지마

설쌤의 한(韓)판 정리 단독 수록!

한국사능력검정시험을 준비하는 모든 분들께

한국사능력검정시험은 군무원과 7급 공무원, 경찰 공채, 소방공무원 등 많은 공무원 시험에서 한국사 과목을 대체하고 있습니다. 더불어 많은 공기업과 각종 민간기업 채용과 승진 시에도 가산점을 부여하고 있습니다.

취업 준비 외에도 육군·해군·공군·국군간호사관학교 입시와 일부 대학 입시 진행 시에도 자격이나 가산점을 부여하고 있습니다. 그 외 자기개발을 위해 혹은 한국사를 좋아해서 공부하다가 응시하는 수험생도 증가하고 있습니다.

회차마다 다양한 출제 경향과 난이도로 시험 준비에 어려움을 겪고 계실 많은 분들께, 지금까지 그랬던 것처럼 가장 빠르고 쉽게 "합격"이라는 두 글자를 선물하겠습니다. 뛰어난 연구진과 함께 오랜 시간 쌓아온 시험 경험과 축적해 온 빅데이터, 그리고 데이터를 분석한 최적의 교재로 원하는 급수의 합격이라는 결과를 만들어 드리겠습니다.

여러분의 한국사능력검정시험 자격증 취득을 위해 도움이 되도록 제 모든 노하우를 녹여내었습니다.

한국사능력검정시험 취득!
언제나 그랬듯 아무 걱정하지 마십시오.

한국사능력검정시험이란?

안녕하세요. 설민석 선생님입니다.
한국사능력검정시험을 본격적으로 준비하기 전에 과연 '**한국사능력검정시험**'이란 **어떤 시험이고, 어떻게 준비해야 하는지** 알아 볼 거예요. 궁금한 점은 마음껏 물어봐 주세요.

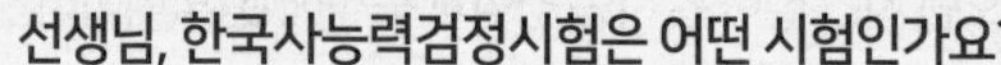

선생님, 한국사능력검정시험은 어떤 시험인가요?

학교 교육에서 한국사의 위상은 날로 추락하는데, 주변 국가들은 역사 교과서를 왜곡하고 심지어 역사 전쟁을 도발하고 있어요. 지금은 무엇보다 한국사의 위상을 바르게 확립하는 게 시급합니다.

국사편찬위원회는 이러한 현실 속에 한국사능력검정시험을 시행하여, **우리 역사에 대한 패러다임과 한국사 교육의 위상을 강화**하고자 하였답니다.

한국사능력검정시험을 시행하는 목적은 무엇인가요?

하나, 우리 역사에 대한 관심을 확산 및 심화시키는 계기를 마련하고,
둘, 균형 잡힌 역사의식을 갖도록 하며,
셋, 역사 교육의 올바른 방향을 제시하며,
넷, 고차원적 사고력과 문제 해결 능력을 육성하기 위함입니다.

한국사능력검정시험의 특징은 무엇인가요?

한국사능력검정시험은 한국사 학습 능력을 측정하는 대표적인 시험이랍니다. 시험 주관처는 국가기관인 국사편찬위원회로, 매 시험마다 참신한 문항을 개발하기 위해 노력하고 있어요. 응시자 계층이 매우 다양한 점도 특징이지요. 더불어 **합격의 당락을 결정하는 '선발 시험'이 아니라 한국사 학습 능력을 인증하는 '인증 시험'**인 점도 꼭 기억해 주세요.

한국사능력검정시험 급수 체계를 살펴볼까요?

선생님, 한국사능력검정시험 심화 및 기본 시험의 특징을 알려 주세요.

가장 중요한 질문이네요. **심화 및 기본 시험의 급수 체계**부터 확인해 볼까요?

심화 및 기본 시험의 인증 등급은 **1급부터 6급까지 6개 등급**으로 나뉩니다.

시험 종류	심화	기본
인증 등급	1급(80점 이상)	4급(80점 이상)
	2급(70~79점)	5급(70~79점)
	3급(60~69점)	6급(60~69점)
문항 수	50문항(5지 택1형)	50문항(4지 택1형)

❶ **배점 및 합격 점수** : 심화 및 기본 시험의 배점은 100점 만점으로 난도에 따라 문항마다 1~3점으로 차등 배점됩니다. 심화 1급, 기본 4급 합격 점수는 80점 이상입니다.

❷ **문항 수** : 심화 및 기본 시험 모두 객관식 50문항으로 출제되며, 심화 시험은 5지 택1형, 기본 시험은 4지 택1형으로 출제됩니다.

아하! 심화 시험과 기본 시험의 급수 체계가 이렇게 상세하게 나뉘는군요! 수험생 본인이 취득하고자 하는 급수를 잘 파악해서 시험을 준비해야겠네요.

한국사능력검정시험 급수 체계를 살펴볼까요?

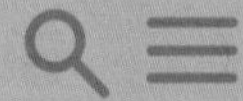

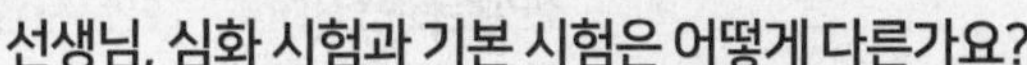

선생님, 심화 시험과 기본 시험은 어떻게 다른가요?

심화 시험은 한국사에 대한 체계적 이해가 필요한 **한국사 심화 과정**이며, **기본 시험**은 기초적인 역사 상식을 바탕으로 하는 **한국사 기본 과정**에 해당합니다.

시험 종류	평가 내용 및 특징
심화	• 한국사의 주요 사건과 개념을 종합적으로 이해하고, 역사 자료를 분석하고 해석하는 능력 • 한국사의 흐름 속에서 시대적 상황 및 쟁점을 파악하는 능력
기본	한국사의 필수 지식과 기본적인 흐름을 이해하는 능력

심화 및 기본 시험의 출제 경향은 어떠한가요?

심화 및 기본 시험에서 **사료 하나에 두 문항이 딸린 새로운 문제 유형**이 등장하였고, 독립운동가 남자현을 단독으로 묻거나 병자호란 때 활약한 김준룡, 만주에서 이륭양행을 운영한 조지 쇼를 선지로 제시하는 등 **이전까지 출제되지 않던 생소한 인물이 출제**되었답니다.

조선 인조 때 발생한 이괄의 난과 같은 빈출 주제를 "왕이 도성을 떠나 공산성으로 피란하였다."라는 낯선 설명으로 표현하기도 하였죠.

문화사에서도 충주 미륵리 석조여래 입상, 「송석원시사야연도」, 「한임강명승도권」처럼 **새로운 불상과 그림이 등장**하여 수험생을 혼란스럽게 하였답니다. 하지만 이런 **낯선 사료는 대부분 오답 선지로 제시되며, 익숙한 빈출 사료가 정답 선지로 제시**되는 경우가 많았습니다.

그뿐만 아닙니다. 수험생이 가장 어려워하는 유형이죠? **사건 발생 시기를 연도별로 세부적으로 구분**하여야 풀 수 있는 고난도 문제가 출제되기도 하였죠.

하지만 너무 걱정하지 마세요. **지금까지 한국사능력검정시험에 등장한 핵심 빈출 키워드만 정확히 학습한다면 쉽게 정답을 찾을 수 있습니다.** 제가 콕 집어 드리는 한국사 핵심 개념과 그간의 기출 유형을 학습한 수험생이라면 반드시 합격할 수 있을 거예요.

네! 열심히 공부해서 한 번에 합격하겠습니다!

한국사능력검정시험 자격증은 어떻게 활용되나요?

선생님 덕분에 열심히 공부해서 한국사능력검정 자격증을 취득했어요!
자격증을 어떻게 활용할 수 있을까요?

먼저 **공무원 시험 및 교원 임용 시험에 응시할 자격**이 부여된답니다.

2급 이상 합격자

5급 국가공무원 공채 및 **외교관후보자** 선발시험 응시자격 부여	**지역인재 7급 수습 직원** 선발시험 추천 자격요건 부여

3급 이상 합격자

교원임용시험 응시자격 부여

또한 **국가시험의 한국사 및 국사 과목이 한국사능력검정시험으로 대체**되는 추세입니다.

2급 이상 합격자

소방간부	**국가(지방) 공무원**	**5급 군무원**
후보생 (2023년 ~)	**7급** 공채	공채

3급 이상 합격자

소방직	**경찰(순경)**	**7급 군무원**	**국비유학생, 해외파견 공무원, 이공계 전문 연구요원**
경채·공채 (2023년 ~)	공채 (2022년 ~)	공채	선발

4급 이상 합격자

9급 군무원
공채

해당 시험의 국사·한국사 과목을 한능검으로 대체

사관학교 입시나 공무원 시험에서 가산점을 부여받을 수도 있어요.

입시·시험 가산점 부여

일부 대학의 수시 모집 및 육군·해군·공군·국군 간호 사관학교 입시 가산점 부여	**공무원 경력경채** 시험 가산점 부여	**일부 공기업 및 민간기업** 직원 채용이나 승진 시 반영

※ 정확한 내용은 각 시험별 응시정보를 다시 한 번 확인하시기 바랍니다.

자격증이 활용되는 범위가 점차 확대되는 추세네요!
한국사 지식도 얻고 활용할 방법도 많은 한능검 자격증!
모두 설민석 선생님 덕분입니다. 감사합니다.

<설민석 한국사능력검정시험 개념완성 심화> **구성과 특징**을 알아볼까요?

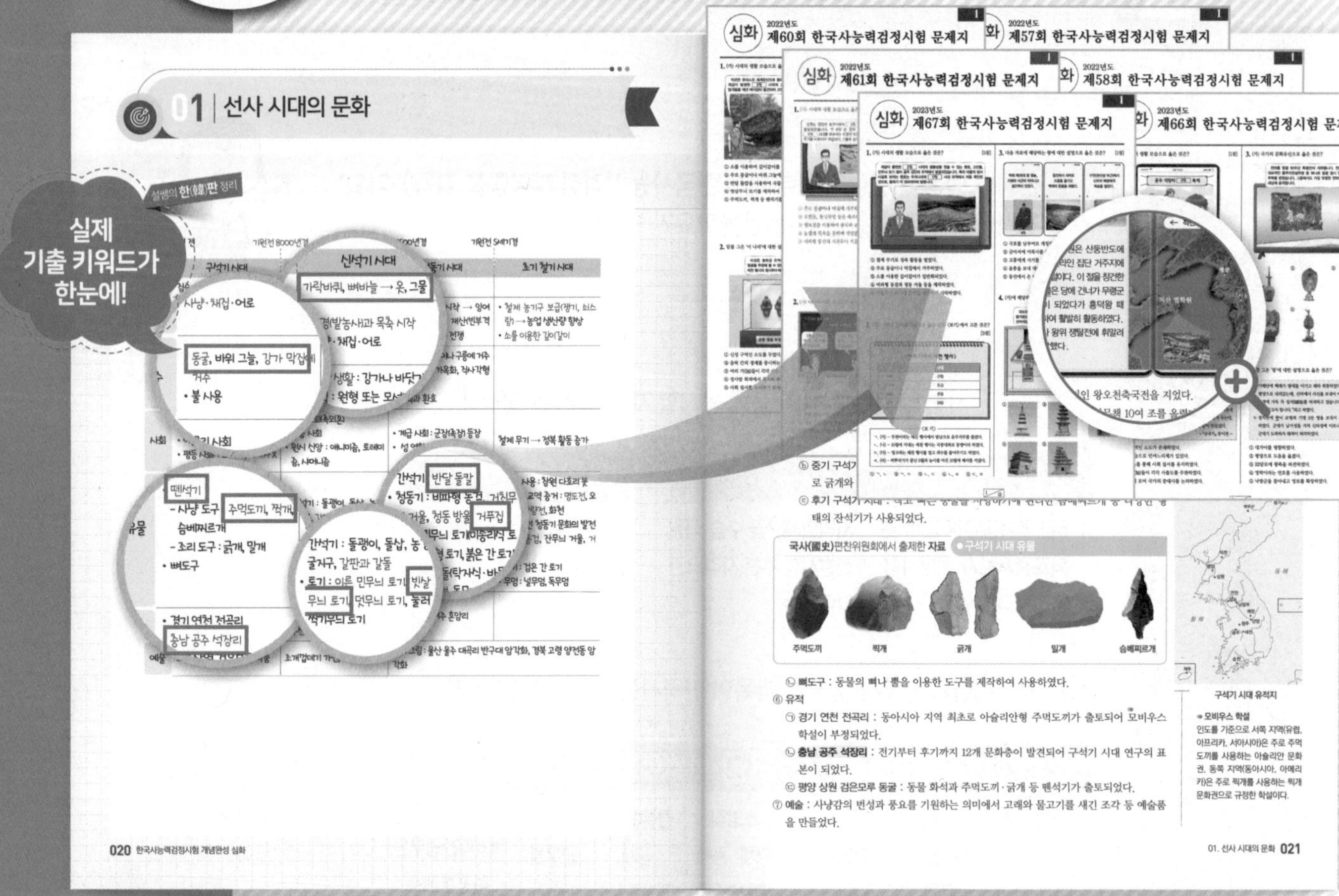

실제 기출 키워드가 한눈에!

한국사능력검정시험 기출문제 전면 분석

지금까지 치러진 **한국사능력검정 심화 시험만의 출제 경향과 개념을 완벽히 분석**하여, 앞으로 있을 시험에서 한 문제도 빠짐없이 풀어 낼 수 있도록 개념과 자료를 취합하였습니다.

한국사능력검정시험 특성상 다소 생소한 자료가 제시될 수 있지만, 정답 찾기에 필요한 **핵심 키워드는 책에 있는 내용을 벗어나지 않을 것**입니다.

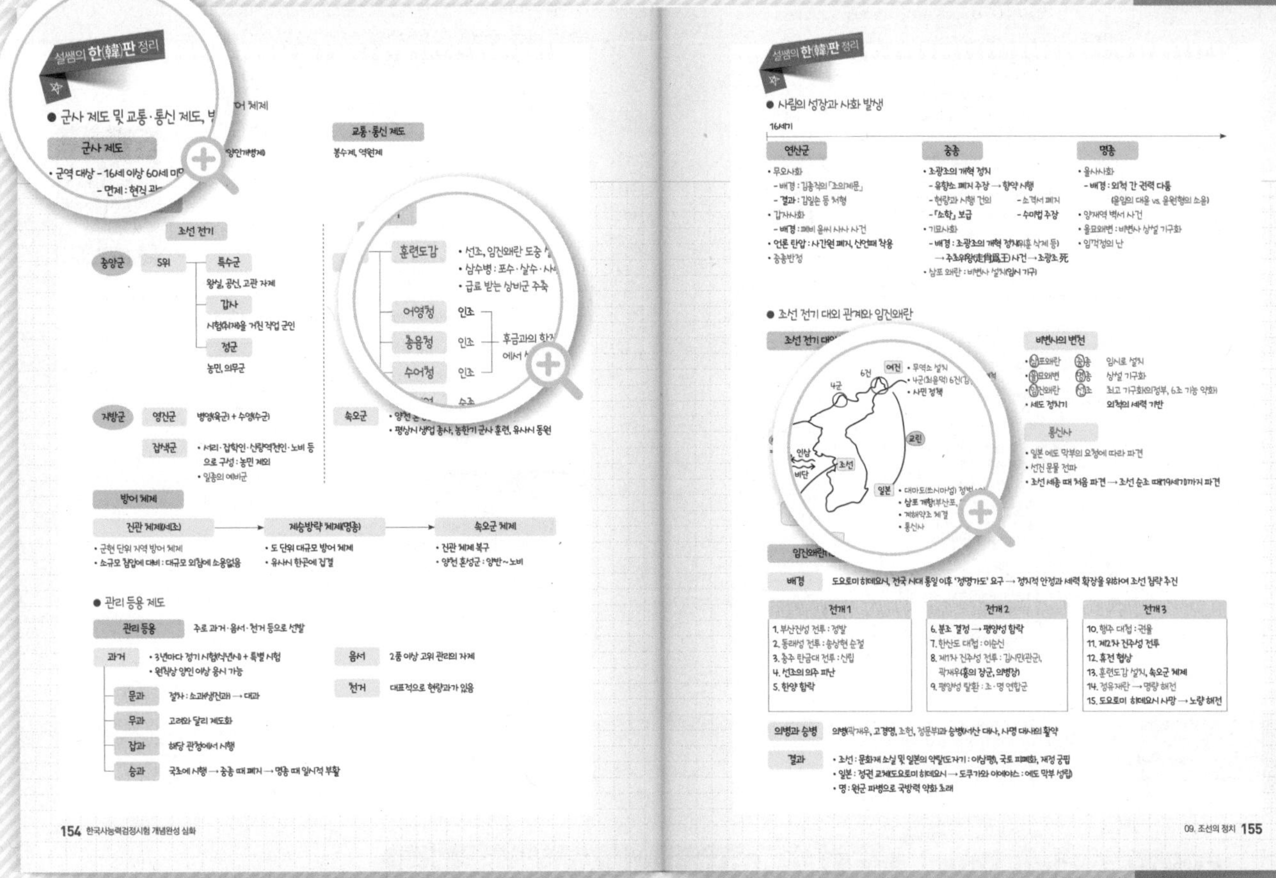

필기하지 마세요! 설쌤의 한(韓)판 정리

설민석 선생님의 현장 강의 판서를 책으로 만난다!

설민석 선생님의 강의 판서를 '설쌤의 한(韓)판 정리'에 동일하게 재현하였습니다. 이로써 수험생이 **필기하는 불필요함은 최대한 줄이고, 한국사 학습에 집중**하도록 구성하였습니다.

또한, '설쌤의 한(韓)판 정리'에는 **한국사능력검정시험에서 반복 출제되는 키워드만 골라 수록**하여 시험에 나오는 빈출 주제를 자연스럽게 학습하도록 하였습니다.

특히 복습할 때나 시험 직전에 **'설쌤의 한(韓)판 정리'에 강조한 심화 시험 빈출 주제**를 빠르게 정리한다면, 고난도 문항도 겁먹지 않고 척척 풀어 나갈 수 있을 것입니다.

<설민석 한국사능력검정시험 개념완성 심화> 구성과 특징

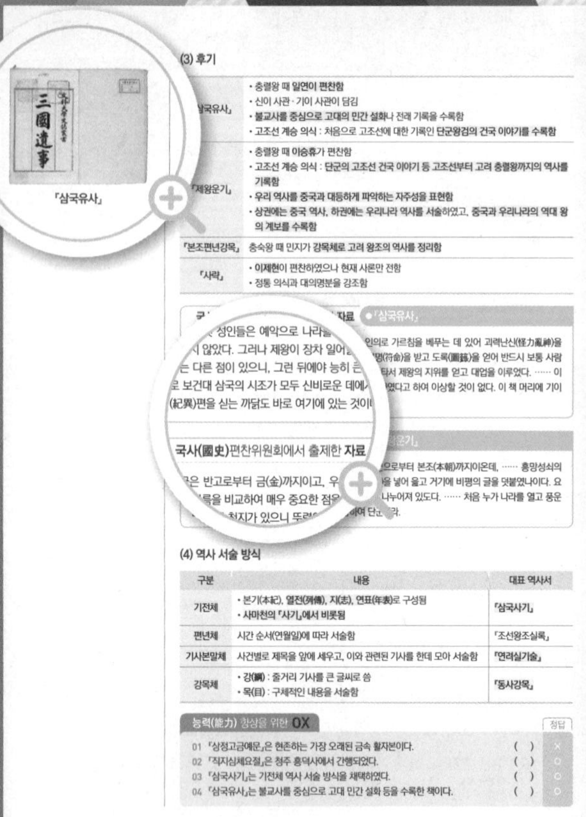

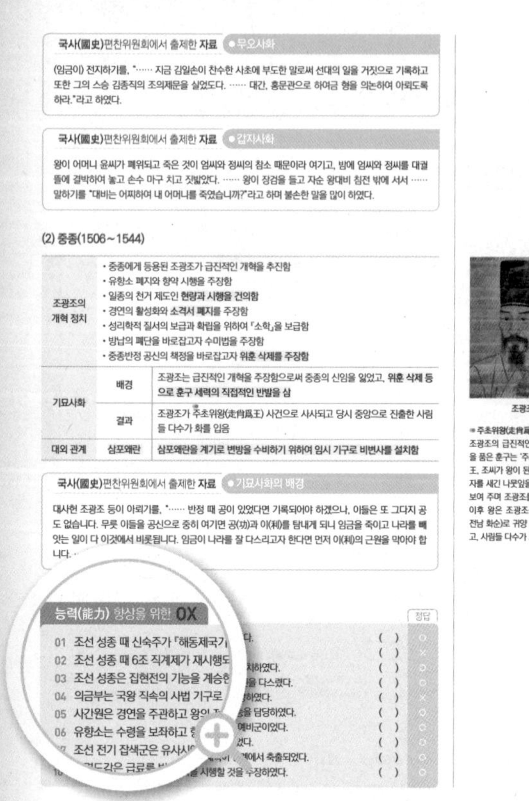

무엇이 출제되나요? 국사(國史)편찬위원회가 출제한 자료

국사편찬위원회에서 주관하는 한국사능력검정시험은 **기존에 출제된 자료(사진·원문 사료)가 반복 출제되는 경향**을 보입니다. 이에 **빈출 사료**만을 따로 모아 한눈에 볼 수 있도록 구성하였습니다.

풍부한 정보! 날개단 구성

개념 학습을 하는 수험생의 전반적인 이해를 돕기 위하여 **중요 개념에 대한 보충 설명과 어려운 단어의 뜻, 그리고 눈에 익혀 두어야 할 사진 자료**로 구성하였습니다. 수험생이 스스로 학습하거나 복습할 때 유용할 것입니다.

어떤 개념이 반복되나요? 능력(能力) 향상을 위한 O, X

기출문제를 살펴보면 **반복 출제되는 선지**가 존재합니다. 이에 따라 지금까지 출제된 모든 회차의 문제를 분석하여 **매회 반복적으로 출제되는 선지만을 모아 O, X 문제로 구성**하였습니다.

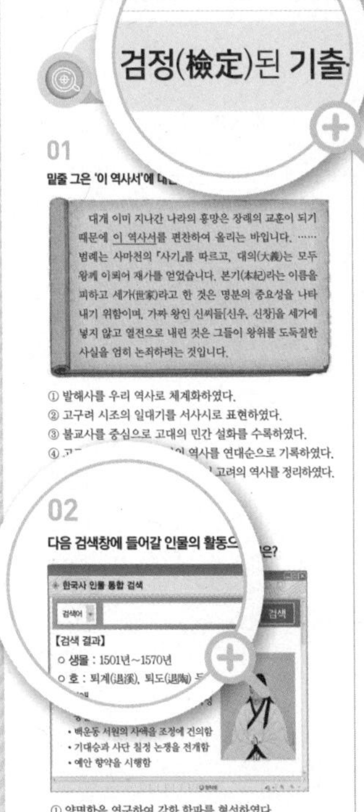

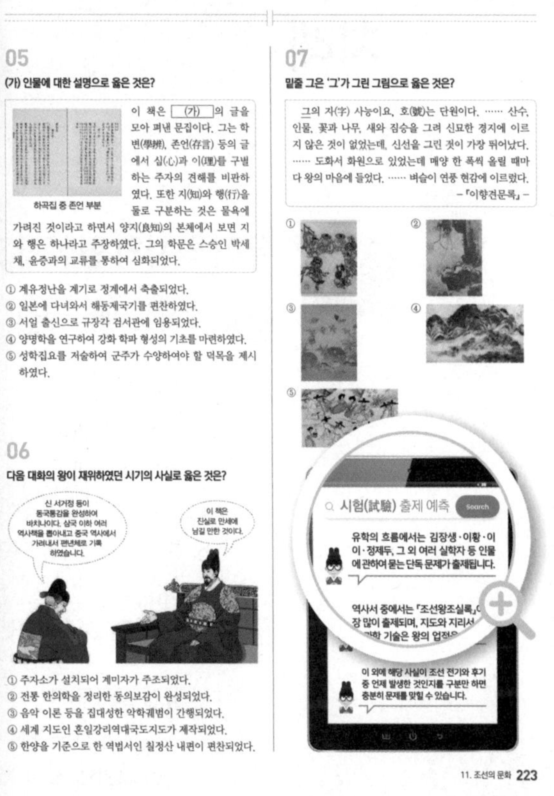

어떤 문제를 풀어보죠? 검정(檢定)된 기출문제

한국사 개념을 학습하였다면 그 다음 단계로 **한국사능력검정시험 기출문제를 풀어 보아야** 합니다.

'지피지기 백전불패'라는 말이 있습니다. **교재로 학습한 한국사 개념이 실제로 시험에 어떻게 출제되는지 파악**한다면 앞으로 치를 시험에서 어떠한 유형의 문제가 출제되더라도 두려움 없이 척척 풀어 나갈 것입니다.

이것이 진짜다! 시험(試驗) 출제 예측

과거에 어떤 문제가 출제되었는지 파악하는 것에서 끝나면 아마추어에 불과합니다. '구본신참'이라는 말처럼 **과거의 기출문제를 바탕으로 앞으로 어떤 문제가 출제될지 예측할 줄 알아야 합니다.** 설민석 선생님의 소름 돋는 예측력을 체감할 수 있을 것입니다.

차례

우리 역사의 형성과 고대 국가의 발전

CONTENTS

II 고려 귀족 사회의 형성과 변천

차례

III 조선 유교 사회의 성립과 변화

CONTENTS

IV 국제 질서의 변동과 근대 국가 수립 운동

차례

V 일제의 강점과 민족 운동의 전개

CONTENTS

설민석
한국사능력검정시험
개념완성

심화편

I

I

우리 역사의 형성과 고대 국가의 발전

01 | 선사 시대의 문화

설쌤의 한(韓)판 정리

약 70만 년 전 / 기원전 8000년경 / 기원전 2000~1500년경 / 기원전 5세기경

	구석기 시대	신석기 시대	청동기 시대	초기 철기 시대
의	짐승 가죽	가락바퀴, 뼈바늘 → 옷, 그물		
식	사냥·채집·어로	• 농경(밭농사)과 목축 시작 • 사냥·채집·어로	벼농사(논농사) 시작 → 잉여 생산물 → 사유 재산(빈부격차) 발생 → 정복 전쟁	• 철제 농기구 보급(쟁기, 쇠스랑) → 농업 생산량 향상 • 소를 이용한 깊이갈이
주	• 동굴, 바위 그늘, 강가 막집에 거주 • 불 사용	• 정착 생활 : 강가나 바닷가 • 움집 : 원형 또는 모서리가 둥근 사각형 바닥, 반지하, 가운데 불 땐 자리	• 배산임수 지형이나 구릉에 거주 • 움집 : 지상 가옥화, 직사각형 바닥 • 목책과 환호	
사회	• 무리 사회 • 이동 생활 • 평등 사회: 지도자 O, 지배자 X	• 부족 사회(족외혼) • 평등 사회 • 원시 신앙 : 애니미즘, 토테미즘, 샤머니즘	• 계급 사회 : 군장(족장) 등장 • 성 역할 분화	철제 무기 → 정복 활동 증가
유물	• 뗀석기 – 사냥 도구 : 주먹도끼, 찍개, 슴베찌르개 – 조리 도구 : 긁개, 밀개 • 뼈도구	• 간석기 : 돌괭이, 돌삽, 농경 굴지구, 갈판과 갈돌 • 토기 : 이른 민무늬 토기, 빗살무늬 토기, 덧무늬 토기, 눌러 찍기무늬 토기	• 간석기 : 반달 돌칼 • 청동기 : 비파형 동검, 거친무늬 거울, 청동 방울, 거푸집 • 토기 : 민무늬 토기(미송리식 토기, 송국리형 토기, 붉은 간 토기) • 무덤 : 고인돌(탁자식·바둑판식), 돌널무덤, 돌무지무덤	• 한자 사용 : 창원 다호리 붓 • 중국과 교역 증거 : 명도전, 오수전, 반량전, 화천 • 독자적인 청동기 문화의 발전 : 세형동검, 잔무늬 거울, 거푸집 • 토기 : 검은 간 토기 • 무덤 : 널무덤, 독무덤
유적	• 경기 연천 전곡리 • 충남 공주 석장리 • 평양 상원 검은모루 동굴	• 서울 암사동 • 제주 한경 고산리 • 부산 동삼동	부여 송국리, 여주 흔암리	
예술	고래, 물고기 등을 새긴 조각품	조개껍데기 가면, 치레걸이	바위 그림 : 울산 울주 대곡리 반구대 암각화, 경북 고령 양전동 암각화	

1 구석기 시대

(1) 시기

약 70만 년 전부터 구석기 시대 사람들이 살기 시작하였다.

(2) 생활 모습

① 의 : 사냥한 짐승의 가죽을 이용하여 몸을 보호하였다.

② 식

㉠ 열매를 **채집**하거나 **사냥** 또는 고기잡이(어로)를 하여 식량을 확보하였다.

㉡ 불을 사용하여 음식을 익혀 먹었다.

③ 주

㉠ 주로 **동굴**이나 바위 그늘에 거주하거나 **강가에 막집을 짓고 살았다**.

㉡ 불을 이용하여 동굴 속을 밝히거나 추위를 이겨 냈다.

불
공주 석장리 유적에서 화덕 자리가 발견되어 구석기 시대에 불이 사용되었음을 알 수 있다.

④ 사회

㉠ 무리 사회 : 몸집이 큰 짐승으로부터 몸을 보호하기 위하여 무리를 지어 생활하였다.

㉡ 이동 생활 : 사냥과 채집을 하며 이동 생활을 하였다.

㉢ 평등 사회 : 경험이 많거나 지혜로운 자가 무리를 이끌었으며, 구성원 간 관계는 평등하였다.

⑤ 유물

㉠ **뗀석기** 사용 : 돌을 깨뜨려 만든 석기를 사용하였다.

ⓐ 전기 구석기 시대 : 석기 하나를 다양한 용도로 사용하였다. 대표적인 사냥 도구로 **주먹도끼**와 **찍개** 등이 있다.

ⓑ 중기 구석기 시대 : 석기 한 개가 한 가지 쓰임새를 갖게 되었다. 대표적인 조리도구로 긁개와 밀개 등이 있다.

ⓒ 후기 구석기 시대 : 작고 빠른 동물을 사냥하기에 편리한 슴베찌르개 등 다양한 형태의 잔석기가 사용되었다.

국사(國史)편찬위원회에서 출제한 자료 ● 구석기 시대 유물

주먹도끼 / 찍개 / 긁개 / 밀개 / 슴베찌르개

㉡ 뼈도구 : 동물의 뼈나 뿔을 이용한 도구를 제작하여 사용하였다.

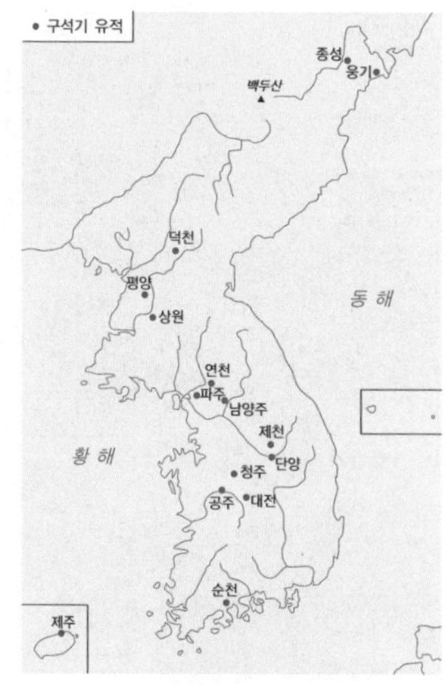

구석기 시대 유적지

⑥ 유적

㉠ 경기 연천 전곡리 : 동아시아 지역 최초로 아슐리안형 주먹도끼가 출토되어 모비우스 학설이 부정되었다.

모비우스 학설
인도를 기준으로 서쪽 지역(유럽, 아프리카, 서아시아)은 주로 주먹도끼를 사용하는 아슐리안 문화권, 동쪽 지역(동아시아, 아메리카)은 주로 찍개를 사용하는 찍개 문화권으로 규정한 학설이다.

㉡ **충남 공주 석장리** : 전기부터 후기까지 12개 문화층이 발견되어 구석기 시대 연구의 표본이 되었다.

㉢ 평양 상원 검은모루 동굴 : 동물 화석과 주먹도끼·긁개 등 뗀석기가 출토되었다.

⑦ 예술 : 사냥감의 번성과 풍요를 기원하는 의미에서 고래와 물고기를 새긴 조각 등 예술품을 만들었다.

농경과 목축

신석기 시대 움집

● 움집

신석기 시대 움집은 반지하 형태이다. 4~5명 정도 가족이 거주할 수 있는 크기이며, 집터 가운데에 불 땐 자리 흔적을 통하여 중앙에 취사와 난방을 위한 화덕을 두었음을 알 수 있다.

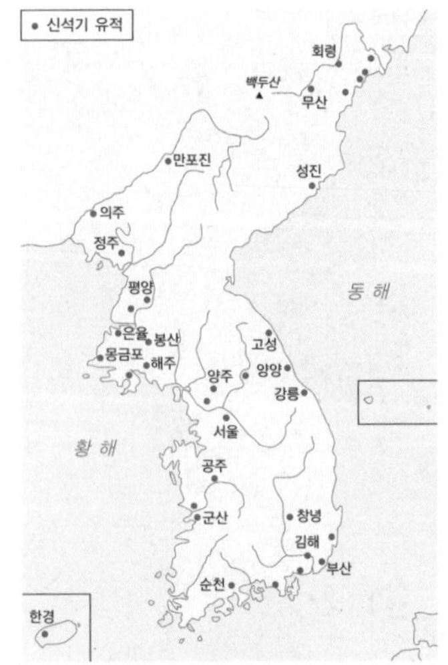

신석기 시대 유적지

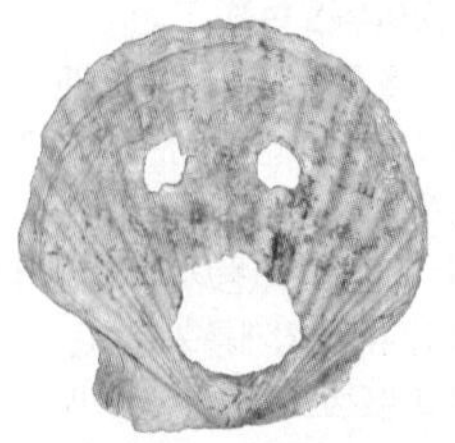
조개껍데기 가면

2 신석기 시대

(1) 시기

기원전 약 8000년(약 1만 년 전)부터 신석기 시대가 시작되었다.

(2) 생활 모습

① 의 : **뼈바늘**과 **실을 뽑는 도구인 가락바퀴**(방추차)를 이용하여 **옷을 만들어 입거나** 그물을 제작하였다.

② 식 : **농경과 목축이 시작**되었으며 사냥과 열매 채집, 고기잡이(어로)도 여전히 이루어졌다.

③ 주

㉠ **농경이 시작됨에 따라 정착 생활이 시작**되었다.

㉡ 강가나 바닷가에 바닥이 원형이거나 모서리가 둥근 사각형인 움집을 짓고 살기 시작하였다.

④ 사회

㉠ 부족 사회

ⓐ 혈연을 바탕으로 한 씨족 또는 여러 씨족이 모여 부족 단위로 생활하였다.

ⓑ 각 씨족은 점차 다른 씨족과 혼인(족외혼)하여 부족을 이루어 갔다.

㉡ **평등 사회** : 구석기 시대와 마찬가지로 경험이 많거나 지혜로운 자가 무리를 이끌었다.

㉢ 원시 신앙

ⓐ **샤머니즘** : 영혼이나 하늘을 인간과 연결시켜 주는 무당과 그 주술을 믿는 현상이다.

ⓑ **토테미즘** : 자신의 부족의 기원을 특정한 동식물과 연결시키고 숭배하는 사회 체제 및 종교 형태이다.

ⓒ **애니미즘** : 자연물이나 자연 현상에 정령이 있다고 믿는 원시 신앙이다.

⑤ 유물

간석기	• 석기를 갈고 다듬는 기술이 발전함 • 돌괭이, 돌삽, 농경 굴지구, **갈판과 갈돌** 등이 제작됨
토기	• 토기를 처음 만들어 사용하며 **식량을 저장**하고 조리할 수 있게 됨 • **이른 민무늬 토기, 빗살무늬 토기, 덧무늬 토기,** 눌러찍기무늬 토기 등이 제작됨

국사(國史)편찬위원회에서 출제한 **자료** ● 신석기 시대 유물

가락바퀴 농경 굴지구 갈판과 갈돌 빗살무늬 토기

⑥ 유적

㉠ 서울 암사동 : 바닥이 뾰족한 빗살무늬 토기가 출토되었다.

㉡ **제주 한경 고산리** : 우리나라 신석기 시대 유적 중 가장 이른 시기에 속한다.

⑦ 예술 : 조개껍데기 가면과 치레걸이, 얼굴 모양 토제품 등과 같은 원시적인 예술품을 만들었다.

3 청동기 시대

(1) 시기

기원전 2000년에서 1500년 무렵에 청동기 시대가 시작되었다.

(2) 생활 모습

① 식 : 밭농사를 중심으로 일부 저습지에서 벼농사가 시작되었다.

② 주

㉠ 주로 배산임수(강을 끼고 있는 야산) 지형이나 나지막한 언덕(구릉)에 거주하였다.

㉡ 집터 형태가 대체로 직사각형이었으며, 움집 형태는 지상 가옥으로 바뀌어 갔다.

㉢ 움집 중앙에 있던 화덕은 한쪽 벽으로 옮겨졌으며, 저장 구덩도 따로 설치하거나 한쪽 벽면을 밖으로 돌출시켜 만들었다.

㉣ 목책과 환호를 설치하여 방어에 활용하기도 하였다.

③ 사회

㉠ **사유 재산 발생** : 농경이 발달하며 생긴 잉여 생산물을 개인적으로 소유하였고, 이에 따라 빈부 격차가 생기고 사유 재산이 발생하였다.

㉡ **계급 발생** : 더 많은 재산을 차지하기 위하여 부족 간에 정복 전쟁이 일어났고, 그 결과 군장(족장)이라는 지배자가 등장하였다.

㉢ **성 역할 분화** : 여성은 주로 집안일을 담당하고 남성은 농사와 전쟁 등을 담당하였다.

④ 유물

구분	내용
간석기	• 농기구는 주로 석기로 만들었으며 청동제 농기구는 제작되지 않음 • 반달 돌칼을 이용하여 곡식 이삭을 땀
청동기	• 거푸집을 이용하여 청동 무기를 제작함 • 비파형 동검, **거친무늬 거울**, **청동 방울** 등 청동 제품은 주로 지배층의 권위를 과시하는 용도나 의례용으로 사용됨
토기	미송리식 토기, 송국리형 토기, 붉은 간 토기 등 다양한 종류의 민무늬 토기가 제작됨

⑤ 유적

㉠ 부여 송국리 유적과 여주 흔암리 유적이 대표적이다.

㉡ 무덤

구분	내용
고인돌	• 종류 : 탁자식 고인돌, 바둑판식 고인돌 • 지배층의 무덤인 고인돌의 규모로 군장의 권력과 부의 크기를 알 수 있음
돌널무덤	비파형 동검, 청동 화살촉 등이 출토됨
돌무지무덤	돌로 봉분을 쌓아 무덤을 만듦

국사(國史)편찬위원회에서 출제한 자료 ● 청동기 시대 유물

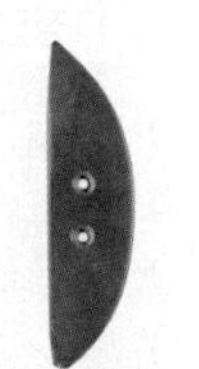
반달 돌칼

비파형 동검

미송리식 토기

탁자식 고인돌

바둑판식 고인돌

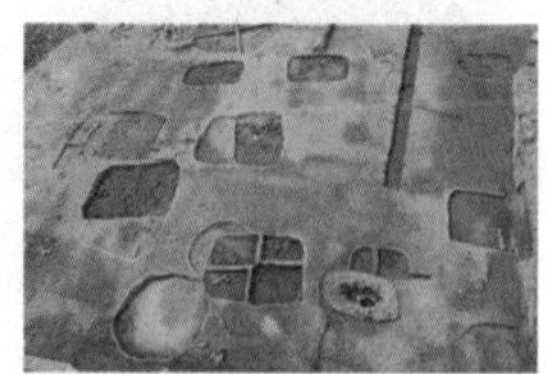
청동기 시대 집터

목책
마을 주변에 구덩이를 파고 나무를 박아 설치한 울타리이다.

환호
방어를 위하여 마을 주변을 둘러서 판 도랑이다.

잉여 생산물
생활에 필요한 것 이상으로 생산된 나머지 생산물이다.

거친무늬 거울

청동 방울

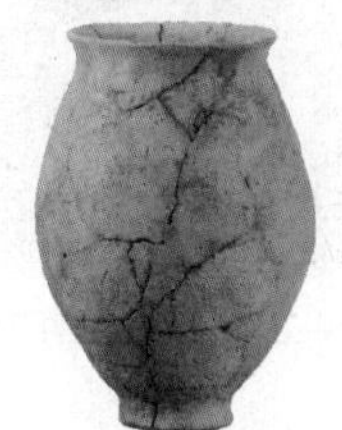
송국리형 토기

오수전

● **화천(貨泉)**
전한 말의 정치가이자 '신'의 건국자인 왕망이 주조한 동전 중 하나로, 한반도의 초기 철기 시대에 사용되었다.

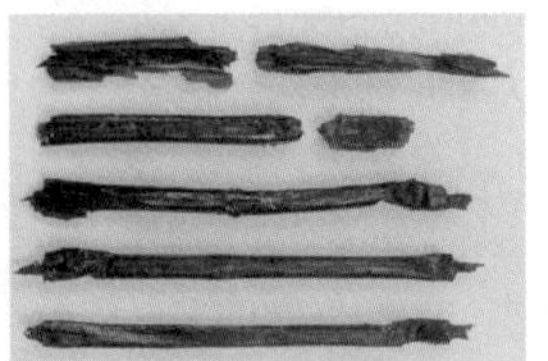
경남 창원 다호리 유적 붓

독무덤

울산 울주 대곡리 반구대 바위그림

경북 고령 양전동 바위그림

4 초기 철기 시대

(1) 시기

기원전 5세기 무렵부터 철기가 사용되기 시작하였다.

(2) 생활 모습

① 철기 보급 : **철제 농기구(쟁기, 쇠스랑 등)**와 무기가 보급되며 농업 생산력이 크게 향상되었고, 정복 전쟁도 활발해졌다.
② 소를 이용한 농경법인 우경이 시행되었고, 이후 **소를 이용한 깊이갈이**가 점차 확대되었다.
③ 중국과의 교역 : **명도전** · 오수전 · **반량전** · 화천(貨泉) 등의 화폐는 당시 중국과 활발히 교류하였음을 보여 준다.
④ 한자 사용 : 경남 창원 다호리 유적에서 나온 붓을 통하여 한자를 사용하였음을 알 수 있다.
⑤ 독자적인 청동기 문화 발달 : **세형동검 · 거푸집** · 잔무늬 거울은 한반도에서 독자적인 청동기 문화가 발달하였음을 보여 주는 유물이다.
⑥ 무덤 : 널무덤과 독무덤이 제작되었다.

국사(國史)편찬위원회에서 출제한 **자료** ● 초기 철기 시대 유물

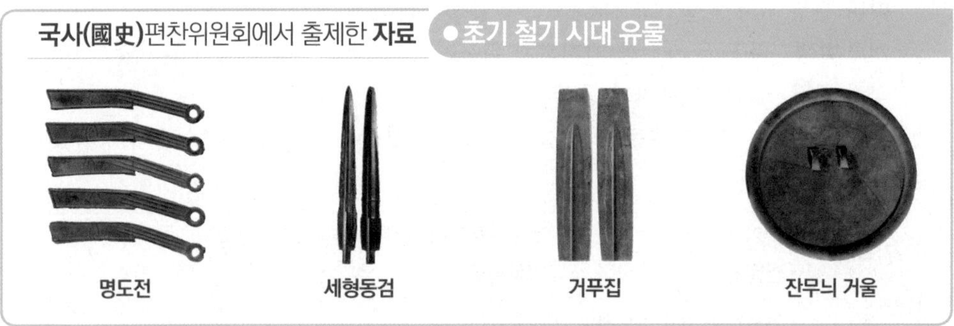
명도전 세형동검 거푸집 잔무늬 거울

5 청동기 · 철기 시대의 예술

(1) 청동 제품

제사장이나 군장은 청동으로 된 거울 · 방울 · 검 등을 주로 자신의 권위를 과시하는 의식용 도구로 사용하였다.

(2) 바위그림

사냥 및 고기잡이의 성공과 풍요를 기원하며 야생 동물 · 가축 · 고래 등을 바위에 새기는 바위그림이 그려졌다.
① 울산 울주 대곡리 반구대 바위그림 : 고래와 사슴, 호랑이 등이 그려져 있다.
② 경북 고령 양전동 바위그림 : 동심원 등 기하학무늬가 남아 있다.

능력(能力) 향상을 위한 OX

			정답
01	주먹도끼 등이 제작된 시대에 주로 동굴이나 강가의 막집에 거주하였다.	( )	○
02	농경과 목축이 시작된 시대에 빗살무늬 토기를 만들어 식량을 보관하였다.	( )	○
03	민무늬 토기가 제작된 시대에 의례 도구로 청동 거울과 방울을 사용하였다.	( )	○
04	청동기 시대에 거푸집을 이용하여 청동 제품을 제작하였다.	( )	○
05	사유 재산과 계급이 발생한 시대에 가락바퀴를 이용하여 실을 뽑기 시작하였다.	( )	×
06	초기 철기 시대에는 오수전, 화천 등 중국 화폐를 사용하였다.	( )	○

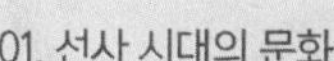

검정(檢定)된 기출문제

정답 및 해설 P. 370

01

(가) 시대의 생활 모습으로 옳은 것은?

계급이 출현한 (가) 시대의 생활상을 엿볼 수 있는 환호, 고인돌, 민무늬 토기 등이 울주 검단리 유적에서 발굴되었습니다. 특히 마을의 방어 시설로 보이는 환호는 우리나라의 (가) 시대 유적에서 처음 확인된 것으로, 둘레가 약 300미터에 달합니다.

① 철제 무기로 정복 활동을 벌였다.
② 주로 동굴이나 막집에서 거주하였다.
③ 소를 이용한 깊이갈이가 일반화되었다.
④ 비파형 동검과 청동 거울 등을 제작하였다.
⑤ 빗살무늬 토기에 음식을 저장하기 시작하였다.

02

(가) 시대의 생활 모습으로 옳은 것은?

△△ 박물관 특별전

제주 고산리 유적
(가) 시대를 열다

■ 기간 : 2019. ○○. ○○. ~ ○○. ○○.
■ 장소 : △△ 박물관 기획 전시실

[초대의 글]

우리 박물관에서는 제주 고산리 유적에서 출토된 이른 민무늬 토기, 화살촉 등의 유물을 소개하는 특별전을 마련하였습니다.

이번 특별전을 통하여 농경과 정착 생활이 시작되었던 (가) 시대의 생활 모습을 살펴보는 기회가 되길 바랍니다.

① 주로 동굴이나 막집에 거주하였다.
② 가락바퀴를 이용하여 실을 뽑았다.
③ 명도전을 이용하여 중국과 교역하였다.
④ 철제 농기구를 사용하여 농사를 지었다.
⑤ 의례 도구로 청동 거울과 방울 등을 제작하였다.

03

(가) 시대의 생활 모습으로 옳은 것은?

이곳 여주 흔암리 선사 유적은 (가) 시대 한강 유역의 대표적인 유적입니다. 여기에서 확인된 20여 기의 집자리에서는 민무늬 토기, 반달 돌칼 등이 출토되었습니다. 특히 토기 안에서는 탄화된 쌀·겉보리·조·수수가 발견되어 이 시대에 벼농사가 이루어졌음을 알 수 있습니다.
흔암리
선사주거지

① 주로 동굴이나 강가의 막집에서 살았다.
② 계급이 없는 평등한 공동체 생활을 하였다.
③ 오수전, 화천 등의 중국 화폐를 사용하였다.
④ 많은 인력을 동원하여 고인돌을 축조하였다.
⑤ 실을 뽑기 위하여 가락바퀴를 처음 사용하였다.

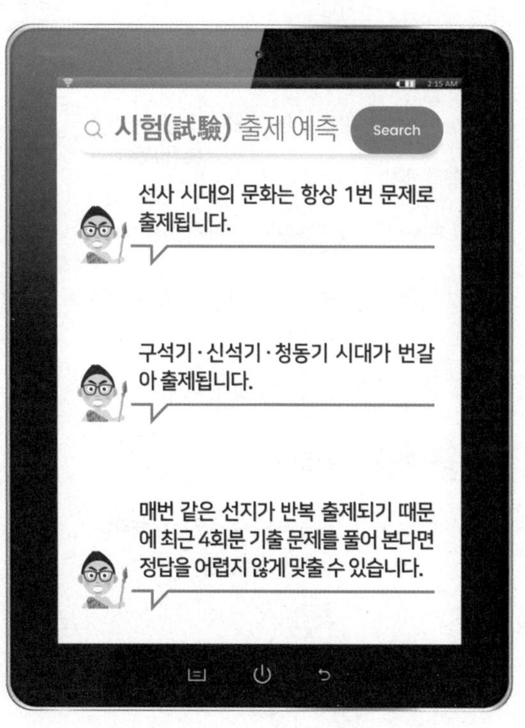

시험(試驗) 출제 예측
Search
선사 시대의 문화는 항상 1번 문제로 출제됩니다.
구석기·신석기·청동기 시대가 번갈아 출제됩니다.
매번 같은 선지가 반복 출제되기 때문에 최근 4회분 기출 문제를 풀어 본다면 정답을 어렵지 않게 맞출 수 있습니다.

02 | 고조선과 여러 나라의 성장

● 국가 발전 단계

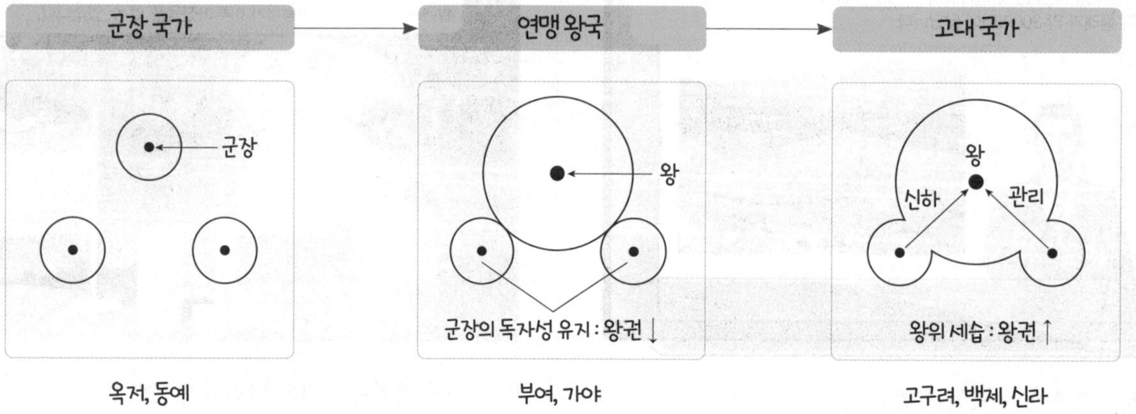

● 고조선의 건국과 발전

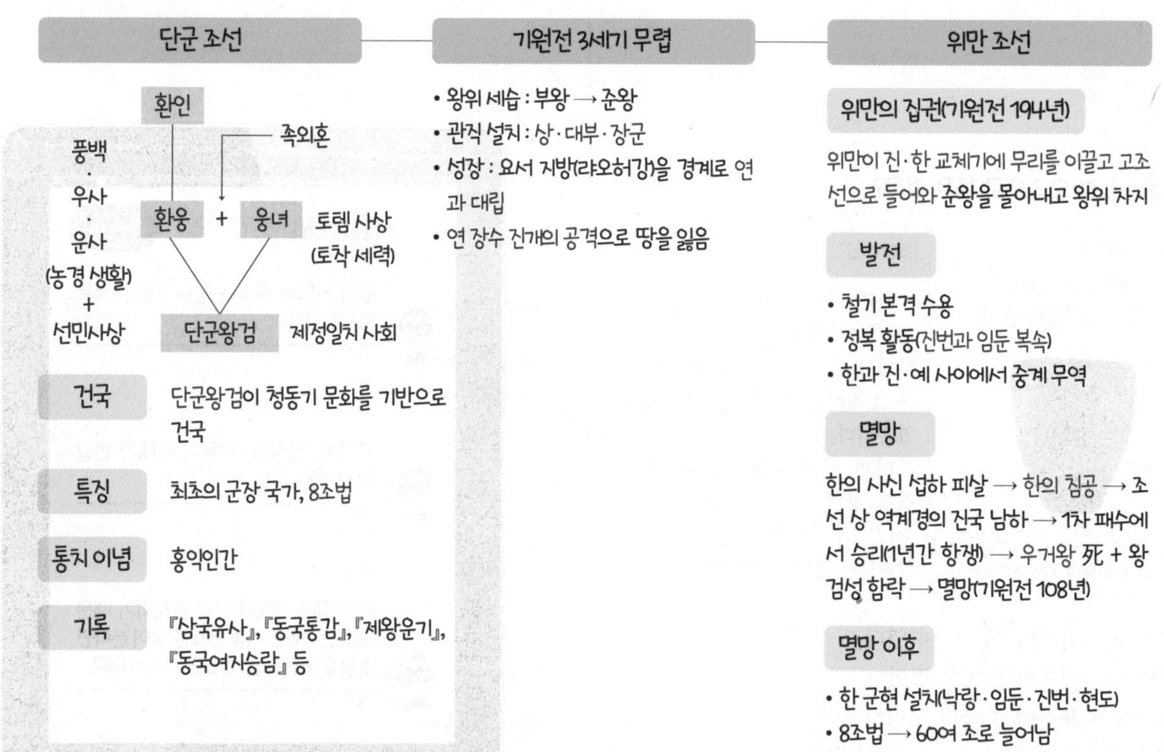

● 여러 나라의 성장

	정치	경제	제천 행사	풍습
부여	• 5부족 연맹체 : 왕 + 사출도(마가·우가·저가·구가가 통치) • 왕권↓ : 수해·가뭄이 들면 책임을 왕에게 묻기도 함	• 반농반목 • 말·주옥·모피	12월 영고	• 순장, 옥갑 • 1책 12법 • 음란한 행동을 한 자, 투기가 심한 부인 → 사형 • 우제점복 • 형사취수제
고구려	• 5부족 연맹체 • 제가 회의를 통하여 중대 범죄자 처벌 • 대가(상가·고추가 등)들이 사자·조의·선인 등의 관리를 거느림 • 지방에 욕살, 처려근지 파견	약탈 경제(부경)	10월 동맹 (국동대혈)	• 서옥제 • 1책 12법 • 형사취수제
옥저	군장 : 읍군·삼로	소금, 어물		• 민며느리제 • 골장제(가족 공동 무덤)
동예		• 단궁·과하마·반어피 • 방직 기술 발달	10월 무천	• 책화 • 족외혼 • 철(凸) 자, 여(呂) 자형 집터
삼한	• 목지국의 지배자가 삼한 전체 주도 • 제정 분리 : 군장(신지·읍차), 제사장(천군), 신성 지역(소도)	• 벼농사 발달 • 변한 : 철 생산 多 → 덩이쇠를 낙랑·왜 등에 수출	5월 수릿날, 10월 계절제	• 남녀가 몸에 문신을 새김 • 마한 주구묘 • 편두 • 초가지붕의 반움집·귀틀집

● 부여·고구려·삼한의 정치 체제

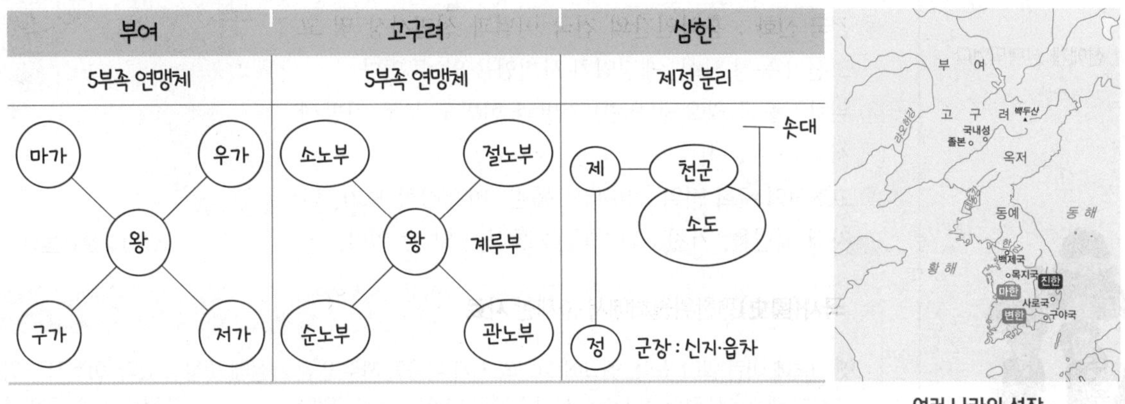

여러 나라의 성장

● 사회 구조

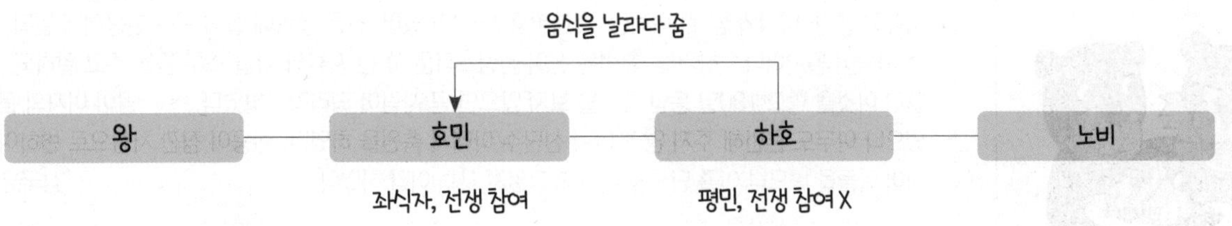

1 국가 발전 단계

(1) 군장 국가

① 정의 : 왕이 존재하지 않고 군장(족장)이 이끄는 국가 체제이다.

② 예시 : 옥저와 동예 등이 이에 해당한다.

(2) 연맹 왕국

① 정의 : 왕이 존재하지만 군장(족장)들이 독자적인 영향력을 행사하여 왕권이 미약한 국가 체제로서 연맹 왕국이라고도 부른다.

② 예시 : 부여, 가야 등이 이에 해당한다.

(3) 고대 국가

① 정의 : 왕을 중심으로 중앙 집권화가 이루어져 기존 각 부족의 군장(족장)들이 중앙 또는 지방의 관리가 되어 왕권이 강력해진 국가 체제이다.

② 예시 : 고구려, 백제, 신라 등이 이에 해당한다.

2 고조선의 건국과 발전

(1) 고조선의 건국

① 건국 : 최초의 국가인 고조선은 청동기 문화를 바탕으로 성립하였다.

② 근거 : **『삼국유사』**, 『동국통감』, 『제왕운기』, 『동국여지승람』 등에 따르면 **고조선은 단군왕검이 건국하였다고 기록**되어 있다.

③ 건국 신화 : 홍익인간의 건국 이념과 선민사상 및 고조선이 농경 사회·제정일치 사회임을 알 수 있다.

④ 위치 : 중국 랴오닝(요령) 지방과 한반도 북부 지방에서 성장하였다.

⑤ 고조선의 문화 범위 : 비파형 동검, 미송리식 토기, 탁자식 고인돌, 거친무늬 거울을 통하여 알 수 있다.

고조선의 문화 범위

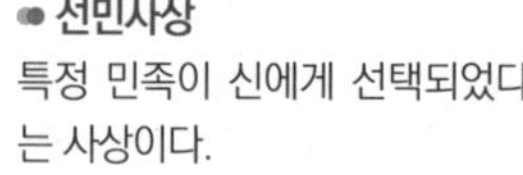
선민사상
특정 민족이 신에게 선택되었다는 사상이다.

국사(國史)편찬위원회에서 출제한 자료 ● 단군 신화

옛 기록에 이런 말이 있다. 옛날에 환인의 서자 환웅이 자주 인간 세상에 뜻을 두었다. 아버지가 이를 알고 삼위 태백을 내려다보니 인간 세계를 널리 이롭게 할 만하였다(→ 홍익인간의 건국 이념). 이에 천부인 세 개를 주어 내려가 다스리게 하였다. 환웅은 무리 3천 명을 거느리고 태백산 꼭대기에 있는 신단수 아래로 내려와서 이곳을 신시라 불렀다. 그가 바로 환웅천왕이다(→ 선민사상). 그는 풍백, 우사, 운사(→ 농경 사회)를 거느리고 곡식, 목숨, 질병, 형벌, 선악 등 인간의 360여 가지 일을 주관하여 세상을 다스렸다. 이때에 곰 한 마리와 범 한 마리(→ 토테미즘 사상)가 있어, 같은 굴속에 살며 항상 환웅에게 빌되, "원컨대 사람이 될지어다." 하거늘, 한번은 신이 신령스러운 쑥 한 자루와 마늘 스무 톨을 주고 말하되, "너희들이 이것을 먹고 100일 동안 햇빛을 보지 않으면 곧 사람이 되리라." 하였다. …… 곰이 여자의 몸이 되었으나 아무도 혼인해 주지 않아 다시 신단수 아래서 축원을 하였다. 환웅이 잠깐 사람으로 변하여 결혼하여 아들을 낳으니 이를 단군왕검(→ 제정일치 사회)이라 하였다. - 『삼국유사』 -

환웅과 풍백, 우사, 운사

호랑이와 곰

⑥ **사회** : 사회 질서를 유지하기 위하여 **범금 8조(8조법)**를 두었는데, 오늘날에는 이 중 3개 조항만 전한다.

국사(國史)편찬위원회에서 출제한 **자료** ● 8조법

(고조선에는) 백성에게 금하는 법 8조가 있다. 사람을 죽인 자는 즉시 죽이고(→ 생명 존중), 남에게 상처를 입힌 자는 곡식으로 갚는다(→ 사유 재산 인정). 도둑질한 자는 노비로 삼는다(→ 계급 사회). 이를 용서받고자 하는 자는 한 사람마다 50만 전(→ 화폐 사용)을 내야 한다. 비록 용서를 받아 보통 백성이 되어도 풍속에 역시 이를 수치스럽게 생각하여 결혼을 하고자 하여도 짝을 구할 수 없다. 이 때문에 백성은 도둑질을 하지 않아서 대문을 닫고 사는 법이 없었다. -『한서』-

(2) 기원전 3세기경

① 발전

㉠ 왕위 부자 상속 : 부왕·준왕과 같은 강력한 왕이 등장하여 왕위를 세습하였다.

㉡ 통치 제도를 정비하여 **상(相)·대부(大夫)·장군(將軍)** 등의 관직을 두었다.

㉢ 요서 지방(랴오허강)을 경계로 **중국 전국 7웅 중 하나인 연(燕)과 대적할 만큼 성장**하였다.

● **전국 7웅**
중국의 전국 시대에 중국의 패권을 놓고 다툰 7대 강국인 제(齊), 초(楚), 연(燕), 한(韓), 조(趙), 위(魏), 진(秦)을 의미한다.

국사(國史)편찬위원회에서 출제한 **자료** ● 연(燕)과 대적하는 고조선

주가 쇠약해지자, 연이 스스로 왕(王)이라 칭하고 동쪽으로 침략하려 하니, 조선의 후(侯) 역시 스스로 왕을 칭하고 군사를 일으켜 연을 공격하려 하였다. -『삼국지』 동이전 -

② 위기

㉠ **연의 장수 진개의 공격**을 받아 서쪽 영토 2,000여 리를 잃었다.

㉡ 이 시기에 고조선의 중심지가 랴오닝(요령)에서 평양 지역으로 이동한 것으로 추정하고 있다.

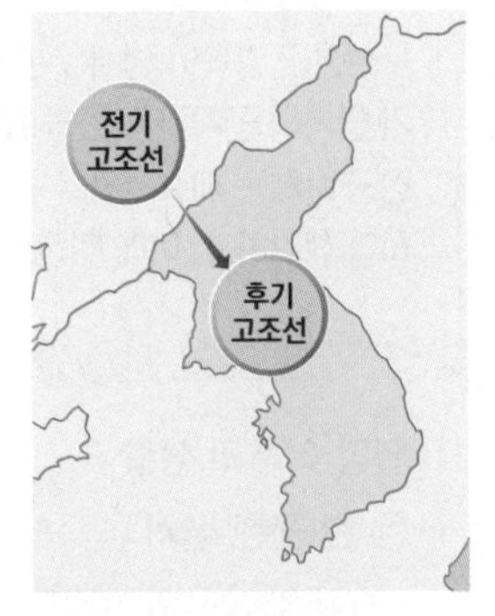

고조선의 중심지 이동

(3) 위만 조선

① 위만의 망명

㉠ 전국 시대 이후 중국에서 진과 한이 교체되는 시기(진·한 교체기)에 혼란이 거듭되자, 많은 유이민이 고조선으로 이주해 왔다. 이때 위만이 무리 1,000여 명을 이끌고 고조선으로 망명하였다.

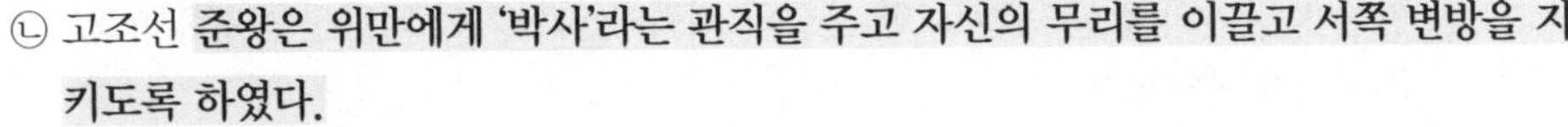

㉡ 고조선 **준왕은 위만에게 '박사'라는 관직을 주고 자신의 무리를 이끌고 서쪽 변방을 지키도록 하였다.**

② 성립

㉠ 위만의 집권 : 준왕에게 신임을 얻은 위만은 독자적인 세력을 확대한 뒤 준왕을 몰아내고 왕위에 올랐다(기원전 194년).

㉡ 위만 조선이 고조선을 계승하였다는 증거

ⓐ 상투를 틀고 고조선 옷을 입은 채 망명하였다.

ⓑ 나라 이름을 그대로 조선이라 하였다.

ⓒ 토착민 출신을 고위 관직에 등용하였다.

위만 조선이 고조선을 계승하였다는 증거

국사(國史)편찬위원회에서 출제한 **자료** ● 위만의 망명과 위만 조선의 성립

- 위만이 망명하여 호복(胡服)을 하고 동쪽의 패수를 건너 준왕에게 투항하였다. …… 준왕은 그를 믿고 총애하여 …… 백 리의 땅을 봉하여 서쪽 변경을 지키도록 하였다. －『삼국지』 동이전－
- 연왕 노관이 한(漢)을 배반하여 흉노로 들어가자, 만(滿)도 망명하였다. 무리 천여 명을 모아 상투를 틀고 오랑캐 복장을 하고서 동쪽으로 도망하여 변경을 지나 패수를 건너 진(秦)의 옛 땅인 상하장에 살았다. 점차 진번·조선인과 옛 연(燕)·제(齊)의 망명자를 복속시켜 거느리고 왕이 되었으며, 왕검에 도읍을 정하였다. －『한서』 조선전－

③ 발전과 멸망

구분	내용
발전	• 철기 문화를 본격 수용하여 철제 농기구와 무기를 제작함 • 우세해진 무력을 바탕으로 정복 활동을 전개하여 **진번·임둔을 복속함** • 중국의 한(漢), 동방의 예(濊)나 남부의 진(辰) 사이에서 중계 무역을 전개하여 경제적으로 성장함
멸망	• 중계 무역에 반발한 한 무제는 사신으로 섭하를 파견하여 위만 조선과 외교 협상을 시도함 • 협상이 결렬되자 섭하가 고조선의 조선비왕(朝鮮裨王) 장(長)을 살해함 • 위만 조선은 군대를 보내 섭하를 살해함 • **한 무제**가 수군과 육군을 동원하여 **위만 조선을 침공함** • 조선 상 역계경은 전쟁에 반대하는 의사를 보였으나 받아들여지지 않자, 무리를 이끌고 진국(辰國)으로 남하함 • 1차 패수 전투에서 승리하는 등 1년간 항쟁하였으나 지배층 사이에 내분이 발생함 • 고조선은 **우거왕이 살해**되고 왕검성이 함락되며 멸망함(기원전 108년)

국사(國史)편찬위원회에서 출제한 **자료** ● 위만 조선의 항쟁

누선장군 양복이 병사 7천 명을 거느리고 먼저 왕검성에 이르렀다. 고조선의 우거왕이 성을 지키고 있다가 양복의 군사가 적음을 알고 곧 성을 나와 공격하자, 양복의 군사가 패배하여 흩어져 달아났다. 한편 좌장군 순체는 패수서군을 공격하였지만 이를 깨트리고 나아가지 못하였다. 한 무제는 두 장군이 이롭지 못하다 생각하고, 이에 위산으로 하여금 위엄을 갖추고 가서 우거왕을 회유하도록 하였다.

－『사기』 조선전－

④ 멸망 이후의 상황

㉠ 한 군현 설치

ⓐ 왕검성의 함락으로 고조선이 멸망하자, 한은 고조선의 옛 영토에 네 군현(낙랑·진번·임둔·현도)을 설치하여 지배하려 하였다.

ⓑ 이때 많은 고조선 사람들이 남쪽으로 이주하여 삼한의 성립과 발전을 도왔다.

ⓒ 한편 토착민의 강한 반발로 한 군현의 세력이 약화되어 낙랑군을 제외하고는 오래 유지되지 못하였다.

㉡ 풍속이 점차 각박해져 범금 8조(8조법)가 60여 조로 늘어났다.

● 한 군현
한이 고조선을 무너뜨린 뒤 설치한 행정 구역으로, 낙랑·진번·임둔·현도 등으로 구성되어 한사군이라고도 부른다. 한 군현은 313년에 고구려 미천왕이 낙랑군을 축출하며 완전히 소멸되었다.

국사(國史)편찬위원회에서 출제한 **자료** ● 위만 조선의 멸망과 한 군현 설치

원봉 3년(기원전 108) 여름, 니계상 참이 사람을 시켜 조선왕 우거를 죽이고 항복해 왔지만, 왕험성(왕검성)은 함락되지 않았다. 죽은 우거왕의 대신(大臣) 성기(成巳)가 또한 한에 반란을 일으키고 다시 군리(軍吏)를 공격하였다. 좌장군은 우거왕의 아들 장항(長降)과 조선 상 노인의 아들 최(最)로 하여금 그 백성을 달래고 성기를 주살하도록 하니, 이로써 마침내 조선을 평정하고 4군(郡)을 세웠다. －『사기』－

3 여러 나라의 성장

(1) 부여

① 성장 : **중국 지린성 쑹화강(송화강) 유역**의 평야 지대를 중심으로 성장하였다. 이곳은 구릉과 넓은 못이 많아 동이 지역 가운데 가장 넓고 평탄하였다.

② 발전과 쇠퇴

㉠ 1세기 초부터 왕호를 사용하였고 중국과 외교 관계를 맺을 정도로 발전하였다.

㉡ 3세기 말에 선비족의 침입을 받아 세력이 크게 약해졌고, 결국 5세기에 고구려에 완전히 편입되었다.

③ 정치

㉠ 5부족 연맹체 : 왕 아래에 가축 이름을 딴 **마가·우가·저가·구가 등 여러 가(加)가 있었는데, 이들이 별도로 사출도를 다스렸다.**

㉡ 왕권 미약 : 가(加)들이 왕을 선출하기도 하였고, 수해를 입거나 가뭄·흉년이 들면 왕에게 책임을 물었다.

④ 경제

㉠ 반농반목 : 밭농사와 함께 목축도 중요시하였다.

㉡ 말·주옥·모피 등을 중국에 수출하였다.

⑤ 제천 행사 : 해마다 **12월에 영고라는 제천 행사**를 치렀다. 이날은 하늘에 제사를 지내고 음식을 먹으며 노래를 부르고 춤을 추었으며, 죄수를 풀어 주기도 하였다.

⑥ 풍습

장례	• 국왕의 장례에 옥갑(玉匣)을 사용함 • **순장** : 부장품과 함께 **많은 사람을 묻는 장례 풍습**
법률	• 1책 12법 : 남의 물건을 훔치면 물건의 12배를 배상하도록 함 • 음란한 행동을 한 사람과 투기가 심한 부인을 사형에 처함 • **살인자는 사형에 처하고 그 가족은 노비로 삼음**
형사취수제	형이 죽으면 아우가 형수를 아내로 맞이하는 제도로 노동력 유출을 막기 위한 방법임
우제점복	전쟁이 있을 경우 제천 의식을 치르고, 소를 죽인 다음 그 발굽으로 길흉을 점침

국사(國史)편찬위원회에서 출제한 자료 ● 부여

• 동이 지역 중에서 가장 평탄하고 넓은 곳으로 토질은 오곡이 자라기에 알맞다. …… 12월에 지내는 제천 행사에는 연일 크게 모여서 마시고 먹으며 노래하고 춤추는데, …… 이때에는 형옥(刑獄)을 중단하고 죄수를 풀어 준다. 전쟁을 하게 되면 그때에도 제사를 지내고, 소를 잡아서 그 발굽으로 길흉을 점친다.

– 『후한서』 –

• 형벌이 엄하고 각박하여 사람을 죽인 사람은 사형에 처하고, 그 집안사람은 노비로 삼는다. 도둑질을 하면 물건값의 12배를 변상하게 하였다. 남녀 간에 음란한 짓을 한 사람이나 질투하는 부인은 모두 죽였다. 투기하는 것을 더욱 미워하여, 투기하는 사람을 죽이고 나서 그 시체를 나라의 남산 위에 버려서 썩게 한다. 친정집에서 그 시신을 가져가려면 소와 말을 바쳐야 내준다. 나라에는 군왕이 있고 가축의 이름을 따서 벼슬 이름을 부르고 있다. 여러 족장이 사출도를 나누어 맡아본다. …… 왕이 죽으면 순장을 하는데 많을 때는 백 명을 헤아린다. 가뭄이나 장마가 계속되어 오곡이 영글지 않으면 그 허물을 왕에게 돌려 "왕을 마땅히 바꾸어야 한다."라고 하거나 "죽여야 한다."라고 하였다.

– 『삼국지』 동이전 –

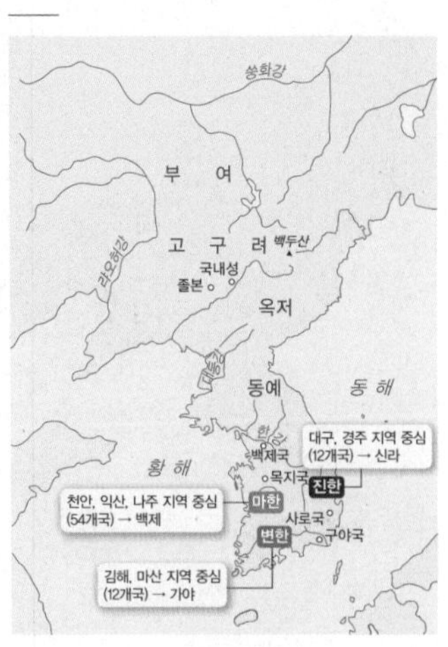

여러 나라의 성장

연맹체
연맹 왕국 체제를 의미한다. 연맹 왕국은 왕을 중심으로 군사·외교 등 대외적 활동에 공동 대응하였으나, 각 군장(족장) 세력이 자기 부족에 독자적인 지배권을 행사하였다.

부여의 금와왕
부여왕 해부루가 늙도록 아들이 없자 산천에 제사 지내어 대를 이을 자식을 구하였다. 그가 탄 말이 곤연에 이르러 큰 돌을 보더니 마주 대하며 눈물을 흘렸다. 왕이 이를 괴상히 여겨 사람을 시켜 그 돌을 옮기니 어린아이가 있었는데 금색의 개구리 모양이었다. …… 이름을 금와라 하고, 장성하자 태자로 삼았다.

– 『삼국사기』 –

(2) 고구려

① 성장

㉠ 주몽이 부여에서 남쪽으로 내려와 기원전 37년에 건국하였으며, 압록강 유역의 산악 지대인 졸본 지역에 자리를 잡았다가 평야 지대인 국내성으로 도읍을 옮겼다.

㉡ 처음에는 중국 후한과 부여의 압박을 받았으나 점차 세력을 키워 나갔다.

② 정치

㉠ 5부족 연맹체 : 왕 아래에 상가·고추가 등 **대가들이 있었고, 이들은 사자·조의·선인 등의 관리를 거느렸다.**

㉡ 귀족 회의 : **제가 회의**에서 나라의 중요한 일을 결정하였다.

㉢ **지방의 여러 성에 욕살, 처려근지 등을 두었다.**

③ 약탈 경제 : 전쟁을 치러 전쟁 물품을 획득하거나 피정복민에게 공물을 받아 보충하였고, **집집마다 부경이라는 창고가 있었다.**

④ 제천 행사 : 해마다 **10월에 국동대혈에서 동맹이라는 제천 행사를 치렀다.**

⑤ 풍습

서옥제	남자가 처가에 서옥이라는 집을 짓고 살면서 자식을 낳아 그 자식이 장성할 때까지 일해 준 후 아내를 데리고 남자 집으로 돌아가는 **혼인 풍습**
법률	• 1책 12법 : 남의 물건을 훔치면 물건의 12배를 배상하도록 함 • 큰 죄를 지으면 사형에 처하고 그 가족은 노비로 삼음
형사취수제	형이 죽으면 아우가 형수를 아내로 맞이하는 제도로 노동력 유출을 막기 위한 방법임

부경
고구려인들이 빼앗아 온 식량을 보관하던 작은 창고이다. 주로 옥저나 동예에서 식량을 많이 빼앗아 왔다.

국동대혈

고구려 도읍 동쪽에 있던 큰 굴로, 고구려인이 신성시하였다.

국사(國史)편찬위원회에서 출제한 **자료** ● 고구려

• 그 나라의 넓이는 사방 2천 리인데, 큰 산과 깊은 골짜기가 많으며 사람들은 산골짜기에 의지하여 산다. …… 금과 은, 재물을 모두 써 성대하게 장례를 치르며, 돌을 쌓아 봉분을 만들고 소나무와 잣나무를 심는다.
– 『후한서』 –

• 백성들은 노래와 춤을 좋아하여 촌락마다 밤이 되면 남녀가 무리지어 모여 서로 노래하며 즐긴다. …… 10월에 지내는 제천 행사는 국중 대회(國中大會)로서 동맹이라 부른다. 그 나라의 풍속에 혼인을 할 때에는 말로 미리 정한 다음, 여자 집에서는 본채 뒤에 작은 집을 짓는데 그 집을 서옥이라 부른다. …… 자식을 낳아서 장성하면 남편은 아내를 데리고 자기 집으로 돌아간다. …… 고구려에는 큰 산과 깊은 골짜기가 많고 평원과 연못이 없어서…… 좋은 밭을 일구어도 배를 채우기에는 부족하였다. 사람들의 성품은 흉악하고 급하여 노략질하기를 좋아하였다.
– 『삼국지』 동이전 –

능력(能力) 향상을 위한 **OX**

			정답
01	고조선은 사회 질서를 유지하기 위하여 범금 8조를 두었다.	( )	○
02	위만 조선은 전국 7웅 중 하나인 연과 대적할 만큼 성장하였다.	( )	×
03	위만 조선은 중국 한과 동방의 예, 남부의 진 사이에서 중계 무역을 통하여 경제적으로 성장하였다.	( )	○
04	위만 조선 시기에 조선 상 역계경은 무리를 이끌고 진국으로 남하하였다.	( )	○
05	부여에서는 여러 가(加)들이 별도로 사출도를 주관하였다.	( )	○
06	고구려는 지방의 여러 성에 욕살, 처려근지 등을 두었다.	( )	○
07	부여와 고구려는 남의 물건을 훔쳤을 때 12배로 갚게 하였다.	( )	○
08	부여는 국왕의 장례에 옥갑(玉匣)을 사용하였다.	( )	○
09	고구려는 해마다 12월에 영고라는 제천 행사를 열었다.	( )	×
10	고구려에는 서옥제라는 혼인 풍습이 있었다.	( )	○

(3) 옥저

① **성장** : 함경도 동해안 지역을 기반으로 성장하였으나 일찍부터 고구려의 압박을 받아 크게 성장하지 못하고 군장 국가 단계에서 고구려에 예속되었다.

② **정치** : 읍군이나 삼로라는 군장이 자기 부족을 다스렸다.

③ **경제**

㉠ 바다를 끼고 있어 소금과 어물 등 해산물이 풍부하였다.

㉡ 토지 또한 비옥하여 농사가 잘되었지만 고구려의 공격을 받은 이후로는 고구려에 소금과 어물 등을 천 리를 짊어지고 가서 바쳤다.

④ **풍습**

민며느리제	며느리가 될 여자아이를 남자 집에서 데려다 키운 후, 성인이 되면 남자 집에서 여자 집에 예물을 주고 결혼하는 제도
골장제	가족이 죽으면 시체를 임시로 매장하였다가 나중에 그 뼈를 추려 가족 공동 무덤인 커다란 목곽에 안치하는 제도

국사(國史)편찬위원회에서 출제한 **자료** ● 옥저

옥저에는 대군왕이 없었다. 그 언어는 고구려와 크게 같으나 조금은 다르다. 읍락에는 각각 대를 잇는 우두머리 격인 장수가 있다. 여러 읍락의 거수들은 스스로를 삼로라 일컬었다. 나라가 작아 큰 나라의 틈바구니에서 압박을 받다가 마침내 고구려에 예속되었다. …… 맥포(貊布)·어염(魚鹽) 및 해산물 등을 천 리나 되는 거리에서 짊어져 나르게 하였다. …… 토질은 비옥하며, 산을 등지고 바다를 향해 있어 오곡이 잘 자라며 농사짓기에 적합하다. 나라 사람들이 장사를 지낼 적에는 큰 나무 곽을 만드는데, 길이가 10여 장(丈)이나 되며 한쪽 끝을 열어 놓아 문을 만든다. 사람이 죽으면 시체는 모두 가매장을 하되, 겨우 형체가 덮일 만큼 묻었다가 가죽과 살이 다 썩은 다음에 뼈만 추려 곽 속에 안치한다. …… 여자 나이 10살이 되기 전에 혼인할 것을 약속하고, 신랑 집에서는 여자를 맞이하여 성장할 때까지 데리고 있다가 아내로 삼는다. 여자가 어른이 되면 친정으로 돌려보내고, 친정에서는 예물을 요구한다. 신랑 집은 예물을 치르고 신부를 다시 신랑 집으로 데리고 온다.

– 『삼국지』 동이전 –

(4) 동예

① **성장** : 강원도 북부의 동해안 일대를 기반으로 성장하였으나, 고구려의 압박을 받아 군장 국가 단계에 머물렀다.

② **정치** : 왕이 없었으며 **읍군이나 삼로**라는 군장이 자기 부족을 다스렸다.

③ **경제**

㉠ 옥저와 마찬가지로 토지가 비옥하고 해산물도 풍부하였다.

㉡ 명주와 삼베를 짜는 방직 기술이 발달하였다.

㉢ **특산품으로 단궁·과하마·반어피**가 유명하였다.

④ **제천 행사** : 매년 **10월에 무천**이라는 제천 행사를 열었다.

⑤ **풍습**

책화	• 다른 부족의 영역을 함부로 침범하였을 때 노비나 소, 말로 배상하는 풍습 • 각 부족의 안전과 재산을 지키려는 씨족 사회의 전통이 남아 있는 제도
족외혼	같은 씨족끼리 결혼하지 않는 풍습

⑥ **집터** : 철(凸) 자형·여(呂) 자형 집터에서 생활 흔적을 알 수 있다.

● **단궁·과하마·반어피**
단궁은 활, 과하마는 키가 작은 말, 반어피는 바다표범 가죽이다.

동예의 철(凸) 자형 집터

동예의 여(呂) 자형 집터

국사(國史)편찬위원회에서 출제한 자료 ● 동예

해마다 10월이면 하늘에 제사를 지내는데, 밤낮으로 술 마시며 노래 부르고 춤추니 이를 무천(舞天)이라 한다. 또 호랑이를 신(神)으로 여겨 제사 지낸다. …… 낙랑의 단궁이 그 지역에서 산출된다. 바다에서는 반어피가 나며, 땅은 기름지고 무늬 있는 표범이 많고, 과하마가 나온다. …… 산천을 중요시하여 함부로 들어가지 않고 동성(같은 씨족)끼리 혼인하지 않는다. 산천마다 각각의 구분이 있어 함부로 서로 건너거나 들어갈 수 없었다. …… 읍락이 서로 침범하면 항상 생구(生口)·우마(牛馬)로 죄를 처벌하도록 하였는데, 이를 이름하여 책화(責禍)라고 한다. - 『삼국지』 동이전 -

(5) 삼한

① **성립** : 고조선 유이민과 남부 토착 세력이 결합하여 마한·진한·변한이 성립되었다.

② **정치**

㉠ 삼한 중 마한의 세력이 가장 컸으며, 마한의 소국 중 **목지국**의 지배자가 스스로를 마한 왕 또는 진왕이라 칭하고 삼한 전체를 주도하였다.

㉡ 제정 분리

ⓐ **신지·읍차 등 군장**이 각 부족을 지배하였다.

ⓑ **제사장인 천군과 신성 지역인 소도가 있었다.**

● **소도**
제사장인 천군이 다스리는 지역으로 정치적 권력이 미치지 못하였기 때문에 죄인이 도망해 숨더라도 잡아갈 수 없었다.

③ **경제**

㉠ 철제 농기구를 사용하였고 벼농사가 발달하였다.

㉡ 변한 : 철이 많이 생산되어 **덩이쇠**를 화폐처럼 사용하였고, **낙랑과 왜에 철을 수출**하였다.

④ **제천 행사** : 해마다 씨를 뿌리고 난 뒤 5월에 수릿날을 열고, 가을걷이를 마치는 10월에 계절제를 열었다.

⑤ **풍습**

㉠ 농업이 발달하여 서로 도와 가며 함께 노동을 하는 풍습인 두레가 있었다.

㉡ 남녀가 몸에 문신을 새겼다.

㉢ 마한의 토실이나 반움집 또는 귀틀집에 거주하였다.

㉣ 아이가 태어나면 돌로 머리를 눌러 납작한 모양으로 만드는 풍습인 편두가 있었다.

㉤ 마한에는 무덤 주변에 도랑을 판 주구묘를 제작하는 장례 풍습이 있었다.

마한 주구묘

● **토실**

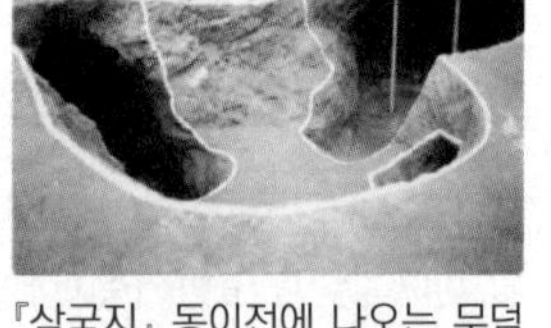

『삼국지』 동이전에 나오는 무덤 같은 집으로 보기도 하며, 저장고, 덫 등으로 보는 등 다양한 견해가 있다.

● **귀틀집**
지름이 15cm 정도인 통나무를 우물 정(井) 자 모양으로 쌓아 올려 벽으로 삼은 집이다.

국사(國史)편찬위원회에서 출제한 자료 ● 삼한

해마다 5월이면 씨뿌리기를 마치고 귀신에게 제사를 지낸다. 무리 지어 모여서 노래와 춤을 즐긴다. 술을 마시고 노는데 밤낮을 가리지 않는다. …… 10월에 농사일을 마치고 나서도 이렇게 한다. 귀신을 믿기 때문에 국읍에 각자 한 사람씩 세워서 천신에 대한 제사를 주관하게 하는데, 이를 천군이라 부른다. 또한 여러 나라에는 각기 별읍이 있으니, 그것을 소도라고 한다. 큰 나무를 세우고 방울과 북을 매달아 놓고 귀신을 섬긴다. 도망하여 그 안으로 들어온 사람은 누구든 돌려보내지 아니하였다. - 『삼국지』 동이전 -

능력(能力) 향상을 위한 OX

			정답
01	부족 간 경계를 중시한 옥저에는 책화라는 풍습이 있었다.	( )	×
02	동예에는 혼인 풍속으로 민며느리제가 있었다.	( )	×
03	삼한에서는 신성 구역인 소도에서 천군이 제사를 주관하였다.	( )	○
04	옥저는 매년 10월에 무천이라는 제천 행사를 열었다.	( )	×

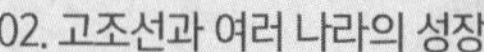

검정(檢定)된 기출문제

정답 및 해설 P. 370

01

밑줄 그은 '이 나라'에 대한 설명으로 옳은 것은?

누선장군 양복이 병사 7천 명을 거느리고 먼저 왕검성에 이르렀다. 이 나라의 우거왕이 성을 지키고 있다가 양복의 군사가 적음을 알고 곧 성을 나와 공격하자, 양복의 군사가 패배하여 흩어져 달아났다. 한편 좌장군 순체는 패수서군을 공격하였지만 이를 깨트리고 나아가지 못하였다. 한 무제는 두 장군이 이롭지 못하다 생각하고, 이에 위산으로 하여금 군사의 위엄을 갖추고 가서 우거왕을 회유하도록 하였다.

① 정사암에 모여 재상을 선출하였다.
② 10월에 동맹이라는 제천 행사를 열었다.
③ 읍락 간의 경계를 중시하는 책화가 있었다.
④ 제사장인 천군과 신성 지역인 소도가 있었다.
⑤ 사회 질서를 유지하기 위하여 범금 8조를 두었다.

02

(가) 인물에 대한 설명으로 옳은 것을 〈보기〉에서 고른 것은?

연왕(燕王) 노관이 한(漢)을 배반하고 흉노로 들어가자, (가) 도 망명하였다. 무리 천여 명을 모아 상투를 틀고 오랑캐 복장을 하고서 동쪽으로 도망하여 요새를 나와 패수를 건너 진(秦)의 옛 땅인 상하장에 살았다.

– 『사기』 조선열전 –

보기
ㄱ. 준왕을 몰아내고 왕이 되었다.
ㄴ. 한 무제가 파견한 군대에 맞서 싸웠다.
ㄷ. 진번과 임둔을 복속시켜 세력을 확장하였다.
ㄹ. 연의 장수 진개의 공격을 받아 땅을 빼앗겼다.

① ㄱ, ㄴ ② ㄱ, ㄷ ③ ㄴ, ㄷ
④ ㄴ, ㄹ ⑤ ㄷ, ㄹ

03

(가), (나) 나라에 대한 설명으로 옳은 것은?

(가) 백성들은 노래와 춤을 좋아하여 촌락마다 밤이 되면 남녀가 무리지어 모여 서로 노래하며 즐긴다. …… 10월에 지내는 제천 행사는 국중대회(國中大會)로서 동맹이라 부른다. 그 나라의 풍속에 혼인을 할 때에는 말로 미리 정한 다음, 여자 집에서는 본채 뒤에 작은 집을 짓는데 그 집을 서옥이라 부른다.

– 『삼국지』 동이전 –

(나) 해마다 5월이면 씨뿌리기를 마치고 귀신에게 제사를 지낸다. 무리 지어 모여서 노래와 춤을 즐긴다. 술을 마시고 노는데 밤낮을 가리지 않는다. 춤은 수십 명이 모두 일어나서 뒤를 따라가고, 땅을 밟고 몸을 구부렸다 펴면서 손과 발로 장단을 맞추며 춘다. …… 10월에 농사일을 마치고 나서도 이렇게 한다.

– 『삼국지』 동이전 –

① (가) – 남녀가 몸에 문신을 새기는 풍습이 있었다.
② (가) – 철이 많이 생산되어 낙랑과 왜에 수출하였다.
③ (나) – 신성 지역인 소도가 존재하였다.
④ (나) – 읍락 간의 경계를 중시하는 책화가 있었다.
⑤ (가), (나) – 물건을 훔친 자는 12배로 배상하게 하였다.

시험(試驗) 출제 예측
Search
고조선은 단군 조선, 강성기, 위만 조선 시기를 구분하여 기억하여야 합니다.
위만 조선을 묻는 문제가 출제될 때 난도가 올라갑니다.
여러 나라의 성장에서는 『후한서』나 『삼국지』 동이전이 사료로 출제됩니다.
그 외 자료나 삽화가 출제되더라도 핵심 키워드만 잘 찾으면 어렵지 않습니다.

03 | 삼국 및 가야의 성립과 발전

● 삼국의 성립과 발전

고대 국가	• 성립 요건 : 왕위 세습, 율령 반포, 불교 수용, 영토 확장 • 발전 순서 : 고구려 → 백제 → 신라

	1세기	2세기	3세기	4세기
고구려 (기원전 37년 건국)	**태조왕(53~146)** • 옥저 복속 • 계루부 '고'씨 왕위 세습	**고국천왕(179~197)** • 진대법 : 을파소의 건의로 시행 • 부족적 5부를 행정적 5부로 개편 • 부자 세습	**동천왕(227~248)** 위 관구검의 침입으로 위축 : 환도성 함락	**미천왕(300~331)** • 낙랑군 축출 • 서안평 점령 • 대방군 축출 **고국원왕(331~371)** • 전연 모용황의 침입 • 평양성 전투에서 전사 **소수림왕(371~384)** • 불교 수용(전진) • 태학 설립 • 율령 반포
백제 (기원전 18년 건국)			**고이왕(234~286)** • 6좌평 16관등제 • 공복 제정 • 율령 반포 • 마한의 목지국 정벌 → 지역의 맹주로 발돋움, 한강 유역 장악	**근초고왕(346~375)** • 고구려 평양성 공격 : 고국원왕 전사 • 마한 정벌, 요서 진출, 동진·왜(규슈)와 교역 • 부자 상속 • 『서기』 편찬 : 고흥 **침류왕(384~385)** 불교 수용(동진)
신라 (기원전 57년 건국)	신라의 왕호 변천 거서간(군장, 귀인) → 차차웅(제사장, 무당) → 이사금(연장자, 계승자) → 마립간(대군장) → 왕(중국식 왕호) 거서간~이사금 : 박·석·김씨 왕위 교대 세습			**내물 마립간(356~402)** • 최초로 '마립간' 칭호 사용 • '김'씨 왕위 독점 세습

설쌤의 한(韓)판 정리

	5세기	6세기	7세기
고구려	**광개토 대왕(391~413)**	**문자명왕(491~519)**	**영양왕(590~618)**
	• 백제 공격 : 한강 이북 차지 • '영락' 연호 사용 • 후연 격퇴 : 요동 진출 • 거란 격퇴 : 만주 진출 • 신라에 침입한 왜 격퇴 - 근거 : 호우명 그릇, 광개토 대왕릉비 - 결과 : 가야의 중심지 이동(금관가야 → 대가야)	북부여 완전 병합 : 최대 영토 확보  호우명 그릇	• 아단성(아차산성) 전투 : 온달 전사 • 『유기』 100권 → 『신집』 5권 편찬 : 이문진 • 살수 대첩 승리
	장수왕(413~491)	 	**영류왕(618~642)**
	• 남진 정책 : 평양 천도 • 백제의 수도 한성 함락 : 개로왕 전사 • 광개토 대왕릉비·충주 고구려비 건립	광개토 대왕릉비 / 충주 고구려비	• 천리장성 축조 시작 • 연개소문 정변(642) **보장왕(642~668)** • 안시성 전투(645) • 천리장성 완성
백제	**비유왕(427~455)**	**무령왕(501~523)**	**무왕(600~641)**
	신라 눌지 마립간과 나·제 동맹	• 22담로에 왕족 파견 • 중국 남조와의 교류	• 미륵사 창건 • 익산 천도 시도
	개로왕(455~475)	**성왕(523~554)**	**의자왕(641~660)**
	북위에 국서 보냄 → 장수왕의 공격으로 전사 **문주왕(475~477)** 웅진 천도 **동성왕(479~501)** 신라 소지 마립간과 결혼 동맹	• 국호 '남부여' • 사비(부여) 천도 • 중앙 관청 22부, 수도 5부, 지방 5방 정비 • 진흥왕과 연합 → 한강 하류 수복 → 진흥왕의 배신 → 한강 유역 상실(나·제 동맹 결렬) → 관산성 전투에서 전사	• 대야성 함락 : 윤충 • 황산벌 전투 : 계백
신라	**내물 마립간(356~402)**	**지증왕(500~514)**	**진평왕(579~632)**
	광개토 대왕의 도움으로 왜구 격퇴	• 순장 금지 • 우경 시행 • 동시전 설치 • 우산국 복속 : 이사부 • 국호 '신라', '왕' 칭호 사용	• 수와 외교 관계 맺음 • 걸사표 : 원광 • 위화부 설치
		법흥왕(514~540)	**선덕 여왕(632~647)**
		• 연호 사용 : 건원 • 상대등, 병부 설치 • 불교 공인 : 이차돈의 순교 • 율령 반포 • 공복 제정 • 골품제 정비 • 금관가야 병합	• 첨성대 건립 • 황룡사 구층 목탑 건립 : 자장의 건의 • 비담과 염종의 난
	눌지 마립간(417~458)	**진흥왕(540~576)**	**진덕 여왕(647~654)**
	• 백제 비유왕과 나·제 동맹 • 부자 상속 **소지 마립간(479~500)** 백제 동성왕과 결혼 동맹	• 화랑도를 국가적 조직으로 개편 • 『국사』 편찬 : 거칠부 • 한강 정복 : 단양 적성비, 북한산비 건립 • 창녕비 건립 • 대가야 정복 • 함경도 원산만 일대 진출 : 황초령순수비, 마운령순수비 건립 • 황룡사 건립 • 연호 사용 : 개국, 대창, 홍제 • 품주 설치	• 나·당 동맹 결성 • 집사부 설치 : 김춘추의 건의

● 가야의 성립과 발전

가야(변한 12개국 → 6가야 연맹)		
성장	• 철 생산, 입지 조건 → 연맹 왕국으로 발전 • 관련 기록 : 『삼국유사』 가락국기	
금관가야 (김해)	• 시조 : 김수로(탄생 설화 관련 유적 : 구지봉) → 인도의 아유타국 공주 허황옥과 혼인 (관련 유물 : 호계사 파사 석탑) • 전기 가야 연맹 주도 • 낙랑과 왜 사이에서 중계 무역으로 성장 • 철 생산량 많음 : 덩이쇠를 화폐처럼 사용(낙랑과 왜 등에 철 수출) • 4세기 말~5세기 초 광개토 대왕의 공격 → 쇠퇴 • 6세기 신라 법흥왕에게 병합 • 관련 유물 및 유적 : 도기 기마인물형 뿔잔, 김해 대성동 고분군, 판갑옷, 청동 솥	 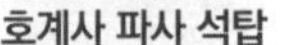 호계사 파사 석탑  대동면 덕산리 출토 도기 기마인물형 뿔잔  김해 대성동 고분군 출토 판갑옷  김해 대성동 고분군 출토 청동 솥
대가야 (고령)	• 시조 : 이진아시왕 • 후기 가야 연맹 주도 • 신라 법흥왕과 결혼 동맹 체결 → 고립 탈피 추구 • 6세기 신라 진흥왕에게 병합 • 관련 유물 및 유적 : 고령 지산동 고분군, 판갑옷과 투구, 금동관	 고령 지산동 고분군 출토 판갑옷과 투구  고령 지산동 고분군 출토 금동관

● 삼국의 통치 체제 정비

	귀족 회의	관등	수도	지방	특수 행정 구역
고구려	제가 회의	10여 관등 수상 : 대대로	5부	5부	3경
백제	정사암 회의	16관등 수상 : 상좌평	5부	5방	22담로
신라	화백 회의	17관등 수상 : 상대등	6부	5주	2소경

1 삼국의 성립과 발전

(1) 고대 국가의 성립

연맹 왕국은 왕위 세습, 율령 반포, 불교 수용, 영토 확장 등의 조건을 충족시키며 중앙 집권 체제를 갖춘 고대 국가로 발전해 갔다.

① 고대 국가로의 발전 순서 : 고구려, 백제, 신라 순으로 고대 국가로 발전하였다.

② 삼국의 성립 순서 : 김부식의 『삼국사기』에 따르면 신라, 고구려, 백제 순으로 나라가 성립되었다.

(2) 고구려의 건국과 성장

① 건국

㉠ 주몽을 비롯한 부여계 이주민과 압록강 유역 토착민이 연합하여 기원전 37년에 건국하였다.

㉡ 처음에는 졸본에 자리를 잡았으나 주변 소국을 정복하고 평야 지대로 진출하며 제2대 유리왕 때 국내성으로 도읍을 옮겼다.

② 기틀 마련

㉠ 태조왕(53~146)

ⓐ 정복 활동 : 동해안 쪽으로 진출하여 토지가 비옥하고 해산물이 풍부한 **옥저를 복속**하였다.

ⓑ 왕위 세습 : 강화된 왕권을 바탕으로 계루부 고씨가 왕위를 독점 세습하였다.

㉡ 고국천왕(179~197)

ⓐ **빈민 구제** : 국상 을파소의 건의에 따라 봄에 곡식을 빌려주고 가을에 돌려받는(춘대추납) 제도인 **진대법을 시행**하였다.

ⓑ 5부 개편 : 부족적 성격을 지닌 5부가 동·서·남·북·중부 등 행정적 성격의 5부(방위명)로 개편되며 5부 세력이 대부분 왕 아래에 귀족으로 편입되었다.

ⓒ 왕위 세습 : 왕위 계승을 형제 상속에서 부자 상속으로 바꾸었다.

> **국사(國史)편찬위원회에서 출제한 자료** ● 진대법
>
> 왕이 길에 앉아서 울고 있는 자를 보고, "어찌하여 우는가?" 하고 물었다. 대답하기를 "신은 매우 가난하여 늘 품팔이를 하여 어머니를 부양하여 모셔 왔는데 올해는 곡식이 자라지 않아 품팔이할 곳이 없고, 한 되 한 말의 곡식도 얻을 수 없어 이 때문에 울고 있습니다."라고 하였다. 이에 …… 담당 관청에 명하여 매년 봄 3월부터 가을 7월까지, 관의 곡식을 내어 집안 식구의 많고 적음에 따라 차등 있게 곡식을 꿔 주도록 하고, 겨울 10월에 이르러 갚게 하는 것을 법식으로 삼았다. - 『삼국사기』 -

㉢ 동천왕(227~248)

ⓐ 위(魏)를 견제하는 외교 전략을 펼쳐 세력 균형을 유지하려 하였으며, 압록강 입구에 위치한 서안평 지역을 공격하여 낙랑군이 중국과 연결되는 것을 차단하려 하였다.

ⓑ **위의 관구검이 이끄는 군대의 침입으로 환도성이 함락**되어 한때 위축되었다.

㉣ 미천왕(300~331)

ⓐ **서안평 점령** : 중국이 5호 16국으로 나뉜 혼란한 상황을 이용하여 압록강 하류 유역의 **서안평 지역을 점령하고 영토를 확장**하였다.

ⓑ **낙랑군·대방군 축출** : 한반도 내 중국 세력인 낙랑군과 대방군을 몰아낸 뒤 한반도 서북부 지역을 확보하였다.

● **부족적 성격을 지닌 5부**
고구려에는 연노부, 절노부, 순노부, 관노부, 계루부 등 다섯 부족 집단이 있었다.

● **5호 16국**
4세기 초반에서 5세기 중반에 다섯 북방 민족이 중국 북부를 차지하고 흥망을 거듭한 시대이다.

● **서안평**
압록강 하류 유역으로 현재 중국 랴오닝성 단둥 동북쪽이다.

③ 위기와 재정비

고국원왕 (331~371)	• 전연의 침입 : 선비족이 세운 전연의 왕 모용황의 침입을 받아 국내성이 불타고 아버지 미천왕의 시신을 도굴당하였으며, 어머니와 부인을 비롯한 5만 명이 전연에 포로로 끌려감 • 백제의 침입 : 백제 근초고왕과 평양성에서 전투를 벌이다가 전사함
소수림왕 (371~384)	• 불교 수용 : 전진의 승려 순도로부터 불교를 수용함 • 태학 설립 : 인재를 양성하기 위하여 국립 대학인 태학을 설립함 • 율령 반포 : 율령을 반포하여 국가 체제를 정비함

국사(國史)편찬위원회에서 출제한 자료 ●고국원왕의 전사

겨울 10월에 백제 왕(근초고왕)이 병력 3만을 거느리고 평양성을 공격해 왔다. 고구려 왕 사유(고국원왕)가 군대를 내어 막다가 흐르는 화살에 맞아 이달 23일에 서거하였다. 고국(故國)의 들에 장사지냈다.

-『삼국사기』-

국사(國史)편찬위원회에서 출제한 자료 ●소수림왕의 업적

전진 왕 부견이 사신과 승려 순도를 보내 불상과 경전을 보내왔다. 왕이 사신을 보내 사례하고 방물(方物)을 바쳤다. 태학을 세우고 자제를 교육시켰다. -『삼국사기』-

④ 발전

㉠ 광개토 대왕(391~413)

체제 정비	연호 사용 : '영락'이라는 독자적인 연호를 사용함
영토 확장	• 백제 공격 : 즉위 초부터 백제 지역을 공격하여 한강 이북 지역을 차지함 • 요동 진출 : 후연을 격퇴하고 요동 땅을 차지함 • 만주 진출 : 거란을 격퇴하고 만주로 진출함 • 한반도 남부 진출 ㉠ 신라 내물 마립간의 요청으로 신라에 침입한 왜를 격퇴하고 한반도 남부 지역에 영향력을 행사함 ㉡ 가야 중심지가 금관가야에서 대가야로 이동하는 계기가 됨 ㉢ 관련 유물·유적 : 호우명 그릇, 광개토 대왕릉비

● 연호
임금이 즉위한 해부터 매년 연도와 함께 붙이는 칭호이다.

'연가' 연호 사용
고구려 제20대 국왕 장수왕 또는 제23대 국왕 안원왕이 사용한 연호로 추정하지만 안원왕으로 보는 견해가 더 일반적이다.

● 호우명 그릇

경주 호우총에서 출토된 그릇으로, 밑바닥에 새겨진 '을묘년국강상광개토지호태왕호우십'이라는 글귀에서 호우명 그릇은 고구려에서 광개토 대왕을 위하여 만들었다는 사실과 당시 신라에 대한 고구려의 영향력을 알 수 있다.

국사(國史)편찬위원회에서 출제한 자료 ●광개토 대왕의 영토 확장

• 영락 6년 병신(丙申)에 왕이 친히 군사를 이끌고 백제를 토벌하였다. …… 백제가 의(義)에 복종치 않고 감히 나와 싸우니 왕이 크게 노하여 아리수를 건너 정병(精兵)을 보내 그 도성에 육박하였다. …… 이에 백제왕이 …… 영구히 고구려 왕의 노객(奴客)이 되겠다고 맹세하였다.
• 신라가 사신을 보내 왕에게 말하기를, "왜인이 그 국경에 가득 차 성을 부수었으니, 노객(신라 왕)은 백성된 자로서 왕에게 귀의하여 분부를 청한다."라고 하였다. …… 영락 10년 왕이 보병과 기병 5만 명을 보내 신라를 구원하게 하였다. …… 고구려군이 도착하자 왜적이 퇴각하였다. -『광개토 대왕릉비』-

능력(能力) 향상을 위한 OX

			정답
01	고구려 고국천왕은 국상 을파소의 건의에 따라 진대법을 시행하였다.	( )	○
02	고구려 미천왕은 서안평을 점령하고 영토를 확장하였다.	( )	○
03	고구려 고국원왕은 인재를 양성하기 위하여 태학을 설립하였다.	( )	×
04	고구려 광개토 대왕은 전진의 승려 순도로부터 불교를 수용하였다.	( )	×

㉡ 장수왕(413~491)

영토 확장	• **평양 천도** : 국내성을 기반으로 한 귀족 세력을 약화시키고자 수도를 국내성에서 평양성으로 옮김 • **남조·북조와의 외교** : 장수왕은 대립하던 북조의 북위 및 남조의 송과 외교 관계를 맺고 본격적으로 남진 정책을 추진함 • **한성 함락** : 백제의 수도 한성을 공격하여 함락시키고 개로왕을 죽임 • 영토를 죽령 일대부터 남양만 일대까지 확장함
비석 건립	• 광개토 대왕릉비를 건립함 ㉠ 추모왕(고주몽)의 건국 이야기가 새겨짐 ㉡ '영락'이라는 연호를 사용한 사실이 나타남 ㉢ 백제를 공격한 사실이 기록됨 ㉣ 신라의 요청으로 왜를 격퇴한 사실이 새겨짐 • 충주 고구려비를 건립함: ㉠ 고구려의 관등명이 기록됨 ㉡ 신라 왕을 '동이매금'이라 칭함 ㉢ 한반도에서 발견된 유일한 고구려 비석 ㉣ 고구려가 남한강 유역까지 진출하였음을 보여 줌

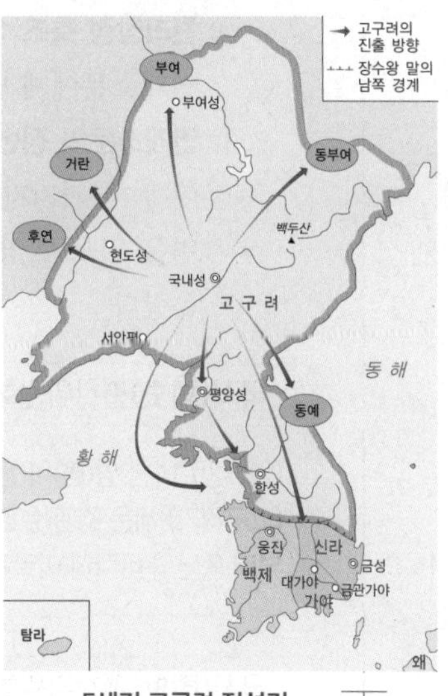

5세기 고구려 전성기

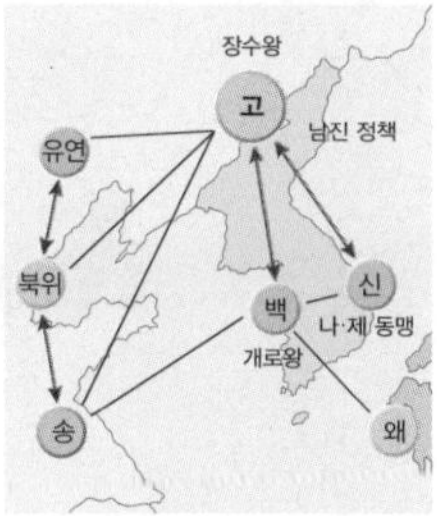

5세기 고구려의 대외 관계

광개토 대왕릉비

충주 고구려비

국사(國史)편찬위원회에서 출제한 **자료** ●장수왕의 한성 함락

고구려 왕(장수왕) 거련이 몸소 군사를 거느리고 백제를 공격하였다. 백제 왕 경이 아들 문주(문주왕)를 보내 구원을 요청하였다. 왕이 군사를 내어 구해 주려 하였으나 미처 도착하기도 전에 백제가 이미 무너졌다. 경(개로왕) 또한 피살되었다. -『삼국사기』-

국사(國史)편찬위원회에서 출제한 **자료** ●충주 고구려비문

5월에 고려 대왕(高麗大王)의 상왕공(相王公)과 신라 매금(寐錦)은 대대로 형제같이 지내고 상하(上下)가 화목하게 천도(天道)를 지키기를 원하여 동쪽으로 왔다. …… 동이매금(東夷寐錦)에게 의복을 내려주었고 …… 신라토내당주(新羅土內幢主) 하부(下部) 발위사자(拔位使者) 보노(補奴)와 □□노(奴)와 □□□□개로(盖盧)가 함께 신라 영토 내 여러 사람을 모아서 움직였다.

㉢ 문자명왕(491~519) : 북부여를 완전히 병합하여 고구려 최대 영토를 확보하였다.

● **문자명왕**
문자명왕 또는 문자왕이라고도 표기한다.

⑤ 7세기 고구려의 상황

㉠ 영양왕(590~618)

ⓐ **아단성(아차산성) 전투(590)** : **온달**이 신라에 빼앗긴 영토를 되찾기 위하여 아단성에서 전투를 벌였으나 전사하였다.

ⓑ **역사서 편찬** : **이문진이 기존의 『유기』 100권을 정리하여 『신집』 5권을 편찬**하였다.

ⓒ **살수 대첩(612)** : **을지문덕이 수의 침공을 살수(청천강)에서 막아 냈다.**

국사(國史)편찬위원회에서 출제한 **자료** ●온달의 아단성(아차산성) 전투

"생각건대 신라가 우리의 땅을 빼앗아 군현으로 삼아서, 그곳의 백성들이 가슴 아파하고 원망스러워 하며 부모의 나라를 잊은 적이 없습니다. 원컨대 대왕께서는 저를 어리석고 못나다 생각하지 마시고 저에게 군사를 주신다면, 단번에 우리 땅을 반드시 되찾겠습니다."라고 온달이 왕에게 아뢰었다. …… 마침내 온달이 출전하여 신라군과 아단성 아래에서 전투를 하였는데, 날아오는 화살에 맞아 쓰러져 사망하였다. -『삼국사기』-

㉡ 영류왕(618~642)

ⓐ **천리장성 축조** : **당의 침입에 대비하여 천리장성을 축조**하기 시작하였는데, **감독을 연개소문에게 맡겼다.**

ⓑ **연개소문의 정변(642)** : 천리장성 축조를 감독하는 일을 담당하는 연개소문의 세력이 점차 커지자, 여러 대신이 그를 죽일 계획을 세웠다. 이를 눈치챈 연개소문은 정변을 일으켜 영류왕과 여러 대신들을 죽이고 보장왕을 옹립한 뒤 스스로 막리지에 올랐다.

국사(國史)편찬위원회에서 출제한 **자료** ● 천리장성 축조 시작

(영류왕) 14년 당(唐)이 광주사마 장손사를 보내 수(隋) 병사의 유해가 묻힌 곳에 와서 제사 지내게 하고, (고구려가) 세운 경관(京觀)을 허물어 버렸다. 봄 2월에 왕이 많은 사람들을 동원하여 동북의 부여성에서부터 동남의 바다에 이르기까지 천여 리에 걸쳐 장성(長城)을 축조하기 시작하였다. -『삼국사기』-

국사(國史)편찬위원회에서 출제한 **자료** ● 연개소문의 정변

여러 대인(大人)과 왕은 몰래 연개소문을 죽이고자 논의하였는데 일이 새어 나갔다. 연개소문은 부병(部兵)을 모두 모아 놓고 마치 군대를 사열할 것처럼 꾸몄다. …… 손님이 이르자 모두 살해하니, 1백여 명이었다. 그리고 말을 달려 궁궐로 들어가 왕을 시해하였다. …… 연개소문은 왕제(王弟)의 아들인 장(臧)을 세워 왕으로 삼고 스스로 막리지가 되었다. -『삼국사기』-

㉢ 보장왕(642~668)

ⓐ **안시성 전투(645)** : 당은 연개소문의 정변을 구실로 고구려를 침입하여 요동성·백암성 등을 함락시키고 안시성을 공격하였으나, 성주 양만춘과 백성들이 힘을 합쳐 당을 막아 냈다.

ⓑ **천리장성 완성** : 영류왕 때부터 축조하기 시작한 천리장성을 완성하였다.

ⓒ 고구려 멸망(668) : 고구려가 나·당 연합군의 공격으로 멸망하였다.

성주 양만춘
기록마다 표기가 다르다. 안시성 성주라고만 표기된 기록물도 있고 안시성 성주 양만춘이라고 표기된 기록물도 존재한다. 한국사능력검정시험에서는 양만춘이라고 명시되어 출제되었다.

(3) 백제의 건국과 성장

① 건국

㉠ **온조**와 비류 등 부여·고구려계 유이민과 한강 유역의 토착 세력이 연합하여 기원전 18년에 **하남 위례성을 수도로 삼아** 백제를 건국하였다.

㉡ 처음에는 마한의 소국 중 하나인 백제국으로 시작하였지만, 점차 주변 지역을 복속하며 성장하였다.

② 기틀 마련과 성장

㉠ 고이왕(234~286)

체제 정비	• **관제 마련** : **6좌평** 16관등제의 관제를 마련함 • **공복 제정** : 자색·비색·청색의 관복제를 도입함 • **율령 반포** : 율령을 반포하여 국가 체제를 정비함
영토 확장	목지국 정벌 : 마한의 **목지국을 정벌하여** 한강 유역을 차지하면서 **마한 지역의 맹주로 발돋움함**

능력(能力) 향상을 위한 OX 정답

01 고구려 장수왕은 백제의 수도 한성을 공격하여 함락시켰다. ( ) ○

02 고구려 영양왕 때 온달이 아단성(아차산성) 전투에서 전사하였다. ( ) ○

ⓒ **근초고왕**(346~375)

체제 정비	• 왕위 세습 : 왕위 계승을 형제 상속에서 부자 상속으로 바꿈 • 역사서 편찬 : 고흥으로 하여금 『서기』를 편찬하도록 함
영토 확장	• 마한 정벌 : 마한의 잔여 세력을 병합함 • 평양성 전투 : 고구려 평양성을 공격하여 고국원왕을 전사시킴
진출 및 교류	• 진출 : 요서 지역으로 진출함 • 교류 : 중국 동진과 교역하고 왜의 규슈와 교류함

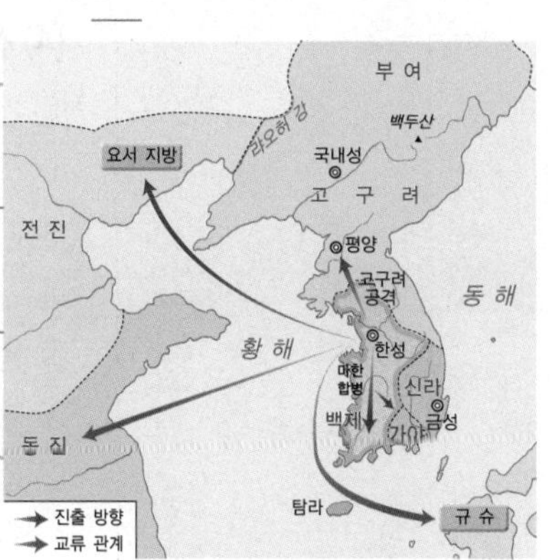

4세기 백제 전성기

요서 지역으로 진출
『송서』, 『양서』 등 중국 역사서에 기록이 남아 있지만 우리나라 역사서에는 기록되어 있지 않아 사실 여부에 대하여 논란이 있다.

ⓒ **침류왕**(384~385) : **중국 동진의 승려 마라난타로부터 불교를 수용하였다.**

③ 위기

㉠ 비유왕(427~455) : 고구려 장수왕의 남진 정책에 대항하여 **신라 눌지 마립간과 나·제 동맹을 체결하였다.**

㉡ 개로왕(455~475) : **북위에 국서를 보내 고구려를 견제**하고자 하였으나, 고구려 장수왕의 공격으로 **수도 한성을 함락당하고 전사하였다.**

㉢ 문주왕(475~477) : **수도를 한성에서 웅진(공주)으로 옮겼다.**

㉣ 동성왕(479~501) : 신라 소지 마립간과 **결혼 동맹**을 맺어 나·제 동맹을 더욱 강화하였다.

④ 중흥을 위한 노력

무령왕 (501~523)	• 지방 통제 : 지방에 22담로를 설치하고 왕족을 파견함 • 교류 : 중국 남조와 활발히 교류함
성왕 (523~554)	• 천도와 국호 변경 : 사비(부여)로 천도하고 국호를 남부여로 고침 • 체제 정비 : 중앙 관청을 22부, 수도를 5부, 지방을 5방으로 정비함 • 나·제 동맹 결렬 ㉠ 신라 진흥왕과 연합하여 일시적으로 한강 하류를 수복하였으나, 신라 진흥왕의 배신으로 빼앗김 ㉡ 신라를 공격하다가 관산성 전투에서 전사함

국사(國史)편찬위원회에서 출제한 자료 ● 성왕

• 왕 16년 봄, 사비(일명 소부리라고 한다)로 도읍을 옮기고 국호를 남부여라고 하였다.
• 왕 32년 가을, 신라를 습격하기 위하여 왕이 직접 보병과 기병 50명을 거느리고 밤에 구천(拘川)에 이르렀는데, 신라 복병과 만나 싸우다가 신라군에게 살해되었다. - 『삼국사기』 -

⑤ 7세기 백제의 상황

㉠ **무왕**(600~641) : **익산에 미륵사를 창건**하고 익산으로 천도를 시도하였다.

㉡ **의자왕**(641~660)

ⓐ **대야성 공격(642)** : **윤충을 보내 신라 대야성을 비롯한 40여 개 성을 빼앗았다.**

ⓑ **멸망(660)** : **황산벌 전투에서 계백이 활약**하였으나 나·당 연합군의 공격으로 백제가 멸망하였다.

능력(能力) 향상을 위한 OX

			정답
01	백제 근초고왕은 고구려 평양성을 공격하였다.	( )	○
02	백제 문주왕은 수도를 사비로 옮겼다.	( )	×

(4) 신라의 건국과 발전

① 건국

㉠ 기원전 57년에 건국되었으며 시조는 박혁거세이다.

㉡ 진한의 소국 중 하나인 사로국에서 출발하였으며 경주 일대 6부 연맹에 기초하여 진한의 소국들을 복속하며 성장하였다.

② 왕호 변천 : 신라 왕의 칭호는 거서간(군장, 귀인), 차차웅(제사장, 무당), 이사금(연장자, 계승자), 마립간(대군장), 왕 순으로 변하였다.

③ 왕위 세습

㉠ 초기부터 이사금 칭호를 사용할 때까지는 **박·석·김의 3성이 교대로 왕위를 세습**하였다.

㉡ 내물 마립간 때부터 **김씨가 왕위를 세습**하였다.

㉢ 눌지 마립간은 왕위 계승 방식을 부자 상속으로 확립하였다.

④ 성장

㉠ 내물 마립간(356~402)

ⓐ 왕권 강화 : **최초로 마립간이라는 칭호를 사용**하였다.

ⓑ 고구려의 지원 : **고구려 광개토 대왕의 도움을 받아 신라에 침입한 왜구를 격퇴**하였다.

㉡ 눌지 마립간(417~458) : 고구려 장수왕이 남진 정책을 펴자 이에 압박을 느끼고 백제 **비유왕과 나·제 동맹을 체결**하였다.

㉢ 소지 마립간(479~500) : 백제 동성왕의 요청을 받아들여 **이찬 비지의 딸을 동성왕에게 시집보냈다(결혼 동맹)**.

국사(國史)편찬위원회에서 출제한 **자료** ● 결혼 동맹 체결

소지 마립간 13년 3월에 백제 왕 모대가 사신을 보내 혼인을 청하였다. 왕은 이(벌)찬 비지의 딸을 보냈다.
-『삼국사기』-

⑤ 발전

지증왕 (500~514)	• 국호 및 왕호 : 국호를 '신라'로 정하고 왕호를 중국식 칭호인 '왕'으로 바꿈 • 동시전·동시 설치 : 시장을 감독하는 관청인 동시전을 설치하고, 다음 해 경주 동쪽에 동시(東市)를 설치함 • 우산국 복속 : 이사부로 하여금 지금의 울릉도인 우산국을 정벌하도록 함 • 순장 금지 : 순장을 금지하여 노동력을 확보하고자 함 • 우경 시행 : 우경을 장려하여 농업 생산력을 높임

국사(國史)편찬위원회에서 출제한 **자료** ● 지증왕

- 여러 신하들이 아뢰기를, "신들의 생각으로는 신(新)은 '덕업이 날로 새로워진다.'는 뜻이고, 라(羅)는 '사방(四方)을 망라한다.'는 뜻이므로 이를 나라 이름으로 삼는 것이 마땅하다고 여겨집니다."라고 하였다. 왕이 이에 따랐다.
- 3년 3월, 주주(州主)와 군주(郡主)에게 농사를 권장하도록 명하니, 비로소 우경(牛耕)이 시작되었다.
- 우산국은 명주(강원도 강릉)의 정동쪽 바다에 있는 섬으로 울릉도라고도 한다. 땅은 사방 백 리인데, 지세가 험한 것을 믿고 항복하지 않았다. 이찬 이사부가 하슬라주 군주가 되어 말하기를 "우산국 사람은 어리석고도 사나워서 힘으로 다루기는 어려우니 계책으로 복종시켜야 한다."라고 하고, 바로 나무로 사자를 가득 만들어 전함에 나누어 싣고 그 나라 해안에 이르렀다. 이사부는 거짓으로 말하였다. "너희가 만약 항복하지 않으면 이 사나운 짐승을 풀어 밟아 죽이겠다." 그 나라 사람들이 두려워하며 즉시 항복하였다.

-『삼국사기』-

법흥왕 (514~540)	• 체제 정비 ㉠ **병부를 설치**하여 군사권을 장악함 ㉡ **율령을 반포**하고 **상대등을 설치**하여 중앙 집권 체제를 확립함 ㉢ 관등을 17등급으로 나누고 공복을 제정하였으며, 골품제를 정비함 • 불교 공인 : **이차돈의 순교를 계기로 불교를 공인함** • 금관가야 복속 : **금관가야의 왕 김구해가 항복하며 금관가야를 병합함** • 연호 사용 : **'건원'이라는 독자적인 연호를 사용함** • 비석 건립 : **울진 봉평리 신라비**와 영천 청제비를 건립함

국사(國史)편찬위원회에서 출제한 **자료** ● 법흥왕

- 정월에 율령을 반포하고, 처음으로 관리들의 공복(公服)을 제정하였다. 붉은빛과 자줏빛으로 등급을 표시하였다.
- 4월에 이찬 철부를 상대등으로 삼아 나라의 일을 총괄하게 하였다. 상대등의 관직은 이때 처음 생겼는데, 지금의 재상과 같다.
- 금관국의 왕인 김구해가 왕비와 세 명의 아들, 즉 큰아들인 노종, 둘째 아들인 무덕, 막내아들인 무력과 함께 나라의 창고에 있던 보물을 가지고 와서 항복하였다. - 『삼국사기』 -

진흥왕 (540~576)	• **화랑도 정비** : 인재 양성을 위하여 **화랑도를 국가적인 조직으로 개편함** • 독산성 전투 : 백제의 요청을 받아 독산성에 군사를 보내 고구려군을 물리침 • 영토 확장 ㉠ 백제 성왕과 연합하여 **한강 상류 지역을 차지하고 이후 백제가 점령한 한강 하류를 빼앗음** ㉡ 신라는 한강 유역을 장악함으로써 경제 기반을 강화하고 전략 거점을 확보하였으며, 당항성에서 중국과 직접 교역할 수 있게 되어 삼국 경쟁의 주도권을 확보함 ㉢ **대가야를 병합**하여 낙동강 유역을 차지함 ㉣ 함경도 원산만 일대로 진출함 • 비석 건립 : **단양 신라 적성비와 4개의 순수비**(북한산비, 창녕비, 황초령비, 마운령비)를 건립함 • 불교 정비 : 불교 교단을 정비하고 **황룡사를 건립함** • 역사서 편찬 : **거칠부로 하여금 『국사』를 편찬하도록 함** • **품주 설치** : 국가 재정 업무를 담당하는 관청인 품주를 설치함

6세기 신라 전성기

● **4개의 순수비**
북한산비, 창녕비, 황초령비, 마운령비의 정식 명칭은 각각 서울 북한산 신라 진흥왕 순수비, 창녕 신라 진흥왕 척경비, 황초령 신라 진흥왕 순수비, 마운령 신라 진흥왕 순수비이다.

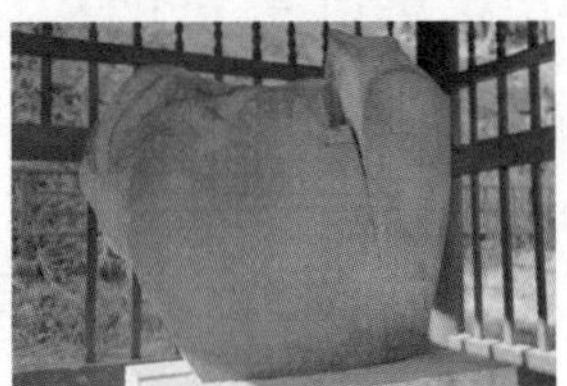
단양 신라 적성비

서울 북한산 신라 진흥왕 순수비

창녕 신라 진흥왕 척경비

국사(國史)편찬위원회에서 출제한 **자료** ● 진흥왕

- 고구려 왕 평성이 예와 공모하여 한수 이북의 독산성을 공격해 왔다. 왕이 신라에 사신을 보내 구원을 요청하였다. 신라 왕이 장군 주진을 시켜 갑병 3천 명을 거느리고 떠나게 하였다. 주진은 밤낮으로 행군하여 독산성 아래에 이르렀는데, 그곳에서 고구려 군사들과 일전을 벌여 크게 이겼다.
- 왕 6년 가을 7월에 이찬 이사부가 아뢰기를, "국사(國史)라는 것은 군주와 신하의 선악을 기록하여 만대에 포폄(褒貶)을 보여 주는 것이니 편찬하지 않으면 후대에 무엇을 보이겠습니까?"라고 하였다. 이에 왕이 진실로 그렇다고 여겨서 대아찬 거칠부 등에게 명하여 널리 문사들을 모아서 이를 편찬하도록 하였다. - 『삼국사기』 -

⑥ 7세기 신라의 상황

㉠ 진평왕(579~632)

ⓐ 수와의 외교 : 수와 외교 관계를 맺고 **원광에게 군사를 일으켜 고구려를 치기를 바라는 내용을 담은 걸사표를 짓게 하여** 수에 보냈다.

ⓑ **위화부 설치** : 관리의 인사를 담당하는 위화부를 설치하였다.

국사(國史)편찬위원회에서 출제한 **자료** ● 원광의 걸사표

왕(진평왕)이 고구려가 자주 국경을 침략하는 것을 걱정하여 수에 군사를 요청해 고구려를 치고자 원광(圓光)에게 명하여 걸사표(乞師表)를 짓도록 하였다. 원광이 말하기를, "자기가 살고자 남을 멸하는 것은 출가한 승려로서 적합한 행동은 아니지만, 제가 대왕의 땅에서 살고 대왕의 물과 풀을 먹고 있으니 감히 명을 따르지 않겠습니까."라고 하면서 글을 지어 아뢰었다.
-『삼국사기』-

㉡ 선덕 여왕(632~647)

ⓐ **경주 첨성대 설치** : 천체를 관측하기 위하여 경주 첨성대를 건립하였다.

ⓑ **황룡사 구층 목탑 건립** : **승려 자장의 건의**에 따라 황룡사 구층 목탑을 건립하였다.

ⓒ **비담과 염종의 난(647)** : 여왕이 정치를 잘못한다는 이유로 상대등 비담과 염종이 난을 일으켰으나, 김유신 등이 이를 진압하였다. 하지만 선덕 여왕은 난이 완전히 진압되기 전에 사망하였다.

국사(國史)편찬위원회에서 출제한 **자료** ● 황룡사 구층 목탑 건립

신령한 사람이 (자장에게) 일러서 "지금 너희 나라는 여자로서 임금을 삼았기 때문에 덕은 있으나 위엄이 없으므로 이웃 나라들이 해치려고 하니 …… 황룡사에 9층탑을 세우면 이웃 나라들이 항복을 하고 9개 나라가 와서 조공할 것이며 왕위가 길이 평안하리라." 하였다. …… 귀국하여 탑을 세우는 일에 대하여 왕에게 아뢰었다.
-『삼국사기』-

㉢ 진덕 여왕(647~654)

ⓐ **나·당 동맹 결성** : 고구려의 힘을 빌리는 데 실패한 신라는 당에 구원을 청하기로 하였다. 이에 **김춘추가 당으로 건너가** 당 태종에게 군사를 청하였고, 태종이 이를 수락하였다.

ⓑ **집사부 설치** : **김춘추의 건의에 따라 국왕 직속 최고 관부인 집사부를 설치하였다.**

능력(能力) 향상을 위한 OX

			정답
01	신라는 내물 마립간 이전에 박, 석, 김씨가 교대로 왕위를 계승하였다.	( )	○
02	신라 눌지 마립간은 고구려 광개토 대왕의 도움을 받아 신라에 침입한 왜구를 격퇴하였다.	( )	×
03	신라 지증왕은 건원이라는 독자적인 연호를 사용하였다.	( )	×
04	신라 지증왕은 순장을 금지하여 노동력을 확보하고자 하였다.	( )	○
05	신라 지증왕은 농업 생산력을 높이고자 우경을 시행하였다.	( )	○
06	신라 법흥왕은 율령을 반포하고 상대등을 설치하였다.	( )	○
07	신라 법흥왕은 대가야를 병합하여 낙동강 유역을 차지하였다.	( )	×
08	신라 법흥왕은 공복을 제정하고 골품제를 정비하였다.	( )	○
09	신라 진흥왕은 백제의 요청을 받아 독산성에서 고구려군을 물리쳤다.	( )	○
10	신라 진흥왕은 거칠부로 하여금 『국사』를 편찬하도록 하였다.	( )	○

2 가야의 성립과 발전

(1) 가야 연맹의 형성

① 낙동강 하류의 변한 지역에서 성장하였다.

② 변한은 철이 풍부하여 철기 문화가 발달하였으며, 이를 바탕으로 농업도 발전하였다.

③ 변한의 12개 소국은 3세기 무렵 발달한 철기 문화와 우수한 입지 조건을 바탕으로 김해의 금관가야를 중심으로 6가야의 연맹 왕국으로 발전하였으나, 중앙 집권 국가로 성장하지 못하였다.

④ 관련 기록 : **『삼국유사』「가락국기」**에 가야에 대한 기록이 있다.

(2) 금관가야

① 성립 : 42년에 **시조 김수로**가 **김해 지역**에 금관가야(구야국)를 건국하였다.

> **국사(國史)편찬위원회에서 출제한 자료** ● 김수로 탄생 설화
>
> 북쪽 구지봉(龜旨峯)에 신비한 기운이 있어 사람들이 모이니 하늘에서 나라를 새로 세워 임금을 모시라는 소리가 들렸다. 얼마 후 하늘에서 붉은 보자기에 싸인 금으로 만든 상자가 내려와 열어 보니 황금 알 여섯 개가 있었다. 여섯 알은 얼마 후 어린아이가 되었는데 첫 번째 아이를 왕으로 모셨다. 세상에 처음 나타났다고 하여 이름을 수로(首露)라고 하였다. - 『삼국유사』 -

② 3세기 무렵부터 **전기 가야 연맹을 주도**하였다.

③ **낙랑과 왜를 연결하는 중계 무역으로 번성하였다.**

④ **철 생산량이 많아** 덩이쇠를 화폐처럼 사용하였으며, **낙랑과 왜 등에 철을 수출하였다.**

⑤ 4세기 말에서 5세기 초에 고구려 광개토 대왕의 공격으로 쇠퇴하였다.

⑥ **6세기에 신라 법흥왕에게 병합되었다.**

⑦ 관련 유적 및 유물 : 김수로 탄생 설화와 관련된 구지봉과 **김해 대성동 고분군**이 대표 유적이며, 유물로는 김해 대동면 덕산리에서 도기 기마인물형 뿔잔이, **김해 대성동 고분군에서 판갑옷**과 청동솥, 호계사 파사 석탑이 출토되었다.

김해 대동면 덕산리 출토 도기 기마인물형 뿔잔

김해 대성동 고분군 출토 판갑옷

(3) 대가야

① 고구려 광개토 대왕의 공격으로 전기 가야 연맹이 약화되며 5세기 후반에는 시조 **이진아시왕이 건국한 고령의 대가야가 후기 가야 연맹을 주도**하였다.

② 삼국이 경쟁하는 틈을 타 세력을 넓히기도 하였으나, 백제와 신라의 팽창 과정에서 압박을 받았다.

③ **6세기에 신라 법흥왕과 결혼 동맹을 맺어** 고립에서 탈피하고자 하였으나, **신라 진흥왕에게 병합되었다.**

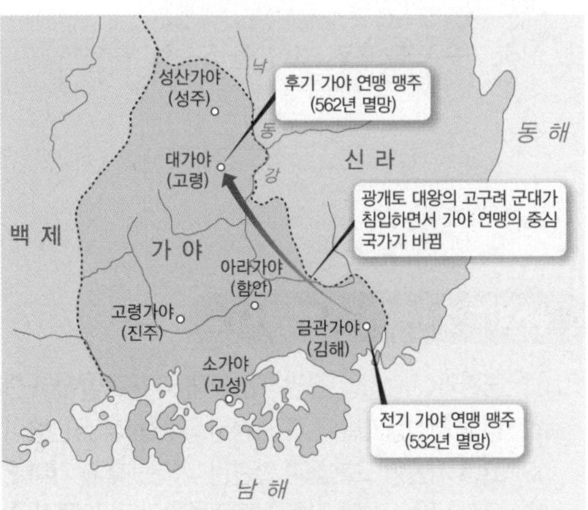

가야의 중심지 이동

● **6가야**
『삼국유사』에 의하면 금관가야·대가야·소가야·아라가야·고령가야·성산가야를 의미한다.

● **김수로**
『삼국유사』 기록에 따르면 금관가야의 시조 김수로는 구지봉에서 태어났고, 인도의 아유타국(阿踰陀國)에서 온 공주(허황옥)와 혼인하였다.

● **호계사 파사 석탑**

금관가야 시조 수로왕의 왕비 허황옥이 동한(東漢) 건무 24년에 서역 아유타국에서 싣고 온 석탑이다.

김해 대성동 고분군 출토 청동솥

국사(國史)편찬위원회에서 출제한 자료 ● 대가야

고령군은 본래 대가야로 시조 이진아시왕에서 도설지왕까지 모두 16대에 걸쳐 520년간 이어졌던 곳이다. 진흥왕이 공격하여 멸망시키고 그 땅을 군(郡)으로 삼았다. 경덕왕이 이름을 고쳐 지금(고려)에 이르고 있다. -『삼국사기』-

② 관련 유적 및 유물 : **고령 지산동 고분군**과 이곳에서 출토된 **판갑옷과 투구, 금동관**이 대표적이다.

고령 지산동 고분군 출토 판갑옷과 투구

고령 지산동 고분군 출토 금동관

3 삼국의 통치 체제 정비

(1) 삼국 통치 체제

① 삼국은 중앙 집권적 고대 국가로 성장하며 왕을 중심으로 일원적 통치 체제를 갖추었다.
② 정복한 영토를 행정 구역으로 편입하여 다스렸다.

(2) 중앙 관제와 관등제 정비

관등제에는 중앙 집권 체제가 정비되는 과정에서 군장 세력이 자신의 특권을 보장하려는 의도가 반영되었다.

① **고구려** : 4세기 무렵 각 부의 관료 조직을 중앙으로 흡수하여 **수상 대대로** 이하 10여 관등을 정비하였다.
② 백제 : 3세기 고이왕 때 **6좌평** 16관등제가 마련되었으며 **수상은 상좌평**이다.
③ 신라 : 6세기 법흥왕 때 17관등제를 정비하고 **수상으로 상대등**을 두었다.

(3) 귀족 회의 제도

귀족 회의의 존재는 삼국의 정치가 국왕 중심의 귀족 정치였음을 보여 준다.

① 고구려 : 제가 회의를 열어 국가 중대사를 결정하였다.
② **백제** : **정사암 회의**를 열어 **재상을 선출하고** 귀족이 국가의 중요 정책을 결정하였다.
③ **신라** : **만장일치제의 화백 회의**를 열어 대표를 선출하고 중요한 일을 결정하였다.

정사암 회의
『삼국유사』에 따르면 귀족들이 충남 부여 호암사 내 천정대에 있는 정사암이라는 바위에 모여 회의를 하였다고 한다.

(4) 행정 구역

① 고구려 : 수도를 5부, 지방을 5부로 편제하고 특수 행정 구역으로 3경을 두었다.
② 백제 : 수도를 5부, 지방을 5방으로 편제하고 6세기 무령왕 때 특수 행정 구역으로 22담로를 설치하였다.
③ 신라 : 수도를 6부, 지방을 5주로 편제하고 특수 행정 구역으로 2소경을 두었다.

능력(能力) 향상을 위한 OX

			정답
01	금관가야는 중앙 집권적인 고대 국가로 발전하였다.	( )	×
02	김해 대성동 고분군과 관련된 나라는 철 생산량이 많아 낙랑과 왜 등에 수출하였다.	( )	○
03	고령 지산동 고분군과 관련된 나라는 후기 가야 연맹을 주도하였다.	( )	○
04	금관가야는 신라 진흥왕에게 병합되었고, 대가야는 신라 법흥왕에게 병합되었다.	( )	×

검정(檢定)된 기출문제

정답 및 해설 P. 371

01

(가), (나) 사이의 시기에 있었던 사실로 옳은 것은?

> (가) 겨울 10월에 백제 왕이 병력 3만을 거느리고 평양성을 공격해 왔다. 왕이 군대를 내어 막다가 흐르는 화살(流矢)에 맞아 이달 23일에 서거하였다. 고국(故國)의 들에 장사 지냈다. -『삼국사기』-
>
> (나) 가을 7월에 고구려 왕 거련(巨連)이 몸소 군사를 거느리고 백제를 공격하였다. 백제 왕 경(慶)이 아들 문주(文周)를 (신라에) 보내 구원을 요청하였다. 왕이 군사를 내어 구해주려 했으나 미처 도착하기도 전에 백제가 이미 (고구려에) 함락되었고, 경 역시 피살되었다. -『삼국사기』-

① 미천왕이 낙랑군을 몰아내었다.
② 당이 평양에 안동도호부를 설치하였다.
③ 이문진이 유기를 간추린 신집을 편찬하였다.
④ 고구려가 후연을 공격하고 요동 땅을 차지하였다.
⑤ 관구검이 이끄는 위의 군대가 고구려를 침략하였다.

02

(가) 왕의 업적으로 옳은 것은?

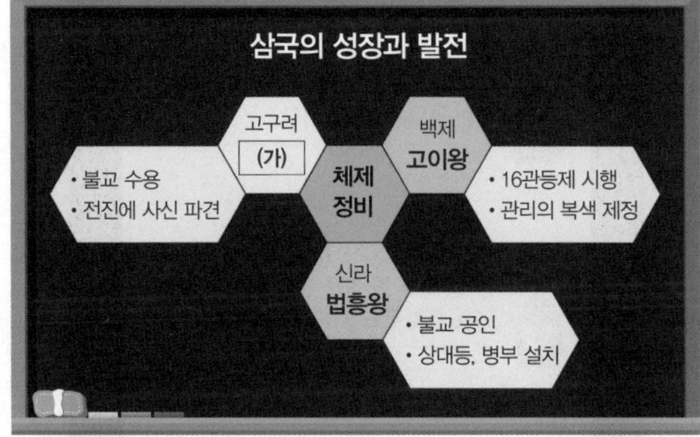

① 도읍을 국내성에서 평양으로 옮겼다.
② 태학을 설립하여 인재를 양성하였다.
③ 서안평을 공격하여 영토를 확장하였다.
④ 연가라는 독자적인 연호를 사용하였다.
⑤ 신라에 군대를 파견하여 왜를 격퇴하였다.

03

다음 자료에 해당하는 왕에 대한 설명으로 옳은 것은?

① 국호를 남부여로 개칭하였다.
② 금마저에 미륵사를 창건하였다.
③ 고흥에게 서기를 편찬하게 하였다.
④ 윤충을 보내 대야성을 함락하였다.
⑤ 동진에서 온 마라난타를 통해 불교를 수용하였다.

04

다음 정책을 실시한 왕에 대한 설명으로 옳은 것은?

> • 정월에 율령을 반포하고, 처음으로 관리들의 공복(公服)을 제정하였다. 붉은빛과 자줏빛으로 표시하였다.
> • 4월에 이찬 철부를 상대등으로 삼아 나라의 일을 총괄하게 하였다. 상대등의 관직은 이때 처음 생겼는데, 지금의 재상과 같다. -『삼국사기』-

① 이사부를 보내 우산국을 복속시켰다.
② 관료전을 지급하고 녹읍을 폐지하였다.
③ 거칠부로 하여금 국사를 편찬하게 하였다.
④ 이차돈의 순교를 계기로 불교를 공인하였다.
⑤ 자장의 건의로 황룡사 구층 목탑을 건립하였다.

05

밑줄 그은 '왕'에 대한 설명으로 옳은 것은?

왕 6년 가을 7월에 이찬 이사부가 아뢰기를, "국사(國史)라는 것은 군주와 신하의 선악을 기록하여 만대에 포폄(褒貶)*을 보여 주는 것이니 편찬하지 않으면 후대에 무엇을 보이겠습니까?"라고 하였다. 이에 왕이 진실로 그렇다고 여겨서 대아찬 거칠부 등에게 명하여 널리 문사들을 모아서 [이를] 편찬하도록 하였다. －『삼국사기』－

*포폄(褒貶) : 칭찬과 비판을 하거나 또는 시비와 선악을 판단하여 결정함

① 백성에게 정전을 지급하였다.
② 국가적인 조직으로 화랑도를 개편하였다.
③ 국학을 설립하여 유학 교육을 실시하였다.
④ 최고 지배자의 칭호를 마립간이라 하였다.
⑤ 지방관 감찰을 위하여 외사정을 파견하였다.

06

(가) 나라에 대한 설명으로 옳은 것은?

호계사의 파사 석탑(婆娑石搭)은 옛날 이 고을이 (가) 이었을 때, 시조 수로왕의 왕비 허황옥이 동한(東漢) 건무 24년에 서역 아유타국에서 싣고 온 것이다. …… 탑은 사각형에 5층인데, 그 조각은 매우 기이하다. 돌에는 희미한 붉은 무늬가 있고 그 질이 매우 연하여 우리나라에서 나는 돌이 아니다. －『삼국유사』－

① 철이 많이 생산되어 왜 등에 수출하였다.
② 만장일치제로 운영된 화백 회의가 있었다.
③ 빈민을 구제하기 위하여 진대법을 실시하였다.
④ 지방을 통제하기 위하여 22담로를 설치하였다.
⑤ 박, 석, 김의 3성이 교대로 왕위를 계승하였다.

07

(가) 나라에 대한 설명으로 옳은 것은?

경상북도 고령군 지산동 고분군에서 발굴 조사 중 그림이 새겨진 직경 5cm가량의 토제 방울 1점을 비롯하여 곱은옥, 화살촉 등 다양한 유물이 출토되었습니다. 이번 발굴로 이진아시왕을 시조로 이 지역에서 발전한 (가) 에 대한 연구가 활발하게 이루어질 전망입니다.

① 후기 가야 연맹을 주도하였다.
② 중앙군으로 2군 6위를 설치하였다.
③ 9주 5소경의 지방 행정 제도를 두었다.
④ 귀족 합의제인 화백 회의를 운영하였다.
⑤ 왕족인 부여씨와 8성의 귀족이 지배층을 이루었다.

시험(試驗) 출제 예측
Search
나라마다 전성기 때 각 국왕의 업적을 묻는 문제가 출제됩니다.
제시된 사료 (가), (나) 사이 시기를 묻는 문제가 출제될 경우 (나) 사료는 99% 확률로 6세기에 해당합니다.
금관가야와 대가야는 유물과 유적을 바탕으로 출제되며 정답으로는 이미 출제된 선지가 반복적으로 제시됩니다.

04 | 통일 신라와 발해의 발전

● 신라의 삼국 통일

동아시아 국제 정세 변화

- 6세기 말 수의 중국 통일, 7세기 초 당의 중국 통일 → 고구려 제압 시도
- 국제 정세 : 돌궐·고구려·백제 vs. (수·당)신라

고구려 vs. 수 → **천리장성 축조** → **642년 삼국의 정세**

고구려 vs. 수
- 고구려의 요서 지방 선제공격 → 수 문제의 침공 : 별다른 성과 X
- 수 양제의 침공 → 우중문(수) vs. 을지문덕(고구려) → 을지문덕의 「여수장우중문시」 → 살수 대첩(612) → 고구려 승 → 무리한 원정으로 수의 국력 쇠퇴 → 수 멸망 → 당 건국(618)

천리장성 축조
- 당의 침략에 대비하여 축조
- 고구려 영류왕 때 축조 시작(감독 : 연개소문) → 고구려 보장왕 때 완성(647)

642년 삼국의 정세
- 고구려 : 연개소문이 정변을 일으켜 정권 장악
- 백제 : 의자왕이 신라를 공격하여 대야성 등 40여 개 성 확보(김춘추의 딸과 사위 품석 사망)
- 신라 : 김춘추가 고구려에 도움을 요청하러 갔으나 거절당함

고구려 vs. 당 → **나·당 동맹 결성(648)** → **백제의 멸망(660)**

고구려 vs. 당
- 당 태종의 침입 → 요동성 등 여러 성 함락
- 당 태종 vs. 양만춘(고구려) → 안시성 전투(645) → 고구려 승

나·당 동맹 결성(648)

김춘추의 대당 외교 : 나·당 동맹 결성

백제의 멸망(660)

나·당 연합군의 백제 침공 → 황산벌 전투 : 계백(백제) vs. 김유신(신라) → 백제 패 → 사비성 함락 → 멸망 → 웅진도독부 설치(660)

백제 부흥 운동 → **계림도독부 설치(663)** → **고구려 멸망(668)**

백제 부흥 운동
- 흑치상지·지수신 : 임존성
- 부여 풍·도침·복신 : 주류성
- 왜의 지원 : 백강 전투(663)
- 실패

고구려 멸망(668)
- 연개소문 사후 내분 : 연남생 vs. 연남건
- 연정토의 신라 투항
- 나·당 연합군의 침공 → 평양성 함락 → 멸망 → 안동도호부 설치(668)

고구려 부흥 운동 → **나·당 전쟁** → **신라의 삼국 통일(676)**

고구려 부흥 운동
- 검모잠 : 한성(황해도 재령)
- 고연무 : 오골성
- 신라의 지원 : 문무왕이 안승을 금마저(익산)에 머물게 함 → 안승을 고구려 왕에 책봉 → 안승을 보덕국왕으로 책봉
- 실패

나·당 전쟁

신라 vs. 당 : 매소성 전투, 기벌포 전투 → 신라 승

신라의 삼국 통일(676)

대동강 ~ 원산만 영토 확보

● 신라의 시기 구분

구분	상대(上代)	중대(中代)	하대(下代)
『삼국사기』 골품에 따른 구분	• 박혁거세~진덕 여왕 • 성골 왕	• 무열왕~혜공왕 • 진골 무열왕계	• 선덕왕~경순왕 • 진골 내물왕계

구분	상고(上古)	중고(中古)	하고(下古)
『삼국유사』 왕명에 따른 구분	• 박혁거세~지증왕 • 고유 왕명	• 법흥왕~진덕 여왕 • 불교식 왕명	• 무열왕~경순왕 • 유교식 왕명

● 통일 신라의 발전

중대(中代)

중앙
- 집사부 중심 : 중시(시중) 권한 > 상대등 권한
- 사정부(감찰 기구) 설치

지방
- 9주 5소경, 향·부곡 설치
- 외사정 파견·상수리 제도 : 지방 세력 견제

무열왕 (654~661)	문무왕 (661~681)	신문왕 (681~692)	성덕왕 (702~737)	경덕왕 (742~765)	혜공왕 (765~780)
• 최초의 진골 출신 왕 • 사정부 설치 : 감찰 기구 • 백제 멸망(660)	• 삼국 통일 완성 • 문무 대왕릉 : 관련 설화(용이 되어 나라를 지킨다는 유언을 남김) • 외사정 파견	• 왕권 강화 - 김흠돌의 난 진압 - 관료전 지급, 녹읍 폐지 : 귀족 경제 기반 약화 - 만파식적 설화 : 왕권 강화 + 평화 - 6두품 : 정치적 조언자 (설총의 「화왕계」) • 통치 체제 정비 - 중앙 통치 체제 정비 : 집사부 이하 13부 - 지방 행정 정비 : 9주 5소경 - 군사 제도 정비 : 9서당 10정 • 인재 양성 : 국학 설립	정전 지급	• 녹읍 부활 • 한화 정책 : 관직명과 지방 행정 구역(9주)의 명칭을 중국식으로 바꿈 • 국학 명칭 변화 : 국학 → 태학(감) • 중시 명칭 변화 : 중시 → 시중 • 불국사, 석굴암 건립 • 성덕 대왕 신종 제작 시작	• 성덕 대왕 신종 완성 • 96각간의 난

하대(下代)
- 왕권 약화 : 시중 권한 < 상대등 권한
- 진골 귀족의 왕위 쟁탈전 심화

선덕왕 (780~785)	원성왕 (785~798)	헌덕왕 (809~826)	흥덕왕 (826~836)	문성왕 (839~857)	진성 여왕 (887~897)	경순왕 (927~935)
내물계 계승	독서삼품과 : 골품제의 모순으로 실패	김헌창의 난	장보고 : 청해진 설치	장보고의 난	• 『삼대목』 편찬 : 각간 위홍, 대구 화상 • 원종과 애노의 난 • 최치원 : 시무 10여 조 • 적고적의 난	고려에 항복

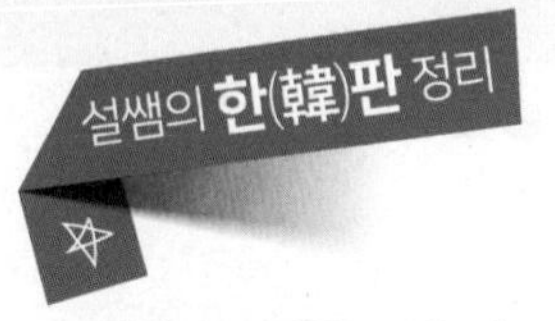

● 발해의 성립과 발전

건국
- 대조영이 고구려 유민과 말갈인을 규합하여 동모산에 건국(698)
- 국호 : '진' → '발해'

고구려 계승
- 옛 고구려 영토 회복
- 일본에 보낸 국서에 '고려 국왕'이라 칭함
- 온돌 장치, 고분 양식, 이불병좌상, 치미 등이 고구려 문화와 유사

통치 체제 정비

중앙
- 당의 3성 6부제 수용 : 운영(이원적)과 명칭(유교식)은 독자적
- 수상(장관) : 정당성의 대내상
- 중정대 : 감찰 기구

지방 5경 15부 62주

군사 10위(중앙), 지방군(지방)

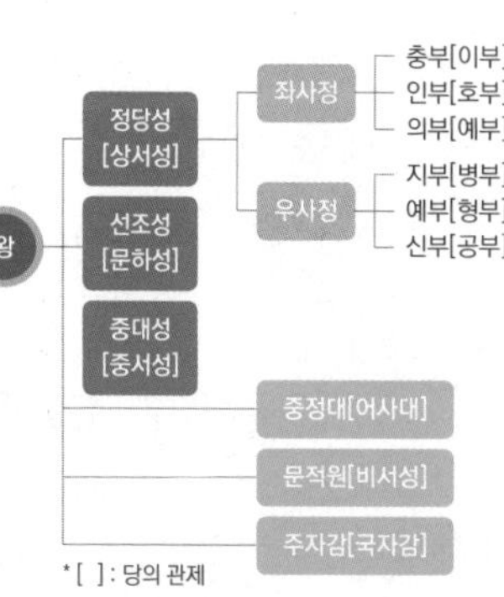

발해의 3성 6부제

무왕(719~737)
- 대외 관계
  - 동생 대문예를 보내 흑수 말갈 정벌 → 대문예가 당으로 도망 → 장문휴를 보내 당의 산둥반도(등주) 공격 → 영토를 북만주 일대로 확장
  - 일본에 국서를 보냄
  - 돌궐·일본과 친선, 당·신라와 대립
- 독자적인 연호 사용 : 인안

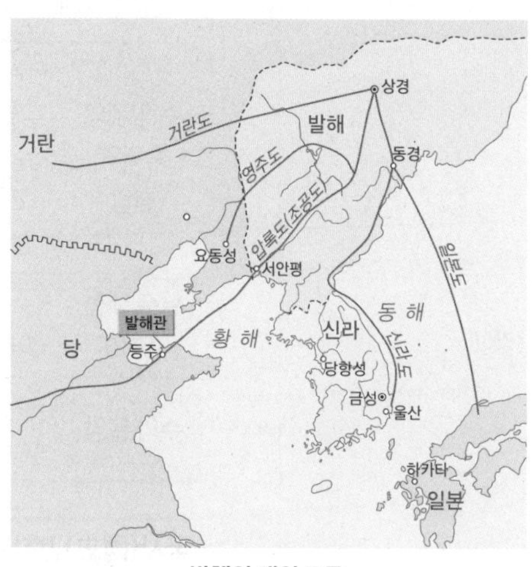

발해의 대외 교류

문왕(737~793)
- 대외 관계
  - 일본에 국서를 보냄 : '고려 국왕'이라 칭함
  - 당과 친선 : 당이 설치한 발해관을 통하여 교역
  - 신라와 친선 : 신라도를 통하여 교류
- 천도 : 중경 → 상경 → 동경
- 체제 정비 : 3성 6부의 중앙 관제 마련
- 인재 양성 : 주자감 설치
- 가족 관계 : 둘째 딸(정혜), 넷째 딸(정효)
- 독자적인 연호 사용 : 대흥

선왕(818~830)
- 대외 관계
  - 말갈을 대부분 복속하고 요동으로 진출
  - 신라와 국경을 접함
  - 당으로부터 해동성국이라 불림
- 지방 행정 체제 완비 : 5경 15부 62주

멸망 거란 야율아보기의 침입으로 멸망(926)

1 신라의 삼국 통일

(1) 동아시아 국제 정세 변화

① 통일 왕조 수(隋)·당(唐)의 등장

㉠ 삼국 시대 당시 중국은 위·진 남북조 시대를 거치며 오랜 분열과 혼란을 거듭해 오고 있었는데, 581년에 건국된 수(隋)가 589년에 중국을 통일하였다.

㉡ 수는 오래 지속되지 못하고 멸망하였지만, 그 뒤를 이어 618년에 또 다른 통일 왕조인 당(唐)이 등장하였다.

㉢ 수와 당은 끊임없이 고구려를 제압하고자 하였다.

② 국제 정세

㉠ 수·당의 중국 통일은 중국과 맞닿아 있는 고구려에게 큰 위협이었다. 이에 **고구려는 북쪽의 돌궐, 남쪽의 백제 및 왜와 연합하여 남북으로 이어지는 세력을 구축**하였다.

㉡ **신라는 한강 유역을 차지한 후 수·당과 직접 관계를 맺었다.** 이로써 남북 방향의 세력 연합과 동서 방향의 세력 연합이 공존하는 **십자 외교**가 전개되었다.

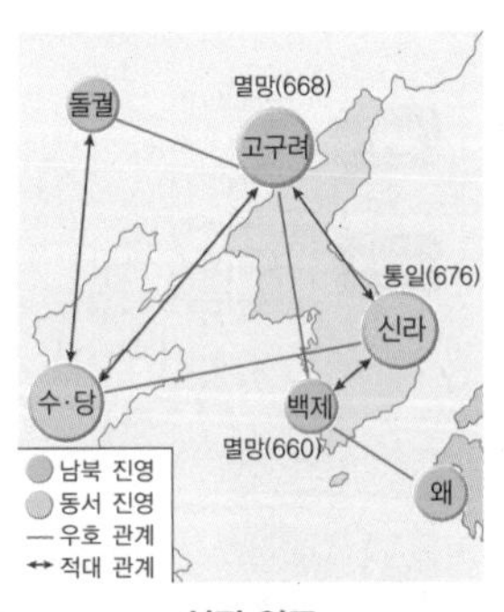

십자 외교

(2) 고구려와 수의 전쟁

① 고구려 영양왕은 말갈군을 이끌고 수의 요서 지방을 선제공격하였다.

② 수 문제(文帝)의 침입 : 고구려의 선제공격 소식에 수 문제는 수군과 육군 30만을 보내 고구려를 공격하였으나 실패하였다.

③ 수 양제(煬帝)의 침입과 수의 멸망

고구려와 수의 전쟁

수 양제의 즉위와 침입	• 수 문제의 뒤를 이어 아들인 수 양제가 즉위함 • 수 양제가 113만의 대군을 이끌고 고구려를 공격하였으나 고구려가 이를 막아냄
살수 대첩 (612)	• 수 양제가 우중문 등에게 30만 별동대를 이끌고 고구려 평양성을 공격하도록 함 • 이를 **을지문덕이 살수에서 크게 격파함**
수의 멸망	• 수는 무리한 원정으로 국력이 쇠퇴하여 멸망함 • 수의 뒤를 이어 618년에 당이 건국됨

● 살수
오늘날 청천강이다.

국사(國史)편찬위원회에서 출제한 자료 ● 을지문덕의 「여수장우중문시」

神策究天文 신묘한 책략은 천문을 꿰뚫었고
妙算窮地理 기묘한 지혜는 지리에 통달하였다.
戰勝功旣高 싸워서 이겨 공이 이미 높으니
知足願云止 만족함을 알고 이만 돌아가는 것이 어떠한가?

- 『삼국사기』 -

국사(國史)편찬위원회에서 출제한 자료 ● 살수 대첩

살수(薩水)에 이르러 (적의) 군사가 반쯤 강을 건넜을 때 아군이 뒤에서 적군을 공격하니 우둔위장군 신세웅(辛世雄)이 전사하였다. …… 처음 군대가 요하에 이르렀을 때에는 무릇 30만 5천 명이었는데, 요동성으로 돌아간 것은 겨우 2천 7백 명이었다.

- 『삼국사기』 -

(3) 고구려와 당의 전쟁

① 천리장성 축조(631~647)

㉠ 고구려 영류왕은 당의 침입에 대비하여 천리장성을 축조하기 시작하였고, **연개소문에게 천리장성 축조를 감독하는 일을 맡겼다.**

㉡ 천리장성은 고구려 보장왕 때 완성되었다(647).

② 642년 삼국의 정세

고구려	연개소문이 정변을 일으켜 영류왕과 대신들을 죽이고 보장왕을 옹립한 다음 막리지 자리에 오름
백제	• 의자왕이 신라를 공격하여 대야성 등 40여 개 성을 빼앗음 • 이 과정에서 김춘추의 딸과 사위 품석이 사망함
신라	• 김춘추가 고구려에 도움을 청하러 감 • 고구려는 죽령 서북(한강 유역) 땅을 요구하며 거절함

③ 당 태종의 침입

㉠ **고구려와 당의 관계** : 당은 건국 초기에 고구려와 우호적인 관계를 맺었으나, 제2대 황제 태종이 즉위한 이후 세력을 확장하며 고구려와 대립적인 관계로 변화하였다.

㉡ **고구려의 위기** : 당 태종은 연개소문의 정변 등을 구실로 수십만 대군을 앞세워 고구려를 공격하였다. 이로 인하여 고구려는 요동성과 비사성 등 여러 성이 함락되며 위기를 맞이하였다.

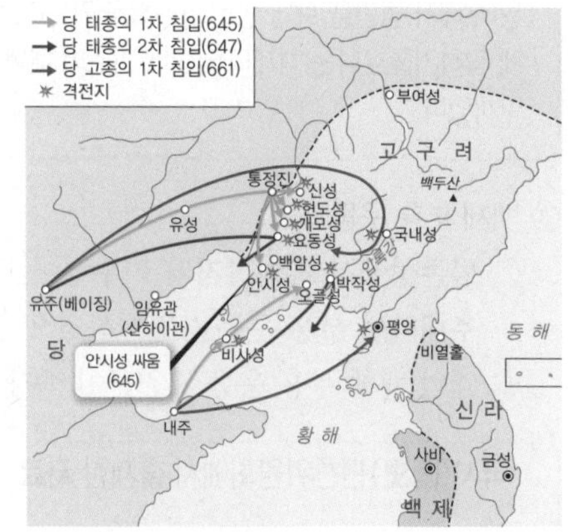

고구려와 당의 전쟁

㉢ **안시성 전투(645)** : 성주 양만춘과 백성들이 안시성에서 3개월간 완강하게 저항하여 당 태종의 공격을 막아 냈다.

국사(國史)편찬위원회에서 출제한 자료 ● 안시성 전투

여러 장수가 급히 안시성을 공격하였다. …… 밤낮으로 쉬지 않고 무릇 60일에 50만 인을 동원하여 토산을 쌓았다. …… 아군 수백 명이 성이 무너진 곳으로 나가 싸워서 마침내 토산을 빼앗아 차지하고 주위를 깎아 이를 지켰다. …… (황제가) 군사를 돌리도록 명하였다. -『삼국사기』-

(4) 나·당 동맹 결성

① **김춘추의 대당 외교** : **당 태종이 김춘추의 군사 지원 요구를 수락하며 나·당 동맹이 결성되었다**(648).

② 신라는 당의 군사적 지원을 받는 대가로 대동강 이북의 땅을 당에 양보하였다.

③ 당은 고구려 침략에 실패하였지만, 신라를 통하여 한반도를 장악할 수 있다는 생각에 김춘추의 요구를 받아들였다.

국사(國史)편찬위원회에서 출제한 자료 ● 나·당 동맹의 결성

김춘추가 무릎을 꿇고 아뢰기를 "…… 만약 폐하께서 당의 군사를 빌려주어 흉악한 무리를 잘라 없애지 않는다면 저희 백성은 모두 포로가 될 것이며, 산 넘고 바다 건너 행하는 조회도 다시는 바랄 수 없을 것입니다."라고 하였다. 태종이 매우 옳다고 여겨서 군사의 출동을 허락하였다. -『삼국사기』-

(5) 신라의 삼국 통일 과정

① 백제의 멸망(660)

㉠ 정치적 혼란 : **의자왕**은 귀족 세력을 누르고 개혁을 단행하였으나, 잦은 전쟁으로 지배 세력이 분열되고 정치가 혼란해졌다. 나·당 연합군은 이를 기회로 백제를 공격하였다.

㉡ 나·당 연합군의 침공 : 김유신이 이끄는 신라군은 육로로, **소정방**이 이끄는 당군은 수로로 백제를 공격하였다.

㉢ **황산벌 전투(660) : 백제 계백의 5천 결사대가 황산벌에서 신라의 김유신이 이끄는 5만 군대에 맞서 항전하였으나 패배**하였다.

㉣ 멸망 : 백제는 **사비성이 함락**되며 멸망하였고, 당은 백제의 옛 땅을 지배하기 위하여 **웅진도독부를 설치**하였다.

황산벌
오늘날 논산시이다.

김유신
- 생몰 : 595~673년
- 가계 : 수로왕의 12대손
- 생애
  - 비담과 염종의 난 진압
  - 무열왕의 딸인 지소와 결혼
  - 삼국 통일에 기여

국사(國史)편찬위원회에서 출제한 **자료** ● 나·당 연합군의 백제 침공

소정방이 당의 내주에서 출발하니, 많은 배가 천 리에 이어져 물길을 따라 동쪽으로 내려왔다. …… 무열왕이 태자 범민을 보내 병선 100척을 거느리고 덕물도에서 소정방을 맞이하게 하였다. 소정방이 범민에게 말하기를, "나는 백제의 남쪽에 이르러 대왕의 군대와 만나서 의자왕의 도성을 격파하고자 한다."라고 말하였다. -『삼국사기』-

② 백제 부흥 운동

㉠ **임존성**에서 **흑치상지**와 지수신이, 주류성에서 **복신과 도침이 왕자 부여 풍을 왕으로 추대**하여 부흥 운동을 전개하였으나 실패하였다.

㉡ 왜의 백제 부흥 운동 지원군이 **백강 전투**에서 패배하였다(663).

백강
오늘날 금강이다.

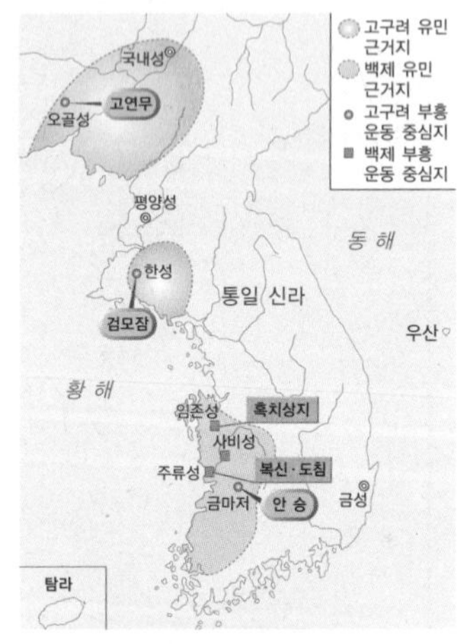

백제와 고구려의 부흥 운동

국사(國史)편찬위원회에서 출제한 **자료** ● 백강 전투

손인사, 유인원과 신라 왕 김법민은 육군을 거느려 나아가고, 유인궤와 별수(別帥) 두상과 부여 융은 수군과 군량을 실은 배를 거느리고 웅진강에서 백강으로 가서 육군과 합세하여 주류성으로 갔다. 백강 어귀에서 왜국 군사를 만나 네 번 싸워서 모두 이기고 그들의 배 4백 척을 불사르니 연기와 불꽃이 하늘로 오르고 바닷물은 붉은빛을 띠었다. -『삼국사기』-

③ 당의 계림도독부 설치(663) : 당이 금성(경주)에 계림도독부를 설치하였다.

④ 고구려의 멸망(668)

㉠ 내분 발생 : 연개소문이 죽은 후 아들 간에 권력 다툼이 발생하였다.

㉡ 멸망 : **고구려는 나·당 연합군의 침입으로 평양성이 함락되며 멸망**하였다. 당은 고구려의 옛 땅을 지배하기 위하여 평양에 **안동도호부를 설치**하였다.

아들 간에 권력 다툼
연개소문 사후에 세 아들인 연남생, 연남건, 연남산이 후계자 계승을 둘러싸고 서로 권력 다툼을 벌였다. 666년에는 연개소문의 동생인 연정토가 신라에 투항하기도 하였다.

국사(國史)편찬위원회에서 출제한 **자료** ● 고구려의 멸망

계필하력이 먼저 군사를 이끌고 평양성 밖에 도착하였고, 이적의 군사가 뒤따라 와서 한 달이 넘도록 평양을 포위하였다. …… 남건은 성문을 닫고 항거하여 지켰다. …… 5일 뒤에 신성이 성문을 열었다. …… 남건은 스스로 칼을 들어 자신을 찔렀으나 죽지 못하였다. 보장왕과 남건 등을 붙잡았다. -『삼국사기』-

⑤ 고구려 부흥 운동

㉠ 한성에서 **검모잠과 안승**이, **오골성**에서 **고연무**가 고구려 부흥 운동을 전개하였으나 실패하였다.

㉡ 문무왕은 **안승**을 고구려 왕으로 책봉하고 **금마저(익산)에 거주**하게 하였다. 674년에는 **안승을 보덕국왕으로 책봉**하며 고구려 부흥 운동이 **신라의 지원**을 받았다.

한성
오늘날 황해도 재령 지방이다.

안승
갈등을 빚던 검모잠을 살해하고 신라로 망명하였다.

국사(國史)편찬위원회에서 출제한 자료 ●안승의 신라 망명

고구려의 대장 겸모잠(鉗牟岑: 검모잠)이 무리를 거느리고 반란을 일으켜 보장왕의 외손 안순(安舜: 안승)을 세워 왕으로 삼았다. 고간을 동주도행군총관으로, 이근행을 연산도행군총관으로 삼아 토벌케 하였다. 사평태상백 양방을 보내어 도망치고 남은 무리를 불러들이게 하였다. 안순이 겸모잠을 죽이고 신라로 달아났다.

－『신당서』－

⑥ 나·당 전쟁

㉠ 당이 웅진도독부(660), 계림도독부(663), **안동도호부**(668)를 설치하여 한반도 전체를 지배하려는 야욕을 드러냈다.

㉡ **매소성 전투(675)·기벌포 전투(676)** : 신라가 당을 상대로 승리하였다.

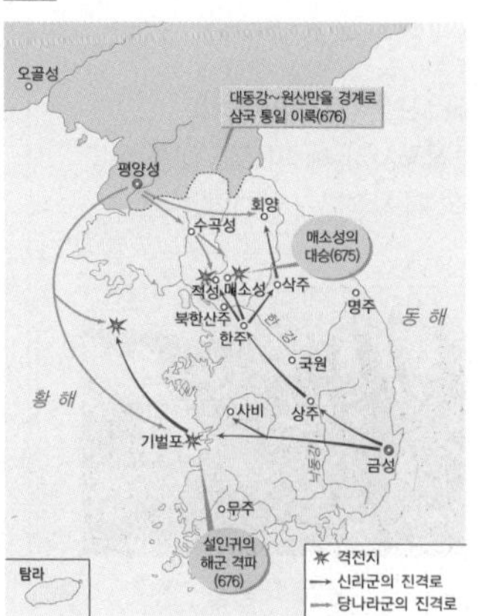

나·당 전쟁의 전개

국사(國史)편찬위원회에서 출제한 자료 ●매소성 전투

이근행이 군사 20만 명을 이끌고 매소성에 진을 쳤다. 신라군이 (이근행 군사를) 공격하여 패주시키고, 말 3만여 필과 병기를 얻었다.

－『삼국사기』－

⑦ 신라의 삼국 통일(676)

㉠ 영토 확보 : 대동강에서 원산만에 이르는 영토를 확보하였다.

㉡ 의의 : 새로운 민족 문화 발전의 토대를 마련하였다.

㉢ 한계 : 외세를 끌어들이고 옛 고구려 영토를 대부분 잃어버린 불완전한 통일이었다.

2 신라의 시기 구분

(1) 『삼국사기』에 따른 구분

① 상대(上代) : 박혁거세부터 진덕 여왕까지 성골 출신 왕이 집권하였다.

② 중대(中代) : 무열왕부터 혜공왕까지 진골 무열왕계 왕이 집권하였다.

③ 하대(下代) : 선덕왕부터 경순왕까지 진골 내물왕계 왕이 집권하였다.

(2) 『삼국유사』에 따른 구분

① 상고(上古) : 박혁거세부터 지증왕까지 고유 왕명을 사용하였다.

② 중고(中古) : 법흥왕부터 진덕 여왕까지 불교식 왕명을 사용하였다.

③ 하고(下古) : 무열왕부터 경순왕까지 유교식 왕명을 사용하였다.

3 통일 신라의 발전

(1) 신라 중대 통치 체제의 정비

① 중앙 통치 기구

㉠ 국왕 직속 기구인 **집사부**를 포함하여 총 14개 부를 설치하였다. 집사부 중시(시중)를 중심으로 국정을 운영함으로써 상대등의 권한이 약화되었다.

㉡ 관리의 비리를 방지하기 위하여 감찰 기구인 사정부를 설치하였다.

② 지방 행정 조직

㉠ 전국을 9주로 나누고 수도의 지리적 치우침을 보완하기 위하여 5소경을 갖추었다.

㉡ 특수 행정 구역으로 향·부곡을 설치하였다.

㉢ **지방을 견제**하기 위하여 중앙에서 지방에 외사정을 파견하였고, **상수리 제도를 시행**하였다.

> **상수리 제도**
> 지방 세력가를 일정 기간 수도에 머무르게 하는 일종의 인질 제도이다.

(2) 신라 중대 주요 국왕

① 무열왕(654~661)

㉠ **최초의 진골 출신 왕** : 진덕 여왕이 후사 없이 승하하자 김유신 등의 후원을 받은 김춘추가 왕위에 올랐다.

㉡ **사정부(司正府) 설치** : **감찰 업무를 수행**하는 관청인 사정부가 설치되었다.

㉢ 백제 멸망(660) : 당과 연합하여 백제를 멸망시켰다.

> **사정부(司正府) 설치**
> 『삼국사기』에 따르면 태종 무열왕 때 사정부가 설치되었다.

② 문무왕(661~681)

㉠ 삼국 통일 : 668년에는 고구려를 멸망시키고, **매소성 전투(675)**·**기벌포 전투(676)**에서 **당에게 승리**하며 삼국 통일을 완성하였다.

㉡ 문무 대왕릉 : **바다의 용이 되어 나라를 지키겠다는 유언**에 따라 문무왕 사후에 수중릉인 문무 대왕릉이 건립되었다.

㉢ **외사정 파견** : **지방관을 감찰**하고 통제하기 위하여 외사정을 파견하였다.

문무 대왕릉

신문왕과 용

국사(國史)편찬위원회에서 출제한 자료 ●문무대왕릉

여러 신하들이 문무왕의 유언에 따라 동해 입구의 큰 바위 위에서 장례를 치렀다. 왕이 변해 용이 되었다고 세상에 전하므로, 그 바위를 가리켜서 대왕석이라고 한다. 유조(遺詔)는 다음과 같다. "과인은 나라의 운이 어지럽고 전란의 시기를 맞이하여, 서쪽을 정벌하고 북쪽을 토벌하여 영토를 안정시켰고 배반하는 자들을 치고 협조하는 자들을 불러 마침내 멀고 가까운 곳을 평안하게 하였다. …… 죽고 나서 10일 뒤에 곧 고문(庫門) 바깥의 뜰에서 서국(西國)의 의식에 따라 화장(火葬)을 하라. 상복의 경중은 정해진 규정이 있으니, 장례를 될 수 있는 대로 검소하고 간략하게 하라." -『삼국사기』-

③ 신문왕(681~692)

구분	내용
왕권 강화	• **김흠돌의 난 진압** : 김흠돌의 난을 계기로 **진골 귀족 세력을 숙청함** • 귀족의 경제 기반 약화 : **관료전을 지급하고 녹읍을 폐지함** • **만파식적 설화** : 나라의 번영과 평화에 대한 염원 및 왕실의 권위 강화를 상징함 • 6두품 등용 ㉠ 6두품이 왕의 정치적 조언자로 성장함 ㉡ **설총이 꽃을 의인화하여 풍자한 「화왕계(花王戒)」를 지어 바침**
통치 체제 정비	• 중앙 통치 체제 : **집사부를 포함한 14부**를 중앙 관청으로 둠 • 지방 행정 정비 ㉠ 효율적인 통치를 위하여 전국을 **9주**로 나눔 ㉡ 수도의 치우침을 보완하기 위하여 **5소경**을 설치하고 금성(경주) 및 지방의 귀족을 이곳으로 옮겨 가 살게 함 • 군사 제도 정비 ㉠ **중앙군으로 9서당**을 두어 신라인 외에 고구려 유민, 백제 유민 등 피정복민까지 포함시킴(민족 융합) ㉡ **지방군으로 10정**을 두어 주마다 1정씩 배치하고 국경 지대인 한주에만 2정을 배치함
인재 양성	국학 설립 : **유학 교육**을 바탕으로 인재를 양성하기 위함

신라의 9주 5소경

> **관료전**
> 통일 신라 때 관료에게 지급된 토지로 조세 수취만 가능하였다.

> **녹읍**
> 통일 신라 때 관료에게 복무 대가로 지급된 토지로 조세 수취뿐만 아니라 노동력 징발 권한도 부여되었다.

> **9주**
> 옛 고구려, 백제 지역에 각각 3주씩 할애하였다. 이를 통하여 민족 융합을 위한 신문왕의 노력을 알 수 있다.

> **9서당**
> 옷깃 색을 기준으로 9개 부대로 편성되었다.

국사(國史)편찬위원회에서 출제한 **자료** ● 김흠돌의 난

왕이 교서를 내리기를, "김흠돌 등의 악이 쌓이고 죄가 가득 차자 그들이 도모하던 역모가 세상에 드러났다. …… 잔당들을 샅샅이 찾아 모두 죽여 삼사일 안에 죄수 우두머리들을 소탕하였다. 이제 요망한 무리들이 숙청되어 근심이 없게 되었으니 소집한 병사와 말들을 돌려보내도록 하라."라고 하였다.

-『삼국사기』-

국사(國史)편찬위원회에서 출제한 **자료** ● 만파식적 설화

왕이 행차에서 돌아와 대나무로 피리를 만들어 월성의 천존고(天尊庫)에 간직하였다. 이 피리를 불면 적병이 물러가고 병이 나으며, 가뭄에는 비가 오고 장마는 개며, 바람이 잦아들고 물결이 평온해졌으므로 이를 만파식적(萬波息笛)이라 부르고 국보로 삼았다. -『삼국유사』-

만파식적

국사(國史)편찬위원회에서 출제한 **자료** ● 설총의 「화왕계」

왕이 한여름날 설총에게 이야기를 청하였다. 설총이 아첨하는 미인 장미와 충언하는 백두옹(白頭翁: 할미꽃)을 두고 누구를 택할까 망설이는 화왕(花王)에게 백두옹이 간언한 이야기를 해 주었다. 이에 왕이 정색하고 낯빛을 바꾸며 "그대의 우화 속에는 실로 깊은 뜻이 있구나. 이를 기록하여 임금된 자의 교훈으로 삼도록 하라."고 하고, 드디어 설총을 높은 벼슬에 발탁하였다. -『삼국유사』-

④ 성덕왕(702~737) : 백성에게 정전을 지급하였다. 이때의 정전은 실제로 새로운 토지를 지급하였다기보다는 왕토 사상에 입각하여 농민이 기존에 경작하던 토지를 정부가 인정해 주는 조치로 파악된다.

⑤ 경덕왕(742~765)

녹읍 부활	귀족의 반발로 녹읍이 부활함
명칭 변화	• **한화 정책** : 관직명과 지방 행정 구역(9주)의 명칭을 중국식으로 바꿈 • **국학 명칭 변경** : 국학의 이름을 태학(감)으로 변경하고 박사(博士)와 조교(助敎)를 두어 유학 교육을 진흥시키려 함 • **중시 명칭 변경** : 집사부 장관의 명칭이 중시에서 시중으로 바뀜
문화재 제작	• 김대성 등이 불국사와 석굴암을 건립함 • 성덕 대왕 신종을 제작하기 시작함

국사(國史)편찬위원회에서 출제한 **자료** ● 경덕왕 대의 사실

- 중시를 시중으로 고치고 국학에 제업 박사(諸業博士)와 조교(助敎)를 설치하였다.
- 대상(大相) 대성이 불국사를 처음 창건하였다.
- 3월에 서울과 지방의 관리에게 지급하던 월봉을 없애고, 다시 녹읍을 주었다.
- 12월에 사벌주를 상주로 고치고, 1주 10군 30현을 거느리도록 하였다. …… 한산주를 한주로 고치고, 1주 1소경 27군 46현을 거느리도록 하였다. -『삼국사기』-

⑥ 혜공왕(765~780)

㉠ **성덕 대왕 신종을 완성하여 봉덕사에 안치하였다.**

㉡ 96각간의 난 : **일길찬 대공의 난**을 시작으로 여러 각간과 귀족이 난을 일으켰다.

㉢ **피살** : 이찬 김지정이 반란을 일으키자 상대등 김양상과 김경신이 함께 군사를 일으켜 진압하였으나, 반란 진압 과정에서 혜공왕이 피살되었다.

● **96각간**
난을 일으킨 귀족과 이를 진압한 귀족 전체를 아우르는 표현이다.

(3) 신라 하대 사회의 동요

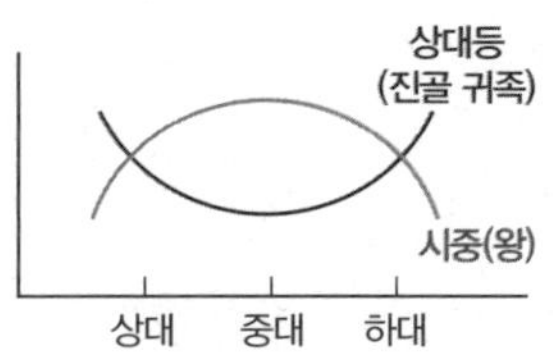

신라의 왕권과 신권의 관계 변화

① 왕권 약화 : 귀족의 사치와 향락 생활이 심화되어 왕권이 점차 약화되었고, 집사부 시중의 권한보다 상대등의 권한이 강해져 갔다.

② 왕위 쟁탈전 심화 : **혜공왕이 피살된 후 김헌창의 난이 일어나는 등 진골 귀족 사이에 왕위 쟁탈전이 심화**되어 150여 년 동안 왕이 20여 차례 바뀌는 등 혼란이 지속되었다.

③ 반(反)신라 세력의 대두

㉠ 지방에서는 스스로 성주, 장군이라 칭하는 **호족**이 독립적인 지배권을 행사하였다.

㉡ **6두품과 선종 승려**들은 신라 사회를 비판하며 개혁을 주장하였다.

(4) 신라 하대 주요 국왕

① 선덕왕(780~785) : 내물왕계의 왕위 계승이 시작되었다.

② **원성왕** : **독서삼품과를 시행하여 관리를 등용**하였으나, 귀족들의 반발과 골품제의 모순으로 독서삼품과를 제대로 시행하지 못하였다.

③ 헌덕왕(809~826) : **웅천주 도독 김헌창이 난**을 일으켰다.

● 김헌창
선덕왕 사후 왕위 계승 과정에서 무열왕계인 김주원이 왕위에 추대되었으나, 내물왕계인 김경신(원성왕)이 즉위하였다. 이에 김주원의 아들 김헌창은 웅천주(공주)를 근거지로 반란을 일으켜 국호를 '장안(長安)', 연호를 '경운(慶雲)'이라 하였으나 얼마 못 가 진압되었다.

국사(國史)편찬위원회에서 출제한 **자료** ● 김헌창의 난

3월에 웅천주 도독 헌창이 아버지 주원이 왕이 되지 못함을 이유로 반란을 일으켜, 국호를 장안이라고 하고 연호를 세워 경운 원년이라 하였다. 무진·완산·청(菁)·사벌의 4개 주 도독과 국원경·서원경·금관경의 사신(仕臣), 여러 군현의 수령을 협박하여 자기 소속으로 삼았다. -『삼국사기』-

④ 흥덕왕(826~836) : **장보고가 청해진을 설치하여 해상 무역을 장악**하였다.

⑤ 문성왕(839~857) : 장보고가 반란을 일으켰으나 진압되었다.

⑥ 진성 여왕(887~897)

㉠ **『삼대목』 편찬** : 각간 위홍과 대구 화상 등이 **향가 모음집인 『삼대목』을 편찬**하였다.

㉡ **원종·애노의 난(889)** : 원종·애노 등이 가혹한 세금 수탈에 반발하여 **사벌주(상주)**에서 난을 일으켰다.

㉢ **적고적의 난(896)** : **나라의 서남쪽에서 붉은 바지를 입은 적고적이 난을 일으켰다.**

㉣ **최치원** : 국정 전반에 걸친 개혁안인 **시무 10여 조**를 올렸으나 받아들여지지 않았다.

● 최치원
12세에 당으로 유학을 떠나 빈공과에 급제하였으며, 「토황소격문」 등을 지어 문장가로 이름을 떨친 6두품 학자이다.

국사(國史)편찬위원회에서 출제한 **자료** ● 원종·애노의 난

진성왕 3년, 나라 안의 모든 주군에서 공물과 부세를 보내지 않아 창고가 비고 재정이 궁핍해졌다. 왕이 관리를 보내 독촉하니 곳곳에서 도적이 벌떼처럼 일어났다. 이때 원종, 애노 등이 사벌주를 근거지로 반란을 일으켰다. -『삼국사기』-

⑦ 경순왕(927~935) : 고려에 항복하였다.

능력(能力) 향상을 위한 **OX**

			정답
01	김유신은 황산벌에서 계백이 이끄는 군대를 물리쳤다.	( )	○
02	문무왕은 안승을 고구려 왕으로 책봉한 후 그를 보덕국왕으로 책봉하였다.	( )	○
03	신문왕은 김흠돌의 반란을 진압하였다.	( )	○
04	경덕왕은 9주의 명칭을 중국식으로 바꾸었다.	( )	○
05	원성왕은 독서삼품과를 시행하였다.	( )	○
06	진성 여왕 때 각간 위홍과 승려 대구 화상 등이 삼대목을 편찬하였다.	( )	○

4 발해의 성립과 발전

(1) 건국과 고구려 계승

① 건국(698) : 고구려 장군 출신 **대조영**은 거란이 반란을 일으켜 당의 통제력이 약해진 틈을 타 **고구려 유민**과 말갈인을 이끌고 동쪽으로 이동하여 **동모산 기슭에 나라를 세웠다**.

② 국호 : 처음에는 국호를 '진(震)'이라 하였는데, 713년에 '발해'로 바꾸었다.

③ 고구려 계승

㉠ 옛 고구려 영토를 회복하였고, **일본에 보낸 국서**에 '고려' 또는 '고려 국왕'이라는 명칭을 사용하였다.

㉡ **온돌 장치, 고분 양식(모줄임천장, 굴식 돌방무덤), 치미, 돌사자상, 이불병좌상, 발해 석등, 연꽃무늬 수막새** 등이 고구려 문화와 유사하였다.

● **문화와 유사**
발해에는 당을 모방한 문화도 있었는데, 대표적으로 상경성의 주작대로, 발해 영광탑, 4·6 변려체 등이 있다.

국사(國史)편찬위원회에서 출제한 자료 ●고구려 문화를 계승한 발해의 문화

돌사자상 | 이불병좌상 | 발해 석등 | 연꽃무늬 수막새

(2) 통치 체제 정비

① 중앙 행정 조직

㉠ 당의 **3성 6부제**를 수용하였으나 운영(이원적)과 명칭(유교 덕목)은 독자적이었다.

㉡ **정당성을 관장하는 대내상이 국정을 총괄하였다.**

㉢ **관리를 감찰하기 위하여 중정대를 설치**하고 **최고 교육 기관으로 주자감** 등을 두었다.

② 지방 행정 조직

㉠ 5경 15부 62주 체제로 정비하였다.

㉡ 전략적 요충지(상경 용천부·중경 현덕부·**동경 용원부**·남경 남해부·서경 압록부)에 **5경**을 설치하였다.

㉢ 15부와 62주에는 도독과 자사 등 관리를 파견하여 행정을 담당하도록 하였다.

③ 군사 제도 : 중앙군으로 10위를 두어 궁궐과 수도의 경비를 담당하도록 하였고, 지방군은 해당 지방관이 지휘하도록 하였다.

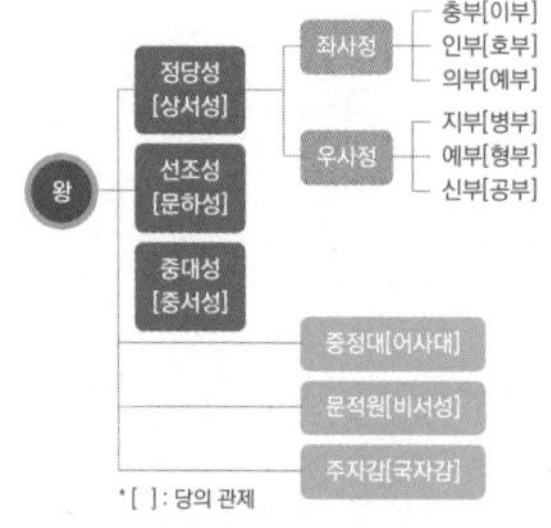

발해의 3성 6부제

(3) 발전과 멸망

① 무왕(제2대, 719~737)

대외 관계	• 동생 대문예로 하여금 흑수 말갈을 정벌하도록 함 • 장문휴로 하여금 당의 산둥반도(등주)를 공격하도록 함 • 일본에 국서를 보냄 • 돌궐·일본과 친선 관계를 유지하면서 당·신라와 대립함
영토 확장	동북방의 여러 세력을 정복하고 북만주 일대를 장악함
연호 사용	'인안'이라는 독자적인 연호를 사용함

● **대문예**
무왕의 동생인 대문예는 흑수 말갈을 공격하는 것이 당을 자극할 수 있다며 반대하였고, 결국 당으로 망명하였다.

국사(國史)편찬위원회에서 출제한 **자료** ● 장문휴의 산동반도(등주) 공격에 대한 당의 대응

당 현종은 (대)문예를 파견하여 유주에 가서 군사를 징발하여 이를 토벌케 하는 동시에, 태복원외경 감사란을 시켜 신라에 가서 군사를 일으켜 발해의 남쪽 국경을 치게 하였다. 마침 산이 험하고 날씨가 추운 데다 눈이 한 길이나 내려서 병사들이 태반이나 죽으니, 전공을 거두지 못한 채 돌아왔다. -『구당서』-

② 문왕(제3대, 737~793)

구분	내용
대외 관계	• 스스로 고려 국왕이라 적은 국서를 일본에 보냄 • 당 · 신라와 친선 관계를 구축함 ㉠ 당이 설치한 발해관을 통하여 당과 교류함 ㉡ 신라도를 개설하여 신라와 교류함
천도	동모산에서 중경 현덕부로, 중경 현덕부에서 상경 용천부로, 상경 용천부에서 동경 용원부로 천도함
체제 정비	3성 6부의 중앙 관제를 마련함
인재 양성	국립 대학인 주자감을 설치함
연호 사용	'대흥'이라는 독자적인 연호를 사용함
가족 관계	둘째 딸인 정혜 공주와 넷째 딸인 정효 공주가 있음

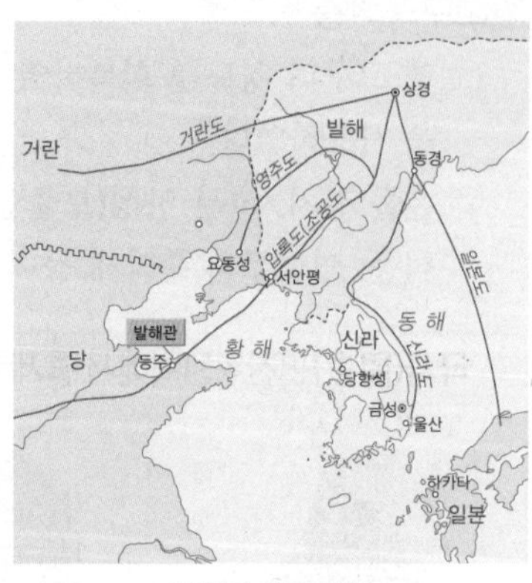

발해의 대외 교류

● **독자적인 연호**
문왕은 '대흥' 이외에 '보력'이라는 연호도 사용하였다.

국사(國史)편찬위원회에서 출제한 **자료** ● 정효 공주 묘지명

공주는 우리 대흥보력효감금륜성법대왕(문왕)의 넷째 딸이다. …… 아아, 공주는 대흥(大興) 56년 여름 6월 9일 임진일에 궁 밖에서 사망하니, 나이는 36세였다. 이에 시호를 정효 공주(貞孝公主)라 하였다.
-「정효공주묘지명」-

③ 선왕(제10대, 818~830)

구분	내용
대외 관계	• 말갈을 대부분 복속하고 요동으로 진출함 • 남쪽으로는 신라와 국경을 접함 • 당으로부터 '바다 동쪽의 융성한 나라'라는 뜻의 '해동성국(海東盛國)'이라 불림
체제 정비	지방 행정 체제를 5경 15부 62주로 정비함

④ 멸망(926)

㉠ 916년에 야율아보기가 거란을 통합하고 황제 자리에 올랐다.

㉡ 거란은 요동 공격을 시작으로 점차 발해 중심부를 공략하기 시작하였다.

㉢ 부여성을 함락시킨 야율아보기는 발해의 수도(홀한성)를 포위하였고, 결국 발해 왕 대인선이 항복을 청하며 발해가 멸망하였다.

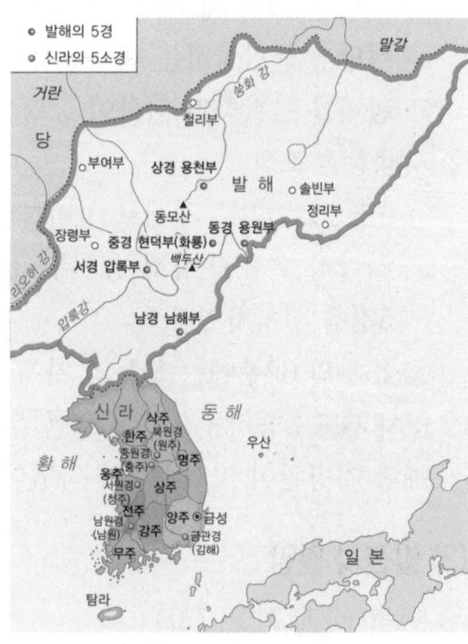

발해의 영토(선왕)

능력(能力) 향상을 위한 OX

			정답
01	발해 무왕은 동모산에 나라를 세웠다.	( )	×
02	발해 문왕은 장문휴를 보내 당의 등주를 공격하였다.	( )	×
03	발해 선왕은 전성기를 이루어 당으로부터 해동성국이라 불렸다.	( )	○

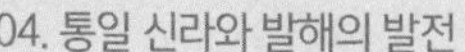

검정(檢定)된 기출문제

정답 및 해설 P. 372

01

다음 자료의 상황이 나타난 시기를 연표에서 옳게 고른 것은?

검모잠이 남은 백성들을 거두어 신라로 향하였다. 안승을 맞아들여 임금으로 삼았다. 다식(多式) 등을 신라로 보내어 고하기를, "지금 신 등이 나라의 귀족 안승을 받들어 임금으로 삼았습니다. 원컨대 변방을 지키는 울타리가 되어 영원토록 충성을 다하고자 합니다."라고 하였다. 신라 왕은 그들을 금마저에 정착하게 하였다.

612		618		645		660		676		698
	(가)		(나)		(다)		(라)		(마)	
살수 대첩		당 건국		안시성 전투		사비성 함락		기벌포 전투		발해 건국

① (가) ② (나) ③ (다) ④ (라) ⑤ (마)

02

(가), (나) 사이의 시기에 있었던 사실로 옳은 것은?

(가) 김춘추가 무릎을 꿇고 아뢰기를 "…… 만약 폐하께서 당의 군사를 빌려주어 흉악한 무리를 잘라 없애지 않는다면 저희 백성은 모두 포로가 될 것이며, 산 넘고 바다 건너 행하는 조회도 다시는 바랄 수 없을 것입니다."라고 하였다. 태종이 매우 옳다고 여겨서 군사의 출동을 허락하였다. -『삼국사기』-

(나) 계필하력이 먼저 군사를 이끌고 평양성 밖에 도착하였고, 이적의 군사가 뒤따라와서 한 달이 넘도록 평양을 포위하였다. …… 남건은 성문을 닫고 항거하여 지켰다. …… 5일 뒤에 신성이 성문을 열었다. …… 남건은 스스로 칼을 들어 자신을 찔렀으나 죽지 못하였다. [보장]왕과 남건 등을 붙잡았다. -『삼국사기』-

① 당이 안동도호부를 요동 지역으로 옮겼다.
② 신라와 당의 연합군이 백강에서 왜군을 물리쳤다.
③ 신라가 당의 군대에 맞서 매소성에서 승리하였다.
④ 고구려 안승이 신라에 의하여 보덕국왕으로 임명되었다.
⑤ 고구려가 당의 침입에 대비하여 천리장성을 완성하였다.

03

(가) 왕의 업적으로 옳은 것은?

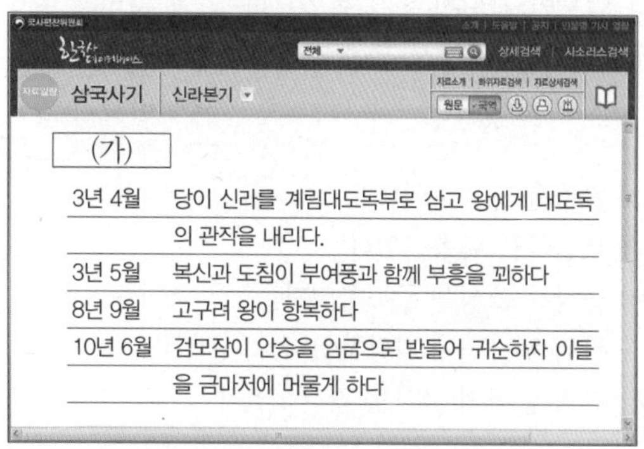

삼국사기
신라본기
(가)
3년 4월 당이 신라를 계림대도독부로 삼고 왕에게 대도독의 관작을 내리다.
3년 5월 복신과 도침이 부여풍과 함께 부흥을 꾀하다
8년 9월 고구려 왕이 항복하다
10년 6월 검모잠이 안승을 임금으로 받들어 귀순하자 이들을 금마저에 머물게 하다

① 백성에게 정전을 지급하였다.
② 이사부를 보내 우산국을 복속시켰다.
③ 매소성에서 당의 군대를 격파하였다.
④ 유학 교육을 위하여 국학을 설립하였다.
⑤ 인재를 등용하기 위하여 독서삼품과를 실시하였다.

04

밑줄 그은 '왕'의 정책으로 옳은 것은?

설화 속에 담긴 역사

- 왕이 한여름날 설총에게 이야기를 청하였다. 설총이 아첨하는 미인 장미와 충언하는 백두옹(白頭翁: 할미꽃)을 두고 누구를 택할까 망설이는 화왕(花王)에게 백두옹이 간언한 이야기를 해 주었다. 이에 왕이 정색하고 낯빛을 바꾸며 "그대의 우화 속에는 실로 깊은 뜻이 있구나. 이를 기록하여 임금된 자의 교훈으로 삼도록 하라."고 하고, 드디어 설총을 높은 벼슬에 발탁하였다.
- 동해 가운데 홀연히 한 작은 산이 나타났는데, 형상이 거북 머리와 같았다. 그 위에 한 줄기의 대나무가 있어, 낮에는 갈라져 둘이 되고 밤에는 합하여 하나가 되었다. 왕이 사람을 시켜 베어다가 피리를 만들어 이름을 만파식적(萬波息笛)이라고 하였다.

① 관료전을 지급하고 녹읍을 폐지하였다.
② 관리 채용을 위하여 독서삼품과를 시행하였다.
③ 병부와 상대등을 설치하고 관등을 정비하였다.
④ 자장의 건의로 황룡사 구층 목탑을 건립하였다.
⑤ 위홍과 대구 화상에게 삼대목을 편찬하도록 하였다.

05

다음 상황 이후에 전개된 사실로 옳은 것은?

이찬 김지정이 반역하여 무리를 모아 궁궐을 에워싸고 침범하였다. 여름 4월에 상대등 김양상이 이찬 경신과 함께 군사를 일으켜 김지정 등을 죽였으나, 왕과 왕비는 반란군에게 살해되었다. 양상 등이 왕의 시호를 혜공왕이라 하였다.
－『삼국사기』－

① 김흠돌이 반란을 도모하였다.
② 이사부가 우산국을 복속하였다.
③ 김대성이 불국사 조성을 주도하였다.
④ 장보고가 왕위 쟁탈전에 가담하였다.
⑤ 거칠부가 왕명에 의해 국사를 편찬하였다.

06

(가)에 들어갈 내용으로 옳은 것은?

인안이라는 연호를 내세워 당과 대등하다는 의식을 표방한 발해의 제2대 왕에 대하여 말해 볼까요?

① 낙랑군을 몰아냈어요.
② 국호를 남부여로 바꿨어요.
③ 장문휴를 보내 등주를 공격하였어요.
④ 3성 6부의 중앙 관제를 정비하였어요.
⑤ 5경 15부 62주의 지방 행정 제도를 확립하였어요.

07

(가) 국가에 대한 설명으로 옳은 것은?

이 글은 양태사가 지은 '밤에 다듬이 소리를 듣고'라는 한시로, 정효 공주 묘지(墓誌) 등과 함께 (가) 의 한문학 수준을 보여주는 대표적인 사례입니다. 이 시에는 문왕 때 일본에 사신으로 파견된 그가 다듬이 소리를 듣고 고국을 그리워하는 마음이 잘 표현되어 있습니다.

서리 기운 가득한 하늘에 달빛 비치니 은하수도 밝은데
나그네 돌아갈 일 생각하니 감회가 새롭네
홀로 앉아 지새는 긴긴 밤 근심에 젖어 마음 아픈데
홀연히 들리누나 이웃집 아낙네 다듬이질 소리
바람결에 그 소리 끊기는 듯 이어지는 듯
밤 깊어 별빛 기우는데 잠시도 쉬지 않네
나라 떠나온 뒤로 아무 소리 듣지 못하더니
이제 타향에서 고향 소리 듣는구나
⋮

① 교육 기관으로 주자감을 설립하였다.
② 골품제라는 엄격한 신분제를 마련하였다.
③ 정사암에 모여 국가 중대사를 논의하였다.
④ 관리 선발을 위해 독서삼품과를 시행하였다.
⑤ 청연각과 보문각을 설치하여 학문 연구를 장려하였다.

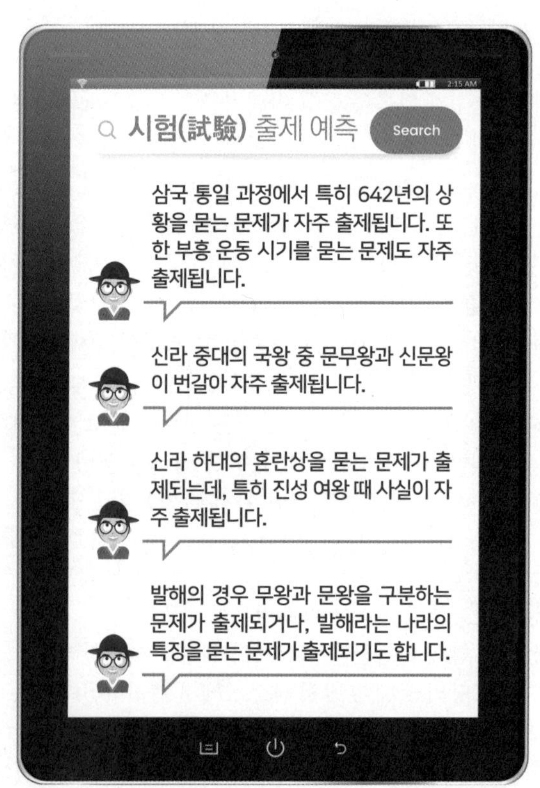

시험(試驗) 출제 예측
Search
삼국 통일 과정에서 특히 642년의 상황을 묻는 문제가 자주 출제됩니다. 또한 부흥 운동 시기를 묻는 문제도 자주 출제됩니다.
신라 중대의 국왕 중 문무왕과 신문왕이 번갈아 자주 출제됩니다.
신라 하대의 혼란상을 묻는 문제가 출제되는데, 특히 진성 여왕 때 사실이 자주 출제됩니다.
발해의 경우 무왕과 문왕을 구분하는 문제가 출제되거나, 발해라는 나라의 특징을 묻는 문제가 출제되기도 합니다.

05 | 고대 국가의 경제 · 사회 · 문화

● 삼국의 경제

귀족 중심 경제	귀족은 공로 또는 관직 복무 대가로 녹읍·식읍 등을 받음 → 해당 토지에 지배권 행사	
농업 중심 경제	농업 장려 정책 시행 → 철제 농기구 보급, 지증왕 때 우경 시행, 수리 시설 확충 등	
수공업·상업 발달	시장 개설 → 지증왕 때 동시전(시장 감독 기구)·동시(시장) 설치	
구휼 제도	고국천왕 때 진대법 시행	
수취 제도	도입	중국으로부터 조(租)·용(庸)·조(調) 세법 도입
	조(조세)	곡물과 포 징수 → 통일 이후 수확량의 10분의 1 징수(통일 이전보다 줄어듦)
	용(역)	15세 이상 남자 동원 → 통일 신라 때부터 16세 이상 남자 동원
	조(공납)	특산물 부과
대외 무역	고구려	남북조 및 북방 유목 민족과 교역
	백제	남중국 및 왜와 교역
	신라	• 진흥왕 한강 유역 차지 이전 : 고구려와 백제를 통하여 중국과 간접 교역 • 진흥왕 한강 유역 차지 이후 : 당항성을 통하여 중국과 직접 교역

● 통일 신라와 발해의 경제

구분	통일 신라	발해
특징	• 토지 제도 : 관료전 지급(신문왕) → 녹읍 폐지(신문왕) → 정전 지급(성덕왕) → 녹읍 부활(경덕왕) • 수취 제도 : 조세(수확량의 10분의 1 납부), 공납(특산물 납부), 역(16세 이상 남자 동원, 군역 + 요역) • 민정 문서(신라 촌락 문서) – 발견 : 1933년 일본 도다이사 쇼소인 – 목적 : 조세·공납·역 징수를 위한 기초 자료 – 작성 : 촌주가 매년 조사, 3년에 한 번 작성 (인구수, 논과 밭의 면적, 소·말·뽕나무 수 등 파악) – 대상 : 서원경 + 부근 4개 촌락 – 구분 : 가호(9등급), 인구(성별·연령별 6등급) 민정 문서	• 밭농사 중심 • 목축 발달 • 특산물 : 솔빈부의 말
상업	• 경주 : 서시·남시 설치 • 지방 : 시장이 열림	수도 상경 등 도시·교통 중심지에 발달
대외 무역	• 당 : 신라방·신라촌(거주지), 신라원(절), 신라소(관청), 신라관(여관) • 일본 : 초기에는 무역 제한 → 8세기 이후 확대 • 이슬람 : 울산항(신라 하대 국제 무역항)을 통하여 이슬람 상인 왕래, 원성왕릉 무인상 • 발해 : 신라도 • 장보고 – 완도에 청해진 설치 : 황해와 남해의 해상 무역권 장악 – 중국에 법화원 설치 : 엔닌의 『입당구법순례행기』	• 당 : 발해관, 조공도, 영주도 • 신라 : 신라도 • 일본 : 일본도 • 거란 : 거란도

● 고대 국가의 신분

신분제 사회의 형성	가·대가, 호민, 하호, 노비(부여, 초기 고구려 등 여러 나라의 신분) → 귀족, 평민, 천민(고대 국가의 신분)	
고대 국가의 신분	귀족	• 왕족 + 옛 부족장 • 사회·경제적 특권 → 통치 체제 마련
	평민	조세·공납·역의 의무
	천민	• 대부분 노비로 구성 • 왕실·귀족·관청에 예속 → 자유 X, 노역 • 주로 전쟁 포로로 잡히거나 빚을 져서 노비가 됨

● 고대 국가의 사회

고구려	지배층	• 고씨 + 5부 출신 귀족	• 제가 회의
	형벌	• 반역·항복·패배 : 사형	• 1책 12법
	사회 풍습	• 씩씩한 기풍 • 서옥제, 자유로운 연애와 결혼(예물 X)	• 약탈 경제 • 형사취수제
백제	지배층	• 부여씨 + 8성 귀족	• 정사암 회의
	형벌	• 반역·항복·패배 : 사형 • 뇌물 : 3배 배상, 금고형	• 도둑질 : 귀양, 2배 배상
	사회 풍습	• 상무적 기풍 : 「양직공도」 • 중국과 교류	• 언어와 의복이 고구려와 유사
신라	골품제	• 골품에 따라 관등 승진 제한, 가옥 규모·복색 등 일상생활 규제 • 통일 이후 : 성골이 없어지고 3~1두품이 평민화 • 6두품 - '득난(得難)'이라고도 불림 - 인물 : 설총, 설계두, 최치원 등 - 신라 하대 호족과 연계하여 사회 개혁 추구	
	화랑도 (국선도 ·풍월도)	• 기원 : 원시 사회 청소년 집단, 원화(源花)에서 기원 • 구성 : 화랑(귀족 자제) + 낭도(귀족 + 평민) • 계층 간 대립과 갈등 조절·완화 • 행동 규범 : 원광의 세속 오계 • 진흥왕 때 국가적인 조직으로 개편	
	화백 회의	• 만장일치제의 귀족 회의 • 귀족과 국왕 간 권력 조절	
	사회	향·부곡민 : 일반 농민보다 많은 공물 부담	
통일 신라	중대	• 왕권 강화 : 신문왕의 전제 왕권 강화 정책 • 민족 융합 정책 : 9주 + 9서당	• 6두품 : 왕의 정치적 조언자로 활동
	하대	• 귀족 간 왕위 쟁탈전 • 반신라 세력 대두 : 호족 + 6두품 + 선종 불교	• 사치 풍조 : 사치 금지령(흥덕왕) • 농민 봉기 : 원종·애노의 난
발해	계층 구조	• 지배층 : 주로 고구려계	• 피지배층 : 주로 말갈계
	사회 풍습	• 고구려와 유사	• 여성의 지위 : 비교적 높음

관등		골품				공복
등급	관등명	진골	6두품	5두품	4두품	
1	이벌찬					자색
2	이찬					
3	잡찬					
4	파진찬					
5	대아찬					
6	아찬					비색
7	일길찬					
8	사찬					
9	급벌찬					
10	대나마					청색
11	나마					
12	대사					황색
13	사지					
14	길사					
15	대오					
16	소오					
17	조위					

신라의 골품제

● 고대 국가의 유교와 학문

고구려
- 태학(소수림왕) : 수도에 설립, 유교 교육
- 경당 : 평양 천도 이후 지방에 설립, 한학과 무술 교육

백제
오경박사·의박사·역박사 : 유교 경전과 기술학 교육

신라
임신서기석 : 3년 안에 유교 경전(『시경』 등)을 공부한다는 내용이 있음

임신서기석

통일 신라
- 국학(신문왕) → 태학(감)(경덕왕) : 박사와 조교를 두어 논어와 효경을 가르침
- 독서삼품과(원성왕) : 유교 경전 독해 시험 → 상·중·하 등급에 따라 관리 채용 → 귀족의 반발과 골품제의 모순으로 실패
- 빈공과 응시 : 발해와 경쟁(등제서열 사건)
- 유학자
  - 김대문(진골) : 『화랑세기』, 『고승전』
  - 강수(6두품) : 외교 문서(「청방인문표」, 「답설인귀서」)
  - 설총(6두품) : 이두 정리, 「화왕계」(신문왕)
  - 최치원(6두품) : 12세에 당 유학, 빈공과 급제, 「토황소격문」, 시무 10여 조(진성 여왕), 『계원필경』, 해인사 묘길상탑기

발해
- 주자감(문왕) : 유교 교육
- 빈공과 응시 : 신라와 경쟁(등제서열 사건)
- 6부 명칭 : 유교식(충부·인부·의부·지부·예부·신부)

● 고대 국가의 역사서

고구려
『유기』 100권 → 『신집』 5권(영양왕, 이문진)

백제
『서기』(근초고왕, 고흥)

신라
『국사』(진흥왕, 거칠부)

발해
문적원 : 역사서 관리

● 고대 불교의 흐름

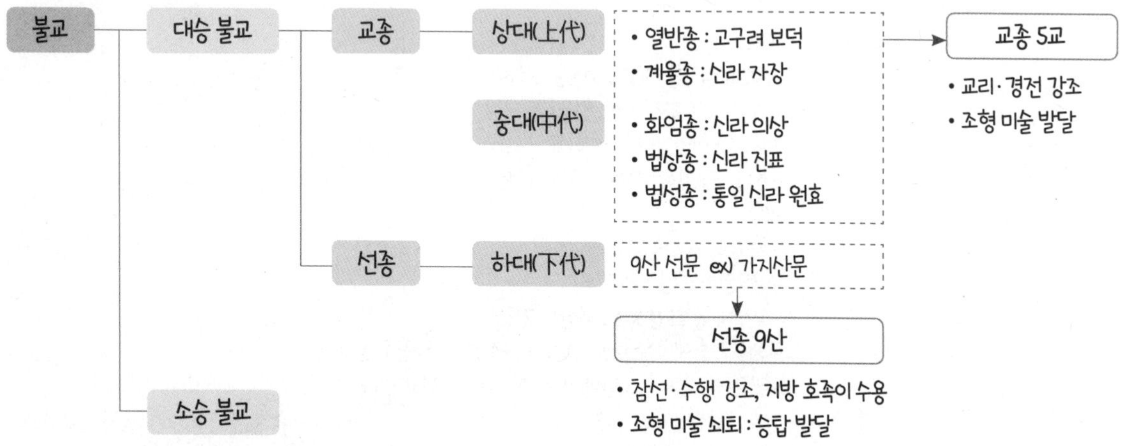

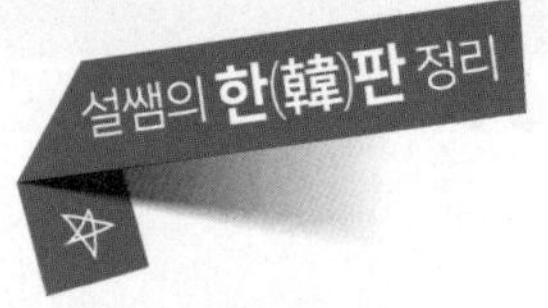

● 고대 국가의 불교

주요 교리
- 업설 : 생전의 업이 다음 생에 영향을 미친다는 사상
- 윤회 : 중생은 죽어도 다시 태어나 생이 반복된다는 사상

수용 목적
- 왕즉불 사상 → 왕권 강화
- 선진 문화 수용

특징
- 왕실과 귀족 중심 불교
- 호국 불교

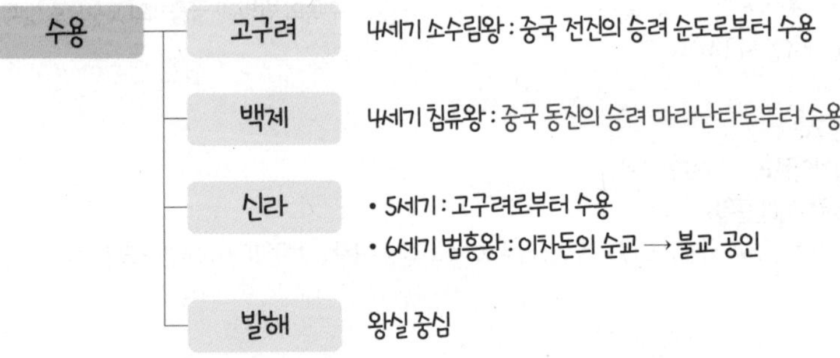

수용
- 고구려 : 4세기 소수림왕 : 중국 전진의 승려 순도로부터 수용
- 백제 : 4세기 침류왕 : 중국 동진의 승려 마라난타로부터 수용
- 신라
  - 5세기 : 고구려로부터 수용
  - 6세기 법흥왕 : 이차돈의 순교 → 불교 공인
- 발해 : 왕실 중심

이차돈 순교비

● 고대 국가의 주요 승려

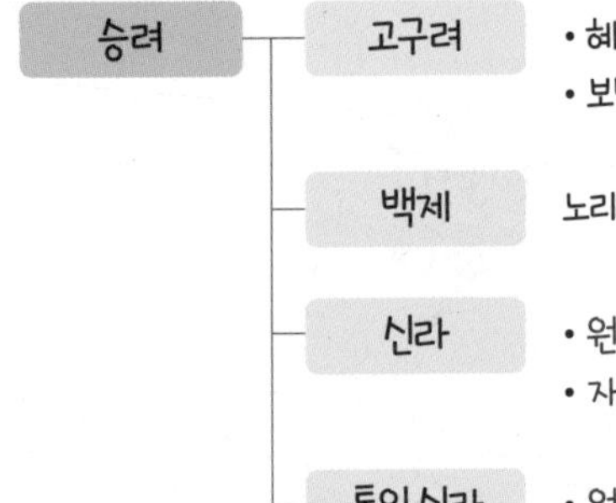

승려
- 고구려
  - 혜자 : 영양왕 때 일본 쇼토쿠 태자의 스승
  - 보덕 : 보장왕 때 백제로 망명하여 열반종 창시
- 백제 : 노리사치계 : 성왕 때 처음으로 일본에 불교 전파
- 신라
  - 원광 : 진평왕 때 화랑에게 세속 오계를 가르침
  - 자장 : 선덕 여왕에게 황룡사 구층 목탑 건립 건의
- 통일 신라
  - 원효
    - 일체유심조를 깨달음(해골물 설화) → 당 유학 포기
    - 일심 사상, 화쟁 사상, 원융회통 사상
    - 아미타 신앙 : '나무아미타불' → 불교의 대중화(무애가)
    - 저술 : 『금강삼매경론』, 『십문화쟁론』, 『대승기신론소』
  - 의상
    - 당 유학 후 화엄종 창시
    - 문무왕의 도성 정비 만류
    - 부석사 등 화엄 10찰, 낙산사 건립
    - 저술 : 「화엄일승법계도」(일즉다 다즉일) → 왕권 뒷받침
    - 관음신앙(현세의 고난에서 구제) + 아미타 신앙 전파
  - 원측 : 『해심밀경소』 저술
  - 혜초 : 『왕오천축국전』 저술(인도와 중앙아시아 풍물에 대한 기록)

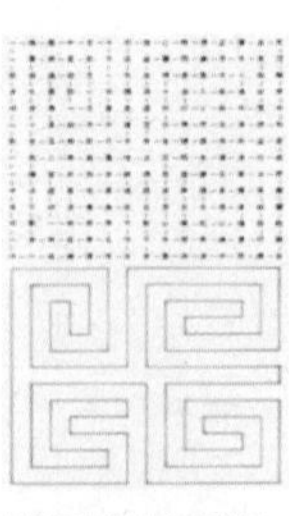
「화엄일승법계도」

● 고대 국가의 불상

고구려	백제	신라

금동 연가 7년명 여래 입상 • 뒷면에 새겨진 명문 '연가 7년 기미년' • 중국 북조(북위) 양식	서산 용현리 마애여래 삼존상 '백제의 미소'라고 불림	경주 배동 석조여래 삼존 입상

통일 신라 (중대)	통일 신라 (하대)		발해

석굴암 본존불상 신체 균형과 조각의 정교함	경산 팔공산 관봉 석조여래 좌상	철원 도피안사 철조 비로자나불 좌상 지방 호족의 후원으로 제작	이불병좌상 • 석가불과 다보불이 나란히 앉아 있는 모습을 형상화 • 고구려 불상 조각 기술 계승

● 고대 국가의 도교와 풍수지리설

도교 불로장생 + 현세 구복

고구려
- 사신도 : 강서 대묘 「현무도」 등
- 을지문덕의 「여수장우중문시」 : '지족(知足)' 표현
- 연개소문의 도교 장려 정책 : 반대 세력 견제 목적

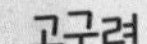

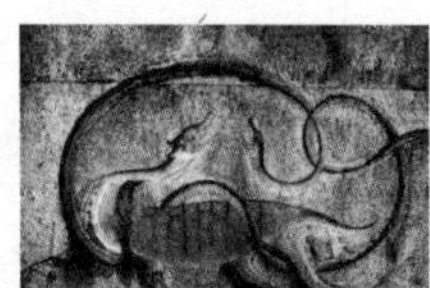
강서 대묘 「현무도」

백제

산수무늬 벽돌

사택지적비

무령왕릉 지석

백제 금동 대향로

신라 화랑도(국선도, 풍월도)

통일 신라 최치원의 「사산비명」

발해 정효 공주 묘지석의 내용

풍수지리설 신라 하대에 승려 도선이 유입

● 고대 국가의 고분

고구려

돌무지무덤 → 굴식 돌방무덤

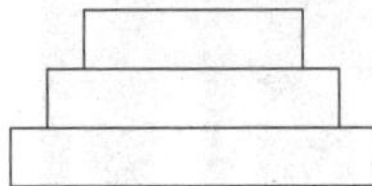

• 청동기~삼국 시대
• 벽화 X
• 장군총

장군총

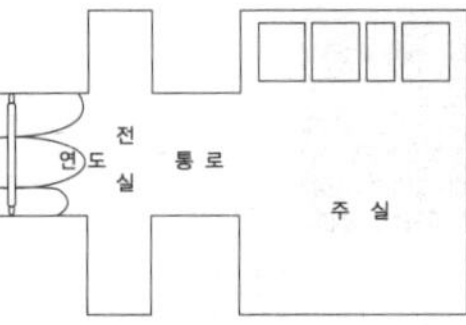

무용총 「수렵도」

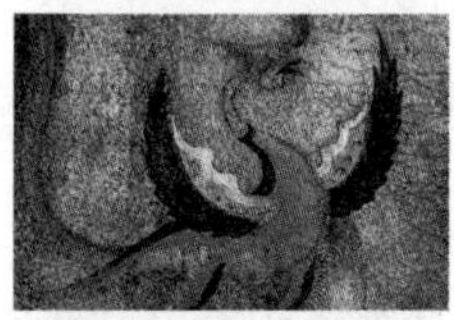
강서 대묘 「주작도」

• 돌로 널방을 짜고 위에 흙을 덮어 봉분을 만든 무덤
• 모줄임천장 구조
• 출입구가 있어 도굴이 쉬움
• 벽화 O
  - 천장과 벽에 그림을 그리기도 함
  - 초기에는 생활 모습 그림(안악 3호분, 무용총, 쌍영총, 각저총)
    → 후기에는 상징적 그림(강서 대묘 사신도 중 「주작도」 등)

백제

한성

(계단식) 돌무지무덤

• 서울 석촌동 고분군
• 고구려 장군총과 유사 : 유이민설 뒷받침

서울 석촌동 돌무지무덤

웅진

굴식 돌방무덤

• 공주 송산리 1~5호분
• 벽화 X

벽돌무덤

• 중국 남조(양)의 영향
• 널길과 널방을 벽돌로 쌓음
• 공주 송산리 6호분 : 벽화 O(「사신도」)
• 무령왕릉(공주 송산리 7호분)
  - 1971년 배수 공사 중 발견
  - 무령왕릉 지석 출토 : 무덤 주인·축조 연대 확인 가능
  - 부장품 3,000점가량과 석수(진묘수) 출토

무령왕릉 내부

무령왕릉 지석

무령왕릉 석수(진묘수)

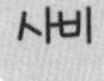
사비

굴식 돌방무덤

• 부여 능산리 고분군
• 부여 능산리 1호분에만 벽화 O
• 능산리 근처 절터에서 백제 금동 대향로, 창왕명 석조 사리감 출토

백제 금동 대향로

창왕명 석조 사리감

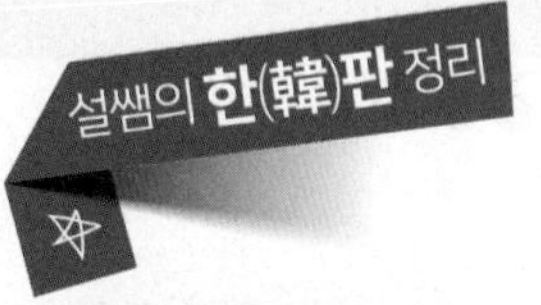

신라

돌무지덧널무덤

- 평지 위에 나무널과 껴묻거리 상자를 놓고, 바깥에 나무로 짠 덧널을 설치한 후 냇돌을 쌓고 위를 흙으로 덮음
- 황남 대총, 천마총(「천마도」 출토) 등
- 도굴이 어려워 많은 껴묻거리가 남아 있음

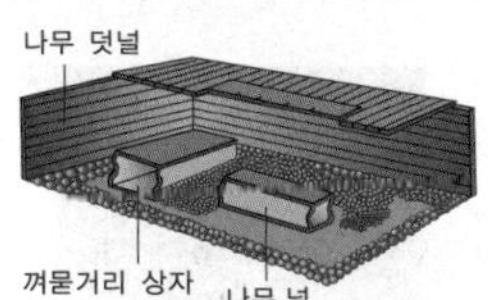

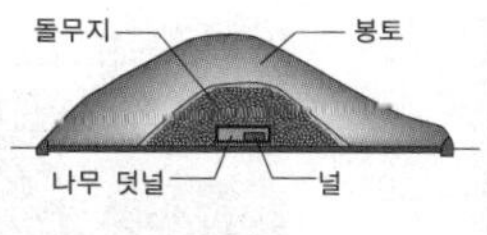

돌무지덧널무덤 구조

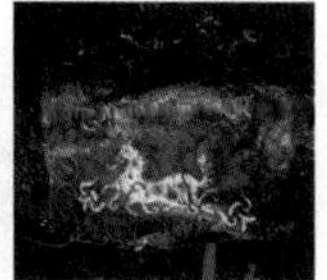

천마총 「천마도」

굴식 돌방무덤 어숙 묘

통일 신라 화장 유행 : 불교의 영향

굴식 돌방무덤

김유신 묘 : 봉토 주위 둘레돌에 12지 신상 조각

김유신 묘

김유신 묘 둘레돌의 12지 신상

발해

정혜 공주 묘

- 굴식 돌방무덤 : 고구려의 영향
- 벽화 X
- 모줄임천장 구조
- 돌사자상 출토

돌사자상

정효 공주 묘

- 벽돌무덤 : 당의 영향
- 벽화 O
- 평행고임 천장 구조

● 고대 국가의 탑

고구려

- 주로 목탑 제작
- 현존하지 않음

백제

익산 미륵사지 석탑

- 목탑 양식 석탑
- 복원 과정에서 금제 사리 봉안기 출토
- 2019년 보수 공사 완료
- 우리나라에 현존하는 가장 오래된 석탑

부여 정림사지 오층 석탑

당 장수 소정방이 새긴 글씨 때문에 평제탑이라고도 불림

신라

황룡사 구층 목탑 복원도

- 선덕 여왕 때 자장의 건의에 따라 건립
- 몽골의 침입으로 소실

경주 분황사 모전 석탑

- 선덕 여왕 때 돌을 벽돌 모양으로 다듬어 제작
- 신라에서 가장 오래된 석탑
- 모서리에 사자상 배치

설쌤의 **한(韓)판** 정리

통일 신라

중대(中代) 이중 기단 + 삼층 탑 유행 : 경주 감은사지 동서 삼층 석탑, 경주 불국사 삼층 석탑 등

경주 감은사지 동서 삼층 석탑
- 신문왕 때 완공
- **쌍둥이 탑**

경주 불국사 다보탑
- **층을 셀 수 없음**
- **계단이 있음**

경주 불국사 삼층 석탑(석가탑)
- 경주 감은사지 동서 삼층 석탑 양식 계승
- 무구정광대다라니경 출토

무구정광대다라니경
현존하는 가장 오래된 목판 인쇄물

구례 화엄사 사사자 삼층 석탑

하대(下代)

양양 진전사지 삼층 석탑
기단부와 탑신부에 불상이 새겨짐

화순 쌍봉사 철감선사탑
- 선종의 유행과 함께 건립
- 팔각 원당형 승탑
- **철감선사 도윤의 사리 보관**

발해

발해 영광탑
당의 영향을 받은 벽돌 탑(전탑)

● 고대 국가의 건축

고구려	백제	신라	통일 신라	발해
안학궁	미륵사지(미륵사 터)	황룡사지(황룡사 터)	• 경주 불국사, 석굴암 • 경주 동궁과 월지	상경 용천부 평면도 : 당의 장안성 모방

● 통일 신라의 종

- 상원사 동종
- 성덕 대왕 신종(경덕왕 ~ 혜공왕)

성덕 대왕 신종

● 고대 국가의 석등

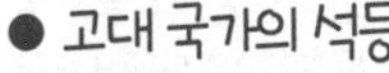

통일 신라	불국사 석등, 보은 법주사 쌍사자 석등
발해	발해 석등, 고구려 문화 계승

불국사 석등

보은 법주사 쌍사자 석등

발해 석등

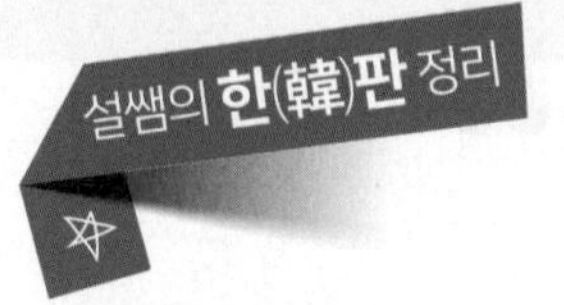

● 고대 국가의 과학 기술

고구려	백제	신라	통일 신라
천문 : 천문도, 고분 벽화 속 별자리	• 천문 : 역박사 • 금속 기술 : 칠지도, 백제 금동 대향로	• 천문 : 경주 첨성대(선덕 여왕) • 금속 기술 : 금관	• 수학 : 석굴암, 경주 불국사 삼층 석탑 등 비례와 균형미 있는 조형물 제작 • 인쇄술 : 무구정광대다라니경

● 고대 국가의 예술

고구려	백제	신라	통일 신라	발해
음악 : 거문고 개량(왕산악)	음악 : 정읍사	음악 • 백결 : 방아 타령 • 우륵 : 대가야 출신, 가야금 12곡, 진흥왕 때 신라로 귀의	• 음악 : 향가집 『삼대목』(각간 위홍, 대구 화상) • 글씨 : 김생 • 그림 : 솔거	글씨 : 정효 공주, 정혜 공주 묘비(4·6 변려체)

● 삼국과 가야 문화의 일본 전파

고구려
- 담징(7세기 영양왕) : 종이와 먹 제조법, 호류사 금당 벽화
- 혜자(7세기 영양왕) : 쇼토쿠 태자의 스승
- 혜관(7세기 영류왕) : 일본 삼론종의 시조
- 수산리 고분 벽화 : 다카마쓰 고분 벽화에 영향

백제
- 아직기(4세기 근초고왕) : 한자
- 왕인(4세기 근초고왕) : 천자문, 논어
- 노리사치계(6세기 성왕) : 불경과 불상
- 오경박사·의박사·역박사 파견
- 칠지도

신라 조선술, 축제술

가야 토기 제작 기술 : 일본 스에키 토기에 영향

삼국
- 금동 미륵보살 반가 사유상 : 일본 고류사 목조 미륵보살 반가 사유상에 영향
- 일본 아스카 문화 형성에 기여

가야 토기

스에키 토기

금동 미륵보살 반가 사유상

일본 고류사 목조 미륵보살 반가 사유상

● 삼국과 서역과의 교류

고구려
- 각저총 「씨름도」
- 아프라시아브 궁전 벽화

신라
- 유리그릇(황남 대총 출토)
- 보검(경주 계림로 14호분 출토)
- 원성왕릉 무인상

1 삼국의 경제

(1) 귀족 중심 경제

① 귀족

㉠ 공로나 관직 복무 대가로 녹읍·식읍 등을 받아 해당 지역의 토지와 농민에 지배권을 행사하였다.

㉡ 중국으로부터 수입한 비단으로 옷을 만들어 입는 등 화려한 생활을 하였다.

㉢ 노비와 농민을 동원하여 자신의 토지를 경작하도록 하였으며, 고리대로 재산을 축적하였다.

② 농민

㉠ 자신의 땅을 경작하거나 귀족의 땅을 빌려 경작하며 세금을 납부하였다.

㉡ 고리대나 자연재해로 노비가 되거나 도적이 되는 경우도 있었다. 이를 막기 위하여 나라에서는 흉년이 들면 곡식을 나누어 주거나 빌려주었다.

식읍
국가에서 왕족 또는 공신에게 지급한 특정 지역의 토지로, 이를 지급받은 이는 해당 토지에 수조권과 노동력 징발권을 행사할 수 있었다.

(2) 농업 중심 경제와 농업 장려 정책

① 농업 생산력을 증대하기 위하여 쟁기·호미·괭이 등 철제 농기구를 보급하였다.

② **6세기 신라 지증왕 때**는 소를 이용하여 논밭을 가는 **우경을 시행하였다.**

③ 저수지 등 수리 시설을 늘렸으며 황무지도 개간하였다. 그러나 시비법이 발달하지 못하였기에 토지 대부분은 한 해를 농사짓고 나면 1년 또는 수년 동안 묵혀 두어야 했다.

시비법
토양이나 작물에 비료(거름 등)를 주는 방법이다.

(3) 수공업과 상업 발달

① 수공업 : 수공업 제품을 생산하는 관청을 설치하고 여기에 수공업자를 소속시켜 무기나 장신구 등 필요한 물품을 생산하도록 하였다.

② 상업 : 주로 대도시를 중심으로 상업 활동이 전개되었는데, **6세기 신라 지증왕 때 시장 감독 기구인 동시전**과 시장인 동시가 설치되었다.

도시부
백제의 중앙 관청 중 하나로, 상업과 교역 및 시장 관계의 업무를 담당하였다.

(4) 빈민 구휼 제도

① 목적 : 농민이 귀족의 고리대나 자연재해에 희생되어 노비나 도적으로 전락하는 것을 방지하고자 마련되었다.

② **진대법** : 2세기에 고구려 고국천왕은 **을파소의 건의**에 따라 봄에 곡식을 빌려주고 가을에 추수한 것으로 갚도록 하는 진대법을 시행하였다.

국사(國史)편찬위원회에서 출제한 자료 ● 진대법 시행

고국천왕이 …… 어떤 사람이 앉아 우는 것을 보고 어째서 우느냐고 물었다. 대답하되 "신은 가난하여 품팔이로 어머니를 봉양하였는데, 올해는 흉년이 들어 품팔이를 할 수 없고, …… 양식도 얻어 쓸 수 없어 웁니다."라고 하였다. 왕이 을파소에게 명하여 봄에 관청의 곡식을 내어 꾸어 주고 겨울에 갚게 하는 상설 규정을 만드니 내외가 크게 기뻐하였다.
-『삼국사기』-

(5) 수취 제도

① 조(租)·용(庸)·조(調) : 삼국 시대에 중국으로부터 조·용·조 세법이 도입되었다.

② 조세 : 재산 정도에 따라 호를 나누어 곡물과 포를 거두었다.

③ 역 : 군역과 요역으로 이루어졌으며 15세 이상 남자에게 부과하였다.

④ 공물 : 해당 지역의 특산물을 공물 형태로 거두었다.

조(租)·용(庸)·조(調) 세법
조(租)는 조세, 용(庸)은 역, 조(調)는 공납을 의미한다.

(6) 대외 무역의 발달

① 4세기 이후 대외 교역이 활발히 전개되었으며, 교역은 주로 공무역 형태로 이루어졌다.

② **삼국의 대외 무역** : 삼국은 주로 금·은·인삼 등을 수출하고 비단·서적·도자기 등을 수입하였다.

㉠ **고구려** : 중국의 남북조 및 북방 민족과 무역을 하였다.

㉡ **백제** : 중국의 남조 및 왜와 무역을 하였다.

㉢ **신라** : 처음에는 고구려와 백제를 통하여 중국과 간접 교역을 하였으나, 6세기에 진흥왕이 한강 유역을 차지하고 난 뒤에는 **당항성을 통하여 중국과 직접 교역**을 하였다.

삼국의 경제 활동

2 통일 신라와 발해의 경제

(1) 통일 신라의 경제

① 토지 제도

㉠ **신문왕**은 관리의 복무 대가로 **관료전을 지급하고 이후 녹읍을 폐지**하였으며, **성덕왕**은 백성에게 **정전을 지급**하였다. 이러한 정책에는 국가가 백성을 직접 지배하고 귀족이 사적으로 백성을 지배하는 것을 방지하고자 하는 의도가 담겨 있었다.

㉡ 8세기 후반 **경덕왕 때** 귀족의 반발로 **녹읍이 부활하였다**.

㉢ 소성왕은 청주 거로현을 국학생의 녹읍으로 삼았다.

국사(國史)편찬위원회에서 출제한 **자료** ●통일 신라의 토지 제도

- 687년(신문왕 7) 교서를 내려 문무(文武) 관료들에게 토지를 차등 있게 주었다.
- 689년(신문왕 9) 정월에 중앙과 지방 관리들의 녹읍(祿邑)을 폐지하고 해마다 조(租)를 차등 있게 주고 이를 일정한 법으로 삼았다.
- 722년(성덕왕 21) 처음으로 백성들에게 정전(丁田)을 지급하였다.
- 757년(경덕왕 16) 중앙과 지방의 여러 관리에게 매달 주던 녹봉(祿俸)을 없애고 다시 녹읍을 주었다.
- 799년(소성왕 원년) 봄 3월에 청주(菁州) 거로현(居老縣)을 국학생의 녹읍으로 삼았다. -『삼국사기』-

② 수취 제도

㉠ 조세 : 해당 토지에서 수확한 생산량의 10분의 1 정도를 수취하였다.

㉡ 역 : 군역과 요역으로 이루어졌으며 **16세 이상** 60세 이하의 남자에게 부과되었다.

㉢ 공납 : 해당 지역의 특산물을 거두었다.

③ **민정 문서**(신라 장적, 신라 **촌락 문서**)

발견	1933년에 일본 도다이사[東大寺] 쇼소인[正倉院]에서 발견됨
목적	조세·공납·역을 징수하기 위한 자료로서 작성됨
작성	• 촌주가 매년 조사하여 3년에 한 번 작성함 • 인구수, 토지 면적, 가축 수, 나무 수 등을 기록함
대상	서원경과 부근의 4개 촌락을 대상으로 함
특징	• 가호(戶)는 인구수에 따라 9등급(상상호~하하호)으로 구분함 • 인구는 성별·연령별로 6등급으로 나눔

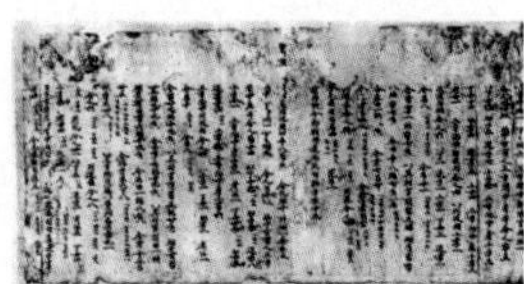
민정 문서

④ 상업

㉠ 인구와 상품 수요가 증가함에 따라 경주에 서시와 남시를 추가로 설치하고 시전을 두어 각 시(市)를 관리 · 감독하였다.

㉡ 지방에서도 시장이 열려 물품 거래가 이루어졌다.

(2) 발해의 경제

① **농업** : 지형과 추운 날씨 때문에 주로 밭농사를 지었으나, 일부 지역에서는 벼농사를 짓기도 하였다.

② **목축 발달** : 목축이 발달하였는데 특히 **솔빈부의 말은 주요 수출품**이었다.

③ **수취 제도** : 신라와 마찬가지로 조세 · 공납 · 역이 있었다.

④ **상업 발달** : 수도인 상경 용천부 등 도시와 교통 중심지를 기점으로 상업이 발달하였다.

(3) 통일 신라의 대외 무역

당	• 공무역과 사무역이 성행함 • 산둥반도와 양쯔강 하류에 신라방 · 신라촌(신라인 거주지), 신라관(여관), 신라소(관청), 신라원(절)이 형성됨
일본	초기에는 무역을 제한하였으나 8세기 이후에는 활발히 교류함
이슬람	• **울산항(신라 하대 국제 무역항)을 통하여 이슬람 상인이 왕래함** • 서역인의 모습과 유사한 **원성왕릉 무인상**을 통하여 왕래 사실을 알 수 있음
발해	신라도를 통하여 교류함
장보고	• 9세기 완도에 **청해진을 설치**하여 해적을 소탕하고 황해와 남해의 해상 무역권을 장악함 • **법화원을 세워 운영함**

서역
중국인이 중국 서쪽 지역을 통틀어 이르던 말이다. 넓게는 서아시아, 중앙아시아, 인도를 비롯하여 유럽 동부와 아프리카 북부까지를 이른다.

원성왕릉 무인상

법화원
장보고가 중국에 세운 절로, 일본 승려 엔닌이 쓴 문헌인 『입당구법순례행기』에 나온다.

(4) 발해의 대외 무역

당	발해관, **영주도**, **조공도**를 통하여 교류함
일본	**일본도**를 통하여 활발히 교류함
통일 신라	**신라도**를 통하여 교류함
거란	**거란도**를 통하여 교류함

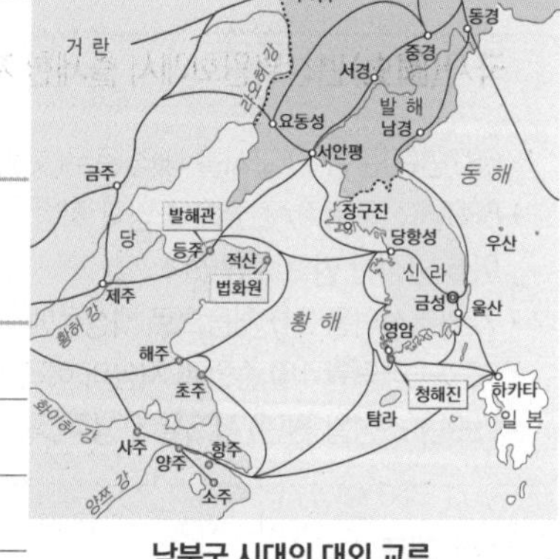

남북국 시대의 대외 교류

국사(國史)편찬위원회에서 출제한 자료 ● 엔닌의 『입당구법순례행기』

귀하를 뵌 적은 없으나 높으신 이름을 오래 전에 들었기에 흠모하는 마음이 더욱 깊어만 갑니다. …… 부족한 이 사람은 다행히도 대사(장보고)께서 세우신 이곳 법화원에 머무를 수 있었던 것을 말로 다할 수 없이 감사하게 생각합니다.

능력(能力) 향상을 위한 OX

		정답
01 고구려 고국천왕은 을파소에게 명하여 진대법을 시행하도록 하였다.	( )	○
02 민정 문서에는 인구가 성별 · 연령별로 6등급으로 구분되어 있다.	( )	○
03 발해는 솔빈부의 말이 주요 수출품이었다.	( )	○
04 장보고는 황해와 남해를 잇는 해상 무역권을 장악하였다.	( )	○

3 고대 국가의 사회

(1) 신분제 사회의 형성

① 부여, 초기 고구려, 삼한

㉠ 가·대가 : 부여와 초기 고구려에 존재하던 지배층으로서 별도로 관리를 거느리며 정치에 참여하였다.

㉡ 호민과 하호 : 부유한 계층인 호민과 농업에 종사하는 평민인 하호가 부여와 초기 고구려, 삼한에 존재하였다.

㉢ 노비 : 최하층에 속하며 주인에게 예속되었다.

② 고대 국가

㉠ 귀족

ⓐ 가·대가와 일부 호민은 중앙 집권 국가가 성립되는 과정에서 점차 귀족으로 편입되었다.

ⓑ 왕족과 옛 부족장 세력이 재편성된 계층으로 사회·경제적 특권을 누렸다.

ⓒ 자신들의 특권을 유지하기 위하여 율령을 반포하는 등 통치 체제를 정비하였다.

ⓓ 화려한 비단옷을 입고 노비의 시중을 받으며 안락한 생활을 즐겼다.

㉡ 평민

ⓐ 조세·공납·역의 의무를 지니고 있었다.

ⓑ 귀족의 수탈과 고리대로 인하여 도적이 되거나 노비로 전락하기도 하였다.

㉢ 천민

ⓐ 대부분 노비로 구성되었으며 주로 전쟁에서 포로로 잡히거나 귀족에게 진 빚을 갚지 못하여 노비가 되었다.

ⓑ 왕실이나 귀족, 관청에 예속되어 노역을 담당하였으며 자유롭지 못하였다.

고구려의 무용총「접객도」
신분에 따라 사람 크기를 다르게 묘사하였다.

(2) 고구려의 사회 모습

① 지배층

㉠ 계루부 고씨와 5부 출신 귀족으로 구성되었으며 정치를 주도하였다.

㉡ 귀족 회의 : **제가 회의에서 국가의 중요한 일을 결정하였다**.

② 엄격한 형벌

㉠ 반역을 꾀하거나 반란을 일으킨 자는 화형에 처한 뒤 목을 베고(사형), 가족을 노비로 삼았다.

㉡ 적에게 항복하거나 패할 경우 사형에 처하였다.

㉢ 1책 12법 : 남의 물건을 훔친 자는 12배를 배상하도록 하였다.

㉣ 투기죄 : 중천왕 때 관나부인이 왕후 연씨를 투기하여 모함하려 하였으나, 거짓임이 밝혀지자 중천왕이 사람을 시켜 관나부인을 바다로 던져 버렸다.

③ 사회 풍습

㉠ 씩씩한 사회적 기풍을 지녔다.

㉡ 약탈 경제 : 산간 지역이라 식량 생산이 충분하지 못하여 약탈 경제가 발달하였다.

④ 결혼 풍습

㉠ 지배층의 혼인 풍습으로 **서옥제**와 **형사취수제**가 있었으며, 평민은 자유로운 교제를 통하여 혼인하였다.

㉡ **남자의 집에서 돼지고기와 술을 보낼 뿐 큰 예물은 보내지 않았다**. 신부 집에서 많은 예물을 받을 경우 딸을 팔았다고 여겨 부끄럽게 생각하였다.

(3) 백제의 사회 모습

① 지배층

㉠ **부여씨와 8성의 귀족으로 구성**되었고 정치를 주도하였다.

㉡ 귀족 회의 : **정사암 회의를 열어 국가 중대사를 결정**하였다.

> **8성의 귀족**
> 사씨, 연씨, 해씨, 진씨, 협씨, 국씨, 백씨, 목씨가 있다.

② 엄격한 형벌

㉠ 사형 : 반역한 자나 전쟁터에서 도망친 자, 살인자는 목을 베었다.

㉡ 도둑질한 자는 귀양을 보냄과 동시에 2배를 물게 하였다.

㉢ 관리가 뇌물을 받거나 횡령하면 3배를 배상하고 죽을 때까지 금고형에 처하였다.

③ 사회 풍습

㉠ 상무적 기풍을 지녔으며 **중국의 자료에 의하면 키가 훤칠하며 세련되었다고 한다.**

㉡ 언어와 의복은 고구려와 유사하였다.

㉢ 중국과 일찍이 교류하여 선진 문화를 수용하였다.

> **중국의 자료**

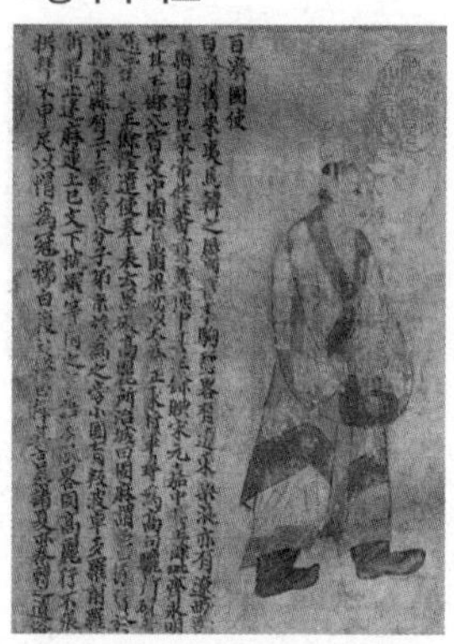

「양직공도」에 그려진 백제 사신의 모습을 통하여 백제인의 모습을 유추할 수 있다.

(4) 신라의 사회 모습

① **골품제**

구분		내용
정의		• 혈연에 따라 개인의 사회 활동과 정치 활동을 엄격히 규제하는 신분 제도 • **골품에 따라 관등 승진, 가옥과 수레 규모, 복색 등 일상생활까지 제한함**
특징	성골	제28대 진덕 여왕을 끝으로 사라짐
	진골	진덕 여왕 사후에 진골 출신의 왕위 계승이 시작됨
	6두품	• 얻기 힘들다 하여 '**득난(得難)**'이라고도 불림 • 대표적인 인물 : **설총, 설계두, 최치원** 등 • **신라 하대에 호족과 연계하여 사회 개혁을 추구함**
	3~1두품	하급 귀족이었으나 통일 이후 평민화됨

관등		골품				공복
등급	관등명	진골	6두품	5두품	4두품	
1	이벌찬					자색
2	이찬					
3	잡찬					
4	파진찬					
5	대아찬					
6	아찬					비색
7	일길찬					
8	사찬					
9	급벌찬					
10	대나마					청색
11	나마					
12	대사					황색
13	사지					
14	길사					
15	대오					
16	소오					
17	조위					

골품과 관등표

② **화랑도**(국선도 · 풍월도 · 풍류도)

구분	내용
기원	원시 사회 청소년 집단과 **원화(源花)에서 기원함**
구성	진골 귀족 자제 중 선발된 화랑과 귀족과 평민을 모두 포함한 낭도로 구성됨
특징	• 화랑을 미륵의 화신으로 표현함(미륵 신앙과 관련 있음) • 계층 간 대립과 갈등을 조절하고 완화하는 기능을 함 • **원광의 세속 오계를 행동 규범으로 삼음** • **진흥왕 때 국가적인 조직으로 개편됨**

> **미륵 신앙**
> 미래에 미륵불이 나타나 중생을 구제해 준다는 사상이다.

> **세속 오계**
> • 사군이충 : 충으로써 임금을 섬긴다.
> • 사친이효 : 효로써 부모를 섬긴다.
> • 교우이신 : 믿음으로써 벗을 사귄다.
> • 임전무퇴 : 전쟁에 임하여 물러서지 않는다.
> • 살생유택 : 살생을 가려서 한다.

③ **화백 회의 : 만장일치제로 운영**되었으며 국왕과 귀족 간의 권력을 조절하는 역할을 하였다.

④ 향·부곡민

㉠ 피정복민 또는 반역죄인 집단이나 거주지의 주민들을 특수 행정 구역인 향·부곡으로 편입시켜 농업이나 수공업 등에 종사하게 하였다.

㉡ 일반 농민보다 많은 세금을 부담하였고, 신분은 천민이 아닌 양인이었다.

(5) 통일 신라의 사회 모습

① 신라 중대의 사회

㉠ 신문왕 때 진골 귀족을 일부 숙청함으로써 전제 왕권이 강화되었다.

㉡ 6두품 : 학문적 식견과 뛰어난 실무 능력으로 왕의 정치적 조언자로서 활동하였다.

㉢ 민족 융합 정책

ⓐ **9서당** : 신문왕은 중앙군인 9서당에 백제인·고구려인·말갈인까지 포함시켰다.

ⓑ 9주 : 신문왕은 전국을 9주로 개편하여 옛 삼국 땅에 각각 3개 주를 할애하였다.

② 신라 하대의 사회

㉠ 진골 귀족 간에 왕위 쟁탈전이 심화되어 중앙 정부의 지방 통제가 약화되었다.

㉡ 사치 풍조가 극심해지자 이를 규제하기 위하여 흥덕왕이 사치 금지령을 공포하였다.

㉢ **호족**이 독립적인 지배권을 행사하는 한편 **6두품**과 **선종 승려**가 신라 골품제 사회를 비판하며 개혁을 주장하였다.

㉣ 농민 봉기 : 원종·애노 등이 가혹한 세금 수탈에 반발하여 사벌주(상주)에서 난을 일으켰다.

신라 하대의 혼란상

> 9서당
> 9서당은 옷깃 색을 기준으로 9개 부대로 편성되었다.

국사(國史)편찬위원회에서 출제한 자료 ● 6두품의 골품제 사회 비판

설계두는 신라 귀족 가문(6두품)의 자손이다. 일찍이 가까운 친구 4명과 함께 모여 술을 마시면서 각자 자신의 뜻을 말하였다. 설계두가 이르기를, "신라에서 사람을 등용하는데 골품을 따져서 진실로 그 족속이 아니면 비록 큰 재주와 뛰어난 공이 있더라도 (그 한도를) 넘을 수가 없다. 나는 원컨대, 중국으로 가서 세상에서 보기 드문 지략을 떨쳐서 특별한 공을 세우고 싶다. 그리고 영광스러운 관직에 올라 고관대작의 옷을 갖추어 입고 천자의 곁에 출입하면 만족하겠다."라고 하였다. -『삼국사기』-

(6) 발해의 사회 모습

① 구성 : 지배층은 주로 고구려계, 피지배층은 주로 말갈계로 구성되었다.

② 사회 풍습

㉠ 고구려를 계승하였기 때문에 법률과 풍속이 고구려와 비슷하였다.

㉡ 여성의 지위가 비교적 높았다고 전한다.

발해의 계층 구조

국사(國史)편찬위원회에서 출제한 자료 ● 발해 여성의 지위

부인은 모두 사납고 투기하였다. …… 거란, 여진 등 여러 나라에는 …… 양인이 모두 작은 부인이나 시중드는 계집종을 거느렸으나 오직 발해만이 이와 같은 것이 없었다. -『송막기문』-

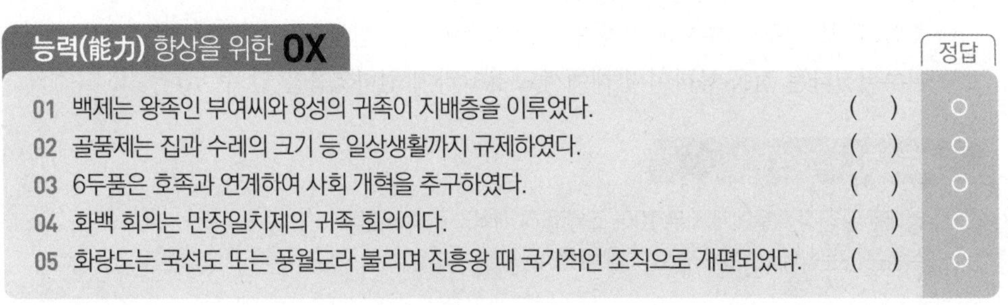

능력(能力) 향상을 위한 OX

			정답
01	백제는 왕족인 부여씨와 8성의 귀족이 지배층을 이루었다.	( )	○
02	골품제는 집과 수레의 크기 등 일상생활까지 규제하였다.	( )	○
03	6두품은 호족과 연계하여 사회 개혁을 추구하였다.	( )	○
04	화백 회의는 만장일치제의 귀족 회의이다.	( )	○
05	화랑도는 국선도 또는 풍월도라 불리며 진흥왕 때 국가적인 조직으로 개편되었다.	( )	○

4 고대 국가의 문화

(1) 고대 국가의 유교와 학문

① 고구려

㉠ 수도 : 소수림왕 때 **태학**을 설립하여 유교 경전을 가르쳤다.

㉡ 지방 : 평양 천도 이후 **경당을 세워 한학뿐만 아니라 무술도 함께 가르쳤다.**

② 백제 : **오경박사**·의박사·역박사를 두어 유교 경전·의료·천문 등을 가르쳤다.

③ 신라 : 유교 경전을 3년 안에 공부하겠다는 내용이 새겨진 **임신서기석**을 통하여 당시 신라에서도 유교 교육이 이루어졌음을 알 수 있다.

④ 통일 신라

㉠ **신문왕** : 유교 교육을 통하여 인재를 양성하고자 **국학을 설립하였다.**

㉡ **경덕왕** : **국학을 태학(감)으로 개칭하고 박사와 조교를 두어 『논어』와 『효경』을 가르쳤다.**

㉢ **원성왕** : 유교 경전 독해 능력을 시험하여 상·중·하로 등급을 나누는 **독서삼품과를 시행하여 관리를 채용**하고자 하였다. 그러나 **진골 귀족의 반발과 골품제의 모순으로 제 기능을 발휘하지 못하였다.**

㉣ 신라인은 당에서 외국인을 대상으로 시행한 과거 시험인 빈공과에 응시하여 시험 성적을 두고 발해인과 경쟁하였다.

㉤ 유학자

김대문 (진골)	• 화랑들의 전기를 모은 **『화랑세기』**, 유명한 고승들의 전기를 모은 **『고승전』** 등을 편찬함 • 김대문의 저서는 현존하지 않으나 일부가 『삼국사기』 등에 인용되어 전하며, 신라의 문화를 주체적으로 인식하려는 경향을 보임
강수 (6두품)	• 외교 문서를 잘 지은 문장가로 유명함 • 당 장수 설인귀에게 보낸 답서인 **「답설인귀서」**, 문무왕의 동생으로 당 감옥에 갇힌 김인문을 석방해 줄 것을 요청한 **「청방인문표」** 등을 저술함
설총 (6두품)	• 원효 대사의 아들 • **이두를 정리**하여 한문 교육에 공헌함 • 유학 경전 보급에 힘씀 • **신문왕**에게 꽃을 의인화하여 풍자한 **「화왕계(花王戒)」**를 지어 바침
최치원 (6두품)	• **12세에 당으로 유학을 떠나 빈공과에 급제함** • 당에서 황소의 난이 일어나자 이를 토벌하는 격문인 **「토황소격문」을 지어 명성을 떨침** • **진성 여왕에게 시무 10여 조를 올려 개혁을 건의함** • 당에 있을 때의 작품을 간추려 시문집 『계원필경』을 제작함 • **신라 말의 사회상을 보여주는 해인사 묘길상탑기를 남김**

⑤ 발해

㉠ **문왕** : 주자감을 설치하여 유교 경전을 교육하였다.

㉡ 당에 파견한 유학생이 빈공과에 응시하여 신라인과 경쟁하였다.

㉢ 중앙 통치 기구인 6부의 명칭이 유교 덕목(충부·인부·의부·지부·예부·신부)으로 이루어졌다는 점을 통하여 발해에서도 유교가 발전하였음을 알 수 있다.

임신서기석

임신년에 청년 두 명이 3년 안에 『시경』, 『상서』, 『예기』, 『춘추전』 등을 습득할 것을 다짐한 내용을 새긴 비석이다.

태학(감)
경덕왕은 신문왕 때 설립된 국학을 태학 또는 태학감이라 개칭하였다.

발해인과 경쟁
대표적으로 등제서열 사건이 있다. 신라인 최언위가 발해인 오광찬보다 빈공과 석차가 앞서자, 마침 당에 사신으로 온 오소도(오광찬의 아버지)가 아들의 석차를 올려 달라고 청하였다가 거절당하였다.

능력(能力) 향상을 위한 OX

		정답
01 김대문은 진성 여왕에게 시무 10여 조를 올려 개혁을 건의하였다.	( )	×
02 설총은 신문왕에게 「화왕계」를 지어 바쳤다.	( )	○

(2) 고대 국가의 역사서

① 고구려 : 영양왕 때 이문진이 이전에 편찬된 역사서인 『유기』 100권을 간추려 『신집』 5권으로 편찬하였다.

② 백제 : 근초고왕 때 고흥이 『서기』를 편찬하였다.

③ 신라 : **진흥왕 때 거칠부가 『국사』를 편찬**하였다.

④ 발해 : 문적원에서 역사서 등 책과 문서를 관리하였다.

국사(國史)편찬위원회에서 출제한 **자료** ● 삼국의 역사서 편찬

- 영양왕이 태학박사 이문진에게 명하여 고사(古史)를 축약하여 신집(新集) 5권을 만들었다.
- 근초고왕 때 이르러 박사 고흥을 얻어 비로소 서기(書記)를 갖게 되었다.
- 진흥왕이 깊이 동감하고 대아찬 거칠부 등에게 명하여 선비들을 널리 모아 그들로 하여금 역사를 편찬하게 하였다. - 『삼국사기』 -

(3) 고대 불교의 흐름

고대 불교의 종파 중에는 대승 불교와 소승 불교가 있었다.

① 대승 불교 : 대승은 '다수의 대중을 구제하는 큰 수레'라는 뜻에서 유래하였다.

구분	내용
교종	• 신라 상대(上代)에 고구려 보덕이 열반종을, 신라 자장이 계율종을 개창함 • 신라 중대(中代)에 신라 의상이 화엄종을, 신라 진표가 법상종을, 신라 원효가 법성종을 개창함 • 교리와 경전 공부를 중시함 • 조형 미술 발달에 기여함
선종	• 신라 하대(下代)에 널리 확산됨 • 교리와 경전 공부보다 참선과 수행을 강조함 • 문자를 뛰어넘어(不立文字, 불립문자) 구체적인 실천 수행으로 개인의 마음속에 내재된 깨달음을 얻는(見性悟道, 견성오도) 것을 중요시함 • 선종은 지방에서 독자적인 세력을 구축하던 호족의 이념적 배경이 됨 • 선종 승려들은 지방 호족과 결합하여 지방에 근거지를 마련하였는데, 그중 대표적인 9개 사원을 9산 선문이라 함 • 조형 미술은 상대적으로 쇠퇴하였으나 승탑이 많이 건립됨

9산 선문

② 소승 불교 : 소승은 '작은 수레'라는 뜻으로 개인의 해탈을 강조하였다.

(4) 고대 국가의 불교

① 주요 교리

㉠ 업설 : 생전의 업이 다음 생에 영향을 미친다는 사상이다.

㉡ 윤회 : 중생은 죽어도 다시 태어나 생이 반복된다는 사상이다.

② 수용 목적

㉠ 왕이 곧 부처라는 의미의 '왕즉불(王卽佛)' 사상을 왕권 강화를 위한 사상적 근거로 활용하고자 하였다.

㉡ 미술 · 건축 · 공예 등 불교와 함께 수반되는 문화를 수용하고자 하였다.

③ 특징

㉠ 왕실과 귀족 중심 불교 : 왕실과 귀족의 후원 아래 발전하였다.

㉡ 호국 불교 : 불교 신앙으로써 국가의 발전과 안녕을 기원하였다.

④ 수용

㉠ 고구려 : **소수림왕 때 전진** 왕인 부견이 고구려에 **순도**를 보내 불상과 경전을 전해 주었다.

㉡ 백제 : 침류왕 때 **마라난타가 동진에서 백제로 들어와** 한산에 절을 세웠다.

㉢ 신라 : 눌지 마립간 때 고구려에서 온 묵호자가 불교를 전파하였고, 소지 마립간 때 아도가 다시 한번 불교를 전파하였다. 하지만 불교는 토착 신앙을 바탕으로 한 귀족 세력의 반발로 공인되지 못하다가, **법흥왕 때 이차돈의 순교를 계기로 공인되었다.**

㉣ 발해 : 왕실을 중심으로 불교를 수용하였는데, 상경 용천부 평면도에 여러 절터가 있는 사실을 통하여 당시 불교가 융성하였음을 알 수 있다.

이차돈 순교비

상경 용천부 평면도

(5) 고대 국가의 주요 승려

① 고구려

㉠ 혜자 : 영양왕 때 일본 쇼토쿠 태자의 스승이 되었다.

㉡ 보덕 : **보장왕 때 연개소문의 도교 장려 정책에 반발하여 백제로 망명한 뒤 열반종을 창시하였다.**

② 백제 : **성왕 때 노리사치계**가 처음으로 **일본에 불교를 전파하였다.**

③ 신라

㉠ **원광** : 진평왕 때 화랑들에게 **화랑도의 규범으로 세속 오계를 제시**하였다.

㉡ 자장 : 선덕 여왕에게 황룡사 구층 목탑의 건립을 건의하였다.

④ 통일 신라

원효	• 일체유심조 : 당으로 유학을 가던 중 해골물을 마시고 일체유심조를 깨달아 유학을 포기함 • 일심 사상 : 모든 진리는 한마음에서 비롯된다는 사상을 강조함 • 화쟁 사상 : 종파 간 사상적 대립을 극복하고자 함(원융회통) • 불교의 대중화 : 누구나 '나무아미타불'만 외우면 내세에는 서방 정토에 태어날 수 있다는 아미타 신앙을 전파하고, 「무애가」를 지어 민중에게 불교를 널리 전파함 • 저술 : 『금강삼매경론』, 『십문화쟁론』, 『대승기신론소』 등
의상	• 화엄종 : 당에서 화엄학을 유학하고 돌아와 화엄종을 개창함 • 도성 정비 반대 : 문무왕이 큰 공사를 일으켜 도성을 새로 정비하려 할 때 백성을 위하여 이를 만류함 • 사원 건립 : 영주 부석사 등 화엄 10찰과 낙산사를 건립함 • 「화엄일승법계도」 : 「화엄일승법계도」를 지어 화엄 사상을 정리하였으며, '일즉다 다즉일(一卽多 多卽一)'이라는 구절로 왕권을 뒷받침함 • 불교의 대중화 : 현세의 고난에서 구제받고자 하는 관음 신앙을 전파하는 한편 아미타 신앙도 함께 전파함
원측	유식의 교의를 담은 『해심밀경소』를 저술함
혜초	『왕오천축국전』 : 인도와 중앙아시아 풍물에 대한 구법순례기를 남김

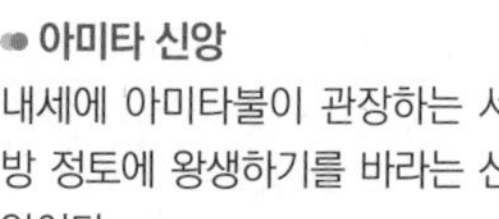

아미타 신앙
내세에 아미타불이 관장하는 서방 정토에 왕생하기를 바라는 신앙이다.

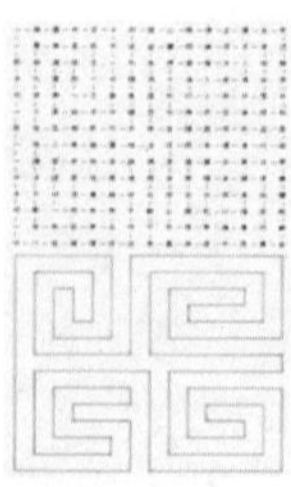

「화엄일승법계도」

능력(能力) 향상을 위한 OX

정답

01 의상은 『금강삼매경론』, 『십문화쟁론』 등을 저술하였다. ( ) ×

02 원효는 부석사, 낙산사 등을 건립하였다. ( ) ×

(6) 고대 국가의 불상

① 고구려 : **금동 연가 7년명 여래 입상 뒷면에 '연가 7년(延嘉七年) 기미년'**이라는 명문이 새겨져 있으며, 불상의 옷자락 표현 등 조각 수법에서 **북조(북위)의 양식을 따랐음을 알 수 있다.**

② 백제 : **'백제인의 미소'**라 불리는 서산 용현리 마애여래 삼존상이 있다.

③ 신라 : 신라 불상 조각의 정수라 평가되는 경주 배동 석조여래 삼존 입상이 있다.

④ 통일 신라

㉠ **석굴암 본존불상** : 신체 균형과 조각의 정교함이 두드러진다.

㉡ **경산 팔공산 관봉 석조여래 좌상** : 암벽을 배경으로 만들어졌다.

㉢ 철원 도피안사 철조 비로자나불 좌상 : 지방 호족의 후원으로 제작되었다.

⑤ 발해 : 석가불과 다보불이 나란히 앉아 있는 모습을 형상화한 **이불병좌상**으로 발해가 **고구려의 불상 조각 기술을 계승하였음을 알 수 있다.**

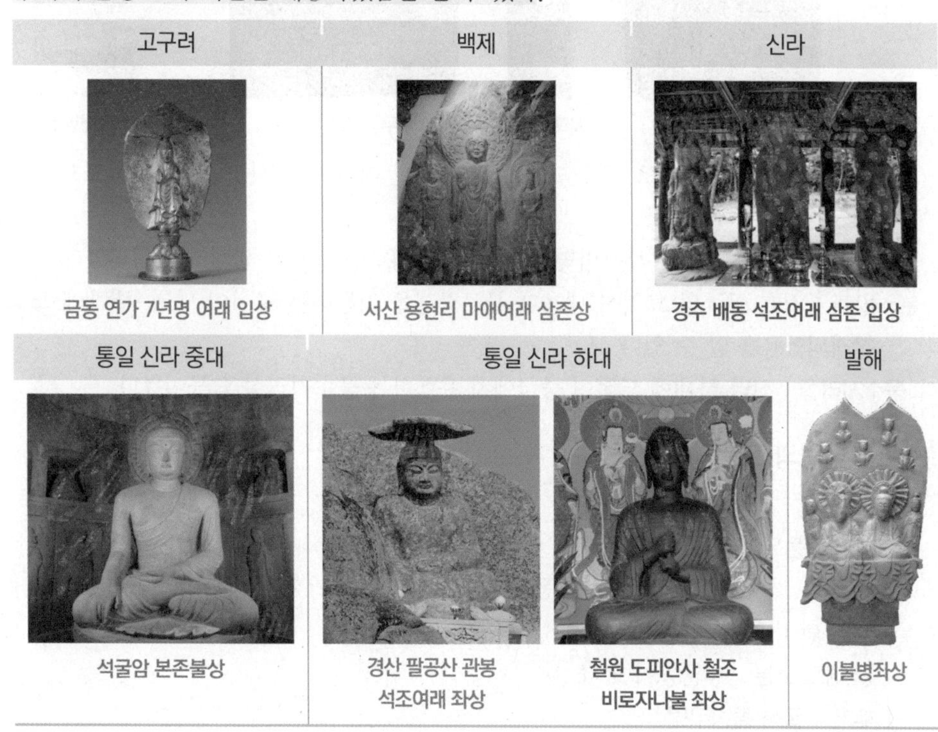

금동 연가 7년명 여래 입상 / 서산 용현리 마애여래 삼존상 / 경주 배동 석조여래 삼존 입상 / 석굴암 본존불상 / 경산 팔공산 관봉 석조여래 좌상 / 철원 도피안사 철조 비로자나불 좌상 / 이불병좌상

(7) 고대 국가의 도교와 풍수지리설

① 도교 : 불로장생이나 현세 구복을 추구하였다.

㉠ 고구려

ⓐ **「사신도」** : 강서 대묘를 비롯한 고구려 고분 벽화에 도교의 방위신을 그린 「사신도」가 그려져 있다.

ⓑ **을지문덕의 「여수장우중문시」** : 을지문덕이 612년에 고구려에 침입한 수의 장수 우중문에게 써서 보낸 시에 『도덕경』의 내용인 '지족(知足)'이라는 표현이 사용되었다.

ⓒ **연개소문의 도교 장려** : 연개소문은 반대 세력을 견제하기 위하여 도교를 장려하였고, 이로 인하여 고구려의 승려 보덕이 백제로 망명하여 열반종을 창시하였다.

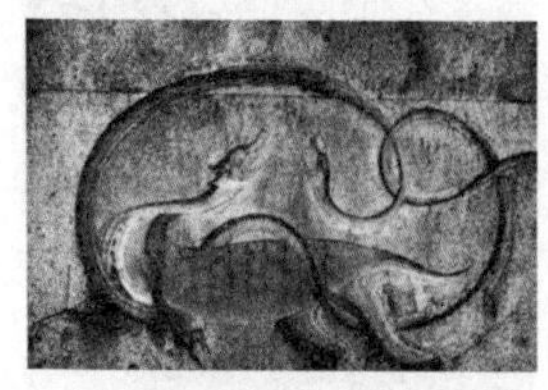
강서 대묘 「현무도」

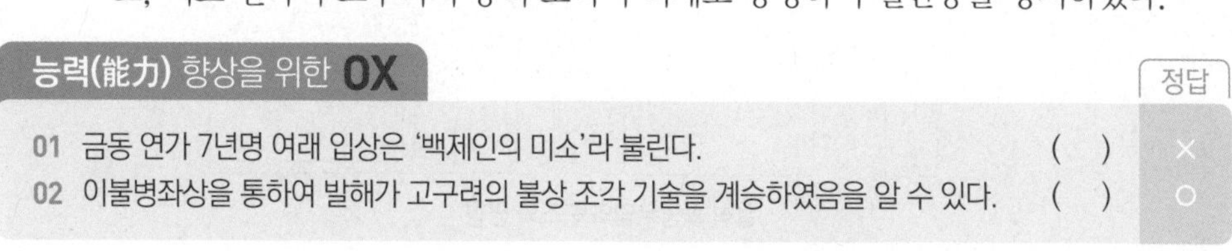
능력(能力) 향상을 위한 OX

정답

01 금동 연가 7년명 여래 입상은 '백제인의 미소'라 불린다. ( ) ×

02 이불병좌상을 통하여 발해가 고구려의 불상 조각 기술을 계승하였음을 알 수 있다. ( ) ○

㉡ 백제

ⓐ **산수무늬 벽돌** : 벽돌에 새겨진 산봉우리·구름·물·봉황 등에 자연과 더불어 살고자 하는 도교적 사상이 담겨 있다.

ⓑ **사택지적비** : 백제 귀족인 사택지적이 인생의 무상함을 이야기하는 등 도교적 색채가 담겨 있다.

ⓒ **무령왕릉 지석** : 무령왕릉에는 무령왕과 왕비의 무덤을 만들 땅을 토지신으로부터 구매하였다는 증서인 매지권이 함께 묻혔는데, 이는 도교식 장례 풍습이다.

ⓓ **백제 금동 대향로** : 충남 **부여 능산리 고분군의 절터에서 출토**된 향로로 신선이 사는 봉래산의 이상 세계를 정교하게 형상화하였다.

산수무늬 벽돌

사택지적비

무령왕릉 지석

백제 금동 대향로

㉢ 신라 : 화랑도를 국선도, 풍월도 등으로 지칭한 데서 신선 사상 등이 담긴 도교적 색채를 느낄 수 있다.

㉣ 통일 신라 : 최치원의 「사산비명」에 은둔적인 경향인 도교적 색채가 반영되었다.

㉤ 발해 : 정효 공주의 묘지석 내용에 불로장생을 기원하는 표현이 담겨, 발해에 도교가 전래되었음을 알 수 있다.

② 풍수지리설 : **신라 하대에 도선**이 중국에서 유행하는 **풍수지리설을 들여왔다.**

(8) 고대 국가의 고분

① 고구려

㉠ 전기 – 돌무지무덤

ⓐ 돌을 쌓아 올린 무덤으로 청동기 시대부터 4~5세기까지 제작되었다.

ⓑ 무덤 내부에 벽화가 그려져 있지 않다.

ⓒ 대표 고분 : 장군총이 있다.

장군총

㉡ 후기 – 굴식 돌방무덤

ⓐ **돌로 널방을 짜고 그 위에 흙을 덮어 봉분을 만든 무덤이다.**

ⓑ 천장의 네 귀퉁이에 삼각형 받침돌을 놓아 점차 모서리를 좁혀 나가는 **모줄임천장 구조**가 나타나기도 한다.

모줄임천장 구조

ⓒ 출입구 때문에 도굴이 쉬워 오늘날 껴묻거리가 많이 남아 있지 않다.

ⓓ **천장과 벽에 그림을 그리기도 하였는데**, 초기에는 주로 생활 모습을 그렸으나 후기에는 사신도 등 상징적인 그림을 그렸다.

ⓔ 대표 고분 : 안악 3호분, **무용총**, 각저총, 쌍영총, 강서 대묘 등이 있다.

무용총 「접객도」

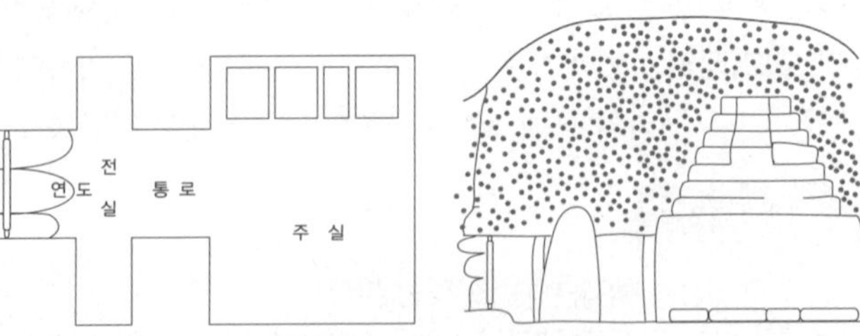

굴식 돌방무덤의 구조와 명칭

안악 3호분

무용총 「수렵도」

각저총 「씨름도」

쌍영총 「여인도」

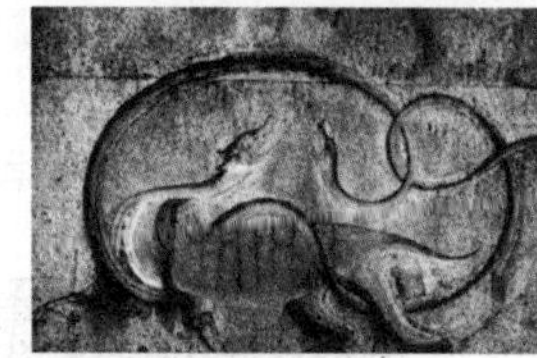
강서 대묘 「현무도」

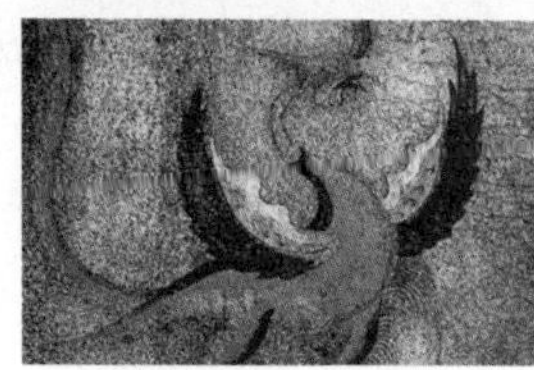
강서 대묘 「주작도」

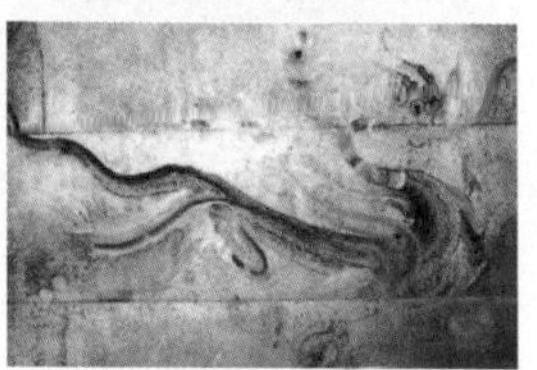
강서 대묘 「청룡도」

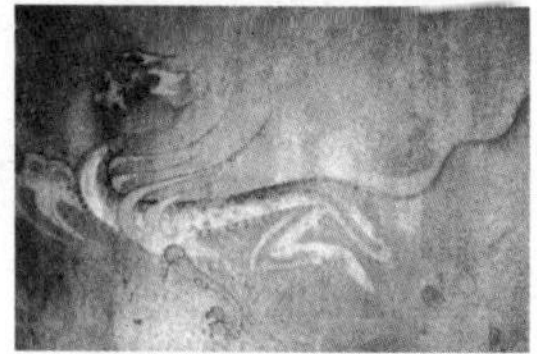
강서 대묘 「백호도」

② 백제

㉠ 한성 시대 – (계단식) 돌무지무덤 : **서울 석촌동 고분군**이 고구려 장군총과 유사하여 **백제의 건국 세력이 고구려와 같은 계열임을 뒷받침한다(유이민설)**.

㉡ 웅진 시대

굴식 돌방무덤	공주 송산리 1~5호분이 대표적이며 벽화가 그려져 있지 않음
벽돌무덤	• **중국 남조(양)의 영향을 받아 벽돌로 축조됨** • **널길과 널방을 벽돌로 쌓고** 그 위에 봉분을 만듦 • **공주 송산리 6호분** : 벽에 「사신도」가 그려짐 • **무령왕릉**(공주 송산리 7호분) ㉠ 1971년에 **송산리 고분군 배수 공사 과정**에서 우연히 발견됨 ㉡ 무덤 내부에서 무령왕릉 지석이 발견되어 **백제의 무덤 중 최초로 주인과 축조 연대를 확실하게 알 수 있음** ㉢ 금제 관식 등 부장품 3,000점가량과 무덤을 지키는 상상의 수호 동물인 **석수(진묘수)**가 출토됨 ㉣ 2015년에 백제 역사 유적 지구가 유네스코 세계 문화유산으로 등재될 때 포함됨

서울 석촌동 돌무지무덤

공주 송산리 고분군

무령왕릉 내부

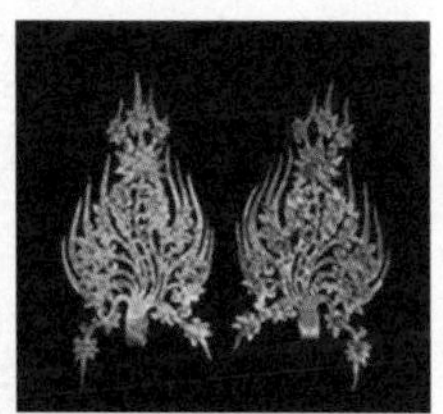
무령왕릉 출토 금제 관식

무령왕릉 지석

무령왕릉 석수

㉢ 사비 시대 – 굴식 돌방무덤

ⓐ **부여 능산리 고분군이 대표적**이며 그중 1호분에 사신도 등 벽화가 그려져 있다.

ⓑ 능산리 근처 절터에서 **백제 금동 대향로**와 창왕명 석조 사리감이 출토되었다.

부여 능산리 고분군

백제 금동 대향로

창왕명 석조 사리감

③ 신라

㉠ 통일 이전

ⓐ 돌무지덧널무덤

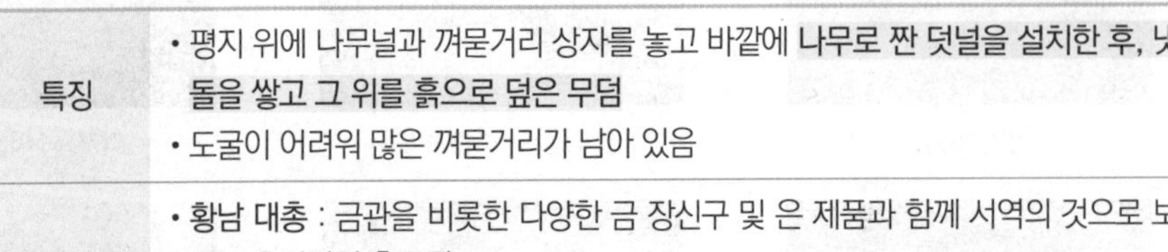

특징	• 평지 위에 나무널과 껴묻거리 상자를 놓고 바깥에 **나무로 짠 덧널을 설치한 후, 냇돌을 쌓고 그 위를 흙으로 덮은 무덤** • 도굴이 어려워 많은 껴묻거리가 남아 있음
대표 고분	• **황남 대총** : 금관을 비롯한 다양한 금 장신구 및 은 제품과 함께 서역의 것으로 보이는 유리잔이 출토됨 • **천마총** : 말안장 양쪽에 달아 늘어뜨리는 말다래(장니)에 그려진 **「천마도」가 발견됨**

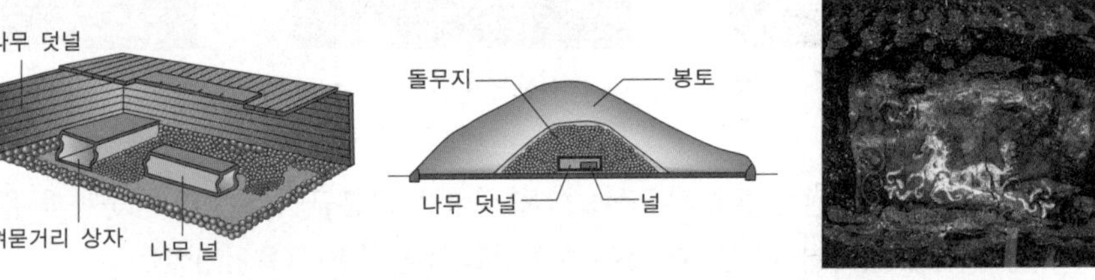

돌무지덧널무덤 구조

「천마도」

ⓑ 굴식 돌방무덤 : 대표적으로 어숙 묘가 있다.

㉡ 통일 이후 – 굴식 돌방무덤

ⓐ 불교의 영향으로 화장이 유행하였다.

ⓑ **김유신 묘 : 무덤 봉토 주위의 둘레돌에 12지 신상이 조각되었다.**

김유신 묘

김유신 묘 둘레돌의 12지 신상

④ 발해

㉠ 정혜 공주 묘

ⓐ 양식 : **고구려의 영향을 받은 굴식 돌방무덤**으로 내부에 벽화가 그려져 있지 않다.

ⓑ 모줄임천장 구조 : 고구려의 영향을 받았다.

ⓒ 출토 : 무덤 인근에서 고구려의 영향을 받아 조각된 **돌사자상이 출토**되었다.

㉡ 정효 공주 묘

ⓐ 양식 : **당의 영향을 받은 벽돌무덤**으로 내부에 벽화가 그려져 있다.

ⓑ 평행고임 천장 구조 : **고구려의 영향**을 받았다.

정혜 공주 묘	정효 공주 묘
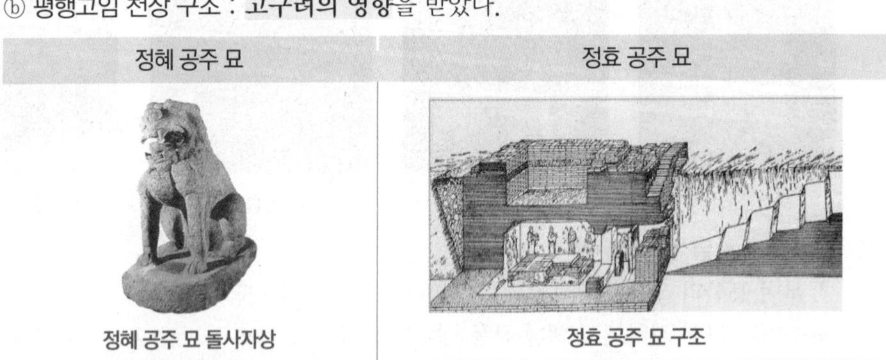	
정혜 공주 묘 돌사자상	정효 공주 묘 구조

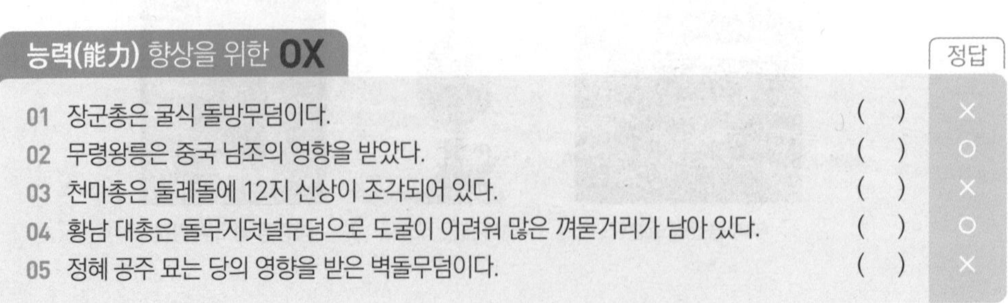

능력(能力) 향상을 위한 OX

			정답
01	장군총은 굴식 돌방무덤이다.	( )	×
02	무령왕릉은 중국 남조의 영향을 받았다.	( )	○
03	천마총은 둘레돌에 12지 신상이 조각되어 있다.	( )	×
04	황남 대총은 돌무지덧널무덤으로 도굴이 어려워 많은 껴묻거리가 남아 있다.	( )	○
05	정혜 공주 묘는 당의 영향을 받은 벽돌무덤이다.	( )	×

(9) 고대 국가의 탑

① 고구려 : 주로 목탑이 건립되었으나 소실되어 현존하지 않는다.

② 백제

㉠ **익산 미륵사지 석탑**

ⓐ **목탑 양식을 계승한 석탑**이다.

ⓑ 원래 중앙의 목탑과 함께 동탑과 서탑 등 두 개 석탑이 있었으나 서탑의 일부만 남아 있다.

ⓒ **복원 과정에서 금제 사리 봉안기가 출토**되었고 2019년에 보수 공사가 완료되었다.

익산 미륵사지 석탑

부여 정림사지 오층 석탑

㉡ **부여 정림사지 오층 석탑** : 당 장수 소정방이 백제 정벌을 기념하여 1층 탑신 면에 새긴 '대당평백제국비명' 때문에 '평제탑'이라고도 불린다.

③ 신라

㉠ 황룡사 구층 목탑 : **선덕 여왕 때 자장의 건의로 건립**되었으나 몽골의 침입으로 소실되었다.

㉡ **경주 분황사 모전 석탑**

ⓐ 선덕 여왕 때 돌을 **벽돌 모양으로 다듬어 제작**하였다.

황룡사 구층 목탑 복원도

경주 분황사 모전 석탑

ⓑ 신라에서 가장 오래된 석탑이며 탑의 네 귀퉁이에 돌사자상이 놓여 있다.

④ 통일 신라

㉠ 중대(中代) : **경주 감은사지 동서 삼층 석탑, 경주 불국사 삼층 석탑** 등 이중 기단의 삼층 탑이 유행하였다.

ⓐ **경주 감은사지 동서 삼층 석탑** : 신문왕 때 완공된 쌍둥이 탑이다.

ⓑ 경주 불국사 다보탑 : 층을 셀 수 없고 계단이 있다.

ⓒ **경주 불국사 삼층 석탑(석가탑)** : **경주 감은사지 동서 삼층 석탑의 양식을 계승**하였으며, 탑 내부에서 현존하는 가장 오래된 목판 인쇄물인 **무구정광대다라니경이 발견**되었다.

ⓓ **구례 화엄사 사사자 삼층 석탑** : 기단부에 사자 네 마리가 배치되어 있다.

경주 감은사지 동서 삼층 석탑

경주 불국사 다보탑

경주 불국사 삼층 석탑(석가탑)

무구정광대다라니경

구례 화엄사 사사자 삼층 석탑

㉡ 하대(下代)

ⓐ **양양 진전사지 삼층 석탑** : **기단부와 탑신부에 불상이 새겨져 있다.**

ⓑ 화순 쌍봉사 철감선사탑 : **선종의 유행**과 함께 건립된 **팔각 원당형 승탑**으로 철감선사 도윤의 사리가 보관되어 있다.

⑤ 발해 : **당의 영향을 받은 벽돌탑(전탑)인 발해 영광탑**이 제작되었다.

양양 진전사지 삼층 석탑

화순 쌍봉사 철감선사탑

발해 영광탑

불국사

목제 주령구(14면체 주사위)

귀족의 놀이 도구인 나무 주사위이다.

칠지도

4세기 근초고왕 때 백제에서 만들어 일본에 보낸 칠지도는 현재 일본 이소노카미 신궁[石上神宮]에서 보관 중이다.

(10) 고대의 건축

① 고구려 : 장수왕 때 평양에 안학궁이 세워졌다.

② 백제 : **무왕 때 미륵사**가 창건되었다.

③ 신라 : **진흥왕 때 황룡사가 건립**되었다.

④ 통일 신라

㉠ 불국토의 이상을 반영하여 불국사와 석굴암이 만들어졌다.

㉡ **경주 동궁과 월지**(안압지)가 완성되었으며, **월지에서 목제 주령구가 출토**되었다.

⑤ 발해

㉠ **당의 장안성을 모방**하여 외성을 쌓고 남북으로 뻗은 주작대로를 냈다.

㉡ 상경성 내 궁궐터에서 발견된 **온돌을 통하여 발해가 고구려 문화를 계승하였음을 알 수 있다.**

(11) 고대 국가의 공예

① 통일 신라 : 상원사 동종, 성덕 대왕 신종, 불국사 석등, 보은 법주사 쌍사자 석등 등이 만들어졌다.

② 발해 : 고구려 양식을 계승한 석등이 제작되었다.

상원사 동종

성덕 대왕 신종

불국사 석등

보은 법주사 쌍사자 석등

발해 석등

(12) 고대 국가의 과학 기술

① 고구려 : 천문도 및 고분 벽화 속 별자리를 통하여 천문이 발달하였음을 알 수 있다.

② 백제

㉠ 천문 : 역박사를 파견하여 역법을 가르쳤다.

㉡ 금속 기술 : **칠지도**, 백제 금동 대향로 등이 제작되었다.

③ 신라

㉠ **천문** : 선덕 여왕 때 **천체 관측을 위하여 경주 첨성대를 세웠다.**

㉡ 금속 기술 : 금관 등이 제작되었다.

④ 통일 신라

㉠ 수학 : 석굴암, 경주 불국사 삼층 석탑 등 비례와 균형미가 있는 조형물이 제작되었다.

㉡ 인쇄술 : 현존하는 가장 오래된 목판 인쇄물인 무구정광대다라니경이 제작되었다.

경주 첨성대

능력(能力) 향상을 위한 OX

		정답
01 익산 미륵사지 석탑은 목탑 양식을 계승한 석탑이다.	( )	○
02 부여 정림사지 오층 석탑은 평제탑이라고도 불린다.	( )	○
03 경주 분황사 모전 석탑은 신라에서 가장 오래된 석탑이다.	( )	○
04 경주 불국사 삼층 석탑은 경주 감은사지 동서 삼층 석탑의 양식을 계승하였다.	( )	○
05 월지에서 귀족의 놀이 기구인 나무 주사위가 출토되었다.	( )	○

(13) 고대 국가의 예술

① 고구려 : 왕산악이 중국 악기인 칠현금을 거문고로 개량하였다.

② 백제 : 백성들은 삶의 애환이나 소망을 노래로 표현하였는데, 정읍사라는 노래를 통하여 당시 백성의 정서를 알 수 있다.

③ 신라

㉠ 백결 : 방아 타령을 지어 가난한 아내를 위로하였다.

㉡ 우륵 : 대가야의 인물로 가야금을 만들고 12악곡을 지었으며, **나라가 장차 어지러울 것이라고 생각하여 악기를 지니고 신라 진흥왕에게 귀의하였다.**

국사(國史)편찬위원회에서 출제한 자료 ● 우륵

3월에 왕이 순행을 하다가 낭성에 이르러서 우륵(于勒)과 그의 제자 이문(尼文)이 음악을 잘한다는 말을 듣고 특별히 불렀다. 왕이 하림궁에 머무르며 음악을 연주하게 하였는데 두 사람이 각각 새로운 노래를 지어 연주하였다. 이보다 앞서 대가야의 가실왕이 12줄 현금(弦琴)을 만드니, 그것은 12달의 음률을 본뜬 것이었다. 우륵이 가실왕의 명을 받아 곡을 만들었는데, 나라가 어지러워지자 악기를 가지고 우리에게 귀의하였다.

-『삼국사기』-

④ 통일 신라

㉠ 음악 : 진성 여왕 때 **각간 위홍과 대구 화상 등이 향가 모음집인 『삼대목』을 지었다.**

㉡ 글씨 : 김생의 글씨가 유명하였다. 명필인 김생은 질박하면서도 굳센 신라의 독자적인 서체를 고안하였다.

㉢ 그림 : 솔거의 그림이 대표적이다. 솔거가 황룡사 벽에 그린 소나무 그림에 날아가는 새들이 앉으려 하였다는 이야기가 전한다.

⑤ 발해 : 4·6 변려체로 작성된 정혜 공주와 정효 공주의 묘지석을 통하여 발해의 한문학 수준을 알 수 있다.

(14) 삼국과 가야 문화의 일본 전파

고구려	• **담징(7세기 영양왕)** : 종이와 먹 제조법을 전하고 호류사 금당 벽화를 그려 줌 • **혜자(7세기 영양왕)** : 일본 쇼토쿠 태자의 스승이 됨 • **혜관(7세기 영류왕)** : 일본 삼론종의 시조가 됨 • **고구려의 수산리 고분 벽화가 일본의 다카마쓰 고분 벽화에 영향을 줌** : 벽화 제작 기법뿐만 아니라 그림 속 여인들의 옷차림(치맛주름)이 유사함
백제	• **아직기(4세기 근초고왕)** : 한자를 전함 • **왕인(4세기 근초고왕)** : 천자문과 논어를 전함 • **노리사치계(6세기 성왕)** : 불경과 불상을 전함 • 오경박사·역박사·의박사를 파견함 • **4세기 근초고왕 때 칠지도를 전함**
신라	배 만드는 기술(조선술)과 제방 쌓는 기술(축제술)을 전파함
가야	**토기 제작 기술 전파** : 일본 스에키 토기 제작에 영향을 줌
삼국	• **금동 미륵보살 반가 사유상**이 일본 고류사 목조 미륵보살 반가 사유상에 영향을 줌 • 7세기 전반에 일본 아스카 문화, 7세기 후반(통일 이후)에 일본 하쿠호 문화가 발달하는 데 기여함

삼국과 가야 문화의 일본 전파

호류사 금당 벽화

가야 토기

스에키 토기

강서 수산리 고분 벽화

다카마쓰 고분 벽화

가야와 스에키 토기

금동 미륵보살 반가 사유상

일본 고류사 목조 미륵보살 반가 사유상

(15) 고대 국가와 서역의 교류

① 고구려

㉠ 아프라시아브 궁전 벽화 : 벽화에 고구려 사신으로 추정되는 인물이 그려져 있다.

㉡ 각저총 「씨름도」 : 서역인의 모습으로 추정되는 인물이 등장한다.

아프라시아브 궁전 벽화

각저총 「씨름도」

② 신라

㉠ 유리그릇 : 황남 대총에서 서역에서 유입된 유리그릇이 출토되었다.

㉡ 보검 : 경주 계림로 14호 고분에서 서역인이 사용한 것으로 추정되는 보검이 출토되었다.

㉢ 원성왕릉 무인상 : 원성왕릉에 있는 무인상이 서역인의 모습과 유사하다.

황남 대총 출토 유리그릇

경주 계림로 보검

원성왕릉 무인상

능력(能力) 향상을 위한 OX

			정답
01	대가야의 우륵은 대가야가 장차 어지러워질 것이라고 생각하여 악기를 지니고 신라 진흥왕에게 귀의하였다.	( )	○
02	금동 미륵보살 반가 사유상이 일본 고류사 목조 미륵보살 반가사유상에 영향을 주었다.	( )	○
03	7세기 고구려 영양왕 때 담징은 일본에 종이와 먹 제조 기술을 전해주었다.	( )	○
04	6세기 백제 성왕 때 노리사치계가 일본에 불경과 불상을 전하였다.	( )	○
05	신라는 일본에 토기 제작 기술을 전파하여 일본 스에키 토기 제작에 영향을 주었다.	( )	×

검정(檢定)된 기출문제

01

(가) ~ (라)를 시행한 순서대로 옳게 나열한 것은?

〈삼국사기로 보는 통일 신라의 토지 제도〉

(가) 교서를 내려 문무 관료전을 지급하되 차등을 두었다.

(나) 내외(內外) 관료의 녹읍을 폐지하고, 해마다 조(租)를 차등 있게 하사하고 이를 항식(恒式)*으로 삼았다.

(다) 처음으로 백성에게 정전을 나누어 주었다.

(라) 내외(內外) 관료에게 매달 지급하던 녹봉을 없애고 다시 녹읍을 주었다.

*항식(恒式) : 항상 따라야 하는 형식이나 정해진 법식

① (가) - (나) - (다) - (라)
② (가) - (다) - (라) - (나)
③ (나) - (라) - (가) - (다)
④ (다) - (나) - (가) - (라)
⑤ (라) - (가) - (나) - (다)

02

(가) 국가의 경제 상황에 대한 설명으로 옳은 것은?

○○신문

제 △△ 호　　　　○○○○년 ○○월 ○○일

대외 교류를 보여 주는 청동 낙타상 출토

러시아 연해주 크라스키노에 있는 염주성 터에서 청동 낙타상이 나왔다. 쌍봉낙타를 표현한 높이 1.9cm의 이 유물은 2012년 출토된 낙타 뼈와 더불어 (가) 이/가 외국과 활발히 교류하였음을 보여 준다. 염주성은 (가) 의 62개주 가운데 하나인 염주의 치소로 일본 등 대외 교류의 거점이었다.

① 울산항이 국제 무역항으로 번성하였다.
② 특산품으로 솔빈부의 말이 유명하였다.
③ 청해진을 설치하여 해상 무역을 전개하였다.
④ 건원중보를 발행하여 화폐 유통을 추진하였다.
⑤ 시장을 관리하는 관청인 동시전을 설치하였다.

03

(가) 단체에 대한 설명으로 옳은 것은?

[역사 용어 사전]

(가)

국선도, 풍월도라고도 한다. 명산대천을 돌아다니며 도의를 연마하였고, 무예를 수련하여 유사시 전투에 참여하였다. 원광이 제시한 '세속 5계'를 행동 규범으로 삼았으며, 신라가 삼국을 통일하는 데 크게 기여하였다.

① 경당에서 글과 활쏘기를 배웠다.
② 진흥왕 때 국가적인 조직으로 정비되었다.
③ 박사와 조교를 두어 유교 경전을 가르쳤다.
④ 정사암에 모여 국가의 중대사를 결정하였다.
⑤ 귀족들로 구성되어 만장일치제로 운영되었다.

04

다음 글을 작성한 인물이 활동한 시기의 사실로 옳은 것은?

신은 나이 12세에 중국으로 건너갔는데, 배를 타고 떠날 즈음에 아버지께서 훈계하기를 "앞으로 10년 안에 진사에 급제하지 못하면 나의 아들이라고 말하지 마라. 가서 부지런히 공부에 힘을 기울여라."라고 하였습니다. 신이 부친의 엄한 가르침을 가슴에 새겨 노력을 경주한 끝에 6년 만에 빈공과에 합격하였습니다. …… 이제 귀국하여 그동안 중국에서 지은 글을 모아 계원필경집 1부 20권을 비롯한 시·부·표·장 등의 28권을 소장(疏狀)과 함께 올리게 되었습니다.

① 김흠돌이 반란을 도모하였다.
② 최승로가 시무 28조를 올렸다.
③ 원광이 세속 오계를 제시하였다.
④ 원종과 애노가 사벌주에서 봉기하였다.
⑤ 김춘추가 진골 출신 최초로 왕위에 올랐다.

05

밑줄 그은 '이 제도'에 대한 설명으로 옳은 것은?

축하드립니다. 이번에 대아찬으로 승진하셨다고 들었습니다.
고맙네. 하지만 6두품인 자네는 이 제도 때문에 아찬에서 더 이상 올라갈 수 없다는 것이 안타깝네 그려.

① 원화(源花)에 기원을 두고 있다.
② 을파소의 건의로 처음 마련되었다.
③ 서얼의 관직 진출을 법으로 제한하였다.
④ 집과 수레의 크기 등 일상생활을 규제하였다.
⑤ 문무 5품 이상 관리의 자손을 대상으로 하였다.

06

(가)~(마)에 들어갈 내용으로 옳은 것은?

〈2018년도 하계 한국사 강좌〉

인물로 보는 신라 불교사

우리 학회에서는 신라 승려들의 활동을 통하여 불교사의 흐름을 파악하는 자리를 마련하였습니다. 관심 있는 분들의 많은 참여를 바랍니다.

◈ 강좌 주제 ◈

제1강 원광,	(가)
제2강 자장,	(나)
제3강 원효,	(다)
제4강 의상,	(라)
제5강 도선,	(마)

• 기간 : 2018년 ○○월 ○○일~○○월 ○○일 매주 목요일 오전 10시
• 장소 : □□ 박물관 대강당
• 주최 : △△학회

① (가) – 풍수지리설을 들여오다
② (나) – 황룡사 구층 목탑 건립을 건의하다
③ (다) – 영주에 부석사를 창건하다
④ (라) – 세속 오계를 제사하다
⑤ (마) – 대승기신론소를 저술하다

07

(가), (나) 무덤 양식에 대한 설명으로 옳은 것은?

〈삼국 시대의 무덤〉

양식	(가)	(나)
구조	돌무지 / 봉토 / 나무덧널 / 나무널 나무로 덧널을 만들고 그 위에 돌을 쌓은 후 흙을 덮은 무덤이다.	봉토 / 널길 / 널방 돌로 널길과 널방을 만들고 그 위에 흙을 덮은 무덤이다.

① (가) – 모줄임천장 구조로 되어 있다.
② (가) – 무덤의 둘레돌에 12지 신상을 새겼다.
③ (나) – 대표적인 무덤으로 황남 대총이 있다.
④ (나) – 내부의 천장과 벽에 그림을 그리기도 하였다.
⑤ (가), (나) – 중국 남조의 영향을 받아 만들어졌다.

08

(가)에 들어갈 문화유산으로 옳은 것은?

사진으로 보는 우리나라의 탑 ◈ 신라 편

이 탑은 신문왕 2년에 세워진 것으로, 국보 제112호로 지정된 쌍탑 중 동탑이다. 이 탑은 삼국 통일 이후 조성된 석탑 양식의 전형을 보여 주는 것으로 지붕돌, 몸돌 등 각 부분이 여러 개의 석재로 조립되었다는 점이 특징이다. 이 탑이 있는 절은 삼국을 통일한 문무왕의 유업을 이어받아 아들인 신문왕이 완공하였다.

① 
②  
③ 
④ 
⑤ 

09

(가), (나) 지역에 대한 설명으로 옳은 것을 〈보기〉에서 고른 것은?

[답사 계획서]

◆ 주제 : ○○의 도읍지를 찾아서
◆ 기간 : 2017년 △△월 △△일 ~ △△일
◆ 일정 및 지역

– 1일차 : (가)

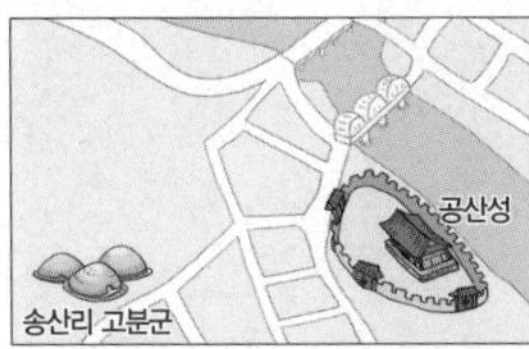

– 2일차 : (나)

보기

ㄱ. (가) – 중국 남조의 영향을 받은 무령왕릉이 있다.
ㄴ. (가) – 목탑 양식을 계승한 미륵사지 석탑이 있다.
ㄷ. (나) – 국보로 지정된 금동 대향로가 출토된 곳이다.
ㄹ. (나) – 고구려에서 남하한 온조가 도읍으로 삼은 곳이다.

① ㄱ, ㄴ ② ㄱ, ㄷ ③ ㄴ, ㄷ
④ ㄴ, ㄹ ⑤ ㄷ, ㄹ

10

(가)~(마) 문화유산에 대한 설명으로 옳지 않은 것은?

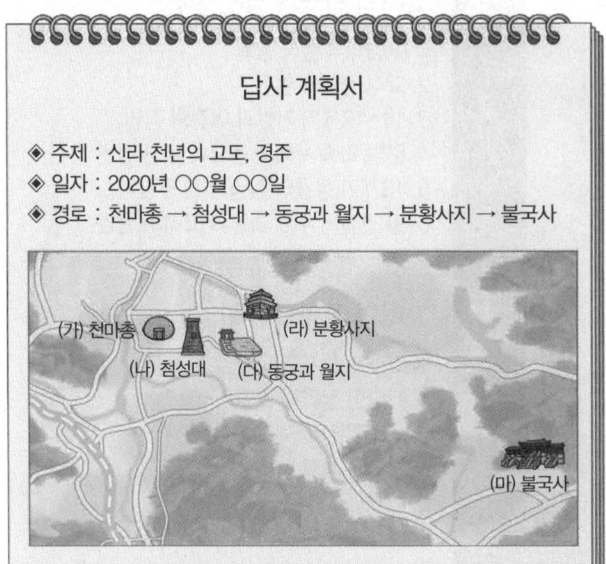

① (가) – 내부에서 천마도가 수습되었다.
② (나) – 자장의 건의로 건립되었다.
③ (다) – 나무로 만든 14면체 주사위가 출토되었다.
④ (라) – 돌을 벽돌 모양으로 다듬어 쌓아 올린 탑이 남아 있다.
⑤ (마) – 경내의 삼층 석탑에서 무구정광대다라니경이 발견되었다.

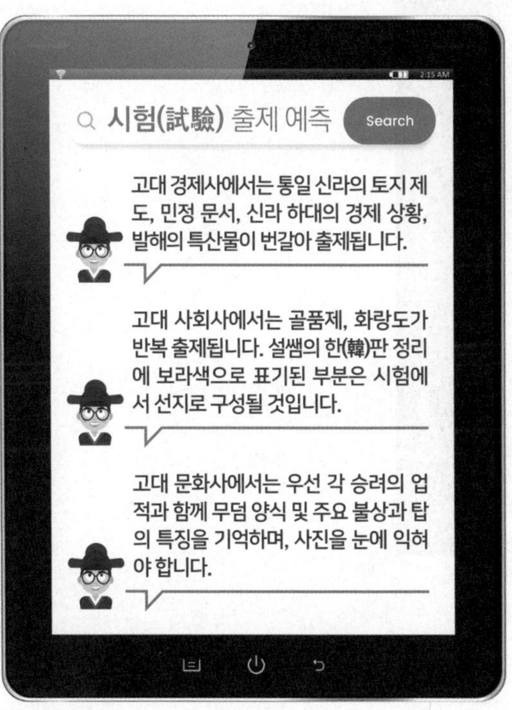

시험(試驗) 출제 예측
Search
고대 경제사에서는 통일 신라의 토지 제도, 민정 문서, 신라 하대의 경제 상황, 발해의 특산물이 번갈아 출제됩니다.
고대 사회사에서는 골품제, 화랑도가 반복 출제됩니다. 설쌤의 한(韓)판 정리에 보라색으로 표기된 부분은 시험에서 선지로 구성될 것입니다.
고대 문화사에서는 우선 각 승려의 업적과 함께 무덤 양식 및 주요 불상과 탑의 특징을 기억하며, 사진을 눈에 익혀야 합니다.

설민석
한국사능력검정시험
개념완성

심화편

II

고려 귀족 사회의 형성과 변천

06 | 고려의 건국과 정치 발전

설쌤의 한(韓)판 정리

● 후삼국 시대의 상황

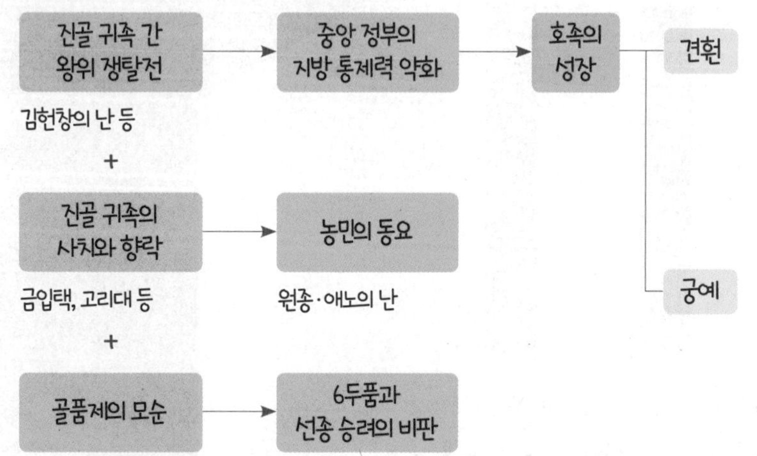
진골 귀족 간 왕위 쟁탈전
중앙 정부의 지방 통제력 약화
호족의 성장
김헌창의 난 등
+
진골 귀족의 사치와 향락
농민의 동요
금입택, 고리대 등
원종·애노의 난
+
골품제의 모순
6두품과 선종 승려의 비판
견훤
궁예

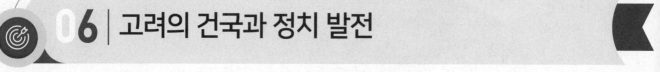

견훤
- 무진주(광주) 일대 장악 → 스스로 왕위에 오름
- 완산주(전주)를 도읍으로 삼고 후백제 건국
- 중국 오월 및 후당과 외교, 사신 파견
- 오월로부터 검교태보의 직을 받음
- 신라 수도(금성)·포석정 공격 → 신라 경애왕 살해

궁예
- 반신라 감정 : 신라 왕의 화상을 칼로 벰
- 양길 휘하 장수 출신
- 송악(개성)을 도읍으로 삼아 후고구려 건국
- 광평성(최고 중앙 기구) 설치
- 국호 : 후고구려 → 마진 → 태봉
- 연호 : 무태
- 철원 천도
- 미륵불을 자처하며 폭정 → 왕건 추대

● 고려의 후삼국 통일

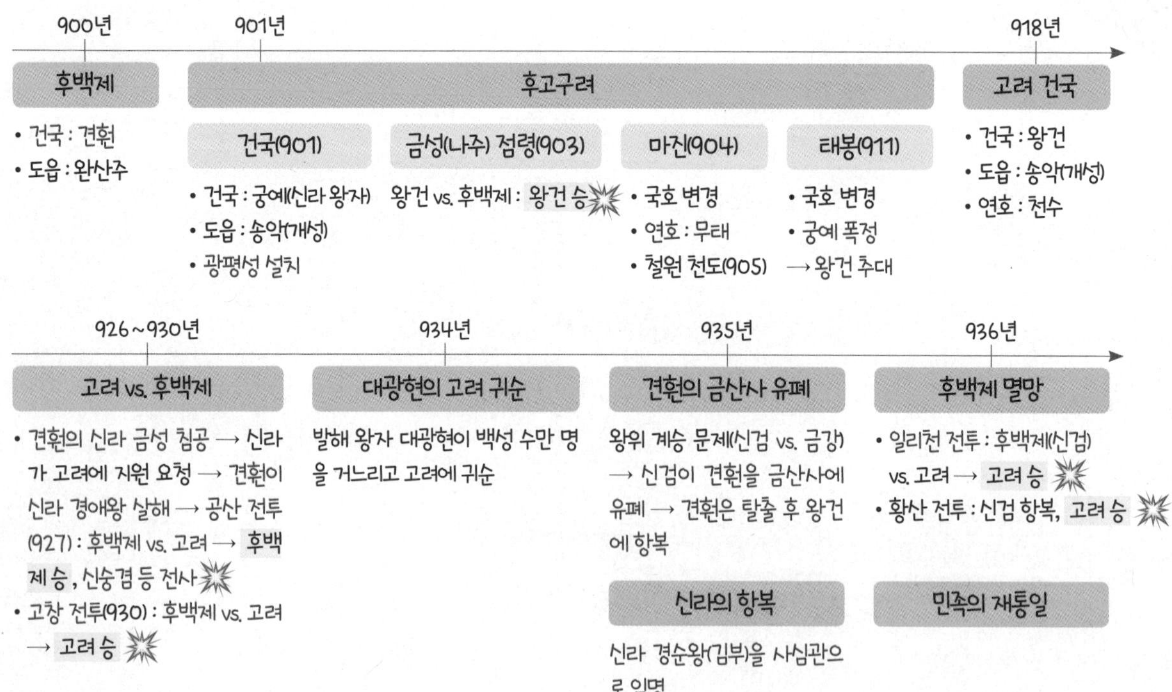
900년
901년
918년
후백제
• 건국 : 견훤
• 도읍 : 완산주
후고구려
건국(901)
• 건국 : 궁예(신라 왕자)
• 도읍 : 송악(개성)
• 광평성 설치
금성(나주) 점령(903)
왕건 vs. 후백제 : 왕건 승
마진(904)
• 국호 변경
• 연호 : 무태
• 철원 천도(905)
태봉(911)
• 국호 변경
• 궁예 폭정 → 왕건 추대
고려 건국
• 건국 : 왕건
• 도읍 : 송악(개성)
• 연호 : 천수
926~930년
934년
935년
936년
고려 vs. 후백제
• 견훤의 신라 금성 침공 → 신라가 고려에 지원 요청 → 견훤이 신라 경애왕 살해 → 공산 전투(927) : 후백제 vs. 고려 → 후백제 승, 신숭겸 등 전사
• 고창 전투(930) : 후백제 vs. 고려 → 고려 승
대광현의 고려 귀순
발해 왕자 대광현이 백성 수만 명을 거느리고 고려에 귀순
견훤의 금산사 유폐
왕위 계승 문제(신검 vs. 금강) → 신검이 견훤을 금산사에 유폐 → 견훤은 탈출 후 왕건에 항복
신라의 항복
신라 경순왕(김부)을 사심관으로 임명
후백제 멸망
• 일리천 전투 : 후백제(신검) vs. 고려 → 고려 승
• 황산 전투 : 신검 항복, 고려 승
민족의 재통일

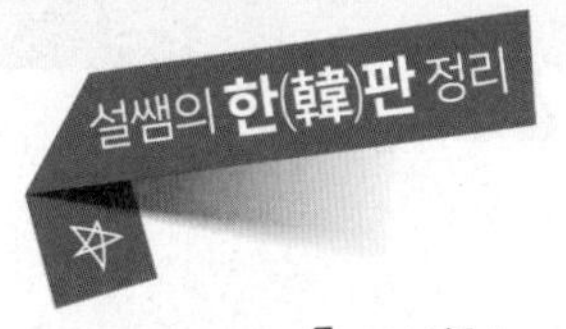

● 고려 지배층의 변천

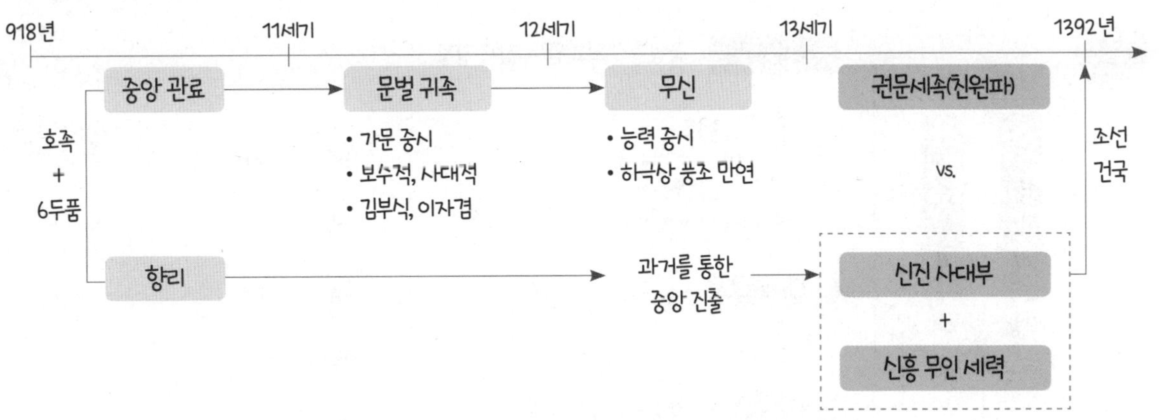

● 고려 초기 국왕의 업적

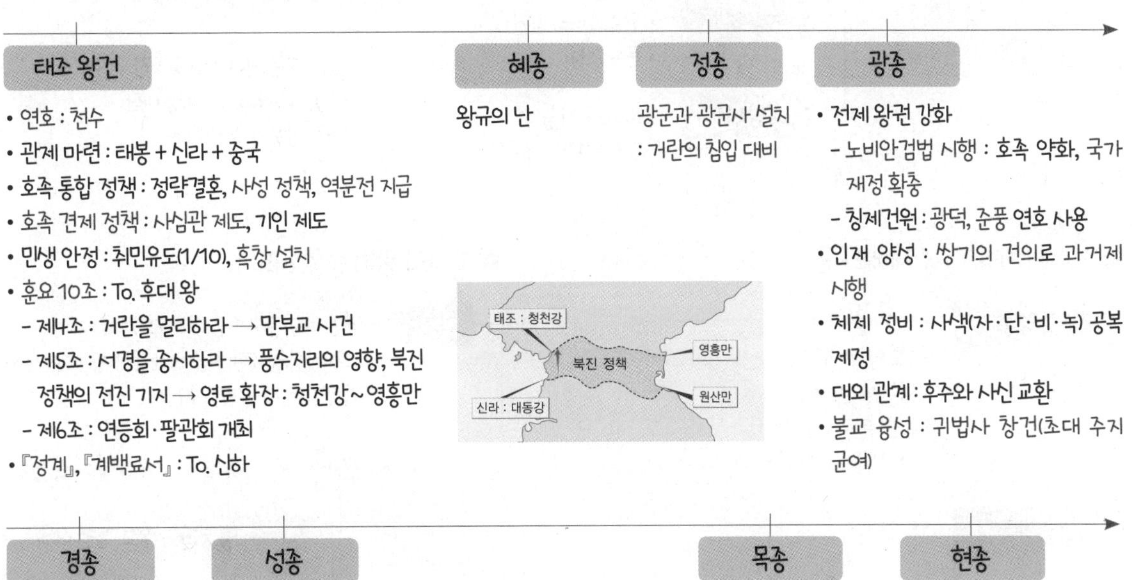

태조 왕건

- 연호 : 천수
- 관제 마련 : 태봉 + 신라 + 중국
- 호족 통합 정책 : 정략결혼, 사성 정책, 역분전 지급
- 호족 견제 정책 : 사심관 제도, 기인 제도
- 민생 안정 : 취민유도(1/10), 흑창 설치
- 훈요 10조 : To. 후대 왕
  - 제4조 : 거란을 멀리하라 → 만부교 사건
  - 제5조 : 서경을 중시하라 → 풍수지리의 영향, 북진 정책의 전진 기지 → 영토 확장 : 청천강 ~ 영흥만
  - 제6조 : 연등회·팔관회 개최
- 『정계』, 『계백료서』 : To. 신하

혜종

왕규의 난

정종

광군과 광군사 설치 : 거란의 침입 대비

광종

- 전제 왕권 강화
  - 노비안검법 시행 : 호족 약화, 국가 재정 확충
  - 칭제건원 : 광덕, 준풍 연호 사용
- 인재 양성 : 쌍기의 건의로 과거제 시행
- 체제 정비 : 사색(자·단·비·녹) 공복 제정
- 대외 관계 : 후주와 사신 교환
- 불교 융성 : 귀법사 창건(초대 주지 균여)

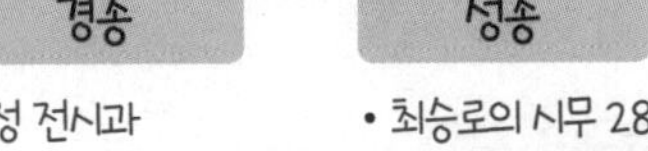

경종

시정 전시과

성종

- 최승로의 시무 28조 수용 → 중앙 집권적 귀족 정치
  - 외관(지방관) 파견(제7조) : 12목 설치, 지방관 파견
  - 불교 행사 축소(제13조) : 연등회·팔관회 억제
  - 유교 정치 이념 채택(제20조) : 불교 수신, 유교 치국 → 국자감 정비, 지방에 경학박사·의학박사 파견
- 최승로의 5조 정적평 수용 : 광종 비판
- 통치 체제 정비
  - 2성 6부의 중앙 관제 마련
  - 향리 제도 마련
  - 3경 체제 : 개경·서경·동경
- 거란의 제1차 침입

목종

개정 전시과

현종

- 지방 행정 구역 정비 : 5도 양계
- 거란의 제2·3차 침입

설쌤의 한(韓)판 정리

● 고려의 중앙 정치 조직

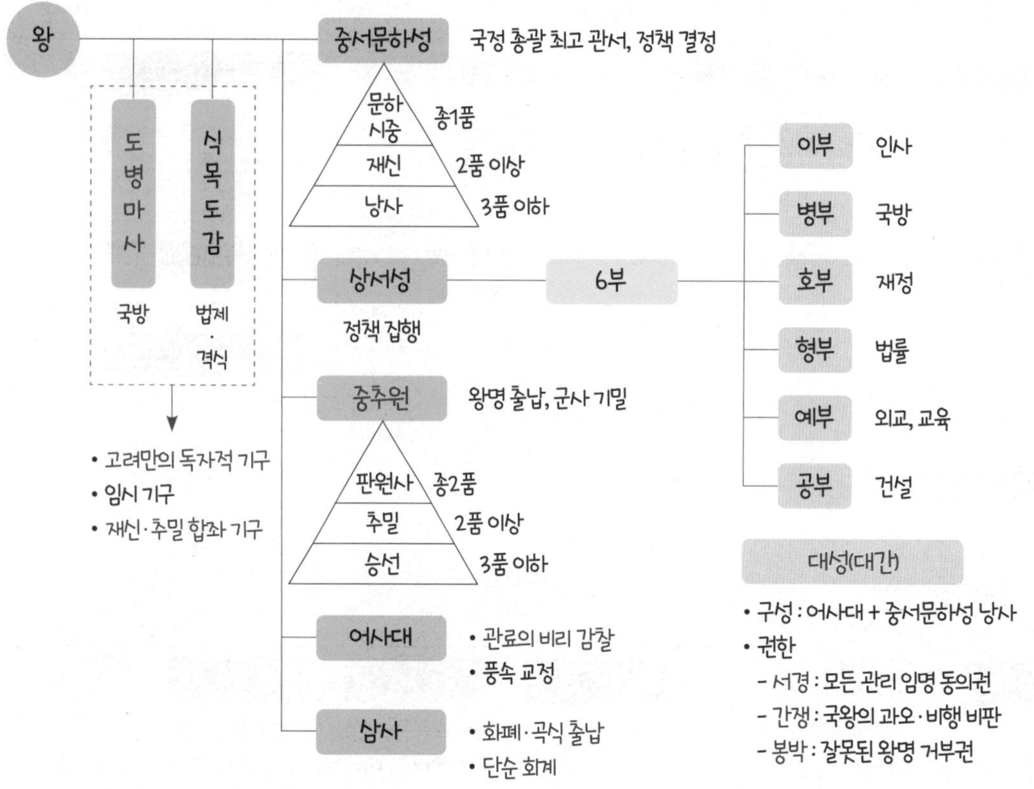

어사대
• 관료의 비리 감찰
• 풍속 교정

삼사
• 화폐·곡식 출납
• 단순 회계

대성(대간)
• 구성 : 어사대 + 중서문하성 낭사
• 권한
- 서경 : 모든 관리 임명 동의권
- 간쟁 : 국왕의 과오·비행 비판
- 봉박 : 잘못된 왕명 거부권

● 고려의 지방 행정 체제와 군사 제도

지방 행정 체제
• 12목 설치 : 성종
• 5도 양계 : 현종
• 감무 파견 : 예종
• 주군·현 < 속군·현
• 향·부곡·소 : 천민 X

군사 제도
5도 양계

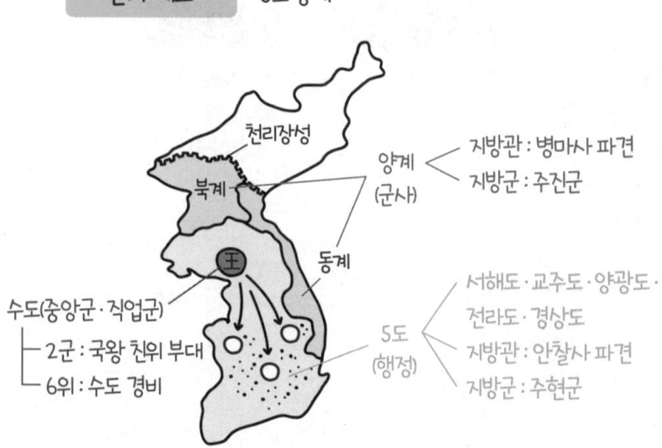

● 고려의 관리 등용 제도

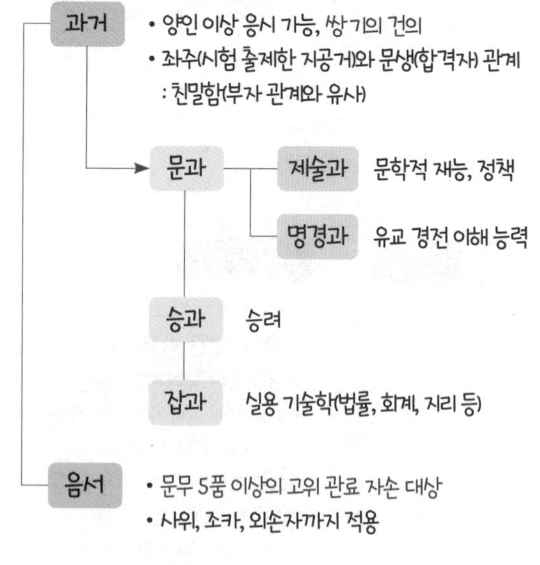

음서
• 문무 5품 이상의 고위 관료 자손 대상
• 사위, 조카, 외손자까지 적용

● 11~12세기 거란과 여진의 침입

11세기 → 12세기

거란의 제1차 침입(993)

- 원인 : 친송배거 정책
- 침입 : 성종 때 소손녕이 80만 대군을 이끌고 침입
- 외교 담판 : 소손녕 vs. 서희
  - 소손녕 : 고려는 신라 땅에서 일어남 + 국경을 접하였지만 바다 건너 송과만 통교
  - 서희 : 국호 '고려' + 여진의 통교 방해
- 결과 : 강동 6주 획득

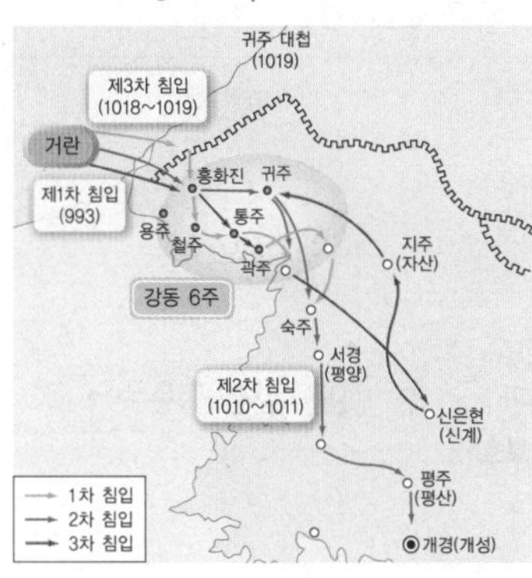

거란의 제2차 침입(1010)

- 원인 : 강조의 정변(목종 폐위, 김치양 제거 → 현종 옹립)
- 침입 : 고려 현종이 나주로 피신
- 대응 : 양규의 활약
- 결과 : 고려 현종의 친조 약속

거란의 제3차 침입(1018)

- 원인 : 친조 불이행
- 침입 : 소배압이 10만 대군을 이끌고 침입
- 대응 : 강감찬의 귀주 대첩(1019)
- 결과
  - 고려·송·요(거란)의 세력 균형
  - 나성 축조(개경), 천리장성 축조(압록강~도련포)

여진의 침입

별무반 조직(신기군·신보군·항마군)
: 고려 숙종 때 윤관의 건의(1104)
→ 동북 9성 축조(1107) : 고려 예종 때 윤관이 여진을 정벌한 뒤 건립
→ 동북 9성 반환(1109)
→ 아골타의 '금' 건국(1115)
→ 사대 관계 요구
→ 인종 때 이자겸의 사대 관계 수용
→ 북진 정책 좌절

● 문벌 귀족 사회의 동요

문벌 귀족

- 성립 : 건국 초(호족 + 6두품) → 여러 대에 걸쳐 고위 관직 차지 → 문벌 귀족
- 왕실과의 혼인, 중첩된 혼인으로 결속 강화
- 음서와 공음전의 혜택

이자겸의 난(1126)

- 배경 : 이자겸의 권력 장악(둘째 딸은 예종, 셋째와 넷째 딸은 인종과 결혼) → 인종의 이자겸 제거 계획
- 과정 : 이자겸(+척준경)이 난을 일으킴 → 인종의 척준경 회유 → 이자겸의 난 실패
- 영향 : 문벌 귀족 사회의 분열 심화

→

묘청의 서경 천도 운동(1135)

- 배경 : 묘청의 서경 천도 주장(풍수지리설)

	개경파	서경파
인물	김부식	묘청, 정지상
사상	유교, 보수적	불교, 낭가, 풍수지리설, 진취적
특징	• 금 사대 • 신라 계승	• 금국 정벌, 칭제건원 • 고구려 계승

- 과정 : 천도 운동 좌절 → 묘청의 반란(국호 '대위', 연호 '천개') → 김부식 + 관군에게 진압
- 신채호의 『조선사연구초』 : '일천년래제일대사건'

● 무신 정변과 무신 집권기의 혼란상

무신 정변(1170)
- 배경 : 의종의 실정과 무신에 대한 차별 대우
- 발발 : 보현원에서 이고·이의방·정중부 등의 무신들이 정변을 일으킴

● 13세기 몽골의 침입과 원 간섭기

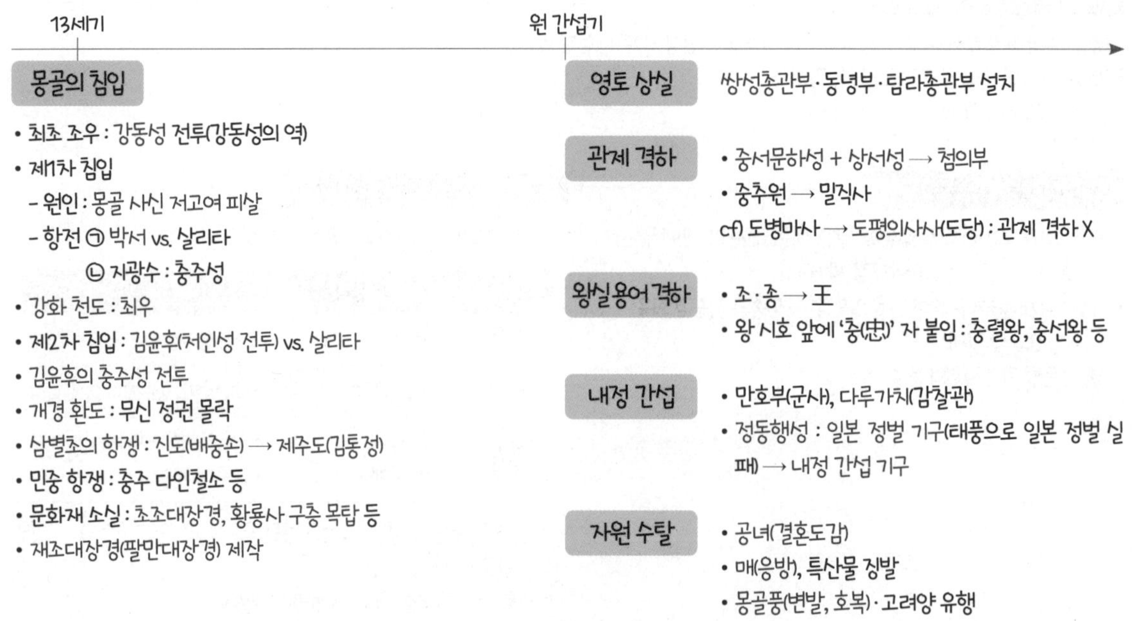

13세기
원 간섭기
몽골의 침입
• 최초 조우 : 강동성 전투(강동성의 역)
• 제1차 침입
- 원인 : 몽골 사신 저고여 피살
- 항전 ㉠ 박서 vs. 살리타
㉡ 지광수 : 충주성
• 강화 천도 : 최우
• 제2차 침입 : 김윤후(처인성 전투) vs. 살리타
• 김윤후의 충주성 전투
• 개경 환도 : 무신 정권 몰락
• 삼별초의 항쟁 : 진도(배중손) → 제주도(김통정)
• 민중 항쟁 : 충주 다인철소 등
• 문화재 소실 : 초조대장경, 황룡사 구층 목탑 등
• 재조대장경(팔만대장경) 제작
영토 상실
쌍성총관부·동녕부·탐라총관부 설치
관제 격하
• 중서문하성 + 상서성 → 첨의부
• 중추원 → 밀직사
cf) 도병마사 → 도평의사사(도당) : 관제 격하 X
왕실 용어 격하
• 조·종 → 王
• 왕 시호 앞에 '충(忠)' 자 붙임 : 충렬왕, 충선왕 등
내정 간섭
• 만호부(군사), 다루가치(감찰관)
• 정동행성 : 일본 정벌 기구(태풍으로 일본 정벌 실패) → 내정 간섭 기구
자원 수탈
• 공녀(결혼도감)
• 매(응방), 특산물 징발
• 몽골풍(변발, 호복)·고려양 유행

● 원 간섭기 주요 국왕과 고려의 멸망

충렬왕

영토 반환받음 : 동녕부, 탐라총관부

충선왕

개혁 시도
- 사림원 설치
- 각염법 : 소금 전매제

충목왕

개혁 시도 : 정치도감 설치

14세기

공민왕

♡ 노국 대장 공주

- 반원 자주 정책
  - 친원 세력(기철) 제거
  - 몽골풍 금지, 관제 복구
  - 정동행성(이문소) 폐지
  - 쌍성총관부 탈환 : 유인우, 이자춘
- 왕권 강화
  - 정방 폐지
  - 전민변정도감 설치 : 신돈
- 교육 : 성균관을 순수 유교 교육 기관으로 개편
- 실패 : 권문세족의 반발

홍건적의 침입

- 공민왕의 복주(안동) 피신
- 안동 놋다리밟기 유래
- 신흥 무인 세력 활약

우왕

- 최영의 친원 세력(이인임) 제거
- 왜구의 침입 : 신흥 무인 세력 활약
  - 최영의 홍산 대첩
  - 최무선 건의 → 화통도감 설치 → 화약·화포 제작 → 진포 대첩 (최무선, 나세, 심덕부 등)
  - 이성계의 황산 대첩
  - 정지의 관음포 해전
- 명의 철령위 설치 요구 → 요동 정벌론(최영) vs. 4불가론(이성계) → 위화도 회군(1388)

창왕

- 박위의 대마도(쓰시마섬) 정벌
- 폐가입진 → 폐위

공양왕

- 과전법 시행(1391)
- 고려 멸망(1392)

● 고려 말 세력 비교

	신진 사대부	권문세족	신흥 무인 세력
특징	• 중소 지주·향리 자제 출신 • 과거를 통하여 관직 진출 • 사상적 기반 : 성리학	• 부원 세력 • 음서를 통하여 관직 진출	홍건적과 왜구를 격퇴하는 과정에서 성장
인물	정도전, 조준 등	기철, 이인임 등	최영, 이성계 등

1 고려의 후삼국 통일

(1) 후삼국 시대의 상황

① **왕위 쟁탈전 심화** : 혜공왕 피살 이후 김헌창의 난 등 진골 귀족 간에 왕위 쟁탈전이 심화되어 150여 년 동안 왕이 20여 차례 바뀌는 등 혼란이 지속되었다.

② **호족의 성장** : 중앙 정부의 지방 통제가 약화되자 지방에서는 스스로 성주 또는 장군이라 칭하는 호족 세력(견훤, 궁예 등)이 성장하였다.

견훤	• 신라 군관 출신으로 무진주(광주)를 점령하고(892) 스스로 왕을 칭함 • 완산주(전주)를 도읍으로 삼고 후백제를 건국함(900) • 중국 오월 및 후당에 사신을 파견하는 등 외교 관계를 맺고 오월로부터 검교태보의 직을 받음 • 신라 수도(금성)의 포석정을 습격하여 경애왕을 살해함
궁예	• 신라 왕족의 후예라고 전하며 부석사에 있는 신라 왕의 화상을 칼로 벰 • 북원(원주) 지역의 양길 휘하에서 장수로 활동하며 세력을 키움 • 송악(개성)을 도읍으로 삼아 후고구려를 건국함(901) • 최고 중앙 기구인 광평성을 설치함 • 송악(개성)에서 철원으로 천도함(905) • 국호를 후고구려에서 마진(904)으로, 마진에서 태봉(911)으로 바꿈

국사(國史)편찬위원회에서 출제한 자료 ● 견훤과 궁예

궁예는 본래 신라의 왕자로서 도리어 제 나라를 원수로 삼아 심지어는 선조(先祖)의 화상(畵像)을 칼로 베었으니 그 행위가 매우 어질지 못하였다. 견훤은 신라의 백성으로서 신라의 녹을 먹으면서 세력을 키우다가 화(禍)를 일으킬 마음을 품고 (신라의) 도읍을 침범하여 임금과 신하를 살해하니 (그 행위가) 마치 짐승과 같았다. 참으로 천하의 으뜸가는 악인이로다. 그러므로 궁예는 그 신하로부터 버림을 당하였고, 견훤은 그 아들에게서 화가 생겨났으니 모두 스스로 불러들인 것인데 누구를 원망한단 말인가. -『삼국유사』-

③ **농민 봉기 발생** : 금입택과 고리대 등 진골 귀족의 사치와 향락으로 농민층이 동요하여 원종·애노의 난이 발생하였다.

④ **6두품·선종 승려** : 신라 사회를 비판하며 개혁을 주장하였다.

(2) 고려의 후삼국 통일

① **후백제의 건국(900)** : **견훤**은 백제 유민들의 반신라 감정을 이용하여 의자왕의 원수를 갚는다는 구호 아래 완산주(전주)를 도읍으로 삼고 후백제를 세웠다.

② **후고구려**

㉠ 건국(901) : 궁예가 황해도 패강진 일대 호족의 지원을 받아 송악(개성)을 도읍으로 삼고 후고구려를 건국하였다.

㉡ 금성(나주) 점령(903) : 왕건은 후백제의 금성을 점령하는 공을 세웠다.

㉢ **국호를 '후고구려'에서 '마진'으로 변경하고 연호를 '무태'라 정하였으며(904)**, 도읍을 송악에서 철원으로 옮겼다(905).

㉣ 국호를 **'마진'에서 '태봉'**으로 바꾸었다(911).

③ **고려의 건국(918)** : **신하들이 미륵불을 자처하며 폭정을 일삼는 궁예를 몰아내고 왕건을 왕으로 추대**하였다. 이에 왕건은 고구려 계승을 표방하여 국호를 '고려', **연호를 '천수'**라 정하고 도읍을 송악으로 옮겼다.

궁예

④ 고려와 후백제의 대립 : 후백제의 견훤이 신라의 수도 금성을 침공하자 신라의 구원 요청을 받은 고려가 즉시 출병하였다.

㉠ **공산 전투(927)** : 신라 경애왕이 수도 금성의 포석정에서 견훤에게 살해당한 뒤 도착한 고려군은 대구 공산 일대에서 후백제군과 싸웠으나, **신숭겸과 김락이 전사하는 등 크게 패배**하였다.

㉡ **고창 전투**(930) : 왕건이 이끄는 **고려군**은 고창에서 **후백제군**에게 대승을 거두었다.

⑤ 발해 왕자 대광현의 귀순(934) : 발해는 926년에 거란의 침입으로 이미 멸망하였으나, 934년에 발해 왕사 대광현이 백성 수만 명을 거느리고 고려에 귀순하였다.

⑥ 견훤의 금산사 유폐(935) : **견훤이 넷째 아들인 금강에게 왕위를 계승하려 하자, 첫째 아들 신검이 금강을 죽이고 견훤을 금산사에 유폐**하였다. **견훤은 금산사를 탈출하여 왕건에게 항복**하였고, 이에 왕건이 그를 극진히 대우하였다.

⑦ 신라의 항복(935) : 친신라 정책으로 신망을 얻은 **왕건은 신라 경순왕(김부)이 항복하자 그를 경주의 사심관으로 삼았다.**

⑧ 후백제 멸망

㉠ **일리천 전투(936)** : **고려가 신검의 후백제군을 일리천에서 무찔렀다.**

㉡ 황산 전투(936) : 신검이 패배하고 고려에 항복하며 후백제가 멸망하였다.

⑨ 민족의 재통일 : 외세에 의존하지 않고 민족의 재통일을 이루었으며, 새로운 민족 문화가 발전할 수 있는 토대를 마련하였다.

고창
지금의 경상북도 안동이다.

일리천
지금의 경상북도 구미이다.

고려의 민족 재통일

2 고려 정치의 발전

(1) 고려 초기 국왕의 업적

① 태조 왕건(918~943)

연호 사용	'천수'라는 독자적인 연호를 사용함
관제 마련	태봉의 관제를 기반으로 통일 신라, 중국의 제도를 받아들여 정치 체제를 마련함
호족 통합 정책	• 정략결혼 : 유력한 호족의 딸과 혼인 관계를 맺음 • 사성 정책 : '왕'씨 성을 하사함 • 역분전 지급 : 공신에게 공로와 인품에 따라 역분전을 지급함
호족 견제 정책	• 사심관 제도 : 중앙 고위 관직에 올라온 지방 세력을 출신 지역의 사심관으로 임명하여 지방을 통제함 • 기인 제도 : 지방 호족의 자제를 볼모로 삼아 수도에 머물게 하고 출신지의 일에 대하여 자문하게 함
민생 안정	• 취민유도 정책 : 조세 제도를 조정하여 세율을 10분의 1로 낮춤 • 흑창 설치 : 빈민을 구제하기 위함
훈요 10조	후대 왕들이 지켜야 할 정책 방향 제시 • 거란을 멀리하라(제4조) : 발해를 멸망시킨 거란을 적대시함 예 만부교 사건 • 서경을 중시하라(제5조) : 풍수지리설의 영향을 받음 ㉠ 서경(평양)을 북진 정책의 전진 기지로 삼음 ㉡ 북진 정책 : 청천강에서 영흥만에 이르는 국경선을 확보함 • 연등회와 팔관회를 개최하라(제6조) : 숭불 정책을 펼침
『정계』와 『계백료서』	신하가 지켜야 할 규범을 제시함

만부교 사건
태조 25년(942) 거란에서 사신을 보내 낙타 50마리를 선물하였으나, 왕건은 사신을 귀양 보내고 낙타를 개경의 만부교 아래에 매어 두어 굶어 죽게 하였다.

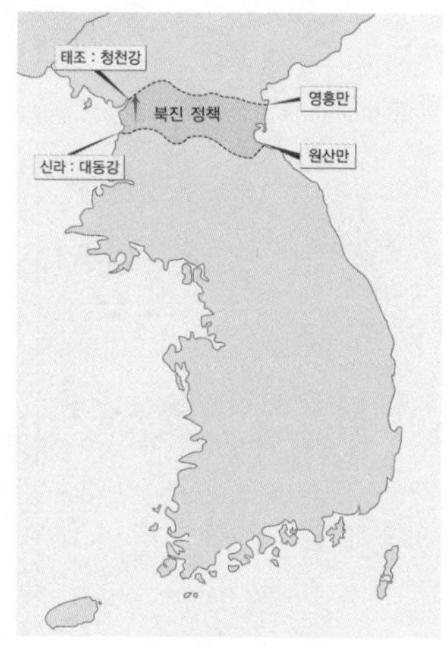

태조의 북진 정책

국사(國史)편찬위원회에서 출제한 **자료** ● 사심관 제도와 기인 제도

- 신라 왕 김부가 와서 항복하자 신라국을 없애 경주라 하고, 김부를 경주의 사심(事審)으로 임명하여 부호장 이하 관직 등을 주관토록 하였다. -『고려사』-
- 국초에 향리의 자제를 뽑아 개경에서 볼모로 삼고 또한 출신지의 일에 대한 자문에 대비하도록 하였는데, 이를 기인(其人)이라 하였다. -『고려사』-

국사(國史)편찬위원회에서 출제한 **자료** ● 훈요 10조

제4조 거란은 짐승과 같은 나라인지라 풍속이 같지 않고 언어도 다르니 복식 및 제도 등을 삼가 본받지 말라.
제5조 서경은 수덕이 순조로워 우리나라 지맥의 근본이 되며 대업을 만대에 전할 땅인 까닭에 마땅히 철마다 행차하여 100일 이상 머물며 안녕을 이루도록 하라.
제6조 짐이 지극히 원하는 바는 연등(燃燈)과 팔관(八關)이다.

국사(國史)편찬위원회에서 출제한 **자료** ● 만부교 사건

거란에서 사신을 파견하여 낙타 50필을 보냈다. 왕은 거란이 일찍이 발해와 화목하다가 갑자기 의심하여 맹약을 어기고 멸망시켰으니, 매우 무도하여 친선 관계를 맺어 이웃으로 삼을 수는 없다고 생각하였다. 드디어 교빙을 끊고 사신 30인을 섬으로 유배 보냈으며, 낙타는 만부교 아래에 매어 두니 모두 굶어 죽었다. -『고려사』-

② 혜종(943~945)

㉠ 왕권 약화 : 태조의 혼인 정책은 태조 사후에 왕위 계승을 둘러싼 다툼으로 이어져 오히려 왕권을 약화시키는 결과를 가져왔다.

㉡ **왕규의 난(945)** : 호족인 왕규는 혜종을 죽이고 자신의 외손자를 왕으로 만들고자 하였으나, 혜종의 이복동생인 왕요가 서경을 지키던 왕식렴의 군대를 개경으로 불러들여 왕규를 귀양 보낸 뒤 처형하였다.

왕요
훗날 정종으로 즉위하였다.

왕식렴(?~949)
고려의 개국 공신이자 태조 왕건의 사촌 동생이다. 개국 후 왕건은 왕식렴에게 서경(평양)을 관리하도록 하였다.

국사(國史)편찬위원회에서 출제한 **자료** ● 왕규의 난

혜종이 병으로 자리에 눕자 왕규는 다른 뜻을 품었다. 이에 정종이 은밀하게 왕식렴과 함께 변란에 대응할 계획을 세웠다. 왕규가 난을 일으키자, 왕식렴은 평양에서 군대를 거느리고 (개경으로) 들어와 지켰다. -『고려사』-

③ 정종(945~949) : **거란의 침입에 대비하여 광군을 조직**하고 이를 관리하기 위한 기관으로 **광군사(光軍司)를 설치**하였다.

능력(能力) 향상을 위한 OX

			정답
01	궁예는 중국 오월 및 후당과 외교 관계를 맺었다.	( )	×
02	견훤은 신라 수도의 포석정을 습격하여 경애왕을 살해하였다.	( )	○
03	궁예는 국호를 후고구려에서 마진으로 바꾸었다.	( )	○
04	태조 왕건은 지방 세력을 통제하고자 기인 제도를 시행하였다.	( )	○
05	태조 왕건은 빈민을 구제하기 위하여 흑창을 처음 설치하였다.	( )	○
06	혜종 때 왕규의 난이 일어났다.	( )	○
07	정종은 거란의 침입에 대비하여 광군을 조직하였다.	( )	○

④ **광종**(949~975)

전제 왕권 강화	• **노비안검법 시행** : 호족 세력을 약화시키고 **국가 재정을 확충**하고자 함 • **칭제건원** : 고려가 중국과 대등한 국가라는 자주 의식을 표현하고 **'광덕'·'준풍'**이라는 독자적 연호를 사용하였으며, 개경을 **'황도'**로 칭함
인재 양성	**과거제 시행** : 후주에서 귀화한 **쌍기의 건의**를 받아들여 과거제를 시행함
체제 정비	**공복 제정** : 관료의 위계질서를 확립하고자 백관의 공복을 자색, 단색, 비색, 녹색 등 네 가지 색으로 제정함
대외 관계	송과 국교를 맺고 후주와 사신을 서로 교환함
불교 융성	개경에 귀법사를 세우고 균여를 초대 주지로 삼음

광종

국사(國史)편찬위원회에서 출제한 **자료** ●노비안검법

광종 7년(956) 노비를 조사하여 억울하게 노비가 된 자의 시비를 살펴 분별하도록 명하자, 그 주인을 배반하는 노비가 이루 헤아릴 수 없었다. 이로 말미암아 윗사람을 업신여기는 기풍이 크게 유행하니 사람들이 모두 한탄하고 원망하였다. 왕비가 간절히 말려도 듣지 않았다. -『고려사절요』-

국사(國史)편찬위원회에서 출제한 **자료** ●과거제 시행

쌍기가 처음으로 과거 제도의 실시를 건의하였고, 마침내 지공거가 되어 시(詩)·부(賦)·송(頌)·책(策)으로써 진사 갑과에 최섬 등 2인, 명경업(明經業) 3명, 복업(卜業)에 2인을 선발하였다. -『고려사절요』-

⑤ 경종(975~981) : 인품과 광종 때 제정된 4색 공복을 기준으로 **시정(始定) 전시과를 시행**하였다.

⑥ 성종(981~997)

최승로의 건의 수용	• **5조 정적평** : 이전 국왕의 잘잘못을 평가하여 교훈으로 삼도록 함 • **시무 28조** : 중앙 집권적 귀족 정치를 지향함 ㉠ 외관(外官) 파견(제7조) : **전국 주요 지역에 12목을 설치하고 지방관을 파견함** ㉡ 자주적 중국 문화 수용(제11조) ㉢ 불교 행사 억제(제13조) : 연등회와 팔관회를 일시적으로 폐지함 ㉣ 유교적 정치 이념 채택(제20조) : 국자감을 정비하고 **지방에 경학박사와 의학박사를 파견함**
통치 체제 정비	• **2성 6부제** : 당의 3성 6부제를 기반으로 중앙 관제를 마련함 • **향리 제도** : 지방 호족을 호장·부호장 등으로 개편하여 향리직제를 마련함 • **3경 체제** : 경주를 동경으로 승격하여 개경·서경·동경의 3경 체제를 갖춤
거란의 침입	거란의 제1차 침입을 서희가 외교 담판으로 막아 냄

● **국자감을 정비**
교과서마다 차이가 있다. '정비'라고 명시된 교과서와 '설치'라고 명시된 교과서가 있는데, 한국사 능력검정시험에서는 '설치' 또는 '설립'하였다는 표현으로 출제되었다.

국사(國史)편찬위원회에서 출제한 **자료** ●5조 정적평 중 광종에 대한 평가

즉위한 해로부터 8년 만에 정치와 교화가 맑아지고 공평해졌으며 상과 벌을 내릴 때는 지나친 경우가 없었습니다. 그런데 쌍기(雙冀)가 귀화한 후로 문사(文士)를 존중하여 은전과 예우가 너무 융숭하니 변변치 못한 재주(쌍기)가 외람하게 진출하여 계급을 뛰어 갑자기 승진되어 한 해 안에 바로 재상이 되었으며 밤이면 밤마다 낮이면 낮마다 불러 보고 이야기하니, 이를 즐거움으로 삼아 정사에 게을리하고 연회와 놀음이 그치지 않았습니다. -『고려사절요』-

국사(國史)편찬위원회에서 출제한 자료 ● 시무 28조

제7조 태조께서 나라를 통일한 후에 군현에 수령을 두고자 하였으나 대개 초창기에 일이 번다하여 미처 이 일을 시행할 겨를이 없었습니다. 청컨대 외관(外官)을 두소서. 비록 한꺼번에 다 보낼 수는 없다 하더라도, 먼저 10여 곳의 주현에 1명의 외관을 두고, 그 아래에 각각 2~3명의 관원을 두어 백성 다스리는 일을 맡기십시오.

제11조 중국의 제도는 따르지 않아서는 안 되지만, 사방의 습속은 각기 그 토질을 따르니 다 고치기는 어려울 것 같습니다. 구태여 중국과 같이 할 필요는 없습니다.

제13조 연등회와 팔관회를 열어서 사람들에게 힘든 일을 많이 시키니, 이를 줄여서 백성들이 힘을 펴게 하십시오.

제14조 원컨대 성상께서는 날로 더욱 조심하여 스스로 교만하지 말고, 아랫사람을 접할 적에 공손히 할 것을 생각하고, 혹시 죄지은 자가 있을 때 처벌의 경중을 모두 법대로 결정하소서.

제20조 불교를 믿는 것은 자신을 다스리기 위하여 다음 세상의 복을 구하는 일이며, 유교를 행하는 것은 나라를 다스리기 위하여 오늘 해야 할 일입니다.

-『고려사절요』-

국사(國史)편찬위원회에서 출제한 자료 ● 경학박사와 의학박사 파견

왕이 교서를 내려 말하기를 "……이제 경서에 통달하고 책을 두루 읽은 선비와 온고지신하는 무리를 가려서, 12목에 각각 경학박사 1명과 의학박사 1명을 뽑아 보낼 것이다. …… 여러 주·군·현의 장리(長吏)와 백성 가운데 가르치고 배울 만한 재주 있는 아이를 둔 자들은 이에 응하여 마땅히 선생으로부터 열심히 수업을 받도록 훈계하여야 한다."라고 하였다. -『고려사』-

⑦ 목종(997~1009) : 개정(改定) 전시과를 시행하여 인품을 제외하고 오직 18등급으로 구성된 관품을 기준으로 전·현직 관리에게 지급하였다.

⑧ 현종(1009~1031)

㉠ 지방 제도를 정비하여 전국을 **5도**와 경기, 그리고 **양계**로 나누었다.

㉡ 행정 단위를 4도호부·8목·56지주군사·28진장·20현령으로 정비하였다.

● **현종**
거란의 제2차 침입과 제3차 침입을 받았다. 제2차 침입 당시에는 나주로 피신하였고, 제3차 침입을 막은 후에는 개경에 나성을 축조하여 방어 체제를 구축하였다.

(2) 고려의 중앙 정치 조직

건국 초에는 태봉(광평성 등)과 신라의 제도를 바탕으로 통치 체제를 확립하였으며, 국정이 안정되자 당의 3성 6부제와 송의 제도를 바탕으로 고려의 실정에 맞는 2성 6부의 통치 체제를 정비하였다.

● **송의 제도를 바탕**
중추원과 삼사는 송의 제도에 영향을 받은 기구이다.

중서문하성

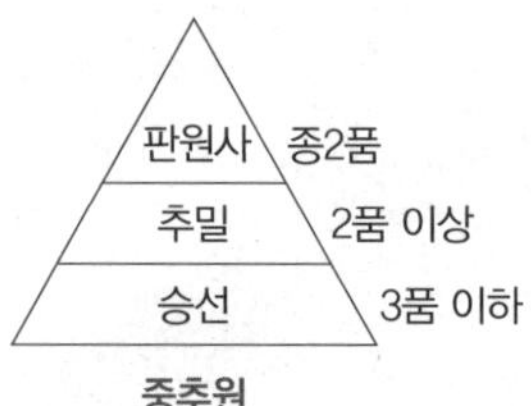

중추원

① **중서문하성**

㉠ **최고 중앙 관서로서 문하시중이 국정을 총괄**하고 정책을 심의 및 결정하였다.

㉡ 문하시중과 2품 이상 관리인 재신, 3품 이하 관리인 낭사로 구성되었다.

② **상서성** : 6부를 관할하고 중서문하성에서 결정한 정책을 집행하였다.

③ **6부** : 이부(인사)·병부(국방)·호부(재정)·형부(법률)·예부(외교, 교육)·공부(건설)로 구성되었다.

④ **중추원**

㉠ **왕명 출납과 군사 기밀을 담당하였다.**

㉡ 판원사와 2품 이상 관리인 추밀, 3품 이하 관리인 승선으로 구성되었다.

⑤ **어사대** : **관리의 비리를 감찰**하였다.

⑥ **삼사** : **곡식과 화폐의 출납 및 회계를 담당**하였다.

⑦ 대성(대간)과 고려의 독자적인 기구

<table>
<tr><td rowspan="2">대성
(대간)</td><td>구성</td><td colspan="2">중서문하성의 3품 이하 관리인 낭사와 어사대의 관원으로 구성됨</td></tr>
<tr><td>권한</td><td colspan="2">• 서경 : 관리 임명과 법령 개폐에 동의함
• 간쟁 : 왕의 과오와 비행 등 잘못을 논함
• 봉박 : 잘못된 왕명을 거부함</td></tr>
<tr><td>도병마사</td><td colspan="2" rowspan="2">고려의 독자적인 임시 기구이자 고관들의 합좌 기구로서 중서문하성(재신)과 중추원(추밀)이 모여 국가 중대사를 결정함</td><td>• 국방 · 군사 문제를 담당함
• 원 간섭기에 도평의사사로 개편됨</td></tr>
<tr><td>식목도감</td><td>법제와 격식 문제를 담당함</td></tr>
</table>

(3) 지방 행정 조직

① **성종 때 12목**과 3경이 설치되었고 **현종 때 일반 행정 구역인 5도와 군사 행정 구역인 양계의 지방 행정 체제가 완성**되었다.

㉠ **5도** : 일반 행정 구역으로 **안찰사**를 파견하였다.

㉡ **양계** : 군사 행정 구역으로 **병마사를 파견**하였으며 국방상 요충지에 진을 설치하였다.

㉢ **향·부곡·소** : **특수 행정 구역**으로 일반 군·현민에 비하여 차별을 받았다.

② 관리가 파견되는 주군·주현보다 관리가 파견되지 않는 속군·속현의 수가 더 많았다.

③ 관리가 파견되지 않는 지역(속현, 향·부곡·소 등)은 향리가 행정 실무를 담당하도록 하여 간접적으로 통치하였다.

④ 예종 때 속군·속현과 향·부곡·소·장·처 등에 감무를 파견하였다.

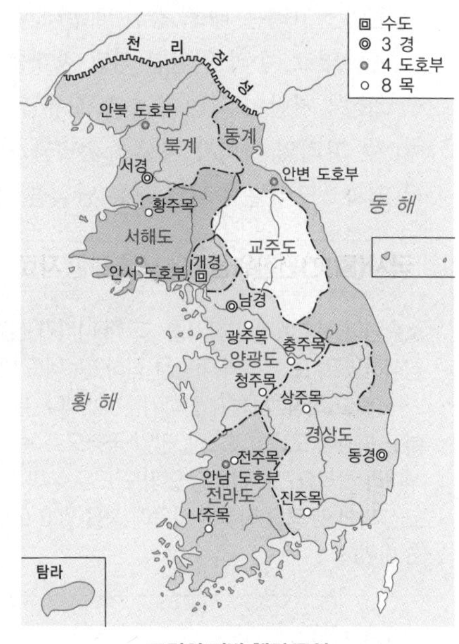

고려의 지방 행정 구역

3경
고려 성종은 개경(개성), 서경(평양), 동경(경주)을 3경으로 삼았다. 이후 남경(서울)이 동경을 대신하였다.

(4) 군사 제도

① 중앙군 : 국왕의 친위 부대인 **2군(용호군과 응양군)**과 수도 경비와 국경 방어를 담당하는 **6위**(좌우위·신호위·흥위위·금오위·천우위·감문위)로 구성되었다.

② 지방군 : **5도**에는 **주현군**, **양계**에는 **주진군**이 편성되었다.

(5) 관리 등용 제도

① 과거

㉠ 쌍기의 건의에 따라 광종 때부터 시행되었다.

㉡ **법제상 양인 이상이면 과거 응시가 가능하였고** 무과는 거의 시행되지 않았다.

㉢ **좌주와 문생** : 과거 시험관인 지공거를 '좌주', 합격자를 '문생'으로 불렀으며 좌주와 문생은 마치 부자와 같은 친밀한 관계를 형성하였다.

㉣ 종류

문과	주로 귀족과 향리의 자제가 응시하였으며 제술과와 명경과로 나뉨
승과	승려를 대상으로 시행함
잡과	기술관을 뽑기 위한 시험으로 일반 양인도 응시 가능함

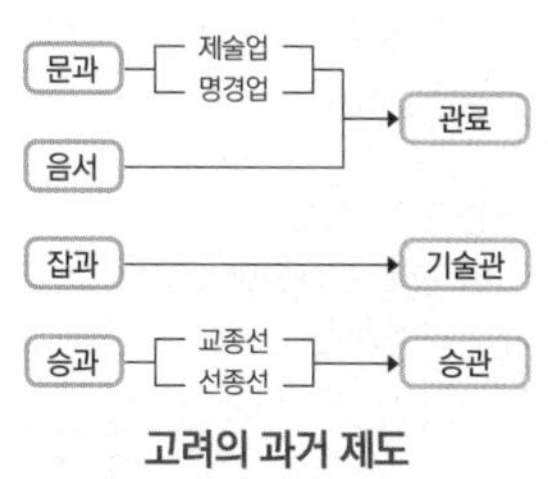

고려의 과거 제도

제술과
문학적 재능과 정책을 시험 보았다.

명경과
유교 경전에 대한 이해 능력을 시험 보았다.

② **음서**

㉠ 공신이나 **문무 5품 이상 관리의 자손**은 과거에 응시하지 않아도 관직에 나아갈 수 있었다.

㉡ **사위, 조카, 외손자까지 음서가 적용**되었다.

㉢ 고려 사회의 귀족적 성격을 보여 준다.

3 11~12세기 거란과 여진의 침입

(1) 거란의 침입

① 제1차 침입

㉠ 원인 : 고려는 태조 왕건 때부터 발해를 멸망시킨 거란을 적대시하여 북진 정책을 추진하였고, 송과 친밀한 외교 관계를 맺었다(**친송배거 정책**).

㉡ 과정 : 거란이 고려에 송과 교류를 단절할 것을 요구하며 80만 대군을 이끌고 침입하자, **고려의 서희가 적장 소손녕과 외교 담판을 벌였다.**

㉢ 결과 : 고려는 송과의 교류 단절을 약속하고 **강동 6주를 획득**하였다.

● **친송배거 정책**
송과 친선 관계를 맺고 거란을 배척하는 정책이다. 태조 왕건은 건국 초에 거란이 친선 관계를 맺고자 낙타 50마리를 보냈으나, 만부교에 묶어 모두 굶어 죽게 하였다(만부교 사건).

국사(國史)편찬위원회에서 출제한 자료 ● 서희의 담판

소손녕이 서희에게 말하기를, "그대 나라가 신라 땅에서 일어났고, 고구려 땅은 우리의 소유인데 고려가 침식하였고, 또 우리와 국경을 접하였는데도 바다를 넘어 송을 섬기므로 오늘의 출병이 있게 된 것이다. ……"라고 하자, 서희가 말하기를 "아니다. 우리나라가 곧 고구려의 옛 땅이다. 그러므로 국호를 고려라 하고 평양에 도읍하였으니, 만일 국경으로 논한다면 그대 나라의 동경은 다 우리 경내에 있거늘 어찌 침식이라 하리요? 또 압록강 안팎도 모두 우리 땅인데 지금 여진이 차지하고 있다. …… 만일 여진을 내쫓고 우리의 옛 땅을 되찾은 다음에 성을 쌓고 도로를 만들게 되면 어찌 친선 관계가 맺어지지 않으리오."라고 하였다. -『고려사절요』-

② 제2차 침입

㉠ 원인 : 거란은 **고려의 강조가 정변을 일으켜 목종을 폐위**하고 현종을 왕위에 올린 뒤, **김치양을 살해한 사건(강조의 정변)**을 구실로 고려를 침입하였다.

㉡ 과정 : 수도 개경이 함락되고 **현종이 나주로 피난**을 가는 등 어려움을 겪었으나 **양규가 선전하였다.**

㉢ 결과 : 거란은 현종의 친조를 조건으로 고려와 강화를 체결한 뒤 물러갔다.

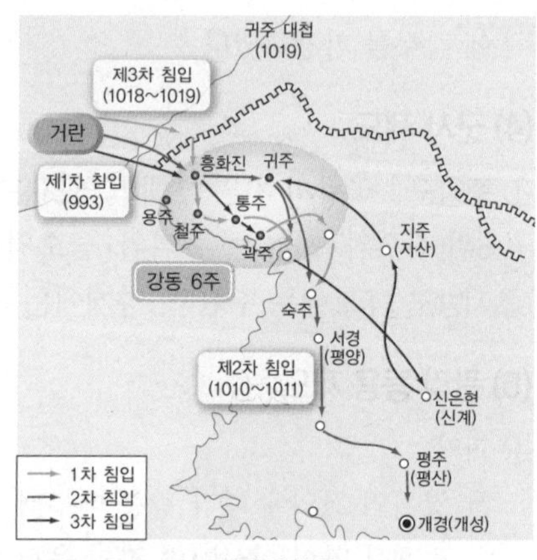

거란의 침입

● **김치양(?~1009)**
목종의 어머니인 천추 태후는 김치양과 부적절한 관계를 맺고 유력한 왕위 계승자인 대량 원군(후의 현종)을 제거한 뒤 자신과 김치양 사이에서 낳은 자식을 왕위에 올리려고 하였다. 하지만 강조가 정변을 일으켜 김치양과 그 아들을 살해하였다.

● **친조**
왕이 직접 상대국에 가서 인사를 올리는 것이다.

국사(國史)편찬위원회에서 출제한 자료 ● 강조의 정변

강조의 군사들이 궁문으로 난입해 오자 목종이 어쩔 수 없는 상황임을 깨닫고 천추 태후와 함께 통곡하며 법왕사(法王寺)로 거처를 옮겼다. 잠시 후 황보유의(皇甫兪義) 등이 대량 원군(→ 후의 현종)을 모시고 오니 그를 왕위에 올렸다. 강조는 목종을 폐위시켜 양국공(讓國公)으로 삼고 군사를 보내 김치양(金致陽) 부자와 유행간(庾行簡) 등 일곱 명을 죽였다. …… 강조가 사람을 시켜 목종을 시해한 후 자살하였다고 보고하였으며, 시신은 문짝을 뜯어서 만든 관에 넣어 객관에다 임시로 안치하였다. -『고려사』-

국사(國史)편찬위원회에서 출제한 자료 ● 양규의 활약

양규가 흥화진으로부터 군사 7백여 명을 이끌고 통주까지 와서 군사 1천여 명을 수습하였다. 밤중에 곽주로 들어가서 지키고 있던 거란군을 급습하여 모조리 죽인 후 성안에 있던 남녀 7천여 명을 통주로 옮겼다.
- 『고려사절요』 -

③ 제3차 침입

㉠ 원인 : 고려 현종이 친조를 불이행하자 거란의 소배압이 10만 대군을 이끌고 침입하였다.

㉡ 과정 : **강감찬이 귀주에서 거란의 대군을 크게 물리쳤다(귀주 대첩, 1019)**.

㉢ 결과

ⓐ 고려와 송, 요 사이에 세력 균형이 이루어졌다.

ⓑ 고려는 **개경에 나성을 축조**하고 압록강 하구에서 동해의 도련포에 이르는 지역에 천리장성을 축조하였다.

국사(國史)편찬위원회에서 출제한 자료 ● 강감찬의 귀주 대첩

거란의 병사가 귀주를 지나자 강감찬 등이 동교에서 맞아 싸웠다. …… 아군이 추격하여 석천을 건너 반령에 이르니 시신이 들을 덮고 사로잡은 사람과 노획한 말·낙타, 갑옷·무기는 모두 헤아릴 수 없었다. 살아서 돌아간 자가 겨우 수천 명이니 거란이 패한 것이 이보다 심한 적이 없었다. - 『고려사』 -

(2) 여진의 침입

① 별무반

㉠ 편성(1104) : 여진이 고려의 국경을 침략하자 고려 숙종은 **윤관**의 건의에 따라 **별무반(신기군·신보군·항마군)이라는 특수 부대를 편성**하였다.

㉡ **동북 9성 축조**(1107) : **윤관**은 **고려 예종 때** 별무반을 이끌고 **여진족을 정벌한 뒤 동북 9성을 축조**하였다.

② **동북 9성 반환(1109)** : 여진족의 요청으로 조공을 약속받고 1년 뒤 이를 여진에 돌려주었다.

국사(國史)편찬위원회에서 출제한 자료 ● 동북 9성 반환

여진이 이미 그 소굴을 잃자 보복하고자 맹세하며, 땅을 돌려 달라는 것을 빌미로 여러 추장들이 해마다 와서 다투었다. …… 또 개척한 땅이 크고 넓어서 9성 사이의 거리가 아득히 멀고, 골짜기가 험하고 깊어서 적들이 여러 차례 매복하여 오고 가는 사람들을 노략질하였다. …… 이때에 이르러 왕이 여러 신하들을 모아 의논하여 끝내 9성을 여진에게 돌려주었으며, …… 성에서 철수하였다. - 『고려사』 -

③ 여진족의 성장

㉠ 금의 건국(1115) : 여진의 아골타가 세력을 키워 금을 건국하고 요를 멸망시켰다.

㉡ 금의 사대 관계 요구 : 금이 고려에 사대 관계를 요구하자 고려 정부 내에 이를 반대하는 여론이 높았으나, **고려 인종 당시 집권자인 이자겸이 이를 수용**하였다. 이로써 태조 왕건 때부터 추진된 북진 정책이 좌절되었다.

국사(國史)편찬위원회에서 출제한 자료 ● 금에 대한 사대주의적 태도

대부분 신하들은 사대를 반대하였으나 이자겸과 척준경이 "옛날의 금은 소국으로 거란과 우리를 섬겼습니다. 하지만 지금은 갑자기 강성해져 거란과 송을 멸망시켰습니다. …… 마땅히 먼저 사신을 보내어 예를 닦는 것이 옳습니다."라고 말하였다. - 『고려사』 -

● **요**
거란이 건국한 나라이다.

● **나성**
도성(都城)을 둘러싸는 이중 성곽이다. 왕성을 포함하여 외곽의 일반인 거주지까지 넓게 둘러싼다.

● **천리장성**
고구려의 천리장성과 이름만 동일할 뿐 다른 성이다. 고구려의 천리장성은 부여성과 비사성을 경계로 쌓았다.

4 문벌 귀족 사회의 동요와 무신 정변

(1) 문벌 귀족 사회의 동요

① 문벌 귀족 사회의 성립

㉠ 고려 건국 세력인 호족과 6두품 출신이 새로운 지배층을 형성하였다.

㉡ 일부 가문이 여러 대에 걸쳐 고위 관직을 차지하며 문벌 귀족 사회가 성립되었다.

㉢ 대표적인 문벌 귀족으로 이자겸, 김부식 등이 있었다.

㉣ 문벌 귀족은 왕실과 혼인 관계를 맺거나 서로 중첩된 혼인을 하여 결속력을 강화하였으며, **음서와 공음전**을 통하여 정치적·경제적으로 혜택을 누렸다.

● **이자겸**
둘째 딸을 예종에게 시집보내고 외손자인 인종에게 셋째, 넷째 딸을 시집보내 권력을 휘둘렀다. 경원 이씨인 그의 집안은 할아버지 이자연 때부터 80년간 왕비 10여 명을 배출하였다.

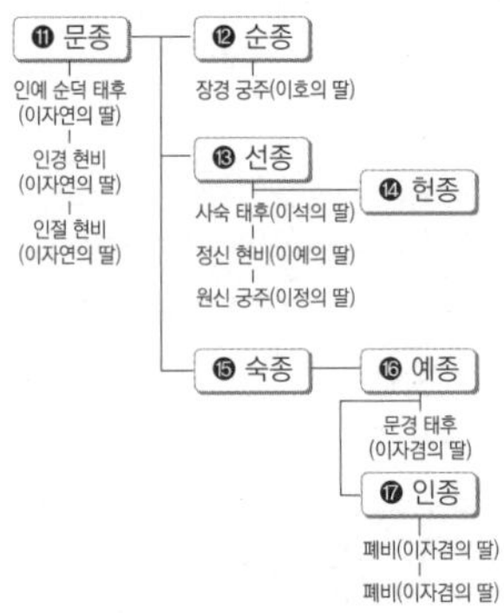

왕실과 경원 이씨의 혼인 관계도

③ **이자겸의 난**(1126)

배경	고려 인종은 이자겸의 권세가 자신을 능가하자 그를 제거하고 왕권을 회복하고자 함
과정	• **이자겸이 척준경과 함께 왕위 찬탈을 위하여 난을 일으킴** • 고려 인종은 척준경을 회유하여 이자겸을 제거하였고, 이후 척준경은 탄핵을 받아 정계에서 쫓겨남
영향	문벌 귀족 사회의 붕괴를 촉진시키는 계기가 됨

④ **묘청의 서경 천도 운동**(1135)

㉠ 배경

ⓐ 고려 인종은 이자겸의 난과 금과의 군신 관계 체결로 실추된 왕권을 바로 세우기 위하여 개혁을 추진하고자 하였다.

ⓑ **묘청**과 정지상 등이 풍수지리설을 바탕으로 **서경으로 천도할 것을 건의**하였다.

ⓒ 고려 인종은 묘청의 건의를 수용하여 **서경에 대화궁을 짓도록 하였다.**

서경으로 수도를 옮기면 만사 ok!
묘청
이자겸이 날 죽이려 하다니 믿을 사람이 없어! ㅠㅠ
인종

인종과 묘청

국사(國史)편찬위원회에서 출제한 **자료** ● 묘청과 정지상의 서경 천도 주장

• 묘청 등이 왕에게 건의하기를, "제가 보건대 서경 임원역(林原驛)의 땅은 음양가들이 말하는 대화세(大華勢)이니 만약 이곳에 궁궐을 세우고 수도를 옮기면 국가의 혼란을 막을 수 있으며 금(金)나라가 공물을 바치고 스스로 항복할 것이며 36개 나라들이 모두 신하가 될 것입니다."라고 하였다. -『고려사』-

• 정지상 등이 왕에게 아뢰기를, "대동강에 상서로운 기운이 있으니 신령스러운 용이 침을 토하는 형국으로, 천 년에 한 번 만나기 어려운 일입니다. 천심에 응답하고 백성들의 뜻에 따르시어 금을 제압하소서."라고 하였다. -『고려사절요』-

㉡ 과정

ⓐ 개경파와 서경파의 대립

개경파	인물	김부식 등을 중심으로 서경 천도를 반대함
	특징	• 기존 유교 질서를 유지할 것을 주장하며 금 정벌을 반대함 • 신라 계승 의식을 지님
서경파	인물	묘청과 정지상을 중심으로 서경 천도를 찬성함
	특징	• 불교와 낭가, 풍수지리설을 바탕으로 칭제건원과 금을 정벌할 것을 주장함 • 고구려 계승 의식을 지님

● **칭제건원**
왕을 황제로 칭하고 독자적인 연호를 사용하는 것이다.

ⓑ 묘청의 난 : 개경파 문벌 귀족의 반대로 서경 천도 운동이 좌절되자, **묘청은 서경에서 국호를 '대위'**, 연호를 '천개', 군대 이름을 '천견충의군'이라 정하고 **난을 일으켰다.**

㉢ 결과 : **고려 인종의 명을 받은 김부식은 관군을 이끌고 난을 진압**하였다.

㉣ **영향** : 문벌 귀족 사회의 모순이 더욱 심화되었다.

㉤ **평가** : 신채호는 『조선사연구초』를 저술하여 묘청의 서경 천도 운동을 '일천년래제일대 사건'이라 평가하였다.

국사(國史)편찬위원회에서 출제한 **자료** ● 김부식의 묘청의 난 진압

중군(中軍) 김부식이 아뢰기를, "윤언이는 정지상과 결탁하여 생사를 함께하기로 맹세한 당(黨)이 되어 크고 작은 일마다 실제로 함께 의논하였습니다. 또한 임자년에 왕께서 서경으로 행차하실 때, 글을 올려 연호를 세우고 황제로 칭하기를 청하였습니다. …… 이는 모두 금나라를 격노하게 하여 이때를 틈타 방자하게도 자기 당이 아닌 사람을 처치하고 반역을 도모한 것이니 신하의 마음이 아니었습니다."라고 하였다.

-『고려사』-

국사(國史)편찬위원회에서 출제한 **자료** ● 신채호의 평가

나는 한마디로 고려 인종 13년(1135) 서경 전역(西京戰役), 즉 묘청의 난이 김부식에게 패한 데서 그 원인을 찾으려 한다. …… 서경 전역 전역을 역대 역사가들은 다만 국왕의 군대가 반란군을 친 전쟁으로만 알고 있었지만 이는 근시안적인 관찰에 불과하다. 그 실상은 이 전역이 낭불 양가(郎佛兩家) 대 유가의 싸움이며, 국풍파(國風派) 대 한학파의 싸움이며, 독립당 대 사대당의 싸움이며, 진취 사상 대 보수 사상의 싸움이었다. 묘청은 곧 전자의 대표요, 김부식은 후자의 대표였던 것이다. 이 싸움에서 묘청 등이 패하고 김부식이 승리함으로써 조선의 역사는 사대적·보수적·속박적 사상, 즉 유교 사상에 굴복되고 말았다. 만일 이와 반대로 김부식이 패하고 묘청 등이 이겼다면 조선사는 독립적·진취적 방향으로 나아갔을 것이니 이 전역을 어찌 1,000년 동안의 제일 대사건이라 하지 않겠는가?

-『조선사연구초』-

능력(能力) 향상을 위한 **OX**

			정답
01	고려 광종은 쌍기의 건의를 받아들여 과거제를 시행하였다.	( )	○
02	고려 광종은 송과 국교를 맺고 후주와 서로 사신을 교환하였다.	( )	○
03	고려 광종은 왕권 강화를 위하여 노비안검법을 시행하였다.	( )	○
04	고려 성종은 2성 6부의 중앙 관제를 마련하였다.	( )	○
05	고려 성종은 4색 공복을 기준으로 하는 시정 전시과를 제정하였다.	( )	×
06	고려 성종은 12목을 설치하고 지방관을 파견하였다.	( )	○
07	어사대는 왕명 출납과 군사 기밀을 담당하였다.	( )	×
08	고려의 중추원은 국정을 총괄하는 최고 중앙 관서이다.	( )	×
09	고려 시대에는 관리가 파견되지 않은 속현의 수가 관리가 파견된 주현의 수보다 많았다.	( )	○
10	거란의 제1차 침입 당시 서희는 담판을 통하여 강동 6주를 획득하였다.	( )	○
11	거란의 제2차 침입으로 현종이 나주로 피난을 가는 어려움을 겪었다.	( )	○
12	거란의 제3차 침입을 귀주에서 강감찬이 크게 물리쳤다.	( )	○
13	문벌 귀족은 왕실과 혼인하거나 서로 중첩된 혼인 관계를 맺어 결속력을 강화하였다.	( )	○
14	고려 예종 때 윤관은 별무반을 이끌고 여진족을 토벌한 뒤 동북 9성을 축조하였다.	( )	○
15	고려 인종 때 왕실의 외척인 이자겸이 척준경과 함께 난을 일으켰다.	( )	○
16	묘청은 정지상 등과 함께 풍수지리설을 근거로 서경 천도를 주장하였다.	( )	○
17	김부식은 칭제건원과 금을 정벌할 것을 주장하였다.	( )	×
18	묘청은 서경 천도 운동이 좌절되자 서경에서 국호를 '대위', 연호를 '천개'라 정하고 난을 일으켰다.	( )	○
19	신채호는 『조선사연구초』를 저술하여 묘청의 서경 천도 운동을 '일천년래제일대사건'이라 하였다.	( )	○

(2) 무신 정변(1170)

① 배경

㉠ 무신들은 문벌 귀족 사회의 모순과 차별 대우에 불만을 품었다.

㉡ 의종은 사치와 향락에 빠져 실정을 거듭하였다.

② 발발 : 이고·이의방·정중부 등의 무신들은 보현원 사건을 계기로 문신들을 제거하고 의종을 폐위하였다.

> **국사(國史)편찬위원회에서 출제한 자료** ● 무신 정변
>
> 정중부 등이 왕을 모시던 신하 20여 명을 살해하였다. 왕은 수문전(修文殿)에 앉아서 술을 마시며 영관(伶官)들에게 음악을 연주하게 하였으며 밤중에야 잠이 들었다. 이고와 채원이 왕을 시해하려고 했으나 양숙이 막았다. …… 정중부가 왕을 협박하여 군기감으로 옮기고, 태자는 영은관으로 옮겼다.
>
> -『고려사』-
>
> ● **영관(伶官)** : 음악을 맡아보던 벼슬아치

(3) 무신 집권기(1170~1270)

① 초기(1170~1196)

㉠ 특징

ⓐ 무신들 간에 권력 다툼이 치열하게 전개됨에 따라 이고, 이의방, 정중부, 경대승, 이의민 순으로 최고 권력자 자리를 차지하였다.

ⓑ 군사 회의 기구이던 중방이 최고 권력 기구가 되어 **무신들은 중방을 중심으로 정국을 이끌었다.**

㉡ 이의방 집권(1170~1174)

ⓐ 이의방은 이고와 채원 등을 제거하고 정권을 독점하였다.

ⓑ **김보당의 난(1173)** : **동북면 병마사 김보당은 의종을 복위한다는 명분**으로 군사를 일으켰으나 진압되었다.

ⓒ 교종 승려들의 난(1174) : 문벌 귀족의 후원을 받던 귀법사·중광사·홍호사·홍화사 등 교종 계통의 승려 약 2천여 명이 반란을 일으켰다.

ⓓ **조위총의 난(1174)** : 서경 유수 조위총은 이의방이 의종을 살해하고 장사도 지내지 않은 것을 비난하며 난을 일으켰으나 진압되었다.

> **국사(國史)편찬위원회에서 출제한 자료** ● 김보당과 조위총의 난
>
> • 동북면 병마사 간의대부 김보당이 동계(東界)에서 군사를 일으켜 …… 전왕(前王)을 복위시키고자 하였다. …… (김보당은) 장순석 등을 거제로 보내 전왕을 받들어 계림에 모시게 하였다.
>
> • 서경 유수 조위총이 군사를 일으켜 …… 동북 양계(兩界)의 여러 성들에 격문을 보내어 사람을 모았다. 겨울 10월 기미일에 중서시랑평장사 윤인첨을 보내 삼군(三軍)을 거느리고 조위총을 공격하게 하였다.
>
> -『고려사』-

㉢ **정중부 집권**(1174~1179)

ⓐ 고위 무신들이 최고 무신들로 구성된 회의 기구인 중방을 중심으로 주요 관직을 차지하며 권력 쟁탈전이 심화되었다.

ⓑ **망이·망소이의 난(1176)** : 하층민인 망이·망소이가 무신들의 가혹한 수탈에 반발하여 **공주 명학소**를 중심으로 난을 일으켰다. 망이·망소이의 난은 **특수 행정 구역인 소에서 일어났다는 점에서 지역 차별 문제도 포함**되었음을 알 수 있다.

㉣ 경대승 집권(1179~1183)

ⓐ 도방 설치 : 정중부를 제거하고 권력을 잡은 후 **개인 신변을 경호하기 위하여 사병 숙위 기관인 도방을 설치하였다.**

ⓑ 전주 관노(官奴)의 난(1182) : 전주의 관리인 진대유가 호장 이택민 등을 시켜 가혹하게 노역을 독촉하였다. 이에 죽동 등이 관노와 여러 불평자를 모아 난을 일으켰지만 진압되었다.

㉤ 이의민 집권(1183~1196)

ⓐ **천민 출신**인 이의민은 이의방 아래에서 김보당의 반란을 진압하고 의종을 살해한 공을 인정받아 대장군 지위에 올랐으나, 최충헌에게 살해당하였다.

ⓑ **김사미·효심의 난(1193)** : 운문(경북 청도)에서 봉기한 김사미와 초전(경남 울산)에서 일어난 효심이 연합하여 신라 부흥을 주장하며 반란을 일으켰다.

국사(國史)편찬위원회에서 출제한 **자료** ● 김사미·효심의 난

남쪽 지방에서 적도들이 벌떼처럼 일어났다. 그중 심한 것은 운문에 웅거한 김사미와 초전에 자리 잡은 효심인데, 이들은 유랑하는 무리들을 불러 모아 각 고을을 노략질하였다. 왕이 이를 근심하여 대장군 전존걸에게 장군 이지순 등을 이끌고 가서 남적을 토벌하도록 하였다. -『고려사』-

② 최씨 무신 정권의 수립(1196~1258)

㉠ **최충헌** 집권(1196~1219)

ⓐ 이의민에게 배척받는 세력을 규합하여 **이의민을 제거**한 뒤 권력을 독점하였다.

ⓑ **교정도감 설치** : 최고 정치 기구로 교정도감을 설치하고 **교정별감 자리에 올라 권력을 행사**하였다.

ⓒ **봉사 10조** : 명종에게 10개 조항의 **사회 개혁안을 올려 혼란스러운 정국을 바로잡고자 하였다.**

ⓓ **도방 개편** : 신변 보호를 위하여 경대승 사후에 폐지된 도방을 부활시켜 확대하였다.

ⓔ **만적의 난(1198)** : 최충헌의 사노비 출신인 만적이 **개성(개경)**에서 **공·사노비를 모아 놓고 대규모 신분 해방 운동**을 꾀하였으나, 사전에 발각되어 실패하였다.

ⓕ 최광수의 난(1217) : 최광수가 고구려 부흥을 표방하며 반란을 일으켰다.

최충헌
고려 희종 때 진강후로 책봉되었다.

교정별감
교정도감의 수장으로 최씨 무신 정권기에 주로 집권자가 겸임하며 국정을 장악하였다.

국사(國史)편찬위원회에서 출제한 **자료** ● 봉사 10조

최충헌이 동생과 함께 봉사(封事)를 올리기를 "살펴보건대 적신 이의민은 성품이 사납고 잔인하여 윗사람을 업신여기고 아랫사람을 능멸하여 임금의 자리를 흔들고자 하였습니다. 신 등이 폐하의 위엄과 정신에 힘입어 일거에 소탕하여 제거하였습니다. 원컨대 폐하께서는 옛 것을 개혁하고 새로운 것을 도모하셔서 태조의 바른 법을 한결같이 따라 이를 행하여 빛나게 중흥하소서."라고 하였다. -『고려사』-

국사(國史)편찬위원회에서 출제한 **자료** ● 만적의 난

만적 등 여섯 명이 북산(北山)에 나무하러 갔다가 공사(公私) 노비들을 모아 놓고 말하기를, "우리나라에서는 경인년과 계사년 이래 고위 관리들이 천민과 노비에서 많이 나왔다. 장군과 재상이 어찌 타고난 씨가 따로 있겠는가? 때만 만나면 누구나 될 수 있는 것이다. ……"라고 하였다. -『고려사』-

능력(能力) 향상을 위한 OX

		정답
01	동북면 병마사 김보당이 무신 정권에 반발하여 난을 일으켰다. ( )	○

ⓛ 최우 집권(1219~1249)

ⓐ **삼별초 설치 : 군사 기반을 강화하고자 사병 기관으로 삼별초를 설치**하였다. 삼별초는 최우가 도둑을 단속하기 위하여 밤에 순찰을 시키고자 야별초를 편성한 데서 시작하였으며, 이후 이를 보강하여 **좌·우별초**로 나누었다. 여기에 몽골에 잡혔다가 도망 온 자들로 편성한 **신의군**을 합해서 삼별초라 불렀다.

ⓑ **정방 설치** : **최우**가 모든 관료의 **인사 행정을 담당**하기 위하여 자신의 집에 설치하였다.

ⓒ **서방 설치** : 행정 실무 능력을 갖춘 문신들이 정책을 자문할 수 있도록 하였다.

ⓓ 이연년 형제의 난(1237) : 이연년 형제가 백제의 부흥을 표방하며 반란을 일으켰다.

● **삼별초**
최씨 무신 정권의 군사적 기반 역할을 하였고 훗날 항몽 활동을 전개하였다.

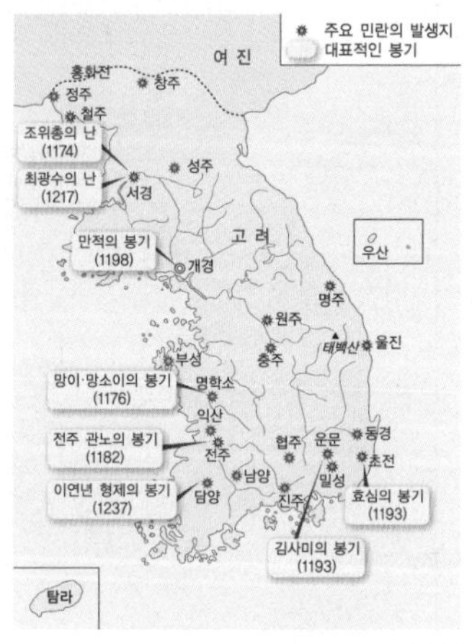

무신 집권기 농민과 천민의 봉기

> **국사(國史)편찬위원회에서 출제한 자료** ● 정방과 서방 설치
>
> • 고종 12년, …… 이때부터 최우는 정방을 자기 집에 설치하고 문사를 선발하여 여기에 소속시켰으니, 이를 비칙치라고 불렀다. -『고려사』-
>
> • 고종 14년, 최우의 문객들은 당대에 이름난 학자들이 많았는데, 이들은 3번(番)으로 나누어 돌아가면서 서방에 숙직하도록 하였다. -『고려사』-

ⓒ 최항(1249~1257), 최의(1257~1258) 집권 : 최우에 이어 최항과 최의 순으로 정권을 잡았으나 김준이 최의를 살해하며 최씨 무신 정권은 몰락하였다.

③ 임연·임유무 집권 : 임연은 김준을 살해한 뒤 아들 임유무와 각기 교정별감이 되어 정권을 차지하였다.

5 13세기 몽골의 침입과 원 간섭기

(1) 13세기 몽골의 침입

① 고려와 몽골의 조우

● **조우**
우연히 서로 만나는 것이다.

㉠ 13세기 초에 거란족은 세력을 키운 몽골군에게 쫓겨 고려로 들어왔다.

ⓛ **강동성 전투(강동성의 역, 1219)**

ⓐ 고려는 몽골군과 힘을 합쳐 평안남도 강동성에서 거란족을 물리쳤다.

ⓑ 몽골은 강동성 전투를 빌미로 사신 저고여를 고려에 파견하여 많은 공물을 요구하였다.

> **국사(國史)편찬위원회에서 출제한 자료** ● 강동성 전투(강동성의 역)
>
> 몽골의 장수 합진과 찰랄이 군사를 거느리고 …… 거란을 토벌하겠다고 말하면서 화주, 맹주, 순주, 덕주의 4개 성을 공격하여 격파하고 곧바로 강동성으로 향하였다. …… 조충과 김취려가 합진, 완안자연 등과 함께 병사를 합하여 강동성을 포위하니 적들이 성문을 열고 나와 항복하였다. -『고려사』-

② 제1차 침입(1231)

㉠ 배경 : 몽골은 고려를 방문하였던 **사신 저고여가 돌아가던 중 압록강 변에서 피살된 것을 구실로 침입**하였다.

ⓛ 항전

ⓐ **귀주성에서 박서**가 적장 살리타를 상대로 저항하였다.

ⓑ 충주성에서 **지광수**가 노군(奴軍)을 이끌고 활약하였다.

국사(國史)편찬위원회에서 출제한 자료 ● 저고여 피살 사건

몽골에서 조서를 보내 이르기를, "너희들이 모의하여 (우리 사신) 저고여를 죽이고서는 포선만노의 백성들이 죽였다고 한 것이 세 번째 죄이다. ……"라고 하였다. -『고려사』-

③ 강화 천도(1232) : **최우는 수도를 강화도로 옮겨** 몽골의 침입에 대비하였다. 이후 강화도의 고려 정부는 주민들을 산성과 섬으로 피난시키고 항전과 외교를 병행하였다.

④ 제2차 침입 : **처인성**에서 **김윤후**와 부곡민이 힘을 합쳐 **몽골 장수 적장 살리타를 사살**하였다.

⑤ **개경 환도**(1270)

㉠ 장기간 몽골의 침입이 계속되면서 국토가 황폐해지고 백성의 삶이 어려워졌다.

㉡ 최씨 무신 정권에 대한 백성들의 불만이 고조되는 가운데 고려 조정에서 몽골과의 강화를 주장하는 세력이 점점 증가하였다.

㉢ 최씨 무신 정권이 무너지자 고려 정부는 몽골과 강화를 맺고 개경으로 환도하였다.

⑥ **삼별초**의 항쟁

배경	삼별초는 고려 정부가 몽골과 강화를 맺음에 따라 개경으로 환도하려 하자 이에 반발함
전개	• **배중손은 왕족인 승화후(承化候) 온(溫)을 국왕**으로 받들고 새로운 정부를 수립함 • 강화도와 **진도에서 배중손, 제주도에서 김통정이 지휘함**
결과	고려 정부와 몽골 연합군에 진압됨

고려의 대몽 항쟁

⑦ 민중의 항쟁 : **충주 다인 철소** 등에서 주로 노비로 이루어진 군대가 몽골군을 물리쳤다.

⑧ 문화재 소실 : **초조대장경**과 **황룡사 구층 목탑** 등이 소실되었다.

⑨ **재조대장경(팔만대장경) : 몽골의 침입을 물리치려는 염원을 담아 제작하였다.**

● **김윤후의 충주성 전투**
몽골의 제5차 침입 당시 몽골군이 충주성을 공격하자 충주성의 방호별감으로 있던 김윤후는 관노(官奴)의 명부를 불태우고 충주민을 독려하며 몽골군을 격퇴하였다.

용장산성(진도)

항파두리 항몽 유적지(제주도)

● **원**
몽골족이 세운 왕조로 1271년부터 1368년까지 존재하였다.

(2) 원 간섭기

영토 상실	원이 철령 이북에 **쌍성총관부**, 서경에 동녕부, 제주도에 탐라총관부를 설치함
관제 격하	• **중서문하성과 상서성은 첨의부**로, 6부는 4사로, 중추원은 밀직사로 변경됨 • 도병마사는 기능이 확대되며 이름이 도평의사사(도당)로 바뀜
왕실 용어 격하	• 왕이 죽은 뒤 붙이는 호칭인 '조'나 '종'이 '왕'으로 바뀜 • 왕의 시호 앞에 '충(忠)' 자를 붙임 예 충렬왕, 충선왕 • 왕이 스스로를 칭하는 표현이 '짐'에서 '고'로 바뀜
내정 간섭	• **다루가치** : 감찰관으로 고려의 내정을 간섭함 • **만호부 설치** : 고려의 군사권을 장악함 • **정동행성 설치** : **일본 원정을 위하여 설치**하였으나 태풍으로 일본 정벌에 두 차례 실패하자 내정 간섭 기구로 변함
자원 수탈	• **결혼도감 설치** : 고려 처녀를 원에 **공녀**로 끌고 감 • **응방 설치** : 매를 징발하고 금·은·인삼·약재 등을 수탈함
영향	고려에서 **몽골풍(변발과 호복 등)**, 원에서 고려양이 유행함

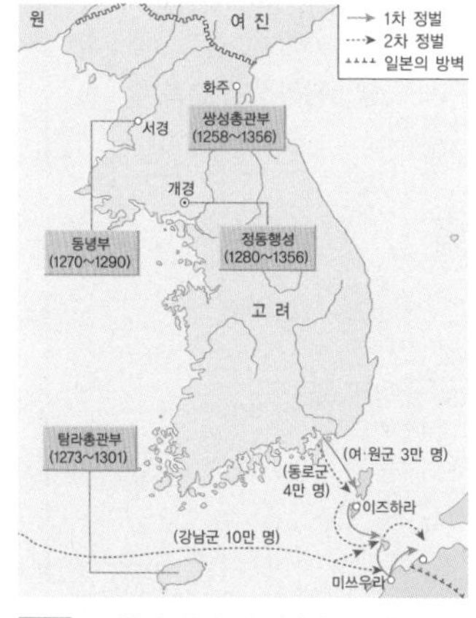

원의 내정 간섭과 일본 정벌

● **고려양**
원에서 유행한 고려 풍속이다.

6 원 간섭기 주요 국왕과 고려의 멸망

(1) 충렬왕(1274~1298, 1298~1308)

① **동녕부 영토 반환** : 서경에 설치되었던 동녕부 지역을 충렬왕 16년(1290)에 돌려받았다. 서경에 있던 동녕부는 요동으로 옮겨졌으며 이후 공민왕 때 요동에 있는 동녕부를 공격하였다.

② **탐라총관부 폐지** : 충렬왕의 요청으로 탐라총관부를 폐지하고 만호부를 설치함으로써 탐라 지역 또한 고려에 반환되었다.

(2) 충선왕(1298, 1308~1313)

① **사림원 설치** : **충선왕** 개혁의 핵심 정치 기구로 왕명 출납과 문서 작성, 인사 행정을 담당하였다.

② **각염법 시행** : 소금 전매 제도인 각염법을 시행하여 국가가 소금의 생산·판매·유통에 이르는 전 과정을 관리하였다.

(3) 충목왕(1344~1348)

권문세족의 폐해 등 고려 사회의 모순을 시정하기 위하여 **정치도감을 설치**하였다.

(4) 공민왕(1351~1374)

① **원의 노국 대장 공주와 결혼하였다.**

② **개혁 정책** : 원·명 교체기에 친원 세력을 축출하고 왕권을 강화하고자 개혁을 추진하였다.

공민왕의 영토 수복

반원 자주 정책	• 친원 세력 숙청 : 기철 등 친원 세력을 제거함 • 몽골풍 폐지 : 변발과 호복 등 몽골식 풍습을 폐지함 • 관제 복구 : 원의 연호 사용을 금지하고 왕실의 호칭과 관제를 복구함 • 정동행성(이문소) 폐지 : 내정 간섭 기구인 정동행성(이문소)을 폐지함 • 쌍성총관부 탈환 : 유인우·이자춘 등에게 쌍성총관부를 공격하게 하여 철령 이북 지역을 수복함
왕권 강화 정책	• 정방 폐지 : 인사권을 장악하기 위하여 인사 행정을 담당하던 정방을 폐지함 • 전민변정도감 설치 ㉠ 국가 재정을 확보하고 민생을 안정시키며 동시에 권문세족의 경제적 기반을 약화시키고자 함 ㉡ 신돈을 판사(장관)로 등용하여 권문세족이 불법으로 점탈한 토지를 백성에게 돌려주고, 억울하게 노비가 된 자들을 양민으로 해방시켜 줌
교육 정책	성균관을 순수 유교 교육 기관으로 개편함
결과	권문세족의 반발 및 홍건적과 왜구의 침략으로 인한 불안정한 정세 때문에 개혁이 실패로 끝남

국사(國史)편찬위원회에서 출제한 **자료** ● 공민왕의 친원 세력 숙청

왕이 원(元) 연호의 사용을 중지시키면서 교서를 내렸다. "근래에 나라의 풍속이 크게 바뀌어 오직 권세만을 추구하게 되었으니, 기철 일당이 권세를 믿고 나라의 법도를 뒤흔드는 일이 벌어졌다. 자신의 기쁨과 분노에 따라 (관리의) 선발과 승진을 조절하니 정부의 명령[政令]이 이로 인하여 늘거나 줄었고, 남이 땅을 갖고 있으면 그를 제거하고, 또는 인민이 있으면 이를 빼앗았다. …… 다행스럽게도 조종(祖宗)의 영령에 기대어 기철 등을 처단할 수 있었다. -『고려사』-

국사(國史)편찬위원회에서 출제한 **자료** ●공민왕의 몽골풍 폐지

공민왕이 원의 제도를 따라 변발(辮髮)과 호복(胡服)을 하고 궁전에 올라앉으니, 이연종이 간언(諫言)하려고 문밖에서 기다렸다. …… 이연종이 이르기를, "변발과 호복은 선왕(先王)의 제도가 아니므로 원컨대 전하(殿下)께서는 본받지 마소서."라고 하였다. 왕이 기뻐하며 즉시 변발을 풀고 그에게 옷과 이불을 하사하였다. -『고려사』-

국사(國史)편찬위원회에서 출제한 **자료** ●공민왕의 정방 폐지

공민왕 5년 6월 왕이 교서를 내리기를, "정방은 권신에 의하여 설치된 것으로, 조정에서 사람들에게 관작을 주는 본의와 어긋난다. 이제 이를 영구히 폐지할 것이다."라고 하였다. -『고려사』-

국사(國史)편찬위원회에서 출제한 **자료** ●공민왕의 전민변정도감 설치

신돈이 전민변정도감을 두기를 청하였다. 스스로 판사(장관)가 되어 전국에 알렸다. "요즈음 기강이 크게 무너져서 탐욕스러움이 풍속으로 되었다. …… 돌려주라고 판결한 것도 그대로 가지며 양민을 노예로 삼고 있다. …… 이제 그 잘못을 알고 스스로 고치는 자는 묻지 않을 것이다. 하지만, 기한이 지났는데도 고치지 않고 있다가 발각되면 조사하여 엄히 다스릴 것이다." -『고려사』-

국사(國史)편찬위원회에서 출제한 **자료** ●공민왕의 성균관 개편

공민왕이 이색을 판개성부사 겸 성균대사성으로 삼고 생원의 정원을 늘렸다. 경술(經術)을 공부한 선비인 김구용·정몽주·박상충·박의중·이숭인을 발탁하여 모두 자신들의 관직에 있으면서 교관을 겸하도록 하였다. -『고려사』-

③ 홍건적의 침입

㉠ 제1차 침입(1359) : 서경이 홍건적에게 함락되었으나, 신흥 무인 세력의 활약으로 이들을 물리쳤다.

㉡ 제2차 침입(1361) : 홍건적이 10만여 명의 군대를 이끌고 침입하자 공민왕은 왕비인 노국 대장 공주와 함께 복주(안동)까지 피난을 떠났다. 당시 최영과 이성계 등 신흥 무인 세력의 활약으로 이들을 물리쳤다.

(5) 우왕(1374~1388)

① **친원 세력 숙청 : 이인임 등을 숙청**하였다.

② **왜구의 침입**

㉠ 최영의 활약 : 홍산(부여)에서 왜구를 격퇴하였다(홍산 대첩).

㉡ **최무선**의 활약 : **화통도감 설치를 건의하고 화약과 화포를 제작**하여 **나세·심덕부 등과 함께 진포에서 왜구를 격퇴하였다(진포 대첩)**.

㉢ **이성계**의 활약 : 진포 대첩에서 살아남은 왜구들이 육지에 상륙하여 노략질하자 **전라도 황산에서 적장 아지발도를 죽이는 등 왜구를 소탕하였다(황산 대첩)**.

㉣ **정지**의 활약 : 왜구가 진포 대첩의 복수를 하고자 침공하자 **관음포**(경상남도 남해)에서 왜구를 격파하였다(관음포 해전).

③ **명의 철령위 설치** : 명은 고려가 공민왕 때 무력으로 탈환한 철령 이북의 땅이 본래 원에 속하였다는 이유로 반환을 요구하며 이 땅을 관할하는 철령위를 설치하려 하였다.

복주(안동)까지 피난
홍건적이 쳐들어오자 공민왕은 왕비인 노국 대장 공주와 함께 개경을 떠나 안동 지방으로 피난하였다. 왕비가 강을 건널 때 그곳의 부녀자들이 모두 나와서 사람으로 다리를 놓아 건너게 하였다고 전한다. 그 뒤 안동 지방 부녀자들이 정월 보름날 이를 재연한 것이 풍속이 되었다(안동 놋다리 밟기).

④ 요동 정벌과 **위화도 회군**

㉠ 최영이 **명의 철령위 설치에 반발하여 요동 정벌을 계획**하고 이성계에게 요동 정벌을 명하였다.

㉡ 이성계가 **4불가론**을 내세워 요동 출병에 반대하였다.

㉢ 이성계가 **위화도에서 회군하여(1388) 최영을 제거**한 뒤 권력을 장악하였다.

국사(國史)편찬위원회에서 출제한 **자료** ● 최영의 요동 정벌 주장

최영이 백관(百官)과 함께 철령 이북의 땅을 떼어 줄지 여부를 논의하자 관리들이 모두 반대하였다. 우왕은 홀로 최영과 비밀리에 요동을 공격할 것을 의논하였는데, 최영이 이를 권하였다. -『고려사』-

국사(國史)편찬위원회에서 출제한 **자료** ● 이성계의 4불가론

태조(이성계)가 아뢰기를, "지금 출사(出師)하는 일은 네 가지의 옳지 못한 점이 있습니다. 작은 나라로서 큰 나라에 거역하는 것이 첫 번째 옳지 못함이요, 여름철에 군사를 동원하는 것이 두 번째 옳지 못함이요, 온 나라 군사를 동원하여 멀리 정벌하면, 왜적이 그 허술한 틈을 탈 것이니 세 번째 옳지 못함이요, 지금 한창 장마철이므로 활은 아교가 풀어지고 많은 군사가 역병(疫病)을 앓을 것이니 네 번째 옳지 못함입니다." 하였다. -『태조실록』-

국사(國史)편찬위원회에서 출제한 **자료** ● 위화도 회군

대군이 압록강을 건너서 위화도에 머물렀다. …… 태조가 여러 장수들에게 말하기를 "내가 글을 올려 …… 군사를 돌이킬 것을 청하였으나, 왕도 살피지 아니하고, 최영도 늙고 정신이 혼몽하여 듣지 않았다." …… 태조가 회군한다는 소식을 듣고 사람들이 다투어 밤낮으로 달려서 모여든 사람이 천여 명이나 되었다. -『태조실록』-

(6) 창왕(1388~1389)

① **쓰시마섬(대마도) 정벌** : **박위**가 병선 100여 척을 이끌고 **왜구의 소굴인 쓰시마섬을 정벌**하였다.

② 폐위 : 이성계는 우왕과 창왕이 공민왕이 아니라 신돈의 자손이라고 주장하며, 폐가입진을 명분으로 창왕을 폐위시키고 공양왕을 옹립하였다.

폐가입진(廢假立眞)
가짜를 몰아내고 진짜를 세운다는 의미이다.

(7) 공양왕(1389~1392)

① **과전법 제정(1391)** : 국가 재정을 확보하고 신진 사대부의 경제적 기반을 마련하기 위하여 **조준 등의 건의로 제정**하였다.

② 고려 멸망(1392) : 이성계가 급진파 신진 사대부와 손을 잡고 조선을 건국하였다.

능력(能力) 향상을 위한 **OX**

		정답
01 최우는 자신의 집에 정방을 설치하여 인사권을 장악하였다.	( )	○
02 고려 정부의 개경 환도에 반발한 삼별초의 배중손은 왕족인 승화후 온을 국왕으로 옹립하였다.	( )	○
03 원은 고려에 응방을 설치하여 매를 징발하였다.	( )	○
04 충선왕은 고려 사회의 모순을 시정하기 위하여 정치도감을 설치하였다.	( )	×

검정(檢定)된 기출문제

정답 및 해설 P. 376

01

(가) 인물에 대한 설명으로 옳은 것은?

〈역사 다큐멘터리 기획안〉

(가), 새로운 세상을 꿈꾸다

▣ 기획 의도

신라 왕족 출신으로 세력을 키워 나라를 세운 (가)의 생애를 다큐멘터리로 제작하여 당시 상황을 살펴본다.

▣ 회차별 방송 내용

- 1회 : 양길의 휘하에서 세력을 키우다
- 2회 : 송악을 도읍으로 나라를 세우다
- 3회 : 국호를 마진으로 바꾸고 철원으로 천도하다

① 후당, 오월에 사신을 파견하였다.
② 광평성 등 각종 정치 기구를 마련하였다.
③ 청해진을 설치하여 해상 무역을 전개하였다.
④ 일리천 전투에서 신검의 군대를 격퇴하였다.
⑤ 신라의 금성을 습격하여 경애왕을 죽게 하였다.

02

(가) 왕이 추진한 정책으로 옳은 것은?

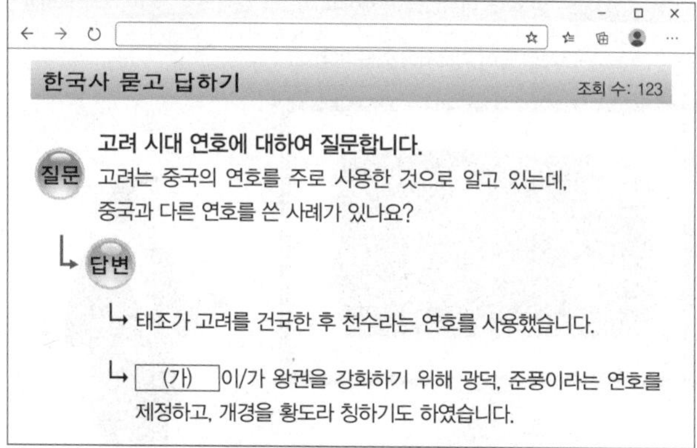

한국사 묻고 답하기
조회 수: 123
질문
고려 시대 연호에 대하여 질문합니다.
고려는 중국의 연호를 주로 사용한 것으로 알고 있는데, 중국과 다른 연호를 쓴 사례가 있나요?
답변
태조가 고려를 건국한 후 천수라는 연호를 사용했습니다.
(가)이/가 왕권을 강화하기 위해 광덕, 준풍이라는 연호를 제정하고, 개경을 황도라 칭하기도 하였습니다.

① 과거제를 도입하였다.
② 흑창을 처음 설치하였다.
③ 전시과 제도를 시행하였다.
④ 삼국사기 편찬을 명령하였다.
⑤ 12목에 지방관을 파견하였다.

03

(가), (나) 기구에 대한 설명으로 옳은 것을 〈보기〉에서 고른 것은?

이번에 (가)의 수장인 문하시중의 자리에 오르셨다고 들었습니다. 영전을 축하드립니다.

고맙네. 자네가 (나)에서 맡고 있는 어사대부 직책도 중요하니 열심히 하시게.

보기

ㄱ. (가) – 화폐, 곡식의 출납과 회계를 맡았다.
ㄴ. (가) – 국정을 총괄하는 최고 중앙 관서였다.
ㄷ. (나) – 원 간섭기에 도평의사사로 개편되었다.
ㄹ. (나) – 관리 임명에 대한 서경권을 행사하였다.

① ㄱ, ㄴ ② ㄱ, ㄷ ③ ㄴ, ㄷ ④ ㄴ, ㄹ ⑤ ㄷ, ㄹ

04

(가), (나) 제도에 대한 설명으로 옳은 것을 〈보기〉에서 고른 것은?

(가) 제술업·명경업 두 업(業)과 의업·복업(卜業)·지리업·율업·서업·산업(算業) …… 등의 잡업이 있었는데, 각각 그 업으로 시험을 쳐서 벼슬길에 나아가게 하였다. －『고려사』－

(나) 무릇 조상의 공로[蔭]로 벼슬길에 나아가는 자는 모두 나이 18세 이상으로 제한하였다. －『고려사』－

보기

ㄱ. (가) – 재가한 여자의 자손은 응시에 제한을 받았다.
ㄴ. (가) – 향리의 자제가 중앙 관직으로 진출하는 통로가 되었다.
ㄷ. (나) – 후주 출신 쌍기의 건의로 시작되었다.
ㄹ. (나) – 사위, 조카, 외손자에게 적용되기도 하였다.

① ㄱ, ㄴ ② ㄱ, ㄷ ③ ㄴ, ㄷ ④ ㄴ, ㄹ ⑤ ㄷ, ㄹ

05

(가) 왕의 재위 기간에 있었던 사실로 옳은 것은?

〈역사 연극 시나리오 구상〉

제목 : (가) 의 험난한 피란길

○학년 ○반 ○모둠

장면1 : 강조의 정변을 구실로 침입한 거란군이 서경까지 이르자 강감찬이 왕에게 남쪽으로 피란할 것을 권유한다.

장면2 : 왕이 개경을 떠나 전라도 삼례에 이르는 동안 호위군이 도망가는 등의 어려움을 겪는다.

장면3 : 나주에 도착한 왕은 강화가 성립되어 거란군이 물러간다는 소식을 듣고 안도한다.

① 만부교 사건이 일어났다.
② 초조대장경 조판이 시작되었다.
③ 사신 저고여가 귀국 길에 피살되었다.
④ 공주 명학소에서 망이·망소이가 봉기하였다.
⑤ 신돈을 중심으로 전민변정 사업이 추진되었다.

06

다음 상황 이후에 전개된 사실로 옳은 것은?

여진이 이미 그 소굴을 잃자 보복하고자 맹세하며, 땅을 돌려 달라는 것을 빌미로 여러 추장들이 해마다 와서 다투었다. …… 또 개척한 땅이 크고 넓어서 9성 사이의 거리가 아득히 멀고, 골짜기가 험하고 깊어서 적들이 여러 차례 매복하여 오고가는 사람들을 노략질하였다. …… 이때에 이르러 왕이 여러 신하들을 모아 의논하여 끝내 9성을 여진에게 돌려주었으며, 전쟁에 쓰이는 도구와 군량을 내지(內地)로 옮기고 그 성에서 철수하였다.

-『고려사』-

① 강감찬이 귀주에서 외적을 격퇴하였다.
② 강조가 정변을 일으켜 왕을 폐위하였다.
③ 이자겸이 금의 사대 요구 수용을 주장하였다.
④ 서희가 외교 담판을 벌여 강동 6주를 획득하였다.
⑤ 부여성에서 비사성에 이르는 천리장성을 축조하였다.

07

다음 대화에 나타난 사건에 대한 설명으로 옳은 것은?

① 국왕이 나주까지 피란하였다.
② 초조대장경 간행의 계기가 되었다.
③ 김부식 등이 이끈 관군에 의하여 진압되었다.
④ 이성계가 정권을 장악하는 결과를 가져왔다.
⑤ 여진 정벌을 위한 별무반 편성에 영향을 주었다.

08

(가) 인물의 활동으로 옳은 것은?

이것은 이의민을 제거하고 정권을 장악한 (가) 의 묘지명 탁본입니다. 여기에는 그가 명종의 퇴위와 신종의 즉위에 관여한 사실 등이 기록되어 있습니다.

① 인사 행정을 담당하던 정방을 폐지하였다.
② 교정도감을 두어 국가의 중요한 사무를 처리하였다.
③ 삼별초를 이끌고 진도로 이동하여 대몽 항쟁을 펼쳤다.
④ 화약과 화포 제작을 위한 화통도감 설치를 건의하였다.
⑤ 후세의 정책 방향을 제시하기 위해 훈요 10조를 남겼다.

09

(가) 국가의 침입에 대한 고려의 대응으로 옳지 않은 것은?

- (가) 의 장수 합진과 찰랄이 군사를 거느리고 …… 거란을 토벌하겠다고 말하면서 화주, 맹주, 순주, 덕주의 4개 성을 공격하여 격파하고 곧바로 강동성으로 향하였다. …… 조충과 김취려가 합진, 완안자연 등과 함께 병사를 합하여 강동성을 포위하니 적들이 성문을 열고 나와 항복하였다. -『고려사』-
- (가) 에서 조서를 보내 이르기를, "…… 너희들이 모의하여 [우리 사신] 저고여를 죽이고서는 포선만노의 백성들이 죽였다고 한 것이 세 번째 죄이다. ……"라고 하였다. -『고려사』-

① 강화도로 도읍을 옮겨 항전하였다.
② 김윤후가 처인성 전투에서 활약하였다.
③ 화포를 이용하여 진포에서 대승을 거두었다.
④ 다인철소 주민들이 충주 지역에서 저항하였다.
⑤ 대장도감을 설치하여 팔만대장경판을 만들었다.

10

(가)~(라)를 일어난 순서대로 옳게 나열한 것은?

(가) 최우는 정방(政房)을 자기 집에 설치하였다. 정방에서 백관의 인물을 심사하여 인사 발령 명단을 바치면 왕은 단지 그것을 승인할 뿐이었다.
(나) 후주 출신 쌍기는 왕에게 과거 제도의 도입을 건의하였고, 마침내 지공거(知貢擧)가 되어 시험을 통하여 진사를 선발하였다.
(다) 신돈이 전민변정도감을 설치할 것을 청하고 스스로 판사(判事)가 되었다. 빼앗았던 토지와 노비를 그 주인에게 돌려주는 권세가와 부호가 많아, 온 나라 사람들이 기뻐하였다.
(라) 정치도감의 관원이 남의 땅을 빼앗고 불법을 자행한 기삼만을 잡아다가 죽게 한 일이 있었다. 정동행성 이문소에서 그 관원을 가두자, 왕후(王煦)와 김영돈이 첨의부에 글을 올려 관원들을 변호하였다.

① (가) - (나) - (다) - (라)　② (가) - (나) - (라) - (다)
③ (나) - (가) - (다) - (라)　④ (나) - (가) - (라) - (다)
⑤ (다) - (가) - (나) - (라)

11

밑줄 그은 '이 왕'의 재위 기간에 있었던 사실로 옳은 것은?

그림으로 보는 한국사　　고려 시대

고려의 이 왕과 노국 대장 공주를 그린 초상으로, 현재 국립 고궁 박물관에 소장되어 있다. 왕과 왕비가 서로 마주보듯 의자에 앉아 있는 모습으로 묘사되어 있는 점이 특징이다.

① 유인우, 이자춘 등이 쌍성총관부를 수복하였다.
② 나세, 심덕부 등이 진포에서 왜구를 격퇴하였다.
③ 좌별초, 우별초, 신의군의 삼별초가 조직되었다.
④ 서희가 외교 담판을 벌여 강동 6주를 획득하였다.
⑤ 명의 철령위 설치에 반발하여 요동 정벌이 추진되었다.

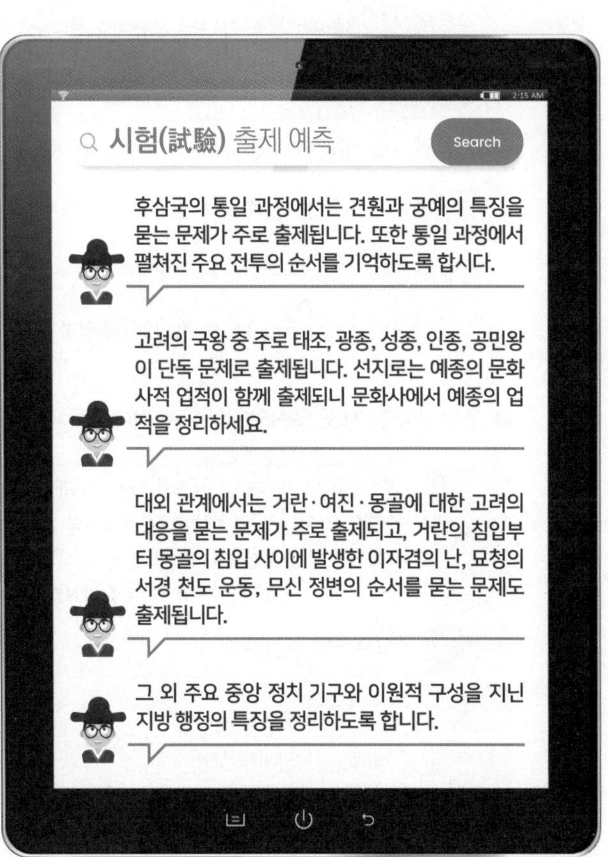

시험(試驗) 출제 예측
Search
후삼국의 통일 과정에서는 견훤과 궁예의 특징을 묻는 문제가 주로 출제됩니다. 또한 통일 과정에서 펼쳐진 주요 전투의 순서를 기억하도록 합시다.
고려의 국왕 중 주로 태조, 광종, 성종, 인종, 공민왕이 단독 문제로 출제됩니다. 선지로는 예종의 문화 사적 업적이 함께 출제되니 문화사에서 예종의 업적을 정리하세요.
대외 관계에서는 거란·여진·몽골에 대한 고려의 대응을 묻는 문제가 주로 출제되고, 거란의 침입부터 몽골의 침입 사이에 발생한 이자겸의 난, 묘청의 서경 천도 운동, 무신 정변의 순서를 묻는 문제도 출제됩니다.
그 외 주요 중앙 정치 기구와 이원적 구성을 지닌 지방 행정의 특징을 정리하도록 합니다.

07 | 고려의 경제와 사회

● 고려의 토지 제도

전시과 제도
- 관리의 관직 복무 대가로 전지와 시지의 수조권을 분급
- 사망 또는 퇴직 시 반납이 원칙

광종 (4색 공복 제정) → 경종
성종 (관료제 정비) → 목종

왕	제도	지급 대상	비고
태조	역분전	논공행상 : 공을 세운 사람에게 지급 → 인품	
경종	시정 전시과	관품(4색 공복) + 인품	전·현직 관리
목종	개정 전시과	관품(18등급)	전·현직 관리
문종	경정 전시과	관품(18등급)	현직 관리
원종	녹과전	관품(18등급)	경기 8현에 한정하여 지급
공양왕	과전법	관품(18등급)	조준 등의 건의, 경기 지역에 한정

구분	내용
공음전	5품 이상 관료에게 지급, 세습 가능, 문벌 귀족의 경제 기반
군인전	2군 6위의 중앙군에게 지급, 군역과 함께 자손에게 세습
외역전	향리에게 지급, 직역과 함께 자손에게 세습
한인전	6품 이하 관리의 자제 중 관직에 오르지 못한 자에게 지급
구분전	하급 관리와 군인의 유가족에게 지급
기타	내장전(왕실 경비 마련), 공해전(중앙과 지방의 관청에 지급), 사원전(사원에 지급)

● 고려의 수취 제도 토지(양안)와 호구(호적) 조사를 기준으로 부과

구분		내용
조세		• 토지의 비옥도에 따라 3등급으로 나누어 부과 : 생산량의 1/10 • 지방의 조세는 13곳의 조창에 모은 뒤 조운을 통하여 개경의 경창 등으로 운반 ※ 토지의 개념 - 국공유지 : 왕실 또는 관청 소유의 토지 - 민전 : 귀족·관리·농민 등 개인 소유의 토지 - 공전 : 국가가 수조권을 가지는 토지 - 사전 : 귀족·관리 등 개인이 수조권을 가지는 토지
공납		• 호(戶) 단위 특산물 부과 • 할당 : 중앙 관청 → 주현 → 속현, 향·부곡·소
역		• 요역 + 군역 • 16세 이상 60세 미만 남성(정남)에게 부과
잡세	상세	상인에게 부과
	어염세	어민에게 부과

설쌤의 한(韓)판 정리

● 다양한 산업의 발달

농업

- 농법의 변화
  - 시비법의 발달
  - 심경법 : 소를 이용한 깊이갈이 일반화
  - 2년 3작의 윤작법 보급
  - 고려 말 남부 지방에 모내기법 보급 시작
  - 고려 말 이암이 『농상집요』 소개
  - 목화 : 고려 말 공민왕 때 문익점에 의하여 전래
- 개간과 간척 사업 장려: 개간지에 일정 기간 세금 면제
- 농민 몰락: 권문세족의 토지 약탈 + 과도한 수취

상업

- 시전(점포)·경시서(상행위 감독 기구) 설치
- 전기 : 관영 상점(서적점, 다점 등) + 비정기 시장
- 후기 : 시전 규모 확대, 원(여관) 발달, 소금 전매제 시행

수공업

- 전기 : 관청·소 수공업 발달
- 후기 : 사원·민간 수공업 발달

화폐

- 성종 : 건원중보
- 숙종
  - 의천의 건의에 따라 주전도감 설치
  - 은병(활구) ㉠ 은 1근 사용, 고가의 화폐
    ㉡ 입구가 넓어 활구라 불림
  - 삼한통보·삼한중보·해동통보·해동중보 등 제작
- 공양왕 : 저화
- 전체적으로 유통이 부진하여 주로 쌀이나 포로 거래

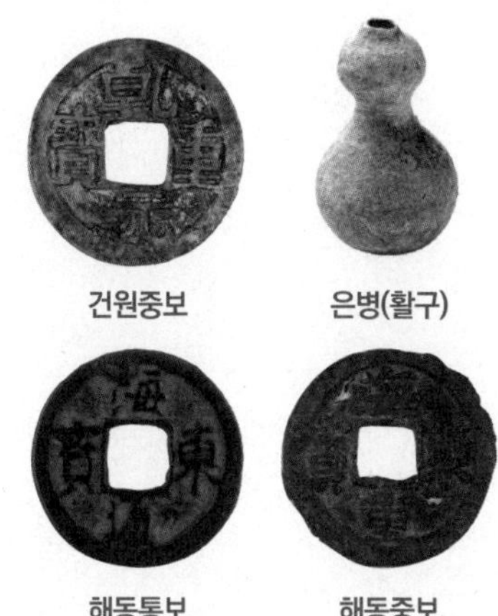
건원중보 은병(활구)
해동통보 해동중보

● 대외 무역

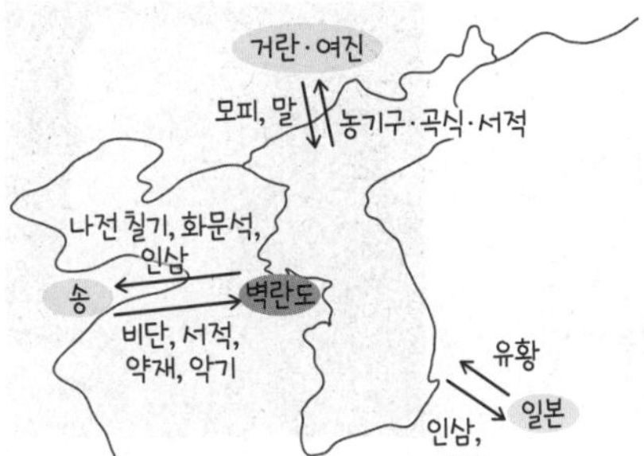

벽란도

- 예성강 하구의 벽란도가 국제 무역항으로 번성
- 이슬람(아라비아) 상인 왕래(COREA)

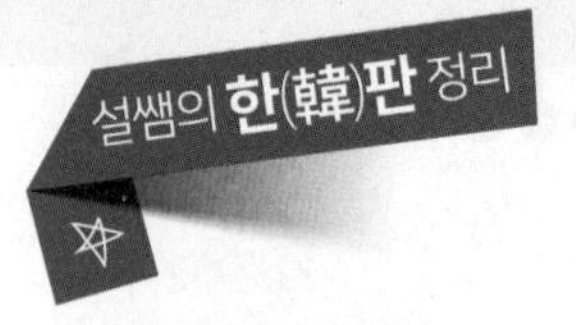

● 고려의 신분 제도

구성 농민(백정) + 상인 + 수공업자 + 향·부곡·소민 + 신량역천인

특징
- 조세·공납·역의 의무가 있음
- 원칙적으로 과거 응시 가능

향·부곡·소민
- 거주 이전 자유 없음
- 일반 군현민보다 더 많은 세금 부담
- 국자감 입학 및 과거 응시 불가능
- 향·부곡민 : 주로 농업에 종사
- 소민 : 주로 수공업에 종사

신량역천인

신분은 양민이나 천역 담당

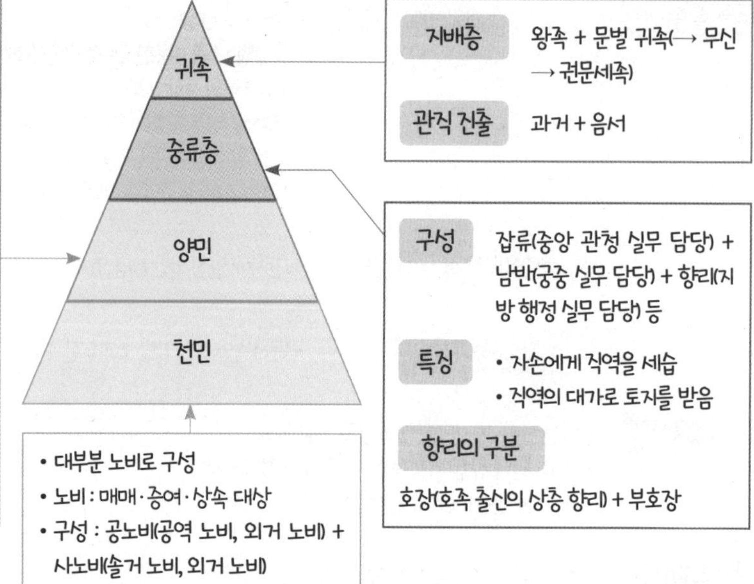

지배층 왕족 + 문벌 귀족(→ 무신 → 권문세족)

관직 진출 과거 + 음서

구성 잡류(중앙 관청 실무 담당) + 남반(궁중 실무 담당) + 향리(지방 행정 실무 담당) 등

특징
- 자손에게 직역을 세습
- 직역의 대가로 토지를 받음

향리의 구분

호장(호족 출신의 상층 향리) + 부호장

- 대부분 노비로 구성
- 노비 : 매매·증여·상속 대상
- 구성 : 공노비(공역 노비, 외거 노비) + 사노비(솔거 노비, 외거 노비)

● 향도

매향 미륵불을 만나 구원을 얻고자 향나무를 땅에 묻는 활동

역할
- **전기** 호족이나 향리의 지도를 받음, 신앙 공동체, 미륵신앙, 석탑·불상·절 건축
- **후기**
  - 농민 조직화, 마을 노역·혼례·상장례·마을 제사 등 공동체 생활 주도
  - 조선 시대에 두레, 상두꾼으로 분화·발전

사천 흥사리 매향비

설쌤의 한(韓)판 정리

● 사회 시책

목적	농민 생활 안정을 통한 사회 안정 도모

종류		
	흑창	• 춘대추납의 빈민 구제 제도 • 태조 때 처음 설치, 성종 때 의창으로 바뀜
	상평창	• 성종 때 설치한 물가 조절 기관 • 개경·서경·12목에 설치
	동서 대비원	• 환자 진료 기관 • 개경에 설치
	혜민국	의약 담당 기관
	구제도감·구급도감	• 재해 시 설치한 임시 기관 • 빈민 구호
	제위보	기금의 이자로 빈민을 구제하는 기관

● 법률

특징
- 중국의 당률 적용
- 주로 관습법을 따름
- 실형주의가 원칙이나 배상제도 존재
- 중죄 : 반역죄 + 불효죄

형벌

태·장·도·유·사
※ 귀양형 : 출신 지역이 아닌 곳으로 떠나는 형벌
※ 귀향형 : 출신 지역으로 떠나는 고려만의 특수한 형벌

집행 보류
- 귀양 중 부모상을 당하면 7일간 휴가를 줌
- 70세 이상 노부모를 봉양하여야 할 경우 형벌 집행 보류

● 여성의 지위와 가족 제도

여성의 지위
- 여성 호주 가능
- 호적에 연령순으로 기재
- 처가살이
- 음서의 혜택이 사위·외손자에게도 적용
- 재가가 비교적 자유로움
- 재가녀의 자손 차별 X

가족 제도
- 일부일처제
- 균등 상속
- 윤행 : 아들이 없을 때 양자를 들이지 않고 딸이 제사 지냄

1 고려의 토지 제도와 수취 제도

(1) 토지 제도의 변천

① **역분전**

㉠ 태조 왕건은 후삼국을 통일한 뒤 공신과 군인 등에게 역분전을 지급하였다.

㉡ **공로와 인품만을 따져 토지를 지급**하여 논공행상 성격이 강하였다.

논공행상
공로의 있음과 없음, 크고 작음을 논하여 그에 합당한 상을 내리는 것이다.

전지
곡식을 거둘 수 있는 논밭이다.

시지
땔감을 거둘 수 있는 임야이다.

성종의 관료제 정비
기존 전시 지급 기준인 광종의 4색 공복 체제에서 자색은 18품, 단색은 10품, 비삼은 8품, 녹삼은 8품 등으로 나뉘었는데, 성종 때 전시 지급 기준이 1~18등급으로 일원화되었다.

② **전시과 제도**

구분	내용
특징	• 관리의 복무 대가로 전지와 시지를 지급함 • 전지와 시지에 대한 수조권을 분급함 • 관리가 사망하거나 퇴직할 때 반납하여야 함
시정 전시과	• 경종 때 처음 마련됨 • 인품과 관품(광종의 4색 공복)을 고려하여 전 · 현직 관리에게 지급함
개정 전시과	• 목종 때 개정됨 • 관품(성종의 관료제 정비)을 고려하여 전 · 현직 관리에게 지급함
경정 전시과	• 문종 때 관리에게 지급할 토지가 부족해지자 개정함 • 관품(성종의 관료제 정비)을 고려하여 현직 관리에게 지급함
붕괴 원인	• 귀족이 반납 원칙을 제대로 지키지 않음 • 무신 집권기에 무신이 불법적으로 대토지를 소유함
녹과전	원종 때 경기 8현의 토지를 관리에게 지급함
과전법	• 공양왕 때 조준 등의 건의에 따라 시행함 • 경기 지역에 한정하여 토지에 대한 수조권을 지급함

(단위 : 결)

시기		등급	1	2	3	4	5	6	7	8	9	10	11	12	13	14	15	16	17	18
경종 (976)	시정 전시과	전지	110	105	100	95	90	85	80	75	70	65	60	55	50	45	42	39	36	33
		시지	110	105	100	95	90	85	80	75	70	65	60	55	50	45	40	35	30	25
목종 (998)	개정 전시과	전지	100	95	90	85	80	75	70	65	60	55	50	45	40	35	30	27	23	20
		시지	70	65	60	55	50	45	40	35	33	30	25	22	20	15	10			
문종 (1076)	경정 전시과	전지	100	90	85	80	75	70	65	60	55	50	45	40	35	30	25	22	20	17
		시지	50	45	40	35	30	27	24	21	18	15	12	10	8	5				

전시과의 토지 지급 액수

③ 토지의 종류

㉠ 공음전

ⓐ **5품 이상 관리**에게 전시과 외에 추가적으로 지급된 토지로 **세습이 가능하였다.**

ⓑ 문벌 귀족의 경제적 기반이 되었다.

㉡ **군인전** : **2군 6위의 중앙군**에게 복무 대가로 지급한 토지로 자손이 군역을 세습할 경우 토지를 **세습할 수 있었다.**

㉢ **외역전** : **향리에게 복무 대가**로 지급한 토지로 향리의 직역과 함께 **세습되었다.**

㉣ 한인전 : 6품 이하 관리의 자제 중 관직에 진출하지 못한 이에게 지급하였다.

㉤ 구분전 : 하급 관리와 군인 유가족에게 지급하였다.

㉥ 내장전 : 왕실 경비 충당을 위하여 지급하였다.

㉦ 공해전 : 중앙과 지방 관청의 경비 마련을 위하여 지급하였다.

㉧ 사원전 : 사원에 지급한 토지이다.

국사(國史)편찬위원회에서 출제한 **자료** ● **전시과 제도의 변천**

- 경종 원년, 처음으로 직관(職官)과 산관(散官) 각 품의 전시과를 제정하였다.
- 목종 원년, 문무 양반 및 군인의 전시과를 개정하였다.
- 문종 30년, 양반전시과를 다시 고쳐 정하였다. 제1과는 중서령, 상서령, 문하시중으로 전지 100결과 시지 50결을 주며, 제2과는 문하시랑, 중서시랑으로 전지 90결과 시지 45결을 주고, …… 제18과는 한인(閑人), 잡류(雜類)로 전지 17결을 주었다. -『고려사』-

(2) 수취 제도

① 정비 : 국가에서 양안(토지 대장)과 호적을 작성하여 이를 토대로 조세·공납·역 등 세금을 부과하였다.

② 종류

구분	내용
조세	• 토지를 비옥도에 따라 3등급으로 나누어 수확량의 10분의 1을 징수함 • **지방에서 거둔 조세는 13곳의 조창으로 옮긴 뒤 조운을 통하여 개경의 경창 등으로 운반함** ※ 농번기에는 잡역 동원을 금지하였고 자연재해를 당하면 세금을 감면해 줌
공납	• 호(戶)마다 특산물을 징수함 • 중앙 관청에서 필요한 공물의 종류와 액수를 주현에 부과하면, 주현은 이를 속현과 향·부곡·소에 할당함
역	• 요역과 군역으로 나뉨 • 16세 이상 60세 미만의 남성(정남)에게 부과함
잡세	• 상세 : 상인에게 부과함 • 어염세 : 어민에게 부과함

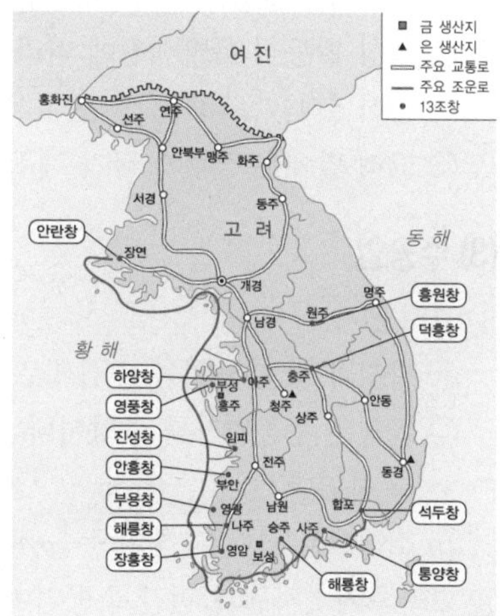

고려의 조창과 조운로

● **조창**
국가에서 거둔 조세를 보관하기 위한 창고로 주로 해안이나 강변에 설치되었다.

2 다양한 산업의 발달

(1) 농업

① 농법의 변화

㉠ 시비법이 발달하였고 소를 이용한 깊이갈이가 일반화되었다.

㉡ 밭농사에서는 2년 3작의 윤작법이 보급되었다.

㉢ 고려 말에 모내기법(이앙법)이 남부 일부 지방에 보급되기 시작하였다.

㉣ **고려 말에 이암이 중국(원)의 농서인『농상집요』를 국내에 소개하였다.**

㉤ **고려 말 공민왕 때 문익점이 국내에 목화를 전래하여 목화 재배가 시작되었다.**

② 개간과 간척 사업 장려

㉠ 목적 : 농업 중심의 경제 구조를 기반으로 토지 제도와 조세 제도를 정비하여 국가 재정을 확충하고자 하였다.

㉡ 혜택 : 개간지에 일정 기간 세금을 면제해 주었다.

③ 농민의 몰락

㉠ 권문세족의 토지 약탈과 과도한 수취로 농민의 삶이 어려워졌다.

㉡ 농민들은 권문세족의 토지를 경작하거나 노비로 전락하기도 하였다.

● **『농상집요』**
목화 재배와 양잠 등 중국 화북 지방의 농법을 소개한 책이다.

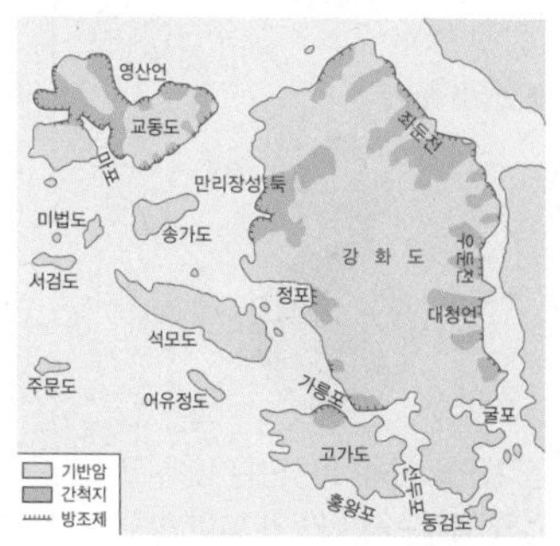

고려 후기 강화도의 간척지

(2) 상업

① 시전·**경시서** 설치 : 개경과 서경 등 대도시에 관청과 귀족들이 주로 이용하는 시전을 설치하고, **상행위를 감독하기 위하여 경시서**를 두었다.

② 고려 전기

㉠ 국가에서 개경과 서경 등 대도시에 서적(서적점), 차(다점) 등을 판매하는 **관영 상점을 설치**하였다.

㉡ 도시 거주민들이 일용품을 사고팔 수 있는 비정기 시장이 존재하였다.

③ 고려 후기

㉠ 상업이 발달함에 따라 시전 규모가 확대되었다.

㉡ 행상 활동이 활발해짐에 따라 여관인 원이 발달하였다.

㉢ 고려 말에는 정부가 국가 재정을 늘리기 위하여 소금 전매제를 시행하기도 하였다.

고려의 교통로와 산업 중심지

(3) 수공업

① 고려 전기

㉠ 관청과 소 수공업을 중심으로 발전하였다.

㉡ 관청은 수공업자를 중앙이나 지방 관청에 소속시켜 국가에서 필요한 물품을 생산하도록 하였다.

㉢ 소에서는 금·은·종이 등을 생산하여 국가에 공물로 납부하였다.

② 고려 후기 : 사원과 민간 수공업이 발달하였다.

건원중보

해동중보

해동통보

● 은병(활구)

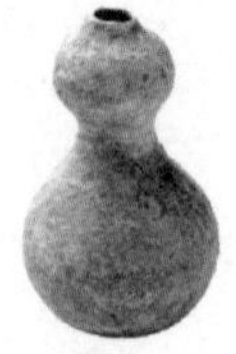
은 1근을 사용하여 만든 매우 고가의 화폐로서 입구가 넓어 활구라고도 불렸다.

(4) 화폐

① 주조 : 상업과 수공업이 발달함에 따라 화폐가 주조되었다.

② **성종** : 최초의 철전인 **건원중보를 제작**하였다.

③ **숙종**

㉠ 의천의 건의에 따라 **주전도감을 설치하고 다양한 화폐를 주조**하였다.

㉡ **삼한통보**·삼한중보·해동중보·**해동통보·은병(활구) 등을 발행**하였다.

④ 공양왕 : 최초의 지폐인 저화를 발행하였다.

⑤ 화폐가 널리 유통되지 못하였고, 물품을 거래할 때에는 여전히 쌀(곡식)이나 포(베)를 사용하였다.

국사(國史)편찬위원회에서 출제한 자료 ● 숙종 대 해동통보와 은병(활구) 발행

• 왕이 명령하기를, "백성들을 부유하게 하고 나라에 이익을 가져오게 하는데 돈보다 중요한 것은 없다. …… 이제 금속을 녹여 돈을 주조하는 법을 제정하였으니, 주조한 돈 1만 5천 관(貫)을 여러 관리와 군인들에게 나누어 주어 이를 통용의 시초로 삼고 돈의 명칭을 해동통보라 하여라."라고 하였다.

-『고려사』-

• 왕이 이르기를, "금과 은은 천지(天地)의 정수(精髓)이자 국가의 보물인데, 근래에 간악한 백성들이 구리를 섞어 몰래 주조하고 있다. 지금부터 은병에 모두 표지를 새겨 이로써 영구한 법식으로 삼도록 하라. 어기는 자는 엄중히 논하겠다."라고 하였다. 이때에 비로소 은병을 화폐로 쓰기 시작하였다. 그 제도는 은 1근으로 만들어 본국의 지형을 본뜨도록 하였으니, 속칭 활구라고 하였다. -『고려사』-

(5) 대외 무역

무역항	예성강 하구의 벽란도가 국제 무역항으로 번창함	
송	• 수입 : 주로 왕실과 귀족의 수요품	• 수출 : 금과 은, 인삼, 종이 등
거란, 여진	• 수입 : 은, 모피, 말 등	• 수출 : 농기구, 곡식, 서적 등
일본	• 수입 : 유황과 수은 등	• 수출 : 곡식, 인삼, 서적 등
이슬람(아라비아)	• 수입 : 수은, 향료, 산호 등 • 이슬람(아라비아) 상인은 고려에서 대식국인이라 불림 • 고려의 이름(CORCA)이 서방 세계에 알려짐	
원	원을 통하여 동서 교류가 활발해짐	

고려의 대외 무역

3 고려의 신분 제도

(1) 구성

귀족, 중류층, 양민, 천민으로 이루어졌다.

① 지배층 : 귀족과 중류층이 속하였으며 국정을 운영하거나 행정 실무를 담당하였다.

② 피지배층 : 양민과 천민이 속하였으며 주로 생산 활동에 종사하였다.

(2) 귀족

① 구성 : 왕족과 5품 이상 고위 관료가 중심이었다.

② 과거와 음서를 바탕으로 관직에 진출하였다.

③ 관직 복무 대가로 지급받는 과전과 녹봉, 세습되는 토지인 공음전, 그리고 조상으로부터 상속받는 재산 등이 이들의 경제적 기반이었다.

④ 지배층의 변천

㉠ 문벌 귀족(전기) : 여러 대에 걸쳐 고위 관직을 차지하였으나 무신 정변을 계기로 세력이 약화되었다.

㉡ 무신(중기) : 무신 정변 이후 집권자가 되었으나 13세기에 몽골의 침입으로 몰락하였다.

㉢ 권문세족(후기) : 고려 전기부터 이어져 온 귀족 세력도 있지만, 주로 원 간섭기에 원의 세력을 배경으로 성장하였다.

과거와 음서
고려 시대에 5품 이상 관리의 자제는 음서를 통하여 과거를 치르지 않고 관직에 진출할 수 있었는데, 시간이 지나며 점차 과거 시험을 중시하였다.

(3) 중류층

① 구성 : 중앙 관청의 실무를 담당하는 잡류, 궁중 실무를 담당하는 남반, 지방 행정 실무를 담당하는 향리 등으로 이루어졌다.

② 특징 : 자손에게 직역이 세습되었으며 직역 대가로 국가로부터 토지를 지급받았다.

③ 향리 : 호장과 부호장으로 구성되었으며, 호장은 호족 출신 상층 향리에 해당하였다.

능력(能力) 향상을 위한 OX

			정답
01	시정 전시과는 4색 공복과 인품을 기준으로 전지와 시지를 지급하였다.	(　)	○
02	고려 말에 이암이 원의 농서인 『농상집요』를 국내에 소개하였다.	(　)	○
03	고려 숙종은 의천의 건의에 따라 주전도감을 설치하였다.	(　)	○
04	고려 시대에는 예성강 하구의 벽란도가 국제 무역항으로 번성하였다.	(　)	○

신량역천인
• 어간(魚干) : 어업에 종사함
• 염간(鹽干) : 염전에 종사함
• 목자간(牧者干) : 목축을 담당함
• 철간(鐵干) : 철, 구리 등 광물 채굴을 담당함
• 봉화간(烽火干) : 봉홧불 올리는 일을 담당함
• 양수척(揚水尺) : 주로 사냥, 유기 제조, 공연 배우 등을 담당하였으며, 이후 화척과 재인으로 분화됨
• 화척(禾尺) : 사냥, 도살 등을 담당함
• 재인(才人) : 기악과 잡기 공연을 담당함

(4) 양민

구성	• 농민과 상민, 수공업자, 향·부곡·소민, 신량역천인으로 구성됨 • 대다수가 백정이라 불리는 농민으로 구성됨
특징	• 조세, 공납, 역의 의무가 있음 • 원칙적으로 과거에 응시할 수 있음
향·부곡·소민	• **신분상 양민이나 일반 군현민에 비하여 차별을 받음** • **거주 이전의 자유가 없고** 일반 군·현민보다 많은 세금을 냄 • 국자감 입학과 **과거 응시가 불가능함** • 향·부곡민은 주로 농업에 종사하였고 소에 거주하는 이들은 주로 수공업에 종사함 • 일반 군현에서 반란이 일어나면 향·부곡·소로 강등되거나 또는 향·부곡·소에서 공로를 세우면 일반 군현으로 승격되기도 함
신량역천인	• **신분상 양민에 속하지만 천한 일에 종사함** • 어간(魚干), 염간(鹽干), 목자간(牧者干), 철간(鐵干), 봉화간(烽火干), **양수척(揚水尺), 화척(禾尺)**, 재인(才人)이 있음

(5) 천민

① **구성** : 최하층 신분으로서 대다수가 노비로 구성되었다.

② **노비**

㉠ **매매·상속·증여의 대상**이었으며 **부모 중 한쪽이 노비이면 그 자식은 노비가 되었다(일천즉천)**.

㉡ **구성** : 공노비와 사노비로 구분되었으며, 공노비는 공역 노비와 외거 노비, 사노비는 솔거 노비와 외거 노비로 이루어졌다.

㉢ 공노비는 개인 재산을 소유하고 가정을 가질 수 있었기에 사노비보다 나은 처지였다.

㉣ 사노비 중 외거 노비는 주인과 따로 살면서 주인에게 신공을 바쳤고 공노비와 마찬가지로 개인 재산을 소유하고 가정을 꾸릴 수 있었다.

공역 노비
공노비 중 국가 기관에서 급료를 받고 일하는 노비이다.

솔거 노비
사노비 중 주인 집에서 거주하면서 일하는 노비이다.

4 향도와 사회 시책

(1) 향도

① **뜻** : 향도는 '매향 활동을 하는 무리'로서 향나무를 땅에 묻는 매향 활동을 통하여 미륵불을 만나 구원을 얻고자 하였다.

② **조직** : 불교 신앙을 바탕으로 군·현이나 촌락을 단위로 조직되었다.

③ **고려 전기**

㉠ 호족이나 지방 향리가 주도하여 지역 통합에 이용하였다.

㉡ 주로 대규모 인력이 필요한 불상이나 석탑 제작, 사원 증축에 동원하였다.

④ **고려 후기** : 마을의 노역, 혼례와 상장례, 민속 신앙과 관련된 마을 제사 등 공동체 생활을 주도하는 농민 조직으로 발전하였다.

⑤ **조선** : 두레와 상두꾼으로 분화·발전하였으며 16세기 이후에 향약의 하부 조직으로 편입되었다.

사천 흥사리 매향비

능력(能力) 향상을 위한 OX

01 향·부곡·소민은 거주 이전의 자유와 과거 응시 자격이 없었다. ( )
02 신량역천인은 신분상 천민으로 천한 일에 종사하였다. ( )

정답
○
×

(2) 사회 시책

① 목적 : 세금을 부담하는 농민의 생활을 안정시킴으로써 국가 체제 안정을 도모하였다.

② 종류

흑창	• 고구려의 진대법을 계승한 **춘대추납의 빈민 구제 제도** • **태조 때 처음 설치되었다가 성종 때 의창으로 바뀜**	
상평창	성종 때 개경, 서경, 12목에 설치된 **물가 조절 기관**	
의료 기관	동서 대비원	문종 때 환자 진료를 위하여 개경의 동쪽과 서쪽에 설치된 기관
	혜민국	**의약을 담당**하는 기관
구제도감 · 구급도감	재해 발생 시 설치한 임시 기관으로 빈민 구호를 담당함	
제위보	**기금을 마련하고 빌려주어 그 이자로 빈민을 구제하는 기관**으로 광종 때 설치됨	

국사(國史)편찬위원회에서 출제한 **자료** ● 의창 설치

내가 듣건대, 덕이란 오직 정치를 잘 하는 것일 뿐이고, 정치의 요체는 백성을 잘 기르는 데에 있으며, 나라는 사람을 근본으로 삼고 사람은 먹는 것을 하늘로 삼는다고 하였다. 이에 우리 태조께서는 흑창(黑倉)을 설치하셨다. …… 쌀 1만 석을 더 보태고, 그 이름을 의창으로 바꾸도록 하라. -『고려사』-

5 법률

(1) 특징

① 당률을 바탕으로 형법을 제정하기도 하였지만 주로 관습법에 의존하였다.

② 기본적으로 실형주의를 원칙으로 하였으나 일정한 금액을 바치고 형벌을 대신하는 배상제가 시행되기도 하였다.

③ 반역죄나 불효죄의 경우 중죄로 다스렸다.

④ 형벌로 태·장·도·유·사가 있었다(※ 유배형으로는 귀양형과 귀향형이 있었다).

⑤ 사형의 경우 판결의 공정성을 위하여 삼심제가 운영되었다.

(2) 집행 보류

① 귀양형을 받은 자가 부모상을 당하면 유형지에 도착하기 전에 7일간 휴가를 주어 상을 치르도록 하였다.

② 70세 이상의 노부모를 두고 봉양할 가족이 없을 때는 형벌 집행을 보류하였다.

● **태·장·도·유·사**
태는 회초리로 볼기를 치는 형벌, 장은 곤장형, 도는 징역형, 유는 유배형, 사는 사형을 말한다.

● **귀양형**
출신 지역이 아닌 곳으로 유배를 떠나는 형벌이다.

● **귀향형**
출신 지역(본관)으로 유배를 떠나는 고려만의 독자적인 형벌이다.

6 여성의 지위와 가족 제도

여성의 지위	가족 제도
• 여성이 호주가 될 수 있음 • 호적에 연령순으로 게재함 • 남자가 처가의 호적에 올라 처가살이를 하기도 함 • **음서 혜택이 사위와 외손자에게도 적용됨** • 비교적 자유롭게 재가를 할 수 있음 • 재가녀의 자손이라도 관직 진출 등에 차별을 받지 않음	• 일부일처제가 일반적임 • 아들딸 구분 없이 재산의 균등 상속이 이루어짐 • **윤행** : 아들이 없을 때 양자를 들이지 않고 딸이 제사를 지냄

● **처가살이**
결혼한 남자가 아내의 집에 들어가서 사는 것이다.

● **재가**
한번 결혼한 여자가 남편과 사별하거나 이혼한 후 다시 결혼하는 것이다.

검정(檢定)된 기출문제

정답 및 해설 P. 378

01

(가)~(다)에 대한 설명으로 옳지 않은 것은?

> 사료로 보는 ○○ 시대 토지 제도의 변천
>
> (가) 경종 원년, 처음으로 직관(職官)과 산관(散官) 각 품의 전시과(田柴科)를 제정하였다.
>
> (나) 목종 원년, 문무 양반 및 군인의 전시과를 개정하였다.
>
> (다) 문종 30년, 양반전시과를 다시 고쳐 정하였다.

① (가) – 인품과 공복을 기준으로 하였다.
② (나) – 관직을 기준으로 토지를 지급하였다.
③ (다) – 현직 관리를 중심으로 토지를 지급하였다.
④ (가), (나) – 경기 지역으로 한정하여 토지를 지급하였다.
⑤ (가), (나), (다) – 지급된 토지에 대한 수조권을 인정하였다.

02

(가) 국가의 경제 상황으로 옳은 것은?

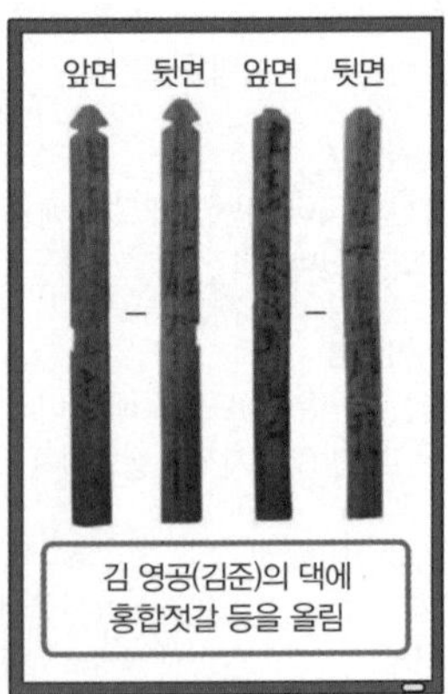

이것은 태안 마도 3호선에서 출수된 죽찰입니다. 당시 (가) 의 수도인 강화에 있던 김준에게 보내는 물품 내역이 적혀 있습니다. 김준은 교정별감이 되어 국정을 장악하였던 인물입니다.

① 동시전을 설치하여 시장을 감독하였다.
② 해동통보, 활구 등의 화폐를 발행하였다.
③ 감자, 고구마 등이 구황 작물로 재배되었다.
④ 청해진을 중심으로 해상 무역이 전개되었다.
⑤ 계해약조를 맺어 일본과의 무역을 규정하였다.

03

(가)에 대한 설명으로 옳은 것은?

> 내가 듣건대, 덕이란 오직 정치를 잘 하는 것일 뿐이고, 정치의 요체는 백성을 잘 기르는 데에 있으며, 나라는 사람을 근본으로 삼고 사람은 먹는 것을 하늘로 삼는다고 하였다. 이에 우리 태조께서는 흑창(黑倉)을 설치하셨다. …… 쌀 1만 석을 더 보태고, 그 이름을 (가) (으)로 바꾸도록 하라.

① 재해가 발생하였을 때 설치한 임시 기구였다.
② 개경의 동쪽과 서쪽에 두어 환자를 치료하였다.
③ 흉년에 빈민에게 양식이나 종자 등을 빌려주었다.
④ 국학에 설치되어 관학 진흥을 위한 재정을 뒷받침하였다.
⑤ 전염병이 퍼지는 것을 막고 백성에게 약을 무료로 나눠 주었다.

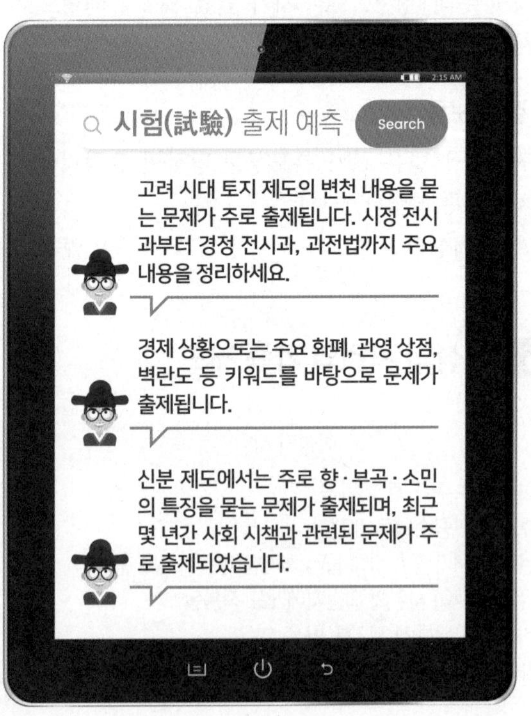

시험(試驗) 출제 예측
Search
고려 시대 토지 제도의 변천 내용을 묻는 문제가 주로 출제됩니다. 시정 전시과부터 경정 전시과, 과전법까지 주요 내용을 정리하세요.
경제 상황으로는 주요 화폐, 관영 상점, 벽란도 등 키워드를 바탕으로 문제가 출제됩니다.
신분 제도에서는 주로 향·부곡·소민의 특징을 묻는 문제가 출제되며, 최근 몇 년간 사회 시책과 관련된 문제가 주로 출제되었습니다.

08 | 고려의 문화

● 고려의 학문과 사상

유학과 교육 기관의 흐름

고려 전기

- (태조): 6두품 유학자 활약
- (광종): 과거제 시행
- (성종): 최승로의 건의
  - 국자감 정비
  - 향교 설치
  - 경학박사 파견 등

고려 중기

- 김부식
- 사학의 부흥 vs. 관학 진흥책

사학	vs.	관학
• 최충 : 9재 학당(문헌공도) • 사학 12도		• (숙종) : 서적포 • (예종) - 전문 강좌 7재 - 양현고 - 청연각, 보문각 • (인종) : 경사 6학

고려 후기

- (충렬왕)
  - 안향 : 성리학 소개
  - 국자감 개칭 : 국학 → 성균감 → 성균관
  - 섬학전 설치 : 양현고 보완
- (충선왕) : 이제현(만권당에서 원 학자와 교류)
- (공민왕) : 성균관을 순수 유교 교육 기관으로 개편(기술학부 폐지)
- 신진 사대부의 성리학 수용

국자감

- 유학부 — 7품 이상 관리의 자제 입학
  - 국자학
  - 태학
  - 사문학
- 기술학부 — 8품 이하 관리의 자제 또는 서민 자제 입학
  - 율학
  - 서학
  - 산학

도교

- 불로장생, 현세구복, 국가의 안녕, 왕실의 안정 추구
- 예종 : 복원궁(도교 사원) 건립, 초제(하늘에 제사)
- 팔관회(도교 + 민간 신앙 + 불교)

풍수지리설

- 도참사상(미래의 길흉화복을 예언)과 결합하여 유행
- 서경 길지설 : 북진 정책 및 묘청의 서경 천도 운동에 영향
- 한양 명당설 : 북진 정책 퇴조 이후 문종 때 한양이 남경으로 승격

불교

고려 전기

불교 정책

- (태조) : 훈요 10조(연등회·팔관회 개최)
- (광종) : 승과 시행, 국사와 왕사 임명
- (성종) : 연등회·팔관회 일시 폐지

균여

- 화엄 사상 정비 : 성상융회 사상
- 보살의 실천행 강조
- 「보현십원가」 11수 저술

고려 중기

불교 정책

- (현종) : 현화사 설립
- (문종) : 흥왕사 설립

의천 대각 국사

- 문종의 넷째 아들
- 숙종에게 화폐 유통의 필요성 건의
- 교단 통합을 위한 노력
  - 흥왕사에서 화엄종 중심의 교종 통합
  - 국청사 창건
  - 해동 천태종 창시 ㉠ 교종 입장에서 선종 통합 시도
    ㉡ 수행 방법 : 교관겸수, 내외겸전

무신 집권기

요세 원묘 국사

- 백련사 결사 조직
- 참회와 법화 신앙 강조 : 진정으로 참회하는 법화 신앙

지눌 보조 국사

- 수선사(송광사) 결사 조직
  - 승려 본연의 자세
  - 선 수행·노동·독경 강조
- 권수정혜결사문
- 교단 통합을 위한 노력
  - 조계종 창시 : 선종 입장에서 교종 통합 시도
  - 수행 방법 : 돈오점수, 정혜쌍수

혜심 진각 국사

- 유·불 일치설 : 심성의 도야 강조
- 성리학 수용 토대 마련

고려 후기

폐단

- 권문세족과 연결
  → 폐단(사원 : 토지와 노비 차지 + 고리대)
  → 신진 사대부 : 불교의 폐단 비판

보우

폐단 극복을 위한 노력 → 실패

● 대장경 간행

간행 목적	부처의 힘으로 외세를 물리치기 위함
초조대장경	부처의 힘으로 거란의 침입을 물리치고자 제작 → 몽골의 침입으로 소실
교장	의천의 「신편제종교장총록」 작성 : 고려·송·요·일본의 불교 서적 참고 → 의천의 교장도감 설치 → 『교장』 4,700여 권 간행
팔만대장경 (재조대장경)	• 부처의 힘으로 몽골의 침입을 물리치고자 대장도감을 설치하여 제작 • 최씨 무신 정권의 지원(주도) → 16년 만에 완성 • 현재 경남 합천 해인사에 보관 • 유네스코 세계 기록 유산 등재

설쌤의 한(韓)판 정리

● 고려의 불상

하남 하사창동 철조 석가여래 좌상
10세기에 제작된 철불

논산 관촉사 석조 미륵보살 입상
- 10세기에 제작된 석불
- 은진 미륵, 18m
- 지방 문화 성격 : 균형미 ↓

안동 이천동 마애여래 입상
지방 문화 성격 : 균형미 ↓

파주 용미리 석불 입상
지방 문화 성격 : 균형미 ↓

영주 부석사 소조 아미타여래 좌상
신라 계승 : 균형미 ↑

금동 관음보살 좌상
원 라마 불교의 영향 : 화려한 장식

충주 미륵리 석조여래 입상

● 고려의 탑

전기

개성 불일사 오층 석탑

부여 무량사 오층 석탑

개성 현화사 칠층 석탑

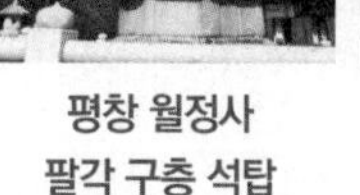
평창 월정사 팔각 구층 석탑
- 고려 전기 제작
- 송의 영향
- 다각다층 탑

후기

개성 경천사지 십층 석탑
- 원의 영향을 받아 대리석으로 제작
- 다각다층 탑
- 일본에 반출되었다가 환수되어 현재 국립 중앙 박물관 소장

서울 원각사지 십층 석탑
- 조선 세조 때 건립
- 개성 경천사지 십층 석탑의 영향을 받음

승탑

여주 고달사지 승탑
신라 양식 계승(팔각 원당형)

원주 법천사지 지광 국사탑
지광 국사 현묘탑이라고도 불림

설쌤의 한(韓)판 정리

● 고려의 건축

주심포 양식

주심포 양식
공포가 기둥 위에만 있음

안동 봉정사 극락전
- 국보 제15호
- 우리나라에서 가장 오래된 목조 건축물
- 배흘림기둥

영주 부석사 무량수전
- 국보 제18호
- 배흘림기둥

예산 수덕사 대웅전
- 국보 제49호
- 배흘림기둥

다포 양식

다포 양식
공포가 기둥 위뿐만 아니라 기둥 사이에도 있음

황해도 사리원 성불사 응진전

● 고려의 공예

순수청자(순청자) ➡ 상감 청자 ➡ 분청사기

청자 참외모양 병

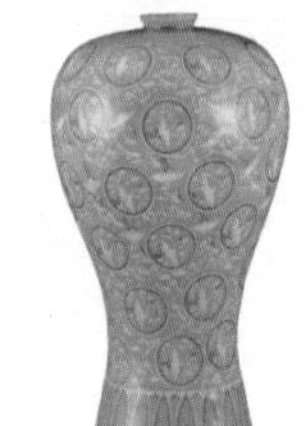
청자 상감 운학문 매병

- 상감 기법
  - 고려만의 독창적 기술
  - 그릇의 표면을 파낸 부분에 백토나 흑토를 채워 무늬를 내는 기법
- 전라도 강진, 부안의 상감 청자가 유명
- 12 ~ 13세기(무신 집권기)에 절정, 원 간섭기에 퇴조

분청사기 조화 어문 편병
고려 말에서 조선 초까지 유행

금속 공예

청동 은입사 포류수금무늬 정병

나전 칠기

나전 칠기 경함

● 고려의 과학 기술

구분	내용
활판 인쇄술	• 『상정고금예문』(1234) - 12세기 인종 때 최윤의 등이 지은 의례서 - 13세기에 금속 활자로 인쇄되었으나 현존하지 않음 • 『직지심체요절』(1377) - 고려 우왕 때 청주 흥덕사에서 간행된 현존하는 가장 오래된 금속 활자본 - 현재 프랑스 국립 도서관에 보관되어 있음 - 유네스코 세계 기록 유산으로 등재됨
천문	사천대(서운관) 설치
역법	• 초기 : 당의 선명력 • 후기 : 원의 수시력(충선왕), 명의 대통력(공민왕)
화약 무기	최무선 : 화통도감 설치, 화약과 화포 제작 → 진포 대첩
의학	• 태의감 : 의학 교육 • 『향약구급방』 : 우리나라에서 현존하는 가장 오래된 의서

● 고려의 예술

구분	내용
문학	• 향가 : 「보현십원가」 11수 • 한문학 • 가전체 문학 • 수필(패관) 문학 : 『파한집』(이인로), 「백운소설」(이규보), 『역옹패설』(이제현) • 장가(속요) : 「가시리」, 「쌍화점」 • 경기체가 : 「관동별곡」
글씨	• 전기 : 왕희지체, 구양순체 • 후기 : 송설체
그림	• 전기 : 문인화, 산수화 • 후기 : 「천산대렵도」, 「수월관음도」, 부석사 조사당 벽화

「천산대렵도」

「부석사 조사당 벽화」

● 고려의 역사서

초기

『고려실록』 편찬
- 건국 초부터 작성한 실록이 거란의 침입으로 불탐
- 현종 때 태조~목종에 이르는 7대 실록을 다시 편찬함
- 현존하지 않음

중기

『삼국사기』(김부식)
- 인종의 명을 받아 저술
- 「진삼국사기표」
- 기전체
- 유교적 합리주의
- 신라 계승 의식
- 우리나라에서 현존하는 가장 오래된 역사서

무신 집권기

- 『동국이상국집』 「동명왕편」(이규보)
  - 영웅 서사시
  - 고구려 계승 의식
- 『해동고승전』(각훈) : 승려 이야기

후기

- 『삼국유사』(일연)
  - 신이·기이 사관
  - 불교 설화 + 고대 민간 설화
  - 고조선 건국 이야기
- 『제왕운기』(이승휴)
  - 고조선 계승 의식 : 고조선~고려
  - 중국과 우리나라 역대 왕의 계보 수록
  - 우리 역사를 중국과 대등하게 파악
- 『사략』(이제현) : 대의명분 강조

1 학문과 사상

(1) 유학의 흐름

① 전기

㉠ 태조 : 고려 건국 과정에서 6두품 출신 유학자들이 활약하였다.

㉡ 광종 : 과거제를 시행하여 유학에 능한 이들을 선발하고자 하였다.

㉢ 성종

ⓐ 최승로의 시무 28조를 수용하여 유교적 정치 이념을 채택하였다.

ⓑ **국자감**을 정비하였으며, 지방에 향교를 설치하고 **경학박사를 파견**하였다.

② 중기

㉠ 김부식 : 보수적이면서 현실적인 유학 학풍을 지녔으며, **유교적 합리주의 사관**에 따라 『삼국사기』를 편찬하였다.

㉡ 사학의 부흥 : 사학이 부흥하며 관학은 위축되었다.

ⓐ **최충** : 해동공자라 불렸으며 **9재 학당(문헌공도)을 세워 유학 교육에 힘썼다.**

ⓑ **사학 12도** : 9재 학당을 포함한 12개 사학이 융성하였다.

㉢ 관학 진흥책

ⓐ 숙종 : 책을 출판하기 위하여 국립 교육 기관인 **국자감에 서적포를 설치**하였다.

ⓑ **예종**

- **국자감에 전문 강좌인 7재**를 두어 분야별 유교 교육을 강화하였다.
- **관학을 진흥하고자 양현고라는 장학 재단을 설치**하였고 **청연각과 보문각**을 두어 학문 연구에 몰두하도록 하였다.

ⓒ 인종 : 유교 교육을 강화하고자 경사 6학을 정비하였다.

③ 후기

㉠ 충렬왕

ⓐ **안향**이 고려에 처음 성리학을 소개하였다.

ⓑ 양현고의 부실을 보충하기 위하여 섬학전을 설치하였다.

㉡ **충선왕** : **원에 만권당을 설치**하여 **이제현으로 하여금 원의 학자들과 교유**하도록 하였다.

㉢ 신진 사대부 : 현실 사회 모순을 시정하기 위한 개혁 사상으로 성리학을 수용하였다.

최충
고려 시대에 과거 시험 문제를 출제하던 지공거 출신이다.

안향

이제현

(2) 교육 기관

① 성종 때 국자감이 정비되었고 **예종 때 관학 7재**를 가르쳤다.

② 인종 : 기존 7재 과목 중 강예재를 폐지하여 경사 6학으로 정비하였다.

구분	경사 6학	교육 내용	입학 자격
유학부	국자학	유교 경전	문무 3품 이상 관리의 자제
	태학	정치와 역사	문무 5품 이상 관리의 자제
	사문학	문학	문무 7품 이상 관리의 자제
기술학부	율학	법률	8품 이하 관리의 자제 또는 서민 자제
	서학	서예 및 그림	
	산학	수학	

③ **충렬왕** : 국학에서 이름이 바뀐 성균감을 **성균관으로 개칭**하였다.

④ 공민왕 : 기술학부를 없애고 **성균관을 순수 유교 교육 기관**으로 개편하였다.

(3) 도교

① 불로장생과 현세 구복을 추구하며 국가의 안녕과 왕실의 번영을 기원하였다.
② 예종 : 도교 사원인 복원궁을 지어 하늘에 제사를 지내는 초제를 거행하였다.
③ 팔관회 : 도교와 불교 및 민간 신앙이 어우러진 국가적 행사였다.

(4) 풍수지리설

① 고려 시대에는 풍수지리설이 미래의 길흉화복을 예언하는 도참사상과 결합되어 유행하였다.
② 서경 길지설 : 태조 왕건의 북진 정책과 묘정의 서경 천도 운동에 이론적 근거가 되었다.
③ 한양 명당설 : 북진 정책이 좌절된 이후 **문종은 한양을 남경으로 승격시켰다.**

(5) 불교

① 초기
㉠ 태조 : 훈요 10조를 지어 후대 왕들에게 연등회와 팔관회를 개최할 것을 강조하였다.
㉡ 광종 : 승과를 시행하여 승려에게 승계를 부여하였고, 덕망 높은 승려를 국사와 왕사로 임명하였다.
㉢ 성종 : 최승로의 시무 28조를 수용하여 연등회와 팔관회를 일시적으로 폐지하였다.
㉣ **균여**
ⓐ 화엄 사상을 정비하여 화엄 사상의 입장에서 우주 만물의 본체인 성(性)과 형상을 뜻하는 상(相)을 융합시키려는 이론(성상융회 사상)을 주장하였다.
ⓑ **「보현십원가」 11수를 지어 불교 교리를 대중에게 전파**하고 보살의 실천행을 강조하였다.

② 중기
㉠ 현종 : 숭불 정책을 추진하고 현화사를 창건하였다.
㉡ 문종 : 흥왕사를 화엄종의 중심 사찰로 건립하여 이를 바탕으로 왕권을 강화하고자 하였다.
㉢ **대각 국사 의천**
ⓐ **문종의 넷째 아들**이자 왕자 출신 승려로 숙종에게 화폐 유통의 필요성을 건의하였다.
ⓑ **교단 통합을 위한 노력**
- 흥왕사를 중심으로 화엄종 중심의 교종 통합을 위하여 힘썼다.
- **국청사를 창건**하고 **해동 천태종을 창시**하였다.
- **교종 입장에서 선종을 통합하고자 하였으며**, 이를 위한 수행 방법으로 **교관겸수와 내외겸전을 강조하였다.**
- 의천의 노력으로 한때 통합되는 듯 보였던 교단은 의천이 죽고 난 뒤 다시 분열되었다.

청자 인물형 주전자
도교에서 신성한 과일이라 여기는 복숭아를 손에 들고 있다.

국사와 왕사
국사는 승려의 최고 승직이고 왕사는 임금의 스승 역할을 하는 승려이다.

대각 국사 의천

능력(能力) 향상을 위한 OX

	문항		정답
01	고려 예종은 국자감에 양현고라는 장학 재단을 설치하였다.	( )	○
02	고려 충선왕은 성균관을 순수 유교 교육 기관으로 개편하였다.	( )	×
03	균여는 성상융회 사상을 주장하였다.	( )	○
04	의천은 선종 입장에서 교종을 통합하고자 하였다.	( )	×
05	의천은 고려 숙종에게 화폐 유통의 필요성을 건의하였다.	( )	○

③ 무신 집권기

원묘 국사 요세	**백련사(만덕사) 결사를 결성**하고 참회와 **법화 신앙**(진정으로 참회하는 법화 신앙)을 강조하여 지방민의 호응을 얻음
보조 국사 지눌	• **수선사(송광사) 결사를 조직**하여 승려 본연의 자세로 돌아가 선 수행·노동·독경에 힘쓸 것을 강조하는 「**권수정혜결사문**」을 발표함 • **교단 통합을 위한 노력** ㉠ 승려와 지방민의 호응을 얻어 조계종을 창시함 ㉡ 선종의 입장에서 교종을 통합하고자 하였으며, 이를 위한 수행 방법으로 **돈오점수**와 **정혜쌍수**를 강조하고 정혜 결사를 통하여 **불교 개혁**에 앞장섬
진각 국사 혜심	**『선문염송집』을 편찬하고 유불 일치설을 주장**하여 훗날 성리학 수용의 토대를 마련함

보조 국사 지눌

● **돈오점수**
이치를 깨달은 뒤 꾸준한 수행이 필요하다는 불교의 수행 방법이다.

● **정혜쌍수**
선정(禪定)의 상태인 '정(定)'과 사물의 본질을 파악하는 '혜(慧)'를 함께 닦아야 한다는 불교의 수행 방법이다.

국사(國史)편찬위원회에서 출제한 **자료** ● 지눌

마음 밖에서 부처를 찾아 물결치듯이 흘러 다니다가 …… 자기의 본성을 보면, 이 성품에는 본래 번뇌가 없다. 번뇌가 없는 지혜의 성품은 본래 스스로 갖추어져 있어서 모든 부처와 털끝만큼도 다르지 않다. 이를 돈오(頓悟)라고 한다. …… 비록 본래의 성품이 부처와 다르지 않음을 깨달았지만 오랜 세월의 습기(習氣)는 갑자기 제거하기 어렵다. 따라서 그 깨달음에 의지해 닦고 점차 익혀 공(功)을 이루고, 오랫동안 성태(聖胎)를 기르면 성(聖)을 이루게 된다. 이를 점수(漸修)라고 한다. -『수심결(修心訣)』-

④ 후기

㉠ 원 간섭기에는 불교가 권문세족과 연결되며 많은 폐단이 발생하였다.

㉡ 사원은 농민의 토지를 빼앗고 농민을 노비로 만들기도 하였으며, 고리대를 통하여 백성의 삶을 힘들게 하였다.

㉢ 보우 등이 불교 교단을 정화하기 위하여 노력하였으나 실패하였다.

㉣ 불교는 여러 폐단으로 신진 사대부의 비판을 받았다.

(6) 대장경의 간행

① 목적 : 부처의 힘으로 외세의 침입을 물리치기 위하여 제작하였다.

② 종류

초조대장경	• **거란의 침입을 물리치려는 염원**을 담아 현종 때 제작하기 시작하여 선종 때 완성됨 • 몽골의 침입으로 대부분 불타 없어지고 인쇄본 일부만 전함
교장	• **의천**이 송·요·일본 등 각국의 불교 서적을 모아 **『신편제종교장총록』**이라는 목록을 제작함 • 이후 흥왕사에 교장도감을 설치하여 『신편제종교장총록』에 따라 **『교장』** 4,700여 권을 간행함
팔만대장경(재조대장경)	• **몽골의 침입을 물리치려는 염원을 담아 대장도감을 설치하여 간행함** • **최씨 무신 정권의 주도로 제작**되었으며 16년 만에 완성됨 • **현재 경남 합천 해인사 장경판전에 보관**되어 있음 • **유네스코 세계 기록 유산에 등재**되어 있음

팔만대장경(재조대장경)

● **합천 해인사 장경판전**

15세기에 건립되었다.

능력(能力) 향상을 위한 **OX**

01 요세는 수선사 결사를 제창하며 승려 본연의 자세로 돌아가 선 수행·노동·독경에 힘쓸 것을 강조하였다. ( )

02 팔만대장경(재조대장경)은 최씨 무신 정권의 주도로 제작되었다. ( )

정답
×
○

2 불상

고려 초에는 주로 철불이 유행하였으나, 지방에서는 인체 비율이 맞지 않는 대형 석불도 나타났다. 또한 신라를 계승한 걸작도 있었다.

① **하남 하사창동 철조 석가여래 좌상** : 10세기에 제작된 철불이다.

② **논산 관촉사 석조 미륵보살 입상**

㉠ 10세기에 제작된 석불로 '**은진 미륵**'이라고도 불리며 높이가 18m에 이른다.

㉡ 균형미가 떨어진다는 점에서 지방 문화의 성격을 엿볼 수 있다.

③ **안동 이천동 마애여래 입상**·파주 용미리 석불 입상 : 균형미가 떨어지는 등 지방화된 불상 모습을 하고 있다.

④ **영주 부석사 소조 아미타여래 좌상** : 신라 석굴암 본존불상 양식을 계승하여 제작된 걸작이다.

⑤ 금동 관음보살 좌상 : 고려 말 원의 라마 불교에 영향을 받아 화려한 장식이 특징이다.

하남 하사창동 철조 석가여래 좌상

논산 관촉사 석조 미륵보살 입상

안동 이천동 마애여래 입상

충주 미륵리 석조여래 입상

파주 용미리 석불 입상

영주 부석사 소조 아미타여래 좌상

금동 관음보살 좌상

3 탑

(1) 고려 전기 석탑

고대 삼국의 양식을 일부 계승하며 독자적인 조형 감각을 가미하여 제작하였다. 송의 영향을 받은 다각 다층형 석탑도 제작하였다.

① 개성 불일사 오층 석탑 : 고구려의 영향을 받은 석탑이다.

② 부여 무량사 오층 석탑 : 백제의 영향을 받은 석탑이다.

③ 개성 현화사 칠층 석탑 : 신라의 영향을 받은 석탑이다.

④ **평창 월정사 팔각 구층 석탑** : 송의 영향을 받은 다각다층 석탑이다.

개성 경천사지 십층 석탑

개성 불일사 오층 석탑

부여 무량사 오층 석탑

개성 현화사 칠층 석탑

평창 월정사 팔각 구층 석탑

(2) 고려 후기 석탑

원의 영향을 받은 다각 다층형 석탑이 제작되었다.

- 개성 경천사지 십층 석탑
  - ㉠ **원의 영향을 받은 다각다층 석탑이며 대리석으로 만들어졌다.**
  - ㉡ **일본에 반출되었다가 환수되어 현재 국립 중앙 박물관에 보관되어 있다.**
  - ㉢ 조선 세조 때 대리석으로 지어진 **서울 원각사지 십층 석탑에 영향을 끼쳤다.**

(3) 승탑

① 여주 고달사지 승탑 : 신라의 팔각 원당형 양식을 계승하였다.

② 원주 법천사지 지광 국사탑 : 지광 국사 현묘탑이라고도 불리며, 일본에 반출되었다가 반환되어 경복궁 동문 근처로 옮겨졌다.

여주 고달사지 승탑

원주 법천사지 지광 국사탑

4 건축

주심포 양식

(1) 주심포 양식

앞으로 내민 처마를 받치며 그 무게를 기둥과 벽으로 전달시켜 주는 조립 부분인 공포가 기둥 위에만 짜여 있는 양식이다. 현존하는 건축물은 모두 고려 후기에 축조되었다.

① **안동 봉정사 극락전** : 국보 제15호로 배흘림기둥 양식을 띠고 있으며, **우리나라에서 현존하는 가장 오래된 목조 건축물**이다.

② **영주 부석사 무량수전** : 국보 제18호로 배흘림기둥 양식을 띠고 있다.

③ **예산 수덕사 대웅전** : 국보 제49호로 배흘림기둥 양식을 띠고 있다.

안동 봉정사 극락전

영주 부석사 무량수전

예산 수덕사 대웅전

(2) 다포 양식

공포가 기둥 위쪽뿐만 아니라 기둥 사이에도 짜여 있는 양식으로, 조선 시대 건축물에 영향을 주었다. 황해도 사리원의 성불사 응진전 등이 대표적이다.

다포 양식

황해도 사리원 성불사 응진전

5 공예

(1) 청자

10세기 후반부터 청자 생산이 시작되었고, 11~12세기에는 **순수 청자(순청자)**가 독자적으로 발전하였다.

① **상감 청자**

㉠ **상감 기법** : 고려만의 독창적인 기술로서 **그릇의 표면을 파낸 부분에 백토나 흑토를 채워 무늬를 내는 기법**이다.

㉡ 전라도 강진 및 부안의 상감 청자가 유명하였다.

㉢ 12~13세기(무신 집권기)에 절정을 이루었으나 원 간섭기에 퇴조하였다.

② **분청사기** : 원 간섭기에는 북방 가마 기술이 유입되어 청자가 퇴조하고 이후 분청사기가 등장하여 조선 초까지 유행하였다.

청자 참외모양 병

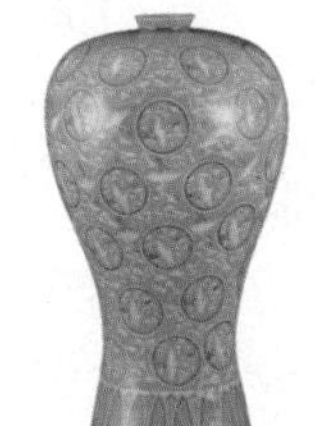
청자 상감 운학문 매병

분청사기 조화 어문 편병

(2) 금속 공예

은입사는 청동기의 표면을 파내고 실처럼 만든 은을 채워 넣어 무늬를 장식하는 기법으로 송의 영향을 받았다.

청동 은입사 포류수금무늬 정병

(3) 나전 칠기

옻칠을 한 바탕에 자개를 붙여서 나타내는 공예이다. 주로 불경을 넣는 경함이나 화장품을 보관하는 함 등이 남아 있다.

나전 칠기 경함

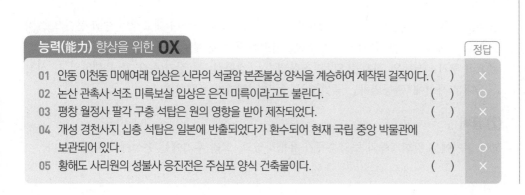

능력(能力) 향상을 위한 OX

	문항		정답
01	안동 이천동 마애여래 입상은 신라의 석굴암 본존불상 양식을 계승하여 제작된 걸작이다.	( )	×
02	논산 관촉사 석조 미륵보살 입상은 은진 미륵이라고도 불린다.	( )	○
03	평창 월정사 팔각 구층 석탑은 원의 영향을 받아 제작되었다.	( )	×
04	개성 경천사지 십층 석탑은 일본에 반출되었다가 환수되어 현재 국립 중앙 박물관에 보관되어 있다.	( )	○
05	황해도 사리원의 성불사 응진전은 주심포 양식 건축물이다.	( )	×

6 과학 기술

(1) 활판 인쇄술

고려는 세계 최초로 금속 활자를 발명하였다.

『상정고금예문』 (1234)	• 12세기 인종 때 최윤의 등이 지은 의례서 • 13세기 몽골의 침입 당시 강화도에서 인쇄된 최초의 금속 활자본 • 오늘날 전하지 않음
『직지심체요절』 (1377)	• '백운화상초록불조직지심체요절'이라고도 불림 • **우왕 때 청주 흥덕사에서 간행**된 현존하는 가장 오래된 **금속 활자본** • **현재 프랑스 국립 도서관에 보관되어 있음** • 구텐베르크의 성경보다 70여 년 앞서 만들어졌으며 **유네스코 세계 기록 유산에 등재됨**

(2) 천문

① 고려는 고대 국가와 마찬가지로 농업을 중요시하여 천문 현상을 관측하였다.

② 천문과 역법을 맡은 관청인 **사천대(서운관)를 설치**하고 첨성대에서 천체와 기상 현상을 관측하였다.

(3) 역법

① 고려 전기 : 신라 때부터 이어져 온 당의 선명력을 그대로 사용하였다.

② 고려 후기 : 충선왕 때 원의 수시력을 채용하였고, 공민왕 때 명의 대통력을 채용하였다.

(4) 화약 무기

① 발달 배경 : 잦은 왜구의 침입으로 새로운 무기 개발의 필요성이 대두되었다.

② **화통도감** : 고려 우왕 때 최무선의 건의를 수용하여 설치하였다.

③ 화약과 화포를 제작하여 진포 대첩 등에서 왜구를 크게 격퇴하였다.

(5) 의학

① 태의감을 설치하여 의학을 교육하였다.

② **우리나라에서 현존하는 가장 오래된 의학 서적인 『향약구급방』을 편찬하였다.**

● 『직지심체요절』

『직지심체요절』은 동양 문화에 관심이 많았던 콜랭드 플랑시가 사들였고, 골동품 수집가인 앙리 베베르에게 팔렸다. 앙리 베베르는 세상을 떠나며 『직지심체요절』을 프랑스 국립 도서관에 기증하였고, 이후 박병선 박사가 이를 발견하였다. 『직지심체요절』은 현재까지도 프랑스 국립 도서관에 보관되어 있다.

● **사천대(서운관)**
사천대라는 이름이 훗날 서운관으로 바뀌었다.

● 『향약구급방』
각종 질병에 대한 처방과 국산 약재 180여 종이 소개되어 있다.

7 예술

(1) 문학

① 고려 전기 : 향가와 한문학이 발달하였으며 대표적인 향가로 균여의 「보현십원가」 11수가 있다.

② 무신 집권기 : 가전체 문학과 수필(패관) 문학이 발달하였으며 대표적인 설화 문학으로 이인로의 『파한집』, 이규보의 「백운소설」, **이제현의 『역옹패설』** 등이 있다.

③ 고려 후기 : 서민의 정서를 담은 「청산별곡」, 「쌍화점」 등 장가(속요)가 유행하였고, 신진 사대부 사이에 「관동별곡」, 「죽계별곡」 등 경기체가가 유행하였다.

(2) 글씨

고려 전기에는 왕희지체와 구양순체가 유행하였고, 고려 후기에는 송설체가 유행하였다.

(3) 그림

고려 전기에는 문인화와 산수화를 주로 그렸고, 고려 후기에는 공민왕이 「천산대렵도」를 그렸다. 그외에 「**수월관음도**」, 「부석사 조사당 벽화」 등 불화가 그려졌다.

「천산대렵도」

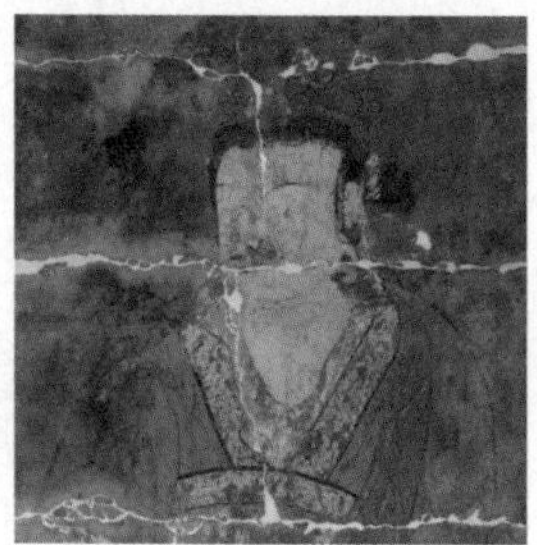
「부석사 소사당 벽화」

8 역사서

(1) 전기와 중기

전기	『고려왕조실록』	• 건국 초부터 작성한 실록이 거란의 침입으로 불탐 • 현종 때 태조에서 목종에 이르는 7대 실록을 편찬함 • 오늘날 현존하지 않음
중기	『삼국사기』	• 인종의 명을 받아 **김부식** 등이 편찬함 • 역사 서술 방식으로 **본기, 열전 등 기전체를 채택함** • **유교적 합리주의 사관에 따라 저술함** • 신라 계승 의식이 반영됨 • **우리나라에서 현존하는 가장 오래된 역사서**

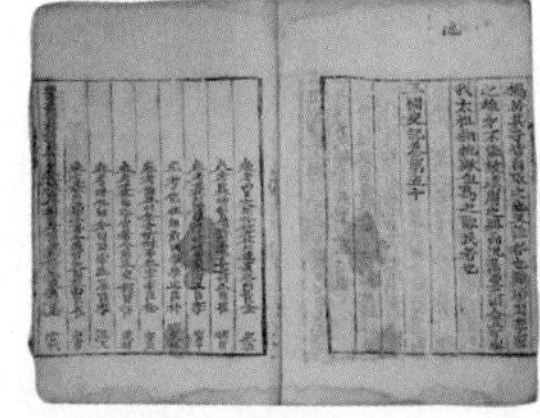
『삼국사기』

국사(國史)편찬위원회에서 출제한 **자료** ● 진삼국사기표

성상께서 이르시기를 "삼국에 관한 옛 기록은 문체가 거칠고 졸렬하며 사건의 기록이 빠진 것이 많으므로, 군왕의 선악과 신하들의 충성스러움과 사특함, 국가의 안위와 백성의 다스려짐과 어지러움을 다 드러내어 후세에 권장하거나 경계할 바를 보이지 못하고 있다." 하셨습니다. …… 신은 정신과 힘을 다 쏟아부어 겨우 책을 만들었사오나, 별로 보잘것없어 스스로 부끄러울 따름이옵니다. 엎드려 바라옵건대, 성상폐하께서 뜻만 클 뿐 소략하게 처리한 것을 헤아려 주시고, 함부로 만든 죄를 용서하여 주신다면, 비록 명산(名山)의 (사고에) 깊이 간직할 만한 것은 못 되더라도 간장 항아리를 덮는 데 쓰이지 않기를 바랄 뿐입니다. 신의 구구하고 망령된 뜻을 굽어 살펴 주소서.

(2) 무신 집권기

『동국이상국집』「동명왕편」	• **고려 고종 때 이규보가 편찬한 영웅 서사시** • **고구려 건국 시조의 일대기를 서사시로 표현함** • **고구려 계승 의식이 반영됨**
『해동고승전』	각훈이 우리나라 여러 고승의 전기를 저술함

국사(國史)편찬위원회에서 출제한 **자료** ● 『동국이상국집』「동명왕편」

구삼국사(舊三國史)를 얻어 동명왕본기(東明王本紀)를 보니 그 신이한 사적이 세상에 전하는 것보다 더하였다. 그러나 처음에는 믿지 못해 귀환(鬼幻)으로만 여겼는데, 세 번 반복하여 읽어서 점점 그 근원에 들어가니, 환(幻)이 아니고 성(聖)이며 귀(鬼)가 아니고 신(神)이었다. 하물며 국사(國史)는 사실 그대로 쓴 글이니 어찌 함부로 전하였겠는가. 김부식 공은 국사를 다시 편찬할 때에 자못 그 일을 생략하였으니, 공은 국사란 세상을 바로잡는 글이므로 크게 이상한 일은 후세에 보일 것이 아니라고 여겨 생략한 것이 아니겠는가? …… 이것을 기술하지 않으면 후인들이 장차 무엇을 볼 것인가.

(3) 후기

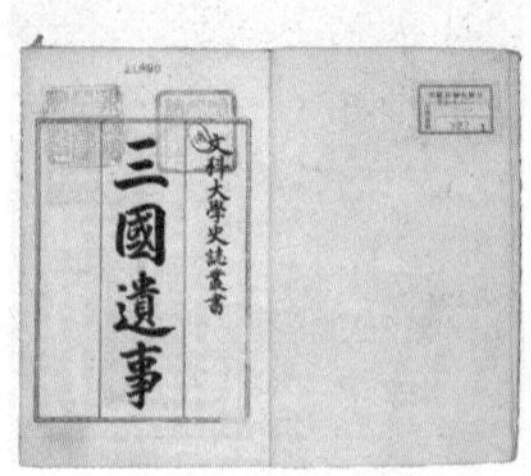
『삼국유사』

『삼국유사』	• 충렬왕 때 일연이 편찬함 • 신이 사관 · 기이 사관이 담김 • 불교사를 중심으로 고대의 민간 설화나 전래 기록을 수록함 • 고조선 계승 의식 : 처음으로 고조선에 대한 기록인 단군왕검의 건국 이야기를 수록함
『제왕운기』	• 충렬왕 때 이승휴가 편찬함 • 고조선 계승 의식 : 단군의 고조선 건국 이야기 등 고조선부터 고려 충렬왕까지의 역사를 기록함 • 우리 역사를 중국과 대등하게 파악하는 자주성을 표현함 • 상권에는 중국 역사, 하권에는 우리나라 역사를 서술하였고, 중국과 우리나라의 역대 왕의 계보를 수록함
『본조편년강목』	충숙왕 때 민지가 강목체로 고려 왕조의 역사를 정리함
『사략』	• 이제현이 편찬하였으나 현재 사론만 전함 • 정통 의식과 대의명분을 강조함

국사(國史)편찬위원회에서 출제한 자료 ● 『삼국유사』

대체로 옛 성인들은 예악으로 나라를 일으키고 인의로 가르침을 베푸는 데 있어 괴력난신(怪力亂神)을 말하지 않았다. 그러나 제왕이 장차 일어날 때는 부명(符命)을 받고 도록(圖籙)을 얻어 반드시 보통 사람과는 다른 점이 있으니, 그런 뒤에야 능히 큰 변화를 타서 제왕의 지위를 얻고 대업을 이루었다. …… 이로 보건대 삼국의 시조가 모두 신비로운 데에서 탄생하였다고 하여 이상할 것이 없다. 이 책 머리에 기이(紀異)편을 싣는 까닭도 바로 여기에 있는 것이다.

국사(國史)편찬위원회에서 출제한 자료 ● 『제왕운기』

중국은 반고로부터 금(金)까지이고, 우리나라는 단군으로부터 본조(本朝)까지이온데, …… 흥망성쇠의 같고 다름을 비교하여 매우 중요한 점을 간추려 운(韻)을 넣어 읊고 거기에 비평의 글을 덧붙였나이다. 요동에 따로 한 천지가 있으니 뚜렷이 중국과 구분되어 나누어져 있도다. …… 처음 누가 나라를 열고 풍운을 일으켰던가. 하느님[釋帝]의 손자 그 이름하여 단군이라.

(4) 역사 서술 방식

구분	내용	대표 역사서
기전체	• 본기(本紀), 열전(列傳), 지(志), 연표(年表)로 구성됨 • 사마천의 『사기』에서 비롯됨	『삼국사기』
편년체	시간 순서(연월일)에 따라 서술함	『조선왕조실록』
기사본말체	사건별로 제목을 앞에 세우고, 이와 관련된 기사를 한데 모아 서술함	『연려실기술』
강목체	• 강(綱) : 줄거리 기사를 큰 글씨로 씀 • 목(目) : 구체적인 내용을 서술함	『동사강목』

능력(能力) 향상을 위한 OX

		정답
01 『상정고금예문』은 현존하는 가장 오래된 금속 활자본이다.	( )	×
02 『직지심체요절』은 청주 흥덕사에서 간행되었다.	( )	○
03 『삼국사기』는 기전체 역사 서술 방식을 채택하였다.	( )	○
04 『삼국유사』는 불교사를 중심으로 고대 민간 설화 등을 수록한 책이다.	( )	○

검정(檢定)된 기출문제

01

(가) 교육 기관에 대한 설명으로 옳은 것은?

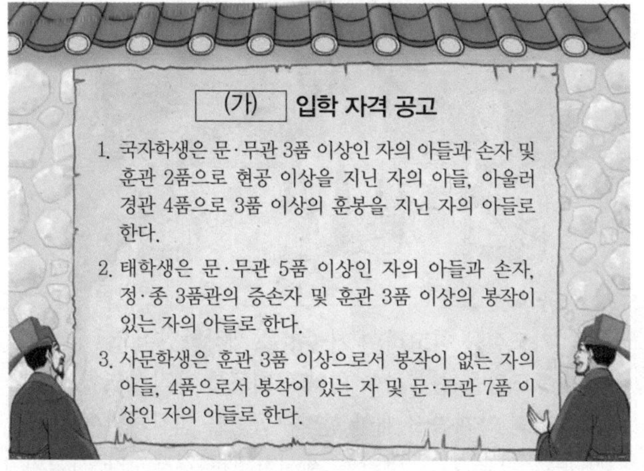
(가) 입학 자격 공고

1. 국자학생은 문·무관 3품 이상인 자의 아들과 손자 및 훈관 2품으로 현공 이상을 지닌 자의 아들, 아울러 경관 4품으로 3품 이상의 훈봉을 지닌 자의 아들로 한다.
2. 태학생은 문·무관 5품 이상인 자의 아들과 손자, 정·종 3품관의 증손자 및 훈관 3품 이상의 봉작이 있는 자의 아들로 한다.
3. 사문학생은 훈관 3품 이상으로서 봉작이 없는 자의 아들, 4품으로서 봉작이 있는 자 및 문·무관 7품 이상인 자의 아들로 한다.

① 문헌공도로 불리기도 하였다.
② 중앙에서 교수나 훈도가 파견되었다.
③ 전국의 부·목·군·현에 하나씩 설치되었다.
④ 장학 기금 마련을 위해 양현고가 설립되었다.
⑤ 사가독서제를 시행하여 학문에 전념하게 하였다.

02

(가) 인물에 대한 설명으로 옳은 것은?

이것은 문종의 아들인 (가) 이/가 송·요·일본 등 동아시아 각지의 불교 서적을 수집하여 그 목록을 정리한 신편제종교장총록(新編諸宗敎藏總錄)의 일부입니다.

① 국청사를 중심으로 해동 천태종을 창시하였다.
② 법화 신앙에 중점을 둔 백련 결사를 주도하였다.
③ 정혜사를 결성하여 불교계를 개혁하고자 하였다.
④ 유불 일치설을 주장하여 심성의 도야를 강조하였다.
⑤ 승려들의 전기를 정리하여 해동고승전을 편찬하였다.

03

(가)에 들어갈 내용으로 옳은 것은?

'불일보조국사'라는 시호를 받은 인물에 대해 말해 보자.

① 무애가를 지어 불교 대중화에 힘썼어.
② 화엄일승법계도를 지어 화엄 사상을 정리했어.
③ 불교 교단 통합을 위하여 해동 천태종을 개창했어.
④ 인도와 중앙아시아를 여행하고 왕오천축국전을 남겼어.
⑤ 돈오점수를 주장하며 수행 방법으로 정혜쌍수를 내세웠어.

04

(가)에 해당하는 문화유산으로 옳은 것은?

우리 고장의 문화유산에 대하여 말해 보자.
국보 제323호이자 고려 시대 최대 규모의 불상인 (가) 이/가 있어.
은진 미륵이라고도 불리는데, 거대하고 투박하면서도 지역적 특색을 담고 있지.
①
②
③
④
⑤

05

(가)에 대한 설명으로 옳은 것은?

이규보가 쓴 이 글은 최씨 무신 정권의 후원을 받아 제작된 (가) 의 조판 동기를 밝힌 것으로, 부처의 힘으로 외세를 물리치고자 하는 염원이 담겨 있습니다.

신통한 힘을 빌려 주어 완악한 오랑캐가 멀리 도망가서 다시는 우리 국토를 짓밟는 일이 없게 해 주십시오. 전쟁이 그치고 전국이 평안하며, …… 나라의 국운이 만세토록 유지되게 해 주소서.

① 자장의 건의로 만들어졌다.
② 현존하는 최고(最古)의 금속 활자본이다.
③ 유네스코 세계 기록 유산으로 등재되었다.
④ 현재 프랑스 국립 도서관에 보관되어 있다.
⑤ 불국사 삼층 석탑을 보수하는 과정에서 발견되었다.

06

밑줄 그은 '이 자기'에 해당하는 문화유산으로 옳은 것은?

이 자기는 상감 기법으로 고려 시대에 제작한 문화유산입니다. 상감은 겉 부분을 파낸 후 그 자리에 백토나 흑토를 메우면서 무늬를 만들어 내는 방식으로, 이를 통하여 다양한 무늬를 표현할 수 있었습니다.

07

(가)에 들어갈 내용으로 옳은 것을 〈보기〉에서 고른 것은?

〈주제 : ○○ 시대 과학 기술의 발달〉
△△ 모둠 발표
현존하는 가장 오래된 금속 활자본인 직지심체요절이 간행되었어요.
사천대에서 천체와 기상을 관찰하였어요.
(가)

보기

ㄱ. 기기도설을 참고하여 거중기를 제작하였어요.
ㄴ. 화통도감을 설치하여 화약과 화포를 제작하였어요.
ㄷ. 우리의 약재를 소개한 향약구급방을 편찬하였어요.
ㄹ. 농업 기술 혁신 방안을 제시한 임원경제지가 저술되었어요.

① ㄱ, ㄴ ② ㄱ, ㄷ ③ ㄴ, ㄷ ④ ㄴ, ㄹ ⑤ ㄷ, ㄹ

08

(가)에 들어갈 문화유산으로 옳은 것은?

[문화유산 카드]

(가)

- 종목 : 국보 제48-1호
- 소재지 : 강원도 평창군
- 소개 : 고려 전기의 석탑으로 당시 불교문화 특유의 화려하고 귀족적인 면모를 잘 보여 준다. 전체적인 비례와 조각 수법이 착실하여 다각 다층 석탑을 대표하는 문화유산으로 손꼽힌다.

① 
② 
③ 
④ 
⑤ 

09

(가)~(마)에 들어갈 내용으로 옳은 것은?

한국사 과제 안내문

다음에 제시된 역사서 중 하나를 선택하여 보고서를 제출하시오.

역사서	소개
사략	(가)
삼국사기	(나)
삼국유사	(다)
제왕운기	(라)
해동고승전	(마)

◆ 조사 방법 : 문헌 조사, 인터넷 검색 등
◆ 제출 기간 : 2021년 ○○월 ○○일 ~ ○○월 ○○일
◆ 분량 : A4 용지 1장 이상

① (가) – 불교사를 중심으로 고대의 민간 설화를 수록
② (나) – 사초, 시정기 등을 바탕으로 실록청에서 편찬
③ (다) – 유교 사관에 입각하여 기전체 형식으로 구성
④ (라) – 단군부터 충렬왕까지의 역사를 서사시로 서술
⑤ (마) – 강목체로 고려 왕조의 역사를 정리

10

(가), (나) 역사서에 대한 설명으로 옳은 것은?

(가) 이로 보건대 삼국의 시조가 모두 신비로운 데에서 탄생하였다고 하여 이상할 것이 없다. 이 책 머리에 기이(紀異)편을 싣는 까닭도 바로 여기에 있는 것이다.
(나) 그 요점만을 추려 시(詩)로 읊는다면 살펴보시기에 편리하지 않겠습니까. …… 운(韻)을 넣어 읊조려서 좋은 것은 본보기로 삼고 나쁜 것은 경계의 대상으로 삼으며, 그 일에 따라 비평을 하였습니다.

⋮

요동에 별개의 천지가 있으니
뚜렷이 중국과 구분되어 나누어져 있도다.

① (가) – 시정기, 사초 등을 토대로 편찬되었다.
② (가) – 청주 흥덕사에서 금속 활자본으로 간행되었다.
③ (나) – 유네스코 세계 기록 유산으로 등재되었다.
④ (나) – 조선 왕조의 역사가 기사본말체로 서술되었다.
⑤ (가), (나) – 단군의 건국 이야기가 수록되어 있다.

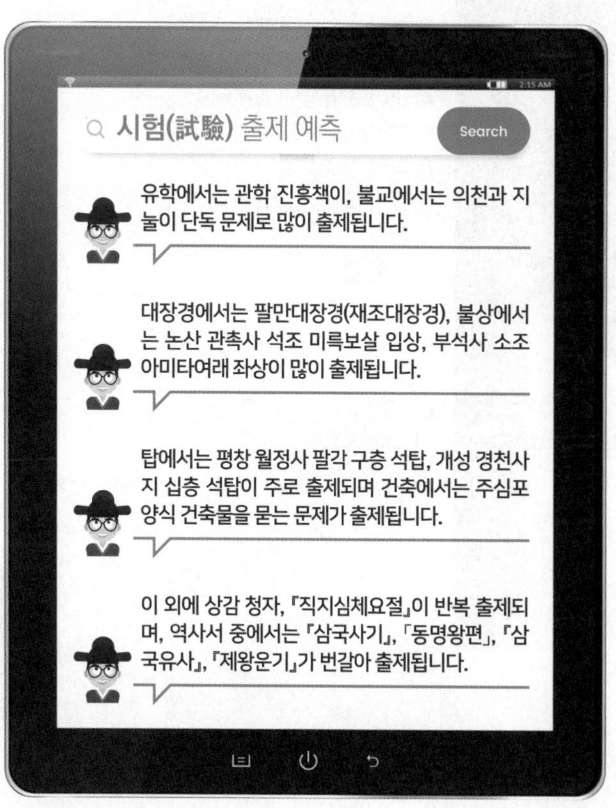

설민석
한국사능력검정시험
개념완성

심화편

조선 유교 사회의 성립과 변화

09 | 조선의 정치

● 신진 사대부의 분화와 조선의 건국

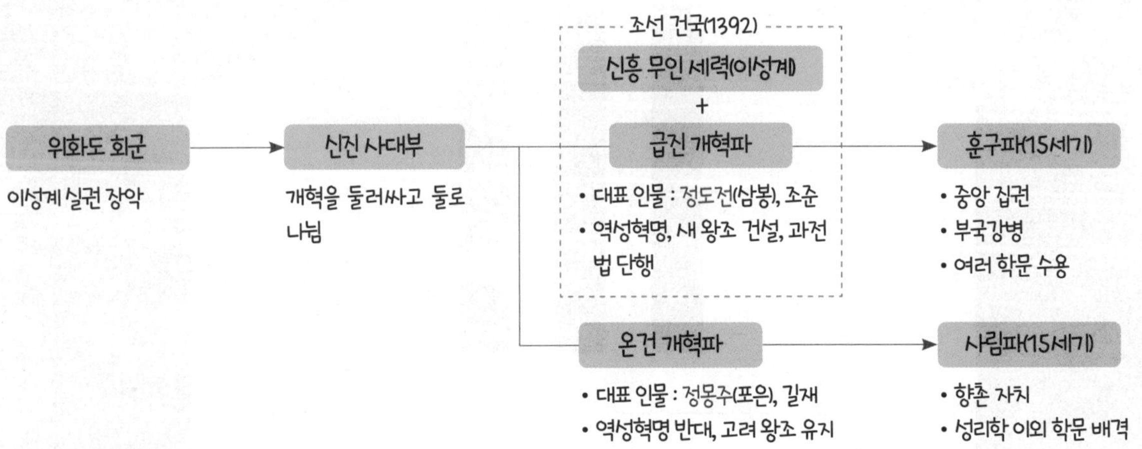

● 조선 유교 정치의 발전

14세기 → 15세기

태조
- 국호 '조선', 한양 천도
- 조준 : 『경제육전』 저술
- 정도전
  - 성리학적 통치 이념 확립
  - 재상 중심 정치 주장
  - 궁궐과 사대문 등의 이름을 지음
  - 『경제문감』 저술
  - 『불씨잡변』 저술
  - 『조선경국전』 저술
  - 제1차 왕자의 난 때 죽음

정종
- 개경 천도
- 제2차 왕자의 난 발생

태종
- 한양 재천도
- 왕권 강화 정책
  - 6조 직계제 시행 : 의정부 권한 약화
  - 종친, 외척의 정치 참여 제한
  - 사병 혁파
  - 사간원 독립
- 국가 재정 확충
  - 양전 사업 시행
  - 호패법 시행
  - 사원전 몰수
- 민생 안정 : 신문고 설치

세종
- 왕권과 신권의 조화 : 의정부 서사제 시행
- 집현전 설치, 경연 활성화
- 대외 정책
  - 여진 : 4군(최윤덕) 6진(김종서)
  - 일본 ㉠ 대마도(쓰시마섬) 정벌 : 이종무
    ㉡ 3포 개항(부산포·염포·제포)
    ㉢ 계해약조

문종 → 단종

계유정난 발생 → 수양 대군(세조) 집권

세조
- 단종 복위 운동 : 사육신(성삼문 등)
- 왕권 강화 정책
  - 6조 직계제 재시행
  - 집현전, 경연 폐지
- 유향소 폐지
- 통치 체제 정비 : 『경국대전』 편찬 시작

성종
- 사림 등용(김종직 외)
- 유향소 부활(향청)
- 홍문관 설치 : 집현전 기능 계승, 별칭 '옥당'·'옥서'
- 경연 부활
- 『경국대전』 완성, 『악학궤범』 편찬
- 폐비 윤씨 사사 사건
- 『해동제국기』(신숙주)

설쌤의 한(韓)판 정리

● 통치 체제의 정비

중앙 통치 기구

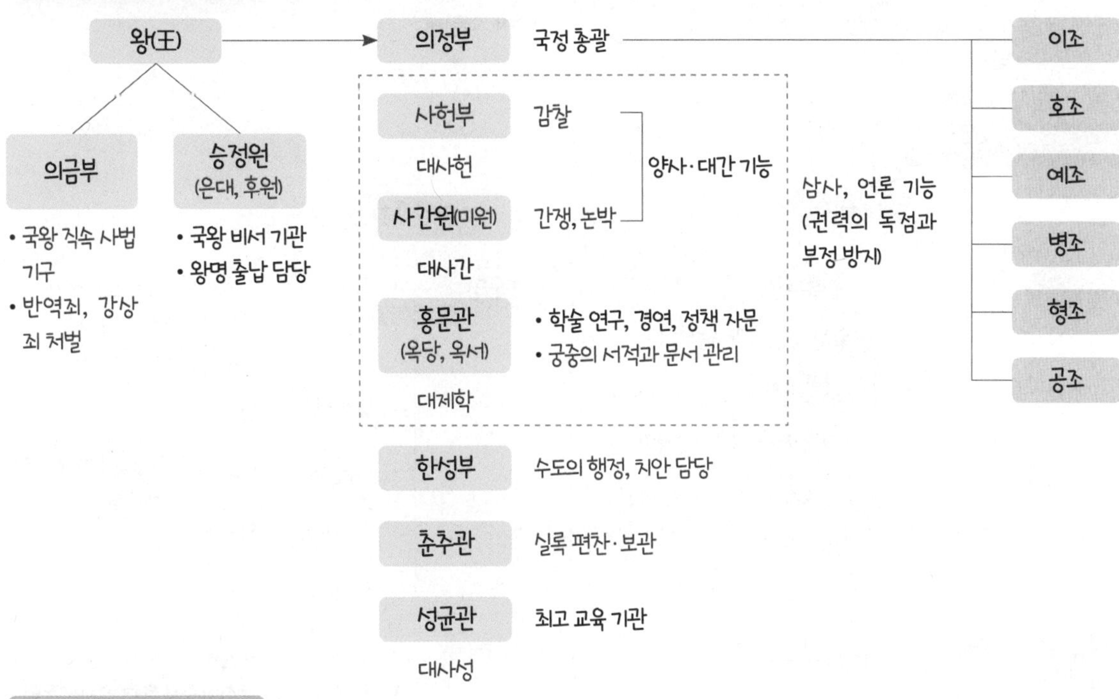

지방 행정 체제

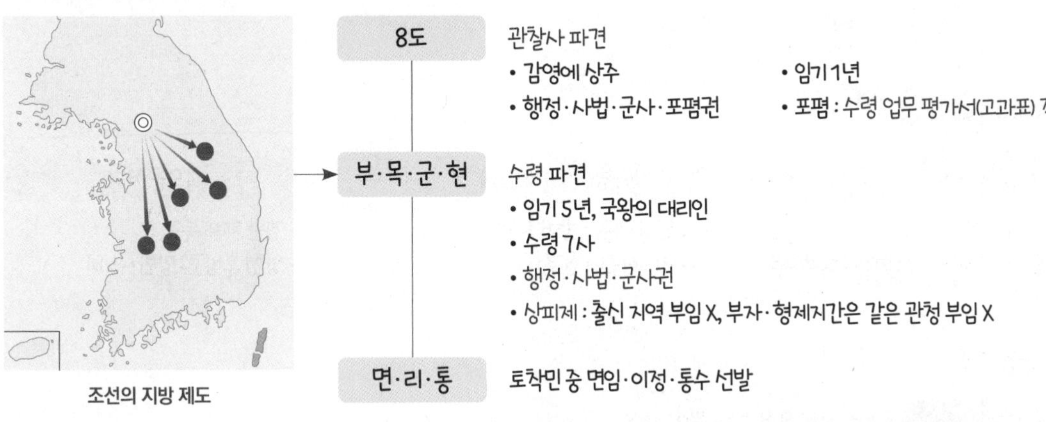

조선의 지방 제도

특징
- 전국을 8도로 나누고 모든 군현에 관리 파견 : 일원적 체제
- 향리 권한 약화
  - 6방 아전으로 격하
  - 수령을 보좌하는 역할
  - 외역전 지급 X
- 향촌 말단까지 통제 : 면리제·오가작통법 시행
- 향·부곡·소 소멸
- 수시로 암행어사 파견

유향소
- 향촌 자치 기구
- 사족으로 구성 : 좌수, 별감
- 역할 : 수령 보좌, 향리 규찰
- 세조 때 이시애의 난을 계기로 폐지 → 성종 때 부활

경재소

역할 : 유향소 통제, 중앙과 지방의 연락 사무 관장

● 군사 제도 및 교통·통신 제도, 방어 체제

군사 제도

- 군역 대상 – 16세 이상 60세 미만 양인(양인개병제)
  – 면제 : 현직 관리, 학생 등
- 군역 편성 : 보법(정군 + 보인)

교통·통신 제도

봉수제, 역원제

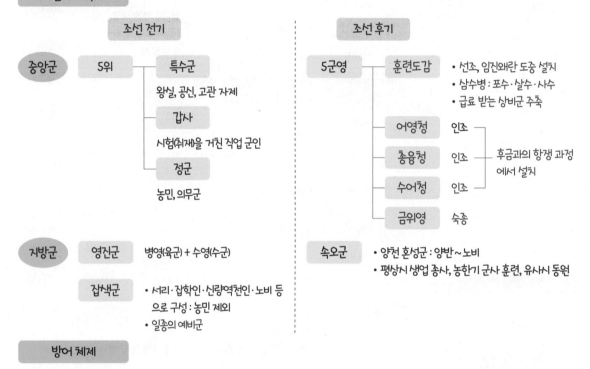

군사 조직

조선 전기

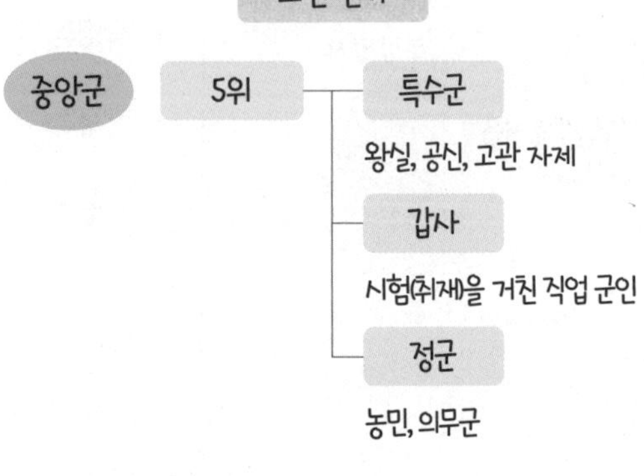

지방군

- 영진군 : 병영(육군) + 수영(수군)
- 잡색군
  - 서리·잡학인·신량역천인·노비 등으로 구성 : 농민 제외
  - 일종의 예비군

조선 후기

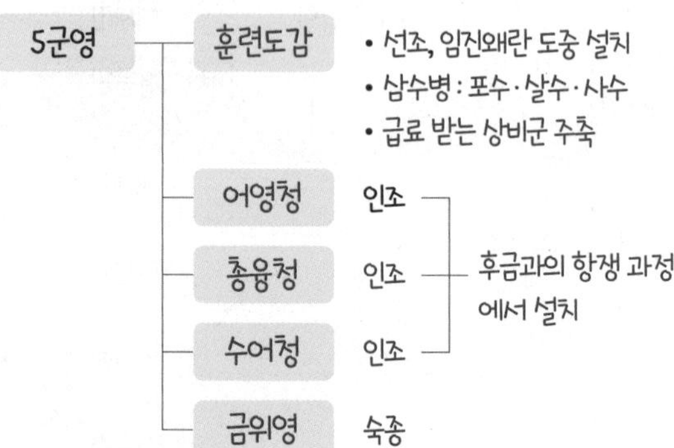

속오군

- 양천 혼성군 : 양반~노비
- 평상시 생업 종사, 농한기 군사 훈련, 유사시 동원

방어 체제

진관 체제(세조) → 제승방략 체제(명종) → 속오군 체제

진관 체제(세조)	제승방략 체제(명종)	속오군 체제
• 군현 단위 지역 방어 체제 • 소규모 침입에 대비 : 대규모 외침에 소용없음	• 도 단위 대규모 방어 체제 • 유사시 한곳에 집결	• 진관 체제 복구 • 양천 혼성군 : 양반~노비

● 관리 등용 제도

관리 등용 주로 과거·음서·천거 등으로 선발

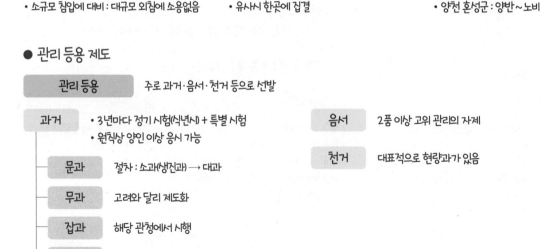

과거

- 3년마다 정기 시험(식년시) + 특별 시험
- 원칙상 양인 이상 응시 가능

구분	내용
문과	절차 : 소과(생진과) ⟶ 대과
무과	고려와 달리 제도화
잡과	해당 관청에서 시행
승과	국초에 시행 ⟶ 중종 때 폐지 ⟶ 명종 때 일시적 부활

음서 2품 이상 고위 관리의 자제

천거 대표적으로 현량과가 있음

● 사림의 성장과 사화 발생

16세기

연산군
- 무오사화
  - 배경 : 김종직의 「조의제문」
  - 결과 : 김일손 등 처형
- 갑자사화
  - 배경 : 폐비 윤씨 사사 사건
- 언론 탄압 : 사간원 폐지, 신언패 착용
- 중종반정

중종
- 조광조의 개혁 정치
  - 유향소 폐지 주장 → 향약 시행
  - 현량과 시행 건의 - 소격서 폐지
  - 『소학』 보급 - 수미법 주장
- 기묘사화
  - 배경 : 조광조의 개혁 정치(위훈 삭제 등) → 주초위왕(走肖爲王) 사건 → 조광조 死
- 삼포 왜란 : 비변사 설치(임시 기구)

명종
- 을사사화
  - 배경 : 외척 간 권력 다툼 (윤임의 대윤 vs. 윤원형의 소윤)
- 양재역 벽서 사건
- 을묘왜변 : 비변사 상설 기구화
- 임꺽정의 난

● 조선 전기 대외 관계와 임진왜란

조선 전기 대외 관계

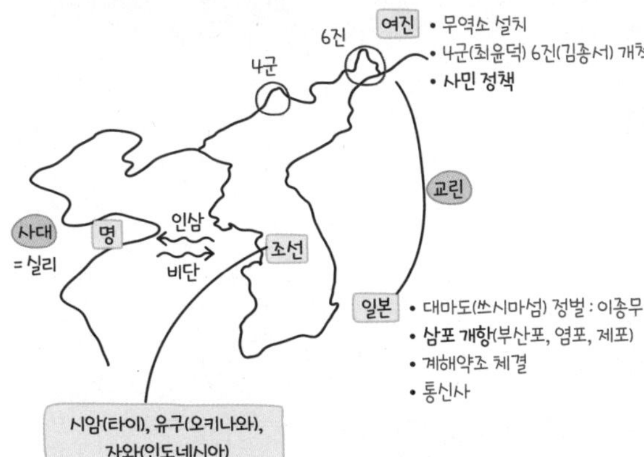

비변사의 변천
- ㉠삼포왜란 ㉠중종 임시로 설치
- ㉠을묘왜변 ㉠명종 상설 기구화
- ㉠임진왜란 ㉠선조 최고 기구화(의정부, 6조 기능 약화)
- 세도 정치기 외척의 세력 기반

통신사
- 일본 에도 막부의 요청에 따라 파견
- 선진 문물 전파
- 조선 세종 때 처음 파견 → 조선 순조 때(19세기)까지 파견

임진왜란(1592)

배경 도요토미 히데요시, 전국 시대 통일 이후 '정명가도' 요구 → 정치적 안정과 세력 확장을 위하여 조선 침략 추진

전개 1	전개 2	전개 3
1. 부산진성 전투 : 정발 2. 동래성 전투 : 송상현 순절 3. 충주 탄금대 전투 : 신립 4. 선조의 의주 피난 5. 한양 함락	6. 분조 결정 → 평양성 함락 7. 한산도 대첩 : 이순신 8. 제1차 진주성 전투 : 김시민(관군), 곽재우(홍의 장군, 의병장) 9. 평양성 탈환 : 조·명 연합군	10. 행주 대첩 : 권율 11. 제2차 진주성 전투 12. 휴전 협상 13. 훈련도감 설치, 속오군 체제 14. 정유재란 → 명량 해전 15. 도요토미 히데요시 사망 → 노량 해전

의병과 승병 의병(곽재우, 고경명, 조헌, 정문부)과 승병(서산 대사, 사명 대사)의 활약

결과
- 조선 : 문화재 소실 및 일본의 약탈(도자기 : 이삼평), 국토 피폐화, 재정 궁핍
- 일본 : 정권 교체(도요토미 히데요시 → 도쿠가와 이에야스 : 에도 막부 성립)
- 명 : 원군 파병으로 국방력 약화 초래

설쌤의 한(韓)판 정리

● 조선 후기 붕당 정치와 호란

17세기

선조

- 임진왜란
- 붕당의 발생

광해군

- 전후 복구 사업 : 호적 작성 및 양전 사업 시행
- 일본과 국교 재개 : 기유약조
- 대동법 시행 : 경기 지방
- 『동의보감』 저술 : 허준
- 중립(실리) 외교 : 강홍립이 후금에 항복

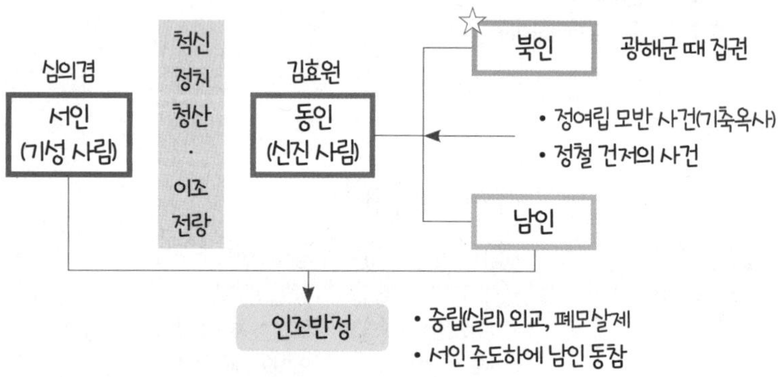

인조

- 벨테브레이(박연) : 제주도에 표류 → 훈련도감 소속 → 서양식 대포 제작
- 정묘호란·병자호란

정묘호란(1627)

- 배경 : 친명배금 정책에 대한 후금의 반발과 이괄의 난
- 침입 : 광해군에 대한 복수라는 명분을 내세워 침략
- 항전
  - 인조가 강화도로 피신
  - 정봉수와 이립이 용골 산성에서 활약
- 결과 : 후금이 조선과 형제 관계 체결

병자호란(1636)

- 배경 : 후금의 청 건국 → 청의 군신 관계 요구
- 과정 : 척화파(윤집, 김상헌) vs. 주화파(최명길) → 척화론 우세 → 조선이 청의 군신 관계 요구 거절 → 청의 침입 → 임경업이 백마산성에서 항전, 인조의 남한산성 피신, 김상용 순절, 김준룡의 광교산 전투 → 항복
- 결과
  - 삼전도의 굴욕, 소현 세자·봉림 대군 인질
  - 청과 군신 관계 체결
  - 북벌 운동 전개

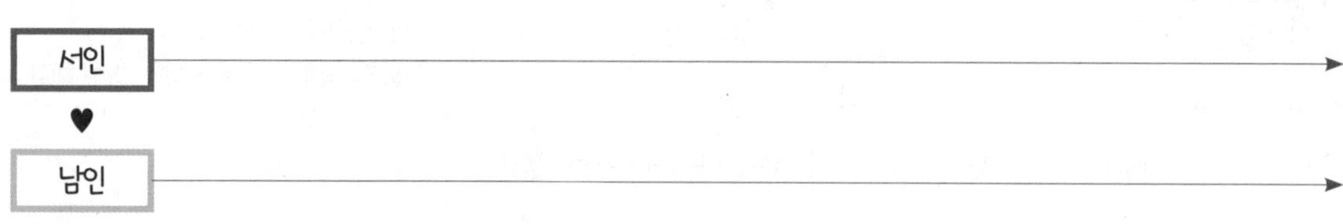

설쌤의 한(韓)판 정리

효종

- 북벌 운동 : 기축봉사(송시열)
- 나선 정벌 : 조총 부대 파견
- 하멜 : 제주도 표류

현종

예송 논쟁
- 자의 대비(조 대비) 복상 기간을 두고 대립
- 서인 : '천하동례', 송시열 등
- 남인 : '왕자례부동사서', 윤휴 등

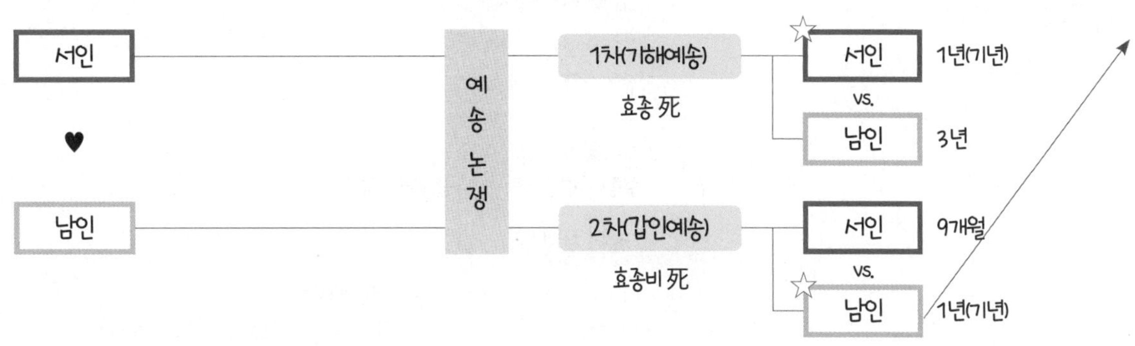

18세기

숙종

- 백두산정계비
- 금위영 설치
- 명목상 탕평
- 만동묘·대보단 설치
- 환국 발생

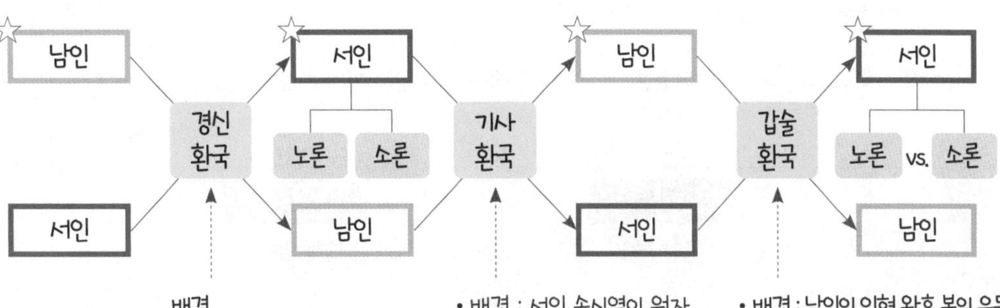

배경
- 남인 허적의 유악 사건
- 허견 역모 고발 사건

- 배경 : 서인 송시열이 원자의 명호(세자 책봉) 반대
- 결과 : 인현 왕후 폐위, 희빈 장씨 왕비 책봉

- 배경 : 남인의 인현 왕후 복위 운동 반대
- 결과 : 무고의 옥 → 희빈 장씨 死

경종

신임사화

영조

이인좌의 난(1728)

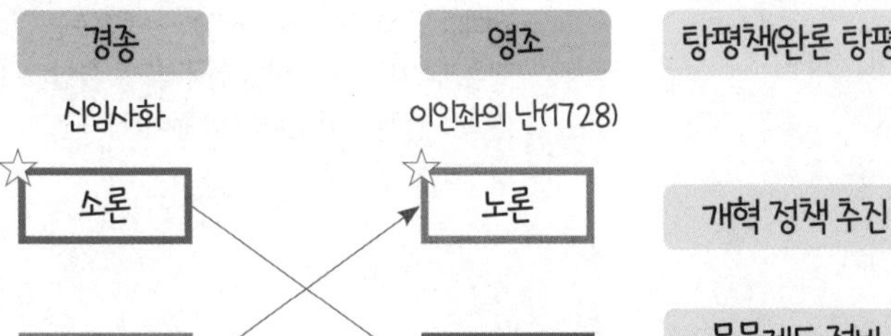

탕평책(완론 탕평)	• 탕평파(탕평 정책에 동의하는 세력)를 중심으로 정국 운영 • 서원 정리 • 산림 부정 • 이조 전랑의 권한 약화 • 탕평비 건립 • 탕평채
개혁 정책 추진	• 균역법 시행 • 신문고 부활 • 삼심제 시행과 가혹한 형벌 폐지 • 노비 종모법
문물제도 정비	『속대전』·『속오례의』·『동국문헌비고』 편찬
청계천 준설	준천사 건립

설쌤의 한(韓)판 정리

정조

영조 ― 정조
사도 세자 ― 벽파(노론)
　　　　　 └ 시파(노론 일부 + 소론 + 남인)

탕평책(준론 탕평)
- 노론, 소론, 남인 균형 유지
- '탕탕평평실'

왕권 강화 정책
- 규장각 설치
- 장용영(친위 부대) 설치
- 초계문신제 시행
- 수원 화성 건설
- 수령이 향약 주관 → 사림의 영향력 축소

개혁 정책 추진
- 신해통공 : 육의전을 제외한 금난전권 폐지
- 서얼 차별 완화 → 규장각 검서관에 서얼 등용(유득공 · 이덕무 · 박제가)

문물제도 정비
- 『대전통편』, 『동문휘고』, 『탁지지』, 『무예도보통지』 편찬
- 문체반정
- 제주도에서 김만덕이 빈민 구제 활동을 함

● 세도 정치기

특징 소수 가문이 비변사 + 훈련도감 장악 → 권력 독점

폐단 매관매직 → 탐관오리 증가 → 삼정의 문란 → 농민의 저항(벽서 · 소청, 항조 · 거세 → 봉기)

19세기

순조
- 안동 김씨
- 공노비 해방

헌종
풍양 조씨

철종
안동 김씨

홍경래의 난(1811, 순조)
- 원인 : 세도 정권의 부패 + 삼정의 문란 + 서북민(평안도민) 차별 대우
- 주도 : 홍경래 + 이희저 등(몰락 양반 + 영세 농민 + 중소 상인 + 광산 노동자)
- 결과 : 선천 · 정주 등 청천강 이북 지역 장악 → 정주성이 함락되며 진압

임술 농민 봉기(1862, 철종)
- 원인 : 삼정의 문란과 백낙신의 학정
- 주도 : 몰락 양반 유계춘 등
- 전개 : 단성, 진주에서 시작 → 북으로는 함흥, 남으로는 제주까지 전국적으로 확산
- 결과 : 안핵사(박규수)와 암행어사 파견, 삼정이정청 설치

1 신진 사대부의 분화와 조선의 건국

(1) 신진 사대부의 분화

① 배경 : 위화도 회군 이후 개혁을 추진하는 과정에서 신진 사대부 간에 의견 차이가 발생하였다.

② 급진 개혁파

㉠ 대표적인 인물 : **삼봉 정도전**과 조준 등이 있다.

㉡ 사전을 혁파하고 **역성혁명을 통하여 새로운 왕조를 세우고자 하였다**.

㉢ 이성계와 힘을 합쳐 우왕과 창왕을 차례로 폐위하고 공양왕을 옹립하였다.

㉣ 과전법 시행

ⓐ 권문세족이 불법적으로 소유한 토지를 몰수한 뒤 조준 등의 건의에 따라 과전법을 단행하였다(1391).

ⓑ 민생이 안정되었을 뿐만 아니라 신진 사대부의 경제적 기반이 마련되고 국가 재정이 확충되었다.

국사(國史)편찬위원회에서 출제한 **자료** ● 과전법 시행 배경

토지 제도가 무너지면서 부유하고 권세 있는 자가 남의 토지를 차지하여 부자는 밭두둑이 잇닿을 만큼 토지가 많아지고, 가난한 사람은 송곳 꽂을 땅도 없게 되었다. 그래서 가난한 사람은 부자의 토지를 빌려 일 년 내내 부지런히 고생하여도 식량은 오히려 부족하였고, …… -『고려사』-

③ 온건 개혁파

㉠ 대표적인 인물 : 길재, **포은 정몽주** 등이 있다.

㉡ 권문세족의 부정부패를 시정하는 것에는 동의하였으나, **점진적인 개혁을 추구하였으며 고려 왕조를 유지하고자 하였다**.

④ 훈구파

㉠ 조선 건국·왕자의 난·계유정난·중종반정 때 공을 세워 지배 세력으로 성장하였다.

㉡ 주로 15세기에 정국을 주도하였으며 중앙 집권화를 추구하였다.

㉢ **성리학뿐만 아니라 여러 학문을 수용하여 각종 제도와 문물을 정비하였다**.

⑤ 사림파

㉠ 조선 건국에 참여하지 않고 지방에서 학문 연구와 교육에 힘쓴 이들의 제자들이다.

㉡ 조선 성종 때 훈구 세력을 견제할 목적으로 김종직 등이 3사 언관직에 등용되었다.

㉢ 16세기에 발생한 훈구와 사림 간 세력 다툼에서 화를 입었으나, 선조 때부터 정국을 주도하였다.

㉣ **향촌 자치를 추구하였으며 성리학 이외의 학문을 배격하였다**.

(2) 조선의 건국

① 건국 : 신흥 무인 세력인 이성계와 급진 개혁파는 정몽주 등 온건 개혁파를 제거하였고, 이후 급진 개혁파가 이성계를 왕으로 추대한 뒤 함께 나라를 세웠다(1392).

② 국호 : 고조선을 계승한다는 의미에서 국호를 '조선'으로 정하였다.

③ 도읍 : 정치적·경제적·사회적 측면 등을 고려하여 도읍을 한양으로 정하였다(1394).

㉠ 나라의 중심에 위치하고 넓은 평야가 있어 도읍지로 적합하였다.

㉡ 한강이 있어 물을 구하기 쉽고 교통이 편리하였다.

㉢ 여러 산으로 둘러싸여 외적의 침입을 방어하기 유리하였다.

역성혁명
왕조가 바뀌는 혁명이다.

옹립
임금으로 받들어 모시는 것이다.

3사
조선의 중앙 정치 기구 중 사헌부·사간원·홍문관이다.

정몽주
개성에 있는 선죽교에서 급진 개혁파에게 피살되었다.

2 조선 유교 정치의 발전

(1) 태조(1392~1398)

① 국호 제정과 **한양 천도** : 옛 조선의 뒤를 잇는다는 의미로 명의 동의를 얻어 국호를 '조선(朝鮮)'으로 정하고 수도를 한양으로 옮겼다.

② 조준 : 조선 최초의 공식 법전인 『경제육전』을 편찬하였다.

③ **정도전**

㉠ 성리학적 정치 이념을 확립하고 **재상 중심 정치를 주장**하였다.

㉡ **경복궁·숭례문 등 궁궐과 사대문의 이름을 지었다.**

㉢ 조선 왕조의 정치 조직에 대한 초안인 **『경제문감』을 편찬**하였다.

㉣ **불교의 폐단을 비판**하는 내용을 담은 **『불씨잡변』을 저술**하였다.

㉤ 조선 왕조의 민본적 통치 규범을 마련하고자 **『조선경국전』을 편찬**하였다.

㉥ **제1차 왕자의 난(무인정사) 때 이방원(훗날 태종)에게 살해되었다.**

④ **제1차 왕자의 난(1398)**

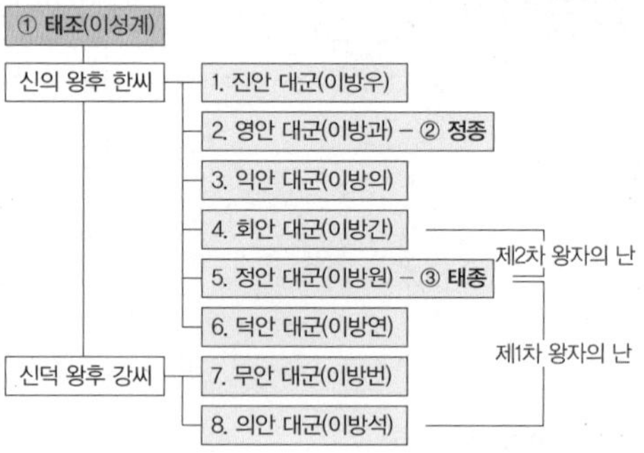

㉠ 원인 : 태조의 다섯째 아들 이방원은 정몽주 등을 제거하며 조선 개국에 공을 세웠으나 왕위 계승에서 배제되었고, 막내 이방석이 세자에 책봉되었다. 재상 중심의 정치를 구현하려 한 정도전은 세자 방석을 보좌하며 이방원을 견제하였고, 이방원을 중심으로 한 개국 공신과 종친 세력을 압박하였다.

㉡ 과정 : 정도전의 요동 정벌과 사병 혁파로 위기를 느낀 이방원은 정도전 일파와 세자인 이방석을 무력으로 제거하였다.

㉢ 결과 : 태조가 둘째 이방과에게 양위하여 정종이 즉위하였고, 이방원이 왕세자로 책봉되어 실권을 장악하였다.

태조
태조 이성계의 어진이 전주 경기전에 모셔져 있다.

『조선경국전』
주례의 6전 체제를 참고하여 편찬되었고 재상 중심의 정치를 강조하였다.

① 태조(이성계)
신의 왕후 한씨
- 1. 진안 대군(이방우)
- 2. 영안 대군(이방과) – ② 정종
- 3. 익안 대군(이방의)
- 4. 회안 대군(이방간)
- 5. 정안 대군(이방원) – ③ 태종
- 6. 덕안 대군(이방연)

신덕 왕후 강씨
- 7. 무안 대군(이방번)
- 8. 의안 대군(이방석)

제2차 왕자의 난 (4. 회안 대군 – 5. 정안 대군)
제1차 왕자의 난 (5. 정안 대군 – 8. 의안 대군)

태조 가계도

국사(國史)편찬위원회에서 출제한 자료 ● 태조의 즉위

배극렴 등이 왕위에 오르기를 권고하자 태조는 "예로부터 제왕의 흥기(興起)는 천명이 있지 않으면 불가하다. 나는 실로 부덕한 사람인데 어찌 감히 왕위를 감당하겠는가?"라며 결국 불응하였다. 신하들이 왕위에 오르기를 거듭 권하니 마침내 태조가 즉위하였다.
– 『태조실록』 –

국사(國史)편찬위원회에서 출제한 자료 ● 제1차 왕자의 난

정도전, 남은, 심효생 등이 여러 왕자를 해치려 꾀하다가 성공하지 못하고 참형을 당하였다. …… 이에 정안군이 도당(都堂)으로 하여금 백관을 거느리고 소를 올리게 하였다. "후계자를 세울 때에 장자로 하는 것은 만세의 상도(常道)인데, 전하께서 장자를 버리고 어린 아들을 세웠으며, 정도전 등이 세자를 감싸고서 여러 왕자를 해치고자 하니 화를 예측할 수 없었습니다. 다행히 천지와 종사의 신령에 힘입게 되어 난신(亂臣)이 참형을 당하였으니, 원컨대 전하께서는 적장자인 영안군을 세자로 삼으십시오."라고 하였다.
– 『태조실록』 –

능력(能力) 향상을 위한 OX

			정답
01	조준은 불교의 폐단을 비판하는 내용을 담은 『불씨잡변』을 저술하였다.	( )	×
02	정몽주는 새 왕조를 건설하려다가 선죽교에서 반대파에게 피살되었다.	( )	×
03	정도전은 경복궁, 숭례문 등 궁궐과 사대문의 이름을 지었다.	( )	○
04	정도전은 조선 최초의 공식 법전인 『경제육전』을 편찬하였다.	( )	×
05	정도전은 제1차 왕자의 난 때 이방원에게 살해되었다.	( )	○

(2) 정종(1398~1400)

① 개경 천도 : 제1차 왕자의 난이 발생한 한양을 떠나 즉위 직후 개경으로 천도하였다.

② 제2차 **왕자의 난(1400)**

㉠ 원인 : 이방원의 국정 독점과 논공행상에 대한 불만으로 넷째 이방간과 박포가 난을 일으켰다.

㉡ 결과 : 이방간과 박포 등 난을 일으킨 세력이 축출되었고, 정종이 양위하여 이방원이 제3대 태종으로 즉위하였다.

(3) 태종(1400~1418)

천도	도읍을 개경에서 다시 한양으로 옮기고 창덕궁 등을 건설함	
왕권 강화 정책	6조 직계제	• 국왕 중심의 통치 체제를 마련하기 위하여 시행함 • **의정부 권한 약화** : 정치 실무를 6조에서 담당하며 의정부를 거치지 않고 곧바로 국왕에게 보고하여 업무를 처리하게 함
	종친과 외척의 정치 참여 제한	• 왕실 종친과 외척의 정치적 영향력을 약화시키고 왕권을 강화함 • 이 과정에서 태종의 처남인 민무구·민무질 형제가 숙청됨
	사병 혁파	국왕과 세자의 시위대를 제외한 모든 사병을 혁파함
	사간원 독립	문하부 낭사를 폐지하여 사간원으로 독립시켜 대신들을 견제하도록 함
국가 재정 확충	양전 사업	토지 소유 현황을 조사하고 토지 대장인 양안을 작성함
	호패법 시행	군역 부과를 위하여 시행함
	사원전 몰수	사원이 소유한 막대한 토지(사원전)를 몰수함
민생 안정	신문고 설치	백성들의 억울함을 해소하기 위하여 설치함

국사(國史)편찬위원회에서 출제한 **자료** ● 6조 직계제

• 의정부가 서사하는 권한을 6조에 귀속시켰다. 처음에 왕은 의정부의 권한이 지나치게 큰 것을 염려하여 이를 혁파하려 하였다. 의정부가 관장한 것은 사대문서와 중죄인에 대한 심의뿐이다.

• 내가 일찍이 송도에 있을 때 의정부 재상의 권한이 너무 막강하여 없애려고 하였으나, 의정부를 없애기는 어려울 듯하여 이를 개선하고자 앞으로 의정부는 사대문서를 작성하는 일과 중죄수를 심의하는 일만 하도록 하라. 그리고 의정부의 행정 업무는 6조가 나누어 처리하되 먼저 나에게 보고하도록 하라. 내가 직접 보고를 받아 결정하겠노라. -『태종실록』-

● 6조 직계제

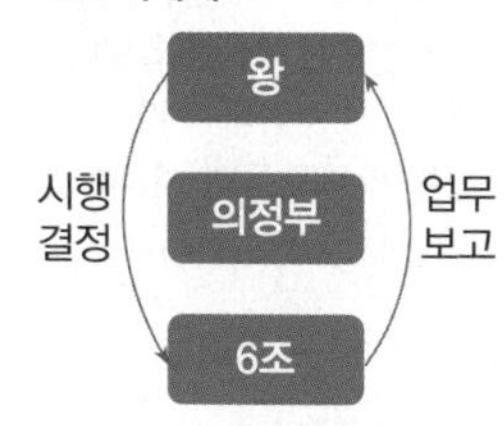

태종과 세조가 왕권을 강화하고자 시행하였다.

호패

(4) 세종(1418~1450)

왕권과 신권의 조화	의정부 서사제	의정부의 기능을 강화하여 왕권과 신권의 조화를 추구함
유교적 정치 이념 추구	집현전 설치	학문과 정책 연구를 담당하도록 함
	경연 활성화	유교 정치의 이상을 구현하고자 함
대외 정책	여진	최윤덕이 4군, 김종서가 6진을 개척함
	일본	• 이종무가 병사 1만 7천여 명을 이끌고 왜구의 근거지인 대마도(쓰시마섬)를 정벌함 • 일본의 계속된 개항 요청으로 삼포(부산포·염포·제포)를 개항하여 제한된 무역을 허용함 • 계해약조를 체결함

● 의정부 서사제

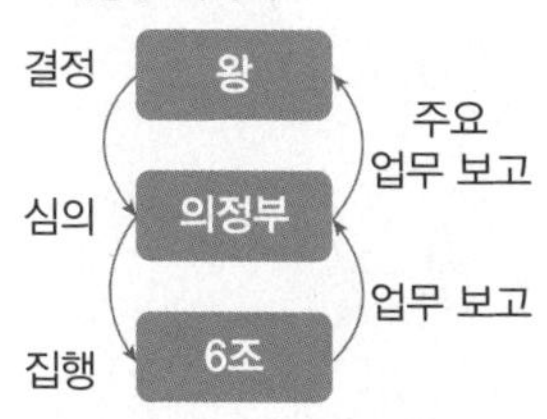

세종 및 대부분의 왕이 신권과 왕권을 조화시키고자 시행하였다.

국사(國史)편찬위원회에서 출제한 자료 ● 의정부 서사제

6조 직계제를 시행한 이후, 모든 업무가 6조에 집중되어 있다. 따라서 업무의 크고 작음과 가볍고 무거움이 제대로 구별되지 않으며, 의정부는 오직 사형수를 심판하는 일만 하게 되므로 재상을 임명한 뜻에 어긋난다. 6조는 모든 업무를 먼저 의정부에 보고하고, 의정부는 협의를 거쳐 나에게 보고하여 명령을 받고 그 내용을 다시 6조에 내려 보내 시행하도록 하라. -『세종실록』-

(5) 문종(1450~1452)과 단종(1452~1455)

① 왕권 약화 : 세종의 장남인 문종이 일찍 죽고, 왕실의 보호자가 없는 상태에서 어린 단종이 즉위하며 왕권이 크게 약화되었다. 이에 세종과 문종의 유언을 받든 김종서, 황보인 등 재상들(고명대신)이 실권을 장악하고 국정을 운영하였다.

② **계유정난 발발(1453)** : 고명대신 중심의 국정 운영에 불만을 품은 **수양 대군**(세종의 차남)이 정변을 일으켜 **김종서**, **황보인**, 안평 대군(세종의 삼남) 등을 제거하고 실권을 장악하였다.

> **고명대신**
> 황제나 국왕이 임종할 때 임금의 유언을 받드는 대신을 말한다. 고명대신들은 나라의 훗일(후계 문제, 선왕의 유지 등)을 처리하였다.

(6) 세조(1455~1468)

① 즉위 : 수양 대군은 단종에게 양위받는 형태로 즉위하였다.

② **단종 복위 운동(1456)** : 세조 즉위 이후 **성삼문** 등 일부 집현전 학자 출신들이 단종의 복위를 꾀하다가 발각된 사건으로, 사육신을 비롯하여 70여 명이 목숨을 잃었다.

③ 정책

왕권 강화 정책	6조 직계제 재시행	왕권을 강화하고자 시행함
	집현전과 경연 폐지	언관의 활동을 억제하기 위하여 폐지함
	유향소 폐지	이시애의 난을 계기로 폐지함
통치 체제 정비	『경국대전』 편찬 시작	국가 통치 체제를 확립하고자 편찬 사업을 시작하여 『호전』과 『형전』을 편찬함

> **사육신**
> 단종의 복위를 꾀하다가 죽임을 당한 6명의 신하로, 성삼문·하위지·이개·유성원·유응부·박팽년을 말한다. 사육신은 생육신 중 한 명인 남효온이 『추강집』의 「육신전」을 저술한 것에서 비롯되었다. 생육신은 목숨은 잃지 않았지만 세조 즉위에 반발하여 평생 벼슬을 하지 않고 초야에 묻혀 살았던 사람을 지칭한다.

> **이시애의 난**
> 함길도의 호족 이시애는 세조의 집권 정책에 반발하여 길주를 근거지로 삼아 난을 일으켰다.

국사(國史)편찬위원회에서 출제한 자료 ● 6조 직계제 재시행

상왕(단종)이 나이가 어려 무릇 조치하는 바를 모두 의정부 대신에게 논의하게 하였다. 지금 내(세조)가 왕통을 계승하여 국가의 모든 일을 처리하며, 우리나라의 옛 제도를 복구하고자 한다. 지금부터 형조의 사형수를 제외한 모든 서무는 6조가 각각 그 직무를 담당하여 직계한다. -『세조실록』-

(7) 예종

유자광의 고변으로 남이와 강순 등이 역모 혐의로 처형되었다.

능력(能力) 향상을 위한 OX

			정답
01	조선 태종은 문하부 낭사를 분리하여 사간원으로 독립시켰다.	( )	○
02	조선 태종은 수도를 개경으로 옮겼다.	( )	×
03	조선 태종은 군역을 부과하기 위하여 호패법을 시행하였다.	( )	○
04	조선 세종은 집현전을 설치하여 학문과 정책 연구를 담당하도록 하였다.	( )	○
05	조선 세종 때 최윤덕과 김종서가 4군 6진을 개척하였다.	( )	○
06	수양 대군은 계유정난을 일으켜 실권을 장악한 후 단종에게 양위받는 형태로 즉위하였다.	( )	○

(8) 성종(1469~1494)

유교적 통치 체제 정비	홍문관(옥당) 설치	집현전의 기능을 계승한 왕의 자문 기구로서 경연을 주관함
	유향소 부활	향청이라는 이름으로 부활시킴
	경연 활성화	정승 및 주요 관리들도 경연에 참여할 수 있게 함
	『경국대전』 완성	조선의 기본 법전인 『경국대전』을 완성함
훈구 세력 견제	사림 등용	김종직 등 사림 세력을 3사 언관직에 등용함
기타	폐비 윤씨 사사 사건	연산군의 어머니 윤씨가 폐위되었다가 사사됨
	『해동제국기』 편찬	세종 때 통신사로 일본에 다녀온 신숙주가 편찬함
	『국조오례의』 편찬	국가와 왕실의 각종 행사를 정리함

3 통치 체제의 정비

(1) 중앙 통치 기구

왕권과 신권의 조화와 유교 정치의 실현을 추구하였으며, 『경국대전』을 통하여 법제화되었다.

① 의정부

㉠ **국정을 총괄하는 기구**로서 재상(영의정·우의정·좌의정)들이 주요 관청의 최고 책임을 겸직하며 백관을 통솔하였고, 또한 **정책을 심의하고 결정하였다.**

㉡ 의정부 아래에 6조를 두어 왕의 명령을 집행하였다.

② 6조

㉠ 구성 : 이조(인사)·호조(재정)·예조(외교, 교육)·병조(국방)·형조(법률)·공조(건설)로 구성되었다.

㉡ 역할 : 명령 집행을 담당하였으며 각 조 아래 여러 관청을 두어 행정 효율성을 극대화하였다.

③ **의금부** : **국왕 직속 사법 기구**로 왕권 강화에 기여하였으며, **반역죄, 강상죄 등 국가의 큰 죄인을 다스렸**다.

④ **승정원** : **국왕 직속 비서 기관**으로 왕권 강화에 기여하였으며, **왕명 출납**을 담당하였다.

⑤ **삼사** : 왕권을 견제하고 권력 독점과 부정을 방지하는 등 언론 기능을 담당하였으며, 벼슬은 높지 않으나 학식과 덕망이 높은 이들이 주로 임명되었다.

사헌부	• 종2품 : 대사헌 • 관리의 비리를 감찰함	• 두 기관을 합쳐 양사라고도 부름 • 사헌부의 관리인 대관과 사간원의 관리인 간관을 합쳐 대간이라 부름
사간원(미원)	• 정3품 : 대사간 • **간쟁** : 왕의 잘잘못을 논함	
홍문관(옥당, 옥서)	• 정2품 : 대제학 • 경연을 주관하고 왕의 정책 자문을 담당함 • 궁중의 서적과 문서를 관리함	

⑥ **한성부** : **수도 서울(한양)의 행정과 치안을 담당**하였다.

⑦ 춘추관 : **실록 등 역사서의 편찬과 보관을 담당**하였다.

⑧ **성균관** : 최고 교육 기관으로 유학을 가르쳤다.

김종직
영남 학파의 종조로 불리며 호는 점필재이다. 성종의 신임을 받아 홍문관 부제학, 승정원 도승지, 이조 참판 등 요직을 두루 거쳤다.

승정원
은대(銀臺), 후원(喉院)이라고도 한다.

대간
서경(5품 이하의 관원 임명과 법령 개폐에 동의함), 간쟁(왕의 잘못을 논함), 봉박(잘못된 왕명 거부)의 권한을 가졌다.

성균관
대사성을 중심으로 좨주, 직강 등의 관직을 두었다.

(2) 지방 행정 체제

① 전국을 8도로 나누고 그 아래에 부·목·군·현 등을 두었으며, 모든 군현에 관리를 파견하였다.

㉠ 8도 : **관찰사를 파견하여 수령을 관리 감독하였다.**

㉡ **부·목·군·현** : 부윤·목사·군수·현령 등 수령을 파견하였다.

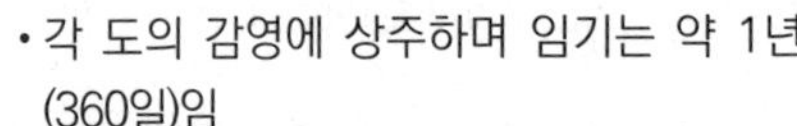

관찰사	• 각 도의 감영에 상주하며 임기는 약 1년(360일)임 • 행정권·사법권·군사권과 수령에 대한 포폄권을 가짐 • **포폄** : 수령의 근무 평가서인 고과표를 작성함
수령	• 부윤(종2품)·부사(정3품)·목사(정3품)·군수(종4품)·현령(종5품)·현감(종6품)을 통칭하며 임기는 5년임 • 국왕의 대리인으로서 **행정권·군사권·사법권을 행사함** • **수령 7사** : 수령이 공통적으로 힘써야 할 7가지 업무 • **상피제** : 출신 지역에 부임할 수 없으며 부자·형제지간인 경우 같은 관청에 부임할 수 없게 한 제도

조선의 8도

관찰사
감사 또는 방백이라고도 불리며 대개 종2품 이상의 고위 관리가 임명되었다.

수령 7사
• 농업과 양잠을 성하게 하는 일
• 호구를 늘리는 일
• 학교를 흥성하게 하는 일
• 군정을 잘 다스리는 일
• 부역을 고르게 하는 일
• 소송을 간소화하는 일
• 간사함과 교활함을 없애는 일

향리
조선 전기 향리는 호장, 기관, 장교, 통인 등으로 분류되었다.

② **향리**

㉠ 권한이 약화되어 수령의 행정 실무를 보좌하는 세습적인 성격의 아전으로 격하되었다.

㉡ 고려 시대의 향리보다 지위가 낮았으며, 무보수로 향역을 세습하였다.

③ 면·리·통 : 부·목·군·현 아래에 둔 행정 말단 조직이다.

㉠ 면리제 : 군과 현 등을 면과 리로 세분하는 지방 행정 제도로 토착민 중에서 면임·이정·통수를 선발하였다.

㉡ 오가작통법 : 다섯 집을 한 통으로 묶은 행정 자치 제도이다.

④ 고려 시대에 특수 행정 구역이던 향·부곡·소는 일반 군현으로 승격되어 소멸되었다.

⑤ 수시로 암행어사를 파견하여 지방을 관리하고 감독하였다.

⑥ **유향소**

㉠ **향촌 자치 기구로 좌수와 별감을 선출**하여 규약을 만들고 향회를 소집하여 여론을 수렴하였다.

㉡ 국초에 설치된 유향소는 태종 때 폐지되었다가 세종 때 부활하였으며, 이시애의 난을 계기로 세조 때 다시 폐지되었다가 성종 때 향청이라는 이름으로 부활하였다.

㉢ 기능 : 수시로 향회를 소집하여 **수령을 보좌하고 향리를 감찰하며, 풍속을 교화하는 일을 담당하였다.**

국사(國史)편찬위원회에서 출제한 자료 ● 유향소

헌납 김대가 아뢰기를, "백성을 괴롭힘은 향리보다 더한 자가 없는데, 수령도 반드시 다 어질 수는 없습니다. 그래서 백성이 편안하게 살 수 없는데, 비록 경재소가 있더라도 귀와 눈이 미치지 못하는 곳은 규명해 낼 수가 없습니다. …… 유향소의 법은 매우 훌륭했습니다만 중간에 폐지하여 이러한 큰 폐단이 생겼으니, 다시 세우는 것이 어떻겠습니까? -『성종실록』-

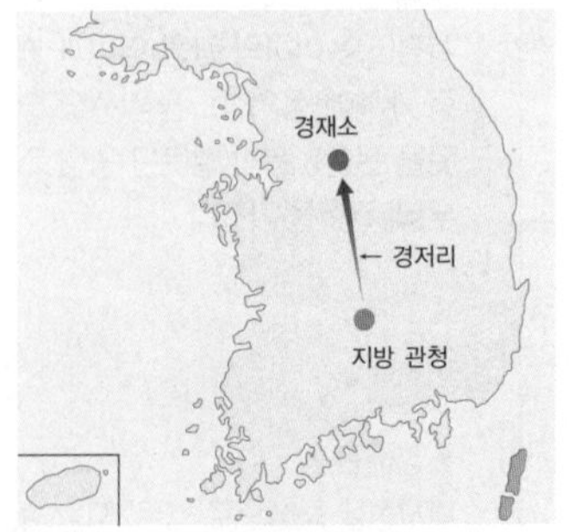

경재소

⑦ **경재소** : **유향소의 품관을 감독**하고 중앙과 지방의 연락 사무를 관장하도록 하였다.

4 군사 제도 및 교통·통신 제도, 방어 체제

(1) 군사 제도

① 군역 대상

㉠ 양인 개병제를 시행하여 16세 이상 60세 미만의 모든 양인 남성에게 군역을 부과하였다.

㉡ 현직 관료와 학생, 향리 등은 군역을 면제받았다.

② 군역 편성 : 현역 군인으로서 일정 기간을 복무하는 정군과 이들을 경제적으로 지원하는 보인(봉족)으로 구성되었다.

조선 전기	중앙군	궁궐과 수도를 방어하는 5위로 구성됨	
	지방군	• 영진군 : 국방상 요지인 영이나 진에 소속되어 복무함 • 육군의 병영과 수군의 수영으로 구성됨 • 육군은 병마절도사, 수군은 수군절도사의 지휘를 받음	
	잡색군	신량역천, 노비 등으로 구성되었으며 유사시에 예비군으로서 향토방위를 맡음	
조선 후기	중앙군	5군영	훈련도감(선조), 어영청(인조), 총융청(인조), 수어청(인조), 금위영(숙종)으로 구성됨
		훈련도감(선조)	• 임진왜란 도중에 설치됨 • 삼수병 : 포수, 살수, 사수로 구성됨 • 급료를 받는 상비군이 주축을 이룸
	지방군	속오군	• 양반에서 노비까지 모든 신분을 포함하여 편성함 • 평상시에는 생업에 종사하다가 농한기에 군사 훈련을 받으며 유사시 전쟁에 대비함

● 어영청, 총융청, 수어청
조선 인조 때 후금과의 항쟁 과정에서 설치되었다.

국사(國史)편찬위원회에서 출제한 자료 ● 훈련도감

[왕이] 비망기로 전교하였다. "…… 적의 난리를 겪는 2년 동안 군사 한 명을 훈련시키거나 무기 하나를 수리한 것이 없이, 명의 군대만을 바라보며 적이 제 발로 물러가기만을 기다렸으니 불가하지 않겠는가. …… 과인의 생각에는 따로 훈련도감을 설치하여 합당한 인원을 차출해서 장정을 뽑아 날마다 활을 익히기도 하고 조총을 쏘기도 하여 모든 무예를 훈련시키도록 하고 싶으니 의논하여 처리하라."라고 하였다.

(2) 교통·통신 제도

① 봉수제 : 봉수대를 설치하여 군사적으로 위급한 사태가 발생하였을 때 연기(낮)나 불(밤)을 사용하여 신속하게 중앙에 알리고자 하였다.

② 역원제 : 말을 이용하여 공문서 및 관의 물건을 전달하기 위하여 주요 도로에 역참을 설치하여 중앙과 전국을 연결하였다.

(3) 방어 체제

① **진관 체제** : **세조 이후 지역 단위 방어 체제인 진관 체제를 시행**하였으나, 이는 소규모 침입에 적합하여 대규모 침입 시에는 소용이 없었다.

② 제승방략 체제 : 명종 때인 16세기에 수립된 방어 체제로, 유사시에 각 지역 수령이 소속 군사를 이끌고 정해진 방어 지역으로 집결하여 중앙에서 파견된 장수의 지휘를 받도록 하였다.

③ 속오군 체제 : 임진왜란 때 제승방략 체제의 문제점이 발생하여 진관을 복구하고 속오군 체제로 정비하였다.

5 관리 등용 제도

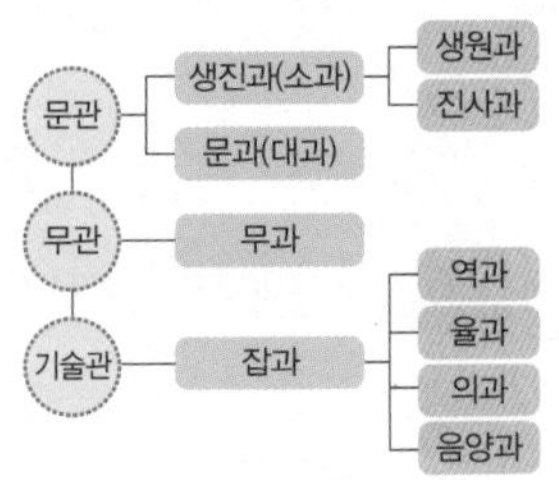

조선 시대 과거 제도

생진과
생원과와 진사과를 함께 이르는 말이다.

(1) 과거

① **시행** : 3년마다 정기적으로 시행하는 식년시와 특별한 일이 있을 때 수시로 시행하는 특별 시험인 별시 등이 있었다.

② **응시 자격**

㉠ 원칙적으로 양인 이상이면 누구나 과거 응시가 가능하였다.

㉡ 반역죄인, 탐관오리의 자제, 재가녀의 자손 등은 과거 응시에 제한이 있었다.

문과	문관을 선발하기 위한 시험으로 원칙상 소과(생진과)에 합격하여야 대과에 응시할 수 있음 ※ 소과를 거치지 않고 성균관에서 일정 기간 수학을 마친 유생에게도 대과를 치를 자격이 주어짐
무과	무관을 선발하는 시험으로 고려 시대와 달리 정기적으로 시행됨
잡과	기술관을 선발하는 시험으로 해당 관청에서 별도로 시행됨
승과	국초에 시행되다가 중종 때 폐지되었으며 명종 때 일시적으로 부활하기도 함

(2) 음서

① 고려 시대보다 혜택 받는 대상이 줄어 2품 이상 관리의 자제에게 적용되었다.

② 음서로 관직에 나아가도 과거에 합격하지 않으면 고관으로 승진하기 어려웠다.

(3) 천거

① 고위 관리의 추천을 받아 간단한 시험을 거친 후 관직에 임명되었다.

② **현량과** : 대표적인 천거 제도로 **조광조의 건의에 따라 시행**되었다.

6 사림의 성장과 사화의 발생

(1) 연산군(1494~1506)

① **무오사화(1498)**

㉠ 배경 : 연산군은 훈구와 사림을 누르고 전제 왕권을 강화하려고 하였다. 이 과정에서 언관직을 장악한 사림 세력이 직접적으로 반발하였으며, 연산군은 사림의 언론 활동을 억제하려 하였다.

㉡ 발단 : 김일손은 스승 **김종직이 쓴 「조의제문」**을 사초에 실었는데, 훈구 세력인 유자광과 이극돈 등은 연산군에게 「조의제문」이 세조의 왕위 찬탈을 비난한 글이라고 모함하였다.

㉢ 결과 : 김종직이 부관참시되고 **김일손** 등 사림 세력 다수가 중앙 정계에서 제거되었다.

「조의제문」
사림파 김종직이 항우에게 죽은 중국 초의 의제(회왕)를 위로하며 쓴 글이다. 훈구파는 「조의제문」이 세조에게 죽은 단종을 의제로 비유하여 세조의 왕위 찬탈을 비난한 글이라며 사림파를 공격하였다.

② **갑자사화(1504)**

㉠ 배경 : 연산군은 향락과 사치로 인하여 국가 재정이 고갈되자 비용을 마련하기 위하여 훈구 세력을 압박하기 시작하였다. 그 과정에서 전제 왕권을 강화하려는 연산군과 왕의 전횡을 비판하는 훈구·사림 세력이 마찰을 빚었다.

㉡ 발단 : 연산군은 왕을 능멸한다는 이유와 생모인 **폐비 윤씨 사사 사건을 명분**으로 삼아 해당 사건과 관련된 훈구·사림(**김굉필 등**) 세력에 큰 피해를 입혔다.

③ **언론 탄압** : 언론 기관인 사간원을 폐지하고 신하들에게 신언패를 차고 다니도록 하였다.

④ **중종반정(1506)** : 언론을 탄압하고 국가 재정을 고갈시키는 등 연산군의 폭압적인 정치에 반발하여 반정이 일어났다. 그 결과 연산군이 폐위되고 중종이 즉위하였다.

신언패
연산군은 자신에 대한 비판을 봉쇄하기 위하여 신하들로 하여금 말을 삼가도록 하는 신언패를 차고 다니게 하였다.

국사(國史)편찬위원회에서 출제한 **자료** ● 무오사화

(임금이) 전지하기를, "…… 지금 김일손이 찬수한 사초에 부도한 말로써 선대의 일을 거짓으로 기록하고 또한 그의 스승 김종직의 조의제문을 실었도다. …… 대간, 홍문관으로 하여금 형을 의논하여 아뢰도록 하라."라고 하였다.

국사(國史)편찬위원회에서 출제한 **자료** ● 갑자사화

왕이 어머니 윤씨가 폐위되고 죽은 것이 엄씨와 정씨의 참소 때문이라 여기고, 밤에 엄씨와 정씨를 대궐 뜰에 결박하여 놓고 손수 마구 치고 짓밟았다 …… 왕이 장검을 들고 자순 왕대비 침전 밖에 서서 …… 말하기를 "데비는 어찌하여 내 어머니를 죽였습니까?"라고 하며 불손한 말을 많이 하였다.

(2) 중종(1506~1544)

조광조의 개혁 정치		• 중종에게 등용된 조광조가 급진적인 개혁을 추진함 • 유향소 폐지와 향약 시행을 주장함 • 일종의 천거 제도인 **현량과 시행을 건의함** • 경연의 활성화와 **소격서 폐지**를 주장함 • 성리학적 질서의 보급과 확립을 위하여 『소학』을 보급함 • 방납의 폐단을 바로잡고자 수미법을 주장함 • 중종반정 공신의 책정을 바로잡고자 **위훈 삭제를 주장함**
기묘사화	배경	조광조는 급진적인 개혁을 주장함으로써 중종의 신임을 잃었고, **위훈 삭제 등으로 훈구 세력의 직접적인 반발을 삼**
	결과	조광조가 주초위왕(走肖爲王) 사건으로 사사되고 당시 중앙으로 진출한 사림들 다수가 화를 입음
대외 관계	삼포왜란	**삼포왜란을 계기로 변방을 수비하기 위하여 임시 기구로 비변사를 설치함**

조광조

● 주초위왕(走肖爲王) 사건
조광조의 급진적인 개혁에 불만을 품은 훈구는 '주초위왕(走肖爲王, 조씨가 왕이 된다.)'이라는 글자를 새긴 나뭇잎을 왕(중종)에게 보여 주며 조광조를 모함하였다. 이후 왕은 조광조를 능주(陵州, 전남 화순)로 귀양 보내 사사하였고, 사림들 다수가 화를 입었다.

국사(國史)편찬위원회에서 출제한 **자료** ● 기묘사화의 배경

대사헌 조광조 등이 아뢰기를, "…… 반정 때 공이 있었다면 기록되어야 하겠으나, 이들은 또 그다지 공도 없습니다. 무릇 이들을 공신으로 중히 여기면 공(功)과 이(利)를 탐내게 되니 임금을 죽이고 나라를 빼앗는 일이 다 이것에서 비롯됩니다. 임금이 나라를 잘 다스리고자 한다면 먼저 이(利)의 근원을 막아야 합니다. ……"라고 하였다.

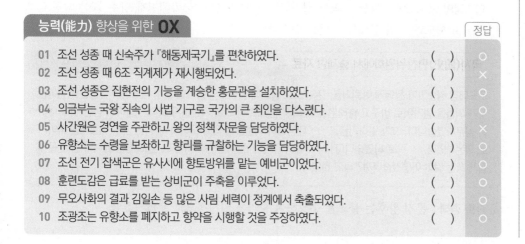

능력(能力) 향상을 위한 OX

			정답
01	조선 성종 때 신숙주가 『해동제국기』를 편찬하였다.	( )	○
02	조선 성종 때 6조 직계제가 재시행되었다.	( )	×
03	조선 성종은 집현전의 기능을 계승한 홍문관을 설치하였다.	( )	○
04	의금부는 국왕 직속의 사법 기구로 국가의 큰 죄인을 다스렸다.	( )	○
05	사간원은 경연을 주관하고 왕의 정책 자문을 담당하였다.	( )	×
06	유향소는 수령을 보좌하고 향리를 규찰하는 기능을 담당하였다.	( )	○
07	조선 전기 잡색군은 유사시에 향토방위를 맡는 예비군이었다.	( )	○
08	훈련도감은 급료를 받는 상비군이 주축을 이루었다.	( )	○
09	무오사화의 결과 김일손 등 많은 사림 세력이 정계에서 축출되었다.	( )	○
10	조광조는 유향소를 폐지하고 향약을 시행할 것을 주장하였다.	( )	○

(3) 명종(1545~1567)

① **을사사화(1545)**

㉠ 배경 : 중종 말년에 왕위를 놓고 외척 간에 권력 다툼이 발생하였다. 이들은 장경 왕후 소생의 세자를 비호하는 **대윤(윤임)**과 문정 왕후 소생의 경원 대군을 비호하는 **소윤(윤원형)**으로 나뉘어 대립하였다.

㉡ 발단 : 사림을 중용하고 개혁 정치를 꾀한 인종이 즉위한 지 9개월 만에 후사 없이 사망하자, 인종의 이복동생이자 문정 왕후 소생인 경원 대군(명종)이 즉위하였다. 이에 세자를 비호하던 **외척 세력인 대윤파가 제거**되고 명종의 외척인 윤원형 등 소윤파가 정국을 주도하였다.

㉢ 결과 : **윤임의 대윤파 및 인종의 개혁 정치에 동참하였던 사림 세력이 제거되었다.**

국사(國史)편찬위원회에서 출제한 **자료** ● 을사사화

- 윤임은 화심(禍心)을 품고 오래도록 흉계를 쌓아 왔다. 처음에는 동궁(東宮)이 외롭다는 말을 주창하여 사림들 사이에 의심을 일으켰고, 중간에는 정유삼흉(丁酉三兇)의 무리와 결탁하여 국모를 해치려고 꾀하였고, 동궁에 불이 난 뒤에는 부도(不道)한 말을 많이 발설하여 사람들을 현란시켜 걱정과 의심을 만들었다.
- 정유년 이후부터 조정 신하들 사이에는 대윤이니 소윤이니 하는 말들이 있었다. …… 인종이 승하한 뒤에 윤원형이 기회를 얻었음을 기뻐하여 비밀리에 보복할 생각을 품었다. …… 자전(慈殿)은 밀지를 윤원형에게 내렸다. 이에 이기 · 임백령 · 정순붕 · 허자가 고변하여 큰 화를 만들어 냈다.

정유삼흉(丁酉三兇)
문정 왕후의 폐위를 계획한 김안로, 허항, 채무택을 말한다.

자전(慈殿)
임금의 어머니를 말한다.

척신
왕과 외척 관계에 있는 신하이다.

② **양재역 벽서 사건(1547)** : 척신 계열인 정언각은 경기 과천 양재역에서 문정 왕후를 비난하는 내용의 익명서를 발견하고 이를 보고하였다. 이로 인하여 **윤임 집안의 인물들이 사사되거나 유배**되었다.

국사(國史)편찬위원회에서 출제한 **자료** ● 양재역 벽서 사건

부제학 정언각이 선전관 이노와 함께 와서 봉서(封書) 하나를 가지고 입계(入啓)하기를, "신의 딸이 남편을 따라 전라도로 시집을 가는데, 부모 자식 간의 정리에 멀리 전송하고자 하여 한강을 건너 양재역(良才驛)까지 갔었습니다. 그런데 벽에 붉은 글씨가 있기에 보았더니, 국가에 관계된 중대한 내용으로서 지극히 놀라운 것이었습니다. 이에 신들이 가져와서 봉하여 아룁니다. 이는 익명서이므로 믿을 수는 없지만 국가에 관계된 중대한 내용이고 인심이 이와 같다는 것을 알리고자 하여 아룁니다."

③ **을묘왜변**(1555) : **삼포 왜란** 이후 교역 축소에 불만을 품은 왜인들이 전라도를 습격한 사건이다. **이를 계기로 비변사가 상설 기구가 되어** 기능이 강화되었다.

④ **임꺽정의 난**(1559) : 척신에 의한 정치 문란으로 민생이 궁핍해지자 양주 출신 백정 임꺽정이 황해도와 경기 일대에서 난을 일으켰다.

국사(國史)편찬위원회에서 출제한 **자료** ● 임꺽정의 난

포도대장 김순고가 왕에게 아뢰기를, "풍문으로 들으니 황해도의 흉악한 도적 임꺽정의 일당인 서임이란 자가 이름을 엄가이로 바꾸고 숭례문 밖에 와서 산다고 하므로, 가만히 엿보다가 잡아서 범한 짓에 대하여 심문하였습니다. 그가 말하기를, '…… 대장장이 이춘동의 집에 모여서 새 봉산 군수 이흠례를 죽이기로 의논하였다. ……'고 하였습니다. …… 속히 달려가서 봉산 군수 이흠례, 금교 찰방 강여와 함께 몰래 잡게 하는 것이 어떻겠습니까?"라고 하였다.

⑤ 숭불 정책 : 문정 왕후는 불교를 숭상하여 승과를 일시적으로 부활시켰다.

7 조선 전기의 대외 관계와 임진왜란

(1) 조선 전기의 대외 관계

① **명**과의 관계

㉠ 외교 갈등 : 건국 직후 **정도전이 요동 정벌을 추진하여 명과 갈등을 빚었다**.

㉡ 사대 외교

ⓐ 태종 이후 사대 외교를 통하여 친선 관계를 맺었다.

ⓑ 매년 책봉과 조공의 형식으로 **사절**을 교환하며 활발하게 교류하였다.

ⓒ 선진 문물을 수용하기 위한 문화 외교인 동시에 중국 중심의 동아시아 질서 속에서 왕권의 안정과 국제적 지위를 확보하려는 실리 외교였다.

② **여진**과의 관계 : 강경책과 회유책을 병행하는 교린 정책을 펼쳤다.

㉠ 강경책 : **세종** 때 최윤덕이 **4군**, 김종서가 **6진**을 설치하고 사민 정책을 시행하여 삼남 지방의 백성들을 북방으로 이주시켰다.

㉡ 회유책

ⓐ **경원과 경성 지역에 무역소를 설치**하여 교류를 허용하였다.

ⓑ 여진족의 귀순을 장려하고 토착민을 토관으로 삼아 자치를 허용하였다.

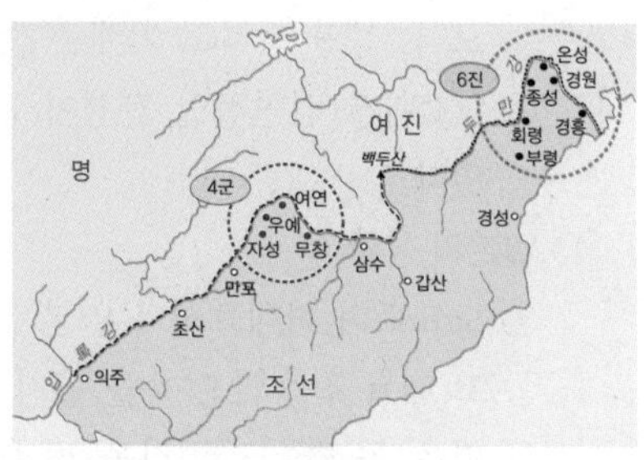

4군 6진

③ **일본**과의 관계 : 강경책과 회유책을 병행하는 교린 정책을 펼쳤다.

㉠ 강경책 : 왜구의 침략이 지속되자 **세종 때 이종무가 대마도(쓰시마섬)를 정벌**하고 교역을 중단하였다.

㉡ 회유책

ⓐ 삼포 개항 : 교역이 중단된 이후 일본의 요청으로 **부산포**·**염포**(울산)·**제포**(창원시 진해구)를 개방하였다.

ⓑ **계해약조** : 대마도주와 체결한 조약으로 세견선(무역선)의 규모와 체류 기간 등을 명시하여 **제한된 범위의 무역을 허용**하였다.

ⓒ **통신사** : **일본(막부)의 요청에 따라 일본에 파견**된 외교 사절단으로 **선진 문화를 일본에 전파**하였다. 태종 때 통신사라는 명칭이 최초로 등장하였으나 제대로 파견되지 못하였고, 세종 때 처음 파견되어 순조 때까지 총 20회 파견되었다.

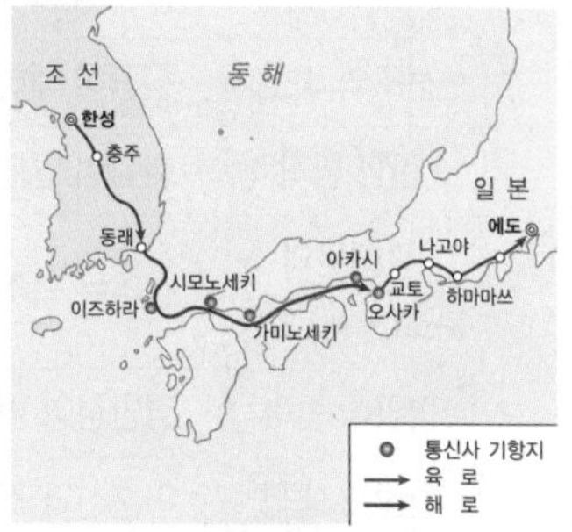

통신사의 행로

④ 유구 및 동남아시아와의 관계

㉠ 시암(타이), 유구(오키나와), 자와(인도네시아) 등이 사절을 보내와 교류하였다.

㉡ 특히 유구와 활발한 교역이 이루어져 유구의 문화 발전에 이바지하였다.

(2) 비변사의 변천

설치 목적	여진과 왜의 침입에 대응하기 위하여 설치함
변천	• **중종 때 삼포왜란을 계기로 임시 기구로 설치됨** • 명종 때 을묘왜변이 발생하여 상설 기구화됨 • **선조 때 임진왜란을 거치면서 최고 회의 기구**가 되어 의정부와 6조가 유명무실해짐 • 세도 정치기에 외척의 세력 기반이었으나, **흥선 대원군이 비변사를 폐지함**

사대 외교
큰 나라이자 문명국인 나라를 섬기는 외교 관계이다.

사절
조선은 명에 하정사·성절사·천추사·동지사 등을 정기적으로 파견하였고, 이 외에 비정기적으로 파견된 사절도 있었다. 조선 후기에는 청에 연행사를 파견하였다.

여진과의 관계
조선 전기에는 한성에 북평관을 두어 여진족의 사신이 머물도록 하였다.

삼남 지방
충청도·전라도·경상도를 통칭하며 하삼도라고 부르기도 한다.

일본과의 관계
조선 전기에는 한성에 동평관을 두어 일본 사신이 머물도록 하였다.

『비변사등록』
비변사에서 업무 내용을 기록한 책으로, 비변사를 비국(備局)이라고도 불렀기 때문에 『비국등록』이라고도 한다. 임진왜란 이전의 것은 모두 소실되었으며, 현재는 1617년(광해군 9)부터 1892년(고종 29)까지의 기록만 남아 있다.

국사(國史)편찬위원회에서 출제한 자료 ● 비변사

변방의 일은 병조가 주관하는 것입니다. …… 그런데 근래 변방 일을 위하여 비변사를 설치하였고, 변방에 관계되는 모든 일을 실제로 다 장악하고 있습니다. …… 혹 병조 판서가 참여하는 경우가 있기는 하지만 도리어 지엽적인 입장이 되어 버렸고, 참판 이하의 당상관은 전혀 일의 내용을 모르고 있습니다. …… 청컨대 혁파하소서.

(3) 임진왜란

① 배경

㉠ 조선의 상황

ⓐ 서인(황윤길 등)과 동인(김성일 등)을 통신사로 파견하여 일본의 동태를 인지하였으나, 붕당 정치로 지배층 간에 의견 차이가 발생하여 전쟁에 대비하지 못하였다.

ⓑ 200년간 전면적인 전쟁이 없어 **군역 제도가 문란해지는 등 국방력이 약화된 상태였다.**

㉡ 일본의 상황

ⓐ 도요토미 히데요시가 일본 전국 시대를 통일한 후 반대 세력의 관심을 밖으로 돌리고 대륙 진출의 야욕을 펼치고자 하였다.

ⓑ **명을 공격하도록 길을 빌려달라는 명분(정명가도)**을 내세워 조선을 침략하였다(1592).

② 전개 과정

전투	내용
부산진성 전투	부산진성 첨사 정발이 왜군을 상대하였으나 패배함
동래성 전투	동래 부사 송상현이 항전하였으나 패배하여 순절함
충주 탄금대 전투	도원수 신립이 배수진을 치고 왜군을 맞이하였으나, 기병(騎兵)을 내세운 신립은 조총 부대로 구성된 왜군을 막지 못하고 대패함
선조의 피난	신립이 패하였다는 소식이 전해지자 선조는 의주로 피난하여 명에 원군을 요청함
한양 함락	한양이 일본군에게 함락됨
광해군의 분조(分朝) 활동	선조는 의주로 피난하는 와중에 광해군을 세자로 책봉하고 분조를 이끌도록 명령함
평양성 함락	평양성이 일본군에게 함락됨
한산도 대첩	이순신과 조선 수군이 한산도 앞바다에서 학익진으로 왜군을 대파함
제1차 진주성 전투	진주 목사 김시민과 의병장 곽재우(홍의 장군) 등 관민이 하나 되어 승리함
평양성 탈환	이여송이 이끄는 명군과 유성룡이 이끄는 조선 관군이 연합하여 평양성을 탈환함
행주 대첩	왜군이 권율이 지키고 있는 행주산성을 포위하였으나 관군과 백성이 힘을 합쳐 승리함
휴전 협상	명은 일본에 사신을 보내 화의를 제의하였고 전황이 불리해진 일본이 이에 응하여 휴전 협상이 진행됨
휴전 기간	조선은 훈련도감을 설치하고 속오법을 시행하는 등 중앙군과 지방군 편제를 개편함
정유재란	3년간 진행된 휴전 협상이 결렬되어 왜군이 다시 침략함
명량 해전	이순신이 배 12척으로 울돌목(명량)에서 왜군을 대파함
노량 해전	도요토미 히데요시가 사망하자 후퇴하는 왜선을 이순신이 격파함

● **지배층 간에 의견 차이**
동인 김성일은 왜침이 없을 것이라 주장하는 한편, 서인 황윤길은 왜침이 있을 것이라 주장하였다.

● **분조(分朝)**
임시로 세워진 조정으로, 왕조를 유지하고 전쟁에 대응하기 위하여 왕과 세자를 중심으로 조정이 나뉜 것이다. 왕이 있는 곳을 '원조정'이라 하고 세자가 있는 곳을 '분조'라 하였다.

● **학익진**
학이 날개를 펼친 모습으로 적군을 포위하는 전술이다.

③ 의병의 활약

㉠ 양반 주도하에 농민이 참여하여 지형과 지리를 이용한 전술로 왜군을 공격하였다.

㉡ 대표적인 의병장으로 **곽재우(홍의 장군)**, **고경명**, **조헌(금산)**, **정문부**(길주) 등이 있었고, 승려 출신 의병장으로 서산 대사 휴정, **사명 대사 유정**이 있었다.

④ 이순신과 수군의 활약

㉠ 이순신이 이끄는 수군은 옥포 해전을 시작으로 한산도 대첩 등에서 승리하였다.

㉡ 왜군의 보급로를 차단하고 전라도의 곡창 지대를 수호하는 등 제해권을 장악하였다.

⑤ 결과

㉠ 조선

ⓐ 많은 문화재가 소실되고 약탈당하였으며 토지가 황폐해졌다.

ⓑ 국가 재정이 궁핍한 문제를 해결하기 위하여 납속책을 시행하고 공명첩을 발행하여 신분 질서가 크게 동요하였다.

㉡ 명 : 대규모 군사 파견으로 국력이 크게 약화되어 이후 여진족이 세운 후금에게 위협을 받았다.

㉢ 일본

ⓐ 도요토미 정권이 무너지고 도쿠가와 이에야스가 권력을 잡아 에도 막부가 성립되었다.

ⓑ 조선에서 잡아간 학자 및 **이삼평 등 도자기 기술자의 영향**으로 일본 문화가 발전하였다.

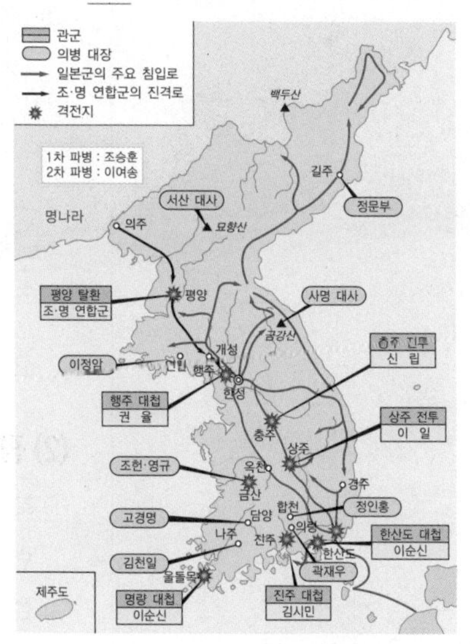

관군과 의병의 활약

납속책
세금 외의 돈이나 곡식을 바친 사람에게 특혜를 주는 정책이다. 죄를 면해 주거나 서얼이 관직에 나가게 해 주는 것, 관직을 제수해 주는 것, 노비를 해방시켜 주는 것 등이 있었다.

학자
이황의 제자들이 포로로 잡혀가 일본 성리학 발전에 기여하였다.

8 조선 후기 붕당 정치와 호란

(1) 선조(1567~1608)

① 붕당의 발생

㉠ 배경 : 선조 즉위 이후 사림은 명종 때 진행된 척신 정치 청산 문제를 놓고 기성 사림과 신진 사림으로 나뉘어 대립하였다.

㉡ 기성 사림 : **심의겸** 등 명종 때부터 정권에 참여한 기성 사림들은 척신 정치 청산에 소극적이었다.

㉢ 신진 사림 : **김효원** 등 새롭게 정계에 진출한 신진 사림들은 척신 정치 청산에 적극적으로 참여하였다.

② 동인과 서인의 형성

㉠ 배경 : 왕실의 외척이자 기성 사림의 신망을 받던 심의겸과 신진 사림의 지지를 받던 김효원이 **이조 전랑 자리를 놓고 격렬하게 대립**하였다.

㉡ 결과 : **심의겸을 지지하는 세력은 서인으로, 김효원을 지지하는 세력은 동인으로 분화**하였다.

국사(國史)편찬위원회에서 출제한 자료 ● 동인과 서인

김효원이 이조 전랑의 물망에 올랐을 때, 심의겸이 이전의 잘못을 지적하였다. 그 후에 심의겸의 동생 심충겸이 이조 전랑으로 천거되자, 이번에는 김효원이 나서 외척이라 하여 반대하였다. 이로 인하여 양쪽으로 편이 갈라져 서로 배척하였는데, 김효원을 지지하는 사람들을 동인, 심의겸을 지지하는 사람들을 서인으로 부르기 시작하였다.

③ 북인과 남인의 형성

㉠ **정여립 모반 사건(기축옥사, 1589)** : 동인과 서인의 분당 초기에는 대체로 동인이 정국을 주도하는 경향을 띠었다. 그러나 동인 정여립이 모반을 일으켜 1,000여 명이 넘는 동인이 처벌된 사건을 계기로 **동인은 실각**하고 동인과 서인의 대립이 격화되었다.

㉡ 건저의 사건(1591) : 세자 책봉 문제를 두고 광해군을 지지하던 정철이 선조에게 광해군을 세자로 삼을 것을 제의하였다가 유배되었으며, 정철을 비롯한 서인 세력은 선조의 미움을 사게 되었다.

㉢ 정철의 처벌 문제를 두고 동인이 북인(강경)과 남인(온건)으로 분열하였다.

(2) 광해군(1608~1623)

① 북인 집권 : 임진왜란이 발발한 후 많은 의병장을 배출하며 의병 활동을 주도한 북인이 왜란 후에도 집권하며 광해군 때까지 정국을 주도하였다.

② 전후 복구 사업

㉠ 호적 작성 : 인구를 파악하고 호적을 작성하여 전란으로 문란해진 수취 체제를 안정시키려고 하였다.

㉡ 양전 사업 : 국가 재정을 확보하기 위하여 토지 대장을 만드는 양전 사업을 시행하였다.

㉢ **대동법** : 공납의 폐단을 해결하고자 **경기 지역에 한하여 시범적으로 시행**하였다.

③ **『동의보감』** 편찬 : 허준이 전란 후 병으로 고통받는 백성들을 위하여 편찬을 완수하였다.

④ 외교

㉠ 일본 : **일본과 기유약조를 체결하고 국교를 재개**하였다(1609).

㉡ 명과 후금 : 현실적으로 후금에 맞설 상황이 되지 않음을 인정하며, 명과 후금 사이에서 중립 외교를 펼쳤다.

ⓐ 배경 : 임진왜란으로 국력이 약해진 명은 후금의 공격을 받자 조선에 군대 파견을 요청하였다.

ⓑ 경과 : 전후 복구 사업에 집중하고 내부적 안정을 추구한 **광해군은 강홍립에게 명하여 후금에 항복하도록 하였다.** 명의 원군 요청은 이후에도 지속되었으나, 광해군은 명의 요구를 피하며 평화를 모색하였다.

ⓒ 결과 : 명에 대한 의리를 강조하는 서인의 반발을 사게 되었다.

국사(國史)편찬위원회에서 출제한 자료 ● 광해군의 중립 외교에 대한 반발

고금 천하의 법 중에 군율보다 엄격한 것은 없습니다. 그런데 강홍립, 김경서 등은 중국 군대와 함께 적지에 깊숙이 들어가서 힘껏 싸우다 죽지 않고 도리어 투항을 청하여 적의 뜰에 무릎을 꿇었으니, 신하의 대의가 땅을 쓸 듯이 완전히 없어졌습니다. …… 청컨대, 강홍립, 김경서의 가족들을 모조리 잡아서 구금하라고 명하심으로써 군율을 변경할 수 없다는 것을 분명히 보이소서.

⑤ 인조반정

㉠ 배경

ⓐ 서인의 반발 : 서인은 광해군의 중립 외교를 두고 명에 대한 의리를 저버린 것이라고 반발하였다.

ⓑ **폐모살제** : 광해군과 대북 정권은 왕권의 안정을 위하여 왕위에 가장 큰 위협이 되는 영창 대군을 죽이고(계축옥사) **인목 대비**를 폐위시켜 유교 국가의 왕으로서 큰 결함을 드러냈다.

㉡ 결과 : **광해군**이 서인과 남인에 의하여 **쫓겨나고** 인조가 왕으로 추대되며 북인이 몰락하였다.

● 일본
임진왜란 이후 단절된 국교를 회복하고자 일본의 요청으로 파견된 사신 일행을 **회답 겸 쇄환사**라 하는데, **사명 대사 유정이 포로 송환을 위하여 일본에 파견된** 사례가 대표적이다.

● 폐모살제(廢母殺弟)
어머니를 폐위하고 아우를 죽이는 것을 의미한다.

● 인목 대비
광해군에 의하여 덕수궁(경운궁)으로 유폐되었다.

(3) 인조(1623~1649)

① **벨테브레이(박연)** : 인조 때 제주도에 표류하여 조선으로 귀화하였다. 이후 조선 여성과 결혼하여 1남 1녀를 두고 '박연'이라는 이름을 사용하였으며, 훈련도감에 소속되어 서양식 대포의 제조법과 조작법을 가르쳤다.

② **정묘호란(1627)**

㉠ 배경

ⓐ 인조반정으로 집권한 서인은 친명배금 정책을 펼쳤다.

ⓑ **이괄의 난**(1624) : 이괄은 인조반정 때 세운 **공을 제대로 인정받지 못하였다는 이유로 난을 일으켰으나** 실패하자, 함께 난을 일으킨 세력과 후금으로 도망가 조선 침략을 요구하였다.

㉡ 전개 과정

ⓐ 후금이 광해군에 대한 복수를 한다는 명분을 내세워 조선을 침략하였다.

ⓑ 인조는 강화도로 피신하였지만 정봉수와 이립은 **용골산성에서 후금을 상대로 활약하였다.**

㉢ 결과 : 후금은 조선과 형제 관계를 체결하고 물러갔다.

③ **병자호란(1636)**

㉠ 배경

ⓐ 후금이 점차 강성해져 국호를 청으로 바꾼 뒤 조선에 군신 관계를 요구하였다.

ⓑ 조선은 청의 군신 관계 요구를 둘러싸고 **척화파(김상헌)와 주화파(최명길)로 나뉘어 대립하였다.**

ⓒ 의견이 척화론 쪽으로 기울어 조선은 청의 군신 관계 요구를 거절하였다.

㉡ 전개 과정 : **임경업이 백마산성에서 활약**하였고 **김상용**이 순절하였다. **인조가 남한산성으로 피신**하여 45일간 항전하는 한편, **김준룡이 근왕병을 이끌고 광교산에서 항전**하였으나 결국 청에 항복하였다.

정묘호란 · 병자호란

㉢ 결과

ⓐ 삼전도비 건립 : **인조가 삼전도에서 굴욕을 당하고** 청과 군신 관계를 체결하였다.

ⓑ **소현 세자, 봉림 대군**과 함께 백성 수만 명이 **청에 인질로 끌려갔다.**

ⓒ 청에서 돌아온 봉림 대군(효종)은 왕위에 올라 청에 대한 복수심에 북벌 운동을 전개하였다.

국사(國史)편찬위원회에서 출제한 **자료** ● 척화론과 주화론

• 척화론

명은 우리나라에 있어서 부모의 나라입니다. 형제의 의를 맺어 부모의 은혜를 저버려서야 되겠습니까. 더구나 임진년의 일은 조그마한 것까지도 모두 황제의 힘입니다. …… 병력이 미약하여 정벌에 나가지 못하였지만, 차마 이런 시기에 어찌 다시 화의를 제창할 수 있겠습니까. -『인조실록』-

• 주화론

화친을 맺어 국가를 보존하는 것보다 차라리 의를 지켜 망하는 것이 옳다고 하였으나, 이것은 신하가 절개를 지키는 데 쓰는 말입니다. …… 자기의 힘을 헤아리지 아니하고 경망하게 큰소리를 쳐서 오랑캐들의 노여움을 도발, 마침내는 백성이 도탄에 빠지고 종묘와 사직에 제사 지내지 못하게 된다면 그 허물이 이보다 클 수 있겠습니까? -『지천집』-

● **친명배금 정책**
명과 친하게 지내고 후금을 멀리하는 외교 정책이다.

● **이괄의 난**
인조는 이괄의 난이 일어나자 도성을 떠나 공산성으로 피란하였다.

● **척화파**
대의명분에 따라 끝까지 항전하고 화친을 배격하자고 주장하는 세력이다.

● **주화파**
외교적 교섭을 통하여 평화적으로 해결하고자 화친을 주장하는 세력이다.

남한산성

● **삼전도에서 굴욕**
인조는 청 황제에게 세 번 절하고 아홉 번 머리를 조아리는 예를 행하였다. 이 과정에서 인조의 이마에서 피가 흘러내렸다.

북벌
효종은 어영청을 중심으로 북벌을 추진하였다.

계비
임금이 재혼하여 맞은 왕비이다.

(4) 효종(1649~1659)

① **북벌 운동** : **송시열은 「기축봉사」**라는 글을 올려 북벌이야말로 국가의 대의라는 주장을 펼치며 효종의 **북벌 운동을 뒷받침**하였다.

② **나선 정벌**(1654, 1658) : **청의 요청**에 따라 러시아를 정벌할 때 변급·**신류** 등과 함께 **북벌을 위하여 양성한 조총 부대를 파견하였다.**

③ 하멜 : 효종 때 제주도에 표류한 하멜은 13년간 억류되었다가 네덜란드로 돌아가 **『하멜표류기』**를 지었다.

④ 붕당 정치 : 인조 때와 동일하게 서인과 남인이 연합하여 정국을 운영하였다.

(5) 현종(1659~1674)

① **예송 논쟁**의 배경

㉠ 소현 세자 사후에 효종(봉림 대군, 인조의 차남)이 왕위를 계승함에 따라, 효종의 정통성에 대한 문제 제기로 예송이 두 차례 발생하였다.

㉡ 효종, 효종비 사망에 따른 **자의 대비(인조의 계비, 조 대비)의 복상 문제는 서인과 남인 사이의 대립이 격화되는 계기**가 되었다.

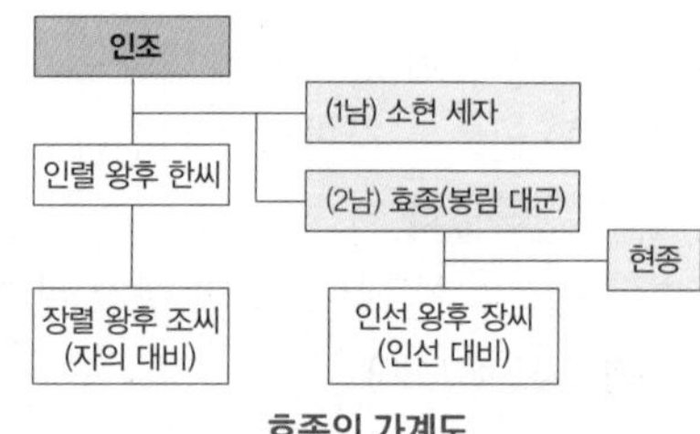

효종의 가계도

② 기해예송·갑인예송

구분	서인	남인
중심인물	송시열, 송준길 등	허목, 윤휴 등
입장 차이	신권 중심	왕권 강화, 군주 중심
주장	'천하동례(天下同禮, 천하의 예법은 같다.)'	'왕자례부동사서(王者禮不同士庶, 왕의 예법은 일반 사대부와 같지 않다.)'
제1차 기해예송 (1659)	1년(기년)	3년
	• 원인 : 효종 사후에 자의 대비가 상복 입는 기간을 두고 서인과 남인 사이에 의견 차이가 발생함 • 결과 : 서인의 1년설이 채택되어 서인이 정권을 잡음	
제2차 갑인예송 (1674)	9개월	1년(기년)
	• 원인 : 효종비 사후에 자의 대비가 상복 입는 기간을 두고 서인과 남인 사이에 의견 차이가 발생함 • 결과 : 남인의 1년설이 채택되어 남인이 정권을 잡음	

능력(能力) 향상을 위한 OX

	문항		정답
01	양재역 벽서 사건이 발생한 시기의 왕 때 을사사화가 일어났다.	( )	O
02	비변사는 명종 때 발생한 을묘왜변을 계기로 임시 기구로 처음 설치되었다.	( )	X
03	충주 탄금대 전투 이후에 권율이 행주산성에서 왜군을 물리쳤다.	( )	O
04	이순신의 한산도 대첩 이전에 훈련도감이 설치되었다.	( )	X
05	조선 선조 때 척신 정치 청산과 이조 전랑직을 둘러싸고 사림이 동인과 서인으로 분화하였다.	( )	O
06	조선 광해군 때 경기 지방에 한하여 대동법이 처음 시행되었다.	( )	O
07	청의 군신 관계 요구에 반발하여 정묘호란이 일어났다.	( )	X
08	조선 효종 때 송시열이 기축봉사를 올려 북벌 운동을 추진하였다.	( )	O
09	제1차 기해예송의 결과 남인의 3년설이 채택되었다.	( )	X

(6) 숙종(1674~1720)

① **백두산정계비 건립** : 조선 대표 박권과 길림성 성주 오라총관 목극등은 **조선과 청 사이에 국경을 표시하기 위하여 백두산정계비를 세웠다.**

② **금위영 설치** : **수도 및 궁궐을 수비**하고자 기병으로 구성된 금위영을 설치하며 조선 후기의 5군영 체제가 완성되었다.

③ **명목상 탕평** : 붕당 간 세력 균형을 유지하고 정국을 안정시키기 위하여 탕평책을 시행하였으나, 편당적 인사로 환국의 빌미를 제공하였다.

④ **만동묘·대보단 건립** : **명 신종의 제사를 지내기 위하여 만동묘(충북 괴산군)와 대보단을 세웠다.**

국사(國史)편찬위원회에서 출제한 **자료** ●숙종의 탕평책

- 전교하기를 "이처럼 국가가 위태한 때일수록 모든 신하가 사정을 버리고 공무를 따라 서로 공경하고 협조하는 것이 신하된 자의 도리인데, 요사이 조정에 화협을 하는 기풍이 조금도 없구나. 한쪽을 너무 미워하다가 지난날 붕당의 피해를 보게 되었는데, 또 한쪽이 둘로 갈라져 오직 붕당을 두둔하는 것만 능사로 여기고 나랏일은 도외로 제쳐 두어서, 마침내 정승이 제자리를 지키지 못하고 갈팡질팡 서울을 떠나게 하였으니, 내 실로 통탄스럽다. …… 사사로이 붕당을 두둔하는 자가 있으면 중률로써 다스려 용서하지 않으리라."라고 하였다.
- 조정에서 한쪽이 등용되면 한쪽이 도태되어 나라의 절반을 차지하는 사람들이 또 많이 억울하게 적체(積滯)되니, 이 폐단을 제거하지 않고 어떻게 나라를 다스릴 수 있겠는가? …… 그 재능이 있으면 천거하여 탕평(蕩平)하는 방도를 다하도록 하라. -『숙종실록』-

⑤ **환국 발생** : 일당 전제의 경향이 나타났다.

경신환국 (1680)	원인	• **유악 사건** : 남인의 영수인 허적의 집에 그의 조부를 위한 잔치가 열리자, 숙종은 임금이 쓰는 천막인 유악을 보내려고 하였으나 허적이 이미 허락 없이 가져감. 이 사건으로 진노한 숙종은 남인을 실각시키고 서인에게 정권을 넘겨 줌 • **허견의 역모 고발 사건** : 허적의 서자 허견이 인조의 손자이자 숙종의 5촌인 복창군, 복선군, 복평군과 함께 역모를 모의하였다는 죄목을 받아 고문 끝에 처형됨
	결과	• 서인이 정권을 잡고 남인(허적, 윤휴 등)이 축출됨 • 서인은 남인에 대한 처벌을 둘러싸고 강경파인 노론과 온건파인 소론으로 분화됨
기사환국 (1689)	원인	서인 송시열의 원자의 명호(세자 책봉) 반대 : 숙종의 왕비인 인현 왕후가 오래도록 후사가 없자, 희빈 장씨의 아들을 원자로 삼고 희빈 장씨를 왕비로 삼으려 하는 것을 송시열이 반대함
	결과	• 서인의 영수 송시열이 사사되고 남인이 다시 집권함 • 인현 왕후가 폐비되어 희빈 장씨가 왕비가 됨
갑술환국 (1694)	원인	숙종이 폐비 사건을 후회하던 중, 서인 김춘택 등이 전개한 폐비 복위 운동을 남인이 반대함
	결과	• 서인이 정권을 잡고 남인이 축출됨 • 인현 왕후가 복위되고 희빈 장씨는 강등됨 • 노론과 소론의 대립이 심화됨 • 무고의 옥(1701) ㉠ **원인** : 소론이 세자를 지지하여 희빈 장씨 일가의 잘못을 변호하였으며, 인현 왕후 사후에 희빈 장씨가 무당으로 하여금 인현 왕후를 저주하고 자신이 왕비의 자리에 복위할 것을 기도한 사실이 발각됨 ㉡ **결과** : 희빈 장씨가 죽고 노론이 정국을 주도하게 됨

원자
세자가 될 임금의 맏아들이다.

국사(國史)편찬위원회에서 출제한 자료 ● 허견의 역모 고발 사건

인평 대군의 아들 여러 복(복창군, 복선군, 복평군)이 본래 교만하고 억세었는데, 임금이 초년에 자주 병을 앓았으므로 그들이 몰래 못된 생각을 품고 바라서는 안 될 자리를 넘보았다. …… 남인에 붙어서 윤휴와 허목을 스승으로 삼고 …… 그들이 허적의 서자 허견을 보고 말하기를, "임금에게 만약 불행한 일이 생기면 너는 우리를 후사로 삼게 하라. 우리는 너에게 병조 판서를 시킬 것이다."라고 하였다. …… 이때 김석주가 남몰래 그 기미를 알고 경신년 옥사를 일으켰다. -『연려실기술』-

국사(國史)편찬위원회에서 출제한 자료 ● 송시열의 원자의 명호 반대

임금이 말하기를, "송시열은 산림(山林)의 영수로서 나라의 형세가 험난한 때에 감히 원자의 명호를 정한 것이 너무 이르다고 하였으니, 삭탈관작하고 성문 밖으로 내쳐라. 반드시 송시열을 구하려는 자가 있겠지만, 그런 자는 비록 대신이라 하더라도 용서하지 않을 것이다."라고 하였다.

(7) 경종(1720~1724)

① **소론과 노론의 대립** : 노론은 경종 즉위 직후부터 숙빈 최씨 소생의 연잉군(영조)을 왕세제로 책봉하라고 압박하였고, 소론은 노론의 공세를 반박하며 경종을 옹호하였다.

② 신임사화

㉠ 신축옥사(1721) : 실권을 장악한 노론은 연잉군(영조)에게 대리청정할 것을 종용하였다. 이에 경종은 노론 4대신(김창집 · 이건명 · 조태채 · 이이명)을 삭탈관직하고 유배형을 내렸다.

국사(國史)편찬위원회에서 출제한 자료 ● 신축옥사

왕의 이복동생인 연잉군이 노론의 지지를 업고 왕세제(王世弟)로 책봉되었다. 이어서 왕세제의 대리청정이 추진되었다. 이 과정에서 소론은 노론의 대신들이 왕을 위협하고 능멸하는 역적 행위를 하였다고 주장하였다. 왕은 이를 받아들여 김창집, 이이명, 이건명, 조태채 등 노론의 사대신(四大臣)을 처벌하였다.

㉡ 임인옥사(1722) : 기회를 잡은 소론은 **목호룡** 등을 시켜 노론이 경종을 시해하려 하였다고 고변하였다. 이에 경종은 노론 4대신을 비롯한 수십 명을 처형하고 170여 명을 유배 보내는 등 탄압을 이어갔다.

(8) 영조(1724~1776)

① **이인좌의 난(1728)** : **이인좌를 중심으로 소론**과 남인 일부가 영조의 정통성을 부정하고 노론의 집권에 반대하며 반란을 일으켰다.

능력(能力) 향상을 위한 OX

	문항		정답
01	조선 숙종 때 조선 대표 박권과 길림성 성주 오라총관 목극등이 백두산정계비를 세웠다.	( )	○
02	조선 숙종 때 금위영이 설치되었다.	( )	○
03	허적의 서자 허견의 역모 고발 사건을 계기로 기사환국이 일어나자 남인이 정국을 운영하였다.	( )	×
04	송시열이 원자의 명호를 반대한 것을 계기로 경신환국이 일어났다.	( )	×
05	송시열이 원자의 명호를 반대한 이후에 유악 사건이 일어났다.	( )	×
06	남인이 인현 왕후 복위 운동을 반대한 일을 계기로 기사환국이 발생하였다.	( )	×
07	갑술환국 이후에 무고의 옥이 일어났다.	( )	○
08	경종 때 신축옥사가 발생하였다.	( )	○

② 정책

탕평책	완론 탕평	• 탕평파를 중심으로 정국을 운영함 • 붕당의 근거지로 전락한 서원을 정리함 • 산림의 존재를 인정하지 않음 • 이조 전랑의 권한을 약화시킴 • 붕당의 폐해를 경계하기 위하여 탕평채를 만들고 탕평비를 세워 탕평의 의지를 밝힘
개혁 정책	균역법 시행	백성의 군포 부담을 줄여 줌
	신문고 부활	백성의 억울함을 풀어 주고자 함
	삼심제 시행	사형수에 대하여 삼심제를 시행함
	가혹한 형벌 폐지	압슬형·자자형·낙형 등 악형을 폐지함
	노비종모법 시행	노비의 신분을 어머니의 출신에 따라 결정하도록 함
문물제도 정비	편찬 사업	『속대전』·『속오례의』·『동국문헌비고』 등을 편찬함
	청계천 준설	연간 20만여 명을 동원하여 청계천을 정비하였으며, 청계천 준설 이후에는 준천사를 설치하여 청계천을 꾸준히 관리함

③ 임오화변(1762) : 사도 세자의 죽음을 계기로 세자를 보좌하는 소론의 정치적 입지가 줄어들었으며, 영조를 지지하는 노론 강경파(벽파)가 정계를 주도해 나갔다.

(9) 정조(1776~1800)

① 시파와 벽파의 분열

㉠ 사도 세자의 죽음을 계기로 사도 세자에 대한 처분에 동정하는 시파와 사도 세자를 처분한 영조의 선택이 옳다는 벽파로 세력이 나뉘었다.

㉡ 영조의 선택을 지지하는 노론 강경파가 벽파를 이루었고, 노론의 일당 전제화에 반대하고 사도 세자 죽음에 온정적이던 남인·소론·노론 일부가 시파를 구성하였다.

② 정책

탕평책	준론 탕평	왕이 중심이 되어 노론·소론·남인의 주장이 옳은지 명백히 가려내고, 탕평실을 두어 탕평의 의지를 밝힘
왕권 강화 정책	규장각 설치	규장각을 정치적 기구로 설치함
	장용영 설치	국왕의 친위 부대로 왕권을 강화하고자 설치함
	초계문신제 시행	유능한 인재를 재교육함
	수원 화성 건설	정치적, 군사적 기능을 부여한 수원 화성을 건설함
	수령의 권한 강화	수령이 향약을 직접 주관하도록 하여 사림의 영향력을 축소시킴
개혁 정책	신해통공	육의전을 제외한 시전 상인의 금난전권을 폐지함
	서얼 차별 완화	서얼인 이덕무·유득공·박제가 등을 규장각 검서관에 등용함
문물제도 정비	문체반정	박지원 등이 당대 유행하던 한문 문체로 글을 쓰자 문체를 정통고문(正統古文)으로 바로잡으려 함
	편찬 사업	『대전통편』, 『동문휘고』, 『탁지지』, 『무예도보통지』 등을 편찬함

탕평파
붕당을 없애자는 탕평책에 동의하는 세력이다.

탕평비
'신의가 있고 아첨하지 않는 것은 군자의 마음이요, 아첨하고 신의가 없는 것은 소인의 사사로운 마음이다'라는 영조의 친서가 새겨진 비로 성균관에 건립되었다.

김만덕
조선 정조 때 제주도에서 유통업으로 많은 부를 축적한 뒤, 전 재산을 기부하여 빈민 구제 활동을 벌였다.

규장각
왕실 도서관이자 학술 연구 및 정책 자문 기관으로 유능한 인재를 양성하기 위한 초계문신제를 주관하였으며, 업무 일지인 내각일력을 작성하였다.

장용영
내영(內營)과 외영(外營)으로 구성되었는데, 내영은 서울에, 외영은 수원에 배치되었다.

수원 화성

육의전
조선 시대에 나라에 필요한 물품을 공급한 여섯 종류의 큰 상점이다. 선전(비단), 면포전(면포), 면주전(명주), 지전(한지), 포전(삼베), 어물전(수산물)이 이에 해당된다.

(10) 세도 정치기

① 정의 : 정조 이후 순조(1800~1834), 헌종(1834~1849), 철종(1849~1863) 대에 이르는 60여 년 동안 **왕의 외척인 안동 김씨**와 풍양 조씨 등 소수 가문이 **정치적으로는 비변사**, 군사적으로는 훈련도감을 장악하여 권력을 독점한 시기를 세도 정치기라 한다.

② 순조(1800~1834) : **각 궁방과 중앙 관서의 공노비 6만 6천여 명을 해방**시켜 군역 대상자와 국가 재정이 부족해지는 것을 해소하고자 하였다.

③ 폐단

㉠ 정치적 기강이 무너져 과거 시험 부정, 매관매직 등 비리가 만연하였다.

㉡ 탐관오리의 수가 증가하고 삼정이 문란해져 농민들의 삶이 어려워졌다.

④ 농민의 저항 : 초기에는 벽서·소청과 항조·거세 등 소극적인 형태로 저항하였으나 점차 농민 봉기라는 적극적인 형태로 사회 개혁을 요구하였다.

⑤ 홍경래의 난과 임술 농민 봉기

홍경래의 난 (1811, 순조)	원인	• **세도 가문의 부패**와 삼정의 문란으로 백성들의 삶이 피폐해짐 • **서북민(평안도민, 청천강 이북민)에 대한 차별 대우에 반발함**
	주도 세력	홍경래·이희저·**우군칙** 등이 몰락 양반과 영세 농민, 중소 상인, 광산 노동자 등을 규합하여 봉기함
	결과	**선천·정주 등 청천강 이북 지역을 5개월 동안 장악하였으나 정주성이 관군에 함락되며 진압됨**
임술 농민 봉기 (1862, 철종)	원인	삼정의 문란과 **경상 우병사 백낙신의 학정**으로 백성의 삶이 어려워짐
	주도	**몰락 양반 유계춘 등이 주도함**
	결과	• 단성·**진주** 농민 봉기에서 시작되어 북으로는 함흥, 남으로는 제주까지 전국적으로 확산됨 • **사건 수습을 위하여 안핵사 박규수**와 암행어사를 파견함 • **삼정의 문란을 바로잡기 위하여 삼정이정청을 설치함**

국사(國史)편찬위원회에서 출제한 자료 ● 홍경래의 난

평서대원수는 급히 격문을 띄우노니 우리 관서(關西)의 부로 자제와 공사천민 모두 이 격문을 들으라. …… 심지어 권세 있는 집의 노비들도 관서 사람[西人]을 보면 반드시 평안도놈[平漢]이라 일컫는다. 관서 사람으로서 어찌 원통하고 억울하지 않겠는가. …… 이제 격문을 띄워 먼저 여러 고을의 수령에게 알리노니, 절대로 동요치 말고 성문을 활짝 열어 우리 군대를 맞이하라. -『패림』-

국사(國史)편찬위원회에서 출제한 자료 ● 임술 농민 봉기

임술년 2월 19일, 진주 백성 수만 명이 머리에 흰 수건을 두르고 손에는 나무 몽둥이를 들고 무리를 지어 진주 읍내에 모여 서리들의 가옥 수십 호를 불사르고 부수니, 그 움직임이 결코 가볍지 않았다. -『임술록』-

능력(能力) 향상을 위한 OX

			정답
01	조선 영조는 청계천을 준설하고 이후 준천사를 설치하여 청계천을 꾸준히 관리하였다.	( )	○
02	조선 정조는 『속대전』, 『속오례의』, 『동국문헌비고』 등을 편찬하였다.	( )	×
03	조선 순조는 공노비 6만 6천여 명을 해방시켰다.	( )	○
04	홍경래의 난이 발생한 결과 삼정이정청이 설치되었다.	( )	×
05	임술 농민 봉기 당시 몰락 양반 백낙신이 이를 주도하였다.	( )	×

삼정
전정(토지세), 군정(군포), 환정(곡식을 빌려주고 이자를 붙여 갚도록 하는 환곡)을 일컫는다.

소청
관청에 억울함을 직접 하소연하여 청하는 일이다.

항조·거세
소작료를 깎거나 납세를 거부하는 행동이다.

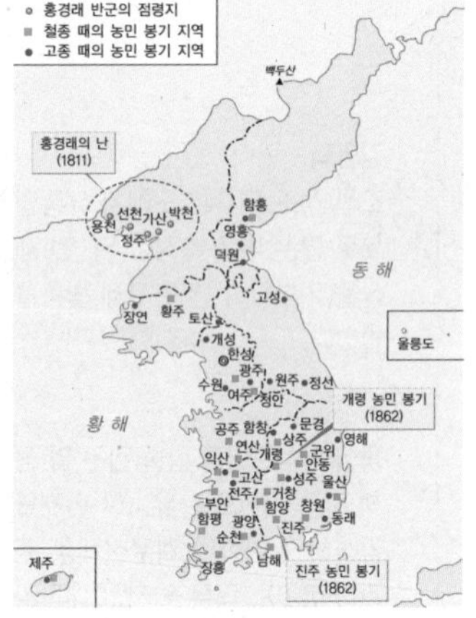

19세기 농민의 봉기

안핵사
조선 시대에 지방에서 발생한 민란을 수습하기 위하여 중앙에서 파견한 임시 벼슬이다.

검정(檢定)된 기출문제

정답 및 해설 P. 381

01

다음 시나리오의 상황 이후에 전개된 사실로 옳은 것은?

#12. 이성계의 집

이방원이 정몽주를 죽였다고 말하자 이성계가 크게 화를 낸다.

이성계 : 대신을 함부로 살해하였으니, 나라 사람들이 내가 몰랐다고 하겠느냐? 우리 가문은 평소 충효로 소문났는데, 네가 감히 불효를 저질러 이렇게 되었구나.

이방원 : 정몽주 등이 우리 가문을 무너뜨리려 하는데, 어찌 앉아서 망하기만을 기다리겠습니까? 이것이야말로 효입니다.

① 최승로가 시무 28조를 올렸다.
② 권근 등의 건의로 사병이 혁파되었다.
③ 안우, 이방실 등이 홍건적을 격파하였다.
④ 망이·망소이가 공주 명학소에서 봉기하였다.
⑤ 쌍기의 의견을 수용하여 과거제가 시행되었다.

02

(가) 왕이 실시한 정책으로 옳은 것은?

이 책은 (가) 때 신숙주, 정척 등이 국가와 왕실의 각종 행사를 유교의 예법에 맞게 정리하여 완성한 국조오례의입니다. 국가의 기본 예식인 오례, 즉 제사 의식인 길례, 관례와 혼례 등의 가례, 사신 접대 의례인 빈례, 군사 의식에 해당하는 군례, 상례 의식인 흉례에 대한 규정을 정리해 놓았습니다.

① 경기도에 한하여 대동법을 실시하였다.
② 학문 연구 기관으로 집현전을 설치하였다.
③ 조선의 기본 법전인 경국대전을 반포하였다.
④ 문하부 낭사를 분리하여 사간원으로 독립시켰다.
⑤ 현량과를 실시하여 신진 사림을 등용하고자 하였다.

03

(가) 기구에 대한 설명으로 옳은 것은?

이 상대계첩(霜臺契帖)은 (가) 소속 감찰직 관원들의 계모임을 기념하여 제작되었습니다. 여기에는 그들이 근무하는 청사가 그려져 있고 당시 모인 사람들의 명단이 적혀 있습니다. 상대란 서릿발 같은 관리 감찰 때문에 붙여진 (가)의 다른 이름으로, 그 수장은 대사헌이라고 하였습니다.

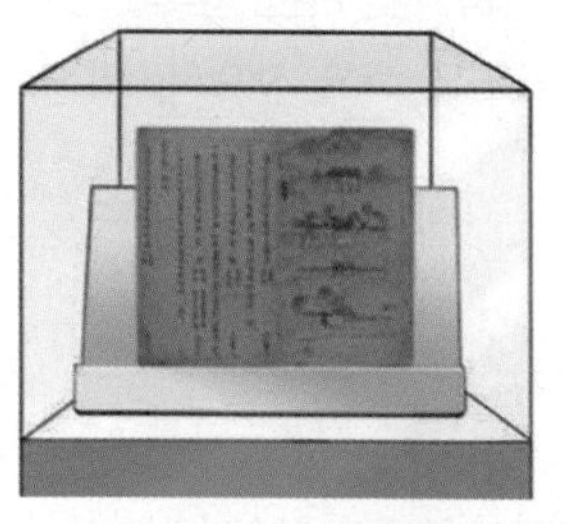

① 사림의 건의로 중종 때 폐지되었다.
② 왕명 출납을 맡은 왕의 비서 기관이었다.
③ 국왕의 친위 부대로 서울과 수원에 배치되었다.
④ 왕에게 경서와 사서를 강론하는 경연을 주관하였다.
⑤ 5품 이하 관리의 임명 과정에서 서경권을 행사하였다.

04

(가)에 대한 설명으로 옳은 것은?

8도의 부, 목, 군, 현에 파견되는 (가)이/가 마땅히 해야 할 7사(七事)가 무엇인가?
농업과 양잠을 성하게 하는 일, 호구를 늘리는 일, 학교를 흥성하게 하는 일, 군정을 잘 다스리는 일, 부역을 고르게 하는 일, 소송을 간소화하는 일, 간사함과 교활함을 없애는 일입니다.

① 직역이 대대로 세습되었다.
② 지방의 행정·사법·군사권을 행사하였다.
③ 6조 직계제의 실시로 권한이 약화되었다.
④ 유향소의 우두머리로 향회에서 선출되었다.
⑤ 호장, 기관, 장교, 통인 등으로 분류되었다.

05

(가) 군사 조직에 대한 설명으로 옳은 것은?

[왕이] 비망기로 전교하였다. "…… 적의 난리를 겪는 2년 동안 군사 한 명을 훈련시키거나 무기 하나를 수리한 것이 없이, 명의 군대만을 바라보며 적이 제 발로 물러가기만을 기다렸으니 불가하지 않겠는가. …… 과인의 생각에는 따로 [(가)]을/를 설치하여 합당한 인원을 차출해서 장정을 뽑아 날마다 활을 익히기도 하고 조총을 쏘기도 하여 모든 무예를 훈련시키도록 하고 싶으니, 의논하여 처리하라."라고 하였다.

① 수원 화성에 외영을 두었다.
② 국경 지대인 양계에 설치되었다.
③ 후금과의 항쟁 과정에서 창설되었다.
④ 급료를 받는 상비군이 주축을 이루었다.
⑤ 응양군과 용호군으로 구성된 친위 부대였다.

06

(가), (나) 사이의 시기에 있었던 사실로 옳은 것은?

(가) 정문형, 한치례 등이 아뢰기를, "지금 김종직의 조의제문을 보니, 입으로만 읽지 못할 뿐 아니라 차마 눈으로도 볼 수 없습니다. …… 마땅히 대역의 죄로 논단하고 부관참시해서 그 죄를 분명히 밝혀 신하와 백성의 분을 씻는 것이 사리에 맞는 일입니다."라고 하였다. …… 왕이 정문형 등의 의견을 따랐다.

(나) 의금부에 전지하기를, "조광조, 김정 등은 서로 사귀어 무리를 이루고 자기 편은 천거하고 자기 편이 아닌 자는 배척하면서, 위세를 높여 서로 의지하며 권세가 있는 요직을 차지하였다. …… 이 모든 일들을 조사하여 밝혀라."라고 하였다.

① 정여립 모반 사건으로 기축옥사가 일어났다.
② 외척 간의 권력 다툼으로 윤임이 제거되었다.
③ 자의 대비의 복상 문제로 예송이 전개되었다.
④ 희빈 장씨 소생의 원자 책봉 문제로 환국이 발생하였다.
⑤ 폐비 윤씨 사사 사건을 빌미로 김굉필 등이 처형되었다.

07

밑줄 그은 '임금'이 재위하였던 시기의 사실로 옳은 것은?

자네, 양재역에 벽서가 붙었다는 소문 들었나? 대비께서 권력을 잡고 간신이 설치니 나라가 망한다는 내용이라고 하네.

임금의 상심이 크시겠군. 대비마마와 이기, 윤원형 등이 가만있지 않을 테니, 이로 인하여 곧 조정에 큰 변고가 생길까 두렵네.

① 신유박해로 천주교인들이 처형되었다.
② 사림이 동인과 서인으로 나뉘게 되었다.
③ 홍경래 등이 봉기하여 정주성을 점령하였다.
④ 외척 간의 대립으로 을사사화가 발생하였다.
⑤ 자의 대비의 복상 문제로 예송이 전개되었다.

08

(가)에 대한 설명으로 옳은 것을 〈보기〉에서 고른 것은?

변방의 일은 병조가 주관하는 것입니다. …… 그런데 근래 변방 일을 위하여 [(가)]을/를 설치하였고, 변방에 관계되는 모든 일을 실제로 다 장악하고 있습니다. …… 혹 병조 판서가 참여하는 경우가 있기는 하지만 도리어 지엽적인 입장이 되어 버렸고, 참판 이하의 당상관은 전혀 일의 내용을 모르고 있습니다. …… 청컨대 혁파하소서.

보기

ㄱ. 왕명 출납을 맡은 왕의 비서 기관이었다.
ㄴ. 임진왜란 이후 조직과 기능이 확대되었다.
ㄷ. 조광조를 비롯한 사림의 건의로 혁파되었다.
ㄹ. 세도 정치 시기에 외척의 세력 기반이 되었다.

① ㄱ, ㄴ ② ㄱ, ㄷ ③ ㄴ, ㄷ ④ ㄴ, ㄹ ⑤ ㄷ, ㄹ

09

다음 일기의 훼손된 부분에 해당하는 시기의 사실로 옳은 것은?

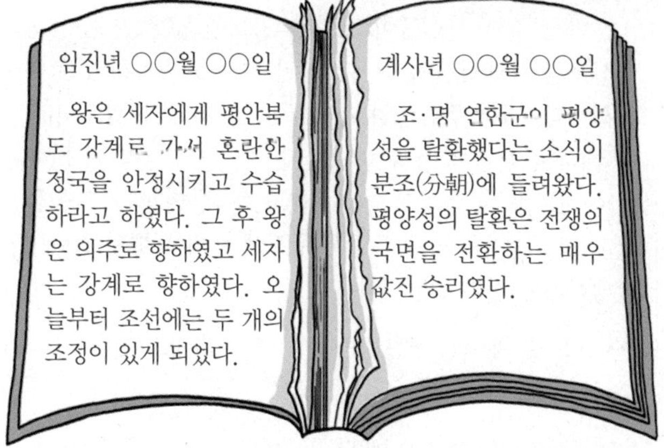
임진년 ○○월 ○○일

왕은 세자에게 평안북도 강계로 가서 혼란한 정국을 안정시키고 수습하라고 하였다. 그 후 왕은 의주로 향하였고 세자는 강계로 향하였다. 오늘부터 조선에는 두 개의 조정이 있게 되었다.

계사년 ○○월 ○○일

조·명 연합군이 평양성을 탈환했다는 소식이 분조(分朝)에 들려왔다. 평양성의 탈환은 전쟁의 국면을 전환하는 매우 값진 승리였다.

① 이순신이 한산도 대첩에서 승리하였다.
② 정발이 부산진성 전투에서 전사하였다.
③ 휴전 회담의 결렬로 정유재란이 시작되었다.
④ 명의 요청으로 강홍립의 부대가 파견되었다.
⑤ 정봉수와 이립이 의병을 이끌고 활약하였다.

10

다음 자료를 활용한 탐구 활동으로 가장 적절한 것은?

최명길이 아뢰기를, "종묘사직의 존망이 호흡하는 사이에 달려 있어 해볼 만한 일이 없으니, 청컨대 혼자 말을 타고 달려가서 적장을 보고 까닭 없이 군사를 발동하여 몰래 깊이 쳐들어온 뜻을 묻겠습니다. 오랑캐가 만일 다시 신의 말을 듣지 않고 신을 죽인다면 신은 마땅히 말발굽 아래에서 죽을 것이요, 다행히 서로 이야기가 되면 잠시라도 그들의 칼날을 멈추게 할 것이니, 한성 가까운 곳에서 방어할 만한 땅은 남한산성만 한 데가 없으니, 청컨대 전하께서는 [도성의] 수구문을 통하여 나가신 후 서둘러 산성으로 옮기시어 일의 추이를 보소서."라고 하였다.
- 『연려실기술』 -

① 삼별초의 이동 경로를 찾아본다.
② 통신사의 활동 내용을 살펴본다.
③ 위화도 회군의 결과를 알아본다.
④ 계해약조의 체결 과정을 조사한다.
⑤ 삼전도비의 건립 배경을 파악한다.

11

(가)~(다)를 일어난 순서대로 옳게 나열한 것은?

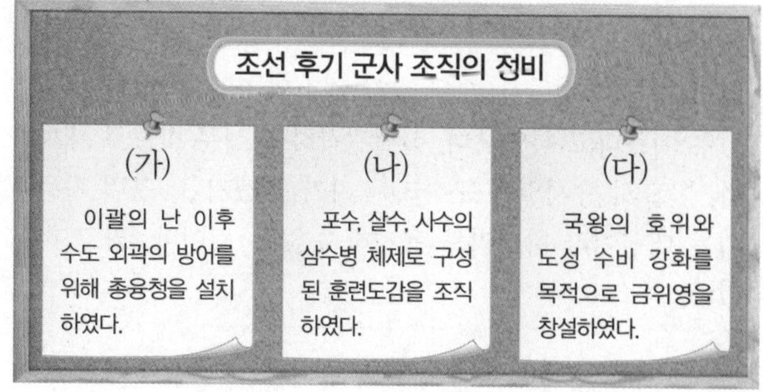

조선 후기 군사 조직의 정비
(가)
이괄의 난 이후 수도 외곽의 방어를 위해 총융청을 설치하였다.
(나)
포수, 살수, 사수의 삼수병 체제로 구성된 훈련도감을 조직하였다.
(다)
국왕의 호위와 도성 수비 강화를 목적으로 금위영을 창설하였다.

① (가) - (나) - (다)
② (가) - (다) - (나)
③ (나) - (가) - (다)
④ (나) - (다) - (가)
⑤ (다) - (나) - (가)

12

(가), (나) 사이의 시기에 있었던 사실로 옳은 것은?

(가) 정묘년 때 맹약을 잠시라도 지켜서 몇 년이나마 화(禍)를 늦춰야 합니다. 그 사이 어진 정치를 베풀어 민심을 수습하며 성을 쌓고 군량을 비축해야 합니다. 또 방어를 더욱 튼튼히 하고 군사를 집합시켜 일사불란하게 해야 합니다. 그런 다음 적의 허점을 노리는 것이 우리로서는 최상의 계책일 것입니다. - 『지천집』 -

(나) 오라총관 목극등이 …… 국경을 정하기 위하여 백두산에 이르렀다. 우리나라에서는 접반사 박권, 함경도 순찰사 이선부, 역관 김경문 등을 보내어 응접하게 하였다. …… 목극등이 중천(中泉)의 물주기가 나뉘는 위치에 앉아서 말하기를, "이곳이 분수령이라 할 수 있다."라고 하고, 그곳에 경계를 정하고 돌을 깎아서 비를 세웠다. - 『만기요람』 -

① 조총 부대가 파견되어 러시아 군대와 교전하였다.
② 명의 요청에 따라 강홍립이 이끄는 부대가 파병되었다.
③ 후금의 침입에 대비하여 이괄이 평안도에 주둔하였다.
④ 용골산성에서 정봉수와 이립이 의병을 이끌고 항전하였다.
⑤ 포수, 살수, 사수의 삼수병으로 구성된 훈련도감이 설치되었다.

13

다음 상황 이후에 전개된 사실로 옳은 것은?

> 임금이 말하기를, "송시열은 산림(山林)의 영수로서 나라의 형세가 험난한 때에 감히 원자의 명호를 정한 것이 너무 이르다고 하였으니, 삭탈관작하고 성문 밖으로 내쳐라. 반드시 송시열을 구하려는 자가 있겠지만, 그런 자는 비록 대신이라 하더라도 용서하지 않을 것이다."라고 하였다.

① 공신 책봉 문제로 이괄의 난이 일어났다.
② 정여립 모반 사건으로 옥사가 발생하였다.
③ 허적과 윤휴 등 남인들이 대거 축출되었다.
④ 북인이 서인과 남인을 배제하고 권력을 장악하였다.
⑤ 인현 왕후가 폐위되고 희빈 장씨가 왕비로 책봉되었다.

14

밑줄 그은 '이 왕'의 업적으로 옳지 않은 것은?

이 그림은 한성의 홍수 예방을 위하여 이 왕이 시행한 청계천 준설 공사의 모습을 그린 기록화입니다. 이 왕은 신문고를 다시 설치하여 백성의 억울함을 듣고자 하였습니다.
수문상친림관역도

① 속대전을 편찬하여 통치 체제를 정비하였다.
② 기유약조를 체결하여 일본과의 무역을 재개하였다.
③ 동국문헌비고를 간행하여 역대 문물을 정리하였다.
④ 균역법을 실시하여 군역의 부담을 줄이고자 하였다.
⑤ 탕평비를 건립하여 붕당의 폐해를 경계하고자 하였다.

15

밑줄 그은 '소란'이 일어난 시기를 연표에서 옳게 고른 것은?

> 금번 진주의 난민들이 소란을 일으킨 것은 오로지 전 경상우병사 백낙신이 탐욕스러워 백성을 침학하였기 때문입니다. 경상 우병영의 환곡 결손[還逋] 및 도결(都結)* 에 대하여 시기를 틈타 한꺼번에 6만 냥의 돈을 가호(家戶)에 배정하여 억지로 부과하려고 하니, 민심이 크게 들끓고 백성들의 분노가 폭발하여 전에 듣지 못했던 소란이 발생하기에 이른 것입니다.
>
> * 도결 : 각종 명목의 조세를 토지에 부과하여 징수함

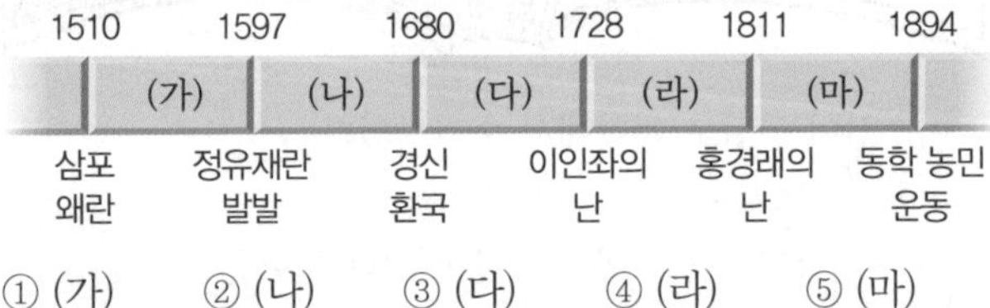

① (가)　② (나)　③ (다)　④ (라)　⑤ (마)

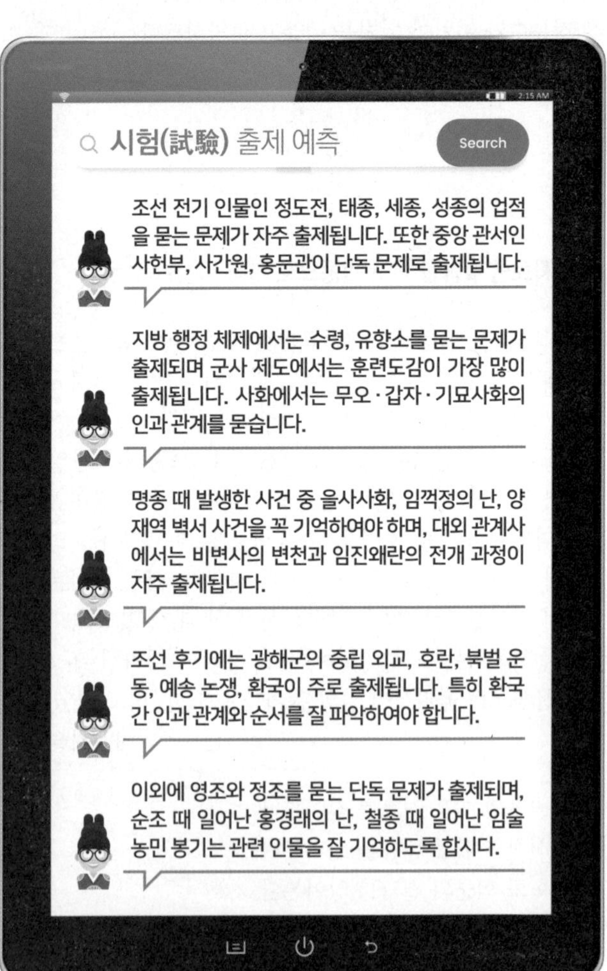

시험(試驗) 출제 예측
Search
조선 전기 인물인 정도전, 태종, 세종, 성종의 업적을 묻는 문제가 자주 출제됩니다. 또한 중앙 관서인 사헌부, 사간원, 홍문관이 단독 문제로 출제됩니다.
지방 행정 체제에서는 수령, 유향소를 묻는 문제가 출제되며 군사 제도에서는 훈련도감이 가장 많이 출제됩니다. 사화에서는 무오·갑자·기묘사화의 인과 관계를 묻습니다.
명종 때 발생한 사건 중 을사사화, 임꺽정의 난, 양재역 벽서 사건을 꼭 기억하여야 하며, 대외 관계사에서는 비변사의 변천과 임진왜란의 전개 과정이 자주 출제됩니다.
조선 후기에는 광해군의 중립 외교, 호란, 북벌 운동, 예송 논쟁, 환국이 주로 출제됩니다. 특히 환국 간 인과 관계와 순서를 잘 파악하여야 합니다.
이외에 영조와 정조를 묻는 단독 문제가 출제되며, 순조 때 일어난 홍경래의 난, 철종 때 일어난 임술 농민 봉기는 관련 인물을 잘 기억하도록 합시다.

10 | 조선의 경제와 사회

설쌤의 한(韓)판 정리

● 토지 제도의 변화

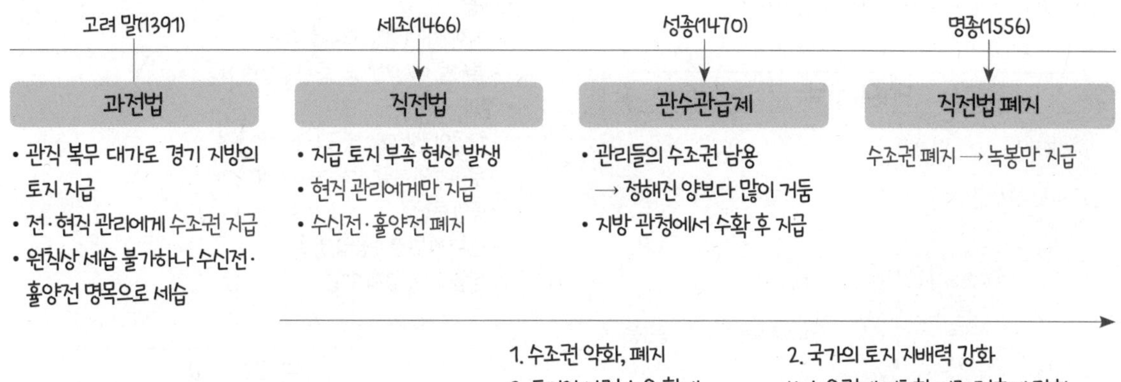
고려 말(1391)
세조(1466)
성종(1470)
명종(1556)
과전법
직전법
관수관급제
직전법 폐지
• 관직 복무 대가로 경기 지방의 토지 지급
• 전·현직 관리에게 수조권 지급
• 원칙상 세습 불가하나 수신전·휼양전 명목으로 세습
• 지급 토지 부족 현상 발생
• 현직 관리에게만 지급
• 수신전·휼양전 폐지
• 관리들의 수조권 남용 → 정해진 양보다 많이 거둠
• 지방 관청에서 수확 후 지급
수조권 폐지 → 녹봉만 지급
1. 수조권 약화, 폐지
2. 국가의 토지 지배력 강화
3. 토지의 사적 소유 확대
4. 소유권에 기초한 지주 전호제 강화

● 수취 체제의 변화

조세(전세)

고려 공양왕	조선 태종	조선 세종		조선 인조
답험손실법 →	답험손실법	공법	연분9등법	영정법
전주 답험 → 폐단 발생	관 답험	• 18만여 명 설문 조사 • 공법상정소 • 전제상정소	• 기준 : 풍흉 • 상상 : 1결당 20두 징수 • 하하 : 1결당 4두 징수 **전분6등법** 기준 : 토지 비옥도	• 풍흉에 관계없이 1결당 4~6두 징수 • 부가세 증가 : 운송비, 수수료 등

역

군역

• 초기 : 가호 기준 선발 → 정군 및 보인 선발 시 불평등 발생
• 세조 때 보법 시행 : 군역 대상자 증가, 요역 대상자 감소

→ • 군역의 요역화 → 대립과 방군수포 성행
↓
• 중종 때 군적 수포제 시행 → 폐단 발생 : 인징, 족징, 황구첨정, 백골징포 등

→ **조선 영조**

균역법

• 군포 2필 → 1필 징수
• 부족분 충당
  - 선박세, 어염세
  - 선무군관포 : 1년에 1필 징수
  - 결작 : 지주 1결당 2두 징수

요역

성종 때 1년에 6일 이내, 토지 8결당 1인을 징발하도록 규정 → 제대로 지켜지지 않음, 토지를 기준으로 징발하여 지주의 반발 증가 → 군인을 요역에 동원

공납

조선 전기

- 집집마다 특산물 징수
- 종류 : 상공(정기적), 별공·진상(비정기적)
- 대납과 방납의 폐단 발생
  - 대납 : 공물을 대신 납부하는 일
  - 방납 : 대납을 하고 이자를 붙여 받는 일
  → 조광조·유성룡·이이의 수미법 주장 계기

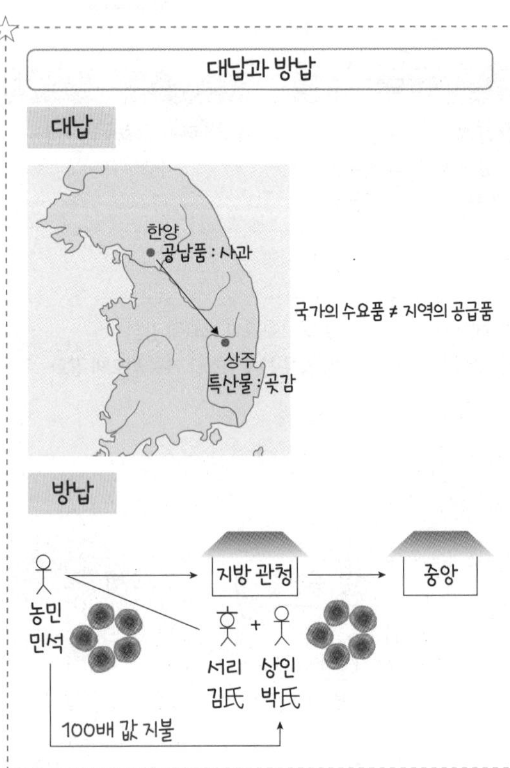

조선 후기

대동법

- 시행 : 광해군 때 경기 지역에서 시범적 시행 → 숙종 때 전국적 시행(100년 걸림)
- 명칭 : 선혜청에서 담당하여 선혜법이라고도 불림
- 내용
  - 지주에게 1결당 12두를 거둠
  - 특산물 대신 쌀·포·동전 등으로 거둠
- 결과
  - 상공의 전세화 : 별공과 진상은 존속
  - 무전 농민 부담 감소, 지주 부담 증가
  - 공인 등장
  - 선대제 민영 수공업 발달
  - 상품 화폐 경제 발달

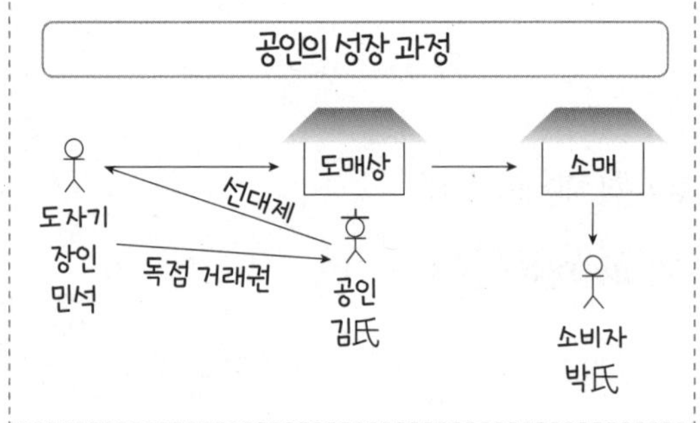

● 조운 제도

- 조세 운송 방법 : 강가·바닷가의 조창 → 경창
- 잉류 지역
  - 평안도 : 사신 접대비, 군사비로 사용
  - 함경도 : 군사비로 사용
  - 제주도

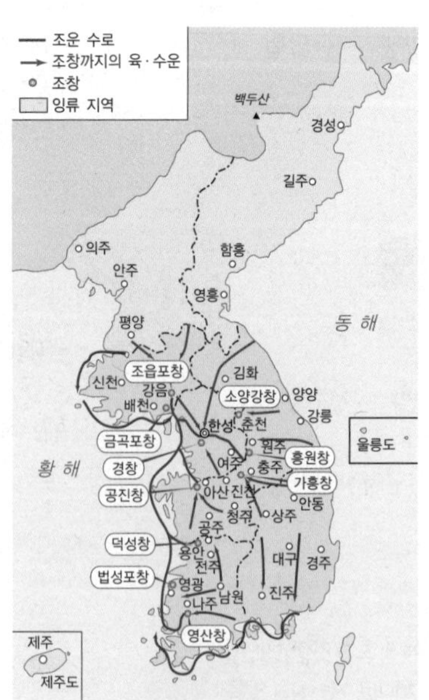

조선 시대 조운로와 잉류 지역

● 조선 전기·후기 경제 비교

	조선 전기	조선 후기
농업	• 중농 정책 - 개간 장려, 수리 시설 확충 - 『농사직설』(세종), 『금양잡록』(성종), 『구황촬요』(명종) 간행 • 논농사 - 직파법 - 모내기법(이앙법) : 남부 일부 지역에서 시행 → 이모작 가능 • 밭농사 - 조·보리 등 2년 3작 확대 - 시비법 발달 → 매년 농사 가능 • 지대 납부 방식 : 타조법(정률 지대)	• 농업 경영 방식의 변화 및 영향 - 논농사 : 모내기법(이앙법) 널리 시행 → 노동력 절감 → 광작 유행, 지주의 직접 경영 증가 → 농민의 계층 분화, 지주 전호제 확대 - 밭농사 : 견종법 확대, 상품 작물(인삼·면화·담배·고구마·감자 등)의 재배 확대 • 지대 납부 방식 : 도조법(정액 지대)의 등장
상업과 대외 무역	• 농본억상 정책 • 경시서(상행위 감독 기구) → 세조 때 평시서로 개칭 • 대외 무역 : 나라에서 무역 통제	• 장시·포구의 발달 : 보부상·객주·여각 등 활동 • 시전 상인 : 금난전권 행사 → 신해통공(정조) : 육의전을 제외한 금난전권 폐지 • 사상의 성장 - 경강상인(한강) : 운송업, 선박 건조 등 - 송상(개성) ㉠ 만상과 내상 사이 중계 무역(송방) ㉡ 사개치부법 ㉢ 인삼 재배 - 만상(의주) : 대청 무역 - 내상(동래) : 대일 무역 - 유상(평양) 조선 후기 상업과 무역 활동 • 공인·사상 → 도고로 성장 • 대외 무역 : 개시(공무역), 후시(사무역)
수공업	관영 수공업 중심 : 공장안에 장인 등록	• 공장안 폐지 → 민영 수공업 발달 • 대동법 시행 → 선대제 수공업 성행
광업	국가 직영	효종 때 설점수세제 시행 → 민영 광산 증가 → 덕대제 시행 : 덕대(경영자), 물주(자본가), 임노동자(노동자)
화폐	조선통보 등 주조 → 제대로 유통 X	• 상평통보 : 숙종 때 널리 유통 및 법화로 사용 • 전황 발생 → 이익의 폐전론 주장  상평통보

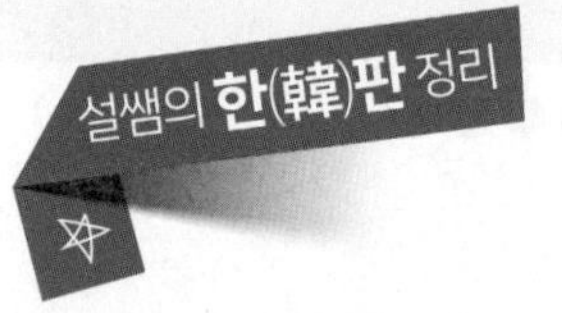

● 조선의 신분 질서

15세기 : 양천제

- 양인 / 천인 (법제적) ⇒
  - 양반(문관·무관을 부르던 명칭)
  - 중인
  - 상민(양인) : 농민 + 수공업자 + 상인
- 양인 : 과거 응시 가능, 조세·국역 의무
- 천인 : 비자유민, 개인이나 국가에 소속되어 천역을 담당

⇒ 양인층의 분화

16세기 : 반상제

양반 / 중인 / 상민 / 천민

반상제(양반과 상민의 차별 강화)

신분별 특징

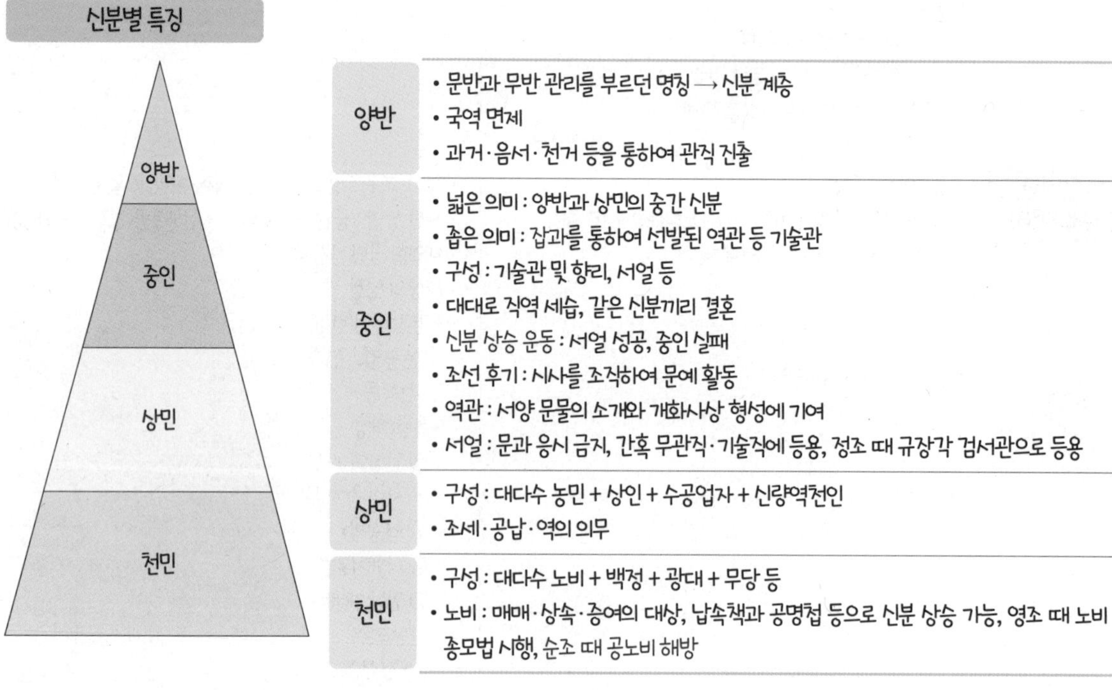

신분	특징
양반	• 문반과 무반 관리를 부르던 명칭 → 신분 계층 • 국역 면제 • 과거·음서·천거 등을 통하여 관직 진출
중인	• 넓은 의미 : 양반과 상민의 중간 신분 • 좁은 의미 : 잡과를 통하여 선발된 역관 등 기술관 • 구성 : 기술관 및 향리, 서얼 등 • 대대로 직역 세습, 같은 신분끼리 결혼 • 신분 상승 운동 : 서얼 성공, 중인 실패 • 조선 후기 : 시사를 조직하여 문예 활동 • 역관 : 서양 문물의 소개와 개화사상 형성에 기여 • 서얼 : 문과 응시 금지, 간혹 무관직·기술직에 등용, 정조 때 규장각 검서관으로 등용
상민	• 구성 : 대다수 농민 + 상인 + 수공업자 + 신량역천인 • 조세·공납·역의 의무
천민	• 구성 : 대다수 노비 + 백정 + 광대 + 무당 등 • 노비 : 매매·상속·증여의 대상, 납속책과 공명첩 등으로 신분 상승 가능, 영조 때 노비 종모법 시행, 순조 때 공노비 해방

● 신분 질서의 동요와 향촌 사회의 변화

신분 질서의 동요

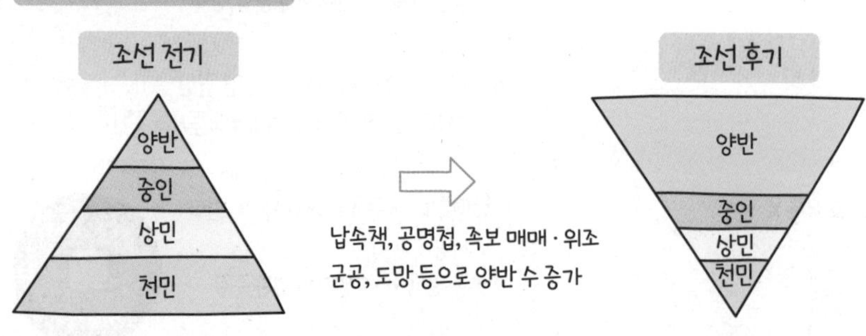

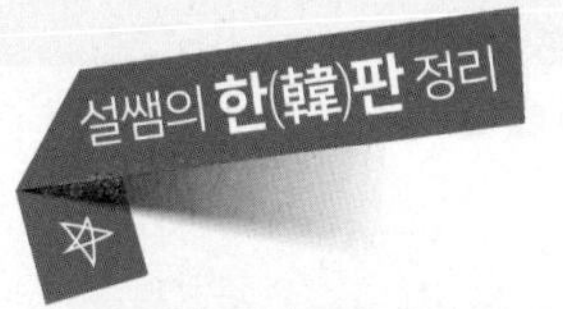

향촌 사회의 구성

향

재지사족(사족)

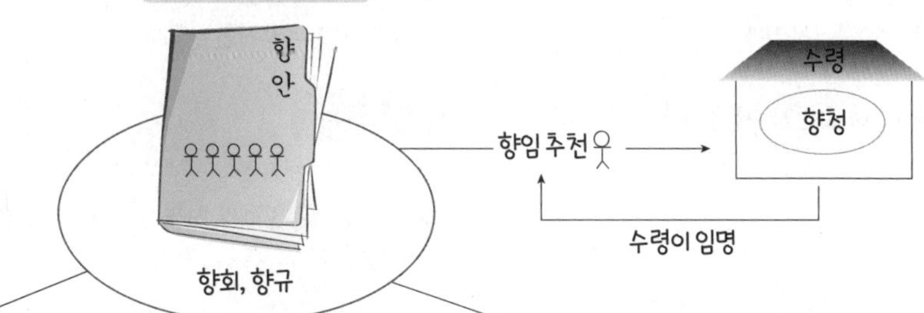

향약 시행
- 향촌 자치 규약 : 풍속 교화와 질서 유지 기능 담당
- 시행 : 중종 때 조광조에 의하여 시행
- 보급 노력 : 이황(예안 향약), 이이(해주 향약)
- 4대 덕목 : 덕업상권, 과실상규, 예속상교, 환난상휼

서원
- 백운동 서원(주세붕) : 최초의 서원
  → 소수 서원(이황) : 최초의 사액 서원
- 선현 제사, 학문 연구 담당
- 국왕으로부터 현판과 노비 등을 받기도 함
- 봄가을에 향음주례
- 영조, 흥선 대원군의 대대적 혁파
- 대표적인 9곳이 유네스코 세계 유산으로 등재

촌

반촌	양반이 사는 촌	대개는 같이 삶
민촌	평민이 사는 촌	

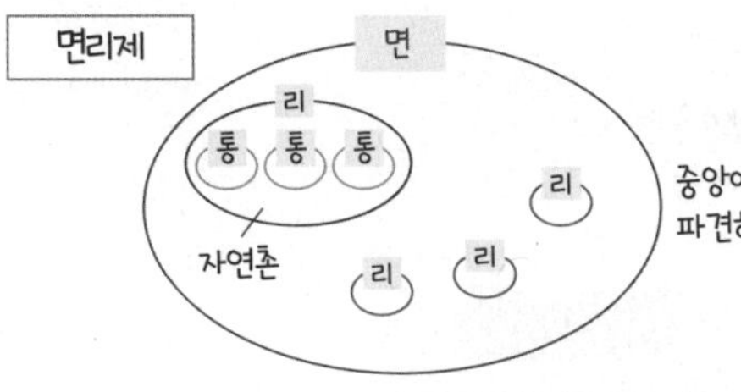

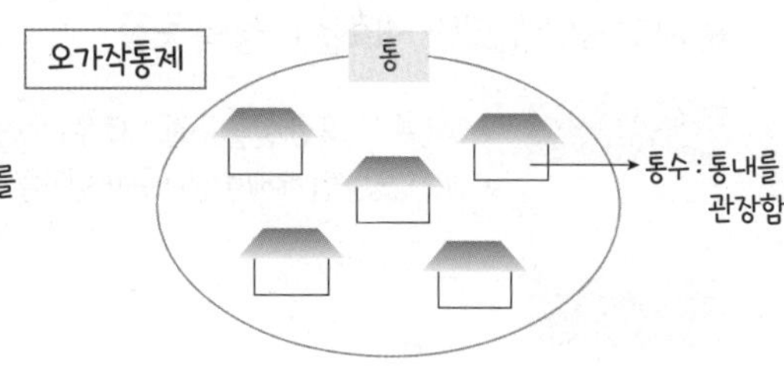

※ 면리제와 오가작통제를 통하여 촌락 주민을 지배함

향촌 사회의 변화

- 구향 = 기존 지방의 양반 = 재지사족(사족)
- 사족 중심의 향촌 지배 체제 : 향안, 향회, 유향소, 서원, 향약

- 신향 = 부농 출신 = 납속책 + 공명첩 → 양반
- 높은 경제력
- 관권과 결탁
- 구향의 향촌 지배권에 도전

향전의 발생

정의 구향과 신향이 향회 주도권을 둘러싸고 대립

결과
- 구향 : 서원, 사우, 동족 마을, 동약 → 지위 유지를 위한 노력
- 신향 : 관권과 결탁하여 향전에서 승리 → 향안에 이름을 올림, 향회 장악
- 관권 : 향회는 부세 자문 기구로 전락 → 관 주도의 향촌 질서 확립(수령의 권한 확대)

● 조선의 생활 모습

사회 시책

- 목적 : 농민 생활 안정을 통한 체제 유지 도모
- 환곡 : 의창 + 상평창, 농민 구휼 제도
- 사창 : 양반 중심의 향촌 질서 유지에 기여
- 혜민서 : 질병 치료
- 동·서 활인서 : 서민 환자 진료, 유랑자 수용 및 구휼

여성의 지위

- 조선 전기 : 고려와 동일
- 조선 후기 : 대부분 남자가 호주, 호적에 남자부터 기입, 시집살이, 재가 금지, 재가녀의 자손 차별 O

가족 제도

- 조선 전기 : 고려와 동일
- 조선 후기 : 일부일처제, 차등 상속, 아들이 없을 경우 양자를 들이는 것이 일반화

법률

- 대명률과 『경국대전』을 따름
- 반역죄 + 강상죄 = 중죄
- 연좌제 적용
- 범죄 발생 시 해당 지역의 호칭 강등, 수령 파면
- 토지와 노비 문제 : 문서로 판단
- 상속 문제 : 종법 적용
- 사법 기관
  - 중앙 : 사헌부, 의금부, 형조, 한성부, 장례원
  - 지방 : 관찰사, 수령
- 재판에 불만이 있을 경우 : 다른 관청, 상부 관청에 소송 가능

● 사회 불안 심화와 새로운 사상의 등장

예언 사상

- 정감록 : 가혹한 삶을 구원, 새로운 세상을 열 진인의 출현 예고
- 미륵 신앙 : 현세에서 얻지 못한 행복을 해결하고자 함

서학

- 전파 : 17세기에 중국을 왕래하는 사신들이 서학으로 소개함 → 18세기 일부 남인 실학자에 의하여 신앙화됨
- 관련 서적 : 『천주실의』
- 평등사상, 유교식 제사 거부 → 탄압
- 탄압 내용

신해박해 (정조)	• 윤지충 신주 사건 : 유교식 제사 거부 • 결과 : 윤지충 등 사형
신유박해 (순조)	• 정조 사후 노론 벽파가 남인 시파를 숙청하는 과정에서 일어난 박해 • 결과 : 황사영 백서 사건, 정약용 강진 유배, 정약전 흑산도 유배 등
기해박해 (헌종)	프랑스 선교사 및 조선 신자들이 처형됨
병오박해 (헌종)	조선 최초의 천주교 신부 김대건이 처형됨

동학

- 의미 : 서학을 배격한다는 뜻
- 최제우 창시 : 유·불·선을 바탕으로 민간 신앙 포함
- 보국안민·제폭구민
- 인내천
- 시천주
- 인간의 존엄성과 평등성 강조
- 후천 개벽 사상
- 양반 중심의 신분 질서 혼란 초래 → 탄압 : 최제우 사형(혹세무민의 죄목)
- 확산
  - 최시형이 『동경대전』·『용담유사』 등 경전 발간
  - 포접제로 교단 정비

1 토지 제도의 변화

과전법 (1391)	• 관리의 관직 복무 대가로 경기 지방의 토지에 한하여 수조권을 지급함 • 지급 대상 : 전·현직 관리 • 관리가 죽거나 반역을 할 경우 반환하는 것이 원칙임 • 수신전과 휼양전 명목으로 세습됨 • 문제점 : 세습되는 토지가 늘어나자 새로운 현직 관리에게 지급할 토지가 부족해짐
직전법 (세조, 1466)	• 지급 대상 : 현직 관리에게만 수조지를 지급함 • 수신전과 휼양전을 폐지함 • 폐단 : 현직 관리가 수조권을 남용하여 정해진 양보다 과도하게 수취함
관수관급제 (성종, 1470)	• 직전법 체제하(지급 대상은 여전히 현직 관리)에 관청에서 직접 거두어 관리에게 지급함 • 국가의 토지 지배력이 강화됨
직전법 폐지 (명종, 1556)	수조권을 폐지하고 관리에게 녹봉을 지급함
특징	과전법에서 직전법 폐지로 이어지는 과정에서 변화가 나타남 • 관리의 수조권이 점차 약해지다가 폐지됨 • 국가의 토지 지배력이 강화됨 • 관리의 토지 사적 소유가 확대됨 • 소유권에 기초한 지주 전호제가 강화됨

수신전
과전을 받는 관리가 사망할 경우 재혼하지 않은 부인에게 지급된 토지이다.

휼양전
과전을 받는 관리 부부가 모두 죽고 자녀가 어릴 경우 자녀에게 지급된 토지이다.

녹봉
국가가 관리에게 쌀·보리·명주·베·돈 등을 봉급으로 지급하였다.

2 수취 제도의 변화

(1) 조세(전세)

① 고려 : 공양왕 때 답험손실법에 따라 사전의 경우 수조권을 소유하고 있는 전주에게 작황 등급을 직접 파악하도록 하였다(전주 답험).

② 조선 전기

㉠ 전주 답험을 시행하는 과정에서 전주들이 손실을 거의 인정해 주지 않아 많은 폐단이 발생하였다. 태종은 이를 시정하기 위하여 관 답험을 시행하였다.

㉡ 관 답험을 시행하여 중앙에서 답험관을 파견하였으나, 폐단이 시정되지 않는 등 문제가 발생하였다.

㉢ 공법

ⓐ 배경 : 답험손실법하에서 농민들의 부담이 지속적으로 증가하자, 이러한 문제를 해결하고 조세를 일정하게 정리할 필요성이 제기되었다.

ⓑ 과정 : 세종은 중앙 관료부터 서민에 이르기까지 약 18만여 명에게 의견을 묻고 공법상정소와 **전제상정소를 설치**하여 **연분9등법**과 **전분6등법**에 따른 공법을 마련하였다.

ⓒ 한계 : 판정과 운영이 복잡하여 현실적으로 시행하는 데 많은 문제점이 발생하였다.

③ 조선 후기

영정법 (인조)	• 풍흉에 관계없이 1결당 4~6두를 전세로 거둠 • 명목상 전세 부담액은 줄었으나 수수료·운송비 등 부가세가 늘어나 실질적인 농민의 부담은 증가함

답험손실법
한 해 농업의 작황을 직접 조사하여 등급을 정하는 답험법과 조사한 내용에 따라 조세를 감면해 주는 손실법을 합쳐 답험손실법이라고 하였다.

연분9등법
토지를 풍흉 정도에 따라 9등급으로 나누어 토지 1결당 최고 20두에서 최하 4두를 조세로 납부하도록 한 제도이다.

전분6등법
토지를 비옥도에 따라 6등급으로 나누어 조세를 납부하도록 한 제도이다.

(2) 역

① 조선 전기

㉠ 대상 : 16세 이상 60세 미만의 정남에게 군역과 요역을 부과하였다.

㉡ 군역

ⓐ 정군(正軍)과 보인(保人) : 군역에는 일정 기간 동안 병역에 복무하는 정군(정병)과 정군이 복무하는 데 드는 비용을 경제적으로 보조하는 보인(봉족)이 있었다.

ⓑ 문제점 : 초기에 가호를 기준으로 정군과 보인을 선발하는 과정에서 불평등이 발생하였다.

ⓒ 보법 시행 : 세조는 정남 2정을 1보로 삼아 집집마다 남는 정남이 없도록 하였다.

㉢ 요역

ⓐ 배경 : 세조의 보법 시행으로 정남 대부분이 군역 대상자가 되어 요역을 담당하는 노동력이 부족해지는 현상이 발생하였다.

ⓑ 시행 : 성종은 정남을 동원하는 기준을 가호에서 토지 8결로 변경하고, 1년 동안 동원할 수 있는 날도 6일 이내로 제한하도록 규정을 바꾸었다.

ⓒ 문제점 : 요역이 필요한 공사에 임의로 징발하는 경우가 많았고, 토지를 기준으로 하는 것에 대한 양반 지주들의 반발이 심하여 규정이 제대로 지켜지지 않았다.

ⓓ 결과 : 군인들을 요역에 동원하는 일이 발생하였다(군역의 요역화).

㉣ 군적 수포제 시행

ⓐ 시행 : 군역의 요역화에 따라 대립과 방군수포가 성행하자, 중종 때 군적 수포제를 시행하여 정부에서 대립가를 지정하였다.

ⓑ 폐단 : 징수 기관이 통일되지 않아 군포를 이중, 삼중으로 부과하는 폐단과 함께 인징·족징·황구첨정·백골징포 등 폐단이 발생하였다.

불평등
정남이 10명인 집에서 1명을 선발하는 것과 정남이 1명인 집에서 1명을 선발하는 것은 평등하지 않다.

대립
대가를 지불하고 대신 군역을 지게 하는 것이다.

방군수포
포를 받고 군역을 면제해 주는 것으로 초기에는 부득이한 사정으로 훈련에 참여할 수 없는 경우에 징수하였으나 점차 일반화되었다.

인징·족징·황구첨정·백골징포
- 인징 : 이웃에게 징수하는 것
- 족징 : 친척에게 징수하는 것
- 황구첨정 : 16세 미만의 어린아이에게 징수하는 것
- 백골징포 : 죽은 자에게 징수하는 것

선무군관
영조 때 부농 자제 중에서 선발한 무관직이다. 이들은 평상시에는 매년 군포 1필을 내며 무예를 익혔고 유사시에 소집되어 군사를 지휘하였다.

② 조선 후기

균역법 (영조)	• 군포의 부담을 1년에 2필에서 1필로 줄여 줌 • 재정 부족분을 채우기 위한 방법 ㉠ 선박세, 어염세 등을 부과함 ㉡ 일부 부유한 양민에게 1년에 1필씩 선무군관포를 부과함 ㉢ 지주에게 결작이라는 이름으로 1결당 2두씩 거둠

국사(國史)편찬위원회에서 출제한 자료 ●균역법

2필 양역(良役)의 폐단이 나라를 망치는 근저가 된 지 오래되었습니다. 조종조(祖宗朝) 이래로 누차 변통시키는 계책을 강구하였지만, 지금에 이르도록 시일만 지체하면서 폐단은 날로 더욱 심해지니 ……. 급기야 임금께서 재차 궁궐 문에 임하시어 민정을 널리 물으셨지만, 호전(戶錢)·결포(結布)의 주장을 모두 행할 수 없게 되자 마침내 개연히 눈물을 흘리시며, "2필의 양역을 비록 다 혁파할 수는 없지만 1필로 줄이는 이 정책은 행하지 않을 수가 없다."라고 하교하시기에 이르렀습니다.

능력(能力) 향상을 위한 OX

			정답
01	조선 중종 때 군적 수포제가 시행되었다.	( )	○
02	조선 세종은 연분9등법과 전분6등법의 공법을 제정하였다.	( )	○
03	조선 인조는 풍흉에 관계없이 1결당 4~6두를 거두는 영정법을 시행하였다.	( )	○
04	조선 영조는 줄어든 군포의 부족분을 채우고자 결작을 부과하였다.	( )	○

(3) 공납

① 조선 전기 : 중앙 관청에서 각 군현에 각 지역 특산물의 종류와 수량을 할당하면 군현에서 이를 집집마다 할당하여 거두었다.

㉠ 종류 : 정기적으로 납부하는 상공과 비정기적으로 납부하는 별공과 진상이 있었다.

㉡ **방납의 폐단** : 조선 후기에는 공물을 대신 납부(대납)하고 이자를 붙여 대가를 챙기는 방납의 폐단이 발생하였다.

㉢ 수미법 제시 : 조광조·유성룡·이이는 특산물 대신 쌀로 공물을 납부하도록 하는 수미법을 제시하였다.

② 조선 후기

대동법 (광해군)	시행	광해군 때 경기 지역에서 시범적으로 시행하였으나 지주들의 반발로 100년 뒤 숙종 때 전국적으로 시행됨
	명칭	선혜청에서 담당하여 선혜법이라고도 불림
	내용	• 지주에게 1결당 12두를 거둠 • 특산물 대신 쌀·포·동전 등을 거둠
	결과	• 상공의 전세화 : 기존에 집집마다 내던 공납이 땅을 가진 지주가 내는 세금으로 바뀜(하지만 별공과 진상은 존속함) • 무전 농민의 부담은 감소하고 지주의 부담은 증가함 • 공인이 등장하는 계기가 됨 • 선대제 민영 수공업과 상품 화폐 경제가 발달함

대동세의 징수와 운송

● 공인
대동법 시행으로 등장한 어용상인이다. 관의 공식 허가를 받고 국가에 필요한 물품을 구입 및 조달하였으며, 특정 물품에 대한 독점권을 확보하여 큰 부를 축적하였다.

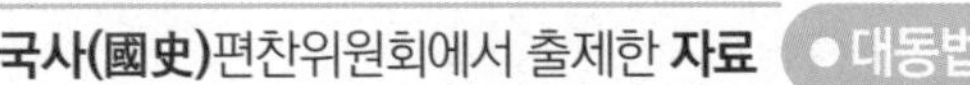
국사(國史)편찬위원회에서 출제한 **자료** ● 대동법

좌의정 이원익의 건의로 대동법을 비로소 시행하여 백성의 토지에서 미곡을 거두어 서울로 옮기게 하였는데, 먼저 경기에서 시작하고 드디어 선혜청을 설치하였다. …… 우의정 김육의 건의로 충청도에도 시행하게 되었으며 …… 황해도 관찰사 이언경의 상소로 황해도에도 시행하게 되었다. -『만기요람』-

(4) 조운 제도

① 의미 : 군현에서 쌀·콩 등으로 거둔 조세를 서울로 운송하는 제도로서 조창에서 경창까지 수로를 이용하여 운반하였다.

② 운송 경로

㉠ 전라도·충청도·황해도 : 바닷길을 통하여 운송하였다.

㉡ 경상도 : 남부는 낙동강으로, 북부 지역은 충주까지 육로로 이동한 뒤 남한강을 통하여 운송하였다.

㉢ 강원도 : 태백산맥을 넘은 후 한강을 통하여 운송하였다.

③ 잉류 지역 : 평안도·함경도·제주도는 조세를 서울로 보내지 않고 자체 경비로 사용하는 잉류 지역이었다. 잉류 지역에서 거둔 조세는 현지의 군사비와 사신 접대비 등 운영비로 사용하였다.

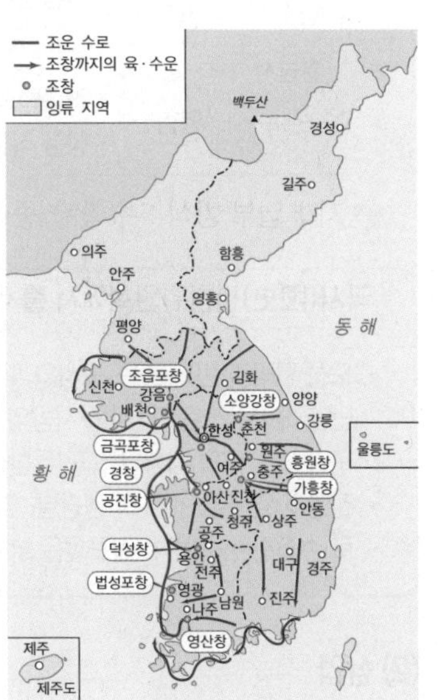

조선 시대 조운로

3 조선 전기·후기 경제 비교

(1) 농업

① 조선 전기

㉠ 중농 정책 시행

ⓐ 목적 : 조선 시대에는 농업이 백성의 안정적인 생활과 국가 재정 확보에 필요한 산업이었다. 이에 정부는 중농 정책을 시행하여 개간을 장려하고 수리 시설을 확충하였다.

ⓑ 농서 간행 : **조선 세종 때 우리 풍토에 맞는 농사법을 소개한 『농사직설』**을, 조선 성종 때 『금양잡록』을, **조선 명종 때 기근에 대비하고자 『구황촬요』를 간행**하여 보급하였다.

㉡ 논농사

ⓐ 직파법을 이용하여 농사를 지었다.

ⓑ 남부 일부 지방에 모내기법(이앙법)이 도입되어 벼와 보리의 이모작이 가능해졌으나, 정부는 가뭄에 취약하다는 이유로 모내기법을 금지하였다.

㉢ 밭농사

ⓐ 조·보리·콩의 2년 3작이 널리 행해졌다.

ⓑ 시비법이 발달하여 매년 농사를 지을 수 있었다.

㉣ 지대 납부 방식 : 매년 수확량 중 일정 비율을 소작료로 내는 타조법이 적용되었다.

② 조선 후기

㉠ 농업 경영 방식

논농사	변화	• **모내기법(이앙법)이 전국적으로 보급**되어 노동력이 절감됨 • 광작이 유행하였으며 지주의 직접 경영이 증가함
	영향	• **농민의 계층 분화** : 일부 농민은 부농으로 성장하였으나, 농민 중 다수가 경작지를 잃고 영세 상인이 되거나 임노동자가 됨 • 지주 전호제가 확대됨
밭농사	변화	• 견종법이 널리 확대됨 • 인삼·**면화·담배·감자·고구마 등 상품 작물 재배가 확산됨**
	영향	• 견종법의 확대로 노동력이 절감되고 생산량은 확대됨 • 상품 작물의 재배로 일부 농민은 부농으로 성장함

㉡ 지대 납부 방식 : 수확량 중 일정 액수를 소작료로 내는 도조법이 등장하였다.

견종법
밭이랑과 이랑 사이에 작물을 재배하는 방법이다.

국사(國史)편찬위원회에서 출제한 자료 ●상품 작물 재배

• 도성 안팎과 번화한 큰 도시의 파밭, 마늘밭, 배추밭, 오이밭은 10무(畝)의 땅에서 얻은 수확이 돈 수만을 헤아리게 된다. 서도 지방의 담배밭, 북도 지방의 삼밭, 한산의 모시밭, 전주의 생강밭, 강진의 고구마밭, 황주의 지황밭은 모두 상상등(上上等)의 논보다 그 이익이 10배에 달한다. -『경세유표』-

• 진안의 담배밭, 진주의 생강밭, 임천과 한산의 모시논, 안동과 예안의 왕골논은 우리나라에서 으뜸으로 손꼽히는 곳이다. 이곳들은 부유한 이들이 이익을 얻는 원천이다. -『택리지』-

(2) 상업

① 조선 전기

㉠ 농본억상 정책이 시행되어 상업이 크게 발전하지 못하였다.

㉡ 조선 정부는 **경시서를 두어 상행위를 감독**하였다.

경시서
조선 세조 때 평시서로 개칭되었다.

② 조선 후기

㉠ 장시의 등장 : 15세기 후반부터 지방에 장시가 등장하여 16세기 무렵 전국적으로 확대되었다.

㉡ **보부상** : **각 장시를 하나의 유통망으로 연계**시켰다.

㉢ **객주와 여각** : **포구에서 중개·금융·숙박업에 주력**하였다.

㉣ **시전 상인** : **왕실이나 관청에 물품을 공급**하는 대신 금난전권을 부여받았으나, 조선 정조 때 육의전을 제외한 시전 상인들의 금난전권이 폐지되었다.

㉤ 사상의 성장

경강상인(한양)	• 한강을 근거지로 삼고 서남 연해안을 통하여 미곡·소금·어물 등의 운송과 판매를 장악함 • 선박의 건조 등 생산 분야까지 진출함
송상(개성)	• 전국에 송방이라는 지점을 설치하여 활동하였고 만상과 내상 사이에서 중계 무역을 함 • 독특한 장부 기입법인 사개치부법을 사용함 • 주로 인삼을 재배하여 판매함
만상(의주)	책문 후시 등 주로 대청 무역을 통하여 부를 축적함
내상(동래)	초량 왜관을 통한 대일 무역으로 부를 축적함
유상(평양)	평양을 근거지로 삼아 활동함

조선 후기 상업과 무역 활동

㉥ **도고** : 공인과 사상은 점차 부를 축적하여 **독점적 도매상인인 도고**로 성장하였다.

(3) 대외 무역

① 조선 전기 : 국가에서 무역을 통제하였는데, 특히 사무역을 엄격히 감시하였다.

② 조선 후기 : 국경 지대를 중심으로 **개시 무역과 후시 무역**이 이루어졌다.

(4) 수공업

① 조선 전기 – 관영 수공업 중심

㉠ 수공업자(장인)를 공장안에 등록하여 국가에서 필요한 물품을 만들도록 하였다.

㉡ 수공업자는 자신의 할당량을 초과한 생산품을 민간에서 판매할 수 있었다.

㉢ 수공업자들은 조선 후기로 갈수록 관청에 동원되는 것을 기피하여 관영 수공업이 점차 쇠퇴하였다.

② 조선 후기

㉠ 민영 수공업의 발달

ⓐ 납포장 증가 : 포(베)로 장인세를 납부하고 시장에 물건을 납품하는 납포장이 증가하여 자유롭게 제품 생산 활동에 종사하였다.

ⓑ 공장안 폐지 : 18세기 말에 장인 등록제인 공장안이 폐지되어 민영 수공업이 발달하였다.

㉡ 선대제 수공업 발달 : 대동법이 시행되며 수공업자가 물품을 제조할 자금과 원료를 미리 받고 물품을 제작하여 공급하였다. 이는 제품 생산 기술의 발달과 작업 공정의 분업화를 촉진시켰다.

보부상

봇짐장수와 등짐장수를 통틀어 보부상이라 한다. 보부상은 조선 전기에도 존재하였다.

사개치부법

네 가지로 구분한 거래 내용을 기록하기 위하여 독특한 구분법과 문자를 사용하였다.

(5) 광업

① 조선 전기 : 국가에서 직접 광산을 경영하였다.

② 조선 후기

㉠ 민영 광산의 발달 배경

ⓐ 민영 수공업의 발달로 광산물 수요가 급증하였다.

ⓑ 청과의 무역이 성행하며 결제 수단인 은의 수요가 증가하였다.

ⓒ **설점수세제 시행** : **효종** 때 정부가 개인에게 세금을 받고 **민간의 광산 채굴을 허용**하였다.

㉡ **덕대제** : **광산 경영인인 덕대**가 상인 물주로부터 자본을 조달받아 채굴업자인 혈주와 노동자를 고용하는 형태로 운영되었다.

국사(國史)편찬위원회에서 출제한 **자료** ● 민영 광산의 발달

평안도에서는 …… 설점(設店)한 이후에 간사한 백성들이 때를 틈타 이익을 다투어 사사로이 잠채(潛採)하고 있다. 설점한 고을이 아니더라도 잠채하지 않는 곳이 없다. 묘지나 논밭을 가리지 않고 굴을 뚫고 땅을 파헤쳐서, 마을이 소란스러워짐이 말로 다할 수 없다. 쌀값이 크게 오르고 도둑질이 끊이지 않으며, 농사를 짓던 농민들도 생업을 팽개치고 이익을 좇는다.

조선통보

● 상평통보

조선 인조와 효종 때 주조되기 시작하여 조선 숙종 때에는 전국적으로 유통되어 법화로 사용되었다.

(6) 화폐

① 조선 전기 : 저화, 조선통보 등 화폐가 제작되었지만 제대로 유통되지 않았다.

② 조선 후기

㉠ 상공업이 발달하고 대동법이 시행되어 **상평통보**의 유통량이 크게 늘어났다.

㉡ **전황의 발생** : 지주나 대상인이 동전을 재산 축적과 고리대에 이용하며 동전이 제대로 유통되지 않아 **동전 부족 현상인 전황이 발생**하였으며, 이에 이익이 폐전론을 주장하였다.

국사(國史)편찬위원회에서 출제한 **자료** ● 상평통보

허적과 권대운 등이 (돈을 유통시키자고) 청하였다. 왕이 신하들에게 물으니, 신하들이 모두 그 편리함을 말하였다. 왕이 그대로 따르고, 호조·상평청·진휼청 등에 명하여 상평통보를 주조하되 돈 400문(文)을 은 1냥의 값으로 정하여 시중에 유통하게 하였다. -『숙종실록』-

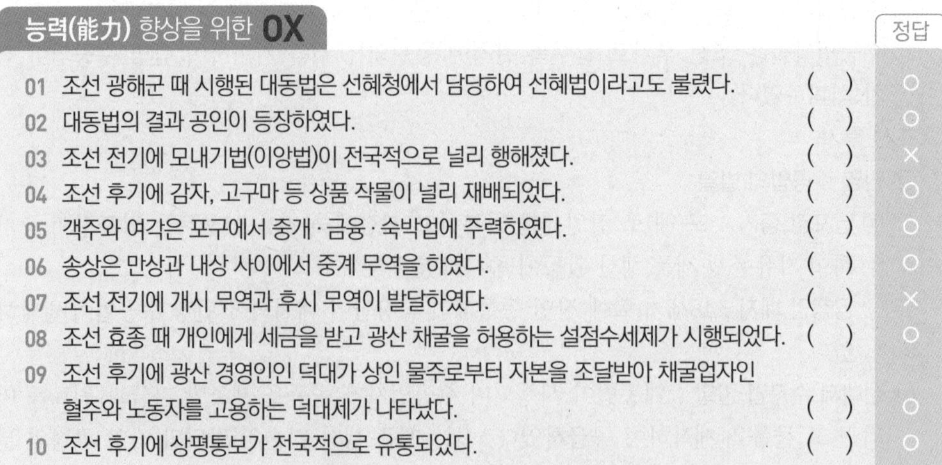

능력(能力) 향상을 위한 **OX**

			정답
01	조선 광해군 때 시행된 대동법은 선혜청에서 담당하여 선혜법이라고도 불렸다.	( )	○
02	대동법의 결과 공인이 등장하였다.	( )	○
03	조선 전기에 모내기법(이앙법)이 전국적으로 널리 행해졌다.	( )	×
04	조선 후기에 감자, 고구마 등 상품 작물이 널리 재배되었다.	( )	○
05	객주와 여각은 포구에서 중개·금융·숙박업에 주력하였다.	( )	○
06	송상은 만상과 내상 사이에서 중계 무역을 하였다.	( )	○
07	조선 전기에 개시 무역과 후시 무역이 발달하였다.	( )	×
08	조선 효종 때 개인에게 세금을 받고 광산 채굴을 허용하는 설점수세제가 시행되었다.	( )	○
09	조선 후기에 광산 경영인인 덕대가 상인 물주로부터 자본을 조달받아 채굴업자인 혈주와 노동자를 고용하는 덕대제가 나타났다.	( )	○
10	조선 후기에 상평통보가 전국적으로 유통되었다.	( )	○

4 조선의 신분 질서

(1) 신분제

① 15세기 : 조선은 모든 사회 구성원을 자유민인 양인과 비자유민인 천민으로 구분하는 양천제를 법제화하였다.

② 16세기 : 양인층의 분화가 발생하여 신분을 양반·중인·상민·천민으로 구분하는 반상제가 일반화되었다.

(2) 신분별 특징

① 양반

㉠ 의미 : 원래 양반은 문반과 무반 관리를 부르는 명칭이었으나 점차 하나의 신분으로서 자리 잡았다.

㉡ 각종 국역을 면제받는 등 특권을 누렸다.

㉢ 과거와 음서, 천거 등을 통하여 관직에 진출하였다.

② 중인

㉠ 의미 : 넓게는 양반과 상민의 중간 신분으로 향리 및 서얼까지 포함하였으며, 좁게는 잡과를 통하여 선발된 역관·의관 등 기술관을 지칭하였다.

㉡ 대대로 직역을 세습하고 같은 신분끼리 결혼하였다.

㉢ **신분 상승 운동(통청 운동)을 전개**하였으나 서얼을 제외하고 성과를 거두지 못하였다.

㉣ 조선 후기에 시사(詩社)를 조직하여 문예 활동을 전개하였다.

㉤ 역관 : 서양 문물을 소개하였고 개화사상이 형성되는 데 크게 기여하였다.

㉥ 서얼

ⓐ 양반과 양인의 첩 사이에서 태어난 서자와 양반과 천민의 첩 사이에서 태어난 얼자를 합쳐 부르는 말이다.

ⓑ 중인과 같은 처우를 받아 중서라 불렸다.

ⓒ 문과 응시가 불가능하였고 간혹 무관직이나 기술직에 등용되었다.

ⓓ 조선 정조 때 서얼에 대한 차별이 완화되어 이덕무·유득공·박제가 등 서얼이 규장각 검서관에 등용되었다.

국사(國史)편찬위원회에서 출제한 **자료** ●서얼

지난 을축년 영중추부사 이원익이 정승으로 있을 때에, …… 서얼의 관직 진출을 허용하도록 정하였습니다. 양첩 소생은 손자 대에 가서 허용하고, 천첩 소생은 증손 대에 가서 허용하며, 과거에 급제한 뒤에는 요직은 허용하되 청직은 허용하지 않는 것으로 임금님의 재가를 받았습니다. …… 지금부터는 전교하신 대로 재능에 따라 의망(擬望)하는 것이 어떻겠습니까?

● 의망 : 관직 후보자를 추천하는 것

③ 상민

㉠ 평민 또는 양인으로도 불렸다.

㉡ 구성 : 농민·상인·수공업자·신량역천인(**봉수군**, **역졸**, 조창군 등) 등으로 이루어졌으며 대다수가 농민이었다.

㉢ 조세와 공납, 역의 의무를 지녔으며 과거를 통하여 관직에 진출할 수 있었으나 실제로는 쉽지 않았다.

④ 천민

㉠ **구성** : 노비·백정·광대·무당 등으로 이루어졌으며 대다수가 노비였다.

㉡ **노비**

ⓐ 고려 시대와 마찬가지로 공노비와 사노비가 존재하였다.

ⓑ 재산으로 간주되어 매매·상속·증여의 대상이었다.

ⓒ **조선 태종 때** 노비의 신분은 부친을 따르도록 한 **노비종부법이 시행되었다.**

ⓓ 조선 세종 때 노비종모법을 시행하였으나 세조 때 일천즉천으로 바뀌었다.

ⓔ 임진왜란 이후 납속책과 공명첩을 통하여 신분을 상승시킬 수 있었다.

ⓕ **조선 영조 때** 노비의 신분과 소속은 모친을 따르도록 한 **노비종모법이 시행되었다.**

ⓖ **조선 순조 때 공노비 6만 6천여 명을 해방**하여 국가 재정을 확충하고자 하였다.

일천즉천
고려 시대부터 부모 중 한쪽이라도 노비이면 자식의 신분도 노비였다. 하지만 조선 시대에 와서 일천즉천이 노비종부법, 노비종모법 등으로 바뀌기도 하였다.

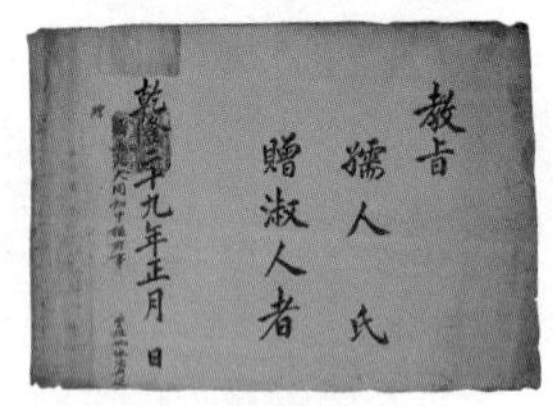
공명첩

납속책
조선 시대에 국가 재정을 보충하기 위하여 곡식이나 돈을 국가에 지불할 경우 국가에서 신분 상승 등 특전을 준 정책이다.

(3) 신분 질서의 동요

① 조선 후기에 경제적으로 부를 축적한 상민은 **공명첩**을 구매하거나 족보 매매 및 위조 등을 통하여 양반 신분을 얻었다.

② 노비는 군공을 세우거나 납속책 및 도망을 통하여 상민이 되기도 하였다.

③ 정계에서 축출된 일부 양반은 몰락하여 농민과 같은 수준의 생활을 하였다.

④ 점차 양반의 수가 증가하고 상민과 노비의 수가 감소하여 양반 중심의 신분 질서가 크게 동요하였다.

5 향촌 사회의 구성

(1) 향

① **의미** : 중앙과 대치되는 개념으로 행정 구역상 군현 단위를 말하며 중앙에서 지방관을 파견하였다.

② **구성** : 향촌 사회에서 농민을 지배하는 계층은 재지사족(사족)이었는데, 이들은 향안을 작성하고 향규를 제정하였으며 향회를 열었다.

㉠ **향안(청금록)** : 향촌 사회 지배층인 지방 사족의 명단으로, 임진왜란 전후에 각 군현마다 보편적으로 작성하였다.

㉡ **향규** : 향회의 사족들이 향촌에서의 특권을 유지하기 위하여 만든 향회 운영 규칙이다.

㉢ **향회** : 향안에 이름이 오른 사족들의 총회로서 향회를 통하여 결속을 다지고 지방민을 통제하였다. 향회에서는 유향소의 좌수·별감 등 향임을 선출하였다.

③ **서원과 향약** : 향촌 사회에서 사림의 영향력 강화에 기여하였다.

㉠ 서원

구분	내용
특징	• 16세기부터 사림이 지방에 세운 사립 교육 기관 • 선현에 대한 제사와 학문 연구 및 교육을 담당함 • 봄가을에 향약을 읽고 잔치를 벌이는 향음주례를 지냄 • 국왕으로부터 현판과 함께 노비 등을 받기도 함
설립	• 중종 때 풍기 군수 주세붕이 최초의 서원인 백운동 서원을 세움 • 백운동 서원은 이황의 건의로 왕에게 소수 서원이라 적힌 편액을 하사받아 소수 서원이 됨
철폐	붕당의 근거지로 전락하여 영조 때 서원 수가 1,000여 개에서 600여 개로 줄어들었고, 흥선 대원군 때 47개를 제외하고 철폐됨

국사(國史)편찬위원회에서 출제한 자료 ● 서원

주세붕이 처음 서원을 세울 때 세상에서는 의심하였습니다. 주세붕은 뜻을 더욱 가다듬어 많은 비웃음을 무릅쓰고 비방을 물리쳐 지금까지 누구도 하지 못했던 장한 일을 이루었습니다. 아마도 하늘이 서원을 세우는 가르침을 동방에 흥하게 하여 [우리나라가] 중국과 같아지도록 하려는 것인가 봅니다.

－『퇴계선생문집』－

㉡ 향약

특징	• 지방의 풍속 교화와 질서 유지를 위한 향촌 자치 규약 • 유교 윤리 보급과 향촌 사회 질서 유지에 기여함 • 향약의 4대 덕목 : 덕업상권, 예속상교, 과실상규, 환난상휼
시행	• 중종 때 조광조의 건의에 따라 시행됨 • 이황과 이이에 의하여 향약 보급이 확산됨 예 이황의 『예안 향약』, 이이의 『해주 향약』
한계	지방 유력자가 백성을 위협 및 수탈하는 부작용을 초래함

국사(國史)편찬위원회에서 출제한 자료 ● 향약

• 올바른 것을 어기고 예의를 해침으로써 우리 고을 풍속을 무너뜨리는 자는 바로 하늘의 뜻을 거역하는 백성이다. 벌을 주지 않으려 해도 주지 않을 수 있겠는가? 이것이 바로 향약을 세우는 까닭이다.

－『퇴계집』－

• 향약에 가입하기를 원하는 자에게는 반드시 먼저 규약문을 보여 몇 달 동안 실행할 수 있는가를 스스로 헤아려 본 뒤에 가입하기를 청하게 한다. …… 약정(約正)은 여러 사람에게 물어서 좋다고 한 후에야 다음 모임에 참여하게 한다.

－『율곡전서』－

(2) 촌

① 의미 : 군현 밑에 있는 마을·촌락을 말하며 농민 생활의 기본 단위이자 향촌을 구성하는 기본 단위이다.

② 구성

㉠ 반촌 : 동성의 특정 성씨만이 아니라 친족, 외족의 동족으로 구성되어 다양한 성씨가 거주하였다.

㉡ 민촌 : 대부분 평민과 천민으로 구성되었으며, 다른 촌락에 거주하는 지주의 소작농으로 생활하였다.

③ 운영 : 조선 정부는 자연촌 단위의 몇 개 리(里)를 면(面)으로 편제하여 통제하였으며, 또한 오가작통제를 시행하여 촌락 주민을 원활히 지배하고자 하였다.

(3) 향촌 사회의 변화

① 구향

㉠ 의미 : 16~17세기에 지방에서 영향력을 행사한 재지사족(사족)이다.

㉡ 사족 중심의 향촌 지배 체제 확립

ⓐ 지방 사족의 명단인 향안을 작성하고 향회를 개최하여 결속력을 강화하였다.

ⓑ 유향소를 중심으로 수령을 보좌하였는데, 당시에는 이들의 도움이 없으면 수령이 해당 지역을 제대로 다스릴 수 없었다.

ⓒ 서원을 통하여 지방의 여론을 주도하고 향약을 운영하여 사족 중심의 향촌 지배 체제를 강화하였다.

향약의 4대 덕목

• 덕업상권 : 좋은 일은 서로 권장한다.
• 예속상교 : 사람을 사귈 때 서로 예의를 지킨다.
• 과실상규 : 잘못은 서로 고쳐 준다.
• 환난상휼 : 어려움을 당하면 서로 돕는다.

유향소

유향소는 수령을 보좌하는 역할을 담당하였는데, 유향소 직책 중 향임을 둘러싸고 구향과 신향이 대립하였다.

② 신향

㉠ 의미 : 18~19세기에 부농층 중에서 높은 경제력을 바탕으로 납속책과 공명첩 등을 구입하여 지방에서 새롭게 양반이 된 세력이다.

㉡ 관권과 결탁하여 구향(기존 양반) 중심의 향촌 지배 질서에 도전하였다.

③ 향전의 발생

㉠ 배경 : 전통적으로 향촌 사회를 지배하던 사족들로 구성된 향청에 신향들이 참여하며 향촌의 지배권을 두고 구향과 신향의 대립이 심화되었다.

㉡ 결과

구분	내용
구향	• 서원과 사우를 건립하고 동족 마을을 형성하여 문중 및 친족 중심의 결속을 강화함 • 촌락 단위로 동약을 시행함
신향	관권과 결탁하여 향전에서 승리한 뒤 향안에 이름을 올리고 향회를 장악함
관권	• 향회가 부세 자문 기구로 전락하며 관 주도의 향촌 질서가 확립됨 • 수령과 향리의 권한이 강화되어 19세기 세도 정치 시기에 이들의 농민 수탈이 극심해지는 배경이 됨

사우
조상 또는 선현의 영정이나 신주를 모시고 제사를 올리는 장소이다.

부세 자문 기구
세금을 부과할 때 의견을 묻는 기구이다.

6 조선의 생활 모습

(1) 사회 시책

조선 정부는 농민 생활을 안정시켜 국가 체제를 유지하고자 하였다.

구분	내용
환곡제	국가에서 의창과 상평창을 통하여 흉년이 든 때나 춘궁기에 농민에게 곡식을 빌려주고 추수를 한 후에 갚도록 한 제도
사창제	• 민간에서 양반 지주들이 농민 생활의 안정을 위하여 곡식을 빌려주고 갚도록 한 제도 • 양반 중심의 향촌 질서를 유지하는 데 기여함
혜민서	환자 진료와 질병 치료를 담당함
동·서 활인서	환자를 진료하고 유랑자의 수용과 구휼을 담당함

(2) 여성의 지위

① 조선 전기 : 고려 시대와 동일하게 여성의 지위가 비교적 높았다.

② 조선 후기

㉠ **남자가 호주를 하였고 족보에도 남자를 먼저 기록하였다.**

㉡ 여자가 결혼한 남자 집에 들어가서 사는 시집살이가 일반적이었다.

㉢ 과부의 재가가 금지되었으며 재가녀의 자손은 사회적으로 많은 차별을 받았다.

(3) 가족 제도

① 조선 전기 : 고려 시대와 동일하게 부계와 모계 모두 중요시하였다.

② 조선 후기

㉠ 부계 위주의 가족 제도가 운영되었다.

㉡ 일부일처제가 원칙이었으나 첩을 들이는 경우가 많았다.

㉢ 재산 상속 시 장자가 우대받는 차등 상속이 이루어졌다.

㉣ **아들이 없을 경우 양자를 들이는 것이 일반화되었다.**

(4) 법률

① 대명률과 『경국대전』에 근간하여 합리적인 법률 제도를 운영하였다.
② 반역죄와 강상죄를 중죄로 취급하여 다스렸으며 가족까지 처벌하는 연좌제를 시행하였다.
③ 범죄가 발생할 경우 해당 지역의 호칭을 강등하거나 수령을 파면하기도 하였다.
④ 토지와 노비 문제는 문서를 근간으로 판단하였으며 상속 문제는 종법을 따랐다.
⑤ 사법 기관
㉠ 중앙 : 사헌부, 의금부, 형조, 한성부, 장례원이 존재하였다.
㉡ 지방 : 관찰사와 수령이 사법을 담당하였다.
㉢ 재판에 불만이 있을 경우 다른 관청이나 상부 기관에 소송할 수 있었다.
㉣ 그 외에 신문고나 징을 쳐서 임금에게 직접 호소하는 방법도 있었으나, 일반적으로 시행되지는 못하였다.

강상죄
삼강오륜을 어기고 저지른 죄이다.

종법
남자 중에서도 적장자를 중심으로 재산 상속 및 제사 계승을 규정한 법이다

장례원
노비 문제를 담당하는 기관이다.

7 사회 불안의 심화와 새로운 사상의 등장

(1) 사회 불안 심화와 예언 사상

① **『정감록』**의 유행 : 지배층의 가혹한 수탈로 피폐해진 민중의 삶을 구원하고 새로운 세상을 열어 줄 진인의 출현을 예고하는 서적이 유행하였다.
② 미륵 신앙의 성행 : **미륵불**이 나타나 현세를 구원해 준다는 사상이 유행하였다.

(2) 서학

① 전파
㉠ 17세기 : 청(중국)에 왕래한 사신을 통하여 천주교가 서학이라는 이름으로 소개되었다.
㉡ 18세기 : 남인 계열의 일부 실학자가 천주교를 신앙으로 받아들였다.
② 탄압 : 조선 정부는 천주교의 평등사상 주장과 제사 거부 등이 유교적 질서를 부정한다는 이유로 천주교를 탄압하였다.

신해박해 (정조, 1791)	천주교 신자인 윤지충이 조상의 신주를 불태우고 천주교식으로 어머니의 제사를 지내다가 적발되어 처형됨
신유박해 (순조, 1801)	• 정조 사후에 노론 벽파가 남인 시파를 숙청하는 과정에서 대대적인 천주교 탄압을 가함 • 정약용은 강진으로, 정약전은 흑산도로 유배되고 정약종 · 이승훈 · 이가환 등이 처벌받음 • 황사영 백서 사건 : 황사영이 북경에 있는 프랑스 주교에게 군대를 동원하여 조선에서의 신앙과 포교의 자유를 보장받게 해 달라는 서신을 보내려다 적발됨
기해박해 (헌종, 1839)	표면적으로는 천주교를 박해하기 위한 것이었으나, 실제로는 풍양 조씨가 시파인 안동 김씨로부터 권력을 탈취하기 위하여 일으켰다고 보기도 함
병오박해 (헌종, 1846)	조선 최초의 신부인 김대건이 선교 활동을 벌이다가 처형됨

『천주실의』
청(중국)을 왕래한 사신들이 국내에 가져온 책이다. 이 책을 통하여 천주교가 서학이라는 이름으로 소개되었다.

국사(國史)편찬위원회에서 출제한 자료 ● 신해박해

전라도 진산에 거주하던 윤지충은 유교식으로 제사를 지내지 않고 조상의 신주를 불태웠으며, 어머니 상을 당하자 조문을 거절하고 천주교식으로 장례를 치렀다. 그는 이 일로 혹독한 고문을 받고 천주교 신앙을 버릴 것을 강요받았으나, 거부하여 결국 처형당하였다.

국사(國史)편찬위원회에서 출제한 자료 ● 황사영 백서

베이징에 계신 주교님께
…… 이 탄알만 한 나라가 홀로 명령에 순종하지 않을뿐더러 도리어 강경하게 버티어 성교(聖敎)를 잔혹하게 해치고 성직자를 마구 학살하였습니다. …… 군사를 보내어 문책해 주시기를 간곡히 청합니다.

(3) 동학

최제우(최복술)

① 의미 : 서학을 배격한다는 뜻을 담고 있다.
② 창시 : 1860년에 경주의 **몰락 양반 최제우(최복술)가 유·불·선을 바탕으로 민간 요소를 포함한 동학을 창시하였다.**
③ 교리
  ㉠ **보국안민·제폭구민** : 폭정을 제거하고 사회적 모순을 혁파하여 나라를 바로잡고 민생을 안정시키고자 하였다.
  ㉡ **인내천** : 사람이 곧 하늘이라는 사상이다.
  ㉢ **시천주** : **마음속에 한울님을 모신다는 뜻이다.**
  ㉣ 후천 개벽 : 새로운 세상이 열린다는 사상으로 농민 봉기에 영향을 주었다.

국사(國史)편찬위원회에서 출제한 자료 ● 동학의 교리(인내천)

사람이 곧 하늘이니라. 그러므로 사람은 평등하며 차별이 없나니, 사람이 마음대로 귀하고 천함을 나누는 것은 하늘을 거스르는 것이다. 우리 도인은 모든 차별을 없애고 스승의 뜻을 받들어 생활하기를 바라노라.

최시형

④ 탄압 : 조선 정부는 인간의 존엄성과 평등성을 강조하는 동학이 양반 중심의 신분 질서에 혼란을 초래한다고 판단하여 **최제우에게 혹세무민의 죄를 씌워 처형**하였다.
⑤ 확산
  ㉠ 경전 간행 : 제2대 교주 최시형이 **『동경대전』, 『용담유사』 등을 간행하여** 교리를 정리하였다.
  ㉡ 교단 정비 : 최시형은 포접제를 정비하며 포교 활동을 하였고 이에 동학이 삼남 지방·강원도·경기 일대로 확산되었다.

● **혹세무민**
세상을 어지럽히고 세상 사람을 미혹하여 속이는 것이다.

● **포접제**
전국을 포(包)와 접(接) 등으로 나누어 관리한 동학의 교단 조직이다.

능력(能力) 향상을 위한 OX

			정답
01	중인은 조선 후기에 시사를 조직하여 문예 활동을 하였다.	( )	○
02	서얼은 문과 응시가 가능하였다.	( )	×
03	조선 중종 때 주세붕이 최초로 백운동 서원을 세웠다.	( )	○
04	향약은 이황의 건의에 따라 처음 시행되었다.	( )	×
05	17세기에 청(중국)에 왕래한 사신을 통하여 천주교가 서학이라는 이름으로 소개되었다.	( )	○
06	신유박해의 결과 정약용은 흑산도로, 정약전은 강진으로 유배되었다.	( )	×
07	동학은 최제우가 유·불·선을 바탕으로 민간 요소를 포함하여 창시하였다.	( )	○
08	동학의 제2대 교주 최시형은 『동경대전』 등 경전을 간행하였다.	( )	○

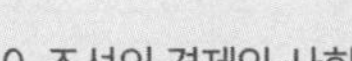

검정(檢定)된 기출문제

정답 및 해설 P. 383

01

밑줄 그은 '이 법'에 대한 설명으로 옳은 것은?

> 좌의정 이원익의 건의로 이 법을 비로소 시행하여 백성의 토지에서 미곡을 거두어 서울로 옮기게 하였는데, 먼저 경기에서 시작하고 드디어 선혜청을 설치하였다. …… 우의정 김육의 건의로 충청도에도 시행하게 되었으며 …… 황해도 관찰사 이언경의 상소로 황해도에도 시행하게 되었다.
> -『만기요람』-

① 양반에게도 군포를 납부하게 하였다.
② 풍흉에 따라 9등급으로 나누어 전세를 부과하였다.
③ 어장세, 염전세, 선박세를 거두어 군사비로 충당하였다.
④ 재정 부족 문제를 해결하기 위하여 지주에게 결작을 징수하였다.
⑤ 관청에 필요한 물품을 납부하는 공인이 등장하는 배경이 되었다.

02

다음 가상 대화가 이루어진 시기에 볼 수 있는 모습으로 적절하지 않은 것은?

만상 임상옥이 인삼 무역으로 큰 수익을 거두었다고 하네.
그러게. 중국 상인들이 연행사를 따라오는 상인들에게 인삼을 대량으로 구매하려고 인삼국을 차렸다는군.

① 담배 농사를 짓고 있는 농민
② 관청에 종이를 납품하는 공인
③ 시사(詩社)에서 시를 낭송하는 중인
④ 장시에서 판소리 공연을 하는 소리꾼
⑤ 솔빈부의 특산품인 말을 수입하는 상인

03

다음 자료에 나타난 시기의 경제 상황으로 옳지 않은 것은?

> 평안도에서는 …… 설점(設店)한 이후에 간사한 백성들이 때를 틈타 이익을 다투어 사사로이 잠채(潛採)하고 있다. 설점한 고을이 아니더라도 잠채하지 않는 곳이 없다. 묘지나 논밭을 가리지 않고 굴을 뚫고 땅을 파헤쳐서, 마을이 소란스러워짐이 말로 다할 수 없다. 쌀값이 크게 오르고 도둑질이 끊이지 않으며, 농사를 짓던 농민들도 생업을 팽개치고 이익을 좇는다.

① 상평통보가 시장에서 유통되었다.
② 강희맹이 농서인 금양잡록을 저술하였다.
③ 보부상이 장시를 돌아다니며 활동하였다.
④ 송상, 만상이 대청 무역으로 부를 축적하였다.
⑤ 왜관에서 개시 무역과 후시 무역이 이루어졌다.

04

(가) 신분에 대한 설명으로 옳은 것은?

이향견문록

> 이 책은 (가) 출신인 유재건이 지은 인물 행적기로, 위항 문학 발달에 크게 기여하였다. (가) 은/는 자신들의 신분에 따른 사회적인 차별에 불만이 많았는데, 시사(詩社)를 조직하는 등의 문예 활동을 통하여 스스로의 위상을 높이고자 하였다. 책의 서문에는 이항(里巷)*에 묻혀 있는 유능한 인사들의 행적을 기록하여 세상에 널리 알리고자 이 책을 썼다고 밝히고 있다.
>
> * 이항(里巷): 마을의 거리

① 매매, 증여, 상속의 대상이 되었다.
② 장례원을 통하여 국가의 관리를 받았다.
③ 공장안에 등록되어 수공업 제품 생산을 담당하였다.
④ 양인이지만 천역을 담당하는 신량역천으로 분류되었다.
⑤ 관직 진출 제한을 없애 달라는 소청 운동을 전개하였다.

05

(가) 교육 기관에 대한 설명으로 옳은 것은?

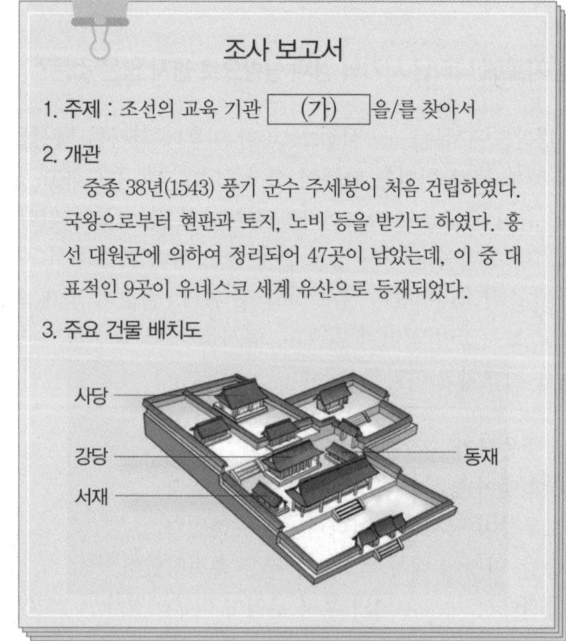

① 전국의 모든 군현에 하나씩 설치되었다.
② 선현의 제사와 유학 교육을 담당하였다.
③ 전문 강좌인 7재가 설치되어 운영되었다.
④ 중앙에서 교수나 훈도를 교관으로 파견하였다.
⑤ 소과에 합격한 생원, 진사에게 입학 자격이 부여되었다.

06

(가) 사건에 대한 설명으로 옳은 것은?

[책으로 본 역사]

사학징의

사학징의(邪學懲義)는 1801년(순조 1)에 일어난 (가) 의 진행 과정에 대하여 기록한 책이다. 형조와 포도청 등 정부 측 기록을 수집하여 정리한 이 책에는 정순 왕후의 명령에 따라 사학(邪學) 죄인들을 문초한 내용 등이 수록되어 있다.

① 정여립 모반 사건이 계기가 되었다.
② 최제우가 혹세무민의 죄로 처형되었다.
③ 홍경래 등의 봉기로 정주성이 점령되었다.
④ 이승훈, 정약용 등이 연루되어 처벌되었다.
⑤ 사건의 수습을 위하여 박규수가 안핵사로 파견되었다.

07

(가) 종교에 대한 설명으로 옳은 것은?

경주 사람 최복술은 아이들에게 공부 가르치는 것을 직업으로 삼았다. 그런데 양학(洋學)이 갑자기 퍼지는 것을 보고 앉아 있을 수 없어서, 하늘을 공경하고 순종하는 마음으로 글귀를 지어, (가) (이)라 불렀다. 양학은 음(陰)이고, (가) 은/는 양(陽)이기 때문에 양을 가지고 음을 억제할 목적으로 글귀를 외우고 읽고 하였다.

① 배재 학당을 세워 신학문 보급에 기여하였다.
② 박중빈을 중심으로 새 생활 운동을 추진하였다.
③ 일제의 통제에 맞서 사찰령 폐지 운동을 벌였다.
④ 마음속에 한울님을 모시는 시천주를 강조하였다.
⑤ 황사영이 외국 군대의 출병을 요청하는 백서를 작성하였다.

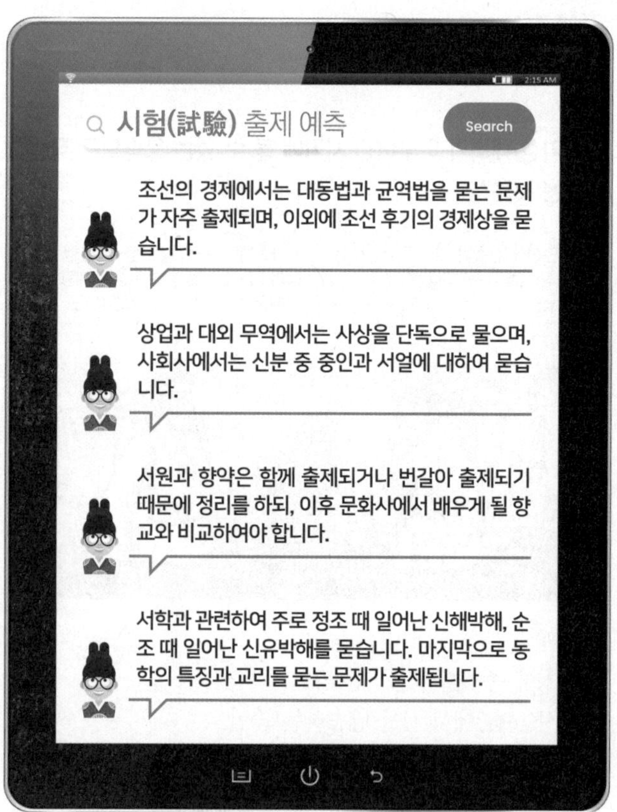

시험(試驗) 출제 예측
Search
조선의 경제에서는 대동법과 균역법을 묻는 문제가 자주 출제되며, 이외에 조선 후기의 경제상을 묻습니다.
상업과 대외 무역에서는 사상을 단독으로 물으며, 사회사에서는 신분 중 중인과 서얼에 대하여 묻습니다.
서원과 향약은 함께 출제되거나 번갈아 출제되기 때문에 정리를 하되, 이후 문화사에서 배우게 될 향교와 비교하여야 합니다.
서학과 관련하여 주로 정조 때 일어난 신해박해, 순조 때 일어난 신유박해를 묻습니다. 마지막으로 동학의 특징과 교리를 묻는 문제가 출제됩니다.

11 | 조선의 문화

설쌤의 한(韓)판 정리

● 유학의 흐름

15세기 — 16세기

훈구파
- 성리학 외 타 학문 수용 ○
- 국가 통치 이념으로 『주례』 중시
- 중앙 집권 추구

vs.

사림파
- 성리학 외 타 학문 수용 X (Only 성리학)
- 국가 통치 이념으로 『춘추』 중시
- 향촌 자치 추구

성리학의 선구자
- 서경덕
- 조식 : 호 '남명', 학문의 실천성 강조
- 이언적

김장생
- 호 : '사계'
- 『가례집람』 저술

이황
- 주리론 : '이' 강조, 이기이원론
- 경향 : 이상적, 근본적
- 일본 성리학에 영향을 줌
- 『주자서절요』, 『성학십도』, 『예안향약』 저술

vs.

이이
- 주기론 : '기' 강조, 이통기국론
- 경향 : 현실적, 개혁적
- 『동호문답』, 『성학집요』, 『격몽요결』, 『해주향약』, 『서원향약』 저술
- 수미법, 십만양병설 주장

17세기 — 18세기

예학 발달 + **성리학 절대화**
↓ 폐단
사문난적 논쟁
송시열 vs. 윤휴
(송시열 → 호 '우암'; 윤휴 → 경신환국 때 死)
+
예송 논쟁

vs.

새로운 학문 경향

양명학
- 성리학 비판
- 실천성 강조 : '지행합일', '치양지'
- 강화 학파(하곡 정제두) : 양명학 연구

실학
목적 : 민생 안정, 부국강병

중농학파(경세치용)
- 유형원 – 균전론 : 신분에 따른 토지의 차등 분배
  – 양반 문벌제도·과거제·노비 제도 비판
  – 『반계수록』 저술
- 이익 – 한전론 : 영업전 설정 – 육좀론, 폐전론 주장
  – 『곽우록』, 『성호사설』 저술
- 정약용 – 여전론 → 정전제 – 『기기도설』 참고 → 거중기 제작
  – 『목민심서』, 『경세유표』, 『마과회통』, 『기예론』 저술

중상학파(이용후생)
- 유수원 – 사농공상의 직업적 평등과 전문화 주장
  – 『우서』 저술
- 홍대용 – 지전설 : 무한 우주론, 중국 중심의 세계관 비판
  – 『담헌서』, 『의산문답』, 『연행록』 저술, 혼천의 제작
- 박지원 – 『열하일기』, 『양반전』, 『허생전』, 『호질』 저술
  – 수레와 선박 이용 – 화폐 유통의 필요성 주장
- 박제가 – 『북학의』 저술(소비론) – 수레와 선박 이용

18세기 호락논쟁

노론 내부에서 벌어진 논쟁
- 호론
  - 인물성이론
  - 화이사상 → 위정척사
- 낙론
  - 인물성동론
  - 북학사상 → 개화

● 조선의 교육 기관

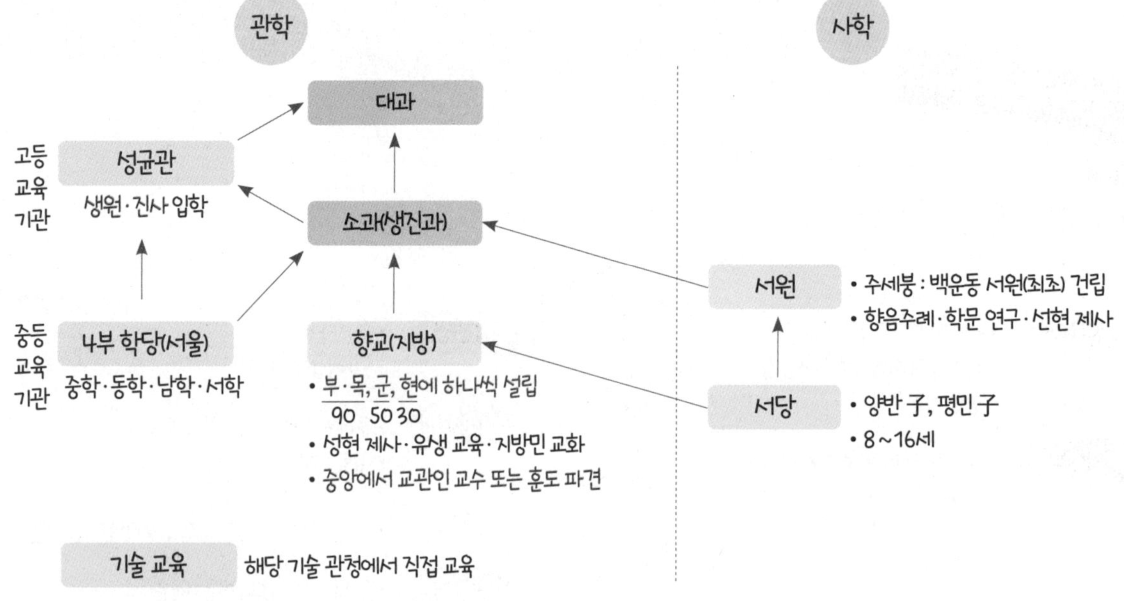

● 불교

조선 전기

- 건국 직후 : 도첩제를 시행하여 승려 수 제한
- 세종 : 교단 정리(교종과 선종만 인정)
- 세조 : 간경도감, 서울 원각사지 십층 석탑 건립

조선 후기

사림파가 집권하며 불교의 사회적 위상 하락

● 도교와 민간 신앙

도교

- 재정 낭비를 막기 위하여 도교 행사 축소, 사원 정리
- 소격서 설치, 강화 참성단에서 초제 거행
- 조광조 : 소격서 폐지 주장

민간 신앙

- 풍수지리설·도참사상 : 한양 천도 및 양반의 묘지 선정에 영향
- 무격신앙·삼신 신앙 등 : 백성들 사이에서 유행

● 국어

조선 전기

훈민정음 창제 및 반포(세종)
- 민족의 자긍심 ↑
- 『용비어천가』·『월인천강지곡』 간행

조선 후기

- 『훈민정음운해』(신경준)
- 『언문지』(유희)
- 『고금석림』(이의봉) : 어휘 연구

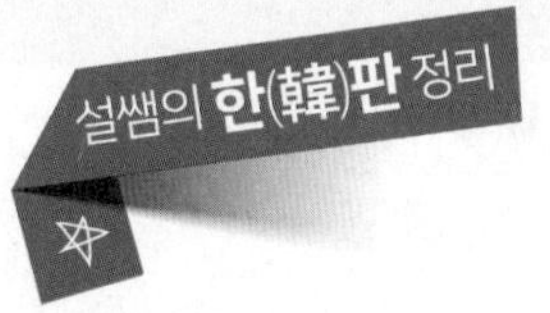

● 역사서

조선 전기

- 『조선왕조실록』
  - 태조~철종까지의 역사를 편년체로 저술
  - 국왕 사후 춘추관을 중심으로 실록청 설치
    → 사초·시정기 등을 종합하여 편찬
  - 4대 사고(임진왜란 이전) → 5대 사고(임진왜란 이후)
  - 유네스코 세계 기록 유산 등재

15세기

- 『고려국사』(정도전) : 조선 건국의 정당성 확보
- 『고려사』 : 고려사를 기전체로 자주적으로 저술, 우왕·창왕 열전 편입
- 『고려사절요』 : 고려사를 편년체로 저술
- 『동국통감』(서거정)
  ㉠ 고조선~고려 말 역사를 다룬 통사
  ㉡ 세조 때 편찬 시작, 성종 때 완성

16세기

- 『동국사략』(박상)
- 『기자실기』(이이) : 단군보다 기자 중시

조선 후기

- 『승정원일기』
  - 업무 관련 내용을 일지 형식으로 작성
  - 유네스코 세계 기록 유산 등재
- 『동사강목』(안정복)
  - 고조선~고려 말 역사 서술
  - 중국 중심의 역사관 탈피(독자적 정통론)
- 『발해고』(유득공) : '남북국' 용어 처음 사용
- 『동사』(이종휘) : 고구려사 연구
- 『연려실기술』(이긍익) : 실증·객관적으로 조선 정치와 문화 저술
- 『해동역사』(한치윤) : 고조선~고려의 역사를 실증적으로 저술
- 『금석과안록』(김정희) : 서울 북한산비가 진흥왕 순수비임을 밝힘

● 지리서와 지도

조선 전기

지리서

- 『신찬팔도지리지』(세종)
- 『동국여지승람』(성종)
- 『신증동국여지승람』(중종)

지도

- 「혼일강리역대국도지도」(태종)
  - 동양에서 현존하는 가장 오래된 세계 지도
  - 이회·이무·김사형 등 제작

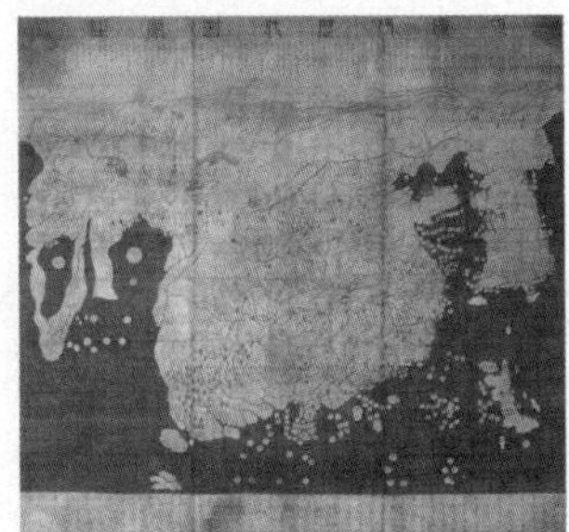

「혼일강리역대국도지도」

- 「팔도도」(태종)
- 「동국지도」(세조) : 최초의 실측 지도
- 「조선방역지도」 : 16세기 제작

조선 후기

지리서

- 『동국지리지』(한백겸) : 역사 지리서
- 『택리지』(이중환) : 각 지방 연혁, 산천 등이 기록된 인문 지리서
- 『아방강역고』(정약용)

지도

- 「동국지도」(정상기) : 최초로 100리 척 사용
- 「대동여지도」(김정호)
  - 산맥·하천·포구·도로망 등 표시
  - 10리마다 눈금 표시
  - 22첩 목판 지도 → 대량 생산 가능

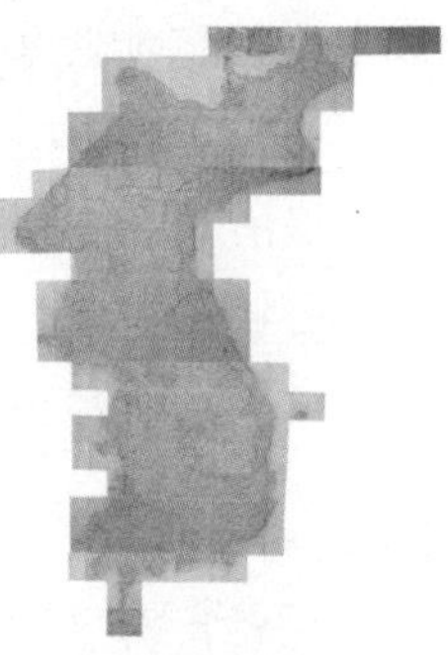

「대동여지도」

● 과학 기술

조선 전기

천문과 역법

- 「천상열차분야지도」(태조) : 고구려 천문도를 바탕으로 제작
- 혼천의·간의(세종)

혼천의

간의

- 『칠정산』(세종, 이순지 등)
  - 한양 기준 천체 운동 계산
  - 원의 수시력, 아라비아의 회회력 참고
  - 내편과 외편으로 구성

기술

- 금속 활자 : 주자소·계미자(태종), 갑인자(세종)
- 제지술 : 조지소(태종) → 조지서(세조)
- 앙부일구·자격루·측우기(세종)

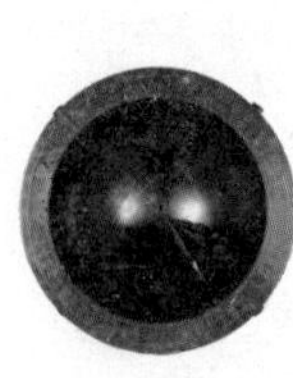
앙부일구(해시계)

자격루(물시계)

측우기

의학

- 『향약집성방』(세종) : 우리 풍토에 맞는 약재 및 치료 방법 정리
- 『의방유취』(세종) : 의학 백과사전

농서

- 『농사직설』(세종, 정초 등) : 우리 풍토에 맞는 농사법 소개
- 『금양잡록』(성종, 강희맹)

무기

- 화차(문종)
- 거북선(태종)

병서

- 『총통등록』(세종) : 화약 주조법 및 사용법
- 『동국병감』(문종) : 고조선~고려 말 전쟁사 정리
- 『병장도설』(문종) : 군사 훈련 지침서

조선 후기

천문과 역법

- 시헌력 도입(효종, 김육)
- 지전설(김석문·홍대용·정약용 등) : 중국 중심의 세계관 비판

기술

- 청으로부터 세계 지도인 「곤여만국전도」, 천리경(망원경), 자명종, 홍이포 전래

「곤여만국전도」

- 정약용 : 거중기 제작(『기기도설』 참고)·배다리 설계

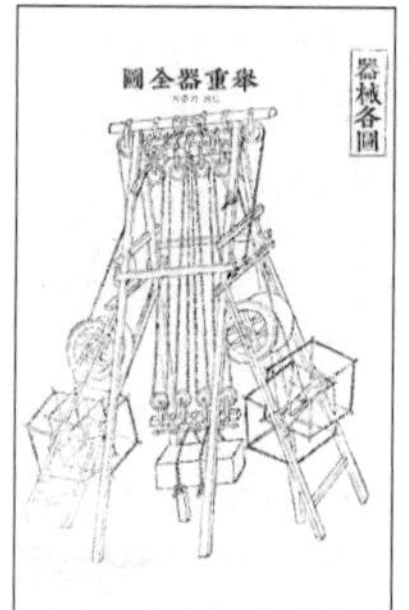

거중기

- 『자산어보』(정약전)

의학

- 『동의보감』(광해군, 허준)
- 『침구경험방』(허임)
- 『마과회통』(정약용)
- 『동의수세보원』(이제마) : 사상 의학 확립

농서

- 『농가집성』(신속)
- 『색경』(박세당)
- 『산림경제』(홍만선)
- 『해동농서』(서호수)
- 『임원경제지』(서유구)

무기

- 비격진천뢰
- 벨테브레이(박연) : 인조 때 표류, 훈련도감 소속 → 서양식 대포 제조법 전수
- 하멜 : 효종 때 표류, 훈련도감 소속

● 윤리·의례서, 법전, 백과사전

조선 전기

윤리·의례서

- 『삼강행실도』(세종) : 충신·효자·열녀의 행적을 그림과 글로 설명
- 『국조오례의』(성종) : 여러 국가 행사에 필요한 의례 정비
- 『이륜행실도』(중종) : 연상자와 연소자 및 친구 사이의 윤리 강조
- 『동몽선습』(중종) : 아동용 한자 학습서

법전

- 『조선경국전』(정도전)
- 『경제육전』(조준)
- 『경국대전』(세조～성종) : 6전 체제(이·호·예·병·형·공)

조선 후기

백과사전

- 『지봉유설』(이수광) : 우리나라와 중국의 문화 정리
- 『성호사설』(이익) : 사회 폐단을 여섯 가지 좀으로 규정
- 『청장관전서』(이덕무)
- 『임원경제지』(서유구)
- 『동국문헌비고』(영조) : 우리나라 역대 문물 정리
- 『오주연문장전산고』(이규경)

법전

- 『속대전』(영조)
- 『대전통편』(정조)

● 건축

15세기

- 궁궐, 관청, 성곽을 중심으로 건립
- 경복궁, 창덕궁, 종묘 정전, 서울 숭례문, 합천 해인사 장경판전 등

경복궁 근정전

창덕궁 돈화문

종묘 정전

합천 해인사 장경판전

16세기

- 서원 건축 발달
- 불교의 가람 배치 양식과 주택 양식 결합
- 옥산 서원, 도산 서원

옥산 서원

도산 서원

17세기

- 불교의 사회적 지위 향상과 양반 지주층의 경제적 성장 반영
- 구례 화엄사 각황전 : 통층 구조
- 보은 법주사 팔상전 : 통층 구조, 현존하는 조선 시대 유일한 목탑

구례 화엄사 각황전

보은 법주사 팔상전

18세기

- 부농과 상인의 지원으로 장식성이 강한 사원 건립
- 논산 쌍계사 대웅전, 부안 개암사 대웅보전
- 수원 화성(정조) : 유네스코 세계 문화유산

논산 쌍계사 대웅전

수원 화성

19세기

경복궁 근정전(중건), 경복궁 경회루

경복궁 경회루

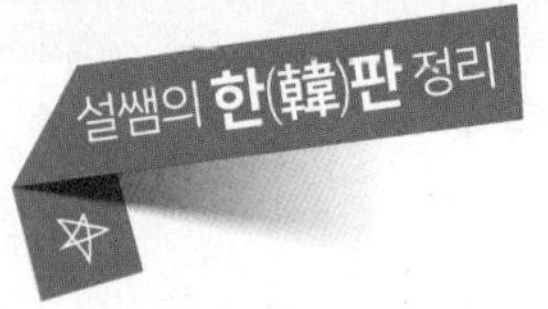

● 문예 활동

조선 전기

문학

- 『동문선』(성종, 서거정) : 역대 시문 중 뛰어난 것만 뽑아서 편찬
- 황진이의 시조
- 『금오신화』(김시습) : 설화 문학
- 「관동별곡」·「사미인곡」(정철) : 가사 문학

음악

- 아악 체계화 : 세종, 박연
- 『악학궤범』(성종)

글씨

- 15세기 : 안평 대군
- 16세기 : 한호의 석봉체

공예

- 15세기 : 분청사기
- 16세기 : 백자

분청사기 조화 어문 편병

순백자 병

그림

15세기

- 「몽유도원도」(안견) : 현재 일본 덴리 대학 중앙 도서관에 소장
- 「고사관수도」(강희안)

「몽유도원도」

「고사관수도」

16세기

- 사군자를 그린 문인화 유행
- 「묵죽도」(이정), 「초충도」(신사임당), 「송하보월도」(이상좌)

「묵죽도」

「초충도」

「송하보월도」

조선 후기

문학

- 한글 소설 : 『홍길동전』, 『춘향전』, 전기수 활동
- 사설시조 : 형식에 얽매이지 않고 감정을 솔직히 표현
- 시사 : 중인들의 시 모임
- 음악 : 춘향가 등 판소리, 탈놀이

글씨

- 18세기 : 이광사의 동국진체
- 19세기 : 김정희의 추사체

공예

청화 백자

김정희의 추사체

청화 백자 대나무무늬 각병

그림

- 진경산수화 : 「인왕제색도」·「금강전도」(겸재 정선), 「영통동구도」(강세황)

「인왕제색도」

「영통동구도」

- 풍속화 : 「씨름」·「서당」·「무동」(단원 김홍도)
  「월하정인」·「단오풍정」·「미인도」(혜원 신윤복)
  「노상알현도」·「파적도」(김득신)

「서당」

「단오풍정」

「노상알현도」

- 민화 : 「까치와 호랑이」 등
- 「세한도」(김정희)

「까치와 호랑이」

「세한도」

1 유학의 흐름

(1) 15세기

① 훈구파와 사림파

㉠ 훈구파

ⓐ 성리학에만 국한되지 않고 한·당의 유학과 불교·도교·과학 기술 등까지 포용하여 시대적 과제를 해결하려 하였다.

ⓑ 국가 통치 이념으로 『주례』를 중시하였고 중앙 집권화를 추구하였다.

㉡ 사림파

ⓐ 성리학 외에 다른 학문을 배척하였다.

ⓑ 국가 통치 이념으로 『춘추』를 중시하였고 향촌 자치를 추구하였다.

② 성리학의 선구자

㉠ 이언적(1491~1553) : 주리론의 선구자로 기보다 이를 중심으로 이론을 전개하였다.

㉡ 서경덕(1489~1546) : 주기론의 선구자로 이보다 기를 중심으로 세계를 이해하였다.

(2) 16세기

① **조식(1501~1572) : 호는 '남명'**으로 '경(敬)'과 '의(義)'를 새긴 칼을 차고 다녔으며 **학문의 실천성을 강조하였다.**

② **김장생(1548~1631) : 호는 '사계'**로 **『가례집람』을 저술하여 예학을 조선의 현실에 맞게 정리하였다.**

③ **이황**(1501~1570)

주리론	• 인간 심성의 근원인 '이'를 강조함 • **이기이원론** : 이를 오로지 착한 선(善)만 있는 존재로 파악하였으며, '기'를 선(善)과 악(惡)이 섞여 있는 존재로 파악함 • **이기호발설** : 이가 작용하여 기가 이에 따르기도 하며 기가 작용하여 이가 따른다는 주장으로, 이를 바탕으로 **이황과 기대승이 4단 7정 논쟁**을 벌임
성향	근본적이고 이상주의적 성향이 강함
저서	• **『성학십도』** : **군주의 도를 도식으로 설명하여 성리학에 대한 체계적 이해를 바탕으로 군주 스스로 인격과 학식 수양을 위하여 노력하여야 함을 강조함** • **『주자서절요』** : 주자의 학설을 체계적으로 정리함 • **『예안향약』** : 향약 보급에 힘씀
영향	영남 학파의 형성과 **일본 성리학 발전에 이바지함**

이황

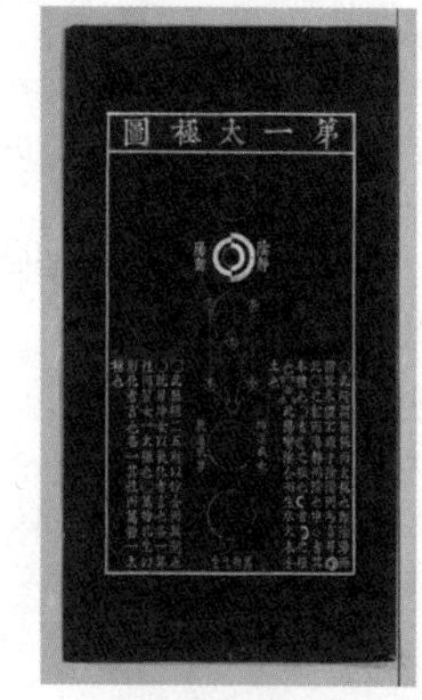

『성학십도』

④ **이이**(1536~1584)

주기론	• 현실 세계를 구성하는 '기'를 강조함 • **이통기국론** : 이는 보편적이고 기는 국한된다는 견해로 만물의 보편성과 특수성을 모두 강조함
성향	• 현실적이고 개혁적인 성향이 강함 • **사회경장론** : 수미법과 십만양병설을 주장함
저서	• **『성학집요』** : 현명한 신하가 군주의 인격과 학식 수양을 도와주어야 함을 강조함 • **『동호문답』** : 통치 체제의 정비와 수취 제도의 **개혁 방안**(수미법 등)을 제시함 • **『격몽요결』** : 도학 입문서를 저술함 • **『해주향약』·『서원향약』** : 향약 보급에 힘씀
영향	기호 학파 형성에 기여함

이이

(3) 17세기~18세기

① 예학의 발달

㉠ **배경** : 17세기에 성리학의 학문적 연구가 심화되었다.

㉡ **발달** : 성리학의 이론을 윤리 강령이나 행동 규범으로 구체화한 예학이 발달하여 상장 제례 의식 및 성리학적 가족 제도가 확립되었다.

㉢ **한계** : 지나치게 형식만을 중시하여 붕당 간에 예에 대한 입장 차이가 있었다. 이에 따라 예학이 당쟁의 구실이 되는 폐단(예송 논쟁 등)이 발생하였다.

② 성리학의 절대화

㉠ 배경

ⓐ 양 난으로 국가 재정 운영 및 국방에 문제가 발생하였다.

ⓑ 조선 후기에 양반 수가 증가하여 신분제가 동요하자 지배 체제를 강화하고자 하였다.

㉡ **문제점** : 성리학은 사회 경제적 변화를 외면하고 성리학적 질서를 강화하여 더 이상 현실 문제를 해결할 수 없었다.

㉢ 윤휴와 **박세당**은 주자의 경전 해석에 이의를 제기하며 사회 문제를 해결하기 위한 방안을 『6경』과 제자백가 등에서 찾으려고 노력하였으나, 송시열 등 서인이 이들을 사문난적으로 몰았다.

㉣ **호락논쟁** : 18세기에는 노론이 인간과 사물의 본성이 다르다고 주장(**인물성이론**)하는 호론과 동일하다고 주장(**인물성동론**)하는 낙론으로 나뉘어 호락논쟁이 벌어졌다.

	호론	낙론
입장	인물성이론	인물성동론
영향	화이사상을 바탕으로 훗날 위정척사 사상에 영향을 줌	북학 사상으로 이어져 훗날 개화사상에 영향을 줌

③ 양명학의 수용

㉠ 명의 왕수인이 주창한 유학의 한 학파로 성리학의 비현실성을 비판하며 치양지와 지행합일의 실천성을 강조하였다.

㉡ 성리학자들에 의하여 이단으로 배척되었으나 일부 소론이 지속적으로 연구하였다.

㉢ **하곡 정제두는 18세기 초에 양명학을 본격적으로 연구하며 강화 학파를 형성**하였다.

④ 실학의 발달

㉠ 17~18세기에 사회 경제적 변동에 따른 사회 모순에 직면하자 이수광, 한백겸 등에 의하여 사상 및 사회 경제적 개혁안의 필요성이 대두되었다.

㉡ 청의 고증학과 서양 과학의 영향을 받아 농업 중심의 개혁론, 상업 중심의 개혁론, 국학 연구 등을 중심으로 확산되었다.

㉢ 민생 안정과 부국강병을 위하여 사회 개혁론을 제시하였다.

윤휴(1617~1680)
- 호 : 백호, 하헌
- 1차 예송에서 3년설, 2차 예송에서 1년설을 주장함
- 유교 경전의 재해석을 시도하여 '사문난적'이라고 비판받음
- 경신환국으로 사사(賜死)됨

박세당

유학 경전을 주자와 달리 해석한 『사변록』을 저술하였다.

송시열(1607~1689)
- 호 : 우암, 우재
- 기축봉사를 올려 명에 대한 의리를 내세움
- 윤휴를 사문난적이라 비판함
- 희빈 장씨의 소생을 원자(元子)로 정한 것을 비판하다 정권에서 밀려남
- 서인이 노론과 소론으로 분열되자 노론의 영수가 됨

사문난적

주자의 유교 교리에 어긋나는 언행으로 유교 질서와 학문을 어지럽히는 이들을 지칭한다.

실학

조선 후기 여성 실학자인 이빙허각은 가정 살림의 지혜를 담은 『규합총서』를 저술하였다.

능력(能力) 향상을 위한 OX

			정답
01	김장생은 『가례집람』을 저술하여 예학을 조선의 현실에 맞게 정리하였다.	( )	○
02	이황은 『동호문답』을 저술하여 수미법을 주장하였다.	( )	×
03	정제두는 양명학을 연구하여 강화 학파를 형성하였다.	( )	○

㉣ 중농학파(경세치용 학파)

특징	• 농촌 사회의 안정을 중시하여 농업 중심 개혁론을 제시함 • 토지 제도 개혁을 통한 자영농 육성을 주장함	
대표 학자	저서	특징
유형원	『반계수록』	• 균전론 : 농민 · 선비 · 관리 등 신분에 따른 토지의 차등 분배를 주장함 • 양반 문벌제도, 과거 제도, 노비 제도를 비판함
이익	『성호사설』 『곽우록』	• 한전론 : 자영농 육성을 위하여 영업전(매매할 수 없는 토지) 설정을 주장함 • 육좀론 : 노비 제도, 과거 제도, 양반 문벌제도 등 나라를 좀먹는 여섯 가지 폐단을 비판함 • 폐전론 : 전황이 발생하자 동전 폐지를 주장함
정약용	『목민심서』 『경세유표』 『마과회통』 『기예론』	• 여전론 : 마을 단위로 토지를 공동 소유 및 경작하여 수확량을 노동량에 따라 분배하는 공동 농장 제도를 주장함 • 정전론 : 여전론의 실현 가능성이 낮다고 판단하여 새롭게 제시한 이론으로, 전국의 토지를 국유화하여 정전을 편성한 후 그중 9분의 1은 공전으로 만들어 조세를 충당하고 나머지는 농민에게 분배하는 제도 • 『기기도설』을 참고하여 거중기를 제작함

『목민심서』
수령이 지켜야 할 규범 등 지방 행정의 개혁안을 제시한 책이다.

『경세유표』
국가의 중앙 행정 개혁과 관련된 내용 등을 담은 책이다.

『마과회통』
홍역을 연구하고 실험한 내용 등 의학 지식을 담은 책으로, 종두법에 대한 내용도 포함되어 있다.

『기예론』
기술의 혁신과 기술 교육 등을 촉구하는 내용을 담은 책이다.

국사(國史)편찬위원회에서 출제한 **자료** ● 유형원의 균전론

토지 경영이 바로잡히면 모든 일이 제대로 될 것이다. 백성은 일정한 직업을 갖게 되고, 군사 행정에는 도피자를 찾는 폐단이 없어지며, 귀천상하가 모두 자기 직책을 갖게 될 것이므로 민심이 안정되고 풍속이 도타워질 것이다. …… 농부 한 사람이 토지 1경을 받아 법에 따라 조세를 낸다. 4경마다 군인 1인을 낸다. 사대부로서 처음 학교에 입학한 자는 2경을 받는다. 내사에 들어간 사람은 4경을 받고 병역 의무를 면제한다. 현직 관료는 9품부터 7품까지 6경을 받는다. 정2품은 12경을 받는다. 9품에서 2품까지 조금씩 차등을 두어 지급한다.
- 『반계수록』 -

국사(國史)편찬위원회에서 출제한 **자료** ● 이익의 한전론

국가는 마땅히 한집의 생활에 맞추어 재산을 계산해서 토지 몇 부(負)를 1호의 영업전으로 하여, 당 제도처럼 한다. 땅이 많은 자는 빼앗아 줄이지 않고 미치지 못하는 자도 더 주지 않으며, …… 땅이 많아서 팔고자 하는 자는 다만 영업전 몇 부 이외에는 허락하여 준다.
- 『곽우록』 -

국사(國史)편찬위원회에서 출제한 **자료** ● 이익의 육좀론

재물이 모자라는 것은 농사를 힘쓰지 않는 데에서 생긴다. 농사에 힘쓰지 않는 것은 여섯 가지 좀 때문이다. …… 첫째가 노비(奴婢)요, 둘째가 과업(科業)이요, 셋째가 벌열(閥閱)이요, 넷째가 기교(技巧)요, 다섯째가 승니(僧尼)요, 여섯째가 게으름뱅이[遊惰]이다.

국사(國史)편찬위원회에서 출제한 **자료** ● 정약용의 여전론

이제 농사를 짓는 사람은 전지(田地)를 얻게 하고 농사를 짓지 않는 사람은 전지를 얻지 못하게 하고자 한다면, 여전(閭田)의 법을 시행하여 나의 뜻을 이룰 수 있을 것이다. 무엇을 여전이라 하는가? 산골짜기와 천원(川原)의 형세로써 나누어 경계로 삼아 그 안을 여(閭)라 한다. …… 여에는 여장(閭長)을 두고 무릇 한 여의 전지는 그 여의 사람들로 하여금 다 함께 경작하게 한다. …… 추수 때에는 …… 그 양곡을 나누는데, 먼저 국가에 세를 내고 그 다음은 여장의 봉급을 주고, 그 나머지를 가지고 장부에 따라 일한 만큼 (여민에게) 분배한다.
- 『전론』 -

ⓔ 중상학파(이용후생 학파)

특징	• 상공업 진흥과 기술 혁신을 통한 개혁론을 제시함 • 청과의 적극적인 교류를 통한 선진 문물의 수용을 주장하여 북학파라고도 불림 • 19세기 후반에 개화사상으로 계승됨	
대표 학자	저서	특징
유수원	『우서』	사농공상의 직업적 평등과 전문화를 주장함
홍대용	『담헌서』 『의산문답』	• 지전설과 무한 우주론을 주장하여 중국 중심 세계관을 비판하고 이를 극복하고자 함 • 천체의 운행과 위치를 측정하는 관측기구인 혼천의를 개량함 • 북경에 다녀온 후 『연행록』을 남김
박지원	『열하일기』 『양반전』 『허생전』 『호질』	• 양반의 위선과 무능함을 비판함 • 수레와 선박 이용을 주장함 • 화폐 유통의 필요성을 강조함
박제가	『북학의』	• 소비론 : 재화를 우물물에 비유하며 소비 촉진을 통한 생산력 증대를 주장함 • 수레와 선박의 이용을 주장함 • 정약용과 함께 종두법을 연구함

사농공상
선비, 농부, 수공업자, 상인 등 모든 계급의 백성을 말한다.

『담헌서』
홍대용은 이 책에서 과거제 폐지를 주장하였다.

『연행록』
조선 시대에는 청에 보낸 사신을 총칭하여 연행사라 불렀으며, 사신이나 그 수행원이 청에 다녀와 작성한 기행문을 연행록이라 하였다. 홍대용은 사신으로 청에 다녀온 뒤 『을병연행록』을 저술하였다.

국사(國史)편찬위원회에서 출제한 자료 ● 유수원의 『우서(迂書)』

이미 문벌에 따라 사람을 기용하니, 사람이면 모두 오장(五臟)과 칠규(七竅)가 있는데 어느 어리석은 사람이 양반이나 중인이 되려고 하지 않고, 군보(軍保)의 천역(賤役)을 즐겨 지려 하겠는가? 실 한 가닥이나 쌀 한 톨을 납부하더라도 역명을 붙이니 사람들이 반드시 부끄럽게 여긴다.

국사(國史)편찬위원회에서 출제한 자료 ● 홍대용의 『의산문답』

대저 땅덩이는 하루 동안 한 바퀴를 도는데, 땅 둘레는 9만 리이고 하루는 12시(時)이다. 9만 리 넓은 둘레를 12시간에 도니 천둥, 번개나 포탄보다 더 빠른 셈이다. 이것은 닥쳐올 운수를 미리 헤아리는 것을 잘하는 자도 능히 계산할 수 없고 말을 잘하는 자도 능히 이야기할 수 없다. 하늘이 운행한다는 설이 이치에 맞지 않음은 여러 말이 필요하지 않다. …… 서양 어떤 지역은 지혜와 기술이 정밀하고 소상하여 측량에 있어서 해박하고 자세하니, 지구가 둥글다는 설은 다시 의심할 여지도 없다.

국사(國史)편찬위원회에서 출제한 자료 ● 박지원의 『열하일기』

중국의 재산이 풍족할뿐더러 한곳에 지체되지 않고 골고루 유통함은 모두 수레를 쓴 이익일 것이다. …… 평안도 사람들은 감과 귤을 분간하지 못하며, 바닷가 사람들은 멸치를 거름으로 밭에 내건만 서울에서는 한 움큼에 한 푼씩 하니 이렇게 귀함은 무슨 까닭인가. …… 사방이 겨우 몇천 리밖에 안 되는 나라에 백성의 살림살이가 이다지 가난함은 한마디로 표현한다면 수레가 국내에 다니지 못한 까닭이라 하겠다.

국사(國史)편찬위원회에서 출제한 자료 ● 박제가의 『북학의』

비유컨대 재물은 대체로 우물과 같은 것이다. 퍼내면 차고, 버려두면 말라 버린다. 그러므로 비단옷을 입지 않아서 나라에 비단 짜는 사람이 없게 되면 여공이 쇠퇴하고, 쭈그러진 그릇을 싫어하지 않고 기교를 숭상하지 않아서 장인이 작업하는 일이 없게 되면 기예가 망하게 되며, 농사가 황폐해져서 그 법을 잃게 되므로 사농공상의 사민이 모두 곤궁하여 서로 구제할 수 없게 된다.

2 조선의 교육 기관

(1) 고등 교육 기관

① 성균관

㉠ 입학 자격 : 학교, 서원 등지에서 공부한 유생들이 **생진과(초시)에 합격하여 생원과 진사가 된 경우 입학할 수 있었다.**

㉡ 구조 : 강당인 **명륜당**이 있었으며 강당 앞 좌우에 위치한 기숙사인 재(齋)를 동재와 서재라고 불렀다. 이 외에 존경각이라는 도서관도 있었다.

㉢ 공자의 위패를 모신 문묘인 **대성전**에서 제사를 지냈나.

② 서원

㉠ 설립 : **최초의 서원은 중종 때 풍기 군수 주세붕이 세운 백운동 서원**이다. 백운동 서원은 명종 때 이황의 건의로 편액을 하사받아 소수 서원이라 불렸다.

㉡ **선현에 대한 제사와 학문 연구 및 교육을 담당**하였다.

㉢ **국왕으로부터 현판과 함께 노비 등을 받기도 하였다.**

(2) 중등 교육 기관

① 4부 학당 : 서울에 세운 학교로, 본래는 서학·동학·북학·남학·중학의 5부 학당으로 시작하였으나 세종 때 북학이 제외되어 성종 때 4부 학당으로 개편되었다.

② **향교**

㉠ 설립 : **지방에 설치된 중등 교육 기관**으로서 성현에 대한 향례와 유생들의 교육, 지방민의 교화를 위하여 **전국의 모든 부·목·군·현에 하나씩 설립하였다.**

㉡ 규모에 따라 **중앙에서 교관으로 교수 혹은 훈도를 파견하였다.**

㉢ 성균관과 같이 **제사 공간인 대성전과 교육 공간인 명륜당 및 기숙사인 동재·서재**가 있었다.

(3) 초등 교육 기관 및 기술 교육

① 서당 : 마을 단위로 설치된 초등 교육 기관으로 기초적인 유교 경전을 가르쳤다. 선비의 자제는 물론 평민의 자제도 교육을 받을 수 있었고, 연령은 대체적으로 8~9세부터 15~16세 정도였다.

② 기술 교육 : 잡학이라 하여 해당 기술 관청에서 직접 교육을 담당하였다.

기술 관청
- 사역원 : 외국어 번역 및 통역
- 관상감 : 천문, 지리, 기후
- 전의감 : 의학

3 불교와 도교 및 민간 신앙

(1) 불교

① 조선 전기

㉠ 건국 직후 : 도첩제를 시행하여 승려의 수를 제한하는 등 억불 정책을 펼쳤다.

㉡ 태종 : 전국에 위치한 사원 중 242개를 제외하고 사원이 소유한 토지와 노비를 몰수하였다.

㉢ 세종 : 모든 종파를 교종과 선종으로 통합하고 이 두 종파만 인정하였다.

㉣ 세조 : **서울 원각사지 십층 석탑**을 세우고 간경도감을 설치하여 불경을 간행하는 등 일시적으로 숭불 정책이 시행되었다.

㉤ 명종 : 승과가 일시적으로 부활되었다.

② 조선 후기 : 성리학 외의 사상을 배척하는 사림파가 집권하며 불교의 사회적 위상이 약화되었다.

서울 원각사지 십층 석탑

개성 경천사지 십층 석탑의 영향을 받았다.

(2) 도교

① 재정 낭비를 막기 위하여 도교 행사를 축소하고 사원을 정리하였다.
② 단군이 하늘에 제사를 지냈다는 **강화 마니산 참성단**에서 초제를 거행하였다.
③ **소격서** : 도교 행사를 주관하던 기구로서 중종 때 조광조 등 사림파의 주장으로 폐지되었으며, 기묘사화 이후 잠시 부활되었으나 임진왜란 이후 완전히 폐지되었다.

(3) 민간 신앙

① **풍수지리설·도참사상** : 한양 천도와 양반 사대부의 묘지 선정에 영향을 주었다.
② **무격신앙·삼신 신앙 등** : 백성들 사이에 유행하였다.

4 국어와 역사서

(1) 국어

① 조선 전기 – 훈민정음
㉠ 뜻 : 백성을 가르치는 바른 소리(훈민정음)라는 의미이다.
㉡ 목적 : 문자 생활의 편리성을 향상시키고 백성들에게 유교 윤리를 보급하고자 하였다.
㉢ 세종이 여러 집현전 학자와 함께 **훈민정음을 창제**하여 반포하였다.
㉣ 『용비어천가』, 『월인천강지곡』 등을 간행하여 보급하였다.
㉤ 의의 : 민족의 자긍심을 높이고 민족 문화 발전의 토대를 마련하였다.

「용비어천가」

② 조선 후기
㉠ 『훈민정음운해』 : 신경준이 우리말의 음운을 연구하여 편찬하였다.
㉡ **『언문지』 : 유희가 편찬한 우리말 음운 연구서**로 한글의 우수성을 드러냈다.
㉢ 『고금석림』 : 이의봉이 우리나라의 방언과 타국의 언어를 정리하여 편찬하였다.

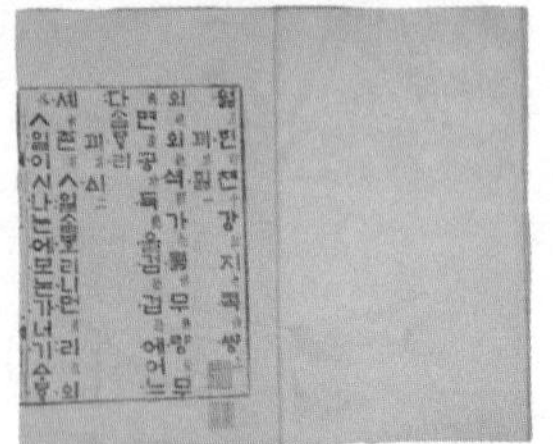
「월인천강지곡」

(2) 역사서

① 조선 전기 – **『조선왕조실록』**
㉠ 목적 : 선(先)대의 역사를 후대에 남기기 위하여 편찬하였다.
㉡ 태조부터 철종까지의 역사를 편년체로 서술하였다.
㉢ 국왕 사후에 춘추관을 중심으로 실록청을 설치하여 **사초와 시정기 등을 종합하여 편찬하였다.**
㉣ 임진왜란 이전에는 4대 사고에 보관하였으나, 임진왜란 이후 5대 사고에 보관하였다.
㉤ 1997년에 유네스코 세계 기록 유산에 등재되었다.

「조선왕조실록」

② 15~16세기

시기	역사서	특징
15세기	『고려국사』	정도전이 조선 건국의 정당성을 확보하고자 고려사를 편년체로 저술함
	『고려사』	• 기전체로 고려사를 자주적으로 서술함 • 우왕과 창왕을 신돈의 자식이라 하여 신우·신창으로 표현하고 열전에 편입시킴
	『고려사절요』	편년체로 고려사를 자주적으로 서술함
	『동국통감』	• 서거정 등이 고조선부터 고려 말까지의 역사를 서술한 통사 • 세조 때 편찬되기 시작하여 성종 때 완성됨
16세기	『동국사략』	박상이 개국 공신(급진 개혁파)을 비판하고 온건 개혁파를 칭송하는 내용을 서술함
	『기자실기』	이이가 단군보다 기자를 중시하는 인식을 바탕으로 편찬함

「고려사」
조선 세종 때 편찬하기 시작하여 조선 문종 때 완성되었다. 기전체 역사 서술 방식에 따라 세가, 열전, 지 등으로 구성되었고 『삼국사기』와 다르게 본기가 없다.

③ 조선 후기

『승정원일기』	• 승정원의 업무 내용을 일지 형식으로 작성함 • 유네스코 세계 기록 유산에 등재됨	
『동사강목』	• 안정복이 고조선부터 고려 말까지의 역사를 저술함 • 고증 사학의 토대를 마련함 • 중국 중심 역사관에서 탈피하여 단군 조선, 기자 조선, 삼한, 통일 신라, 고려로 이어지는 독자적 정통론을 내세움	
『발해고』	• 유득공이 발해 역사를 서술함 • 처음으로 '남북국'이라는 용어를 사용함	한반도 중심의 사관을 극복하고 우리 역사의 무대를 만주 지방까지 확대함
『동사』	이종휘가 고구려 역사를 중심으로 서술함	
『연려실기술』	이긍익이 조선의 정치와 문화를 객관적·실증적으로 정리하였으며 조선의 역사를 기사본말체로 서술함	
『해동역사』	한치윤이 500여 종의 자료를 참고하여 고조선부터 고려까지의 역사를 실증적으로 저술함	
『금석과안록』	김정희가 편찬하였으며 서울 북한산비가 신라 진흥왕 순수비임을 고증함	

5 지리서와 지도

(1) 조선 전기

① 지리서

㉠ 『신찬팔도지리지』: 세종 때 제작된 최초의 관찬 지리서이다.

㉡ **『동국여지승람』**: **성종** 때 **『팔도지리지』를 참고**하여 제작된 지리서로 군현의 연혁·지세·인물·풍속 등을 자세히 기록하였다.

㉢ **『신증동국여지승람』**: 중종 때 『동국여지승람』의 내용을 보충하여 편찬한 지리서이다.

② 지도

㉠ **「혼일강리역대국도지도」**

ⓐ 태종 때 이회·이무·김사형 등이 제작한 동양에서 **현존하는 가장 오래된 세계 지도**이다.

ⓑ 필사본이 일본 류코쿠 대학에 현존하고 있다.

㉡ 「팔도도」: 태종 때 제작된 전국 지도로 세종 때 이를 보완하여 다시 간행하였다.

㉢ 「동국지도」: 세조 때 양성지 등이 제작한 최초의 실측 지도이다.

㉣ **「조선방역지도」**: 16세기에 제작된 지도로 현재 국사편찬위원회에서 보관하고 있다.

「혼일강리역대국도지도」

「조선팔도고금총람도」
병자호란 때 순절한 김상용의 손자 김수홍이 조선 현종 때 간행한 목판본으로서 전국의 지리 정보에 주요 인물과 역사적 사실을 병기하였다.

(2) 조선 후기

① 지리서

㉠ **『동국지리지』**: **광해군 때 한백겸**이 제작한 역사 지리서이다.

㉡ **『택리지』**: 영조 때 이중환이 **각 지역의 자연환경·물산·풍속·인심 등을 기록**한 인문 지리서이다. 이중환은 **복거총론에서 거주지의 이상적인 조건을 제시**하였다.

㉢ 『아방강역고』: 순조 때 정약용이 편찬한 지리서이다.

② 지도

㉠ **「동국지도」**: 영조 때 **정상기가 최초로 100리 척을 사용하여 제작**하였다.

㉡ **「대동여지도」**

ⓐ **김정호**가 산맥·하천·포구·도로망 등을 표시하여 제작하였다.

ⓑ **10리마다 눈금을 표시**하였으며, **22첩의 목판으로 제작**하여 대량 생산이 가능하였다.

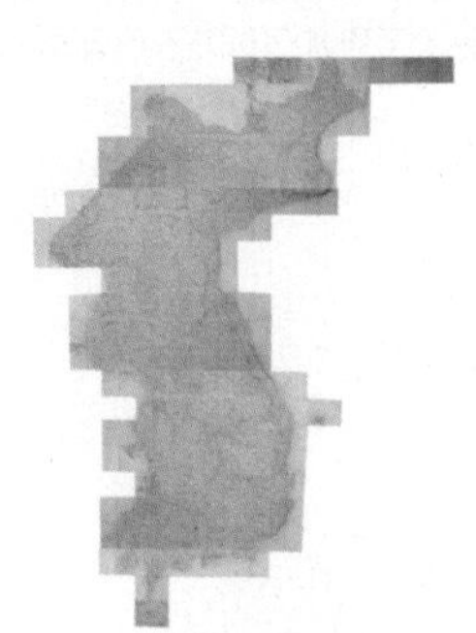

「대동여지도」

6 과학 기술

(1) 천문과 역법

① 조선 전기

㉠ **「천상열차분야지도」** : 태조 때 고구려의 천문도를 바탕으로 제작되었다.

㉡ **혼천의**·간의 : 세종 때 천체의 운행과 위치 등을 측정하기 위하여 만들었다.

혼천의

간의

㉢ **『칠정산』**

ⓐ 세종 때 **이순지** 등이 한양을 기준으로 천체 운동을 정확하게 계산하기 위하여 편찬한 역법서이다.

ⓑ 원의 수시력과 아라비아의 회회력을 참고하였으며 **외편과 내편으로 구성**되었다.

② 조선 후기

㉠ 효종 때 **김육**의 주장으로 **청으로부터 서양 역법서인 『시헌력』이 도입되었다.**

㉡ 김석문과 홍대용, 정약용, **최한기** 등이 지전설을 주장하며 중국 중심 세계관을 비판하였다.

(2) 기술

① 조선 전기

㉠ 금속 활자

ⓐ **태종 때 주자소를 설치하고 계미자를 주조**하였다.

ⓑ **세종 때 갑인자**·경자자 등을 주조하였으며, 식자판을 조립하는 방법을 창안하여 인쇄 능률이 종전보다 두 배 정도 올라갔다.

㉡ 제지술 : 태종 때는 종이를 전문적으로 생산하는 관청인 조지소를 설치하여 다양한 종이를 생산하였는데, 조지소는 세조 때 조지서로 개칭되었다.

㉢ 관측기구 : 세종 때 장영실이 앙부일구(해시계)·**자격루(물시계)**·측우기를 제작하였다.

② 조선 후기

㉠ 서양 문물의 전래 : 중국으로부터 세계 지도인 「곤여만국전도」, 천리경(망원경), 자명종, **홍이포** 등이 전래되었다.

㉡ **정약용** : 서양 기술 서적인 **『기기도설』을 참고하여 거중기를 제작**하였고, 배다리를 설계하였다.

㉢ 정약전 : 신유박해로 **흑산도**에서 귀양살이를 하는 동안 흑산도 근해의 해산물을 직접 채집 및 조사하여 해산물 155종에 대한 명칭·분포·형태·습성 등에 관한 사실을 기록한 **『자산어보』**를 저술하였다.

조선 전기			조선 후기
앙부일구(해시계)	자격루(물시계)	측우기	거중기

「천상열차분야지도」

이순지
- 세종 때 문과 급제
- 갑인자 제작에 참여
- 천문의상 교정 및 제작
- 『제가역상집』·『교식추보법』 저술

최한기
서양 과학 기술을 정리한 『지구전요』를 저술하였다.

식자판

「곤여만국전도」

천리경(망원경), 자명종, 홍이포 등
조선 인조 때 명에 사신으로 파견된 정두원에 의하여 전래되었다.

(3) 의학서

조선 전기	『향약집성방』	세종 때 편찬된 의서로 우리 풍토에 알맞은 약재와 치료 방법을 정리함
	『의방유취』	세종 때 편찬된 의학 백과사전
조선 후기	『동의보감』	• 광해군 때 허준이 전통 한의학을 집대성하여 편찬한 의서 • 2009년에 유네스코 세계 기록 유산으로 등재됨
	『침구경험방』	허임이 침구술을 집대성하여 편찬한 의서
	『마과회통』	정약용이 홍역 증세와 치료법을 저술한 의서
	『동의수세보원』	이제마가 사상 의학을 확립한 의서

허준

(4) 농서

① 조선 전기

㉠ **『농사직설』** : 조선 세종 때 **정초, 변효문 등이 우리 풍토에 맞는 농사법을 종합하여 편찬하였다.**

㉡ **『금양잡록』** : 조선 성종 때 **강희맹이 손수 농사를 지은 경험과 견문을 종합한 농서**이다.

② 조선 후기 : 신속의 『농가집성』, **박세당의 『색경』**, 홍만선의 **『산림경제』**, 서호수의 『해동농서』, 서유구의 **『임원경제지』** 등이 편찬되었다.

조선 전기
조선 명종 때 기근에 대비하여 여러 구황 정책을 담은 『구황촬요』를 간행하였다.

『산림경제』
홍만선이 인삼, 고추 등의 상품 작물 재배법과 원예 기술을 수록하였다.

『임원경제지』
서유구가 저술한 농촌 생활을 위한 백과사전이다.

(5) 무기와 병서

① 조선 전기

㉠ 최해산 : 최무선의 아들로 화약 무기 제조에 큰 활약을 하였다.

㉡ **화차(火車)** : 문종 때 개발된 일종의 로켓포로 **신기전**이라는 화살 100개를 잇따라 발사할 수 있었다.

㉢ 거북선·비거도선(鼻居刀船) : 병선 제조 기술도 발달하여 태종 때 거북선을 제작하였고, 비거도선이라는 작고 날쌘 전투선을 제조하여 수군의 전투력이 크게 향상되었다.

㉣ **『총통등록』** : 세종 때 편찬된 병서로 화약 주조법 및 사용법이 담겨 있다.

㉤ **『동국병감』·『병장도설』** : 문종 때 고조선에서 고려 말까지 벌어진 전쟁사를 정리한 『동국병감』과 군사 훈련 지침서인 『병장도설』이 편찬되었다.

신기전

② 조선 후기

㉠ **비격진천뢰** : 선조 때 이장손 등이 발명하였다.

㉡ 벨테브레이(박연) : 인조 때 제주도에 표류한 후 조선으로 귀화하였다. 그 후 훈련도감에 소속되어 서양식 대포의 제조법과 조종법을 가르쳤다.

㉢ 하멜 : 효종 때 제주도에 표류한 후 벨테브레이와 함께 신무기 개발을 지원하는 훈련도감에 소속되어 활동하였다.

능력(能力) 향상을 위한 OX

			정답
01	이익은 한전론을 통하여 영업전을 설정하여야 한다고 주장하였다.	( )	○
02	유수원은 『우서』를 저술하여 사농공상의 직업적 평등과 전문화를 주장하였다.	( )	○
03	박제가는 『열하일기』를 저술하였고, 화폐 유통의 필요성을 강조하였다.	( )	×
04	『조선왕조실록』은 유네스코 세계 기록 유산에 등재되었다.	( )	○
05	조선 세종 때 『동국여지승람』이 제작되었다.	( )	×
06	조선 성종 때 『향약집성방』이 편찬되었다.	( )	×
07	조선 광해군 때 허준이 『동의보감』을 편찬하였다.	( )	○

7 윤리 · 의례서, 법전, 백과사전

(1) 조선 전기

① 윤리 · 의례서

『삼강행실도』(세종)	충신 · 효자 · 열녀를 뽑아 이들의 행적을 그림과 글로 설명한 윤리서
『국조오례의』(성종)	여러 국가 행사를 유교 예법에 맞게 정리한 의례서
『이륜행실도』(중종)	연장자와 연소자, 친구 사이의 윤리를 강조한 윤리서
『동몽선습』(중종)	서당 학생들이 공부한 아동용 한자 학습서

② 법전

㉠ 『조선경국전』 : 정도전이 편찬한 법전으로 조선 건국 이후 최초로 편찬된 법전이다.

㉡ 『경제육전』 : 조준이 편찬한 조선 최초의 관찬 법전이자 공식 법전이다.

㉢ **『경국대전』** : 세조 때 쓰이기 시작하여 **성종 때 완성된 법전**으로, 『이전』·『호전』·『예전』·『병전』·『형전』·『공전』 등 6전으로 구성되었다.

(2) 조선 후기

① 백과사전

㉠ 『지봉유설』 : 이수광이 우리나라와 중국의 문화를 정리하여 편찬한 최초의 백과사전이다.

㉡ **『성호사설』** : **이익**이 실학적 학풍과 다양한 학문을 집대성하여 저술하였다.

㉢ 『청장관전서』 : 이덕무가 편찬한 백과사전이다.

㉣ 『임원경제지』 : 서유구가 저술한 농업 백과사전이다.

㉤ **『동국문헌비고』** : 영조 때 편찬된 백과사전으로 **역대 국가의 문물제도를 정리**하였다.

㉥ 『오주연문장전산고』 : 이규경이 저술한 백과사전이다.

② 법전 : **조선 영조 때 『속대전』, 조선 정조 때 『대전통편』**이 편찬되었다.

8 건축

(1) 조선 전기

① 15세기

㉠ 궁궐 · 관청 · 성곽 등이 중점적으로 세워졌으며, 신분에 따라 건물의 크기와 장식을 제한하여 국왕의 권위를 높이고 신분 질서를 유지하고자 하였다.

㉡ 주요 건축물 : 경복궁 근정전, **창덕궁 돈화문**, 종묘 정전, 강진 무위사 극락보전, 서울 숭례문, 평양 보통문, 합천 해인사 장경판전, **서울 원각사지 십층 석탑** 등이 있다.

경복궁 근정전

창덕궁 돈화문

종묘 정전

강진 무위사 극락보전

서울 숭례문

평양 보통문

합천 해인사 장경판전

서울 원각사지 십층 석탑

② 16세기

㉠ 불교의 가람 배치 양식과 주택 양식이 결합된 서원이 많이 세워졌다.

㉡ 주요 건축물 : 옥산 서원, 도산 서원 등이 있다.

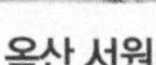
옥산 서원

도산 서원

부여 무량사 극락전

공주 마곡사 대웅보전

(2) 조선 후기

① 17세기

㉠ 불교의 사회적 지위 향상과 양반 지주층의 경제적 성장을 반영한 건축물이 지어졌다.

㉡ 주요 건축물 : **김제 금산사 미륵전, 구례 화엄사 각황전, 보은 법주사 팔상전** 등이 있다.

김제 금산사 미륵전

구례 화엄사 각황전
통층 구조이다.

보은 법주사 팔상전
현존하는 유일한 조선 시대 목탑으로 통층 구조이다.

② 18세기

㉠ 부농과 상인의 지원으로 장식성이 강한 사원이 세워졌으며 정조가 수원 화성을 건립하였다.

㉡ 주요 건축물 : 논산 쌍계사 대웅전, 부안 개암사 대웅보전, 수원 화성 등이 있다.

논산 쌍계사 대웅전

부안 개암사 대웅보전

수원 화성
유네스코 세계 문화유산에 등재되었다.

③ 19세기 : 흥선 대원군이 경복궁 근정전을 중건하였고, 경복궁 경회루가 건립되었다.

경복궁 경회루

9 문예 활동

조선 전기에는 주로 양반 문화를 중심으로 발전하였으나, 조선 후기에는 서민 의식이 성장하며 서민 문화가 발달하였다.

(1) 문학과 음악

조선 전기	문학	• 성종 때 서거정이 역대 시문 중 빼어난 것을 골라 『동문선』을 편찬함 • 황진이의 시조가 유명하였으며, 김시습이 『금오신화』를 편찬함 • 정철이 「관동별곡」, 「사미인곡」 등의 가사 문학을 씀
	음악	• 세종 때 박연이 아악을 체계화함 • 성종 때 의궤와 악보를 정리한 **『악학궤범』이 편찬**됨

조선 후기	문학	• 『홍길동전』, 『춘향전』 등 한글 소설이 유행함 • 형식에 얽매이지 않고 감정을 솔직히 표현한 사설시조가 발달함 • 중인들의 시 모임인 시사가 많이 조직됨 • 소설을 전문적으로 읽어 주는 전기수가 등장함
	음악	흥부가, 춘향가 등 판소리와 탈놀이가 유행함

(2) 글씨

① 조선 전기 : 안평 대군의 글씨체와 한호(한석봉)의 석봉체가 유명하였다.

② 조선 후기

㉠ 18세기에 이광사가 우리 고유의 감정을 나타내는 동국진체를 창안하였다.

㉡ 19세기에 **김정희가 역대 명필을 연구하여** 독특한 필법인 **추사체를 창안**하였다.

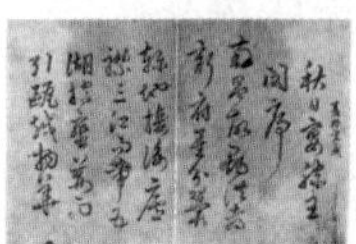
한호의 석봉체

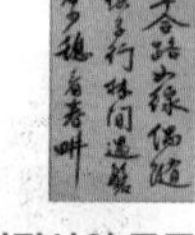
이광사의 동국진체

김정희의 추사체

(3) 공예

① 조선 전기

㉠ 고려 말에서 조선 초까지는 소박한 무늬와 정형화되지 않은 멋을 보여 주는 **분청사기**가 유행하였다.

㉡ 16세기에 유행한 백자는 담백하고 깨끗한 순백의 고상함이 선비의 취향과 어울려 널리 이용되었다.

분청사기 조화 어문 편병

② 조선 후기

㉠ 경제력이 상승한 민간에서 순백의 백자 사용이 증가하였다.

㉡ 흰 바탕에 푸른색으로 그림을 그린 **청화 백자가 많이 제작**되었다.

• 분청사기
회색의 태토 위에 맑게 거른 백토로 표면을 분장한 뒤 유약을 씌워 구운 도자기이다.

순백자 병

청화 백자 대나무무늬 각병

(4) 회화

① 조선 전기

㉠ 15세기 : 유교 사상 이외의 학문에 포용적인 입장을 취하여 도교나 노장 사상 분위기가 반영된 그림이 그려졌다.

「몽유도원도」(안견)
현재 일본 덴리 대학 중앙 도서관에 소장되어 있다.

「고사관수도」(강희안)

㉡ 16세기 : 선비의 정신세계를 상징하는 사군자를 표현한 문인화가 주로 그려졌다.

「묵죽도」(이정)

「초충도」(신사임당)

「송하보월도」(이상좌)

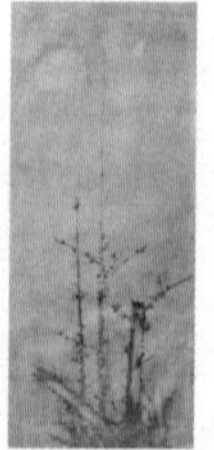
「월매도」(어몽룡)

② 조선 후기

㉠ 18세기

ⓐ **진경산수화** : 중국의 화풍을 모사하는 것에서 벗어나 독자적인 화풍인 진경산수화를 많이 그렸다. 대표 작품으로 **겸재 정선의 「인왕제색도」·「금강전도」**와 **강세황의 「영통동구도」**가 있다.

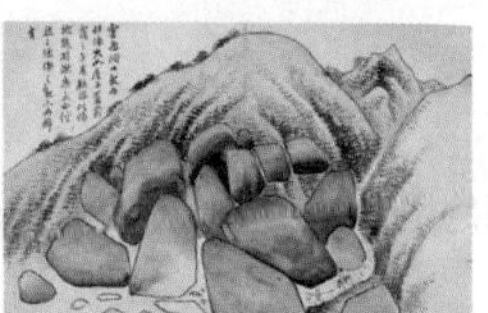

「인왕제색도」(정선) 「금강전도」(정선) 「경교명승첩」(정선) 「영통동구도」(강세황)

ⓑ **풍속화** : 풍속화가 발달하였으며, 대표 작품으로 단원 김홍도의 「서당」·「논갈이」·「대장간」·「무동」·**「씨름」**, **혜원 신윤복**의 「연소답청」·**「단오풍정」**·「주유청강」·**「월하정인」**·**「미인도」**, **김득신**의 「노상알현도」·**「파적도」**가 있다.

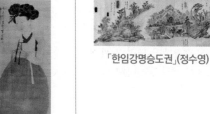

「서당」(김홍도) 「논갈이」(김홍도) 「대장간」(김홍도) 「무동」(김홍도) 「씨름」(김홍도)

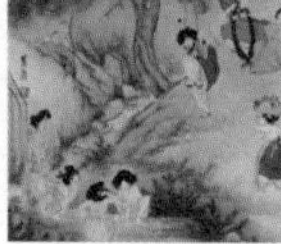

「연소답청」(신윤복) 「단오풍정」(신윤복) 「주유청강」(신윤복) 「월하정인」(신윤복)

「노상알현도」(김득신) 「파적도」(김득신) 「미인도」(신윤복)

「송석원시사야연도」(김홍도)

「한임강명승도권」(정수영)

㉡ 19세기 : 민중의 소망을 투영한 민화가 발달하였고, 독특한 필법과 채색이 유행하였다. 대표 작품으로 「까치와 호랑이」, **김정희의 「세한도」**, 장승업의 「호취도」 등이 있다.

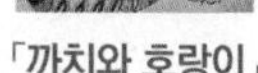

「까치와 호랑이」 「세한도」(김정희) 「호취도」(장승업)

능력(能力) 향상을 위한 OX 정답

01 조선 성종 때 『삼강행실도』가 편찬되었다. ( ) ×

02 단원 김홍도는 「단오풍정」을 그렸다. ( ) ×

검정(檢定)된 기출문제

정답 및 해설 P. 385

01

밑줄 그은 '이 역사서'에 대한 설명으로 옳은 것은?

> 대개 이미 지나간 나라의 흥망은 장래의 교훈이 되기 때문에 이 역사서를 편찬하여 올리는 바입니다. …… 범례는 사마천의 『사기』를 따르고, 대의(大義)는 모두 왕께 아뢰어 재가를 얻었습니다. 본기(本紀)라는 이름을 피하고 세가(世家)라고 한 것은 명분의 중요성을 나타내기 위함이며, 가짜 왕인 신씨들[신우, 신창]을 세가에 넣지 않고 열전으로 내린 것은 그들이 왕위를 도둑질한 사실을 엄히 논죄하려는 것입니다.

① 발해사를 우리 역사로 체계화하였다.
② 고구려 시조의 일대기를 서사시로 표현하였다.
③ 불교사를 중심으로 고대의 민간 설화를 수록하였다.
④ 고조선부터 고려 말까지의 역사를 연대순으로 기록하였다.
⑤ 조선 건국을 정당화하는 입장에서 고려의 역사를 정리하였다.

02

다음 검색창에 들어갈 인물의 활동으로 옳은 것은?

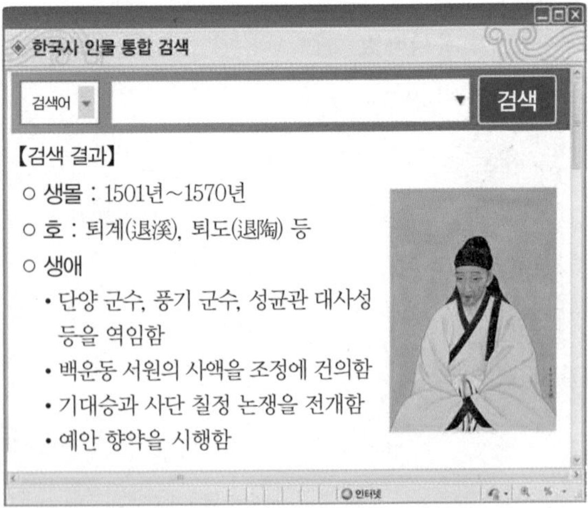

한국사 인물 통합 검색
검색어
검색
【검색 결과】
○ 생몰 : 1501년~1570년
○ 호 : 퇴계(退溪), 퇴도(退陶) 등
○ 생애
• 단양 군수, 풍기 군수, 성균관 대사성 등을 역임함
• 백운동 서원의 사액을 조정에 건의함
• 기대승과 사단 칠정 논쟁을 전개함
• 예안 향약을 시행함

① 양명학을 연구하여 강화 학파를 형성하였다.
② 명에 대한 의리를 내세워 기축봉사를 올렸다.
③ 군주의 도를 도식으로 설명한 성학십도를 올렸다.
④ 다양한 개혁 방안을 제시한 동호문답을 저술하였다.
⑤ 재상 중심의 정치를 강조한 조선경국전을 편찬하였다.

03

다음 글을 쓴 인물에 대한 설명으로 옳은 것은?

> 이 비는 아무도 아는 사람이 없어 '요승 무학이 잘못 찾아 여기에 이르렀다는 비'라고 잘못 불려 왔다. …… 탁본을 한 결과 비의 형태는 황초령비와 서로 흡사하였고, 제1행 진흥의 진(眞) 자는 약간 마멸되었으나 여러 차례 탁본을 해서 보니, 진(眞) 자임에 의심할 여지가 없었다. 마침내 진흥왕의 고비(古碑)로 정하고 보니, 1200년 전의 고적(古蹟)임이 밝혀져 무학비라고 하는 황당무계한 설이 깨지게 되었다.
> – 『완당집』 –

① 담헌서를 통하여 과거제 폐지를 주장하였다.
② 역대 명필을 연구하여 추사체를 창안하였다.
③ 북학의를 저술하여 수레와 배의 이용을 권장하였다.
④ 연려실기술에서 조선의 역사를 기사 본말체로 서술하였다.
⑤ 주역을 바탕으로 수론(數論)을 전개한 구수략을 저술하였다.

04

다음 글을 쓴 인물에 대한 설명으로 옳은 것은?

> 중국은 서양에 대해서 경도의 차이가 1백 80도에 이르는데, 중국 사람은 중국을 정계(正界)로 삼고 서양은 도계(倒界)로 삼으며, 서양 사람은 서양을 정계로 삼고 중국을 도계로 삼는다. 그러나 실제에 있어서는 하늘을 이고 땅을 밟는 사람은 지역에 따라 모두 그러하니, 횡(橫)이나 도(倒)할 것 없이 다 정계다.
> – 『의산문답』 –

① 지전설과 무한우주론을 주장하였다.
② 남북국이라는 용어를 처음 사용하였다.
③ 북한산비가 진흥왕 순수비임을 고증하였다.
④ 서얼 출신으로 규장각 검서관에 등용되었다.
⑤ 여전론을 통해 마을 단위 토지 분배와 공동 경작을 주장하였다.

05

(가) 인물에 대한 설명으로 옳은 것은?

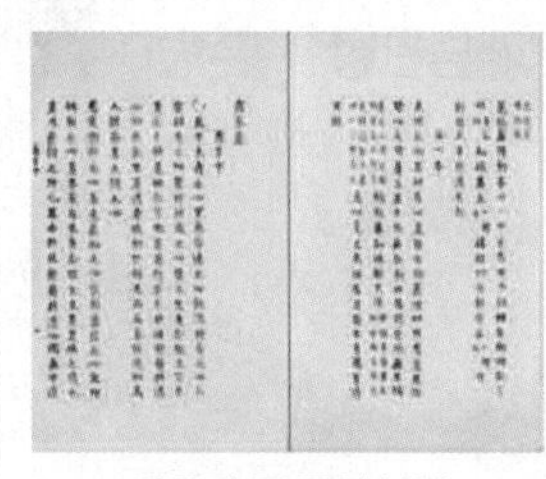
하곡집 중 존언 부분

이 책은 (가) 의 글을 모아 펴낸 문집이다. 그는 학변(學辨), 존언(存言) 등의 글에서 심(心)과 이(理)를 구별하는 주자의 견해를 비판하였다. 또한 지(知)와 행(行)을 둘로 구분하는 것은 물욕에 가려진 것이라고 하면서 양지(良知)의 본체에서 보면 지와 행은 하나라고 주장하였다. 그의 학문은 스승인 박세채, 윤증과의 교류를 통하여 심화되었다.

① 계유정난을 계기로 정계에서 축출되었다.
② 일본에 다녀와서 해동제국기를 편찬하였다.
③ 서얼 출신으로 규장각 검서관에 임용되었다.
④ 양명학을 연구하여 강화 학파 형성의 기초를 마련하였다.
⑤ 성학집요를 저술하여 군주가 수양하여야 할 덕목을 제시하였다.

06

다음 대화의 왕이 재위하였던 시기의 사실로 옳은 것은?

신 서거정 등이 동국통감을 완성하여 바치나이다. 삼국 이하 여러 역사책을 뽑아내고 중국 역사에서 가려내서 편년체로 기록하였습니다.
이 책은 진실로 만세에 남길 만한 것이다.

① 주자소가 설치되어 계미자가 주조되었다.
② 전통 한의학을 정리한 동의보감이 완성되었다.
③ 음악 이론 등을 집대성한 악학궤범이 간행되었다.
④ 세계 지도인 혼일강리역대국도지도가 제작되었다.
⑤ 한양을 기준으로 한 역법서인 칠정산 내편이 편찬되었다.

07

밑줄 그은 '그'가 그린 그림으로 옳은 것은?

그의 자(字) 사능이요, 호(號)는 단원이다. …… 산수, 인물, 꽃과 나무, 새와 짐승을 그려 신묘한 경지에 이르지 않은 것이 없었는데, 신선을 그린 것이 가장 뛰어났다. …… 도화서 화원으로 있었는데 매양 한 폭씩 올릴 때마다 왕의 마음에 들었다. …… 벼슬이 연풍 현감에 이르렀다.
－『이향견문록』－

① 
② 
③ 
④ 
⑤ 

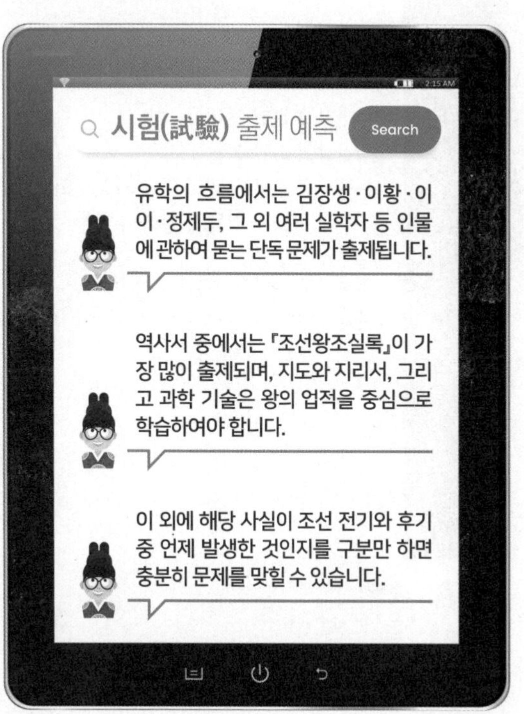

시험(試驗) 출제 예측
Search
유학의 흐름에서는 김장생·이황·이이·정제두, 그 외 여러 실학자 등 인물에 관하여 묻는 단독 문제가 출제됩니다.
역사서 중에서는 『조선왕조실록』이 가장 많이 출제되며, 지도와 지리서, 그리고 과학 기술은 왕의 업적을 중심으로 학습하여야 합니다.
이 외에 해당 사실이 조선 전기와 후기 중 언제 발생한 것인지를 구분만 하면 충분히 문제를 맞힐 수 있습니다.

설민석
한국사능력검정시험
개념완성

심화편

IV

국제 질서의 변동과 근대 국가 수립 운동

12 | 제국주의 열강의 침략적 접근과 조선의 대응

● 19세기 조선의 국내외 상황

국내 상황

- 삼정의 문란과 세도 정치
- 홍경래의 난, 임술 농민 봉기
- 동학, 서학(천주교) 확산
- 철종이 후사 없이 죽음 → 고종이 12세로 즉위 → 고종의 아버지 흥선 대원군이 섭정

국외 상황

- 제국주의 : 인종 우월주의 + 사회 진화론 → 강대국의 약소국 지배
- 이양선 출몰
- 아편 전쟁(청 vs. 영국) → 난징 조약 체결 → 청의 개항
- 미·일 화친 조약 + 미·일 수호 통상 조약 체결 → 일본의 개항

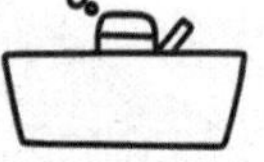

● 흥선 대원군의 대내 정책

흥선 대원군

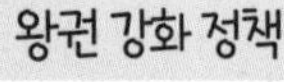

왕권 강화 정책

- 비변사 혁파 → 의정부 기능 회복, 삼군부 부활
- 사색 등용
- 경복궁 중건
  - 당백전 발행 → 물가 상승 초래
  - 원납전 징수, 백성 강제 동원
  - 양반 묘지림 벌목
- 『대전회통』, 『육전조례』 편찬

민생 안정 정책

- 서원 철폐
  - 47개소만 남김
  - 국가 재정 확충, 민생 안정
- 만동묘 폐지
- 삼정의 개혁
  - 전정 → 양전 시행(은결 색출)
  - 군정 → 호포제 시행
  - 환곡 → 사창제 시행

● 통상 수교 거부 정책과 양요

1866년			1868년	1871년	
병인박해	제너럴셔먼호 사건	병인양요 (vs. 프랑스)	오페르트 도굴 미수 사건	신미양요 (vs. 미국)	척화비 건립
원인 프랑스 선교사의 정치적 지원 약속 철회 **결과** 천주교를 대대적으로 탄압 → 프랑스 선교사 9명과 천주교 신도 8천여 명 처형	**원인** 미국 상선 제너럴셔먼호가 평양 대동강에 접근하여 통상을 요구 **결과** 평안 감사 박규수와 평양 관민들이 제너럴셔먼호를 격침	**원인** 병인박해 **결과** 문수산성(한성근), 정족산성(양헌수) 전투의 승리로 프랑스군 퇴각 **약탈** 외규장각 의궤	**원인** 독일 상인 오페르트가 대원군과 통상을 흥정하고자 덕산(충남 예산)의 남연군 묘를 도굴하려다 실패 **결과** 서양에 대한 배척과 통상 수교 거부 정책 강화	**원인** 제너럴셔먼호 사건 **결과** 미군의 초지진 점령, 어재연의 분전(광성보), 미군 철수 **약탈** 수(帥)자기	외세의 침략을 일시적으로 저지하였으나 근대화 지연 초래

1 19세기 조선의 국내외 상황

(1) 국내

① **세도 정치** : 안동 김씨, 풍양 조씨 등 **일부 외척 가문이 비변사**와 훈련도감을 장악하고 요직을 차지하는 **세도 정치가 전개**되었다.

② 부정부패 심화 : 지배층과 관리들의 부정부패와 백성에 대한 수탈이 심화되었다.

③ 민란 발생 : 삼정(전정 · 군정 · 환곡)의 문란으로 **홍경래의 난**, 임술 농민 봉기와 같은 대규모 민란이 발생하였다.

④ 새로운 사상 등장 : 백성들 사이에 동학 · 천주교(서학) · 정감록 등 여러 사상이 확산되었다.

(2) 국외

① 제국주의의 등장 : 백인 중심의 인종 우월주의와 사회 진화론을 바탕으로 강대국이 약소국을 지배하는 제국주의가 대두되었다.

② **이양선 출몰** : 해안가에 **이양선이 자주 출몰**하여 사회적 불안이 고조되었다.

③ 중국의 개항 : 중국(청)은 영국과의 아편 전쟁에서 패배하였고, 그 결과 영국과 난징 조약을 체결하여 항구를 개방하였다.

④ 일본의 개항 : 일본은 미국과 1854년에 미 · 일 화친 조약, 1858년에 미 · 일 수호 통상 조약을 체결하여 항구를 개방하였다.

2 흥선 대원군의 대내 정책

(1) 흥선 대원군의 집권

철종이 후사 없이 사망하자 신정 왕후 조씨(조 대비)에 의하여 고종이 12세로 즉위하였고, 어린 고종을 대신하여 국왕의 친부인 흥선 대원군이 집권하였다.

흥선 대원군

(2) 왕권 강화 정책

① 비변사 혁파

㉠ 세도 정치의 핵심 권력 기구이던 비변사의 권한을 축소시켜 군무만을 담당하도록 하고, 국가의 중대사는 이전처럼 의정부에서 의결하였다.

㉡ 건국 초기에 존재하던 **삼군부를 부활시키고 군국 기무를 전담**하게 하여 사실상 비변사를 혁파하였다.

② 사색 등용 : 당파와 신분을 가리지 않고 인재를 골고루 등용하였다.

국사(國史)편찬위원회에서 출제한 자료 ● 흥선 대원군의 사색 등용

흥선 대원군이 집권한 후 어느 석상에서 음성을 높여 여러 대신에게 말하기를 "나는 천 리(千里)를 끌어다 지척(咫尺)을 삼겠으며 태산(泰山)을 깎아 내려 평지를 만들고 또한 남대문을 3층으로 높이려 하는데, 여러 공들은 어떠시오?"라고 하였다.

-『매천야록』-

③ **경복궁 중건**

㉠ 왕실의 권위를 세우고자 임진왜란 때 소실된 경복궁을 중건하였다.

㉡ 중건에 필요한 재정을 확보하기 위하여 상평통보의 100배 가치에 해당하는 당백전을 발행하여 물가 상승을 초래하였다.

㉢ **원납전** · 성문세 등을 징수하고 강제로 노동력을 징발하여 백성들의 원성이 높았다.

당백전

㉣ 건축에 필요한 목재를 구하기 위하여 양반들의 묘지림을 벌목하였다. 이에 양반들이 크게 반발하였다.

> **국사(國史)편찬위원회에서 출제한 자료** ● 당백전 발행
>
> 경복궁을 중수할 때 …… 당백전을 주조하자 물가가 상승하고 이를 위조하는 자가 많이 발생하여 처벌하였으나 금지할 수 없었다. -『매천야록』-

④ 법전 편찬 : 통치 체제를 재정비하기 위하여 **『대전회통』**, 『육전조례』 등 법전을 편찬하였다.

● **『대전회통』**
『대전통편』 이후 80여 년 만에 새롭게 편찬된 마지막 법전이다.

● **만동묘**
조선 숙종 30년(1704) 충북 괴산에 건립된 사당으로, 임진왜란 때 조선에 원군을 파견해 준 명 신종에게 제사를 지냈다.

(3) 민생 안정 정책

① **서원 철폐, 만동묘 폐지**

㉠ 당시 서원은 면세·면역과 같은 각종 특권을 누렸고, 백성을 가혹하게 수탈하는 등 폐단을 일으키고 있었다.

㉡ 흥선 대원군이 전국에 있는 서원 600여 개를 **47개소만 남기고 모두 철폐**하고 민생을 어지럽히는 **만동묘를 폐지**하자, **지방 유생과 양반이 강력히 반발**하였다.

공자가 살아 돌아와도 백성을 괴롭힌다면 용서하지 못한다!!
대원군 물러나라!
서원을 없애다니!!

흥선 대원군의 서원 철폐

> **국사(國史)편찬위원회에서 출제한 자료** ● 서원 정리
>
> 대원군이 명을 내려 나라 안 서원을 죄다 허물고 서원의 유생들을 쫓아 버리도록 하였다. 감히 항거하는 자는 반드시 죽이라 하니, 사족이 크게 놀라서 온 나라 안이 물 끓듯 하고 대궐 문간에 울부짖는 자도 수만이나 되었다. …… 대원군이 크게 노하여 말하기를 "진실로 백성에게 해 되는 것이 있으면 비록 공자가 다시 살아난다 하더라도 나는 용서치 않겠다……."라고 하였다. -『근세조선정감』-

② 삼정의 개혁

전정	• 양전을 시행하여 은결을 색출함 • 부호의 토지 겸병을 금지함
군정	호(戶)를 부과 기준으로 하는 **호포제를 시행하여 양반에게도 군포를 징수함**
환곡	큰 마을 단위로 사창을 설치하고 부유한 마을 사람에게 사수를 맡기는 **사창제를 시행함**

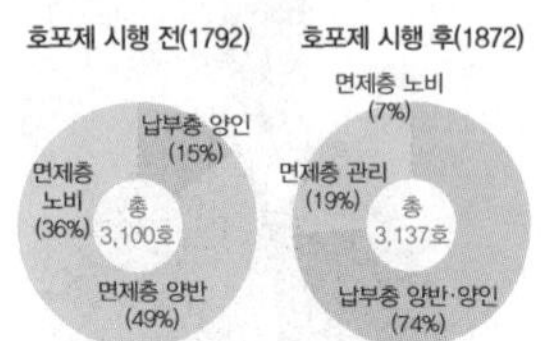

호포제 시행으로 나타난 부담층의 변화

(4) 의의

조선 왕조의 통치 체제를 어느 정도 회복하고 민심을 수습하였다.

(5) 한계

복고주의적인 개혁으로 조선의 근대화를 지연시켰다.

3 통상 수교 거부 정책과 양요

(1) 병인박해(1866)

① 배경

㉠ 국내에 서학(천주교)의 교세가 확장되자 이를 금지하라는 여론이 심화되었다.

㉡ 흥선 대원군은 **남종삼의 건의에 따라** 위협적으로 조선에 통상을 요구해 오는 **러시아를 견제할 목적으로 프랑스 선교사와 교섭**하였으나 실패하였다.

② 결과 : **프랑스 선교사 12명 중 9명**과 국내 천주교 신자 8,000여 명을 **학살**하는 등 서학을 탄압하였다.

절두산 순교 성지

(2) 제너럴셔먼호 사건(1866)

① 배경 : 미국 상선 제너럴셔먼호는 대동강을 따라 평양에 와서 통상을 요구하다가 거절당하자, 마을을 약탈하고 인명을 살상하였다.

② 결과 : 평양 감사 박규수의 지휘 아래 **평양 관민이 제너럴셔먼호를 불태웠다**.

(3) 병인양요(1866)

배경	병인박해(1866)를 구실로 프랑스 극동 함대 사령관 **로즈 제독이 강화도 양화진을 침략함**
활약	• 한성근 부대가 문수산성에서 활약함 • 양헌수 부대가 정족산성에서 프랑스 군대를 격퇴함
결과	• 외규장각 의궤 등 각종 문화재를 약탈당함 • 흥선 대원군의 통상 수교 거부 정책이 심화됨

박병선 박사

서지학자인 박병선 박사는 1975년 프랑스 국립 도서관에 조선 시대 도서가 있음을 발견하고 존재를 알렸다. 1990년대 초에 한국 정부가 외규장각 의궤의 반환을 공식적으로 요청하였고, 2011년에 '5년마다 갱신 가능한 대여' 방식으로 외규장각 의궤를 반환받을 수 있었다.

(4) 오페르트 도굴 미수 사건(1868)

① 배경 : **독일 상인 오페르트**가 조선에 통상을 요구하였으나 거절당하였다.

② 과정 : **오페르트가 덕산(충남 예산)에 위치한 흥선 대원군의 아버지 남연군 묘를 도굴**하여 통상을 흥정하고자 하였으나 실패하였다.

③ 결과 : 서양에 대한 반감이 커졌고, 통상 수교 거부 정책이 강화되었다.

(5) 신미양요(1871)

배경	미국 로저스 제독이 이끄는 **함대**가 제너럴셔먼호 사건(1866)을 구실로 강화도를 침공함
과정	• 미군이 **초지진**·덕진진 등을 점령함 • **어재연 부대가 광성보에서 결사 항전함**
결과	• 어재연 장군의 수(帥)자기를 약탈당함 • 흥선 대원군의 통상 수교 거부 정책이 심화됨

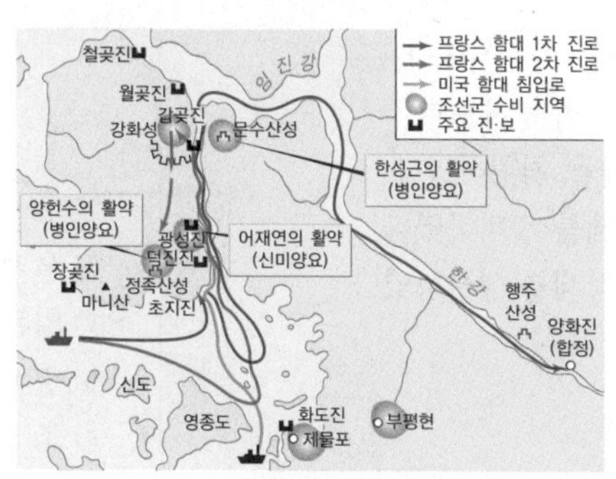

병인양요와 신미양요

어재연 장군의 수(帥)자기

2007년에 장기 대여 방식으로 반환받았다.

(6) 척화비 건립(1871)

① 건립 : **종로와 전국 각지**에 서양과의 통상 수교 거부 의지를 밝힌 **척화비를 세웠다.**

② 의의 : 국권 수호를 위한 노력으로 외세의 침략을 일시적으로 저지하였다.

③ 한계 : 근대화를 지연시켜 외세 침탈을 가속화시켰다는 평가를 받기도 한다.

양이침범 비전즉화 주화매국
계아만년자손
병인작신미립

척화비

국사(國史)편찬위원회에서 출제한 자료 ● 척화비 건립

이때에 이르러서는 돌을 캐어 종로에 비석을 세웠다. 그 비면에 글을 써서 이르기를 "서양 오랑캐가 침범하는데 싸우지 않으면 즉 화친하는 것이요, 화친을 주장함은 나라를 팔아먹는 짓이다."라고 하였다.

- 『대한계년사』 -

능력(能力) 향상을 위한 OX

			정답
01	흥선 대원군은 법전을 재정비하고자 『대전통편』을 편찬하였다.	( )	×
02	병인양요가 발발하자 어재연 부대는 광성보에서 결사 항전하였다.	( )	×
03	제너럴셔먼호 사건을 구실로 미군이 강화도를 침략하였다.	( )	○
04	신미양요 때 외규장각 의궤를 약탈당하였다.	( )	×
05	신미양요 이후 전국에 척화비가 건립되었다.	( )	○

검정(檢定)된 기출문제

정답 및 해설 P. 386

01

(가) 인물이 추진한 정책으로 옳은 것은?

> 나라 안의 서원과 사묘(祠廟)를 모두 철폐하고 남긴 것은 48개소에 불과하였다. …… 만동묘는 철폐한 후 그 황묘위판(皇廟位版)은 북원*의 대보단으로 옮겨 봉안하였다. …… 서원을 창설할 때에는 매우 좋은 뜻으로 시작하였지만 오랜 세월이 흐르는 동안 날로 폐단이 심하였다. …… 그러므로 서원 철폐령을 내린 것을 어찌 막을 수 있겠는가? 그 일이 (가) (으)로부터 나온 것이라고 해서 모두 비방할 일은 아니다. -『매천야록』-
>
> * 북원 : 창덕궁 금원

① 나선 정벌을 위하여 조총 부대를 파견하였다.
② 청과의 경계를 정한 백두산정계비를 세웠다.
③ 신유박해로 수많은 천주교인들을 처형하였다.
④ 대전통편을 편찬하여 통치 체제를 정비하였다.
⑤ 환곡의 폐단을 시정하고자 사창제를 실시하였다.

02

(가) 인물에 대한 설명으로 옳은 것은?

이곳 운현궁은 (가) 의 개인 저택으로 그의 아들인 고종이 태어나 12살까지 살았던 잠저입니다. 원래 운현은 저택이 위치한 곳의 지명이었는데, 고종이 즉위하면서 궁의 칭호를 받아 운현궁이 되었습니다.

① 주자소를 설치하여 계미자를 주조하였다.
② 속대전을 편찬하여 통치 체제를 정비하였다.
③ 양반에게도 군포를 징수하는 호포제를 추진하였다.
④ 삼정의 문란을 개선하기 위하여 삼정이정청을 설치하였다.
⑤ 육의전 이외 시전 상인의 특권을 폐지하는 신해통공을 실시하였다.

03

(가), (나) 사이의 시기에 있었던 사실로 옳은 것은?

> (가) 지난달 조선에서 국왕의 명령에 의하여, 선교 중이던 프랑스인 주교 2명과 선교사 9명, 조선인 사제 7명과 무수히 많은 남녀노소 천주교도들이 학살되었습니다. …… 며칠 내로 우리 군대가 조선을 정복하기 위하여 출발할 것입니다. …… 이제 우리는 중국 정부의 조선 왕국에 대한 어떤 영향력도 인정하지 않을 것임을 선언합니다.
> -「베이징 주재 프랑스 대리공사 벨로네의 서한」-
>
> (나) 이때에 이르러서는 돌을 캐어 종로에 비석을 세웠다. 그 비면에 글을 써서 이르기를 "서양 오랑캐가 침범하는데 싸우지 않으면 즉 화친하는 것이요, 화친을 주장함은 나라를 팔아먹는 짓이다."라고 하였다.
> -『대한계년사』-

① 오페르트가 남연군 묘 도굴을 시도하였다.
② 일본 군함 운요호가 영종도를 공격하였다.
③ 영국군이 러시아를 견제하기 위하여 거문도를 점령하였다.
④ 조선이 프랑스와 조약을 체결하고 천주교 포교를 허용하였다.
⑤ 조선책략 유포에 반발하여 이만손 등이 영남 만인소를 올렸다.

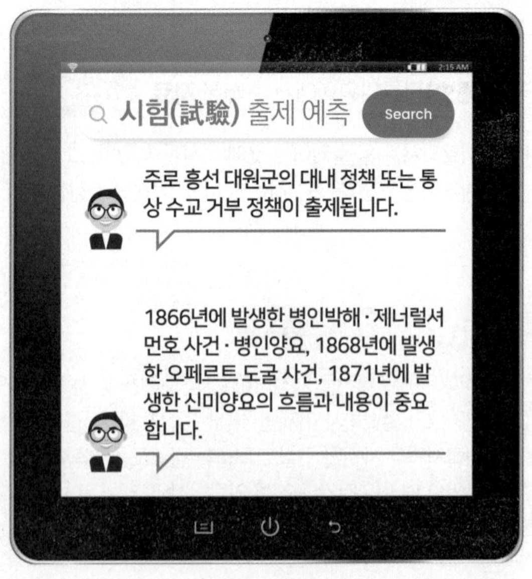

13 | 문호 개방과 근대적 개혁의 추진

● 조선의 문호 개방

1860년대 — 통상 수교 거부 정책(흥선 대원군 집권)

1873년 — 흥선 대원군 하야: 최익현의 탄핵 상소

1875년 — 운요호 사건: 일본 군함 운요호의 강화도, 영종도 공격

1876년

강화도 조약(조·일 수호 조규, 1876. 2.)

배경	운요호 사건
의의	최초의 근대적·불평등 조약
내용	• 제1관 : "조선은 자주국" • 제4관 : 부산·원산·인천 개항 • 제7관 : 해안 측량 허가 • 제10관 : 치외 법권 • 제12관 : Forever

조·일 수호 조규 부록(1876. 8.)

- 개항장에서 일본인 거주 지역(조계지) 설정 : 사방 10리(간행이정 10리)
- 개항장에서 일본 화폐 유통 가능

↓ 개정

조·일 수호 조규 속약(1882)

간행이정 10리 → 50리 확대, 2년 후 50리 → 100리 확대

조·일 무역 규칙(조·일 통상 장정, 1876. 8.)

- 곡물의 **무**제한 유출 허용
- 일본 소속 선박의 **무**항세
- 일본 수출입 상품 **무**관세 : 두모포 수세 사건의 배경

→ 3無 장정

↓ 개정

조·일 통상 장정(개정, 1883)

- 관세 부활 : 수입세, 선박세 10%
- 방곡령 : 시행 1개월 전 예고
- 최혜국 대우 규정

1880년대

조·미 수호 통상 조약(1882. 5.)

배경	황준헌(황쭌셴)의 『조선책략』 유포, 청의 알선
내용	• 제1관 : 거중 조정 • 제4관 : 치외 법권 • 제5관 : 관세 조항(최초) • 제14관 : 최혜국 대우(최초)
결과	미국에 보빙사 파견(1883)
의의	서양 국가와 체결한 최초의 근대적 조약

그 외 열강과의 조약 체결

영국(1883)	• 높은 관세율과 아편 문제로 조약 비준이 지연 • 청의 중재로 체결
독일(1883)	청의 알선
이탈리아(1884)	청의 알선
러시아(1884)	러시아 공사 베베르에 의하여 직접 수교
프랑스(1886)	• 천주교 포교 문제로 조약 체결 지연 • 청의 중재로 체결

설쌤의 한(韓)판 정리

● 개화사상의 형성

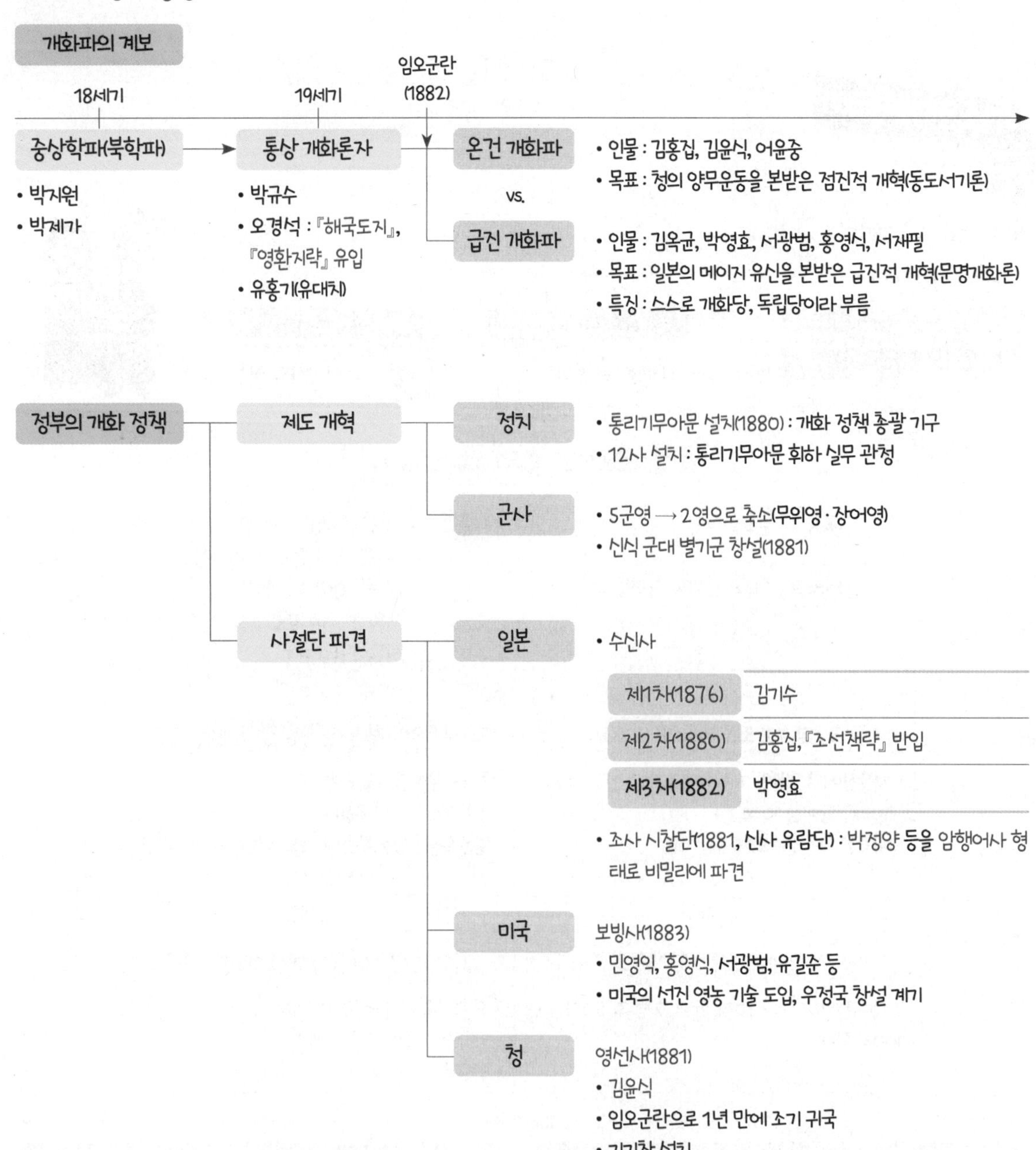

개화파의 계보
18세기
19세기
임오군란 (1882)
중상학파(북학파)
• 박지원
• 박제가
통상 개화론자
• 박규수
• 오경석 : 『해국도지』, 『영환지략』 유입
• 유홍기(유대치)
온건 개화파
• 인물 : 김홍집, 김윤식, 어윤중
• 목표 : 청의 양무운동을 본받은 점진적 개혁(동도서기론)
vs.
급진 개화파
• 인물 : 김옥균, 박영효, 서광범, 홍영식, 서재필
• 목표 : 일본의 메이지 유신을 본받은 급진적 개혁(문명개화론)
• 특징 : 스스로 개화당, 독립당이라 부름
정부의 개화 정책
제도 개혁
정치
• 통리기무아문 설치(1880) : 개화 정책 총괄 기구
• 12사 설치 : 통리기무아문 휘하 실무 관청
군사
• 5군영 → 2영으로 축소(무위영·장어영)
• 신식 군대 별기군 창설(1881)
사절단 파견
일본
• 수신사
제1차(1876) 김기수
제2차(1880) 김홍집, 『조선책략』 반입
제3차(1882) 박영효
• 조사 시찰단(1881, 신사 유람단) : 박정양 등을 암행어사 형태로 비밀리에 파견
미국
보빙사(1883)
• 민영익, 홍영식, 서광범, 유길준 등
• 미국의 선진 영농 기술 도입, 우정국 창설 계기
청
영선사(1881)
• 김윤식
• 임오군란으로 1년 만에 조기 귀국
• 기기창 설치

설쌤의 한(韓)판 정리

● 위정척사 운동의 전개

위정척사 사상의 형성과 발전

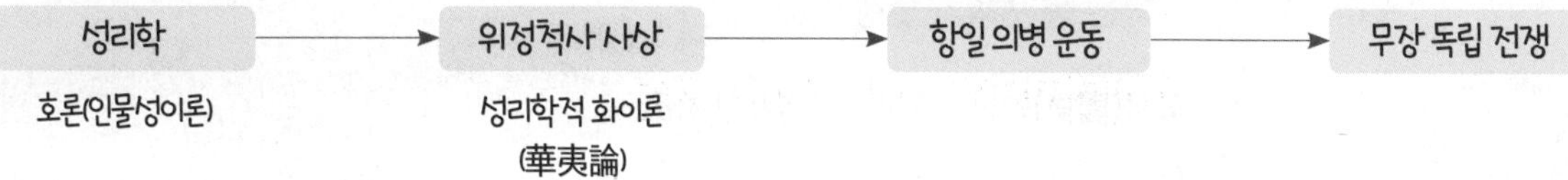

시기별 위정척사 운동

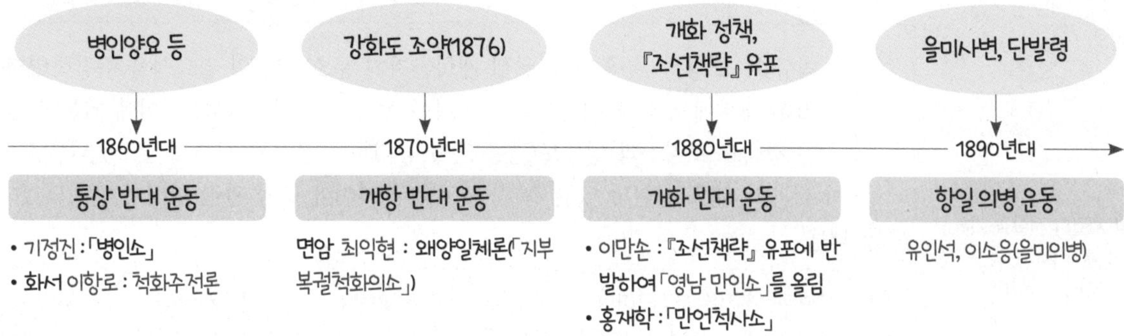

1860년대 – 통상 반대 운동
- 기정진 : 「병인소」
- 화서 이항로 : 척화주전론

1870년대 – 개항 반대 운동

면암 최익현 : 왜양일체론(「지부복궐척화의소」)

1880년대 – 개화 반대 운동
- 이만손 : 『조선책략』 유포에 반발하여 「영남 만인소」를 올림
- 홍재학 : 「만언척사소」

1890년대 – 항일 의병 운동

유인석, 이소응(을미의병)

● 임오군란과 갑신정변

1882년 – 임오군란

배경
- 개화 정책에 대한 반발
- 구식 군인에 대한 차별 대우

전개

구식 군인 봉기 → 흥선 대원군 재집권 → 2영·별기군·통리기무아문 폐지 → 5군영·삼군부 부활 → 청군 개입

결과
- 흥선 대원군이 청으로 압송
- 청 : 청군 주둔, 고문 파견(마젠창, 묄렌도르프), 조·청 상민 수륙 무역 장정 체결
- 일본 : 제물포 조약(일본 공사관에 경비병 주둔 허용)·조·일 수호 조규 속약(간행이정 확대) 체결

1884년 – 갑신정변

배경
- 청의 내정 간섭 심화
- 김옥균의 차관 도입 실패
- 일본의 군사적 지원 약속

전개

우정총국 개국 축하연에서 민씨 세력 제거 → 개화당 정부 수립 → 14개조 정강 발표 → 청의 개입 → 3일 만에 실패

결과
- 조선·일본 : 한성 조약(배상금) 체결
- 청·일본 : 톈진 조약(양국 군대 동시 철수, 파병 시 상호 통보) 체결

1885년 – 거문도 사건

영국이 러시아를 견제하고자 거문도 불법 점령

중립론 대두
- 부들러
- 유길준의 조선 중립화론

1 조선의 문호 개방

● **강화도 조약**
강화도 연무당에서 체결되었다.

● **신헌**
강화도 조약 체결의 전말을 기록한 『심행일기』를 저술하였다.

● **간행이정**
거류 일본인들의 활동 지역을 방파제로부터 동서남북 10리로 제한하고 이 구역 안에서 일본인의 자유 통행과 상행위를 허용하였다.

● **무관세**
조·일 무역 규칙에 따라 항세와 관세를 내지 않게 된 일본 상인들은 많은 상품을 저렴하게 판매하였고, 이에 조선 정부는 부당함을 바로잡고자 두모포에 해관을 설치하여 세금을 부과하였다. 조선의 과세는 일본의 항의로 중지되었으나, 두모포 수세 사건은 1883년 조·일 통상 장정에서 관세 조항이 포함되는 배경이 되었다.

(1) 강화도 조약(조·일 수호 조규, 1876)

① 배경

㉠ **최익현의 탄핵 상소**로 1873년에 흥선 대원군이 하야하며 통상 수교 거부 정책이 완화되는 등 변화가 발생하였다.

국사(國史)편찬위원회에서 출제한 자료 ● 호조 참판 최익현의 상소

> 이 몇 가지 문제는 실로 전하께서 어려서 아직 정사를 도맡아 보지 않고 계시던 시기에 생긴 일입니다. …… 지금부터는 임금의 권한을 발휘하시고, 침식을 잊을 정도로 생각하시며 부지런히 일하셔야 할 것입니다. …… 친친(親親, 부모와 자식)의 반열에 속하는 사람은 다만 그 지위만을 높이고 녹봉을 후하게 줄 뿐이며, 나라의 정사에는 관여하지 못하게 하셔야 할 것입니다.

㉡ 박규수·오경석·유홍기 등 통상 개화론자가 문호 개방의 필요성을 주장하였다.

㉢ 일본 내부에 조선을 정벌하여야 한다는 정한론이 대두되었고, 이에 **일본 군함 운요호가 강화도 초지진과 영종도(영종진)를 공격하는 운요호 사건을 일으켰다**(1875).

㉣ 조선 측 대표 신헌과 일본 측 대표 구로다 사이에 조약 관련 협의가 진행되었다.

② 내용

> 제1관 조선은 자주국이며 일본과 똑같은 권리를 갖는다. → 청의 종주권 부인
> 제4관 조선국은 **부산 외에 두 곳을 개항**하고, 일본인이 와서 통상을 하도록 허가한다.
> → 부산(1876), 원산(1880), 인천(1883) 개항
> 제7관 조선국 연해의 도서와 암초를 조사하지 않아 매우 위험하다. 일본국 항해자가 자유로이 해안을 측량하도록 허가한다. → 해안 측량권 규정 : 불평등 요소
> 제10관 일본국 인민이 조선국 항구에서 죄를 지었거나 조선국 인민에게 관계되는 사건은 모두 일본국 관원이 심판한다. → 영사 재판권(치외 법권) 규정 : 불평등 요소
> 제12관 위 11조관을 영원히 신의로써 준수하며 변경할 수 없다.
> → 불평등 조약을 영원히 지속하려는 의도

③ 의의 : 조선이 외국과 체결한 최초의 근대적 조약이자 불평등 조약이다.

④ 부속 조약

㉠ 조·일 수호 조규 부록(1876)

ⓐ 간행이정을 10리로 규정하고 개항장에서 일본 화폐 사용을 허가하였다.

ⓑ 임오군란 이후 간행이정을 50리로 확대하고, 2년 뒤 100리로 확대하는 조·일 수호 조규 속약(1882)을 체결하였다.

국사(國史)편찬위원회에서 출제한 자료 ● 조·일 수호 조규 부록

> 제4관 부산 항구에서 일본국 인민이 통행할 수 있는 도로의 거리는 부두로부터 동서남북 각 10리로 정한다. → 간행이정 10리 규정
> 제7관 일본국 인민은 본국의 현행 여러 화폐로 조선국 인민이 소유한 물품과 교환할 수 있으며, 조선국 인민은 그 교환한 일본국의 여러 화폐로 일본국에서 생산한 여러 가지 상품을 살 수 있다.
> → 개항장에서 일본 화폐 유통 가능

㉡ 조·일 무역 규칙(조·일 통상 장정, 1876)

ⓐ 양곡의 무제한 유출을 허용하고 일본국 소속 선박에 무항세를, 수출입 상품에 무관세를 적용하였다.

ⓑ 1883년에 **방곡령**과 **최혜국 대우** 조항, **관세 부활** 조항을 추가하여 **조·일 통상 장정(개정)을 체결**하였다.

국사(國史)편찬위원회에서 출제한 자료 ● 조·일 무역 규칙(조·일 통상 장정, 1876. 8.)

제6칙 조선국 항구에 거주하는 일본 인민은 쌀과 잡곡을 수출 및 수입할 수 있다.
→ 양곡의 무제한 유출의 근거
제7칙 일본국 소속의 선박은 항세를 납부하지 않는다. → 무항세

(2) 조·미 수호 통상 조약(1882)

① 배경

㉠ **1880년에 제2차 수신사로 파견된 김홍집은 청의 외교관 황준헌(황쭌셴)이 작성한 『조선책략』을 국내에 가지고 들어왔다.**

㉡ 청은 조선에 대한 종주권을 확인받고 러시아와 일본을 견제하기 위하여 조선과 미국의 수교를 알선하였다.

국사(國史)편찬위원회에서 출제한 자료 ● 『조선책략』

조선의 땅은 실로 아시아의 요충에 자리 잡고 있어 전략적으로 중요하므로 반드시 분쟁이 발생할 수밖에 없다. 조선이 위태로우면 동아시아의 정세가 날로 악화될 것이다. 러시아가 영토를 공략하고자 하면 반드시 조선으로부터 시작할 것이다. …… 그러므로 오늘날 조선의 제일 급선무는 러시아를 막는 것이다. 러시아를 막는 책략은 무엇인가. 중국을 가까이하며, 일본과 관계를 공고히 하고, 미국과 연계하여 자강을 도모할 따름이다.
↳ 친중국, 결일본, 연미국
- 『사의조선책략』 -

② 내용

제1관 조선과 미국 인민은 각각 영원히 화평우호를 지키되 만약 타국이 불경하는 일이 있게 되면 1차 조사를 거친 뒤에 서로 도와 잘 조처함으로써 그 우의를 표시한다.
→ 거중 조정 규정, 미국이 훗날 가쓰라·태프트 밀약으로 위반
제4관 조선 백성이 미합중국 국민에게 범행을 하면 조선 당국이 조선 법률에 따라 처벌한다. 미합중국 국민이 조선 인민을 때리거나 재산을 훼손하면 미합중국 법률에 따라 체포하고 처벌한다.
→ 치외 법권 규정 : 불평등 요소
제5관 수출입품에 관한 관세율은 종가세 10%를 초과하지 않으며 사치품 등에 대해서는 30%를 넘지 못하는 협정세율을 정한다. → 최초로 관세 규정
제14관 조약을 체결한 뒤에 통상 무역 상호 교류 등에서 본 조약에 부여되지 않은 어떠한 권리나 특혜를 다른 나라에 허가할 때에는 자동적으로 미국 관민에게도 똑같이 준다.
→ 최초로 최혜국 대우 규정 : 불평등 요소

③ 결과 : **미국 푸트 공사가 내한한 답례로 미국에 보빙사를 파견**(1883)하였다.

④ 의의 : 조선이 서양과 맺은 최초의 근대적 조약이자 불평등 조약이다.

(3) 기타 열강과의 조약 체결

① 조선은 일본 및 미국과 조약을 체결한 이후 영국(조·영 수호 통상 조약), 독일(조·독 수호 통상 조약), 이탈리아(조·이 수호 통상 조약), 러시아(조·러 수호 통상 조약), 프랑스(조·프 수호 통상 조약) 순으로 조약을 체결하였다.

② **조·프 수호 통상 조약**은 **천주교 포교권 인정 문제**로 조약 체결이 지연되다가 청의 중재를 통하여 1886년에 체결되었다.

● **최혜국 대우**
특정 국가가 A국과 조약을 체결함에 있어 제3국에 부여한 혜택을 자동적으로 조약의 상대국인 A국에게 부여하는 것이다.

● **조·영 수호 통상 조약**
높은 관세율과 아편 문제로 조약 비준이 지연되었다.

2 개화사상의 형성

(1) 개화파의 계보

① 통상 개화론자의 등장

㉠ 18세기에 중상학파(북학파) 실학자 박지원·박제가 등이 주장한 학문과 사상을 19세기에 이르러 최한기·박규수·오경석·유홍기(유대치) 등이 계승하여 통상 개화론으로 발전시켰다.

㉡ 역관 **오경석**은 청을 자주 왕래하며 서양의 지리와 문물을 소개한 **『해국도지』, 『영환지략』을 국내에 들여왔다**.

㉢ 박규수의 영향을 받은 김홍집·김윤식·김옥균·박영효 등은 훗날 개화파로 성장하였다.

② 개화파의 분화 : 임오군란 이후 청의 내정 간섭이 심해지자, 개화파는 청에 대처하는 방식과 개화 방법을 둘러싸고 온건 개화파와 급진 개화파로 나뉘었다.

㉠ 온건 개화파

중심인물	김홍집, 김윤식, 어윤중 등
목표	청의 양무운동을 본받아 점진적인 개화를 추구함
특징	청과의 전통적인 관계를 중시하고 동도서기론을 주장함

㉡ 급진 개화파

중심인물	김옥균, 박영효, 서광범, 홍영식, 서재필 등
목표	일본의 메이지 유신을 본받아 급진적인 개화를 추구함
특징	• 청과의 사대 관계를 청산할 것과 문명 개화론을 주장함 • 스스로를 개화당 또는 독립당이라고 부름

양무운동
1861년부터 1894년까지 전개된 중국의 근대화 운동이다. 청은 유교 문명을 지키면서 서양의 문물과 기술을 받아들여 군사적 자강과 경제적 부강을 이루고자 하였다.

동도서기론
기존의 유교적 질서와 가치관은 유지하면서 서양의 기술만을 받아들이자는 주장으로 양무운동의 중체서용론과 같은 의미이다.

메이지 유신
일본은 막부 체제를 타도하고 메이지 일왕(천황) 중심의 신정부를 수립하였다. 이후 일본은 서양의 사상과 문물을 적극적으로 수용하여 근대화를 전개하였다.

(2) 정부의 개화 정책

① 제도 개혁

㉠ 정치

ⓐ 개항 이후의 정세 변화에 대응하기 위하여 의정부 및 6조와는 별개로 개화 정책을 총괄하는 기구인 **통리기무아문을 설치하였다(1880)**.

ⓑ 통리기무아문 아래에는 개화에 관련된 실무(외교·군사·통상·재정)를 담당하는 **12사를 설치**하였다.

㉡ 군사

ⓐ **5군영을 2영**(무위영·장어영)**으로 개편**하였다.

ⓑ **신식 군대인 별기군을 창설**하고 **교관으로 일본인 호리모토 레이조를 초빙**하였다(1881).

② 해외 사절단 파견

일본	수신사	• 제1차 수신사(1876) : 김기수를 파견함 • 제2차 수신사(1880) : 김홍집이 『조선책략』을 들여옴 • 제3차 수신사(1882) : 임오군란에 대한 사과를 위하여 박영효를 파견함
	조사 시찰단(1881)	• 박정양 등이 근대 시설 및 문물을 시찰하고 돌아와 보고서를 작성함 • 『조선책략』의 국내 유포로 개화 반대 여론이 심해지자 암행어사를 가장하여 비밀리에 파견함

별기군

청	영선사 (1881)	• 김윤식과 유학생 및 기술자를 파견함 • 정부 지원 부족과 임오군란의 발발로 1년 만에 조기 귀국함 • **청의 기기국에서 근대식 무기 제조법**과 군사 훈련법을 학습하여 국내에 **기기창이 설치되는 데 영향**을 끼침
미국	보빙사 (1883)	• 조·미 수호 통상 조약 체결로 **미국의 푸트 공사가 방한하자, 이에 대한 답례로 전권대신 민영익, 부대신 홍영식**, 서광범, 유길준 등을 미국에 파견함 • 서양에 파견된 최초의 사절단 • 미국의 선진 영농 기술을 도입하고 우정국을 설치하는 계기가 됨

보빙사 일행

보빙사

3 위정척사 운동의 전개

(1) 위정척사 사상의 형성과 발전

① 19세기에 정통 성리학을 중시하는 보수 유생층을 중심으로 호론의 인물성이론을 계승한 성리학적 화이론이 형성되었다.

② 화이론을 바탕으로 형성된 위정척사 사상은 정학(正學)인 성리학을 지키고, 다른 모든 종교나 사상을 배격하여야 한다는 주장이다.

③ 위정척사 사상은 항일 의병 운동과 무장 독립 전쟁으로 계승되었다.

화이론
중화를 받들고 오랑캐인 이적들을 물리친다는 존화양이(尊華攘夷) 사상으로, 조선의 대외 관계에 큰 영향을 주었다.

(2) 시기별 위정척사 운동

1860년대 통상 반대 운동	상황	• 서구 열강이 조선에 통상을 요구함 • 병인양요, 제너럴셔먼호 사건, 오페르트 도굴 사건 등이 발생함
	대표 인물	• **기정진** : 「병인소」를 올려 외세의 침략에 대비할 것을 주장하는 등 위정척사 사상의 이론적 기반을 마련함 • 화서 **이항로** : 화서학파를 형성하고 **척화주전론**을 주장함
1870년대 개항 반대 운동	상황	일본이 운요호 사건을 일으켜 조선에 문호 개방을 요구함
	대표 인물	면암 **최익현** : 강화도 조약 체결에 반발하여 **「지부복궐척화의소」**를 올려 왜양일체론을 주장함
1880년대 개화 반대 운동	상황	김홍집이 가져온 『조선책략』이 국내에 유포됨
	대표 인물	• **이만손** : 영남 **유생** 1만여 명과 함께 『조선책략』 유포와 그 내용에 반발하는 **「영남 만인소」**를 작성함(1881) • **홍재학** : 개화 정책 중단을 요구하고 서양 문물 유입에 반대하는 「만언척사소」를 작성함

왜양일체론
일본과 서양 오랑캐가 동일하다는 주장이다.

능력(能力) 향상을 위한 OX

			정답
01	강화도 조약으로 부산·원산·인천 등 세 개 항구가 개항되었다.	( )	○
02	조·미 수호 통상 조약은 최초로 최혜국 대우 조항이 포함된 조약이다.	( )	○
03	조·프 통상 조약은 천주교 포교권 인정 문제로 1886년에 체결되었다.	( )	○
04	조선 고종은 개화 정책을 전담하는 기구인 통리기무아문을 설치하였다.	( )	○
05	수신사는 근대 무기 제조술을 배워 와 기기창을 설치하는 데 영향을 주었다.	( )	×
06	조·미 수호 통상 조약 체결에 대한 답례로 보빙사가 파견되었다.	( )	○
07	화서 이항로는 왜양일체론을 주장하며 강화도 조약 체결에 반대하였다.	( )	×
08	『조선책략』 유포에 반발하여 이만손 등 영남 유생들이 영남 만인소를 올렸다.	( )	○

국사(國史)편찬위원회에서 출제한 **자료** ● 이항로의 상소

…… 양이의 화(禍)가 금일에 이르러서는 비록 홍수나 맹수의 해일지라도 이보다 심할 수 없겠사옵니다. 전하께서는 부지런히 힘쓰시고 경계하시어 안으로는 관리들로 하여금 바다를 건너오는 적을 징벌케 하옵소서. 사람 노릇을 하느냐 짐승이 되느냐 하는 고비와 존속하느냐 멸망하느냐의 기틀이 잠깐 사이에 결정되오니 정말 조금이라도 지체하여서는 아니 되옵니다. -『화서집』-

국사(國史)편찬위원회에서 출제한 **자료** ● 최익현의 왜양일체론

저들이 비록 왜인이라고 하나 실은 서양 오랑캐와 다를 것이 없습니다. 강화가 이루어지면 사악한 서적과 서학(천주교)이 다시 들어와 사악한 기운이 온 나라를 덮게 될 것입니다. -『면암집』-

국사(國史)편찬위원회에서 출제한 **자료** ● 이만손의 「영남 만인소」

중국은 우리가 신하로서 섬기는 바이며 해마다 옥과 비단을 보내는 수레가 요동과 계주를 이었습니다. 신의와 절도를 지키고 속방의 직분을 지킨 지 벌써 2백 년이나 되었습니다. …… 이제 무엇을 더 친할 것이 있겠습니까? 일본은 우리에게 매여 있던 나라입니다. 삼포 왜란이 어제 일 같고 임진왜란의 숙원이 가시지 않았습니다. …… 미국은 우리가 본래 모르던 나라입니다. 잘 알지 못하는데 공연히 타인의 권유로 불러들였다가 그들이 재물을 요구하고 우리의 약점을 알아차려 어려운 청을 하거나 과도한 경우를 떠맡긴다면 장차 이에 어떻게 응할 것입니까? 러시아는 본래 우리와 혐의가 없는 나라입니다. 공연히 남의 말만 듣고 틈이 생기게 된다면 우리의 위신이 손상될 뿐만 아니라 만약 이를 구실로 침략해 온다면 장차 이를 어떻게 막을 것입니까? -『일성록』-

(3) 의의

① 을미사변 이후 일본의 침략에 적극 대항하는 항일 의병 운동으로 계승되었다.
② 외세의 침략에 대항한 반외세 · 반침략 자주 운동이었다.

(4) 한계

성리학 이외의 모든 사상을 배격하고 전제 군주제와 양반 중심의 봉건적 신분 질서를 강조함으로써 근대화의 지연을 초래하였다.

4 임오군란과 갑신정변

(1) 임오군란(1882)

① 배경

㉠ **개화 정책에 대한 반발**

ⓐ 개항 이후 일본에 쌀이 무제한으로 유출되며 쌀값이 폭등하여 백성들의 생활이 어려워지고 불만이 높아졌다.

ⓑ 하야한 흥선 대원군은 민씨 정권을 실각시키고 재집권할 기회를 노리고 있었다.

㉡ **구식 군인에 대한 차별 대우**

ⓐ 신식 군대인 별기군은 급료와 보급에서 좋은 대우를 받았지만, 구식 군대인 무위영 · 장어영 등 2영 소속 군졸들은 13개월 동안 봉급미를 받지 못하여 불만이 높았다.

ⓑ 구식 군인들이 밀린 봉급 중 한 달 치를 받았으나, 선혜청 창고지기의 농간으로 양이 턱없이 부족하였고 쌀에 모래나 쌀겨가 반이 넘게 섞여 있었다.

② 전개

㉠ 구식 군인들이 봉기하여 선혜청 당상 민겸호의 저택을 파괴하고 정부 고관들을 살해하였다.

㉡ 구식 군인들은 흥선 대원군을 찾아가 도움을 요청하였고, 군란은 점차 민씨 정권과 개화 정책에 대한 반발로 확대되었다.

㉢ **구식 군인들**은 별기군의 일본인 교관을 살해하고 **일본 공사관과 선혜청을 습격**하였으며, 명성 황후를 시해하기 위하여 궁궐을 습격하였다. 이에 **고종은 사태를 수습하고자 흥선 대원군에게 정권을 넘겼다.**

㉣ 흥선 대원군은 통리기무아문과 **별기군** 및 2영을 **폐지**하고 **5군영**과 **삼군부를 부활**시켰다.

㉤ 민씨 세력은 **청에 파병을 요청**하였고, **청이 군대를 파견**하여 난을 진압하였다.

㉥ **청은 난의 책임을 물어 흥선 대원군을 톈진으로 납치**하였고, 민씨 정권이 재집권하였다.

국사(國史)편찬위원회에서 출제한 **자료** ● 임오군란과 흥선 대원군의 재집권

대원군에게 군국사무를 처리하라는 명이 내려지자, 대원군은 궐내에 거처하면서 통리기무아문과 무위영, 장어영을 폐지하고 5영의 군제를 복구하고 군료를 지급하도록 하였다. 그리고 난병(亂兵)들에게 물러가라 명하고 대사령을 내렸다. 난병들은 대궐에서 물러나 사방으로 흩어졌다. -『매천야록』-

③ 결과

㉠ 청의 내정 간섭 심화 : **위안스카이가 이끄는 청군이 조선에 주둔**하였고, 재정 고문(마젠창)과 **외교 고문(묄렌도르프)**이 파견되었다.

㉡ 조약 체결

상대국	조약	특징
청	조·청 상민 수륙 무역 장정	최초로 외국 상인의 내지 통상을 허용함
일본	제물포 조약	• 일본에 배상금을 지불함 • **일본 공사관에 경비병 주둔을 허용함**
	조·일 수호 조규 속약	일본 상인의 간행이정을 10리에서 50리로 늘리고 2년 뒤 100리로 확대함

국사(國史)편찬위원회에서 출제한 **자료** ● 조·청 상민 수륙 무역 장정

제2조 중국 상인이 조선 항구에서 개별적으로 고소를 제기할 일이 있을 경우 중국 상무위원에게 넘겨 심의 판결한다. 이밖에 재산 문제에 관한 범죄 사건에 조선 인민이 원고가 되고 중국 인민이 피고일 때에도 중국 상무위원이 체포하여 심의 판결한다. → 치외 법권 인정

제4조 북경과 한성·양화진에서의 개잔(開棧) 무역을 허용하되 양국 상민의 내지 채판을 금지하고 호조(護照, 여행 증명서)를 가진 자에게는 개항장 밖의 내륙 통상권과 연안 무역권까지 인정을 허락한다. → 도성에서의 상행위 허용, 양화진 개방, 내지 통상권 허용

국사(國史)편찬위원회에서 출제한 **자료** ● 제물포 조약

제3관 조선국이 지불한 5만 원은 해를 당한 일본 관원의 유족 및 부상자에게 지급하여 특별히 돌보아 준다. → 배상금 지불

제5관 일본 공사관에 일본군 약간 명을 두어 경비를 서게 한다. → 경비병 주둔 허용

제6관 조선국은 대관(大官)을 특별히 파견하고 국서를 지어 일본국에 사과한다.

④ 의의 : 개항 이후 발생한 최초의 반외세·반정부 운동이다.

● **명성황후**
이때 명성황후는 궁을 탈출하여 자신의 근거지인 장호원으로 피신하였다.

⑤ 한계

㉠ **청군이 난을 진압**하며 청의 내정 간섭이 심화되었다.

㉡ 빈민과 도시 하층민들의 요구를 충분히 반영하지 못하였다.

갑신정변을 주도한 급진 개화파

(2) 갑신정변(1884)

① 배경

㉠ 청의 내정 간섭 심화 : 임오군란을 계기로 청이 조선에 고문을 파견하고 조선과 다른 나라의 조약 체결을 알선하는 등 청의 내정 간섭이 심화되었다.

㉡ **김옥균**의 차관 도입 실패

ⓐ 청에서 파견된 고문 묄렌도르프가 재정 확충을 이유로 민씨 정권에 당오전 발행을 주장하자, 김옥균은 민생 안정을 이유로 이를 반대하였다.

ⓑ 급진 개화파는 개혁 추진과 군대 양성에 필요한 자금을 일본으로부터 도입하고자 하였다.

ⓒ 급진 개화파는 친청 세력과 민씨 정권의 방해로 차관 도입에 실패하며 정치적 입지가 축소되었다.

㉢ 일본의 군사적 지원 약속

ⓐ 청은 프랑스와 전쟁을 치르기 위하여 조선에 주둔하던 군사 3,000명 중 절반인 1,500명을 베트남으로 철수시켰다.

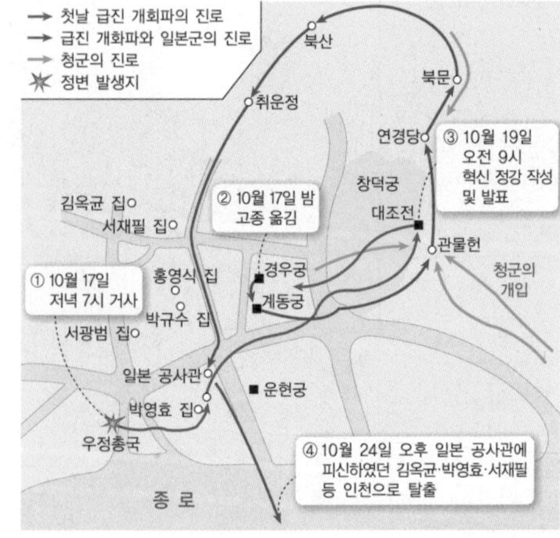

갑신정변 전개도

ⓑ **김옥균은 일본 공사 다케조에 신이치로와 만나 협상을 진행하였고, 일본의 군사적 지원을 약속받았다.**

② 전개

1일차	• 급진 개화파는 김옥균, 박영효 등의 주도로 우정총국 개국 축하연을 이용하여 정변을 일으킴 • 고종과 명성 황후를 경우궁으로 옮기고 민씨 고관들을 제거함
2일차	• 새로운 개화당 정부가 구성되었음을 공포함 • 고종과 명성 황후의 거처를 다시 창덕궁으로 옮김
3일차	• 갑신정변 14개조 정강을 반포함 • 청군이 개입하자 일본군이 약속을 어기고 제물포로 철수함 • 정변을 주도한 박영효, 서광범 등 급진 개화파는 일본으로 망명함

국사(國史)편찬위원회에서 출제한 **자료** ● 갑신정변

이날 밤 우정국에서 낙성연을 열었는데 총판 홍영식이 주관하였다. 연회가 끝나갈 무렵 담장 밖에 불길이 일어나는 것이 보였다. 이때 민영익도 불을 끄기 위하여 먼저 일어나 문 밖으로 나갔다. 밖에 흉도 여러 명이 휘두른 칼을 맞받아치다가 민영익이 칼에 맞아 당상 위로 돌아와 쓰러졌다. …… -『고종실록』-

국사(國史)편찬위원회에서 출제한 **자료** ● 갑신정변 14개조 정강

제1조 청에 잡혀 간 흥선 대원군을 곧 돌아오게 하며, 종래 청에 대하여 행하던 조공의 허례를 폐지한다. → 청에 대한 사대 관계 폐지

제2조 문벌을 폐지하여 인민 평등의 권리를 세워, 능력에 따라 관리를 임명한다. → 문벌 폐지, 인민 평등권

제3조 지조법을 개혁하여 관리의 부정을 막고 백성을 보호하며, 국가 재정을 넉넉하게 한다. → 조세 개혁

제4조 내시부를 없애고, 그중에 우수한 인재를 등용한다. → 국왕 보좌 기관을 폐지하여 왕권 약화

제5조 부정한 관리 중 그 죄가 심한 자는 치죄한다. → 국가 기강 확립과 민생 안정

제6조 각 도의 상환미를 영구히 받지 않는다. → 환곡제 폐지

제7조 규장각을 폐지한다.
제8조 급히 순사를 두어 도둑을 방지한다. → 근대적 경찰 제도 도입
제9조 혜상공국을 혁파한다.
제10조 귀양살이를 하고 있는 자와 옥에 갇혀 있는 자는 그 정상을 참작하여 적당히 형을 감한다.
제11조 4영을 합하여 1영으로 하되, 영 중에서 장정을 선발하여 근위대를 급히 설치한다.
→ 군사 제도 개혁
제12조 모든 재정은 호조에서 통할한다. → 국가 재정 일원화
제13조 대신과 참찬은 매일 합문 내의 의정부에 모여 정령을 의결하고 반포한다.
→ 입헌 군주제에 입각한 내각제 수립
제14조 의정부, 6조 외의 모든 불필요한 기관을 없앤다. → 정부 조직 개편

③ 결과
㉠ 청의 내정 간섭이 더욱 심화되었다.
㉡ **한성 조약** 체결 : 조선은 일본에 배상금을 지불하고 공사관 신축 비용을 부담하였다.
㉢ **톈진 조약** 체결 : **청과 일본 사이에 체결된 조약**으로 양국 군대가 동시에 조선에서 철수하되, 앞으로 조선에 군대를 파견할 때 상대국에게 미리 알리도록 규정하였다.
④ 의의 : 근대 국가 건설을 목표로 한 우리나라 최초의 정치 개혁 운동이었다.
⑤ 한계 : 외세에 지나치게 의존하였으며 일반 백성의 지지를 이끌어 내지 못하였다.

(3) 갑신정변 이후의 국제적 대립

① 국내외 상황
㉠ 조선은 청의 심화된 내정 간섭에 대응하고자 러시아와 직접 통상 조약을 체결하고 비밀 협약을 추진하였다.
㉡ **거문도 사건(1885)** : **영국은 러시아의 남하를 견제하고자 거문도를 불법 점령하였다.**
② 중립론 대두
㉠ 조선 주재 독일 부영사 부들러가 조선 중립화 방안을 제시하였다.
㉡ **유길준은 조선의 중립을 보장하여야 한다는 조선 중립화론을 주장하였다.**

국사(國史)편찬위원회에서 출제한 자료 ●부들러와 유길준의 중립론

- 제 의견은 청, 러시아, 일본 3국이 서로 조약을 체결하여 서양 스위스의 예에 따라 조선을 영세중립국으로 보장하는 것입니다. 그러면 설혹 뒷날 타국이 공벌(攻伐)하고자 해도 조선에서 길을 빌릴 수 없을 것입니다. 그리고 조선도 스스로 수천 명의 군대를 파견하여 국경을 지키면서, 각국과 평화 조약을 체결하여 통상을 한다면 영원히 큰 이익을 누릴 것입니다. - 독일 부영사 부들러 -
- 대저 우리나라가 아시아의 중립국이 된다면 러시아를 방어하는 큰 기틀이 될 것이고, 또한 아시아의 여러 대국들이 서로 보전하는 전략도 될 것이다. …… 이는 비단 우리나라만을 위한 것이 아니라 중국의 이익도 될 것이고 여러 나라가 서로 보전하는 대책도 될 것이지 무엇이 두려워서 하지 않는가. - 유길준, 「중립론」 -

능력(能力) 향상을 위한 OX

			정답
01	임오군란의 결과 청과 일본 사이에 톈진 조약이 체결되었다.	( )	×
02	임오군란의 결과 조선은 청과 조·청 상민 수륙 무역 장정을 체결하였다.	( )	○
03	우정총국 개국 축하연에서 갑신정변이 발생하였다.	( )	○
04	갑신정변으로 인하여 흥선 대원군이 청에 납치되었다.	( )	×
05	갑신정변의 결과 일본군의 국내 주둔을 허용하는 한성 조약이 체결되었다.	( )	×
06	갑신정변 직후 독일 부영사 부들러와 유길준은 중립론을 주장하였다.	( )	○

● **혜상공국**
개항 이후 자본주의 시장의 침투를 받은 보부상을 보호하기 위하여 1883년(고종 20)에 설치되었다.

● **한성 조약**
- 제2조 : 이번에 피해를 입은 일본인의 유가족과 부상자를 돌보아주고, 아울러 상인들의 화물이 훼손·약탈된 것을 보상하기 위하여 조선국은 11만 원을 지불한다.
- 제4조 : 일본 공관을 신축하여야 하므로 조선국은 땅과 건물을 내주어 공관 및 영사관으로 사용할 수 있도록 한다. 그것을 수축이나 증축할 경우 조선국이 다시 2만 원을 지불하여 공사비로 충당하게 한다.

● **거문도**
전라남도 여수시 삼산면에 소재한 섬으로 러시아의 남하에 위기를 느낀 영국이 2년간 불법 점거하였다. 당시 영국군은 거문도를 '포트 해밀턴(Port Hamilton)'이라고 불렀다.

● **유길준**

처음으로 일본과 미국에 유학하였으며 『서유견문』을 집필하였다.

검정(檢定)된 기출문제

정답 및 해설 P. 387

01

밑줄 그은 '조약'에 대한 설명으로 옳은 것은?

이번에 우리 측 대표 신헌과
일본 측 대표 구로다가
조약을 체결하였다는군.
그렇다네. 작년에 일어났던
운요호 사건을 빌미로
일본이 요구하였다더군.

① 방곡령을 선포할 수 있는 조항을 명시하였다.
② 메가타가 재정 고문으로 부임하는 근거가 되었다.
③ 외국에 대한 최혜국 대우를 처음으로 규정하였다.
④ 부산 외 2곳에 개항장이 설치되는 결과를 가져왔다.
⑤ 고종이 헤이그에 특사를 파견하여 부당성을 알리고자 하였다.

02

다음 서술형 평가의 답안에 들어갈 내용으로 옳은 것은?

서술형 평가 ○학년 ○○반 이름 : ○○○

◎ 밑줄 그은 '이 기구'에서 추진한 정책을 서술하시오.

이 기구는 변화하는 국내외 정세에 대응하고 개화 정책을 총괄하기 위하여 1880년에 설치되었다. 소속 부서로 외교 업무를 담당하는 사대사와 교린사, 중앙과 지방의 군사를 통솔하는 군무사, 외국과의 통상에 관한 일을 맡는 통상사, 외국어 번역을 맡은 어학사, 재정 사무를 담당한 이용사 등 12사가 있었다.

답안	

① 재판소를 설치하여 사법권을 독립시켰다.
② 미국과 합작하여 한성 전기 회사를 설립하였다.
③ 5군영을 2영으로 축소하고 별기군을 창설하였다.
④ 재정 문제를 해결하기 위하여 당백전을 주조하였다.
⑤ 교육입국 조서를 반포하고 외국어 학교 관제를 마련하였다.

03

다음 조약에 대한 설명으로 옳은 것은?

제1관 사후 대조선국 군주와 대미국 대통령과 아울러 그 인민은 각각 모두 영원히 화평하고 우호를 다진다. 만약 타국이 어떤 불공평하게 하고 경시하는 일이 있으면 통지를 거쳐 반드시 서로 도와주며 중간에서 잘 조정하여 두터운 우의와 관심을 보여 준다.

⋮

제14관 현재 양국이 의논하여 정한 이후 대조선국 군주가 어떤 혜택·은전의 이익을 타국 혹은 그 나라 상인에게 베풀면 …… 미국과 그 상인이 종래 점유하지 않고 이 조약에 없는 것 또한 미국 관민이 일체 균점하도록 승인한다.

① 양곡의 무제한 유출 조항을 포함하고 있다.
② 외국 상인의 내지 통상권을 최초로 규정하였다.
③ 청의 알선으로 서양 국가와 맺은 최초의 조약이다.
④ 스티븐스가 외교 고문으로 부임하는 계기가 되었다.
⑤ 부산, 원산, 인천에 개항장이 설치되는 결과를 가져왔다.

04

다음 상소가 올려진 이후의 사실로 옳은 것은?

진실로 황준헌의 말처럼 러시아가 비록 병탄할 힘과 침략할 뜻이 있다고 해도, 장차 만 리 밖의 구원을 앉아 기다리면서 홀로 가까운 오랑캐들과 싸우겠습니까? 이야말로 이해 관계가 뚜렷한 것입니다. 지금 조정은 어찌 백해무익한 일을 해서 러시아 오랑캐에게는 없는 마음을 갖게 하고, 미국에게는 일도 아닌 것을 일로 삼게 하여 오랑캐를 불러들이려 합니까?

① 조·미 수호 통상 조약이 체결되었다.
② 어재연 부대가 광성보에서 항전하였다.
③ 운요호가 강화도 초지진을 공격하였다.
④ 프랑스군이 외규장각 도서를 약탈하였다.
⑤ 제2차 수신사 김홍집이 조선책략을 들여왔다.

05

다음 자료에 나타난 사건에 대한 설명으로 옳은 것은?

> 난군(亂軍)이 궐을 침범하였다는 소식을 들었다. 이때에 나라 재정이 고갈되어 각 영이 군인에게 지급할 봉급을 몇 개월 동안 지급하지 못하였다. 영에 소속된 군인이 어느 날 밤에 부대를 조직하고 갑자기 궐내로 진입하여 멋대로 난리를 일으켰다. 중전의 국상(國喪)이 공포되자 선생은 가평 관아로 달려가 망곡례를 행하였다. 얼마 후 국상이 와전되어 사실이 아님을 알고, 군중과는 달리 상복을 입지 않고 집 밖으로 나가지 않았다.
>
> -『성재집』-

① 통감부의 방해와 탄압으로 실패하였다.
② 통리기무아문이 설치되는 배경이 되었다.
③ 홍범 14조를 개혁의 기본 방향으로 제시하였다.
④ 일본 공사관에 경비병이 주둔하는 계기가 되었다.
⑤ 김기수가 수신사로 일본에 파견되는 결과를 가져왔다.

06

다음 사건 이후에 전개된 사실로 옳은 것은?

> 홍영식이 우정국에서 개업식을 명목으로 연회를 열어 세인들이 독립당이라고 칭하는 사람들과 각국 사관(使官) 등을 초대하였다. 연회가 끝날 무렵에 우정국 옆에서 불이 일어났다. …… 마침내 어젯밤의 사변에 따라 독립당이 정권을 획득하였다. 조보(朝報)에서는 새롭게 관리를 임명하겠다는 취지를 포고하였다. 박영효, 김옥균, 서광범은 승지가 되었고, 김옥균은 혜상공국 당상을 겸하였다.
>
> -『조난기사』-

① 한성 조약이 체결되었다.
② 신식 군대인 별기군이 창설되었다.
③ 김윤식이 청에 영선사로 파견되었다.
④ 일본 군함 운요호가 영종도를 공격하였다.
⑤ 개화 정책을 총괄하는 통리기무아문이 설치되었다.

07

다음 가상 대화의 상황이 나타난 시기를 연표에서 옳게 고른 것은?

1871		1876		1884		1895		1904		1909
	(가)		(나)		(다)		(라)		(마)	
신미 양요		조·일 수호 조규		갑신 정변		삼국 간섭		한·일 의정서		기유 각서

① (가) ② (나) ③ (다) ④ (라) ⑤ (마)

14 | 구국 운동과 근대 국가 수립 운동의 전개

설쌤의 한(韓)판 정리

● 동학 농민 운동

1860년대 — 동학 창시(1860)
- 최제우 : 제1대 교주 → 혹세무민 죄로 사형
- 시천주 강조

1870년대 — 교세 확장
- 최시형 : 제2대 교주
- 교세 확장
  - 사인여천 강조
  - 포접제
  - 『동경대전』·『용담유사』 간행

1890년대 — 교조 신원 운동
- 삼례 집회(1892)
- 서울 복합 상소
- 보은 집회(1893) : 정치 운동으로 발전(척왜양창의)

1894년 — 고부 민란

배경	고부 군수 조병갑의 학정(만석보 사건)
전개	전봉준 등 사발통문 작성 → 고부 관아 점령 → 신임 군수 박원명, 안핵사 이용태 파견
결과	안핵사 이용태의 탄압

제1차 동학 농민 운동

성격	반봉건
주도	남접의 전봉준
배경	안핵사 이용태의 탄압
전개	

① 무장 봉기 → 백산 봉기 : 4대 강령, 백산 격문(보국안민, 제폭구민) 발표
② 황토현 전투 승리
③ 장성 황룡촌 전투 승리

전주 화약 체결

④ 농민군의 전주성 점령
⑤ 조선 정부의 청 파병 요청
⑥ by 톈진 조약 : 청군(아산만), 일본군(인천) 상륙
⑦ 전주 화약 체결
- 정부 : 교정청 설치
- 농민 : 집강소 설치, 폐정 개혁 12개조 제시

제2차 동학 농민 운동

성격	반외세

⑧ 조선 정부가 청·일 양국에 군대 철수 요구
⑨ 일본의 경복궁 무력 점령
⑩ 청·일 전쟁 발발, 제1차 갑오개혁 시행
⑪ 제2차 봉기(삼례) : 남접 + 북접 연합
⑫ 공주 우금치 전투 패배
⑬ 전봉준 체포 → 동학 농민 운동 실패
⑭ 잔여 세력 활동 : 활빈당 등

● 갑오·을미개혁의 추진

1894년 — 제1차 갑오개혁
- 제1차 김홍집 내각 + 흥선 대원군
- 군국기무처 설치 (총재 : 김홍집)

제2차 갑오개혁
- 제2차 김홍집 + 박영효 연립 내각
- 군국기무처 폐지

1895년 — 청·일 전쟁 종식

시모노세키 조약 → 삼국 간섭(러·독·프) → 랴오둥반도 반환

친러 내각 수립

제3차 김홍집 내각 → 을미사변

을미개혁
- 제4차 김홍집 내각
- 아관 파천으로 중단

제1차 갑오개혁	제2차 갑오개혁	을미개혁
• '개국' 연호 사용 • 경무청 설치 • 궁내부 설치(왕실 사무 분리) • 6조 → 8아문 • 과거제 폐지 • 재정의 일원화 : 탁지아문 • 은 본위 화폐 제도 • 도량형 통일 • 조세의 금납화 • 신분제(공·사 노비제) 폐지 • 조혼 금지, 과부 재가 허용 • 연좌제 폐지	• 홍범 14조 반포 • 의정부 + 8아문 → 내각+7부 • 지방 8도 → 23부 • 재판소 설치(사법부 독립) • 육의전 폐지 • 훈련대, 시위대 설치 • 교육입국 조서 반포 → 한성 사범학교 설립, 소학교, 외국어 학교 등 여러 관제 발표	• '건양' 연호 사용 • 중앙에 친위대, 지방에 진위대 설치 • 단발령 시행 • 태양력 채택 • 종두법 시행 • 우편 사무 재개 • 소학교 설치

● 독립 협회

창립 배경
- 아관 파천으로 열강의 이권 침탈 가속화
- 서재필 주도로 『독립신문』 발간(1896. 4.) → 독립 협회 창립(1896. 7.)

활동

초기
- 강연회와 토론회 개최
- 영은문 → 독립문, 모화관 → 독립관
- 고종 환궁 요구

말기

자주 국권	만민 공동회 개최 vs. 열강의 이권 침탈 : 러시아의 절영도 조차 요구 저지 등
자유 민권	언론·출판·집회·결사·신체의 자유 요구
자강 개혁	의회 설립 운동 : 관민 공동회 개최 → 헌의 6조 채택 → 중추원 관제 반포(입헌 군주제에 입각한 의회 설립)

해산 조병식 등 보수파의 익명서(독립 협회의 공화정 주장) → 황국 협회의 만민 공동회 습격

● 대한 제국과 광무개혁

대한 제국 수립(1897) 고종이 경운궁(덕수궁)으로 환궁 → 환구단(원구단)에서 황제 즉위식 거행 → 국호 '대한 제국', 연호 '광무'

광무개혁 구본신참의 원칙

정치	• 대한국 국제 선포 • 한·청 통상 조약 체결 • 내장원 설치	군사	원수부 설치
경제	• 양지아문 설치 : 양전 사업 시행 • 지계아문 설치 : 지계 발급 • 식산흥업 정책 : 회사 설립 • 근대 시설 도입	교육	• 상공 학교, 기예 학교 등 실업 학교 설립 • 유학생 파견

의의 자주적으로 추진한 근대화 개혁

한계 황제권 강화에 초점

1 동학 농민 운동

(1) 동학의 창시와 탄압

시천주
최제우가 세운 동학의 근본 사상으로, 마음속의 한울님을 모신다는 뜻이다.

① **창시(1860)** : 몰락 양반인 최제우가 경주에서 시천주 등 사상을 내세우며 여러 종교의 장점을 모아 인간의 존엄성과 평등성을 강조하는 동학을 창시하였다.

② **탄압** : 조선 정부는 '세상을 어지럽히고 백성을 속인다(혹세무민)'는 죄를 물어 제1대 교주 최제우를 처형하였다.

③ **교세 확장** : 탐관오리의 횡포와 청과 일본의 경제적 침투가 강화되는 가운데 농민들 사이에 동학이 확대되었다.

④ **제2대 교주 최시형**

㉠ 교조 최제우의 시천주 사상을 확장하여 사람을 하늘처럼 섬기라는 뜻의 '사인여천'을 강조하였다.

㉡ 포접제를 시행하여 동학의 교세를 확장하였다.

㉢ 동학의 교리를 정리하여 『동경대전』, 『용담유사』를 간행하였다.

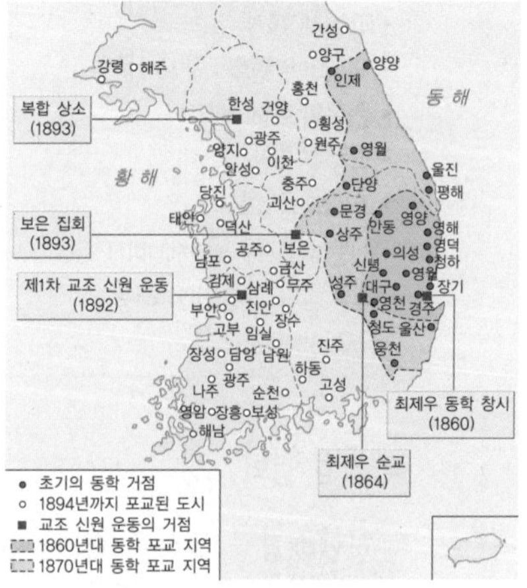

동학의 교세 확장

(2) 교조 신원 운동

① **삼례 집회(1892)** : 동학교도들은 삼례에서 동학에 대한 탄압 중지와 함께 정부의 탄압으로 처형당한 **교조 최제우의 원통함을 풀어 달라고 요구하는 집회**를 열었다.

② **서울 복합 상소 운동** : 손병희를 포함한 동학 대표 40여 명이 서울 경복궁 앞에서 복합 상소 운동을 전개하였다.

신원(伸冤)
가슴에 맺힌 원한을 푼다는 의미이다.

③ **보은 집회**(1893) : 동학교도들은 **교조 신원**, 동학에 대한 탄압 중지 등 종교적인 요구와 함께 탐관오리의 숙청, 외세 축출(**척왜양창의**) 등 정치적 요구를 주장하였다.

(3) 제1차 동학 농민 운동

① 배경

고부 민란	원인	만석보 사건 : **고부 군수 조병갑**은 만석보를 완공한 뒤 물에 대한 세금을 강제로 징수하는 등 **학정을 일삼음**
	경과	전봉준 등이 사발통문을 돌려 세력을 모아 고부 관아를 습격하고 만석보를 파괴함
	결과	• 신임 고부 군수 박원명이 부임하여 농민들을 위로하고 사태를 수습함 • 조선 정부는 민란을 조사하기 위하여 **안핵사로 이용태를 파견**함 • 안핵사 이용태는 고부 민란 관련자를 탄압하며 죄 없는 농민들을 체포하고 재산을 약탈함 • 반봉건 성격을 지닌 제1차 동학 농민 운동이 발발함

사발통문

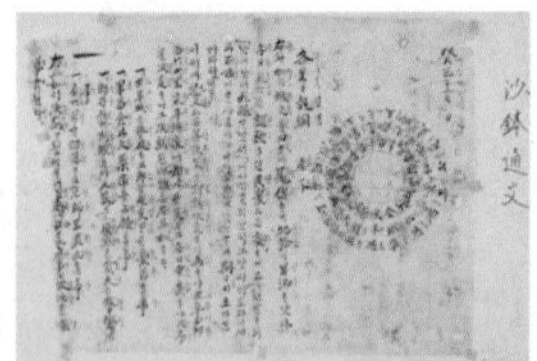
사발을 엎어 그린 원을 기준으로 이름을 적었다.

능력(能力) 향상을 위한 OX

01 고부 민란 이후에 교조 신원을 위하여 삼례 집회가 열렸다. ( )
02 고부 군수 조병갑의 학정에 반발하여 전봉준을 비롯한 동학 교도들이 고부 민란을 일으켰다. ( )
03 정부는 고부 민란을 수습하기 위하여 안핵사 박규수를 파견하였다. ( )

정답
×
○
×

② 전개

무장·백산 봉기	• 남접의 전봉준이 손화중, 김개남 등과 함께 무장에서 봉기함 • 백산에서 농민군의 4대 강령과 '보국안민', '제폭구민'을 기치로 하는 격문을 발표함	
황토현 전투	농민군이 신무기 장태를 이용하여 관군(전라 감영군)을 물리침	
장성 황룡촌 전투	농민군이 관군을 상대로 승리를 거둠	
전주성 점령	농민군이 연전연승을 거두며 전주성을 점령함	
전주 화약	원인	조선 정부가 농민군을 진압하기 위하여 청에 파병을 요청함
	경과	청이 조선의 아산만으로 군대를 파견하자 일본도 톈진 조약에 따라 인천으로 파병함
	결과	• 농민군과 관군이 외국 군대 철수와 폐정 개혁 시행, 농민군 신변 보장을 조건으로 전주 화약을 체결함 • 조선 정부가 교정청을 설치하여 개혁을 추진함 • 농민군이 전라도 53개 군현에 집강소를 설치하고 폐정 개혁 12개조를 실천하고자 함

국사(國史)편찬위원회에서 출제한 자료 ● 동학 농민군의 백산 격문

우리가 의(義)를 들어 이에 이르렀음은 그 뜻이 결코 다른 데 있지 않다. 백성을 도탄에서 건지고 국가를 반석 위에 두고자 함이라. 안으로는 탐학한 관리의 머리를 베고, 밖으로는 횡포한 강적의 무리를 구축하고자 함이라. 양반과 부호 앞에 고통을 받는 민중, 수령과 방백 밑에 굴욕을 받는 아전들은 우리와 같이 원한이 깊은 자이라. 조금도 주저치 말고 이 시각으로 일어서라. - 갑오년 정월, 호남 창의대장소 -

국사(國史)편찬위원회에서 출제한 자료 ● 교정청 설치

우리 정부는 왕명을 받들어 교정청을 설치하여 당상관 15명을 두고 먼저 폐정 몇 가지를 개혁하니, 이는 모두 동학당이 호소한 일이다. 자주 개혁을 점진적으로 추진하여 일본인들의 개입을 막고자 하였다. …… 6월 16일 교정청에서 혁폐 조목을 의정하였다.

국사(國史)편찬위원회에서 출제한 자료 ● 폐정 개혁 12개조

제1조 동학 교도는 정부와의 원한을 씻고 모든 정사에 협력한다.
제2조 탐관오리는 그 죄상을 조사하여 엄중히 징벌한다. → 탐관오리 징계
제3조 횡포한 부호(富豪)를 엄중히 징벌한다.
제4조 불량한 유림과 양반의 무리를 징벌한다.
제5조 노비 문서를 소각한다. → 노비제 폐지
제6조 7종의 천인 차별을 개선하고, 백정이 쓰는 평량갓은 없앤다. → 사회적 차별 폐지
제7조 젊어서 과부가 된 여성의 개가를 허용한다. → 여성의 재가 허용
제8조 무명잡세를 일체 거두지 않는다.
제9조 관리 채용에는 지벌을 타파하고 인재를 등용한다. → 문벌 폐지
제10조 왜와 통하는 자는 엄중히 징벌한다.
제11조 공채이든 사채이든 기왕의 것은 모두 무효로 한다.
제12조 토지는 균등히 나누어 경작한다. → 토지 제도 개혁 - 『동학사』 -

● 남접
전라도 지역의 동학 조직을 남접(南接)이라 부르고 전봉준, 김개남, 손화중 등의 지도자가 이끌었다.

● 4대 강령
1. 사람을 죽이거나 가축을 잡아 먹지 말라.
2. 충효를 다하여 세상을 편안케 하라.
3. 일본 오랑캐를 몰아내고 나라의 정치를 깨끗이 한다.
4. 군대를 몰고 서울로 들어가 권세가와 귀족을 모두 없앤다.

● '보국안민', '제폭구민'
보국안민은 나라 일을 돕고 백성을 편하게 한다는 뜻이고 제폭구민은 폭도를 제거하고 백성을 구한다는 뜻이다.

● 장태

장태는 황토현 전투뿐만 아니라 다른 전투에서도 사용되었다.

(4) 제2차 동학 농민 운동

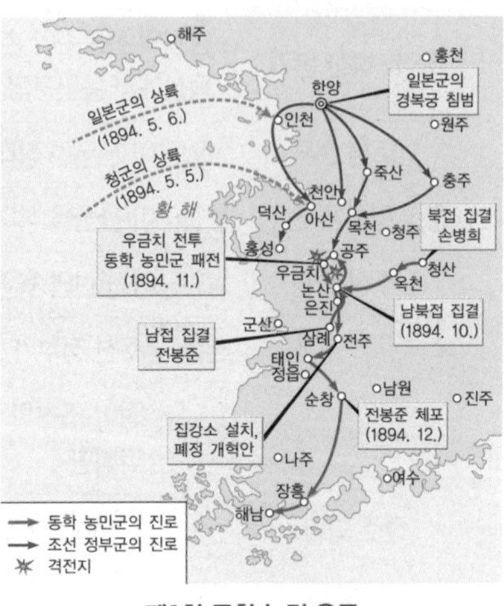

제2차 동학 농민 운동

① **배경** : 조선 정부는 청과 일본 양국에 군대의 철수를 요구하였으나, **일본은 경복궁을 무력으로 점령**한 뒤 대외적으로 **청·일 전쟁**을 일으키고 대내적으로 제1차 갑오개혁을 추진하였다.

② **전개**

㉠ 삼례에서 반외세·항일 구국 성격의 제2차 동학 농민 운동이 일어났다.

㉡ **남접·북접** 집결 : 논산에서 **남접과 북접 연합군**이 집결하였다.

㉢ **공주 우금치 전투** : 농민군이 무기의 열세를 극복하지 못하고 관군과 일본군 연합 부대에게 패배하였다.

㉣ **실패** : 동학 농민 운동은 전봉준 등 주요 지도자들이 체포되며 실패로 끝났다.

㉤ **잔여 세력의 활동** : 을미의병에 가담하거나 활빈당 등 무장 결사를 조직하여 투쟁하였다.

③ **의의** : 우리나라 역사상 최대의 반봉건·반외세 민족 운동이었다.

④ **한계** : 다양한 계층의 지지가 부족하였고 근대 국가 건설을 위한 구체적인 방안을 제시하지 못하였다.

북접
충청도 지역의 동학 조직을 북접(北接)이라 부르고, 손병희 등의 지도자가 이끌었다.

국사(國史)편찬위원회에서 출제한 자료 ● 제2차 동학 농민 운동

그들의 통문에는 대개 "벌레 같은 왜적들이 날뛰어 수도를 침범하고, 임금의 위태로움이 눈앞에 이르렀으니, …… 어찌 한심스럽지 않겠습니까? 그러므로 각 접(接)들은 힘을 합하여 왜적을 쳐야겠습니다."라고 적혀 있었습니다. 그리고 녹두라고 불리는 자가 전라도 병력 수십만 명을 이끌고 공주 삼리에 이르러 진을 치고 보은의 병력과 서로 호응하고 있으므로 그 기세가 갑자기 확대되었습니다.

국사(國史)편찬위원회에서 출제한 자료 ●「전봉준 공초」

심문자 : 전주 화약 이후 다시 군대를 일으킨 이유가 무엇인가?
답변자 : 일본이 개화를 구실로 군대를 동원하여 왕궁을 공격하고 임금을 놀라게 하였으니, 충군애국의 마음으로 의병을 일으켜 일본과 싸워 그 책임을 묻고자 함이다.

……

심문자 : 재차 기포(起包)한 것을 일본 군사가 궁궐을 침범하였다고 한 까닭에 다시 일어났다 하니, 다시 일어난 후에는 일본 병사에게 무슨 행동을 하려 하였느냐.
진술자 : 궁궐을 침범한 연유를 힐문하고자 하였다.
심문자 : 그러면 일본 병사나 각국 사람이 경성에 머물고 있는 자를 내쫓으려 하였느냐.
진술자 : 그런 것이 아니라 각국인은 다만 통상만 하는데 일본인은 병사를 거느리고 경성에 진을 치고 있으므로 우리나라 영토를 침략하는가 하고 의아해한 것이다.

능력(能力) 향상을 위한 OX

	문제		정답
01	백산 봉기 이후에 황토현 전투가 벌어졌다.	( )	○
02	동학 농민군은 전주성 점령 이후 장성 황룡촌 전투에서 관군을 상대로 승리하였다.	( )	×
03	전주 화약을 체결하고 나서 동학교도들은 교정청을 설치하였다.	( )	×
04	제2차 동학 농민 운동 당시 농민군은 공주 우금치 전투에서 패배하였다.	( )	○
05	공주 우금치 전투 이후 일본은 경복궁을 무력으로 점령하였다.	( )	×

2 갑오·을미개혁

(1) 제1차 갑오개혁

① 배경

㉠ 일본은 군대를 동원하여 경복궁을 불법 점령하고 민씨 정권을 몰아낸 뒤 청·일 전쟁을 일으켰다.

㉡ 일본은 흥선 대원군을 섭정으로 하는 제1차 **김홍집 내각**을 구성한 뒤, 조선 정부에 개혁을 강요하였다.

② 추진 : **근대적 개혁을 추진**하고자 초정부적 정책 의결 기구인 **군국기무처를 설치**하였다.

국사(國史)편찬위원회에서 출제한 자료 ●제1차 갑오개혁과 군국기무처

파리의 외무부 장관 각하께. 일본군이 경복궁을 점령한 후, 조선 왕은 일본 공사 오토리의 요청에 따라 군국기무처를 구성하여야 했습니다. …… 새로운 기반 위에 중앙 정부를 조직한 후, 군국기무처는 활동을 계속하였고 행정, 재정, 법률 분야에서 여러 개혁안을 차례로 채택하였습니다. 개혁에 관한 목록도 동봉하는 바입니다. - 주 조선 프랑스 공사 올림 -

● 군국기무처

총재는 영의정 김홍집이 겸임하였고 20명 내외 인원으로 구성되었다.

③ 내용

구분	내용
정치	• 청(중국) 연호를 폐지하고 '개국' 기원을 연호로 사용함 • 경무청을 설치하여 근대적 경찰 제도를 시행함 • 왕실 사무를 전담하는 궁내부를 설치하여 왕실과 정부의 사무를 분리함 • 6조를 8아문으로 개편하고 과거제를 폐지함
경제	• 탁지아문으로 재정을 일원화함 • 은 본위 화폐 제도를 시행함 • 도량형을 통일하고 조세의 금납화를 단행함
사회	• 신분제(공·사 노비제)를 폐지함 • 조혼 및 연좌제를 금지하고 과부의 재가를 허용함

● 도량형
길이·부피·무게, 또는 이를 재고 다는 기구나 그 단위법이다.

● 금납화
세금이나 소작료 따위를 돈으로 바치는 것이다.

④ 의의 : 일본의 강요로 시작되었으나 일본은 청·일 전쟁으로 개혁에 소홀하였기에 갑신정변의 14개조 정강과 동학 농민군의 폐정 개혁 12개조를 반영하여 자주적으로 추진하였다.

(2) 제2차 갑오개혁

① 배경 : 청·일 전쟁에서 승기를 잡은 일본이 개혁에 적극적으로 간섭하였다.

② 추진

㉠ 일본은 개혁에 소극적이던 흥선 대원군을 물러나게 하고 군국기무처를 폐지하였다.

㉡ **갑신정변 때 일본으로 망명한 박영효와 서광범**이 귀국하여 **제2차 김홍집·박영효 연립 내각**이 출범하였다.

③ 내용

구분	내용
정치	• 고종이 종묘에서 개혁의 기본 방향을 밝힌 강령인 홍범 14조를 반포함 • 의정부와 8아문을 각각 내각과 7부로 개편함 • 지방 제도 8도를 23부로 바꿈 • 사법부 독립 : 재판소를 설치하고 사법권을 행정권으로부터 분리함
경제	상공업의 활성화를 위하여 육의전을 폐지함
군사	훈련대와 시위대를 조직함
교육	• 교육의 기본 방향을 제시한 교육입국 조서를 반포함 • 한성 사범 학교(1895)가 설립되고 소학교·외국어 학교 등의 관제가 반포됨

국사(國史)편찬위원회에서 출제한 자료 ● 홍범 14조

제1조 청국에 의존하는 생각을 끊어 버리고 자주 독립하는 기초를 세운다. → 청의 종주권 부인
제2조 왕실 규범을 제정하여 대위 계승과 종척의 분의를 밝힌다.
제3조 대군주는 정전에 나아가 정사를 보되, 친히 명대신에게 물어 재결하고 후빈·종척은 간섭을 불허한다. → 국왕의 전제 왕권 제한
제4조 왕실 사무와 국정 사무는 곧 분리하여 서로 혼합됨이 없도록 한다.→ 왕실 사무와 국정 사무 분리
제5조 의정부와 각 아문의 직무·권한을 명확히 제정한다.
제6조 인민이 세를 바침에 있어서 법령에 따라 율을 정하되 멋대로 각목을 붙이거나 징수해서는 안 된다.
제7조 조세의 과징과 경비의 지출은 모두 탁지아문에서 관할한다. → 재정 일원화
제8조 왕실 비용을 솔선 절감하여 각 아문과 지방 관청의 모범이 되도록 한다.
제9조 왕실비와 각 관부의 비용은 1년 예산을 정하여 재정의 기초를 확립한다. → 예산 제도 수립
제10조 지방 관제를 속히 개정하여 지방 관리의 직권을 제한·조절한다. → 지방 제도 개편
제11조 총명한 젊은이들을 파견하여 외국의 학술, 기예를 견습시킨다. → 인재 양성, 선진 문물 도입
제12조 장교를 교육하고 징병을 시행하여 군제의 근본을 확립한다. → 국민 개병제 확립
제13조 민법, 형법을 엄명히 제정하여 감금·징벌을 남용치 못하게 하고 인민의 생명과 재산을 보전한다.
제14조 문벌을 가리지 않고 인재 등용의 길을 넓힌다. → 문벌 폐지와 능력에 따른 인재 등용

-『고종실록』-

국사(國史)편찬위원회에서 출제한 자료 ● 교육입국 조서

짐은 정부에 명하여 널리 학교를 세우고 인재를 길러 새로운 국민의 학식으로써 국가 중흥의 큰 공을 세우고자 하니, 국민은 나라를 위하는 마음으로 덕과 체와 지를 기를지어다. 왕실의 안전이 국민의 교육에 달려 있고, 국가의 부강도 국민의 교육에 있도다. -『고종실록』-

● 시모노세키 조약
첫째, 청국은 조선의 완전무결한 독립을 인정한다.
둘째, 청국은 랴오둥반도와 타이완, 펑후 제도를 일본에 할양한다.
셋째, 청국은 배상금 2억 냥을 지불하는 것에 동의한다.

삼국 간섭

④ 개혁 중단

㉠ 청·일 전쟁 종식 : 일본은 청과 **시모노세키 조약을 체결**하여 청으로부터 랴오둥(요동)반도를 할양받았다.

㉡ **삼국 간섭** : 러시아와 독일, 프랑스가 일본에게 랴오둥반도를 청에 반환할 것을 요구하였고, 일본은 이에 굴복하여 랴오둥반도를 청에 반환하였다.

㉢ 친러 내각 수립

ⓐ 조선 정부는 일본의 내정 간섭을 견제하기 위하여 미국과 러시아에 우호적이던 이완용, 이범진 등으로 구성된 제3차 김홍집 내각을 출범시켰다.

ⓑ 제2차 갑오개혁을 주도하던 박영효는 실각하여 다시 일본으로 망명하였다.

(3) 을미개혁

① 배경 : 조선 정부의 친러 정책에 위협을 느낀 일본은 친러 정책을 주도한 **명성 황후를 경복궁 옥호루 곤녕합에서 시해**하는 만행을 저질렀다(**을미사변**, 1895).

국사(國史)편찬위원회에서 출제한 자료 ● 명성 황후 시해 사건(을미사변)

고등 재판소에서 심리한 피고 이희화를 교형에 처하도록 한 안건을 법부 대신이 상주하여 폐하께서 재가하셨다. …… 일본 장교는 군사의 대오를 정렬하여 합문을 에워싸고 지키도록 명령하여, 흉악한 일본 자객들이 왕후 폐하를 수색하는 것을 도왔다. 이에 자객 20~30명이 …… 전각으로 돌입하여 왕후를 찾았다. …… 자객들은 각처를 찾더니 마침내 깊은 방 안에서 왕후 폐하를 찾아내고 칼로 범하였다. …… 녹원 수풀 가운데로 옮겨 석유를 그 위에 바르고 나무를 쌓아 불을 지르니 다만 해골 몇 조각만 남았다.

- 고등재판소 보고서 -

② 추진 : 친러 내각이 붕괴되고 친일적 성격이 강한 제4차 김홍집 내각이 수립되었다.

③ 내용

정치	'건양'이라는 연호를 사용함
군사	중앙에 친위대, 지방에 진위대를 설치함
사회	• 단발령을 시행함 • 태양력을 채택하고 종두법을 시행함 • 갑신정변으로 중단된 우편 사무가 재개됨
교육	소학교가 설립됨

국사(國史)편찬위원회에서 출제한 자료 ● 단발령

…… 1895년 11월 15일, 고종은 비로소 머리를 깎고 내외 신민에게 모두 머리를 깎도록 하였다. …(중략)… 마침내 유길준과 조희연 등이 일본군을 인도하여 궁성을 포위하고 대포를 설치한 후 머리를 깎지 않는 자는 죽이겠다고 선언하였다. 고종은 긴 한숨을 들이쉬며 정병하에게 말하였다. "경이 짐의 머리를 깎는 것이 좋겠다." 이에 정병하가 가위를 가지고 왕의 머리를 깎고 유길준은 왕태자의 머리를 깎았다. 머리를 깎으라는 명령이 내려지니 곡성이 하늘을 진동하고 사람들은 분노하여 목숨을 끊으려 하였다. ……

- 『매천야록』 -

④ 개혁의 중단

㉠ 배경

ⓐ **을미의병** : 을미사변과 **단발령의 시행**으로 전국적으로 의병이 일어났다.

ⓑ **아관 파천**(1896) : **을미사변** 이후 신변의 위협을 느낀 **고종은 러시아 공사관으로 거처를 옮겼다**.

국사(國史)편찬위원회에서 출제한 자료 ● 아관 파천

…… 러시아 장교 4명과 수병(水兵) 100여 명이 공사관 보호를 명목으로 한성에 들어왔고, 왕과 왕태자는 다음 날 이른 아침 궁녀의 가마를 타고 위장하여 러시아 공사관으로 처소를 옮겼다.

㉡ 중단 : 개혁을 추진하던 김홍집이 살해되고 제4차 김홍집 내각이 무너지며 개혁은 중단되었다.

(4) 의의

갑신정변과 동학 농민 운동에서 제시된 개혁안을 일부 반영하여 근대화를 추진하고자 하였다.

(5) 한계

① 군사 제도 개혁이 미흡하였고 토지 제도 개혁 등이 이루어지지 않았다.

② 일본의 간섭으로 추진되어 국민들의 지지를 받지 못하였다.

능력(能力) 향상을 위한 OX

			정답
01	제1차 갑오개혁 때 신분제가 폐지되었다.	( )	○
02	제2차 갑오개혁 때 홍범 14조와 교육입국 조서를 반포하였다.	( )	○
03	을미개혁으로 '개국' 연호를 사용하였다.	( )	×
04	을미사변 이후 신변의 위협을 느낀 고종은 러시아 공사관으로 피신하는 아관 파천을 단행하였다.	( )	○

3 독립 협회

『독립신문』

독립문

(1) 창립 배경

① 아관 파천으로 조선에 대한 러시아의 영향력이 강화되고 러시아를 비롯한 열강의 이권 침탈이 가속화되었다.

② 갑신정변 실패 이후 **미국으로 망명하였던 서재필이 귀국**하여 중추원 고문으로 임명되었다.

③ **서재필**은 손상된 나라의 권위를 회복하고 민중의 지지를 확보하고자 윤치호 등 관료 및 개화 지식인들과 함께 **『독립신문』을 발간**하였다.

④ 독립문 건설을 추진하는 과정에서 독립 협회가 창립되었다(1896).

⑤ 독립 협회는 독립문 건립 기금을 내면 누구나 회원이 될 수 있었기 때문에 학생·노동자·농민 등 다양한 계층이 참여하였다.

(2) 활동(1896~1898)

① 초기

㉠ 민중 계몽을 위하여 강연회와 토론회를 개최하여 정치 의식을 높이고자 노력하였다.

㉡ 중국 사신을 맞이하던 **영은문을 허물고 독립문을 세웠다**(1897).

㉢ 청 사신을 영접하던 모화관을 **독립관**으로 개조하였다.

㉣ 열강의 이권 침탈을 저지하기 위하여 **고종의 환궁을 요구**하였다.

국사(國史)편찬위원회에서 출제한 자료 ●독립문과 독립관 건설

공공의 의견으로 독립 협회를 발족하여 영은문 유지에 독립문을 새로이 세우고 모화관을 새로 고쳐 독립관이라 하여 옛날의 치욕을 씻고 후인의 표준을 만들고자 함이요. 그 부근의 땅에 독립 공원을 이루어 그 문과 관을 보관하고자 하니 성대한 일이라 아니할 수 없는지라. 들어보건대, 그 공역이 커서 큰 비용이 될 것이니 합치지 않으면 성취하기를 기약치 못할 것이요. 이에 알리니 밝게 헤아려 보조금을 뜻에 따라 보내고, 본회 회원에 참가할 뜻이 있으면 그를 나타내 주기를 바라오.

② 말기

구분	내용
자주 국권	만민 공동회를 개최하여 열강의 이권 침탈에 대항함 • 구국 선언 상소를 올려 러시아의 절영도 조차 요구를 저지함 • 러시아 군사 교관과 재정 고문을 철수시킴 • 한·러 은행 폐쇄를 요구함
자유 민권	언론·출판·집회·결사·신체의 자유권을 요구함
자강 개혁	의회 설립 운동을 전개함 • 정부 대신까지 참여하는 관민 공동회를 개최하여 헌의 6조를 채택함 • 박정양 내각과 중추원 개편에 관한 협의를 거쳐 고종의 재가를 받아 중추원 관제가 반포됨 → 입헌 군주제에 입각한 근대적 의회 설립을 목표로 함

● **박정양**
1881년 조사 시찰단의 일원으로 일본 문물을 시찰하고 돌아왔으며, 1887년에는 초대 주미 전권 공사에 임명되었다. 1889년 청의 압박을 받아 조선으로 귀국하였으며, 관민 공동회에서 참정대신 자격으로 연설하였다. 제1차 갑오개혁 때에는 군국기무처의 회의원이 되는 등 개혁의 실무진으로 활동하였다.

③ 해산

㉠ 조병식 등 수구 세력은 **입헌 군주제를 지향하는 독립 협회가 왕정을 폐지하고 공화정을 시행하려 한다고 모함**하였다.

㉡ 이에 독립 협회는 정부에 대한 비판적인 논조의 주장을 펼쳤으나, 박정양 내각이 무너지고 독립 협회에 해산 명령이 내려졌다.

㉢ 고종은 **보부상 단체인 황국 협회와 군대를 동원하여 만민 공동회를 습격하고 독립 협회를 강제로 해산**시켰다.

국사(國史)편찬위원회에서 출제한 자료 ● 헌의 6조

제1조 외국인에게 의지하지 말고 관민이 합세하여 전제 황권을 견고하게 할 것 → 자주 국권 확립
제2조 외국과의 이권에 관한 계약과 조약은 각 대신과 중추원 의장이 합동 날인하여 시행할 것
→ 열강의 이권 침탈 방지와 입헌 군주제적 요소
제3조 국가 재정을 탁지부에서 전담하고, 예산과 결산을 국민에게 공포할 것 → 재정 일원화
제4조 중대 범죄를 공판하되, 피고의 인권을 존중하여 자복한 뒤 시행할 것
→ 재판 공개와 피고인의 자백 중시
제5조 칙임관을 임명할 때에는 정부에 그 뜻을 물어서 중의에 따를 것 → 입헌 군주제적 요소
제6조 정해진 규정을 실천할 것 → 법치 행정 중시

-『고종실록』, 1898년 10월 30일 -

국사(國史)편찬위원회에서 출제한 자료 ● 독립 협회에 대한 모함

11월 4일 밤, 조병식 등은 건의소청 및 도약소의 잡배들로 하여금 광화문 밖의 내국 조방 및 큰길가에 익명서를 붙이도록 하였다. …… 익명서는 "독립 협회가 11월 5일 본관에서 대회를 열고, 박정양을 대통령으로, 윤치호를 부통령으로, 이상재를 내부대신으로 …… 임명하여 나라의 체제를 공화정치 체제로 바꾸려 한다."라고 꾸며서 폐하께 모함하고자 한 것이다.

-『대한계년사』-

④ 의의 : 민중 계몽을 통하여 민중에 기초한 사회 전반의 근대화 운동을 전개함으로써 이전의 갑신정변과 갑오개혁의 한계를 극복하고자 하였다.
⑤ 한계 : 러시아를 적극 견제하였으나 미국과 영국, 일본에는 우호적인 태도를 취하였다.

4 대한 제국과 광무개혁

(1) 대한 제국의 수립

① 열강의 이권 침탈과 러시아의 내정 간섭이 심해지자 고종의 환궁을 요구하는 여론이 높아졌다.
② 고종은 1년여간의 러시아 공사관 생활을 마치고 경운궁(덕수궁)으로 환궁하였다.
③ **환구단(원구단)에서 황제 즉위식을 거행**한 뒤 **국호를 '대한 제국', 연호를 '광무'**라 정하였다(1897).

환구단(원구단)

(2) 광무개혁

① **구본신참** : 옛 법을 근본으로 새로운 제도를 참작한다는 구본신참의 원칙을 내세워 점진적인 개혁을 추진하였다.
② 내용

정치	• 대한국 국제 반포(1899) ㉠ 대한 제국이 세계 만국이 공인한 자주 독립국임을 천명함 ㉡ 황제권 강화를 목적으로 황제에게 군 통수권·입법권·행정권·사법권 등 모든 권한을 집중시킴 • 한·청 통상 조약 체결(1899) : 중국과 대등한 위치에서 외교 관계를 수립함 • 내장원 설치 : 궁내부 산하에 설치하여 각종 세금과 다양한 수익 사업을 관장하도록 함
군사	• 원수부 설치 : 황제가 군사권을 장악함 • 서울의 시위대와 지방의 진위대 군사 수를 늘림

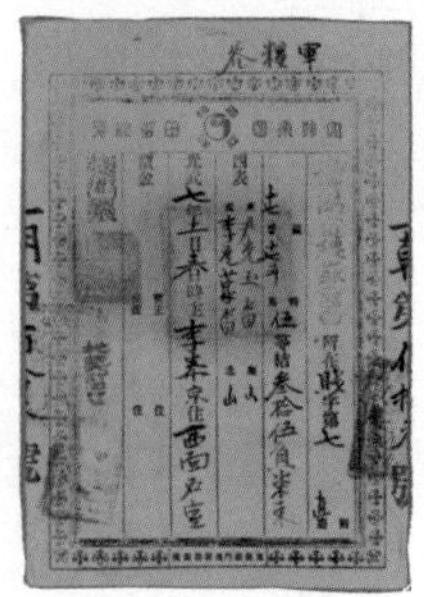
지계

● 식산흥업
생산을 늘리고 산업을 일으키는 것이다.

경제	• **양전 사업 시행** : 조세 수입을 늘리고 토지 소유 관계를 정비하기 위하여 양지아문을 설치하고 양전 사업을 시행함 • **지계 발급** : 지계아문을 설치하여 일부 지역에 토지 소유권을 보장하는 문서인 지계를 발급함 • **식산흥업 정책** : 서양 문물을 도입하여 근대적 공장 및 회사를 설립함 • **근대 시설 도입** : 전화 가설, 전차·경인선 개통 등 통신 및 교통 시설을 확충함
교육	• **상공 학교**, 기예 학교, 광무 학교 등 실업 학교와 외국어 학교 등을 설립함 • 외국에 유학생을 파견함

국사(國史)편찬위원회에서 출제한 자료 ● 고종의 황제 즉위

• 새 것을 참작하고 옛 것을 기준으로 삼아 문물과 제도를 바꾸었다. …… 8월 16일, 삼가 천지의 신과 종묘사직에 고하고 광무라는 연호를 세웠다.

• (환구단에서) 천지에 고하는 제사를 지냈다. 왕태자가 배참(排參)하였다. 예를 마치고 의정부 의정(議政) 심순택이 백관을 거느리고 무릎을 꿇고 아뢰기를, "제례를 마치었으므로 황제의 자리에 오르소서."라고 하였다. 왕이 부축을 받으며 단에 올라 금으로 장식한 의자에 앉았다. 심순택이 나아가 12장문(章文)의 곤면(袞冕)을 입혀 드리고 옥새를 올렸다. 왕이 두 번 세 번 사양하다가 친히 옥새를 받고 황제의 자리에 올랐다. -『고종실록』-

국사(國史)편찬위원회에서 출제한 자료 ● 대한국 국제

제1조 대한국은 세계 만국이 공인한 자주독립 제국이다.
제2조 대한 제국의 정치는 과거 500년간 전래되었고, 앞으로 만세토록 불변할 전제 정치이다.
제3조 대한국 대황제는 무한한 군주권을 지니고 있다.
제4조 대한국 신민이 군권을 침해하면 신민의 도리를 잃은 자로 간주한다.
제5조 대한국 대황제는 국내의 육해군을 통솔하고 군대의 편제를 정하며 계엄과 해엄을 명한다.
제6조 대한국 대황제는 법률을 제정하여 그 반포와 집행을 명하고 대사·특사·감형·복권을 한다.
제7조 대한국 대황제는 행정 각 부의 관제를 정하며 행정상 필요한 칙령을 공포한다.
제8조 대한국 대황제는 문무 관리의 출척과 임면권을 가진다.
제9조 대한국 대황제는 각 조약국에 사신을 파견하고, 선전·강화 및 제반 조약을 체결한다.
-『고종실록』-

③ 의의 : 외세의 간섭 없이 자주적으로 추진된 근대적 개혁으로 국방력 강화와 상공업 발전 등을 이룩하였다.

④ 한계
㉠ 황제권 강화에 초점을 두어 민권을 보장하는 데까지는 나아가지 못하였다.
㉡ 러·일 전쟁 발발 이후 일본의 간섭이 커지며 개혁이 대부분 중단되었다.

능력(能力) 향상을 위한 OX

			정답
01	독립 협회는 만민 공동회를 개최하여 러시아의 절영도 조차 요구를 저지하였다.	( )	○
02	독립 협회는 관민 공동회를 개최하여 대한국 국제를 채택하였다.	( )	×
03	독립 협회는 공화 정체의 근대 국민 국가 수립을 목표로 활동하였다.	( )	×
04	고종은 환구단에서 황제 즉위식을 거행하고 국호를 '대한 제국', 연호를 '광무'로 하였다.	( )	○
05	대한 제국은 광무개혁을 추진하며 양전을 시행하고 근대식 토지 소유권 증서인 지계를 발급하였다.	( )	○
06	대한 제국은 광무개혁의 일환으로 원수부를 설치하였다.	( )	○

검정(檢定)된 기출문제

01

(가) 시기에 있었던 사실로 옳은 것은?

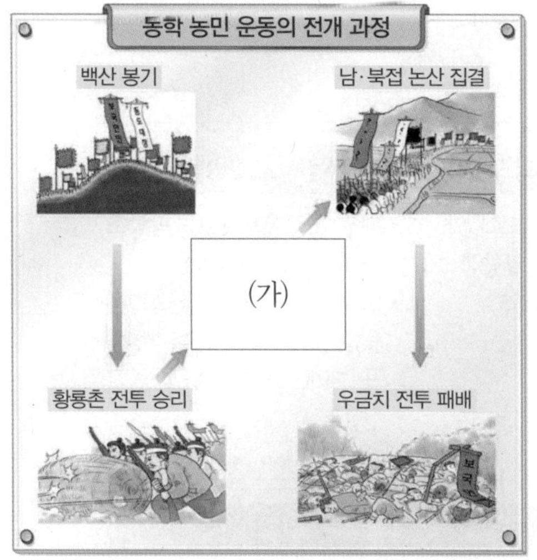

① 정부와 농민군 사이에 전주 화약이 체결되었다.
② 교조 신원을 요구하는 삼례 집회가 개최되었다.
③ 농민군이 황토현 전투에서 관군에게 승리하였다.
④ 사태 수습을 위하여 이용태가 안핵사로 파견되었다.
⑤ 전봉준이 농민들을 이끌고 고부 관아를 습격하였다.

02

밑줄 그은 '이 개혁'의 내용으로 옳은 것은?

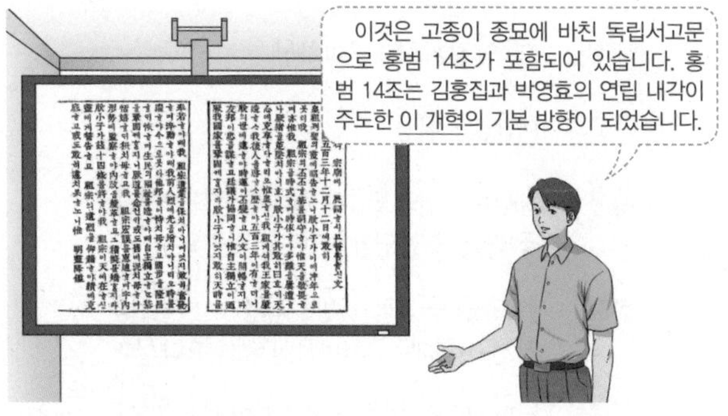

이것은 고종이 종묘에 바친 독립서고문으로 홍범 14조가 포함되어 있습니다. 홍범 14조는 김홍집과 박영효의 연립 내각이 주도한 이 개혁의 기본 방향이 되었습니다.

① 양전 사업을 실시하고 지계를 발급하였다
② 상회사인 대동 상회, 장통 상회를 설립하였다.
③ 황제의 군사권을 강화하기 위하여 원수부를 설치하였다.
④ 근대식 무기 제조 기술 도입을 위하여 영선사를 파견하였다.
⑤ 교육입국 조서를 반포하고 한성 사범 학교 관제를 마련하였다.

03

(가)에 들어갈 내용으로 가장 적절한 것은?

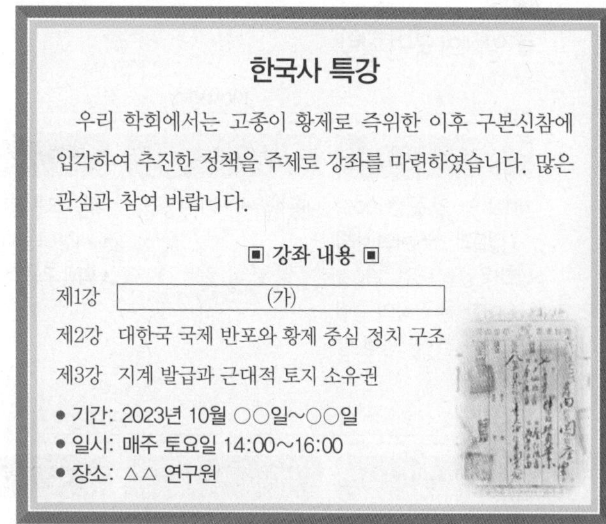

① 통역관 양성을 위한 동문학 설립
② 개혁 방향을 제시한 홍범 14조 반포
③ 통리기무아문 설치와 개화 정책 추진
④ 원수부 창설과 황제의 군 통수권 강화
⑤ 23부로의 지방 제도 개편과 지방관 권한 축소

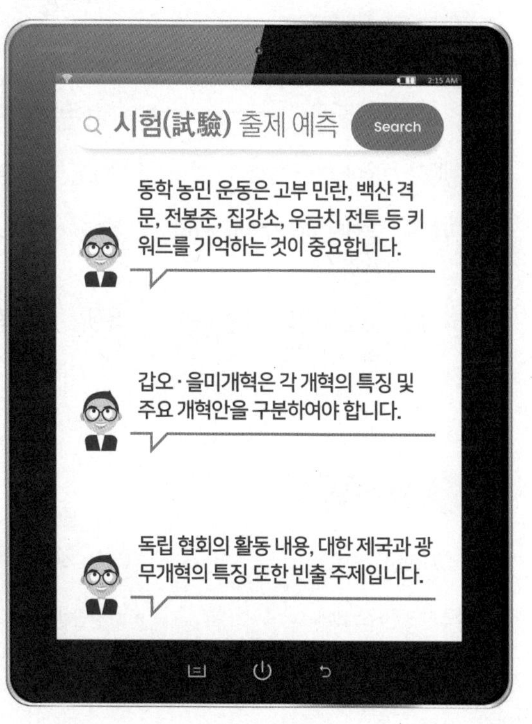

시험(試驗) 출제 예측
Search
동학 농민 운동은 고부 민란, 백산 격문, 전봉준, 집강소, 우금치 전투 등 키워드를 기억하는 것이 중요합니다.
갑오·을미개혁은 각 개혁의 특징 및 주요 개혁안을 구분하여야 합니다.
독립 협회의 활동 내용, 대한 제국과 광무개혁의 특징 또한 빈출 주제입니다.

15 | 일제의 침략과 국권 수호 운동의 전개

설쌤의 한(韓)판 정리

● 일제의 국권 침탈

1904년

러·일 전쟁
제1차 영·일 동맹(1902) → 일본과 러시아의 대립 심화(용암포 사건, 1903) → 대한 제국 국외 중립 선언 → 러·일 전쟁 발발(1904)

한·일 의정서
내용 : 군사 기지 사용권

제1차 한·일 협약
내용 : 고문 통치
- 재정 고문(메가타)
- 외교 고문(스티븐스)

1905년

열강의 승인
- 가쓰라·태프트 밀약
- 제2차 영·일 동맹
- 포츠머스 조약

제2차 한·일 협약(을사늑약)
- 내용 : 통감 통치, 외교권 박탈(초대 통감 이토 히로부미)
- 반발과 저항 : 민영환·조병세 등 자결, 장지연 「시일야방성대곡」 게재, 을사의병, 나철 등 자신회 조직

1907년

헤이그 특사 파견
- 목적 : 을사늑약의 부당함을 알리기 위함
- 이준, 이위종, 이상설 파견

고종의 강제 퇴위
- 배경 : 헤이그 특사 파견
- 결과 : 순종에게 양위

한·일 신협약(정미 7조약)
내용 : 차관 통치, 통감의 권한 강화(통감이 각 부에 일본인 차관 임명)

군대 해산
대한 제국 군대 해산 → 박승환 자결

1909~1910년

기유각서(1909)
내용 : 사법권·감옥 관리 자격 박탈

한·일 병합 조약(1910)
황현 자결

● 항일 의병 운동과 의거 활동

항일 의병 운동

을미의병(1895) → **을사의병(1905)** → **정미의병(1907)**

	을미의병(1895)	을사의병(1905)	정미의병(1907)
배경	을미사변, 단발령	을사늑약 체결	고종의 강제 퇴위, 군대 해산
주도	유인석, 이소응, 동학 잔여 세력	민종식, 최익현, 신돌석(평민 의병장)	이인영, 허위 등
해산	단발령 철회와 고종(국왕)의 해산 권고		
특징		최초로 평민 의병장이 활약	해산된 군인의 합류로 전투력 강화, 의병을 국제법상 교전 단체로 인정할 것을 요구
전개			13도 창의군 조직 → 양주 집결 → 서울 진공 작전 → 동대문 근처까지 진격하였으나 실패
결과			남한 대토벌 작전 → 국내 의병 위축, 간도·연해주로 이동

항일 의거 활동

장인환·전명운
미국 샌프란시스코에서 스티븐스 저격(1908)

안중근
- 하얼빈에서 이토 히로부미 저격(1909)
- 『동양평화론』 저술

이재명
명동 성당에서 이완용 처단 시도(1909) → 실패

● 애국 계몽 운동

단체	내용
농광 회사(1904)	• 이도재·김종한 등이 설립 • 일제의 토지 침탈을 막고자 개간 사업 추진
보안회(1904)	일제의 황무지 개간권 요구 저지
대한 자강회(1906)	• 전국 지회 설치, 월보 간행 • 고종의 강제 퇴위 반대 운동 전개 → 강제 해산
신민회(1907)	**조직** 안창호, 양기탁을 중심으로 비밀 결사 형태로 조직 **활동** • 교육 : 오산 학교·대성 학교 설립 • 산업 : 태극 서관, 자기 회사 운영 • 군사 : 국외에 무관 학교 설립 추진(신흥 강습소 → 신흥 무관 학교) • 목표 : 공화 정체의 근대 국가 건설 • 해체 : 105인 사건

● 간도와 독도

구분	내용
간도	• 조선 숙종 때 백두산정계비 건립 • 대한 제국 때 이범윤을 간도 관리사로 파견 • 간도 협약(1909) : 을사늑약으로 외교권이 박탈된 상황에서 일본과 청이 협약을 맺음
독도	• 신라 지증왕 때 이사부의 우산국과 부속 도서 복속 • 『세종실록지리지』의 기록 : 우산, 무릉 등 • 조선 숙종 때 안용복의 독도 수호 • 일본 메이지 정부의 태정관 지령(1877) • 대한 제국 때 고종 황제가 칙령 제41호 선포("석도") • 러·일 전쟁 도중 일본이 불법으로 편입

1 일제의 국권 침탈

(1) 러·일 전쟁(1904. 2.)

① 배경

㉠ 러시아·독일·프랑스의 삼국 간섭과 고종의 아관 파천으로 조선 내 일본의 영향력이 약화되고 러시아의 영향력이 강해졌다.

㉡ **제1차 영·일 동맹(1902)** : 일본이 러시아를 견제하기 위하여 영국과 동맹을 체결하였다.

㉢ **용암포 사건(1903)** : 러시아가 압록강 지역의 삼림 채벌권을 보호한다는 구실로 한국의 **용암포를 점령**하여 군사 기지를 건설하였다.

② 발발 : 러시아와 일본의 대립이 심화되자 고종 황제가 **대한 제국의 국외 중립 선언**을 하였으나, 일본은 이를 무시하고 **제물포에서 러시아 함대를 선제공격하여 전쟁을 일으켰다.**

(2) 한·일 의정서(1904. 2.)

러·일 전쟁을 일으킨 일본은 서울을 점령한 뒤 강제로 조약을 체결하였다.

국사(國史)편찬위원회에서 출제한 자료 ● 한·일 의정서(1904. 2.)

제4조 …… 대한 제국 정부는 대일본 제국 정부의 행동이 용이하도록 충분한 편의를 제공한다. 제3국의 침해나 혹은 내란으로 인하여 대한 제국 황실의 안녕과 영토 보전에 위험이 있을 경우 대일본 제국 정부는 …… 군사 전략상 필요한 지점을 수시로 사용할 수 있다.

→ 일본이 전쟁 수행에 필요한 영토를 사용 가능함(군사 기지 사용권)

(3) 제1차 한·일 협약(1904. 8.)

① 배경 : 일본은 러·일 전쟁의 전세가 유리해지자 한국에 재정 및 외교 고문을 추천한다는 내용의 조약 체결을 강요하였다.

② 내용 : 고문 통치가 시작되어 일본의 내정 간섭이 확대되었다.

국사(國史)편찬위원회에서 출제한 자료 ● 제1차 한·일 협약(1904. 8.)

제1조 대한국 정부는 대일본 정부가 추천한 일본인 1명을 재정 고문으로 하여 한국 정부에 용빙하고, 재무에 관한 사항은 일체 그 의견을 물어 시행할 것 → 재정 고문으로 일본인 메가타 파견

제2조 대한국 정부는 대일본 정부가 추천한 외국인 1명을 외교 고문으로 하여 외부에 용빙하고, 외교에 관한 사항은 일체 그 의견을 물어 시행할 것 → 외교 고문으로 스티븐스 파견

(4) 열강의 승인

① **가쓰라·태프트 밀약**(1905. 7.) : 미국은 일본의 한국 지배를, 일본은 미국의 필리핀 통치를 상호 인정하였다.

② 제2차 영·일 동맹(1905. 8.) : 영국은 한국에 대한 일본의 독점적 지배권을 인정하였다.

③ **포츠머스 조약(1905. 9.) : 러·일 전쟁에서 패배한 러시아가 일본의 한국 지배를 인정하였다.**

국사(國史)편찬위원회에서 출제한 자료 ● 포츠머스 조약(1905. 9.)

제2조 러시아 제국 정부는 일본국이 한국에서 정치상, 군사상 및 경제상의 탁절(卓絶)한 이익을 갖는다는 것을 승인하고, 일본 제국 정부가 한국에서 필요하다고 인정하는 지도, 보호 및 감리의 조치를 취함에 있어 이를 방해하거나 간섭하지 않을 것을 약정한다.

(5) 제2차 한·일 협약(을사늑약, 1905. 11.)

① 배경 : 고종 황제를 비롯한 일부 대신들이 조약 체결을 강력히 반대하였으나, 일본은 경운궁(덕수궁)을 포위하고 이완용 등 을사오적을 앞세워 **중명전**에서 강제로 조약을 체결하였다.

② 내용

㉠ **대한 제국의 외교권이 박탈**되었다.

㉡ **통감부가 설치되고 이토 히로부미가 초대 통감으로 부임**하였다.

> **국사(國史)편찬위원회에서 출제한 자료** ● 제2차 한·일 협약(을사늑약, 1905. 11.)
>
> 제2조 일본국 정부는 한국과 타국 간에 현존하는 조약의 실행을 완수하는 임무를 담당하고 한국 정부는 지금부터 일본국 정부의 중개를 거치지 않고서는 국제적 성질을 가진 어떤 조약이나 약속을 맺지 않을 것을 서로 약속한다. → 외교권 박탈
>
> 제3조 일본 정부는 그 대표자로 하여금 한국 황제 폐하의 밑에 1명의 통감을 두되, 통감은 오로지 외교에 관한 사항을 관리하기 위하여 경성에 주재하고 친히 한국 황제 폐하를 알현할 권리를 가진다. → 초대 통감 이토 히로부미 부임

③ 반발과 저항

㉠ 을사늑약 체결 소식에 울분을 참지 못한 민영환·조병세 등은 **자결**로써 항거하였다.

㉡ 장지연은 **『황성신문』에 「시일야방성대곡」이라는 논설을 발표**하였다.

㉢ 이준 등은 을사늑약 폐기를, 이상설은 매국노 처단을 주장하는 상소를 올렸다.

㉣ 최익현과 신돌석 등이 을사의병을 일으켰다.

㉤ **나철과 오기호는 을사오적을 암살하기 위하여 자신회를 조직하여 활동**하였다.

㉥ **고종 황제는 을사늑약 체결의 부당성을 알리기 위하여 이준·이위종·이상설을 만국 평화 회의가 열리는 네덜란드 헤이그에 특사로 파견하였다(1907).**

> **국사(國史)편찬위원회에서 출제한 자료** ● 을사늑약 체결 무효 주장
>
> 일본 공사에게
>
> 지금 귀국이 군대를 인솔하여 궁궐을 에워싸고서 참정을 붙잡아 가두었으며, 외상을 협박하여 격식을 갖추지 않은 채 강제로 조약을 체결하여 우리나라의 외교권을 강탈하고자 하니, 이는 스스로 공법(公法)을 위배하는 것이요, 전날 했던 말을 뒤집는 것이 아닌가? …… 귀 공사는 지난날의 잘못을 뉘우치고 일본 정부에 의견을 아뢰어 조약을 철회하도록 해야 할 것이다.

> **국사(國史)편찬위원회에서 출제한 자료** ● 「시일야방성대곡」
>
> 우리 대황제 폐하께서 강경하신 성의(聖意)로 거절하기를 그치지 않으셨으니, 이 조약이 성립되지 않는다는 것은, 생각하건대 이토 후작 스스로도 알고 간파하였을 것이다. 아, 저 개돼지만도 못한 소위 우리 정부의 대신이란 자들은 자기 일신의 영달과 이득이나 바라고 거짓 위협에 겁먹어 머뭇대거나 벌벌 떨며 나라를 팔아먹는 역적이 되는 것을 달갑게 여겨서 사천 년의 강토와 오백 년의 종묘사직을 남에게 들어 바치고, 이천만 백성을 남의 노예가 되도록 하였도다. …… 아, 원통하고 분하도다. 우리 이천만 남의 노예가 된 동포여, 살았는가, 죽었는가. 단군과 기자 이래의 사천 년 국민정신이 하룻밤 사이에 별안간 멸망하고 말 것인가. 원통하고 원통하다. 동포여, 동포여.

(6) 고종의 강제 퇴위(1907. 7.)

① 배경 : 일본이 고종 황제의 헤이그 특사 파견을 문제 삼았다.

② 결과 : **고종 황제가 일본에 의하여 강제 퇴위**되고 순종이 황제로 즉위하였다.

● **을사오적**
을사늑약 체결에 서명한 매국노 다섯 명으로 이지용, 이완용, 이근택, 박제순, 권중현이 이에 해당한다.

민영환

● **「시일야방성대곡」**
이날을 목 놓아 통곡한다는 의미의 논설이다.

헤이그에 파견된 특사
왼쪽부터 이준, 이상설, 이위종이다.

(7) 한·일 신협약(정미 7조약, 1907. 7.)

① 체결 : 일본의 강요로 조약이 체결되었다.

② 내용 : 통감의 권한이 강해져 통감이 각 부처에 일본인 차관을 임명하는 차관 통치가 시작되었다.

국사(國史)편찬위원회에서 출제한 자료 ● 한·일 신협약(정미 7조약, 1907. 7.)

제1조 한국 정부는 시정 개선에 관하여 통감의 지도를 받을 것
제2조 한국 정부의 법령 제정 및 중요한 행정상 처분은 미리 통감의 승인을 거칠 것
제5조 한국 정부는 통감이 추천하는 일본인을 한국 관리에 임명할 것 → 차관 통치

(8) 대한 제국의 군대 해산(1907. 8.)

① 배경 : 일본은 대한 제국의 국권을 침탈하는 데 방해가 되는 군대를 해산시키고자 하였다.

② 결과 : **한·일 신협약(정미 7조약)의 부수 각서**에 따라 **대한 제국의 군대가 해산**되었다.

국사(國史)편찬위원회에서 출제한 자료 ● 대한 제국 군대 해산

해산 결의 이틀 전 오전에 군부 대신과 하세가와 대장이 통감부에 모여 현재 한국 군대를 해산하기로 결정한 결과로, 같은 날 오후 9시 40분에 총리와 법부 대신이 황제에게 아뢴 후에 조칙을 반포하였더라.

-『대한매일신보』-

(9) 사법권과 경찰권 박탈

① **기유각서**(1909. 7.)가 체결되어 대한 제국의 사법권과 감옥 관리 자격이 박탈되었다.

② 일본이 대한 제국의 경찰권을 박탈하였다(1910. 6.).

일진회의 한일 합방 촉구
1909년 친일 단체인 일진회가 한일 합방의 실현을 촉구하는 성명서를 발표하였다.

(10) 한국 병합 조약(1910. 8.)

① 체결 : 이완용과 통감 데라우치가 조약을 체결하였다.

② 내용 : 일본에 의하여 대한 제국의 국권이 상실되었다.

국사(國史)편찬위원회에서 출제한 자료 ● 한국 병합 조약(1910. 8.)

제1조 한국 황제 폐하는 한국 전체에 관한 일체 통치권을 완전하고도 영구히 일본 황제 폐하에게 양여한다.
제2조 일본국 황제 폐하는 앞 조에 기재된 양여한다는 것을 수락하고, 또 완전히 한국을 일본 제국에 병합하는 것을 승낙한다. → 대한 제국의 주권 박탈
제3조 일본국 황제 폐하는 한국 황제 폐하, 태황제 폐하, 황태자 전하와 그들의 황후, 황비 및 후손으로 하여금 각각 그 지위에 따라서 상당한 존칭, 위엄과 명예를 향유하게 하고, 또 이것을 유지하는 데 충분한 세비를 공급할 것을 약속한다.

능력(能力) 향상을 위한 OX

			정답
01	한·일 의정서 체결로 일본이 대한 제국에 외교 고문과 재정 고문을 파견하였다.	( )	×
02	제1차 한·일 협약 체결에 대한 반발로 민영환, 조병세 등이 자결하였다.	( )	×
03	을사늑약 체결에 반발하여 오적 암살단이 조직되었다.	( )	○
04	한·일 신협약이 체결되자 고종은 조약 체결의 부당함을 국제 사회에 알리기 위하여 헤이그에 특사를 파견하였다.	( )	×
05	대한 제국 군대 해산 이후에 정미 7조약이 체결되었다.	( )	×

2 항일 의병 운동과 의거 활동

(1) 항일 의병 운동

① **을미의병(1895)**

배경	을미사변(명성 황후 시해 사건)과 **단발령 공포에 반발함**
주도	**유인석·이소응 등 양반 유생층이 주도함**
전개	• 동학 농민군 잔여 세력이 가담함 • **유인석이 일시적으로 충주성을 점령함**
해산	이권 파천 식후 고종의 단발령 철회와 해산 권고 조칙으로 해산함

② **을사의병(1905)**

배경	**제2차 한·일 협약(을사늑약) 체결에 반발함**
주도	• **민종식이 이끄는 의병이 홍주성을 점령함** • **최익현**의 의병 부대가 **태인** 등에서 활약함 • 최초의 평민 의병장 **신돌석**이 경상도와 강원도 일대에서 활동함
특징	최초의 평민 출신 의병장이 활약함

③ **정미의병(1907)**

배경	고종의 강제 퇴위와 대한 제국의 군대 해산에 반발함
참여	유생·군인·노동자·농민·상인 등 다양한 계층이 참여함
전개	• 해산된 군대인 진위대의 참여로 조직력과 전투력이 강화됨 • **서울 진공 작전** ㉠ 유생 의병장들이 주도하여 **13도 연합 의병 부대(13도 창의군)를 결성함** ㉡ **총대장에 이인영, 군사장에 허위**를 임명하고 양주에서 집결함 ㉢ 각국 영사관에 국제법상의 합법적 교전 단체로 승인하여 줄 것을 요구함 ㉣ 동대문 밖 30리까지 진격하였으나 일본의 전력에 밀림

국사(國史)편찬위원회에서 출제한 **자료** ●서울 진공 작전

이때에 사기를 고무하여 서울 진공의 영(令)을 발하니, 그 목적은 서울로 들어가 통감부를 쳐부수고 성하(城下)의 맹(盟)을 이루어 저들의 소위 신협약 등을 파기하여 대대적 활동을 기도(企圖)함이라. …… 전군(全軍)에 명령을 내려 일제히 진군할 것을 재촉하여 동대문 밖에 나아가 다다를 때 …….

-『대한매일신보』-

④ 남한 대토벌 작전(1909)

㉠ 배경 : 의병들은 서울 진공 작전 실패 이후 호남 지역을 중심으로 일본에 지속적으로 저항하였다.

㉡ 전개 : 일본은 2개월 동안 호남 지역 의병들이 주로 활동하는 일대를 공격하여 초토화시키고 의병장들을 체포하였다.

㉢ 결과 : 국내에서 의병 활동이 어려워지자 일부 의병들은 간도와 연해주 등 국외로 이동하여 일본에 맞서 싸웠다.

⑤ 의의 : 의병 전쟁 정신이 일제 강점기에 무장 독립 전쟁으로 계승되었다.

⑥ 한계 : 일부 양반 출신 의병장은 평민 의병장을 인정하지 않는 등 봉건적 신분 의식을 극복하지 못하였다.

● 유인석(1842~1915)
화서 이항로의 제자로, 화이론에 입각한 위정척사 사상을 계승하였다. 을미사변과 단발령에 반발하여 의병장으로서 제천을 중심으로 의병을 일으켜 충주성을 점령하기도 하였다.

● 최익현(1833~1906)

을사늑약이 체결되자 제자들과 함께 태인에서 의병을 일으켜 활약하였다. 그러나 관군과 마주치자 같은 백성끼리 싸울 수 없다며 항전을 중단하고 체포되었다. 이후 쓰시마섬에 유배되어 순국하였다.

정미의병

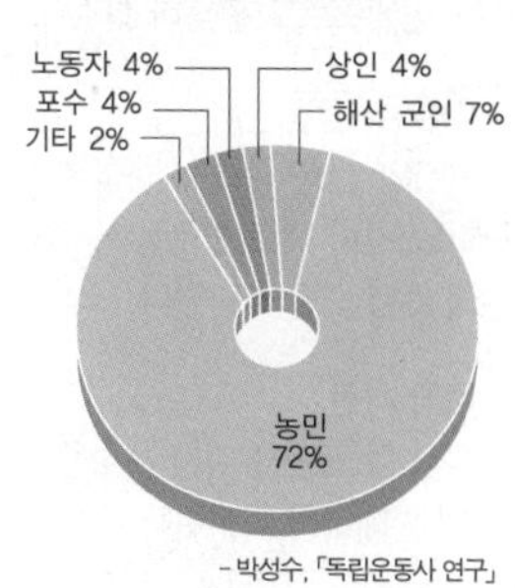

- 박성수, 「독립운동사 연구」

정미의병의 직업별 구성

(2) 항일 의거 활동

인물	활동
장인환 · 전명운	**미국 샌프란시스코에서** 대한 제국의 외교 고문이자 친일 인사인 **스티븐스를 저격함**(1908)
안중근	• 만주 하얼빈에서 한국 침략의 원흉인 **이토 히로부미를 처단함**(1909) • 뤼순(여순) 감옥에서 수감 중에 많은 유묵과 함께 **『동양 평화론』**을 저술하여 남김(1910)
이재명	**명동 성당 앞에서 이완용을 칼로 찔러** 을사오적을 공포에 떨게 함(1909)

3 애국 계몽 운동

(1) 목적

사회 진화론 등 신학문을 수용한 지식인층은 민족 교육과 산업 육성을 통하여 민족의 실력을 양성한 뒤 이를 바탕으로 국권을 회복하고자 하였다.

(2) 주요 단체

단체	구분	세부	내용
농광 회사(1904)			• 중추원 부의장 이도재가 주도하여 설립함 • **일본의 토지 침탈을 저지**하기 위하여 개간 사업을 추진함
보안회(1904)			**일제의 황무지 개간권 요구를 저지**함
헌정 연구회(1905)			의회 수립을 통한 입헌 군주제 수립을 목표로 활동함
대한 자강회(1906)			• 헌정 연구회를 계승하여 조직됨 • 전국에 25개 지회를 설치하고 월보를 간행함 • **고종의 강제 퇴위 반대 운동**을 벌이다가 일제의 탄압으로 해산함
대한 협회(1907)			• 대한 자강회를 계승하여 조직됨 • 교육과 산업의 발전을 위하여 활동하다가 친일 단체로 변질됨
신민회(1907)	조직		**안창호 · 양기탁 · 이승훈, 이동녕 등이 주도하여 비밀 결사 형태로 조직함**
	활동	실력 양성	• **민족 교육 시행** : 정주에 **오산 학교**(이승훈), 평양에 **대성 학교**(안창호) 등을 세움 • **민족 산업 육성** : 이승훈이 **태극 서관(평양), 자기 회사(평양, 도자기)** 등을 설립함
		독립군 기지 건설	남만주 삼원보 지역에 집단 이주하여 **신흥 강습소(신흥 무관 학교)를 세우고 독립군을 양성**함
	목표		국권을 회복한 뒤 공화 정체의 근대 국가 건설을 지향함
	해체		**105인 사건을 계기로 해산됨(1911)**

국사(國史)편찬위원회에서 출제한 **자료** ● 대한 자강회 설립 취지문

나라의 독립은 오직 자강(自强)의 여하에 있을 따름이다. 우리나라가 예전부터 자강할 방법을 배우지 않아 인민이 저절로 우매해지고 국력이 쇠퇴의 길로 나아가, 마침내 오늘날의 어려운 처지에 이르러 끝내는 다른 나라의 보호를 받게 되었다. 이는 모두 자강할 방법에 뜻을 두지 않았기 때문이다. …… 자강의 방법을 생각해 보면 다름 아니라 교육을 진작함과 식산흥업에 있다. 무릇 교육이 일어나지 못하면 민지(民智)가 열리지 않고 산업이 일어나지 못하면 국부가 증가하지 못하는 것이다. -『대한 자강회 월보』-

● **안중근**
연해주의 독립운동가 최재형은 안중근의 하얼빈 의거를 지원하였다.

안중근 의사 유묵
적혀 있는 '위국헌신군인본분(爲國獻身軍人本分)'은 나라를 위하여 몸을 바치는 것은 군인의 본분이라는 뜻이다.

애국 계몽 운동

『대한 자강회 월보』

● **안창호**
1908년에 서북 · 관서 · 해서 지방 출신 인물들이 서울에서 조직한 애국 계몽 단체인 서북 학회의 주요 임원으로도 활동하였다.

● **이동녕**
경학사와 신흥 강습소 설립을 주도하였으며, 대한민국 임시 의정원의 초대 의장을 맡았다.

● **태극 서관**
신지식 등 계몽을 위한 서적을 편찬 및 판매하던 서점이다.

● **105인 사건**
일제는 안명근이 독립운동 자금을 모금하던 것을 데라우치 총독을 암살 미수 사건으로 조작하여 신민회 회원 105명에게 유죄 판결을 내렸다.

국사(國史)편찬위원회에서 출제한 자료 ● 신민회 설립 취지문

신민회는 무엇을 위하여 일어났는가? 국민의 병든 관습에 신사상이 시급하며, 국민 관습의 우매함에 신교육이 시급하며, …… 도덕의 타락에 신윤리가 시급하며, 실업의 침체에 신모범이 시급하며, 정치의 부패에 신개혁이 시급하다. -「헌병 대장 기밀 보고」-

(3) 의의

민족의식을 고취하고 독립운동의 장기적 기반을 구축하였다.

(4) 한계

실력 양성에만 주력하고 무장 독립 투쟁에 소홀하였다.

4 간도와 독도

(1) 간도

① **백두산정계비 건립(1712) : 조선 숙종 때 조선과 청의 국경을 명확히 구분하기 위하여** 청 오라총관 목극등과 조선 관원들이 압록강과 두만강 일대를 답사하여 비석을 세웠다.

국사(國史)편찬위원회에서 출제한 자료 ● 백두산정계비

목극등(穆克登)이 샘이 갈라지는 곳에 자리 잡고 말하기를, "이곳이 분수령이라 할 수 있다."라고 하며, 경계를 정하고 돌을 깎아 비석을 세웠다. 그 비문에는 '오라총관(烏喇總管) 목극등이 …… 국경을 조사하기 위해 여기에 이르러 살펴보니, 서쪽은 압록강이며 동쪽은 토문강이므로 분수령 위에다 돌에 새겨 표를 삼는다.'라고 쓰여 있다. -『만기요람』-

백두산정계비 추정 위치

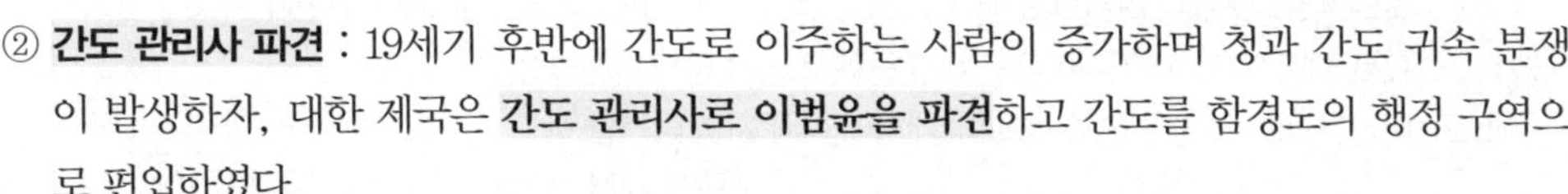

② **간도 관리사 파견** : 19세기 후반에 간도로 이주하는 사람이 증가하며 청과 간도 귀속 분쟁이 발생하자, 대한 제국은 **간도 관리사로 이범윤을 파견**하고 간도를 함경도의 행정 구역으로 편입하였다.

국사(國史)편찬위원회에서 출제한 자료 ● 간도 관리사 파견

참정 김규홍이 아뢰기를, "간도는 우리나라와 청의 경계 지대인데 지금까지 수백 년 동안 비어 있었습니다. 수십 년 전부터 북쪽 변경의 백성들로서 그 지역에 이주하여 경작하며 살고 있는 사람이 이제는 수만 호에 십여만 명이나 됩니다. 그런데 청인들의 괴롭힘을 심하게 받고 있습니다. 그래서 지난해 신의 부서에서 시찰관 이범윤을 파견하여 황제의 교화를 선포하고 호구를 조사하게 하였습니다. …… 그들의 생명과 재산을 보호하고자 하는 조정의 뜻을 보여 주는 것이 어떻겠습니까?" 하니, 윤허하였다. -『고종실록』-

③ 간도 협약(1909) : 일본은 제2차 한·일 협약(을사늑약) 체결로 대한 제국의 외교권이 박탈된 상황에서 청과 협약을 체결하였으며, 간도를 청의 영토로 인정해 주는 대가로 만주의 철도 부설권과 탄광 채굴권 등을 얻었다.

국사(國史)편찬위원회에서 출제한 자료 ● 간도 협약

제1조 일·청 양국 정부는 도문강(두만강)을 청국과 한국의 국경으로 하고 강 원천지에 있는 정계비를 기점으로 하여 석을수(두만강 지류)를 두 나라의 경계로 함을 밝힌다.
→ 기존 백두산정계비에 표기된 쑹화강(송화강) 지류인 토문강이 도문강(두만강)으로 바뀜

(2) 독도

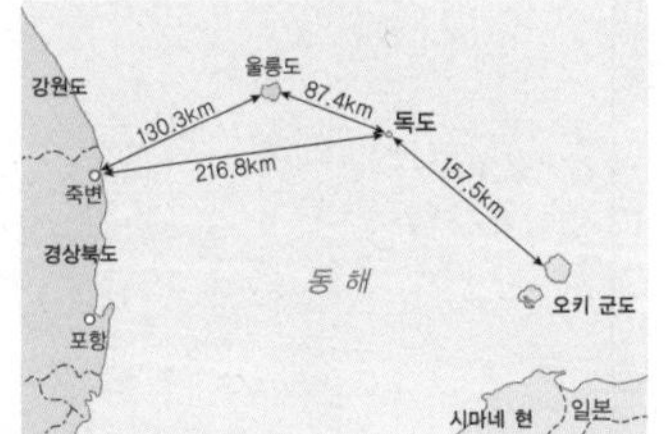

독도

① 이사부의 복속 : **신라 지증왕 때 이사부를 파견하여 우산국과 부속 도서를 복속**하였다.

② 『세종실록지리지』의 기록 : 울릉도와 독도에 관한 내용이 기록되어 있다.

국사(國史)편찬위원회에서 출제한 자료 ● 『세종실록지리지』의 독도 관련 기록

…… 우산과 무릉 두 섬은 울진현의 정동쪽 바다에 있는데, 두 섬은 서로의 거리가 멀지 않아 날씨가 맑으면 바라볼 수 있다.

③ **안용복**의 도일 : 조선 숙종 때 두 차례 일본으로 건너가 울릉도와 독도가 조선 땅임을 확인받았다.

④ **태정관 지령(1877)** : 일본 메이지 정부의 최고 기관인 태정관에서 독도와 일본은 관련이 없다는 지령을 내렸다.

⑤ **칙령 제41호** 반포(1900) : 대한 제국 고종 황제는 울릉도를 군으로 승격시키고 독도가 우리 땅임을 선포하였다.

국사(國史)편찬위원회에서 출제한 자료 ● 칙령 제41호

칙령 제41호
울릉도를 울도(鬱島)로 개칭하고 도감(島監)을 군수로 개정하는 건
제1조 울릉도를 울도라고 개칭하여 강원도에 부속하고 도감을 군수로 개정하여 관제 중에 편입하고 군의 등급은 5등으로 할 것
제2조 군청의 위치는 태하동(台霞洞)으로 정하고 구역은 울릉전도(鬱陵全島)와 죽도(竹島)·석도(石島)를 관할할 것
제3조 개국(開國) 504년(1895) 8월 16일자 〈관보〉 중 '관청 사항란' 내에 울릉도 이하 19자를 삭제하고 개국 505년(1896) 칙령 제36호 제5조 '강원도 26군'의 '6'자는 '7'자로 개정하고 안협군(安峽郡)아래에 울도군 '3'자를 추가해 넣을 것
제4조 경비는 5등군으로 마련하되 현재 아전의 정원도 갖추어지지 못하고 제반 업무가 처음 만들어지므로 해당 도(島)가 거두어들인 세금 중에서 잠시 먼저 마련할 것
제5조 미진한 제반 조항은 본도(本島)의 개척에 따라 차츰 마련할 것

『관보』 제1716호, 1900년(광무 4년) 10월 27일

⑥ **일본의 불법 편입** : 일제는 러·일 전쟁 도중에 독도를 불법적으로 일본 영토에 편입시켰다.

능력(能力) 향상을 위한 OX

	문항		정답
01	을미의병은 을미사변과 단발령 공포에 반발하여 일어났다.	( )	○
02	을사의병 때 최초의 평민 의병장인 신돌석이 활약하였다.	( )	○
03	13도 창의군은 각국 영사관에 사람을 파견하여 의병을 국제법상 합법적 교전 단체로 승인해 줄 것을 요구하였다.	( )	○
04	보안회는 러시아의 절영도 조차 요구를 저지하였다.	( )	×
05	대한 자강회는 고종의 강제 퇴위 반대 운동을 전개하다가 일제의 탄압으로 해산되었다.	( )	○
06	신민회는 국외 독립운동 기지를 건설하고자 남만주 삼원보에 신흥 무관 학교를 설립하였다.	( )	○
07	조선 숙종 때 안용복은 백두산정계비를 세웠다.	( )	×
08	고종 황제는 칙령 제41호를 내려 간도를 대한 제국의 행정 구역에 소속시켰다.	( )	×

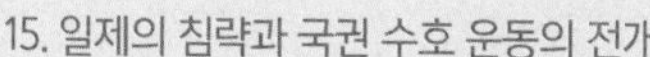

검정(檢定)된 기출문제

정답 및 해설 P. 389

01

밑줄 그은 '전쟁' 기간에 있었던 사실로 옳은 것을 〈보기〉에서 고른 것은?

자네, 소식 들었나? 일본이 전쟁을 일으키고 나서 한성을 장악하고 한·일 의정서 체결을 강요하였다네.
나도 들었네. 결국, 우리나라의 국외 중립 선언을 일본이 무시하였군.

보기
ㄱ. 러시아가 절영도 조차를 요구하였다.
ㄴ. 일본이 독도를 불법적으로 편입하였다.
ㄷ. 고종이 러시아 공사관으로 거처를 옮겼다.
ㄹ. 메가타가 대한 제국의 재정 고문으로 부임하였다.

① ㄱ, ㄴ ② ㄱ, ㄷ ③ ㄴ, ㄷ ④ ㄴ, ㄹ ⑤ ㄷ, ㄹ

02

(가), (나) 조약 사이의 시기에 있었던 사실로 옳은 것은?

(가) 제4조 …… 대한 제국 정부는 대일본 제국 정부의 행동이 용이하도록 충분한 편의를 제공한다. 대일본 제국 정부는 …… 군사 전략상 필요한 지점을 수시로 사용할 수 있다.
(나) 제2조 한국 정부의 법령 제정 및 중요한 행정상 처분은 미리 통감의 승인을 거칠 것.
제5조 한국 정부는 통감이 추천하는 일본인을 한국 관리에 임명할 것.

① 안중근이 하얼빈에서 이토 히로부미를 사살하였다.
② 의병 진압을 위한 '남한 대토벌' 작전이 전개되었다.
③ 일본이 경복궁을 점령하고 내정 개혁을 요구하였다.
④ 헤이그에서 열린 만국 평화 회의에 특사가 파견되었다.
⑤ 영국군이 러시아를 견제하기 위하여 거문도를 불법 점령하였다.

03

(가), (나) 사이의 시기에 있었던 사실로 옳은 것은?

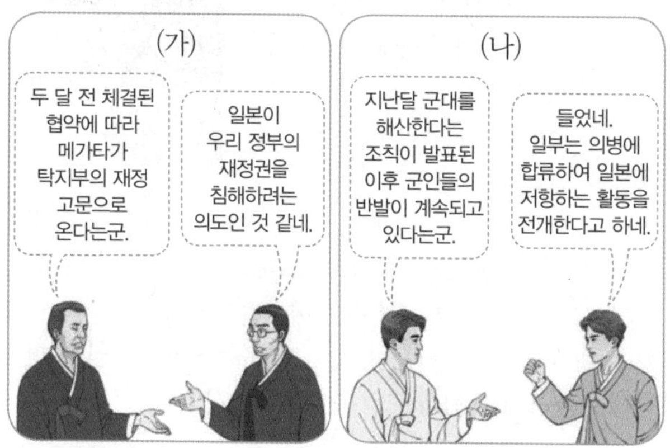

일본이 우리 정부의 재정권을 침해하려는 의도인 것 같네.

들었네. 일부는 의병에 합류하여 일본에 저항하는 활동을 전개한다고 하네.

① 데라우치가 초대 총독으로 부임하였다.
② 13도 창의군이 서울 진공 작전을 전개하였다.
③ 기유각서를 통해 일제에 사법권을 박탈당하였다.
④ 상권 수호를 위해 황국 중앙 총상회가 조직되었다.
⑤ 헤이그에서 열린 만국 평화 회의에 특사가 파견되었다.

04

밑줄 그은 '의병'에 대한 설명으로 옳은 것은?

이곳은 의암 유인석의 위패가 모셔져 있는 충청북도 제천의 자양영당입니다. 이곳에서 유인석은 국모의 원수를 갚고 전통을 보전한다는 복수보형(復讐保形)을 기치로 8도의 유림을 모아 의병을 일으키려는 비밀 회의를 열었습니다.

① 단발령의 시행에 반발하여 봉기하였다.
② 민종식이 이끈 부대가 홍주성을 점령하였다.
③ 국제법상 교전 단체로 승인해 줄 것을 요구하였다.
④ 의병 부대가 연합하여 서울 진공 작전을 전개하였다.
⑤ 조선 총독부에 국권 반환 요구서를 제출하고자 하였다.

05

(가)에 대한 설명으로 옳은 것은?

[이달의 역사 인물]

일제의 침략에 맞서 싸운 의병장

왕산 허위(1854~1908)

경상북도 구미에서 출생하였다. 성균관 박사, 평리원 재판장 등을 역임하였다. 한·일 신협약 체결과 군대 해산에 반발하여 결성된 (가) 에서 군사장을 맡았다. (가) 은/는 각지의 유생 의병장이 중심이 되어 결성한 의병 부대로 총 병력이 1만 여 명에 이르렀으며, 총대장에는 대한관동창의대장 이인영을 추대하였다. 군사장 허위는 경기도 양평에서 일본 헌병에게 체포되어 서대문 감옥에서 순국하였다.

① 봉오동 전투에서 일본군을 격퇴하였다.
② 독립 공채를 발행하여 자금을 마련하였다.
③ 고종의 해산 권고 조칙에 따라 해산하였다.
④ 양주에 집결하여 서울 진공 작전을 전개하였다.
⑤ 조선 총독부에 국권 반환 요구서를 제출하려 하였다.

06

다음 학생들이 발표하고 있는 인물에 대한 설명으로 옳은 것은?

대한의군 참모중장 ○○○

이것은 그가 뤼순에서 재판받는 장면을 묘사한 취재 삽화입니다. 재판장, 검사, 변호사들이 모두 일본인으로 구성된 불공정한 재판 상황을 보여 주고 있습니다.

사형 판결을 받은 그는 동양 평화론을 저술하던 중 순국하였습니다. 이 글에서 그는 일제의 침략상을 비판하며 한·중·일이 대등한 위치에서 상호 협력하여야 한다고 주장하였습니다.

① 동양 척식 주식회사에 폭탄을 투척하였다.
② 하얼빈 역에서 이토 히로부미를 사살하였다.
③ 한인 애국단을 결성하여 의거 활동을 전개하였다.
④ 조선 혁명 간부 학교를 세워 독립군을 양성하였다.
⑤ 명동 성당 앞에서 이완용을 습격하여 중상을 입혔다.

07

(가) 단체에 대한 설명으로 옳은 것을 〈보기〉에서 고른 것은?

이것은 평양에 있던 대성 학교의 교직원과 학생들을 촬영한 사진입니다. 이 학교는 안창호, 양기탁 등이 조직한 (가) 이/가 설립하였습니다.

보기

ㄱ. 태극 서관을 운영하였다.
ㄴ. 105인 사건으로 와해되었다.
ㄷ. 이륭양행에 교통국을 설치하였다.
ㄹ. 입헌 군주제 수립을 목표로 하였다.

① ㄱ, ㄴ ② ㄱ, ㄷ ③ ㄴ, ㄷ ④ ㄴ, ㄹ ⑤ ㄷ, ㄹ

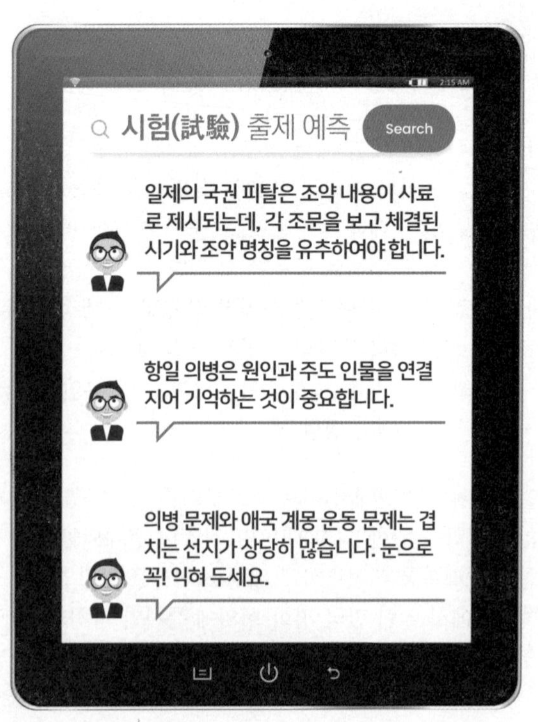

시험(試驗) 출제 예측
Search
일제의 국권 피탈은 조약 내용이 사료로 제시되는데, 각 조문을 보고 체결된 시기와 조약 명칭을 유추하여야 합니다.
항일 의병은 원인과 주도 인물을 연결 지어 기억하는 것이 중요합니다.
의병 문제와 애국 계몽 운동 문제는 겹치는 선지가 상당히 많습니다. 눈으로 꼭! 익혀 두세요.

16 | 개항 이후의 경제와 사회 · 문화의 변화

● 개항 이후의 경제

강화도 조약 체결 이후

- 조·일 수호 조규 부록 : 간행이정 10리, 일본 화폐 사용
  → 거류지 무역 발달(객주·여각·보부상 등 이득)
- 조·일 무역 규칙 : 무관세, 양곡의 무제한 유출 + 일본 상인의 중계 무역 → 미·면 교환 체제 → 쌀 부족

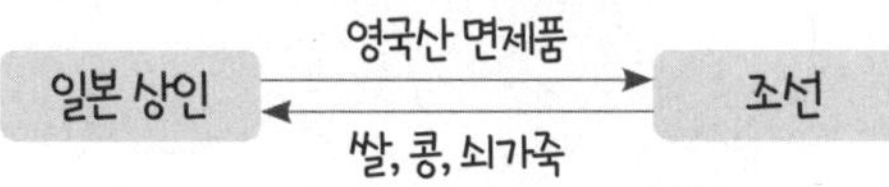

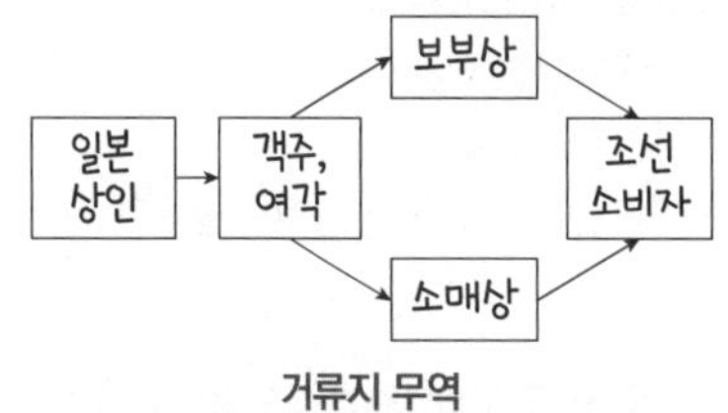

거류지 무역

임오군란 이후

- 조·청 상민 수륙 무역 장정 : 외국 상인의 내지 통상 허용
- 조·일 통상 장정 : 최혜국 대우

➡

- 청과 일본 상인 간 상권 경쟁 심화
- 상권 수호 운동 전개 : 상회사 설립, 동맹 철시, 황국 중앙 총상회 조직(1898)

청·일 전쟁 이후

청·일 전쟁에서 일본 승리 → 일본 상인의 조선 무역 독점 + 일본산 면제품 판매

● 열강의 이권 침탈

국가	내용
러시아	두만강·울릉도의 삼림 채벌권
미국	• 전기, 전차 • 운산 금광 채굴권
영국	은산 금광 채굴권
일본	• 경인선 완공(1899) • 경부선 완공(1905) • 경의선 완공(1906) • 동양 척식 주식회사 설립(1908)
청	전선

화폐 정리 사업

주도	제1차 한·일 협약으로 재정 고문이 된 메가타 주도
내용	금 본위제 시행을 목적으로 상평통보·백동화를 일본 제일 은행권으로 교환 → 갑·을·병종에 따라 차등 교환
결과	한국 경제가 일본에 예속화

● 경제적 구국 운동과 평등 사회로의 이행

경제적 구국 운동

방곡령 선포

배경	조·일 무역 규칙의 조항(양곡의 무제한 유출) → 국내에 곡물 부족 현상 발생
시행	(개정)조·일 통상 장정의 방곡령 선포 가능(1개월 전) 조항

함경도 방곡령 사건(1889)

1개월 전 선포한다는 규정을 어겨 방곡령을 철회하고 배상금을 지불한 사건

민족 은행 설립

배경	일본 금융 기관의 침투
전개	조선 은행, 한성 은행, 대한 천일 은행(1899) 등을 설립하여 조선의 기업과 상인 지원
결과	일제의 탄압과 화폐 정리 사업으로 몰락

국채 보상 운동

배경	일본의 차관 제공
전개	대구에서 서상돈·김광제 등을 중심으로 시작
특징	• 언론 기관 참여(『대한매일신보』 등) • 금연·금주, 비녀·가락지 모으기
실패	일본 통감부의 방해로 실패(양기탁 구속 등)

설쌤의 한(韓)판 정리

평등 사회로의 이행

공노비 해방 (1801)	갑신정변 (1884)	동학 농민 운동 (1894)	제1차 갑오개혁 (1894)	독립 협회 (1896~1898)
순조 때 공노비 6만 6천여 명 해방	14개조 정강 : 인민 평등권 확립, 능력에 따른 인재 등용	폐정 개혁 12개조 : 노비 문서 소각, 천민에 대한 차별 개선	공·사 노비제(신분제) 폐지	자유 민권 운동

여성 인권의 성장

- 「여권통문」(1898)
- 각종 부인회, 학교 설립
- 선교 활동, 구국 운동 등 사회 진출 증가

● 근대 문물의 수용과 문화의 발전

근대 문물의 수용

	1880년대	1890년대	1900년대
출판	박문국		
의료	광혜원(제중원, 1885) : 선교사 알렌의 건의로 세운 최초의 서양식 병원		• 광제원 • 대한 의원 • 세브란스 병원
교통		• 경인선(1899) • 전차(1899)	• 경부선(1905) • 경의선(1906)
전기	경복궁 건청궁에 전등 가설(1887)	한성 전기 회사(1898)	
통신	• 우정총국 • 전신 • 전보	• 우체사 : 우편 업무 재개 • 전화	만국 우편 연합 가입(1900)
건축		• 독립문 • 명동 성당(1898)	• 손탁 호텔 • 덕수궁 석조전
기타	• 기기창(1883) : 무기 생산 • 전환국(1883) : 화폐 주조		원각사(1908~1909) • 최초의 서양식 극장 • 은세계, 치악산 등 신극 공연

근대 교육 기관의 설립

1880년대

- 원산 학사(1883~1945) : 덕원부 주민이 세운 최초의 근대식 학교, 문무일치 교육
- 동문학(1883~1886) : 정부가 세운 통역관 양성 기관
- 육영 공원(1886~1894) : 미국인 강사(헐버트, 길모어) 초빙, 상류층 자제 교육
- 개신교 학교 : 배재 학당(아펜젤러), 이화 학당(스크랜턴), 경신 학교

갑오개혁 이후

- 교육입국 조서 반포 → 한성 사범 학교 등 각종 관립 학교 설립
- 배화 학당(캠벨) : 한국 근대 여학교

대한 제국 시기

- 실업 학교 설립
- 신민회 : 대성 학교, 오산 학교 등 설립
- 일제가 사립 학교령(1908)을 제정하여 탄압

언론 기관의 발달

신문명	발행	문체	특징
『한성순보』(1883~1884)	박문국	순 한문	• 최초의 신문 • 국내외 시사 문물 소개
『한성주보』(1886~1888)	박문국	국한문	최초로 상업적 광고 게재
『독립신문』(1896~1899)	서재필	영문, 순 한글	최초의 순 한글·민간 신문
『황성신문』(1898~1910)	남궁억	국한문	• 장지연의 「시일야방성대곡」 최초 게재 • 유생층 대상
『제국신문』(1898~1910)	이종일	순 한글	서민층과 부녀자 대상
『대한매일신보』(1904~1910)	베델, 양기탁	순 한글, 국한문, 영문	• 국채 보상 운동 지원, 의병 운동에 호의적, 항일 논조 • 장지연의 「시일야방성대곡」 게재
『만세보』(1906~1907)	오세창	국한문	천도교 기관지
『경향신문』(1906~1910)	드망즈	순 한글	천주교 기관지

• 신문지법(1907) : 일제의 언론 탄압

국학 연구

국어 연구

• 칙령 제86호 : 갑오개혁 이후 정부 문서에 한글을 기본으로 삼고 국한문을 혼용하도록 함
• 『서유견문』(유길준) : 국한문 혼용체 보급에 기여
• 국문 연구소(1907) : 주시경과 지석영이 설립
• 문법책 : 『국어문법』(주시경), 『대한문전』(유길준)
• 조선 광문회
  - 최남선과 박은식이 조직
  - 민족 고전을 간행함

국사 연구

• 신채호
  - 『독사신론』 : 역사 서술의 주체를 민족으로 설정
  - 『을지문덕전』, 『이순신전』 : 애국심 고취
• 박은식 : 『동명성왕실기』, 『천개소문전』 등을 편찬
• 외국의 흥망사 관련 서적이 번역됨 : 『월남망국사』, 『미국독립사』, 『이태리 건국 삼걸전』 등

문예의 새 경향

• 신체시 : 「해에게서 소년에게」(최남선)
• 신소설 : 『혈의 누』, 『자유종』, 『금수회의록』
• 번역서 : 『걸리버 여행기』, 『이솝 우화』 등
• 창가 유행 : 「경부 철도가」 등
• 서양식 화법 도입 : 유화

종교계의 변화

• 유교 : 박은식의 유교 구신론
• 불교 : 한용운의 불교 유신론, 사찰령 철폐 운동 전개
• 천도교 : 손병희(동학 → 천도교)
• 대종교 : 나철·오기호 창시, 중광단 → 북로 군정서
• 개신교 : 서양 의료 보급과 교육 분야에 공헌
• 천주교 : 조·프 통상 조약 체결로 선교의 자유 획득

1 개항 이후의 경제

(1) 강화도 조약 체결 이후 경제 상황

조·일 수호 조규 부록 (1876)	내용	• 개항장에서 일본 화폐를 사용할 수 있음 • **간행이정 10리** : 일본 상인의 활동 범위를 개항장에서 10리 이내로 제한함
	영향	• 개항장을 중심으로 거류지 무역이 발달함 • 조선의 중개 상인인 객주·여각·보부상 등이 이득을 봄
조·일 무역 규칙(조·일 통상 장정, 1876)	내용	• **무관세** : 일본 상인은 관세를 내지 않음 • **무항세** : 일본 선박은 항세를 내지 않음 • **양곡의 무제한 유출** : 일본 상인은 쌀과 잡곡을 무제한 구입할 수 있음
	영향	• **미↔면 교환 체제** : 일본 상인은 주로 영국산 면제품을 싸게 구입하여 조선에 비싸게 파는 중계 무역으로 생긴 이익으로 곡물을 대량 수입해 감 • 조선 내 쌀 부족 현상이 발생하여 쌀값이 폭등함 • 조선 농촌의 면직물 공업이 타격을 입음

● **거류지**
조계와 같은 의미로 개항장에서 외국 사람들이 거주하거나 무역을 할 수 있도록 규정한 지역이다.

(2) 임오군란 이후의 경제 상황

① 조·청 상민 수륙 무역 장정(1882) : 지방관의 허가를 받은 청 상인은 내지 통상이 가능하였다.

② (개정) 조·일 통상 장정(1883) : 최혜국 대우 조항으로 인하여 일본 상인도 청 상인과 동일하게 내지 통상이 가능해졌다.

③ 영향

㉠ 청 상인과 일본 상인 간 상권 경쟁이 점차 심화되었고, 객주·여각·보부상과 같은 중개 상인이 몰락하는 등 조선 상인 대부분이 생계의 위협을 받았다.

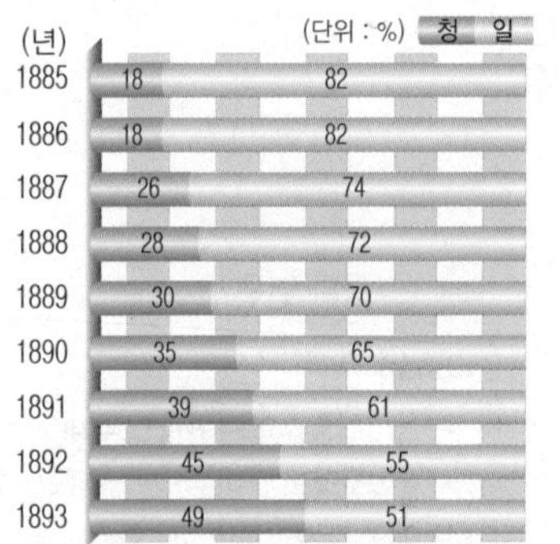

(국사 편찬 위원회, 한국사 39)

청과 일본으로부터 수입액 비율 비교

〈1885년〉 (단위 : 천 엔)
기타 15.8%, 쌀 4.0%, 콩류 7.4%, 쇠가죽 72.8%, 총 수출액 388

〈1896년〉 (단위 : 천 엔)
기타 21.1%, 쇠가죽 14.6%, 콩 21.9%, 쌀 42.4%, 총 수출액 2,311

(하원호, 개항 후 제국주의의 침탈과 경제 구조의 변동)

대일 수출 품목과 그 구성비

개항 초기에는 대일 수출 품목에서 쇠가죽의 비중이 높았다. 그러나 1890년대에 일본이 낮은 임금을 유지하기 위하여 값싼 쌀을 수입함에 따라, 쌀이 대일 수출 품목 중에서 가장 높은 비율을 차지하게 되었다.

㉡ 상권 수호 운동

ⓐ 외국 상인들이 내륙으로 진출하여 상권을 위협하자, 조선 상인들은 **대동 상회(인천, 1883), 장통 상회(서울, 1883)** 등 상회사를 설립하거나 동맹 철시를 통하여 대항하였다.

ⓑ 시전 상인은 **황국 중앙 총상회를 조직(1898)**하여 외국 상인의 불법적인 상업 행위를 규탄하는 등 **상권 수호 운동을 주도**하였다.

(3) 청·일 전쟁 이후의 경제 상황

① 청·일 전쟁에서 일본이 승리하여 일본 상인이 조선 내에서 무역을 독점하였다.

② 일본 상인은 자국산(일본산) 면제품을 판매하였다.

2 열강의 이권 침탈

(1) 배경

청·일 전쟁 및 아관 파천 이후 열강들은 최혜국 대우 조항을 이용하여 조선의 이권을 침탈하였다.

(2) 주요 열강의 이권 침탈

러시아	• 압록강·두만강·울릉도 삼림 채벌권 등을 가져감 • 러·일 전쟁 이후 삼림 채벌권이 일본에 넘어감
일본	• **철도 부설권** : 철도는 인적·물적 자원을 대량으로 수송할 수 있는 육상 운동 수단으로 일본의 대륙 침략에 반드시 필요하였음 • **경인선 부설권(미국 → 일본)**, 경의선 부설권(프랑스 → 대한 제국 → 일본), 경부선 부설권, 경원선 부설권을 가져감 • **완공** : 경인선(1899), 경부선(1905), 경의선(1906) • **동양 척식 주식회사 설립(1908)** : **토지 약탈을 본격화함**
미국	• 전기·전차 시설에 관심을 가졌으며 **한성 전기 회사를 설립함(1898)** • 운산 금광 채굴권을 가져감
영국	은산 금광 채굴권을 가져감
청	전선에 관심을 가짐
독일	**당현 금광 채굴권**을 가져감

철도	부설	완공	이양
경인선	1896	1899	미 → 일 (1897)
경의선	1896	1906	프 → 대한 제국 → 일 (1904)
경부선	1898	1905	일
경원선	1898	1914	대한 제국 → 일 (1904)

주요 철도 부설 및 완공 연도

(3) 화폐 정리 사업(1905)

주도	제1차 한·일 협약 체결로 파견된 **재정 고문 메가타**가 전환국을 폐쇄하고 화폐 유통의 혼란과 물가 폭등을 빌미로 탁지부령 제1호에 근거하여 시행함
목적	대한 제국의 금융을 장악하고자 함
내용	• 상평통보, 구(舊) **백동화 등 조선 화폐를 일본의 제일 은행권으로 바꾸도록 함** • 백동화는 질에 따라 갑·을·병종으로 등급을 나누어 교환함
결과	• 조선의 화폐 가치가 하락하고 통화량이 줄어들어 국내 상인이 큰 타격을 입음 • 일본으로부터 차관을 도입하면서 조선 경제가 일본에 예속됨 • 금 본위 화폐 제도가 시행되는 계기가 됨

백동화

일본 제일 은행에서 발행한 십 원짜리 지폐

국사(國史)편찬위원회에서 출제한 자료 ● 화폐 정리 사업

탁지부령 제1호 「구(舊) 백동화 교환에 관한 건」

제1조 구 백동화 교환에 관한 사무는 금고(金庫)로 처리하도록 하며 탁지부 대신이 이를 감독한다.

제2조 교환을 위해 제출한 구 백동화는 모두 화폐감정역(貨幣鑑定役)이 감정하도록 하며, 화폐감정역은 탁지부 대신이 임명한다.

제3조 구 백동화의 품질, 무게, 인상(印象), 모양이 소재가치와 액면가가 일치하는 화폐[正貨]로 인정받을 만한 것은 한 개당 금 1전 9리의 비율로 새로운 화폐로 교환한다. 이 기준에 합당하지 않은 부정 백동화는 개당 금 1전의 가격으로 정부에서 사들인다. 만약 매수를 원하지 않는 경우 정부에서 절단하여 돌려준다. 단, 형태나 품질이 조악하여 화폐로 인정할 수 없는 것은 사들이는 대상으로 포함하지 않는다.

- 『관보』 제3178호, 1905년(광무 9년) 6월 29일 -

3 경제적 구국 운동과 평등 사회로의 이행

(1) 방곡령 선포

① 배경 : 조·일 무역 규칙의 무제한 양곡 유출 조항에 따라 쌀이 일본으로 계속 유출되자 국내에 곡물이 부족해지고 쌀값이 폭등하였다.

② 시행 : 조·일 통상 장정(개정, 1883) 체결에 따라 시행 1개월 전에 외교 담당 관청에 통보할 경우 방곡령을 선포할 수 있게 되었다.

③ 함경도 방곡령 사건(1889) : **함경도 관찰사 조병식이 방곡령을 선포**하였으나 일본은 1개월 전 통보하는 규정을 위반하였다는 구실로 방곡령을 철회시키고 배상금을 요구하였다.

(2) 민족 은행 설립

① 배경 : 일본 금융 기관이 조선에 진출하여 일본 상인과 기업을 지원하였다.

② 설립 : 조선 정부는 조선 은행(1896), 한성 은행(1897), 대한천일 은행(1899) 등 민족 은행을 설립하여 조선 상인을 지원하였다.

③ 결과 : 일제의 화폐 정리 사업과 탄압으로 민족 은행이 몰락하였다.

(3) 국채 보상 운동(1907)

배경	일제는 근대 시설물 설립에 필요한 자금이라는 구실로 **차관**을 강요하여 대한 제국의 재정을 악화시킴
전개	• **대한 제국의 국채 1,300만 원을 갚고자 서상돈, 김광제 등의 주도로 대구에서 시작되어 전국적으로 확산됨** • 금주·금연, 비녀·가락지 모으기 등 모금 운동을 전개함
특징	• **『대한매일신보』**, 『황성신문』, 『제국신문』 등 **언론 기관이 적극적으로 지원**함 • 그간 사회 운동에서 소외된 여성도 국채 보상 운동을 주도하며 민족적인 경제 구국 운동으로 확대됨
실패	양기탁이 공금을 횡령하였다고 모함하는 등 **일본 통감부의 방해로 실패**함

국사(國史)편찬위원회에서 출제한 자료 ● 국채 보상 운동

…… 지금이 바로 정신을 차리고 충성과 의리를 분발할 때가 아닌가? 지금 국채가 1,300만 원이며, 이는 우리 대한 제국의 존망에 관계된 일이다. 이를 갚으면 나라를 보존하게 되고 못 갚으면 나라를 잃고 삼천리강토는 장차 우리나라가 아니게 될 것이다. 땅을 한 번 잃으면 돌이킬 방법이 없을 뿐만 아니라 월남과 같은 나라의 민족 신세를 면하기 어렵다……. – 『대한매일신보』 –

능력(能力) 향상을 위한 OX

			정답
01	조·청 상민 수륙 무역 장정 체결 이후 외국 상인의 내지 통상이 증가하며 조선 상인들이 몰락하였다.	( )	○
02	시전 상인들은 상권 수호를 위하여 황국 중앙 총상회를 조직하였다.	( )	○
03	미국은 압록강, 두만강 등의 삼림 채벌권을 차지하였다.	( )	×
04	일본은 대륙 침략의 발판을 마련하기 위하여 각종 철도를 부설하였다.	( )	○
05	제1차 한·일 협약으로 파견된 재정 고문 메가타는 구(舊) 백동화를 일본의 제일은행권으로 교환하는 화폐 정리 사업을 추진하였다.	( )	○
06	화폐 정리 사업의 결과 은 본위 화폐 제도가 확립되었다.	( )	×
07	국채 보상 운동은 서울에서 시작되어 전국으로 확산되었다.	( )	×

(4) 평등 사회로의 이행

① **공노비 해방**(1801) : 순조 1년에 여러 관청에 소속된 공노비 6만 6천여 명을 양인으로 해방하였다.

② 갑신정변(1884) : 개화당 정부는 14개조 정강을 제시하여 문벌 폐지와 인민 평등권의 확립을 주장하였다.

③ 동학 농민 운동(1894) : 농민군은 집강소를 설치하고 폐정 개혁안을 제시하여 노비 문서 소각, 백정의 평량립 폐지, 과부의 재혼 허용 등을 주장하였다.

④ 제1차 갑오개혁(1894) : 갑신정변과 동학 농민 운동의 요구가 반영되어 신분제와 과거제가 철폐되고 과부의 재혼이 허용되었다.

⑤ 독립 협회(1896~1898) : 자유 민권 운동을 전개하여 민중의 민권 의식을 높였다.

(5) 여성 인권의 성장

① **「여권통문」 발표(1898)** : 한성의 양반 부인들이 모여 **여성 교육의 중요성을 강조하고 여학교 설립을 주장하며 최초의 여성 권리 선언문인 「여권통문」을 발표**하였다.

국사(國史)편찬위원회에서 출제한 **자료** ● 「여권통문」

어려서부터 각각 학교에 다니며 각종 학문을 다 배워 이목을 넓혀 장성한 후에 사나이와 부부 관계를 맺어 평생을 살더라도 그 사나이에게 조금도 압제받지 않고 후대를 받음은 다름이 아니라 그 학문과 지식이 사나이에 못지않은 고로 권리도 동일한 것이니 어찌 아름답지 않으리오. - 「여권통문」 발기인 이소사 · 김소사 -

② 1905년부터는 여성들이 각종 부인회를 설립하고 여학교 설립을 후원하거나 선교 활동을 지원하는 등 여성의 사회 진출이 확대되었다.

4 근대 문물의 수용과 문화의 발전

(1) 근대 문물의 수용

① 1880년대

㉠ 출판 : 조선 정부는 **박문국(1883)을 건립**하여 개화 정책과 신문물을 홍보하기 위한 관보로서 **『한성순보』**(1883), 『한성주보』(1886) 등을 발행하였다.

㉡ 의료 : 미국인 선교사 **알렌의 건의**를 받아들여 최초의 서양식 병원인 **광혜원(제중원)이 설립되었다**(1885).

㉢ 전기 : **경복궁 내에 있는 건청궁에 처음으로 전등이 설치되었다**(1887).

㉣ 통신

ⓐ **우정총국을 설치**하여 근대적 우편 제도를 도입하려 하였으나 갑신정변으로 중단되었다.

ⓑ 청과 일본에 의하여 전신이 도입되었으며 주로 청이 전신선을 가설하였다.

ⓒ 전보를 통신 수단으로 사용하기 시작하였다.

㉤ 영선사가 배워 온 기술을 바탕으로 **근대식 무기 제조 공장인 기기창을 설치하였다**(1883).

㉥ 화폐 주조를 전담하는 기구인 **전환국을 건립하였다**(1883).

② 1890년대

㉠ 교통

ⓐ **서울(노량진)과 인천(제물포)을 연결하는 철도인 경인선이 개통되었다**(1899).

ⓑ 한성 전기 회사의 주도로 서대문과 청량리 구간에 **전차가 가설되었다**(1899).

광혜원(제중원)
1885년에 설립된 광혜원은 얼마 후 제중원으로 개칭되었다.

경인선 개통식(1899)

국사(國史)편찬위원회에서 출제한 자료 ● 경인선 개통(1899)

경인 철도 회사에서 어제 개업 예식을 거행하는데 …… 화륜거 구르는 소리는 우레 같아 천지가 진동하고 기관차 굴뚝 연기는 반공에 솟아오르더라. 수레를 각기 방 한 칸씩 되게 만들어 여러 수레를 철구로 연결하여 수미상접하게 이었는데, 수레 속은 상 · 중 · 하 3등으로 수장하여 그 안에 배포한 것과 그 밖에 치장한 것은 이루 형언할 수 없더라.

명동 성당

덕수궁 석조전

ⓛ 전기 : 황실이 자본을 투자하여 한성 전기 회사를 설립하였다(1898).

ⓒ 통신

ⓐ 우체사가 설치되면서 갑신정변 때 중단된 우편 업무가 재개되었다.

ⓑ 경운궁에 처음으로 전화가 가설되어(1898) 공무 수행에 이용하였다.

ⓔ 건축 : 독립문(1897)과 고딕 양식의 명동 성당(1898)이 건립되었다.

③ 1900년대

㉠ 의료 : 광제원 · 대한 의원 등이 설립되어 근대식 의료 기술이 보급되었고, 개신교는 제중원을 인수하여 최초의 근대식 사립 병원인 세브란스 병원을 세웠다.

ⓛ 교통 : 일본이 **경부선(1905)**, 경의선(1906)을 개통하였다.

ⓒ 통신 : 세계 각국과의 우편 교류를 위하여 만국 우편 연합에 가입하였다(1900).

ⓔ 건축 : 민간 호텔인 손탁 호텔 및 덕수궁 석조전 등이 건립되었다.

ⓜ 최초의 서양식 극장인 **원각사가 설립되어 은세계, 치악산 등 신극을 공연**하였다(1908~1909).

● 육영 공원
좌원(左院)과 우원(右院)의 두 반으로 운영되었다. 좌원에서는 양반 출신의 젊고 유능한 관리들을 선발하여 가르치고, 우원에서는 재주가 있고 똑똑한 인재를 뽑아 공부시켰다.

● 헐버트
미국 출신으로 1886년 내한하여 육영 공원에서 영어를 가르쳤으며, 1889년에는 세계 지리서인 『사민필지』를 한글로 저술하였다. 1905년 을사늑약 체결 직후에는 한국의 자주독립을 주장하며 고종의 친서를 휴대하고 미국으로 돌아가 국무장관과 대통령을 면담하려 하였으나 실패하였다. 1906년 다시 내한하여 고종에게 헤이그 특사를 파견할 것을 건의하기도 하였다. 1950년 외국인 최초로 건국 훈장 독립장에 추서되었다.

(2) 근대 교육 기관의 설립

1880년대	원산 학사 (1883~1945)	• 덕원부의 관민이 힘을 합쳐 설립한 우리나라 최초의 근대식 사립 학교 • 문무일치 교육 : 외국어 교육 등 근대 학문과 무술을 가르침
	동문학 (1883~1886)	• 정부가 세운 외국어 교육 기관 • 영어, 일본어 등을 교육하여 통역관을 양성함
	육영 공원 (1886~1894)	• 현직 관료나 고관 등 상류층 자제를 대상으로 교육함 • 미국인 교사 헐버트와 길모어 등을 초빙함
	개신교 학교	• 배재 학당(1885) : 선교사 아펜젤러가 설립함 • 이화 학당(1886) : 선교사 스크랜턴이 우리나라 최초의 여성 교육 기관으로 설립함 • 경신 학교(1885) : 선교사 언더우드가 설립함
갑오개혁 이후		• 교육입국 조서 반포 이후 교원을 양성하기 위하여 한성 사범 학교가 설립되었고, 각종 관립 학교가 세워짐 • 캠벨이 한국 근대 여학교인 배화 학당을 설립함
대한 제국 시기		• 실업 학교 : 상공학교, 기예 학교 등이 설립됨 • 애국 계몽 운동 단체인 신민회가 대성 학교(안창호)와 오산 학교(이승훈) 등을 세움 • 사립 학교령(1908) : 일제가 사립 학교의 설립과 운영을 통제하고자 제정함

대성 학교

능력(能力) 향상을 위한 OX

			정답
01	조선 정부는 화폐를 발행하기 위하여 박문국을 설치하였다.	( )	×
02	1883년에 함경도 덕원부에서 최초의 사립 학교인 원산 학사가 건립되었다.	( )	○
03	선교사 스크랜턴은 우리나라 최초의 여성 학교인 이화 학당을 설립하였다.	( )	○
04	환구단에서 은세계, 치악산 등 신극이 공연되었다.	( )	×

(3) 언론 기관의 발달

① 배경 : 개항 이후 개화 정책을 추진하고 국민을 계몽하기 위하여 여러 신문이 발간되었다.

② **『한성순보』**(1883~1884)

㉠ **박문국**에서 열흘마다 순 한문으로 발행한 우리나라 최초의 신문이다.

㉡ 정부가 발행하는 관보의 성격을 지니며, 국내외 시사나 문물을 소개하여 민중 계몽과 정부의 개화 정책을 지원하였다.

『한성순보』

국사(國史)편찬위원회에서 출제한 자료 ● 『한성순보』 창간사(1883)

…… 그러므로 우리 조정에서도 박문국을 설치하고 관리를 두어 외국 소식을 폭넓게 번역하고 아울러 국내 일까지 실어, 나라 안에 알리는 동시에 여러 나라에 파분(波分)하기로 하였다. …… 독자들의 견문을 넓히고 여러 가지 의문점을 풀어 주며 상리(商利)에도 도움을 주고자 한다. 중국과 서양의 관보, 신보를 우편으로 교신하는 것도 이런 뜻이다.

③ **『한성주보』(1886~1888)**

㉠ 박문국에서 국한문 혼용체로 발행한 신문이다.

㉡ **최초로 상업적 광고를 실었다.**

④ **『독립신문』**(1896~1899)

㉠ 서재필이 정부의 지원을 받아 창간한 **우리나라 최초의 민간 신문**이다.

㉡ 대중 계몽을 위하여 우리나라 최초로 순 한글로 발간하였다.

㉢ 한국의 사정을 외국에 알리기 위하여 영문으로도 발행하였다.

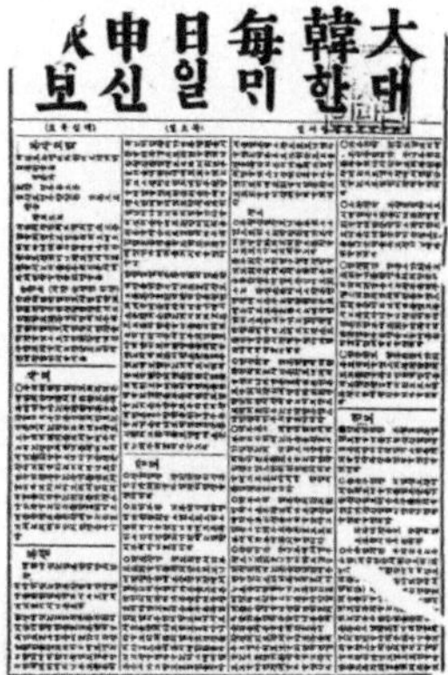

『대한매일신보』

⑤ **『황성신문』**(1898~1910)

㉠ 남궁억이 창간한 국한문 혼용체 신문으로 주로 유생층을 대상으로 삼았다.

㉡ **장지연의 「시일야방성대곡」을 최초로 게재**하였다.

⑥ **『제국신문』**(1898~1910) : 이종일이 **순 한글**로 발행한 신문으로 서민층과 부녀자를 대상으로 삼았다.

⑦ **『대한매일신보』(1904~1910)**

㉠ **영국인 베델과 양기탁 등이 발행한 신문**으로 국한문 혼용체·순 한글·영문으로 발행하였다.

㉡ 박은식, 신채호 등이 항일 논설을 싣는 등 활발하게 **항일 운동**을 전개하였으나, 발행인 베델이 외국인이어서 일본의 사전 검열을 피할 수 있었다.

㉢ 항일 의병 운동에 대한 호의적인 기사와 장지연의 「시일야방성대곡」을 게재하였다.

㉣ **국채 보상 운동을 적극적으로 지원하여 전국으로 확산시키는 데 기여**하였다.

베델

● **국채 보상 운동을 적극적으로 지원**
『대한매일신보』뿐만 아니라 『황성신문』, 『제국신문』 등도 국채 보상 운동을 지원하였다.

⑧ **『만세보』**(1906~1907) : 오세창 등이 창간한 **천도교 기관지**로, 민중 계몽을 위하여 노력하였으며 국한문 혼용체로 발행하였다.

⑨ 『경향신문』(1906~1910) : 드망즈 등이 순 한글로 발행한 천주교 기관지이다.

⑩ 신문지법 제정(1907) : 일제가 언론을 탄압하고 통제하기 위하여 제정하였다.

⑪ **『해조신문』(1908) : 러시아 연해주에서 한인이 발행한 최초의 한글 신문**이다.

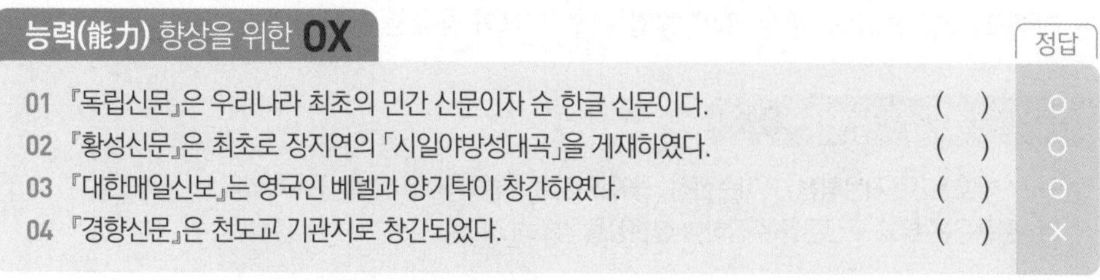

능력(能力) 향상을 위한 OX

		정답
01 『독립신문』은 우리나라 최초의 민간 신문이자 순 한글 신문이다.	( )	○
02 『황성신문』은 최초로 장지연의 「시일야방성대곡」을 게재하였다.	( )	○
03 『대한매일신보』는 영국인 베델과 양기탁이 창간하였다.	( )	○
04 『경향신문』은 천도교 기관지로 창간되었다.	( )	×

(4) 국학 연구

구분		내용
국어		• 갑오개혁 이후 칙령 제86호에 따라 공문서에 한글을 기본으로 하거나 국한문을 혼용할 것을 규정함 • 유길준은 국한문 혼용체로 『서유견문』을 저술하여 국한문 혼용체 보급에 기여함 • 국문 연구소(1907) : 주시경과 지석영의 주도로 학부에 설립된 기관으로서 한글 정리와 한글의 이해 체제 확립에 기여함 • 주시경의 『국어문법』, 유길준의 『대한문전』 등 문법책이 출간됨 • 조선 광문회(1910) : 최남선, 박은식 등이 설립한 민족 고전 간행 기관 • 중국에서 활동하던 존 로스가 자신의 책에 최초로 띄어쓰기를 도입하였고, 국내에서는 헐버트의 건의에 따라 본격적으로 띄어쓰기가 도입됨
국사	신채호	• 『독사신론』에서 역사 서술의 주체를 민족으로 설정하여 민족주의 사학의 연구 방향을 제시함 • 애국심 고취를 위하여 『을지문덕전』, 『이순신전』을 저술함
	박은식	민족의식을 높이기 위하여 『동명성왕실기』, 『천개소문전』을 편찬함
	외국 서적 번역	『월남망국사』, 『미국독립사』, 『이태리 건국 삼걸전』 등 외국의 흥망사와 관련된 서적이 번역됨

주시경(1876~1914)
호는 한힌샘, 백천(白泉)이다. 대한 제국 학부 소속 국문 연구소에서 주임위원으로 활동하며 한국어 연구를 개척하였다.

(5) 문예의 새 경향

① **신체시 등장** : 최남선의 「해에게서 소년에게」가 쓰였다.

② **신소설 편찬** : 이인직의 『혈의 누』, 이해조의 『자유종』, 안국선의 『금수회의록』 등이 편찬되었다.

③ **외국 작품 번역** : 『걸리버 여행기』, 『이솝 우화』, 『천로역정』 등이 번역되었다.

④ **창가·창극 유행** : 서양식 악곡에 우리말 가사를 붙여 부르는 「경부 철도가」, 「애국가」, 「독립가」, 「권학가」 등의 창가와 여러 소리꾼이 역할을 나누어 노래하고 연기하는 창극이 유행하였다.

⑤ **서양식 화법 도입** : 유화를 그리기 시작하였다.

「금수회의록」
일제가 1909년에 제정한 출판법에 따라 금서로 지정되었다.

이인직의 『혈의 누』(좌)
이해조의 『자유종』(우)

안국선의 『금수회의록』(좌)
천로역정(우)

(6) 종교계의 변화

① **유교** : **박은식은 유교 구신론을 주장**하며 실천성이 강한 양명학에 주목하였다.

② **불교**
   ㉠ 한용운은 조선 불교 유신론을 내세워 불교의 자주성을 회복하고자 하였다.
   ㉡ 한용운을 중심으로 일제가 제정한 **조선 사찰령 폐지 운동**을 전개하였다.

③ **천도교** : 이용구 등 일부 동학교도가 일진회를 조직하여 친일 매국적 행태를 보이자, 제3대 교주 손병희는 동학을 천도교로 개칭하고 교단을 정비하였다.

④ **대종교**
   ㉠ **나철·오기호**가 단군 신앙을 부활시켜 창시하였다(1909).
   ㉡ 대종교도인 서일 등이 중국 만주에서 항일 무장 단체인 **중광단을 설립**하였다(1911).

⑤ **개신교** : 서양 의술 보급과 근대 교육 발전에 공헌하였다.

⑥ **천주교** : **조·프 수호 통상 조약 체결 이후 선교의 자유를 획득**하였다.

중광단
1919년에 북로 군정서로 개편되었다.

능력(能力) 향상을 위한 OX

	문제		정답
01	신채호는 『을지문덕전』, 『이순신전』 등 위인전을 저술하여 애국심을 고취하였다.	( )	○
02	한용운은 유교 구신론을 주장하여 실천성을 강조하였다.	( )	×

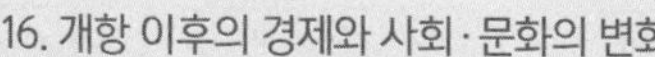

검정(檢定)된 기출문제

정답 및 해설 P.390

01

다음 상황이 나타난 배경에 대한 탐구 활동으로 가장 적절한 것은?

요즘은 공주, 전주 등에도 장이 열리면 청 상인들이 물건을 팔러 온다고 하네.

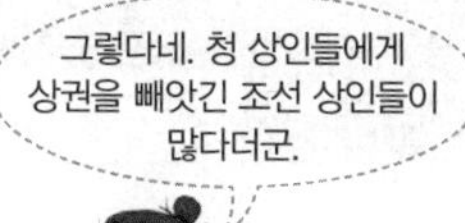

그렇다네. 청 상인들에게
상권을 빼앗긴 조선 상인들이
많다더군.

① 동양 척식 주식회사가 설립된 과정을 정리한다.
② 회사 설립을 신고제로 변경한 목적을 살펴본다.
③ 고종이 러시아 공사관으로 피신한 이유를 찾아본다.
④ 임오군란의 결과로 체결된 협정의 내용을 조사한다.
⑤ 구(舊) 백동화가 제일 은행권으로 교환된 시기를 검색한다.

02

밑줄 그은 '이 운동'에 대한 설명으로 옳은 것은?

이것은 일제로부터 도입한 차관을 갚기 위하여 일어난 이 운동을 기념하여 대구에 세운 조형물입니다. 개화 지식인, 상인, 여성이 엽전을 떠받치고 있는 모습으로 형상화되었습니다.

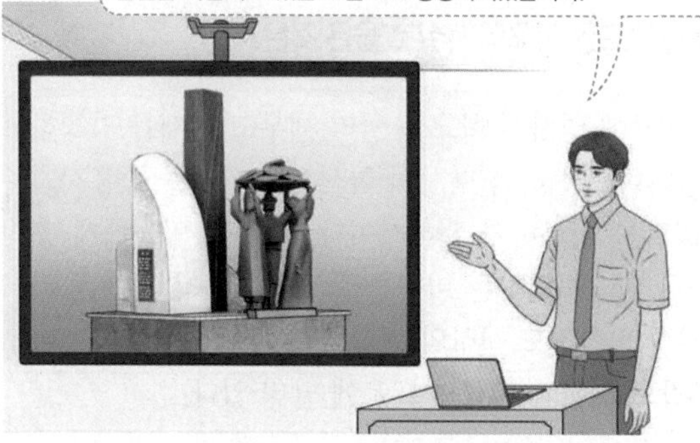

① 황국 중앙 총상회의 주도로 전개되었다.
② 러시아의 절영도 조차 요구에 반대하였다.
③ 조선 총독부의 방해와 탄압으로 실패하였다.
④『대한매일신보』등 당시 언론이 적극적으로 참여하였다.
⑤ 일본, 프랑스 등의 노동 단체로부터 격려 전문을 받았다.

03

(가)~(라)에 들어갈 내용으로 옳은 것을 〈보기〉에서 고른 것은?

〈수행 평가 보고서〉

경제적 구국 운동

이름 : ○○○

1. 배경 : 아관 파천 이후 심화된 외세의 경제 침탈에 맞서 경제적 구국 운동이 전개되었다.
2. 주요 사례

단체	활동 내용
독립 협회	(가)
황국 중앙 총상회	(나)
보안회	(다)
국채 보상 기성회	(라)

보기

ㄱ. (가) – 대동 상회, 장통 상회를 설립하였다.
ㄴ. (나) – 러시아의 절영도 조차 요구를 저지하였다.
ㄷ. (다) – 일제의 황무지 개간권 요구를 철회시켰다.
ㄹ. (라) – 금주·금연을 통한 차관 갚기 운동을 전개하였다.

① ㄱ, ㄴ ② ㄱ, ㄷ ③ ㄴ, ㄷ ④ ㄴ, ㄹ ⑤ ㄷ, ㄹ

04

밑줄 그은 ㉠ 사건 이후의 사실로 옳은 것은?

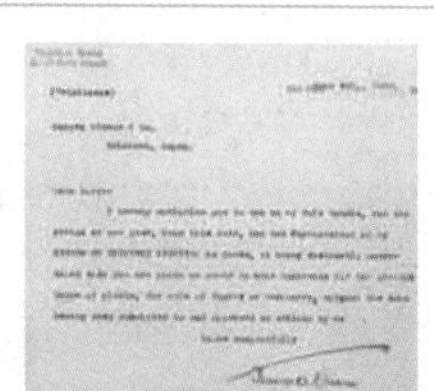

이 문서는 에디슨이 설립한 전기 회사가 프레이저를 자사의 조선 총대리인으로 위촉한다는 내용을 담고 있다. 이 회사는 총대리인을 통하여 경복궁 내의 전등 가설 공사를 수주하였다. 이에 따라 경복궁 내에 발전 설비를 마련하고, ㉠ 건청궁에 조선 최초의 전등을 가설하였다.

① 알렌의 건의로 광혜원이 세워졌다.
② 박문국에서『한성순보』가 발행되었다.
③ 무기 제조 공장인 기기창이 설립되었다.
④ 정부가 외국어 교육 기관인 동문학을 세웠다.
⑤ 노량진에서 제물포를 잇는 경인선이 개통되었다.

05

다음 대화에 해당하는 교육 기관에 대한 설명으로 옳은 것은?

① 7재라는 전문 강좌가 개설되었다.
② 조선 총독부의 탄압으로 폐교되었다.
③ 교육 입국 조서에 근거하여 세워졌다.
④ 주요 건물로 대성전과 명륜당을 두었다.
⑤ 헐버트, 길모어 등이 교사로 초빙되었다.

06

(가)~(마)에 대한 설명으로 옳은 것은?

[한국사 과제 안내문]

▣ 개항 이후 발행된 다음 신문 중 하나를 선택하여 보고서를 제출하시오.

- 『한성순보』 ………… (가)
- 『독립신문』 ………… (나)
- 『황성신문』 ………… (다)
- 『제국신문』 ………… (라)
- 『대한매일신보』 ………… (마)

▣ 조사 방법 : 문헌 조사, 인터넷 검색 등
▣ 제출 기간 : 2017년 ○○월 ○○일~○○월 ○○일
▣ 분량 : A4 용지 2장 이상

① (가) – 정부에서 발행하는 순 한문 신문이었다.
② (나) – 국채 보상 운동을 적극적으로 후원하였다.
③ (다) – 외국인이 읽을 수 있도록 영문으로도 발행되었다.
④ (라) – 국권 피탈 후 총독부의 기관지로 전락하였다.
⑤ (마) – 최초로 상업 광고가 게재되었다.

07

다음 검색창에 들어갈 신문에 대한 설명으로 옳은 것은?

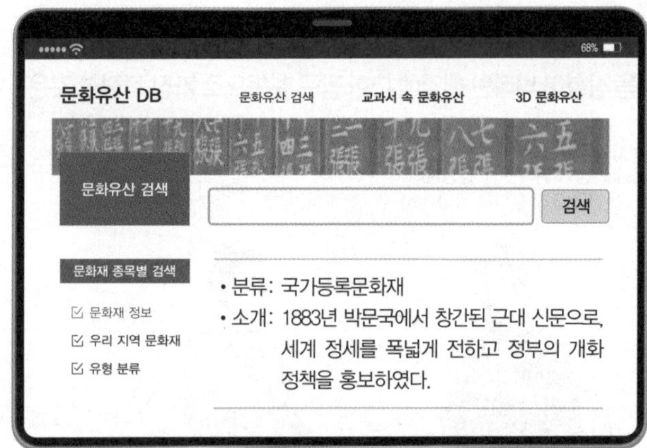

① 여권통문을 처음 보도하였다.
② 국채 보상 운동의 확산에 기여하였다.
③ 의병 투쟁에 호의적인 기사를 게재하였다.
④ 외국인이 읽을 수 있도록 영문으로도 발행되었다.
⑤ 순 한문 신문으로 열흘마다 발행하는 것이 원칙이었다.

08

다음 조서가 반포된 이후의 사실로 옳은 것은?

> 짐이 정부에 명하여 학교를 널리 세우고 인재를 양성하는 것은 너희들 신하와 백성의 학식으로 나라를 중흥시키는 큰 공로를 이룩하기 위해서이다. 너희는 임금에게 충성하고 나라를 사랑하는 마음으로 덕성, 체력, 지혜를 기르라. 왕실의 안전도 신하와 백성의 교육에 달려 있고, 나라의 부강도 신하와 백성의 교육에 달려 있다.

① 박문국이 설치되었다.
② 육영 공원이 세워졌다.
③ 조사 시찰단이 파견되었다.
④ 통리기무아문이 설치되었다.
⑤ 한성 사범 학교가 건립되었다.

09

(가)에 들어갈 내용으로 옳은 것은?

조사 보고서

◎ **주제** : 개항 이후 들어온 근대 문물

1. **한국 최초의 서양식 극장 ○○○**
   - **위치** : 서울특별시 종로구
   - **운영 시기** : 1908~1909년
   - **특징**
     - 개장 초기 판소리를 공연하기도 함.
     - (가)
     - 극장 건물은 1914년 화재로 소실됨.
   - **사진 자료**

① 알렌의 건의로 만들어졌다.
② 나운규의 아리랑이 개봉되었다.
③ 신간회 창립 대회가 개최되었다.
④ 고종의 황제 즉위식이 거행되었다.
⑤ 은세계, 치악산 등의 신극이 공연되었다.

10

다음 인물에 대한 설명으로 옳은 것은?

이달의 인물

한글을 사랑한 ○○○

- 호 : 한힌샘, 백천(白泉)
- 생몰 : 1876년~1914년
- 주요 활동
  - 『독립신문』 교보원 활동
  - 국문동식회 조직
  - 국어문법, 말의 소리 저술
- 서훈 : 1980년 건국 훈장 대통령장

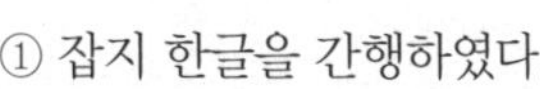

① 잡지 한글을 간행하였다.
② 한글 맞춤법 통일안을 제정하였다.
③ 가갸날을 제정하고 기념식을 거행하였다.
④ 국문 연구소에서 한글 연구를 체계화하였다.
⑤ 조선어 학회 사건으로 구속되어 옥고를 치렀다.

11

(가) 종교의 활동으로 옳은 것은?

이달의 독립운동가

항일 무장 독립운동가

오석吾石 김혁

1875~1939

대한 제국 육군 무관 학교 출신의 김혁은 나철이 창시한 (가) 에 귀의하였다. 자유시 참변 이후 그는 북만주 일대의 독립운동 단체를 통합하여 신민부를 조직하고 최고 책임자로 활동하였다. 성동 사관학교를 설립하여 교장으로 활동하며, 부교장 김좌진과 함께 500여 명의 독립군을 양성하였다. 정부는 선생의 업적을 기려 1962년 건국 훈장 독립장을 추서하였다.

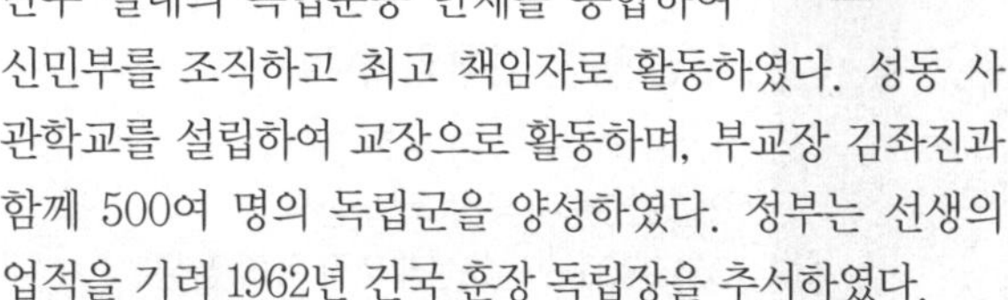

① 개벽, 신여성 등의 잡지를 발행하였다.
② 『만세보』를 발행하여 민중 계몽에 힘썼다.
③ 여성 교육을 위하여 이화 학당을 설립하였다.
④ 중광단을 조직하여 무장 투쟁을 전개하였다.
⑤ 박중빈을 중심으로 새 생활 운동을 추진하였다.

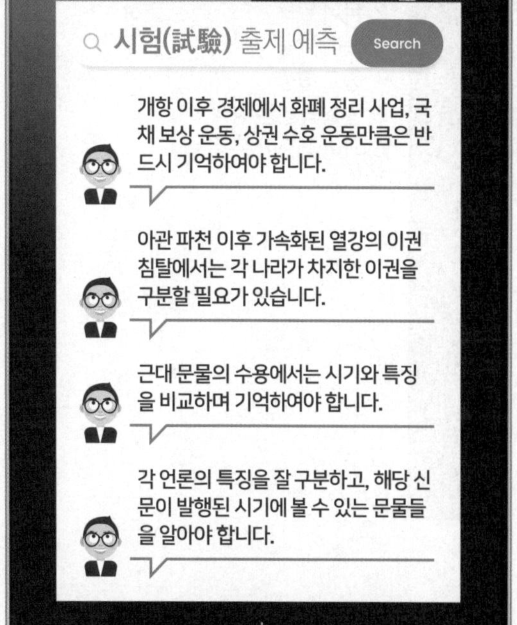

시험(試驗) 출제 예측
Search
개항 이후 경제에서 화폐 정리 사업, 국채 보상 운동, 상권 수호 운동만큼은 반드시 기억하여야 합니다.
아관 파천 이후 가속화된 열강의 이권 침탈에서는 각 나라가 차지한 이권을 구분할 필요가 있습니다.
근대 문물의 수용에서는 시기와 특징을 비교하며 기억하여야 합니다.
각 언론의 특징을 잘 구분하고, 해당 신문이 발행된 시기에 볼 수 있는 문물들을 알아야 합니다.

V

V

일제의 강점과 민족 운동의 전개

17 | 일제의 식민 정책과 민족의 수난

설쌤의 한(韓)판 정리

● 1910년대 일제의 식민 통치

	정책	경제 수탈	교육 정책
1910년대 무단 통치 (1기)	• 조선 총독부 설치 : 총독을 육해군 대장 중에서 선발하여 입법·사법·행정·군사권 부여 • 중추원 설치 : 조선 총독부 자문 기구 • 헌병 경찰 제도 - 경무총감부 신설 - 경찰범 처벌 규칙 + 즉결 처분권 → 한국인 처벌 • 헌병 경찰 외에 일반 관리, 교원도 제복 및 칼 착용 • 조선 태형령(1912) • 조선 민사령(1912) • 언론·출판·집회·결사의 자유 박탈 → 신문 폐간 등	• 토지 조사 사업(1910~1918) - 명분 : 공정한 지세 부과, 근대적 토지 소유권 확립 - 실상 : 토지 약탈 - 기한부 신고제 : 기간이 짧고 절차가 까다로움 - 결과 ㉠ 토지 약탈 및 조선 총독부 재정 수입 증가 ㉡ 도지권 부정 → 소작농 증가 ㉢ 만주·연해주 이민자 증가 • 회사령(1910) : 회사 설립 시 총독의 허가 • 삼림령·어업령·조선 광업령·임야 조사령 • 전매제 : 대상 품목(인삼·담배·소금 등)	제1차 조선 교육령 (1911) • 초등 - 일본 : 소학교(6년제) - 한국 : 보통학교 (4년제) • 조선어 : 국어 X • 실업 교육에 집중(우민화 정책) • 서당 규칙 제정(1918)

● 1920년대 일제의 식민 통치

	민족 분열 통치(기만 통치)		경제 수탈	교육 정책
1920년대 문화 통치 (2기)	문관 총독 임명 가능	실제로 임명되지 않음	• 산미 증식 계획 - 목적 : 일본 내 부족한 쌀을 한국에서 확보하기 위함 - 과정 : 밭 → 논, 토지 개간, 수리 시설 확충, 품종 개량, 비료 공급 확대 등 - 결과 ㉠ 증산된 양보다 더 많은 쌀이 일본으로 유출되어 국내 식량 사정 악화 ㉡ 쌀 증산 비용을 농민에게 전가 → 농민 몰락 ㉢ 세계적 대공황으로 일제의 정책이 바뀌며 중단 • 회사령 폐지 : 신고제 • 관세 철폐(1923) • 신은행령 : 한국 소유 은행을 병합	제2차 조선 교육령 (1922) • 초등 - 일본 : 소학교(6년제) - 한국 : 보통학교 (6년제) • 조선어·조선사 필수 시행, 시수 ↓
	보통 경찰 제도 시행	• 경찰 인원 및 비용 3배 증가 • 치안 유지법 제정(1925)		
	언론·출판·집회·결사의 자유를 제한적으로 허용	『조선일보』, 『동아일보』 발행(1920) → 검열을 통하여 기사 삭제, 정간, 폐간		
	민족 교육 기회 확대	• 보통학교와 고등 보통학교 증설 → but 한국인 취학률이 일본인의 1/6에 그침 • 경성 제국 대학 설립 → 한국인의 대학 설립 억압		
	지방 자치제 시행	• 도 평의회, 부·면 협의회 설치 → 의결권 없음 • 일본인이나 친일 인사만 의원이 될 수 있었음		

● 1930~1940년대 일제의 식민 통치

	정책	경제 수탈	교육 정책
1930~ 1940년대 민족 말살 통치 (3기)	• 황국 신민화 정책 - 내선일체, 일선동조론 - 궁성 요배 - 신사 참배 강요 - 황국 신민 서사 암송 강요 - 소학교 → 황국 신민 학교(국민학교) - 창씨개명 • 조선 사상범 보호 관찰령(1936) • 조선 사상범 예방 구금령(1941) • 우리말 사용 금지 -『조선일보』,『동아일보』 폐간 - 조선어 학회 사건(1942) • 국민정신 총동원 운동 : 반상회·애국반 조직 • 농촌 진흥 운동(1932~1940) : 조선 농지령(1934)	• 병참 기지화 정책 - 남면북양 정책 - 중화학 공업 육성 • 인적·물적 수탈 - 조선 육군 특별 지원병 제도(1938) - 국가 총동원법(1938) ㉠ 지원병 제도(1938) ㉡ 국민 징용령(1939) ㉢ 학도 지원병제(1943) ㉣ 징병제(1944) ㉤ 여자 정신 근로령(1944) ㉥ 식량 배급제 ㉦ 미곡 공출제 : 식량, 놋그릇, 목재 등 ㉧ 금속류 회수령 : 놋그릇 등	**제3차 조선 교육령(1938)** • 초등 : 심상소학교, 황국 신민 학교(국민학교, 1941) • 조선어·조선사 선택 과목화 **제4차 조선 교육령(1943)** 조선어·조선사 폐지

1 1910년대 일제의 식민 통치

(1) 무단 통치(1기)

① **조선 총독부 설치** : 총독을 육해군 대장 중에서 선발하여 입법·사법·행정·군사권 등 모든 권한을 부여하였다.
② 중추원 설치 : 조선 총독의 자문 기구로 설치하였으나 주로 친일 인사들로 구성되었다.
③ **헌병 경찰제** 시행
  ㉠ 헌병대 사령관이 치안을 총괄하는 경무총감부가 신설되었다.
  ㉡ 헌병이 경찰 업무를 지휘하고 일반 경찰의 업무까지 관여하였다.
  ㉢ 경찰범 처벌 규칙과 **즉결 처분권(범죄 즉결례)**을 이용하여 한국인을 감시 및 억압하였다.
④ 일반 관리와 교원도 제복 및 칼을 착용하도록 하여 위압적인 분위기를 조성하였다.
⑤ **조선 태형령 제정(1912)** : 한국인에게만 태형을 적용하였다.

국사(國史)편찬위원회에서 출제한 자료 ●조선 태형령(1912)

제1조 3개월 이하의 징역 또는 구류에 처하여야 하는 자는 정상에 의하여 태형에 처할 수 있다.
제7조 태형은 태 30 이하일 경우 이를 한 번에 집행하되, 30을 넘을 때마다 횟수를 증가한다. 태형의 집행은 하루 한 번을 넘길 수 없다.
제13조 본령은 조선인에 한하여 적용한다. -『조선 총독부 관보』-

⑥ 조선 민사령 제정(1912) : 조선인을 대상으로 하는 민사령을 제정하였다.
⑦ 언론·출판·집회·결사의 자유를 억압하여 각종 신문을 폐간하였다.

(2) 경제 수탈

① **토지 조사 사업(1910~1918)**

명분	지세의 공정한 부과와 근대적 토지 소유권 제도의 확립을 위함
실상	식민 통치에 필요한 재정 확보와 토지 약탈을 위하여 시행함
특징	일정한 기간 내에 토지 소유자가 소유지를 직접 신고하도록 하는 **기한부 신고제를 적용**하였으나, 정해진 기간이 짧고 절차가 까다로웠음
결과	• 조선 총독부는 기한 내 신고하지 못한 자의 토지와 국공유지를 차지하여 동양 척식 주식회사 등에 헐값으로 넘김 • 동양 척식 주식회사는 해당 토지를 본토의 일본인에게 매각하였고, 일본 농민·지주가 한반도로 활발하게 진출함 • 농민의 도지권이 부정되어 관습적으로 인정받던 소작권을 잃게 됨 • 많은 농민이 화전민이 되거나 만주, 연해주 등지로 이주함

●동양 척식 주식회사

1908년에 설립되었으며 일제가 시행한 토지 조사 사업에 관여하였다.

●도지권
소작인이 소작지를 영구적으로 경작할 수 있는 권리이다.

국사(國史)편찬위원회에서 출제한 자료 ●토지 조사령(1912)

제1조 토지의 조사 및 측량은 본 령(令)에 의한다.
제4조 토지의 소유자는 조선 총독이 정하는 기간 내에 주소, 씨명, 명칭 및 소유지의 소재, 지목, 자번호, 사표, 등급, 지적, 결수를 임시 토지 조사 국장에게 신고하여야 한다. 다만, 국유지는 보관 관청에서 임시 토지 조사 국장에게 통지하여야 한다.
제5조 토지의 소유자 또는 임차인, 기타 관리인은 조선 총독이 정하는 기간 내에 그 토지의 사방 경계에 표지판을 세우되, 민유지에는 지목 및 자번호와 소유자의 성명 또는 명칭을, 국유지에는 지목 및 자번호와 보관 관청명을 기재하여야 한다. -『조선 총독부 관보』-

② **회사령 제정(1910)** : 민족 자본의 성장을 억제하기 위하여 **회사를 설립할 때 반드시 조선 총독의 허가를 받도록 하였다.**

국사(國史)편찬위원회에서 출제한 자료 ● 회사령(1910)

제1조 회사의 설립은 조선 총독의 허가를 받아야 한다.
제5조 회사가 본령이나 본령에 의거하여 발하는 명령과 허가 조건에 위반하거나 또는 공공질서와 선량한 풍속에 반하는 행위를 할 때, 조선 총독은 회사의 해산을 명할 수 있다.

-『조선 총독부 관보』-

③ 삼림령 · 어업령 · 조선 광업령 · 임야 조사령 등을 제정하여 수탈하였다.
④ 전매제 시행 : 인삼 · 담배 · 소금 등을 전매하여 많은 이익을 챙겼다.

(3) 제1차 조선 교육령(1911)

① 초등 교육 : 일본인이 다니는 소학교의 수업 연한을 6년으로, 한국인이 다니는 보통학교의 수업 연한을 4년으로 정하였다.
② 한국어가 아닌 일본어를 국어로 교육하였다.
③ 전문학교를 설치하였으나 단순한 실업 교육에 집중하는 등 우민화 정책을 시행하였다.
④ **서당 규칙 제정(1918)** : **한국에서 식민지 교육 정책을 추진**하고자 하였다.

2 1920년대 일제의 식민 통치

(1) 문화 통치(2기, 민족 분열 통치)

내용	실제
무관이 임명되던 총독에 문 · 무관 모두 임명되도록 함	문관 출신 총독은 한 차례도 임명되지 않음
헌병 경찰제에서 보통 경찰제로 전환함	• 경찰 인원수와 비용을 3배로 늘림 • 치안 유지법을 제정(1925)하여 사회주의자나 민족주의자뿐만 아니라 항일 독립운동을 탄압함
언론 · 출판 · 집회 · 결사의 자유를 일부 허용함	•『조선일보』와『동아일보』가 발행됨(1920) • 끊임없이 검열하여 기사를 삭제하거나 신문을 정간 또는 폐간시킴
민족의 교육 기회를 확대함	• 보통학교와 고등 보통학교를 증설하였으나 한국인의 취학률이 일본인의 6분의 1에 그침 • 경성 제국 대학을 설립해 주고 한국인의 대학 설립을 억압함
지방 자치제를 시행함	• 한국인에게도 참정권을 준다는 명분으로 도 평의회와 부 · 면 협의회 등을 설치함 • 의결권이 없으며 일본인이나 친일 인사만 의원이 될 수 있음

국사(國史)편찬위원회에서 출제한 자료 ● 문화 통치의 실상

생각건대, 장래의 운동은 작년 봄 행해진 만세 소요 같은 어린애 장난 같은 것은 아닐 것이고, 근저(根底) 있고 실력 있는 조직적 운동일 것이라는 점을 오늘날 미리 깨닫지 않으면 안 된다. …… 우리들은 어떠한 방책으로 이 경향을 이용하여, 오히려 일선 병합(日鮮併合)의 대정신, 대이상인 일선 동화(日鮮同化)로 돌아오게 할 수 있을까? 위력을 동반한 문화 운동 이것뿐이다. - 조선 총독부,『사이토 마코토 문서』-

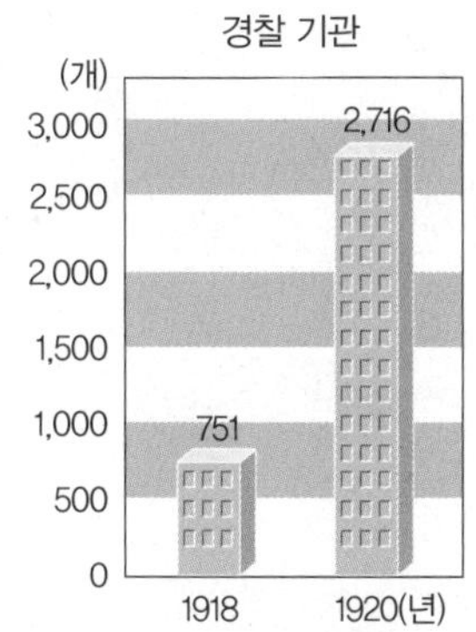

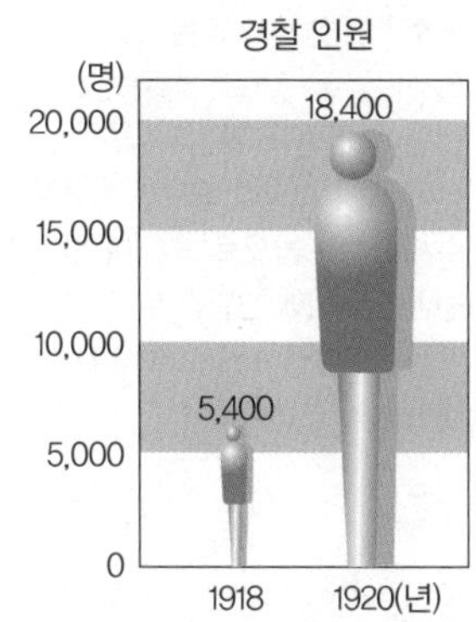

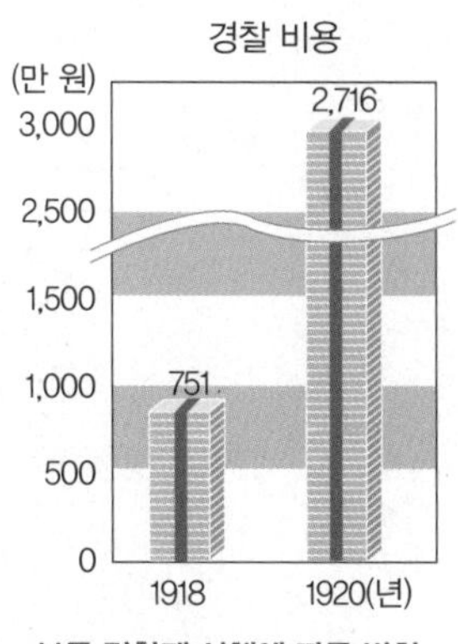

보통 경찰제 시행에 따른 변화

국사(國史)편찬위원회에서 출제한 자료 ● 치안 유지법(1925)

제1조 국체를 변혁하거나 사유 재산 제도를 부인하는 것을 목적으로 결사를 조직하거나 또는 사정을 알고도 이에 가입한 자는 10년 이하의 징역 또는 금고에 처한다. 전항의 미수죄도 처벌한다.

제2조 전조 제1항의 목적으로 그 목적이 되는 사항의 실행에 관하여 협의를 한 자는 7년 이하의 징역 또는 금고에 처한다. -『조선 총독부 관보』-

(2) 경제 수탈

① **산미 증식 계획**(1920~1934)

배경	• 제1차 세계 대전 이후 일본 내 쌀 수요가 증가함 • 일본은 산업화·공업화가 이루어지며 이촌향도 현상이 증가하여, 쌀 생산량은 부족하고 쌀값은 폭등함
목적	일본 내 부족한 쌀을 한국에서 가져가고자 함
특징	• 밭을 논으로 바꾸고 **토지 개간**과 간척 사업으로 농지를 확보함 • 논농사에 필요한 저수지 등 수리 시설을 확충함 • 품종을 개량하고 비료 공급을 확대함
결과	• 일본은 증산된 양보다 더 많은 쌀을 일본으로 가져감 10가마 + 5가마 / 수탈 계획 / 1년 생산량 / 목표 증산량 → 10가마 + 1가마 / 계획대로 5가마 수탈 / 실제 증산량 → 6가마 / 조선인 먹을 양 • 한국의 식량 사정이 악화되어 조·피·수수 등 **만주산 잡곡을 수입함** • 농민에게 비료 대금, 수리 조합비 등 쌀 증산 비용이 전가되어 몰락하는 농민이 증가하고 농민의 삶이 어려워짐 → 수리 조합 반대 운동 발생 • 세계적인 대공황으로 계획 추진이 부진하였고, 일제의 식민 정책 변화로 중단됨

② **회사령 폐지** : 총독의 허가를 받아야 하는 회사령을 폐지하고, 조선 총독부에 신고만 하면 회사를 설립할 수 있도록 하는 신고제를 도입하였다.

③ **관세 철폐**(1923) : 일제는 관세를 폐지하여 일본 상품을 다른 나라 상품보다 더 싼값에 한국에 팔 수 있도록 하였다.

④ **신은행령 제정** : 한국인이 소유하고 있는 은행을 병합하여 금융권을 장악하고자 하였다.

쌀 생산량과 수출량

(단위 : 만 석)

연도	생산량	수출량	국내 1인당 소비량
1912~1916 평균	1,230	106	1,124 (0.72석)
1917~1921 평균	1,410	220	1,190 (0.69석)
1922~1926 평균	1,450	434	1,016 (0.59석)
1927~1931 평균	1,580	661	919 (0.50석)
1932~1936 평균	1,700	876	824 (0.40석)

산미 증식 계획

● 수리 조합 반대 운동
일제는 수리 조합을 설치하고 조합에 농민들을 가입시킴으로써 산미 증식 계획에 필요한 자금을 수세(水稅) 등으로 충당하였다. 농민들은 이에 반발하여 1921년부터 1934년까지 수리 조합 반대 운동을 전개하였다.

(3) 제2차 조선 교육령(1922)

① **초등 교육** : 소학교와 보통학교의 수업 연한을 모두 6년으로 정하였다.

② 한국어와 한국사를 필수 시행 과목으로 지정하였으나 수업 시수는 적었다.

③ 사범 학교와 대학의 설립을 허용하였으나 실제로는 설립하지 않았다.

능력(能力) 향상을 위한 OX

			정답
01	일제는 무단 통치 시기에 치안 유지법을 제정하여 독립운동을 탄압하였다.	( )	×
02	일제는 제1차 조선 교육령을 제정하여 한국인에게 실업 위주의 교육을 시행하였다.	( )	○
03	일제는 민족 분열 통치 시기에 한국인에게도 참정권을 준다는 명목으로 도 평의회, 부·면 협의회 등을 설치하였다.	( )	○
04	산미 증식 계획의 결과 조·피·수수 등 만주산 잡곡의 수입량이 늘었다.	( )	○

3 1930~1940년대 일제의 식민 통치

(1) 민족 말살 통치(3기)

① 황국 신민화 정책 : 한국인을 일본 '천황'에 충성하는 백성으로 동화시키고자 하였다.

② **내선일체**와 일선동조론 : 한국과 일본은 하나이며 조상이 같다고 주장하였다.

③ 궁성 요배 : 일왕의 거처가 있는 도쿄를 향하여 절을 하도록 강요하였다.

④ **신사 참배** : 전국 모든 읍과 면에 신사를 설립하여 참배하도록 하였다.

⑤ **황국 신민 서사 암송** : 일반인뿐만 아니라 학생에게도 황국 신민 서사를 암송하도록 강요하였다.

⑥ **심상소학교를 '황국 신민 학교'(국민학교)로 개칭**하였다.

⑦ **창씨개명** : 조선 민사령을 개정하여 이에 불응할 경우 불이익을 줌으로써 성과 이름을 일본식으로 바꾸도록 강요하였다.

⑧ **조선 사상범 보호 관찰령(1936)** : 중·일 전쟁 직전에 사상 통제를 목적으로 일제에 반대하는 모든 사상을 탄압하고자 제정하였다.

⑨ **조선 사상범 예방 구금령(1941)** : 재판 없이 독립운동가를 구금하기 위하여 제정하였다.

국사(國史)편찬위원회에서 출제한 **자료** ●조선 사상범 예방 구금령(1941)

제1조 ① 치안 유지법의 죄를 범하여 형에 처하여진 자가 집행을 종료하여 석방될 경우에 석방 후 다시 동법의 죄를 범할 우려가 현저할 때에는 재판소는 검사의 청구에 인하여 본인을 예방 구금에 부치는 취지를 명할 수 있다.

② …… 조선 사상범 보호 관찰법에 의하여 보호관찰에 부쳐져 있는 경우에 보호관찰에 의하여도 동법의 죄를 범할 위험을 방지하기 곤란하고 재범의 우려가 현저하게 있을 때에도 전항과 같다.

⑩ 우리말 사용 금지

㉠ 한글로 발행되던 『조선일보』와 『동아일보』를 폐간하였다(1940).

㉡ **조선어 학회 사건(1942)** : 『우리말(조선말) 큰 사전』을 편찬하고 있던 조선어 학회를 치안 유지법을 적용하여 탄압하고 회원인 최현배, 이극로 등을 투옥하였다.

⑪ 국민정신 총동원 운동 : 전국적으로 반상회와 **애국반**을 조직하여 황국 신민화를 촉진하였다.

⑫ 농촌 진흥 운동(1932~1940) : 농민을 구제한다는 명목으로 시행하였으나, 사실은 농촌을 효율적으로 통제하기 위하여 전개한 운동이었다.

⑬ **조선 농지령 제정(1934)**

㉠ 1930년대에 이르러 소작 쟁의가 점차 항일 투쟁으로 확대되고 전국으로 확산되자, 일제는 소작인 문제를 해결할 필요를 느꼈다.

㉡ 소작인의 권리를 보호하고 마름과 지주의 횡포를 제한하고자 하였다.

㉢ 그러나 실제로는 법령이 제대로 시행되지 않았고, 소작인의 조건을 까다롭게 설정하여 많은 소작인이 피해를 입었다.

국사(國史)편찬위원회에서 출제한 **자료** ●조선 농지령(1934)

제1조 본 법령은 경작을 목적으로 하는 토지의 임대차에 적용한다.

제3조 임대인이 마름 등 소작지의 관리자를 둘 때에는 조선 총독이 정하는 바에 의하여 부윤, 군수 또는 도사에게 신청한다.

제7조 ① 소작지의 임대차 기간은 3년 이상이어야 한다. 다만, 영년 작물의 재배를 목적으로 하는 임대차에 있어서는 7년 이상이어야 한다.

황국 신민 서사를 암송하는 어린이들

● **조선 사상범 보호 관찰령(제1조)**
"치안 유지법의 죄를 범한 자에 대해 형의 집행 유예 언도가 있었을 경우 또는 소추를 필요로 하지 않기 때문에 공소를 제기하지 않은 경우에는 보호 관찰 심사회의 결의에 따라 보호 관찰에 부칠 수 있다. 형의 집행을 마치거나 또는 가출옥을 허락받았을 경우도 역시 같다."

● **마름**
지주로부터 소작지 관리 권한을 부여받은 사람이다.

(2) 경제 수탈

① 병참 기지화 정책

배경	일제는 경제 대공황을 겪으며 일본 경제가 혼란해지자 수탈 대상을 확대함
남면북양 정책	산미 증식 계획을 중단하였으며 남부 지방에는 면화를 재배하고 북부 지방에는 양을 기르도록 함
중화학 공업 육성	군수품 생산을 위하여 군수 산업과 광산 개발에 치중함

② 인적·물적 자원 수탈 : 국가 총동원법(1938)을 제정하여 수탈을 강행하였다.

국사(國史)편찬위원회에서 출제한 자료 ● 국가 총동원법(1938)

제1조 국가 총동원이란 전시에 국방의 목적을 달성하기 위하여 국가의 전력을 가장 유효하게 발휘하도록 인적 및 물적 자원을 통제·운용하는 것을 말한다.
제4조 정부는 **전시에 국가 총동원상 필요할 때에는 칙령이 정하는 바에 따라 제국 신민을 징용하여 총동원 업무에 종사하게 할 수 있다.** -『조선 법령 집람』-

인적 수탈	육군 특별 지원병제(1938)	전투 병력을 동원하기 위함
	국민 징용령(1939)	산업에 종사할 노동력을 확보하기 위함
	학도 지원병제(1943)	학생들을 전쟁에 동원하고자 함
	징병제(1944)	강제로 전쟁에 동원하기 위함
	여자 정신 근로령(1944)	• 여성들을 군수 공장에 동원하기 위함 • **일부 여성이 일본군 '위안부'로 끌려감**
물적 수탈	미곡 공출제	전쟁 물자를 조달하기 위하여 미곡을 강제로 거둠
	금속류 회수령	놋그릇 등 금속류를 강제로 거둠
	식량 배급제	시장에서 쌀을 매매하지 못하게 함
	산미 증식 계획 재개(1938)	남면북양 정책의 시행으로 산미 증식 계획이 재개됨

● **국민 징용령**
1939년 일제가 국민 징용령을 공포하자, 1941년 동방 광산 광부들은 이에 반발하여 투쟁하였다.

일제의 강제 징병을 축하하는 마을 잔치

놋그릇 공출

(3) 제3차 조선 교육령(1938)

① 일본과 조선의 초등 교육 기관을 통일하기 위하여 조선의 보통학교까지 심상소학교로 칭하였다가, 심상소학교를 1941년에 황국 신민 학교(국민학교)로 개칭하였다.
② 한국어와 한국사를 선택 과목(수의 과목)으로 지정하였다.

(4) 제4차 조선 교육령(1943)

한국어와 한국사 과목을 폐지하였다.

능력(能力) 향상을 위한 OX

			정답
01	일제는 민족 말살 통치 시기에 조선 태형령을 시행하였다.	( )	×
02	일제는 소작 쟁의가 점차 항일 투쟁으로 확대되자 소작인들의 불만을 무마하기 위하여 조선 농지령을 제정하였다.	( )	○
03	민족 말살 통치 시기에 심상소학교가 국민학교로 개칭되었다.	( )	○
04	일제는 민족 말살 통치 시기에 조선 사상범 예방 구금령을 제정하였다.	( )	○
05	일제는 민족 말살 통치 시기에 여자 정신 근로령을 제정하였다.	( )	○

검정(檢定)된 기출문제

정답 및 해설 P. 393

01

밑줄 그은 '법령'이 시행된 시기 일제의 정책으로 옳은 것은?

□□신문

제△△호 ○○○○년 ○○월 ○○일

어려움에 빠진 한인 회사

회사를 설립할 때 조선 총독의 허가를 받도록 하는 법령이 제정되었다. 이후 한인의 회사는 큰 영향을 받아 손해가 적지 않기에 실업계의 원성이 자자하다. 전국에 있는 회사를 헤아려보니 한국에 본점을 두고 설립한 회사가 171개인데 자본 총액이 5,021만여 원이요, 외국에 본점을 두고 지점을 한국에 설립한 회사가 52개인데 자본 총액이 1억 1,230만여 원이다. 그중에 일본인의 회사가 3분의 2 이상이고, 몇 개 되지 않는 한인의 회사는 상업 경쟁에 밀리고 회사 세납에 몰려 도무지 유지하기가 어렵다고 한다.

① 신문지법을 제정하였다.
② 미쓰야 협정을 체결하였다.
③ 토지 조사 사업을 실시하였다.
④ 경성 제국 대학을 설립하였다.
⑤ 조선 사상범 예방 구금령을 시행하였다.

02

밑줄 그은 '이 시기'에 시행된 일제의 정책으로 옳은 것은?

이 국민 노무 수첩은 일제가 중·일 전쟁을 일으키고 침략 전쟁을 확대하던 이 시기에 노동력을 통제하고 관리하기 위하여 발행한 것입니다. 특히, 강제 동원된 한국인의 국민 노무 수첩은 일제에 의하여 수많은 한국인들이 광산 등으로 끌려가 열악한 환경에서 혹사당하였음을 보여 주는 자료입니다.

① 한국인에 한하여 적용하는 조선 태형령을 시행하였다.
② 민족 자본의 성장을 억제하기 위하여 회사령을 공포하였다.
③ 조선 사상범 예방 구금령을 통하여 독립운동을 탄압하였다.
④ 식민지 교육 방침을 규정한 제1차 조선 교육령을 제정하였다.
⑤ 근대적 토지 소유권 확립을 명분으로 토지 조사 사업을 실시하였다.

03

(가), (나) 발표 사이의 시기에 있었던 사실로 옳은 것은?

(가) • 조선에 조선 총독부를 설치한다.
• 조선 총독부에 조선 총독을 두고 위임 범위 내에서 육해군을 통솔하고 일체의 정무를 통할하도록 한다.
• 통감부 및 그 소속 관서는 당분간 그대로 두고 조선 총독의 직무는 통감이 행하도록 한다.

(나) 총독 임용의 범위를 확장하고 경찰 제도를 개정하며, 또한 일반 관리나 교원 등의 복제를 폐지함으로써 시대의 흐름에 순응하고, …… 조선인의 임용과 대우 등에 관해 더욱 고려하여 …… 정치·사회상의 대우에서도 내지인과 동일한 취급을 할 궁극의 목적을 달성하고자 하는 바이다.

① 미곡 공출제가 실시되었다.
② 조선 태형령이 시행되었다.
③ 국민 징용령이 제정되었다.
④ 경성 제국 대학이 설립되었다.
⑤ 황국 신민 서사의 암송이 강요되었다.

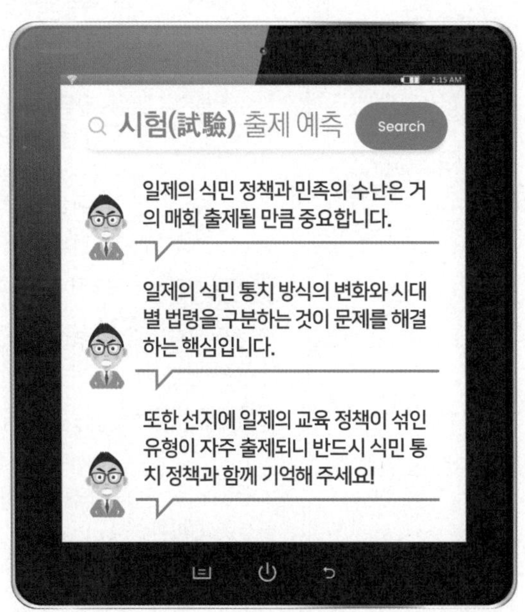

시험(試驗) 출제 예측
Search
일제의 식민 정책과 민족의 수난은 거의 매회 출제될 만큼 중요합니다.
일제의 식민 통치 방식의 변화와 시대별 법령을 구분하는 것이 문제를 해결하는 핵심입니다.
또한 선지에 일제의 교육 정책이 섞인 유형이 자주 출제되니 반드시 식민 통치 정책과 함께 기억해 주세요!

18 | 3 · 1 운동과 대한민국 임시 정부

● 3·1 운동

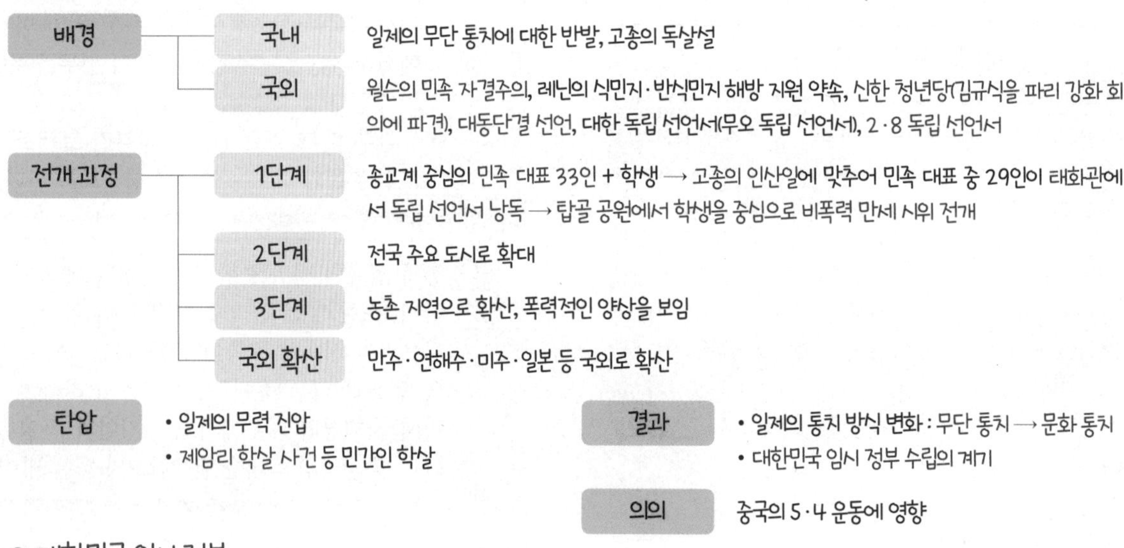

- **배경**
  - 국내: 일제의 무단 통치에 대한 반발, 고종의 독살설
  - 국외: 윌슨의 민족 자결주의, 레닌의 식민지·반식민지 해방 지원 약속, 신한 청년당(김규식을 파리 강화 회의에 파견), 대동단결 선언, 대한 독립 선언서(무오 독립 선언서), 2·8 독립 선언서
- **전개 과정**
  - 1단계: 종교계 중심의 민족 대표 33인 + 학생 → 고종의 인산일에 맞추어 민족 대표 중 29인이 태화관에서 독립 선언서 낭독 → 탑골 공원에서 학생을 중심으로 비폭력 만세 시위 전개
  - 2단계: 전국 주요 도시로 확대
  - 3단계: 농촌 지역으로 확산, 폭력적인 양상을 보임
  - 국외 확산: 만주·연해주·미주·일본 등 국외로 확산
- **탄압**
  - 일제의 무력 진압
  - 제암리 학살 사건 등 민간인 학살
- **결과**
  - 일제의 통치 방식 변화 : 무단 통치 → 문화 통치
  - 대한민국 임시 정부 수립의 계기
- **의의**: 중국의 5·4 운동에 영향

● 대한민국 임시 정부

- **수립**: 3·1 운동 이후 국내에 한성 정부, 연해주에 대한 국민 의회, 상하이에 대한민국 임시 정부 수립 → 상하이 대한민국 임시 정부로 통합(한성 정부의 법통 계승, 대한 국민 의회 흡수)
- **활동**
  - 1차 개헌
    - 대통령 중심제(1919)
    - 독립운동 자금 모금 : 독립 공채(애국 공채) 발행
    - 연락망 조직 : 연통제·교통국 운영
    - 『독립신문』 발간, 임시 사료 편찬 위원회에서 한·일 관계 사료집 간행
    - 외교 활동 : 파리 강화 회의 파견(김규식), 구미 위원부 설치(이승만)
    - 무장 활동
      - 군무부에서 군사 업무 총괄 : 광복군 사령부 설치, 직할 부대로 육군 주만 참의부 설치(1923)
      - 서로 군정서 및 북로 군정서와 연계
      - 한인 비행 학교 설립
    - 국민 대표 회의(1923)
      - 배경 : 이승만의 위임 통치 청원서, 연통제·교통국 발각
      - 전개 : 임시 정부의 방략 논의 → 창조파와 개조파가 대립 → 결렬
  - 2차 개헌: 국무령 중심의 내각 책임제(1925)
  - 3차 개헌
    - 국무 위원 중심의 집단 지도 체제(1927)
    - 한인 애국단 조직(1931) : 이봉창·윤봉길 의거

  상하이 → 충칭 이동(1932 ~ 1940)

  - 4차 개헌
    - 한국 독립당 창당(1940)
    - 주석 중심제(1940)
    - 대한민국 임시 정부 건국 강령 발표(1941) : 조소앙의 삼균주의 반영
    - 한국광복군 창설(1940)
  - 5차 개헌: 주석·부주석 중심제(1944)

1 3·1 운동

(1) 배경

구분	내용
국내	• 일제의 무단 통치에 대한 반발심이 높아짐 • 일제에 의한 고종 황제 독살설이 확산되며 국민들 사이에 반일 감정이 고조됨
국외	• 제1차 세계 대전 이후 개최된 파리 강화 회의에서 미국 대통령 윌슨이 **민족 자결주의를 제창**함 • 레닌이 식민지·반식민지의 약소민족에 대한 지원을 약속함 • 중국 상하이에서 활동하는 **신한 청년당이 김규식을 파리 강화 회의에 파견**함 • **1917년 중국 상하이에서 신규식·신채호·조소앙 등이 국민 주권설을 주장하며, 임시 정부 수립에 관한 민족 대회의 소집을 제의하는 대동단결 선언을 발표함** • 만주 지린(길림)성에서 국외 민족 지도자 39인이 대한 독립 선언서(무오 독립 선언서)를 발표함 • 일본 도쿄에서 유학생들이 **조선 청년 독립단**을 조직하고 **2·8 독립 선언서를 작성하여 발표함**

김규식

● 3·1 독립 선언서(기미 독립 선언서)
천도교에서 운영하는 보성사에서 인쇄되었다.

(2) 전개 과정

구분	내용
점화	• 각 **종교계의 민족 대표 33인**과 학생을 중심으로 **고종의 인산일**(장례식)을 이용하여 시위를 계획함 • 민족 대표 33인 중 29인(4명 불참)은 시위가 격화될 것을 우려하여 **태화관**에서 **3·1 독립 선언서(기미 독립 선언서)를 낭독**하고 일본 경찰에 자수함 • **탑골 공원**에 모인 학생과 시민들은 따로 독립 선언을 하고 비폭력 **만세 시위를 전개함**
도시 확산	• 주요 도시에서도 만세 시위가 전개됨 • 상인·노동자 등이 합세함
농촌 확산	비폭력적인 만세 시위가 점차 폭력적인 양상을 띰
국외 확산	시위가 만주·연해주·미주·일본 등으로 확산됨
탄압	일제는 헌병 경찰과 군대를 동원하여 무자비한 학살을 자행함 예 **제암리 학살 사건**

3·1 운동 봉기 지역

3·1 운동

● 탑골 공원
과거에는 파고다 공원이라고 불렀다.

● 제암리 학살 사건
3·1 운동 당시 일본군이 수원군 제암리(현 화성시)의 마을사람들을 교회에 가두고 불을 질러 학살한 사건이다.

국사(國史)편찬위원회에서 출제한 자료 ● 3·1 독립 선언서(기미 독립 선언서)

오등은 자에 아(我) 조선의 독립국임과 조선인의 자주민임을 선언하노라. ……
1. 금일 오인의 거사는 정의, 인도, 생존, 존영을 위하는 민족적 요구이니, 오직 자유적 정신을 발휘할 것이오, 결코 배타적 감정으로 일주하지 말라.
2. 최후의 일인까지, 최후의 일각까지 민족의 정당한 요구를 쾌히 발표하라.
3. 일체의 행동은 가장 질서를 존중하여 오인의 주장과 태도로 하여금 어디까지든지 광명정대케 하라.

(3) 결과

① **일제의 문화 통치 시행** : 한국인의 저항 의지를 목격한 일제는 무단 통치로는 한국을 지배할 수 없다고 판단하여 교묘하게 한국인을 분열시켜 식민 지배를 손쉽게 하고자 하였다.
② **대한민국 임시 정부 수립 계기** : 독립운동을 이끌 지도부의 필요성이 대두되었다.

(4) 의의

중국의 5·4 운동, 인도의 비폭력·불복종 운동 등 약소민족의 반제국주의 민족 운동에 영향을 끼쳤다.

유관순 열사
3·1 운동 당시 충청남도 천안의 아우내 장터에서 독립 만세 운동을 전개하였으며, 일본 헌병에게 체포되어 고문 끝에 순국하였다.

2 대한민국 임시 정부

(1) 수립 배경

3·1 운동 이후 독립운동의 체계화와 조직화를 위한 지도부의 필요성이 대두되었다.

대한민국 임시 정부

(2) 통합 과정

① **연해주에서 전로 한족회 중앙 총회가 대한 국민 의회로 개편**되었다(1919. 3.).

② 국내에서 13도 대표가 의견을 모아 한성 정부를 수립하였다(1919. 4.).

③ 상하이에서 이승만을 국무총리로 하는 상하이 임시 정부가 수립되었다(1919. 4.).

④ 상하이에서 한성 정부의 법통을 계승하고 대한 국민 의회와 상하이 임시 정부를 통합한 대한민국 임시 정부가 출범하였다(1919. 9.).

(3) 조직

① 대통령에 이승만, 국무총리에 이동휘가 선출되었으며 **내무총장 겸 국무총리 대리로 안창호, 임시 의정원의 초대 의장으로는 이동녕이 선임**되었다.

② 삼권 분립 원칙에 따라 입법 기관인 임시 의정원, 행정 기관인 국무원, 사법 기관인 법원으로 구성되었다.

③ 1차 개헌(1919) : 대통령 중심제로 개편되어 이승만이 대통령으로 선출되었다.

군자금 모금	독립 공채(애국 공채)를 발행하거나 의연금을 모금함
연락망 조직	• **연통제** : 국내와 만주 일대를 연결하는 **비밀 연락 조직망**으로 **독립 공채를 발행**함 • **교통국** : **이륭양행**(단둥)과 **백산 상회(부산)**가 대표적으로, 대한민국 임시 정부 교통부 산하의 상설 연락 기구임
외교 활동	• 신한 청년당에서 파리 강화 회의에 파견한 김규식을 임시 정부 전권 대사로 임명함 • 이승만이 미국에 **구미 위원부**를 설치하여 활동함 • 소련의 레닌으로부터 독립운동 지원을 약속받음
무장 활동	• **군무부에서 군사 업무 총괄** : 광복군 사령부(광복군 총영으로 개편됨), 남만주에 육군 주만 참의부(1923) 등을 설치함 • 상하이에 육군 무관 학교를 설치하여 독립군을 양성함 • **미국에 한인 비행 학교를 세움** • 서로 군정서와 북로 군정서 등을 임시 정부 산하에 소속시킴
출판 활동	• **임시 사료 편찬 위원회를 설치하여 한·일 관계 사료집을 간행**함 • 『독립신문』을 발간하여 독립운동 소식을 전파함

(4) 국민 대표 회의(1923)

배경	• 외교 활동이 성과를 거두지 못하는 상황에서 이승만의 위임 통치 청원 사건이 발생함 • 연통제와 교통국이 일본에 발각되어 해체되자 **임시 정부가 자금난과 인력난을 겪음**
개최 목적	**대한민국 임시 정부가 독립운동의 방략을 논의하기 위하여 상하이에서 개최함**
결과	• **창조파**(신채호 등)와 **개조파**(안창호 등), 그리고 현상 유지파(김구 등)는 **수개월간 의견 차이를 좁히지 못하여 회의가 결렬**되었으며, 독립운동가 다수가 대한민국 임시 정부를 이탈함 • 이승만이 대통령직에서 탄핵되고 **제2대 대통령으로 박은식이 선출**됨(1925)

이승만

이동휘

독립 공채(애국 공채)

이륭양행
아일랜드계 영국인 조지 루이스 쇼가 중국 단둥(안동)에서 운영한 무역 회사이다. 쇼는 김구 등이 상하이로 갈 수 있도록 도움을 주는 등 독립운동을 지원하다 일제에 내란죄로 체포되었다. 1963년 건국훈장 독립장에 추서되었다.

위임 통치 청원 사건
이승만이 미국 대통령 윌슨에게 한국에 대한 국제 연맹의 위임 통치를 청원하는 문서를 보낸 사건이다.

안창호

국사(國史)편찬위원회에서 출제한 자료 ● 국민 대표 회의

본 국민 대표 회의는 이천만 민중의 공정한 뜻에 바탕을 둔 국민적 대회합의로 최고의 권위를 지녀 …… 독립을 완성하기를 기도하고 이에 선언하노라. …… 본 대표 등은 국민이 위탁한 사명을 받들어 국민적 대단결에 힘쓰며 독립운동에 나아갈 방향을 확립하여 통일적 기관 아래서 대업을 완성하고자 하노라.

(5) 2차 개헌(1925)

① 국무령 중심의 내각 책임제로 개편되어 초대 **국무령으로 이상룡이 선출**되었다.

② **침체** : 이후 국무령이 된 김구는 체제를 재정비하려고 노력하였으나, 이미 독립운동가 다수가 임시 정부를 이탈하여 내각 구성에 어려움을 겪었다.

(6) 3차 개헌(1927)

① 김구는 국무위원 중심의 집단 지도 체제로 개편하여 임시 정부 활동에 활력을 불어 넣고자 하였으나, 별다른 성과를 거두지 못하였다.

② **김구**는 대한민국 임시 정부의 침체를 극복하고자 **항일 의거 단체인 한인 애국단을 조직**하였다(1931).

③ **한인 애국단 단원인 이봉창과 윤봉길이 활약**하였다.

④ 이동 : 대한민국 임시 정부는 **윤봉길의 훙커우 공원 의거 이후 일본군을 피하여 상하이에서** 항저우·**광저우**를 거쳐 **충칭으로 8년간 이동**하였다.

(7) 4차 개헌(1940)

① 주석 중심제로 개편되어 **김구가 주석으로 선출**되었다.

② 충칭에 정착한 이후 김구를 중심으로 한국 독립당을 창당하였다(1940).

③ 중국 국민당 정부의 지원을 받아 지청천을 총사령관으로 하는 **한국광복군을 창설하였다(1940).**

④ **조소앙의 삼균주의에 기초하여 대한민국 임시 정부 건국 강령을 제정하였다(1941).**

국사(國史)편찬위원회에서 출제한 자료 ● 4차 개헌

본 정부는 이번 제32회 임시 의정원 회의에 임시 약헌 개정으로 제출하여 임시 정부의 조직 기구를 변경하였으니 …… 국무위원회 주석과 국무 위원을 모두 의회에서 선출하며 …… 국무위원회 주석은 일반 국무를 처리함에는 총리격을 가졌고, 그 외 정부를 대표하며 국군을 총감하는 권리를 설정하였으니 이 방면으로는 국가 원수격을 가지게 되었다.

(8) 5차 개헌(1944)

주석·부주석 중심제로 개편되어 주석으로 김구, 부주석으로 김규식이 선출되었다.

김구

지청천

● **삼균주의**
조소앙이 신해혁명을 이끈 중국 혁명가 쑨원의 삼민주의를 바탕으로 만든 정치사상이다. '삼균'이란 정치적·경제적·교육적 균등으로, 개인과 민족, 그리고 국가 간에 완전한 균등을 실현하기 위하여 필요한 것이다.

능력(能力) 향상을 위한 OX

	문제		정답
01	3·1 운동은 순종의 인산일(장례식)을 계기로 발생하였다.	( )	×
02	3·1 운동의 결과 일제는 식민 통치 방식을 바꾸었다.	( )	○
03	대한민국 임시 정부는 연통제와 교통국을 활용하여 독립 자금을 모금하였다.	( )	○
04	대한민국 임시 정부는 국민 대표 회의의 성과로 중국 국민당 정부의 지원을 받게 되었다.	( )	×
05	대한임국 임시 정부의 5차 개헌 이후 대한민국 건국 강령이 반포되었다.	( )	×

검정(檢定)된 기출문제

01

밑줄 그은 '시위 운동'의 배경으로 가장 적절한 것은?

> 수신: 육군 대신
> 발신: 조선 헌병대 사령관
>
> 오늘 1일 새벽 경성에서 조선 독립에 관한 선언서를 발견함. 위 선언서에는 천도교, 기독교 신도들의 서명이 있었는데, 이면에는 일본 및 조선의 학생들과 비밀리에 연락했을 가능성이 있어 수사 중. 오후 2시에 이르러 중학(中學) 정도의 학생 약 1,000명이 모이자, 민중이 이에 어울려 시내를 행진하고 <u>시위 운동</u>을 시작함. 지금 수배 중. 위 집단은 각 장소에서 한국 독립 만세를 외치나 난폭한 행동으로 나오지는 않아 매우 불온한 형세는 없음. 주모자를 체포하고 해산시킬 예정이고 선언서에 서명한 사람 대부분은 즉시 체포함.

① 간도 참변으로 민간인이 학살되었다.
② 상하이에서 국민 대표 회의가 개최되었다.
③ 언론사의 주도로 브나로드 운동이 전개되었다.
④ 조선 노동 총동맹과 조선 농민 총동맹이 결성되었다.
⑤ 도쿄 유학생들을 중심으로 2·8 독립 선언서가 발표되었다.

02

(가)에 대한 설명으로 옳지 <u>않은</u> 것은?

> 이달의 독립운동가
>
> 
>
> **윤현진**尹顯振
> (1892~1921)
>
> 경상남도 양산 출신으로 어린 시절 한학과 신학문을 배웠다. 3·1 운동 직후 상하이로 망명하여 (가) 에 참여하였고, 재무차장을 맡아 재정 문제 해결에 주력하였다. 국내에서의 군사 및 선전 활동을 위하여 의용단을 조직하였으며, 안창호와 함께 (가) 운영에 힘쓰다 과로로 젊은 나이에 순국하였다.

① 구미 위원부를 설치하여 외교 활동을 추진하였다.
② 한인 애국단을 조직하여 의열 투쟁을 전개하였다.
③ 이륭양행에 교통국을 설치하여 국내와 연락을 취하였다.
④ 임시 사료 편찬회를 두어 한·일 관계 사료집을 간행하였다.
⑤ 태극 서관을 설립하여 조선 광문회에서 발간한 서적을 보급하였다.

03

다음 공고가 발표된 이후 대한민국 임시 정부의 활동으로 옳은 것은?

> **임시 정부 포유문**
>
> 1. 본 정부는 이번 제32회 임시 의정원 회의에 임시 약헌 개정으로 제출하여 임시 정부의 조직 기구를 변경하였으니 …… 국무위원회 주석과 국무 위원을 모두 의회에서 선출하여 종전에 국무 위원끼리 주석을 호선하던 제도를 폐하였다. 또 국무위원회 주석은 일반 국무를 처리함에는 총리격을 가졌고, 그 외 정부를 대표하며 국군을 총감하는 권리를 설정하였으니 이 방면으로는 국가 원수격을 가지게 되었다.

① 파리 강화 회의에 독립 청원서를 제출하였다.
② 삼균주의에 바탕을 둔 건국 강령을 발표하였다.
③ 무장 투쟁을 위하여 육군 주만 참의부를 조직하였다.
④ 국민 대표 회의를 열어 독립운동의 방향을 논의하였다.
⑤ 임시 사료 편찬회를 두어 한·일 관계 사료집을 간행하였다.

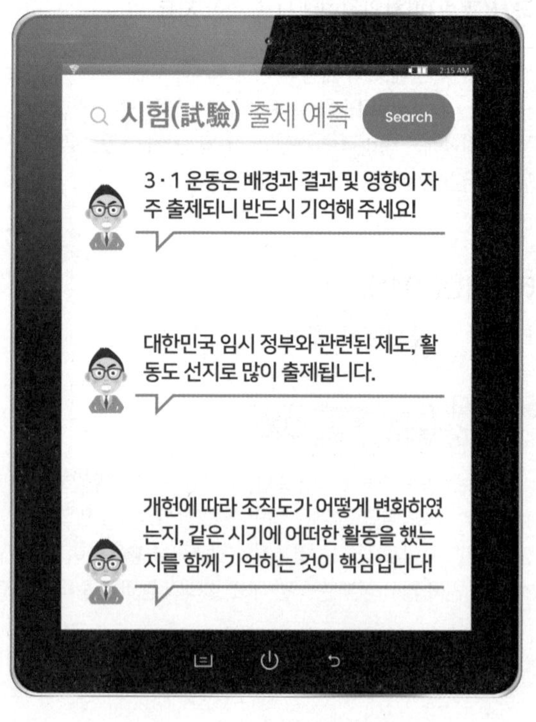

시험(試驗) 출제 예측
Search
3·1 운동은 배경과 결과 및 영향이 자주 출제되니 반드시 기억해 주세요!
대한민국 임시 정부와 관련된 제도, 활동도 선지로 많이 출제됩니다.
개헌에 따라 조직도가 어떻게 변화하였는지, 같은 시기에 어떠한 활동을 했는지를 함께 기억하는 것이 핵심입니다!

19 | 무장 독립 전쟁의 전개

설쌤의 한(韓)판 정리

● 1910년대 무장 독립 전쟁

1910년대

국내 비밀 결사

독립 의군부

- 고종의 밀명으로 임병찬이 조직 → 복벽주의 지향
- 국권 반환 요구서 제출, 의병 전쟁 계획

대한 광복회

- 박상진, 김좌진 등이 조직 → 공화정 지향
- 친일파 처단, 군자금 모금, 무관 학교 설립 계획

국외 독립군 기지 건설 단계

의거 노인단 강우규 의거(1919)

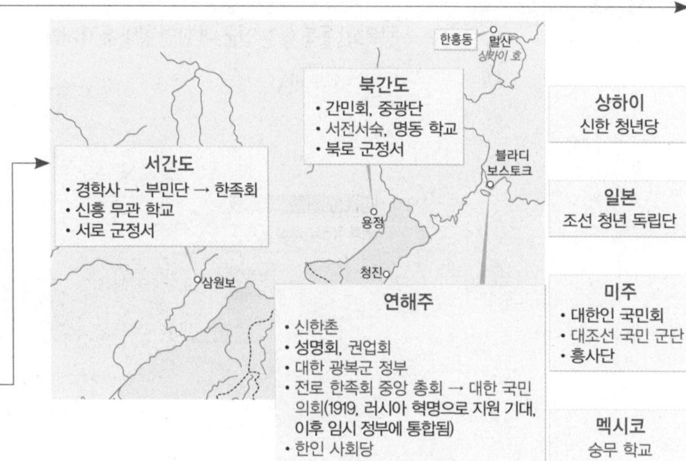

상하이
신한 청년당

일본
조선 청년 독립단

미주
• 대한인 국민회 • 대조선 국민 군단 • 흥사단

멕시코
숭무 학교

● 1920년대 무장 독립 전쟁

1920년대

국내 천마산대, 구월산대 등

국외 독립 전쟁

봉오동 전투(1920)	훈춘 사건	청산리 대첩(1920)	간도 참변(1920)
대한 독립군(홍범도) + 여러 독립군 부대의 연합으로 승리	일제가 만주 출병 명분을 위하여 조작	• 북로 군정서(김좌진) + 대한 독립군(홍범도) + α • 어랑촌·백운평·천수평 전투 등	• 봉오동 전투·청산리 대첩에 대한 보복 → 양민 학살 • 대한 독립 군단(총재 서일) 결성 → 자유시 이동

자유시 참변(1921)	3부 성립	미쓰야 협정(1925)	3부 통합 운동
러시아 적군의 배신 → 독립군 희생	• 참의부(1923) • 정의부(1924) • 신민부(1925)	• 만주 군벌 장쭤린 + 경무국장 미쓰야 • 한인 독립군 체포 및 인도 → 탄압	• 배경 : 미쓰야 협정, 민족 유일당 운동 • 결과 : 3부 → 혁신 의회, 국민부 - 혁신 의회 : 한국 독립당(군) 조직 - 국민부 : 조선 혁명당(군) 조직

국외 의거 의열단(1919)

- 조직 : 김원봉을 중심으로 만주 지린에서 결성
- 지침 : 「조선 혁명 선언」(신채호)
- 활동 : 김상옥(종로 경찰서), 나석주(조선 식산 은행, 동양 척식 주식회사), 김익상(조선 총독부)
- 변화 : 황포(황푸) 군관 학교 입학 → 조선 혁명 간부 학교 설립 → 민족 혁명당 결성

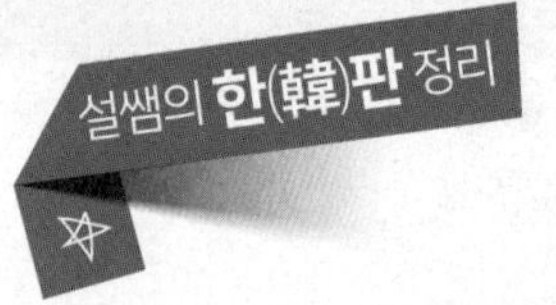

● 1930~1940년대 무장 독립 전쟁

1930년대 초반

의거 한인 애국단(1931)

- 조직 : 김구의 주도로 상하이에서 조직
- 활동 : 이봉창(일왕 마차에 투탄 시도), 윤봉길(훙커우 공원 의거 → 중국 국민당 정부의 지원 계기)

무장 투쟁 한·중 연합 작전

- 한국 독립군(지청천) + 중국 호로군 : 쌍성보·대전자령 전투 등
- 조선 혁명군(양세봉) + 중국 의용군 : 영릉가·흥경성 전투 등

1930년대 중반~1940년대

항일 유격 전쟁

- 동북 인민 혁명군 → 동북 항일 연군 : 중국 공산당 조직
- 조국 광복회 : 동북 항일 연군 내 한인 항일 유격대의 주도로 결성
- 보천보 전투 : 한인 항일 유격대의 활약

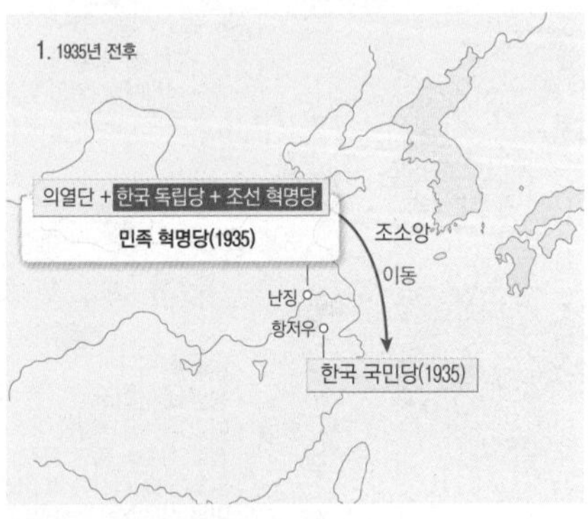

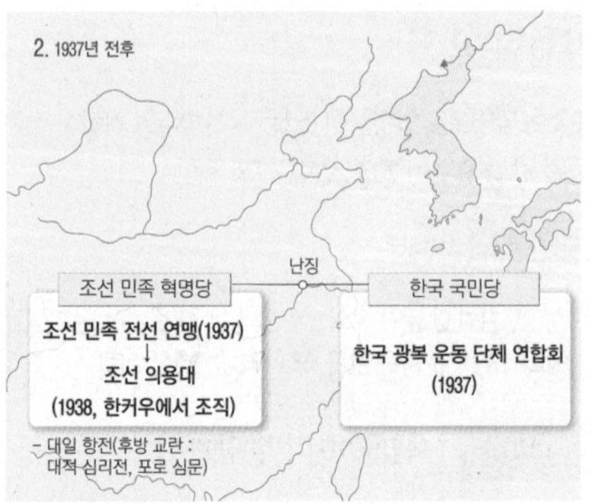

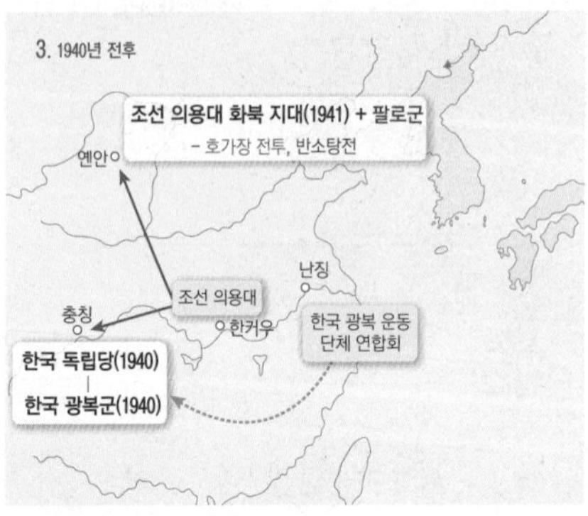

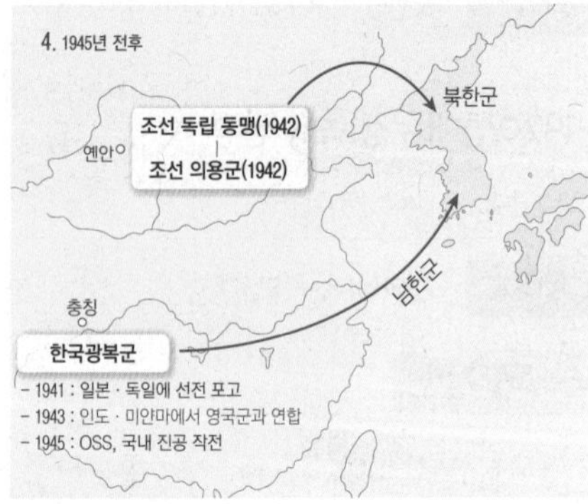

의거 대한 애국 청년단 : 부민관 투탄 의거(1945)

● 국외 이주 동포의 활동

만주

- 19세기 후반부터 많이 이주
- 독립군 기지, 학교 설립
- 만주 사변(1931) 이후 : 일제가 황무지 개간을 위하여 대거 이주시킴
- 간도 참변(1920)

연해주

- 러시아의 이주 장려
- 자유시 참변(1921)
- 중앙아시아 강제 이주(1937)

일본

- 초기 : 유학생 이주
- 제1차 세계 대전 이후 : 노동자 이주
- 1930년대 : 징용
- 관동 대학살(1923)

미주

- 하와이 사탕수수 농장(사진결혼) 이주
- 독립운동 자금 지원

1 1910년대 무장 독립 전쟁

1910년대에는 일제가 전개한 남한 대토벌 작전 등으로 의병과 독립운동가 다수가 만주나 연해주 등지로 이동하였다.

(1) 국내

일제의 감시를 피하기 위하여 비밀 결사를 조직하여 활동하였다.

독립 의군부 (1912)	주도	**고종의 밀명을 받은 임병찬이 주도함**
	목표	고종을 복위시키려는 **복벽주의**를 추구함
	특징	• 조선 총독부에 **국권 반환 요구서** 제출을 계획함 • 전국적인 의병 활동을 준비하다가 일본에 발각되어 해체됨
대한 광복회 (1915)	주도	대구에서 **총사령 박상진 · 부사령 김좌진** 등이 주도하여 결성함
	목표	공화 정체의 근대 국가 건설을 지향함
	특징	• 군대식 조직으로 **친일파를 처단**하고 군자금을 모금함 • 만주에 무관 학교를 설립하여 독립군을 양성하고자 함
의거	**서울에서 노인단 대표 강우규 의사가 사이토 총독의 마차에 폭탄을 투척**함(1919)	
기타	송죽회, 조선 국민회 등이 활동함	

국사(國史)편찬위원회에서 출제한 자료 ● 대한 광복회 강령

1. 부호의 의연 및 일본인이 불법 징수하는 세금을 압수하여 무장을 준비한다.
2. 남북 만주에 사관학교를 설치하여 독립 전사를 양성한다.
3. 종래의 의병 및 만주 이주민을 소집하여 훈련한다.
6. 일인 고관 및 한인 반역자를 수시로 처단한다.

-『고등 경찰요사』-

(2) 국외

서간도	• 항일 독립 단체로 조직된 경학사가 부민단, 한족회 순으로 개편됨 • 신민회가 삼원보 지역을 개척하여 설립한 **신흥 강습소**가 이후 신흥 무관 학교로 개편됨 • 군사 조직으로 **서로 군정서**가 있음
북간도	• 자치 단체로 간민회가 조직됨 • **용정촌**과 명동촌에 한인 집단촌이 형성되었으며, **민족 교육을 위하여 서전서숙, 명동 학교** 등이 세워짐 • 대종교가 조직한 중광단이 3 · 1 운동 이후 북로 군정서로 발전함
연해주	• **블라디보스토크에 한인촌인 신한촌이 형성됨** • **사회주의 계열의 한인 사회당이 조직됨** • 성명회, **권업회** 등 독립운동 단체가 결성됨 • 권업회 회원들을 중심으로 **대한 광복군 정부를 수립**하였으며, 정통령에 이상설, **부통령에 이동휘를 선출**함 • 3 · 1 운동 이후 **전로 한족회 중앙 총회가 대한 국민 의회로 개편됨**

한흥동 밀산 싱카이 호
북간도
• 간민회, 중광단
• 서전서숙, 명동 학교
• 북로 군정서
상하이
신한 청년당
서간도
• 경학사 → 부민단 → 한족회
• 신흥 무관 학교
• 서로 군정서
블라디보스토크
일본
조선 청년 독립단
용정
청진
삼원보
미주
• 대한인 국민회
• 대조선 국민 군단
• 흥사단
연해주
• 신한촌
• 성명회, 권업회
• 대한 광복군 정부
• 전로 한족회 중앙 총회 → 대한 국민 의회(1919, 러시아 혁명으로 지원 기대, 이후 임시 정부에 통합됨)
멕시코
숭무 학교

1910년대 만주와 연해주의 독립운동 기지

송죽회
여성을 중심으로 결성된 단체이다.

조선 국민회
하와이에서 결성된 대조선 국민 군단의 국내 지부이다.

신흥 강습소
이회영 형제가 오늘날 수백 억 원에 달하는 재산을 처분하여 삼원보 지역에 신한민촌을 형성하고 신흥 강습소를 건립하였다.

서전서숙
이상설 등이 세운 학교이다.

신한촌
1937년 스탈린의 한인 중앙아시아 강제 이주로 해체되었다.

권업회
연해주 신한촌에서 최재형(1860~1920)과 이상설 등의 주도로 조직된 독립운동 단체로서 기관지로 『권업신문』을 창간하였다. 최재형은 안중근의 하얼빈 의거를 지원하기도 하였다.

밀산	이상설이 등이 독립운동 기지로 한흥동을 건설함
상하이	• 상하이에 모인 독립운동가들이 동제사를 조직함 • 신한 청년당이 김규식을 파리 강화 회의의 대표로 파견함
일본	도쿄 유학생들이 조선 청년 독립단을 결성하고 도쿄 YMCA 회관에서 2·8 독립 선언서를 발표함
미주	• 장인환·전명운의 의거 활동(스티븐스 처단)을 계기로 샌프란시스코의 공립 협회와 하와이의 한인 합성 협회가 통합되어 결성된 대한인 국민회가 샌프란시스코에 중앙 총회를 설치함 • 하와이에서 박용만이 대조선 국민 군단을 조직하여 무장 투쟁을 준비함 • 안창호가 흥사단을 조직함
멕시코	• 한국인들은 멕시코의 에네켄 농장에서 노동 이민자로서 가혹한 생활을 함 • 한인 지방회 회장 이근영을 중심으로 멕시코 메리다에 독립군 양성을 위한 숭무 학교가 세워짐

신한 청년당
동제사의 일부 인원이 중심이 되어 신한 청년당을 조직하였다.

잡지 『동광』
사회주의 운동을 표방하던 잡지들에 맞서 안창호의 흥사단을 배경으로 1926년 조선에서 창간되었다.

2 1920년대 무장 독립 전쟁

(1) 국내

독립군으로 천마산대, 구월산대 등이 조직되어 일제에 대항하였다.

(2) 국외

① **의열단**

결성		만주 지린(길림)에서 김원봉의 주도로 결성됨
활동 지침		민중의 직접 혁명을 강조하는 신채호의 「조선 혁명 선언」을 지침으로 활동함
활동 변화	1920년대	• 단원 박재혁(부산 경찰서), 최수봉(밀양 경찰서), 김익상(조선 총독부), 김상옥(종로 경찰서), 나석주(조선 식산 은행, 동양 척식 주식회사) 등이 투탄 의거를 펼침 • 단원을 중국의 황푸 군관 학교에 입교시켜 체계적인 군사 훈련을 받도록 함
	1930년대	• 중국 국민당 정부의 지원을 받아 조선 혁명 간부 학교를 설립함(1932) • 개인 폭력 투쟁에 한계를 느끼고 조직적 무장 투쟁으로 노선을 전환하여 민족 혁명당 결성을 주도함

김원봉

김창숙
동양 척식 주식회사에 폭탄을 투척한 나석주 의사를 지원하였고 을사늑약 체결 반대 상소를 올렸다. 또한 파리 장서 운동을 주도하였다.

조명하
대만(타이완)에서 일본 육군 대장인 구니노미야를 저격하여 부상을 입혔다.

국사(國史)편찬위원회에서 출제한 자료 ● 조선 혁명 선언

'외교', '준비' 등의 미련한 꿈을 버리고 민중 직접 혁명의 수단을 취함을 선언하노라. …… 민중은 우리 혁명의 대본영(大本營)이다. 폭력은 우리 혁명의 유일 무기이다. 우리는 민중 속에 가서 민중과 손을 잡아 끊임없는 폭력, 암살, 파괴, 폭동으로써 강도 일본의 통치를 타도하고 우리 생활에 불합리한 일체 제도를 개조하여 인류로서 인류를 압박치 못하며 사회로서 사회를 약탈하지 못하는 이상적 조건을 건설할지니라.

② 무장 투쟁

봉오동 전투 (1920)	배경	독립군이 국내로 진입하여 일본 군경을 습격함
	결과	홍범도의 대한 독립군과 여러 부대가 연합하여 승리함
훈춘 사건 (1920)	배경	일본이 만주 출병의 구실을 만들기 위하여 일으킴
	결과	일본은 마적단을 매수하여 이들에게 일본 영사관을 습격하여 불태우게 한 후, 이를 독립군 행위로 조작함

홍범도

대한 독립군을 이끌며 봉오동 전투에서 승리한 홍범도는 스탈린의 강제 이주 정책으로 카자흐스탄 크질오르다로 강제 이주되어 극장 수위로 일하다가 사망하였다.

여러 부대
봉오동 전투 당시 안무의 국민회군, 최진동의 군무 도독부군 등이 홍범도의 대한 독립군과 연합하였다.

구분		내용
청산리 대첩 (1920)	배경	일본군이 봉오동 전투에 대한 보복을 하고자 함
	결과	김좌진의 **북로 군정서군**과 홍범도의 **대한 독립군** 등이 연합하여 6일간 10여 차례 전투에서 승리함
	대표적인 전투 : **어랑촌** · 천수평 · **백운평** · **고동하** 전투 등	
간도 참변 (경신참변, 1920)	내용	일본이 봉오동 전투와 청산리 대첩에 대한 보복으로 간도 지역에 거주하는 한국인을 무참히 학살함
	결과	밀산 지역으로 집결한 독립군은 서일을 총재로 하는 대한 독립 군단을 조직하고 **일본군의 공세를 피하여 자유시로 이동함**
자유시 참변 (1921)	러시아 적군이 독립군에게 요구한 무장 해제와 지휘권 양도를 거절당하자, **연해주의 한인 부대를 공격하여 무장 해제시킴**	
3부 성립	만주로 돌아온 독립군이 민정 조직과 군정 기관을 갖춘 **임시 정부 직속의 참의부(1923), 정의부(1924), 신민부(1925)를 조직함**	
미쓰야 협정 (1925)	일본 경무국장 미쓰야가 독립군을 탄압하기 위하여 중국 봉천성 경무처장 위전과 협정을 체결하였고, 이에 따라 독립군의 활동이 위축됨	
3부 통합 운동	배경	미쓰야 협정이 체결되고 민족 유일당 운동이 추진됨
	결과	3부가 북만주의 혁신 의회와 남만주의 국민부로 재편됨
	• 혁신 의회 : **북만주 지역에 한국 독립당과 그 산하 부대인 한국 독립군을 조직함** • 국민부 : 조선 혁명당과 조선 혁명군을 조직함	
기타	원세훈 등을 중심으로 한국 독립 유일당 북경 촉성회가 조직됨(1926)	

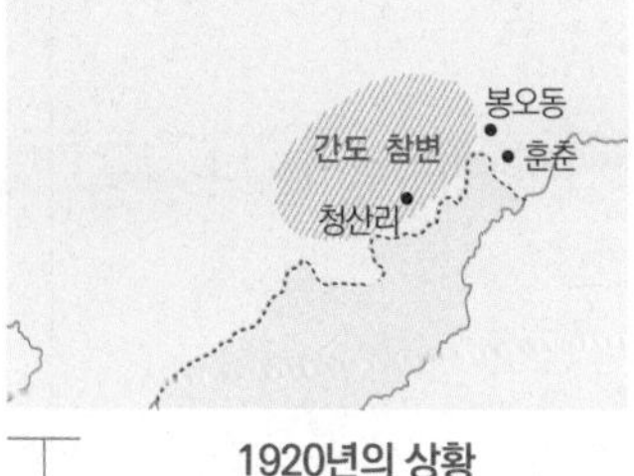

1920년의 상황

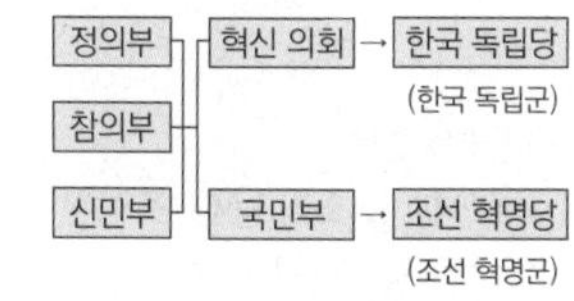

3부의 통합과 개편

3부 통합 운동의 결과

3 1930~1940년대 무장 독립 전쟁

(1) 1930년대 초반 무장 독립 전쟁

① **한인 애국단(1931)**

구분		내용
결성	**김구**가 대한민국 임시 정부의 침체를 극복하기 위하여 상하이에서 결성함	
활동	이봉창	**도쿄에서 일왕이 타고 가는 마차를 향해 폭탄을 투척함**(1932)
	윤봉길	**상하이 훙커우 공원**에서 열린 일왕의 생일 및 상하이 점령 축하 기념식장에 **폭탄을 투척함**
결과	• 중국 국민당 정부의 지원을 받는 계기가 됨 • 대한민국 임시 정부는 일본에 쫓겨 상하이에서 충칭으로 8년간 이동 생활을 하게 됨	

이봉창

윤봉길

② 한·중 연합 작전

㉠ 배경 : 일제가 만주를 침략하자(만주 사변) 중국 내에 반일 감정이 심화되었고, 이에 만주의 독립군은 중국군과 함께 한·중 연합 작전을 수행하였다.

㉡ **한국 독립군** : **지청천**을 중심으로 **중국 호로군과 연합하여 쌍성보·대전자령**·동경성·사도하자 등의 전투에서 **일본군을 상대로 승리**하였다.

㉢ **조선 혁명군** : **양세봉**을 중심으로 **중국 의용군**과 연합하여 **영릉가·흥경성 전투**에서 일본군을 물리쳤다.

한·중 연합 작전

㉣ 위축 : 일본군의 공세로 중국군의 활동이 위축되자 만주 지역에서 활동하던 일부 독립군이 중국 관내로 이동하였다.

(2) 1930년대 중반~1940년대 무장 독립 전쟁

① 항일 유격 전쟁

㉠ 일제의 만주 침략 이후 중국 공산당은 동북 인민 혁명군을 조직하여 활동하였다(1933).

㉡ 동북 인민 혁명군이 **동북 항일 연군**으로 개편되었다(1935).

㉢ **조국 광복회**(1936) : 동북 항일 연군에 소속된 한인들이 결성하였다.

㉣ 동북 항일 연군 내 한인 항일 유격대는 **조국 광복회의 지원을 받아** 보천보 전투에서 일본 면사무소와 경찰 주재소를 파괴하는 등 활약하였다(1937).

② 1935년의 상황

㉠ 민족 혁명당(1935) : 난징에서 김원봉의 의열단, 한국 독립당, 조선 혁명당 등 민족주의 계열과 사회주의 계열의 정당 및 단체들이 뭉쳐 결성하였다.

㉡ **한국 국민당(1935)** : **김구** 등 임시 정부를 고수하려는 세력들이 민족 혁명당 결성에 불참하고 **항저우(항주)에서 창당하였다.**

㉢ 사회주의 계열인 의열단이 민족 혁명당 내에서 주도권을 잡자, 조소앙의 한국 독립당, 조선 혁명당은 탈당하여 김구의 한국 국민당으로 합류하였다.

한국 독립당
1930년에 조소앙 등이 조직한 정당으로 북만주 지역에 위치한 한국 독립당과는 다른 단체이다.

조선 혁명당
1930년대 초에 남만주 지역에서 창당된 조선 혁명당을 의미한다.

③ 1937년 이후의 상황

㉠ 조선 민족 혁명당(1937) : 중·일 전쟁 발발 이후 민족 혁명당은 김원봉의 의열단을 중심으로 하는 조선 민족 혁명당으로 개편하였다.

㉡ 조선 혁명당(1937) : 조선 민족 혁명당으로 개편되자 지청천이 탈당하여 창당하였다.

㉢ **한국 광복 운동 단체 연합회(1937)** : 한국 국민당과 이전에 민족 혁명당에서 탈당한 한국 독립당, 조선 혁명당 등이 결성하였다.

㉣ 조선 민족 전선 연맹(1937) : 여러 세력의 탈당으로 약화된 통일 전선을 강화하고자 결성된 연맹으로, **중국 국민당 정부의 지원을 받아** 중국 우한에서 김원봉을 중심으로 **조선 의용대를 조직**하였다(1938).

㉤ **조선 의용대(1938)** : **중국 관내(關內)에서 결성된 최초의 한인 무장 부대**로 대적 심리전이나 포로 심문 등의 활동을 전개하였다.

조선 혁명당
1930년대 초반 남만주 지역에서 창당된 조선 혁명당과 이름만 같고 다른 정당이다.

조선 의용대

④ 1940년 이후의 상황

㉠ 한국 독립당(1940) : 충칭에서 김구의 한국 국민당, 조소앙의 한국 독립당, 지청천의 조선 혁명당 등 3당이 합당하여 김구를 위원장으로 삼아 창당하였다.

㉡ **한국광복군(1940)** : 임시 정부가 중국 국민당의 지원을 받아 **충칭에서 창설하였다.**

1941년	대일 선전 포고를 함
1942년	• 김원봉 등 조선 의용대 일부 세력을 흡수하여 화력이 강해짐 • 지청천을 총사령관으로, 김원봉을 부사령관으로 함
1943년	인도·미얀마 전선에서 영국군과 연합 작전을 수행함
1945년	미국 전략 정보국(OSS)과 연합하여 국내 진공 작전을 준비함

㉢ **조선 의용대 세력의 대부분이 화북 지역으로 이동하여 화북 지대를 결성한 뒤, 중국 팔로군과 연합하여 호가장 전투**와 반소탕전에서 **성과를 거두었다**(1941).

㉣ 조선 의용대 화북 지대는 조선 의용군으로 개편되어 중국 공산당과 연합하였다(1942).

㉤ 부민관 투탄 의거(1945. 5.) : 대한 애국 청년단 단원 조문기 등이 친일 단체 대의당이 행사를 개최하는 서울 부민관에 폭탄을 투척하였다.

한국광복군
중국 국민당 정부의 지원을 받아 창설되었기 때문에 「행동 준승 9개항」 등에 제약을 받았다.

장준하(1918~1975)
학병으로 강제 징집되었다가 탈출하여 충칭에 도착, 한국광복군에 입대하였다. 이후 한국광복군의 일원으로 국내 진공 작전을 준비하였다.

4 국외 이주 동포의 활동

(1) 만주

① 주로 19세기 후반에 생계를 위하여 많이 이주하였다.

② 독립군을 양성하기 위하여 독립군 기지를 건설하고, **민족 교육을 위하여 서전 서숙·명동 학교 등을 설립하였다.**

③ 1931년에 발생한 만주 사변 이후 일제는 황무지를 개간하기 위하여 조선인을 대거 이주시켰다.

④ 시련 : 간도 참변(1920)으로 많은 피해를 입었다.

(2) 연해주

① 러시아가 변방을 개척하기 위하여 조선인의 이주를 허용하였다.

② 시련 : **자유시 참변(1921)으로 많은 독립군이 피해**를 입었고, 중·일 전쟁 직후에는 **스탈린의 한인 강제 이주 정책으로 소련 당국이 연해주의 한인들을 중앙아시아로 강제 이주시켰다(1937).**

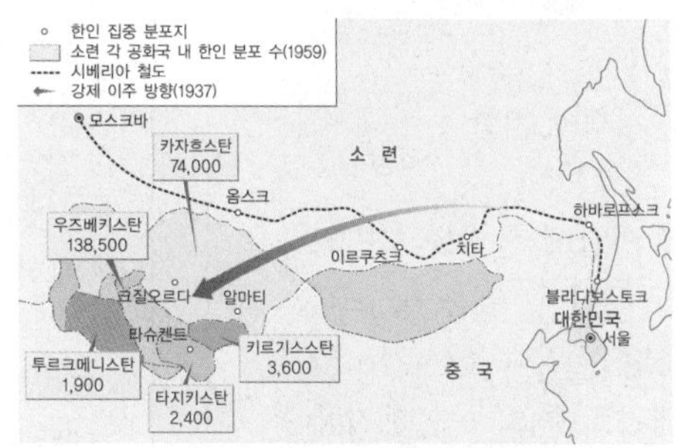

연해주 동포의 중앙아시아 강제 이주

(3) 일본

① 19세기 후반에는 주로 유학을 목적으로 이주하였다.

② 일본은 제1차 세계 대전 이후 일본 내에 값싼 노동력이 필요해지자 조선인의 이주를 장려하였다.

③ 일제는 1930년대에 징용령을 공포하여 조선인을 강제로 끌고 갔다.

④ 시련 : 관동 대학살(1923)로 많은 조선인이 피해를 입었다.

(4) 미주

① 1903년에 갤릭 호를 타고 최초의 한인 이주가 이루어졌다.

② 주로 **하와이 사탕수수 농장의 노동자**로 생계를 유지하였고, 사진결혼으로 부녀자 이주도 이루어졌다.

③ 독립운동 자금 모금, **한인 비행 학교 설립** 등을 주도하였다.

④ 시련 : 고된 노동으로 큰 시련을 겪었으나 이를 극복하고 독립운동 자금을 지원하였다.

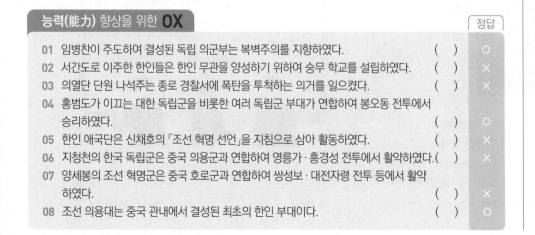

능력(能力) 향상을 위한 OX

			정답
01	임병찬이 주도하여 결성된 독립 의군부는 복벽주의를 지향하였다.	( )	○
02	서간도로 이주한 한인들은 한인 무관을 양성하기 위하여 숭무 학교를 설립하였다.	( )	×
03	의열단 단원 나석주는 종로 경찰서에 폭탄을 투척하는 의거를 일으켰다.	( )	×
04	홍범도가 이끄는 대한 독립군을 비롯한 여러 독립군 부대가 연합하여 봉오동 전투에서 승리하였다.	( )	○
05	한인 애국단은 신채호의 「조선 혁명 선언」을 지침으로 삼아 활동하였다.	( )	×
06	지청천의 한국 독립군은 중국 의용군과 연합하여 영릉가·흥경성 전투에서 활약하였다.	( )	×
07	양세봉의 조선 혁명군은 중국 호로군과 연합하여 쌍성보·대전자령 전투 등에서 활약하였다.	( )	×
08	조선 의용대는 중국 관내에서 결성된 최초의 한인 부대이다.	( )	○

이회영

우당 이회영과 그 형제들은 전 재산을 독립유동에 헌납하였다. 이들은 만주 삼원보에 신흥 강습소(신흥 무관 학교의 전신)를 설립하여 독립군을 양성하고 독립군 기지를 마련하는 등 진정한 노블레스 오블리주를 실현하였다.

남자현

간도에서 여자 권학회를 조직하여 계몽 활동에 힘쓴 인물로서 조선 총독 사이토 마코토 암살을 기도하고 국제 연맹 조사단에 강력한 독립 의지를 표명하는 혈서 전달을 시도하였다. 이후 만주국 주재 일본 대사 암살 계획이 발각되어 체포된 뒤 순국하였다.

관동 대학살

1923년에 일본 관동 지역에서 대지진이 발생하였다. 이때 일본 관원과 민간인은 '조선인이 폭동을 일으킨다', '우물에 독을 풀었다' 등 유언비어를 유포하며 한인을 학살하였다.

노백린

대한민국 임시 정부의 군무 총장인 노백린은 미주 한인 동포들에게 재정 지원을 받아 1920년에 최초로 한인 비행 학교를 설립하여 독립군 비행사를 육성하였다.

검정(檢定)된 기출문제

01

(가) 단체에 대한 설명으로 옳은 것은?

> **판결문**
> **피고인** : 박상진, 김한종
> **주　문** : 피고 박상진, 김한종을 사형에 처한다.
> **이　유**
> 피고 박상진, 김한종은 한일 병합에 불평을 가지고 구한국의 국권 회복을 명분으로 (가) 을/를 조직하고 국권 회복을 위한 자금 조달을 위해 조선 각도의 자산가에게 공갈로 돈을 받아내기로 하고 …… 채기중 등을 교사하여 장승원의 집에 침입하여 자금을 강취하고 살해하도록 한 죄가 인정되므로 위와 같이 판결한다.

① 중일 전쟁 발발 직후에 결성되었다.
② 군대식 조직을 갖춘 비밀 결사였다.
③ 파리 강화 회의에 대표를 파견하였다.
④ 일제가 꾸며낸 105인 사건으로 와해되었다.
⑤ 만민 공동회를 열어 열강의 이권 침탈을 비판하였다.

02

(가)에 들어갈 내용으로 옳은 것은?

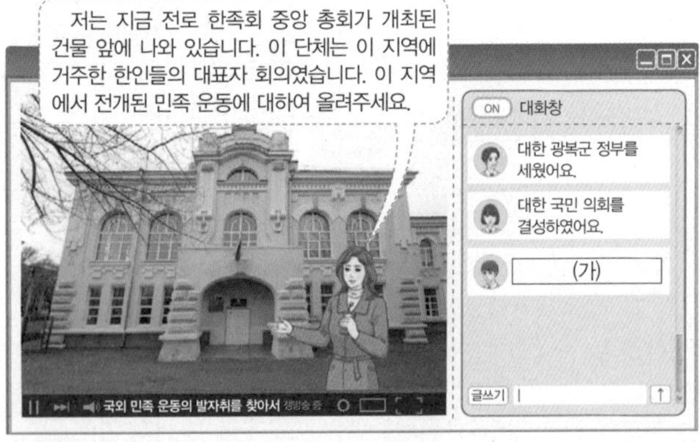

저는 지금 전로 한족회 중앙 총회가 개최된 건물 앞에 나와 있습니다. 이 단체는 이 지역에 거주한 한인들의 대표자 회의였습니다. 이 지역에서 전개된 민족 운동에 대하여 올려주세요.
ON 대화창
대한 광복군 정부를 세웠어요.
대한 국민 의회를 결성하였어요.
(가)
글쓰기
국외 민족 운동의 발자취를 찾아서

① 독립군 양성을 위하여 신흥 강습소를 세웠어요.
② 권업회를 조직하여 권업신문을 발행하였어요.
③ 숭무 학교를 설립하여 무장 투쟁을 준비하였어요.
④ 한인 비행 학교를 세워 독립군 비행사를 육성하였어요.
⑤ 대일 항전을 준비하기 위하여 조선 독립 동맹을 결성하였어요.

03

(가)에 들어갈 내용으로 가장 적절한 것은?

> **학술 대회 안내**
> 우리 학회는 3·1 운동 및 대한민국 임시 정부 수립 100주년을 맞이하여 연해주 지역에서 독립운동에 헌신한 최재형 선생의 활동을 구체적으로 살펴보는 학술 대회를 개최합니다.
> ◆발표 주제◆
> • 동의회를 통하여 본 재러 한인의 의병 활동
> • 대동공보를 통한 언론 활동
> • 안중근의 하얼빈 의거와 최재형
> • (가)
> ■ 일시 : 2019년 ○○월 ○○일 13:00~17:00
> ■ 장소 : □□대학교 소강당
> ■ 주최 : △△학회

① 권업회 조직과 권업신문 발간
② 서전서숙 설립과 민족 교육 진흥
③ 신흥 무관 학교 설립과 독립군 양성
④ 한인 애국단 결성과 항일 의거 활동
⑤ 신한 청년당 결성과 파리 강화 회의 참석

04

(가)~(다) 학생이 발표한 내용을 일어난 순서대로 옳게 나열한 것은?

〈1920년대 만주 지역의 독립운동〉
참의부, 정의부, 신민부 등 3부가 성립되었습니다.
대한 독립군 등이 봉오동으로 일본군을 유인하여 크게 무찔렀습니다.
북로 군정서 등이 청산리 일대에서 일본군에 대승을 거두었습니다.
(가)
(나)
(다)

① (가) – (나) – (다)　② (가) – (다) – (나)
③ (나) – (가) – (다)　④ (나) – (다) – (가)
⑤ (다) – (나) – (가)

05

다음 두 의거를 일으킨 단체에 대한 설명으로 옳은 것은?

> • 오늘 아침 신년 관병식을 마치고 궁성으로 돌아가던 일왕의 행렬이 궁성 부근 앵전문(櫻田門) 앞에 이르렀을 때 군중 가운데서 돌연 한인(韓人) 한 명이 뛰쳐나와 행렬을 향하여 수류탄을 투척하였다.
>
> – 시보(時報) –
>
> • 일왕의 생일인 천장절 기념식장에 폭탄을 투척하여 다수의 일본 군부 및 정계 요인에게 부상을 입혔던 한인(韓人) 윤(尹) 지사는 현장에서 체포된 뒤 일본군 헌병대 사령부로 압송되었다.
>
> – 상해보(上海報) –

① 중·일 전쟁 발발 이후에 창설되었다.
② 김구의 주도로 상하이에서 조직되었다.
③ 조선 혁명 선언을 활동 지침으로 하였다.
④ 김익상, 김상옥 등이 단원으로 활동하였다.
⑤ 일제가 꾸며낸 105인 사건으로 해체되었다.

06

(가), (나) 독립군에 대한 설명으로 옳은 것은?

나는 광복군 총영에서 활동하였고, 1931년 국민부 산하 (가) 의 총사령이 되었습니다. 이후 만주의 중국 의용군과 연합하여 한·중 연합군을 편성하였습니다.

나는 만주에서 의열단을 결성하였고, 중국 국민당 정부의 지원을 받아 1938년 조선 민족 전선 연맹 산하의 군사 조직인 (나) 을/를 조직하였습니다.

① (가) – 자유시 참변으로 큰 타격을 입었다.
② (가) – 연합군의 일원으로 인도, 미얀마 전선에 파견되었다.
③ (나) – 대전자령 전투에서 일본군을 격퇴하였다.
④ (나) – 중국 관내(關內)에서 결성된 최초의 한인 무장 부대였다.
⑤ (가), (나) – 미군과 연계하여 국내 진공 작전을 계획하였다.

07

(가) 인물에 대한 설명으로 옳은 것은?

이것은 한국광복군 총사령관을 역임한 (가) 의 흉상입니다. 이 흉상은 3·1절과 대한민국 임시 정부 수립 99주년을 기념하기 위하여 대한민국 육군 사관 학교에 건립되었습니다. 그는 일본 육군 사관 학교를 졸업하였으나 만주 지역으로 망명하여 신흥 무관 학교에서 독립군 양성에 힘썼습니다. 또한 한국 독립군의 총사령관으로 대전자령 전투를 지휘하여 승리로 이끌었습니다.

① 숭무 학교를 설립하여 독립군을 양성하였다.
② 쌍성보 전투에서 한·중 연합 작전을 전개하였다.
③ 독립군 비행사 육성을 위하여 한인 비행 학교를 세웠다.
④ 독립군 연합 부대를 이끌고 청산리 전투에서 승리하였다.
⑤ 일제 패망과 광복에 대비하여 조선 건국 동맹을 결성하였다.

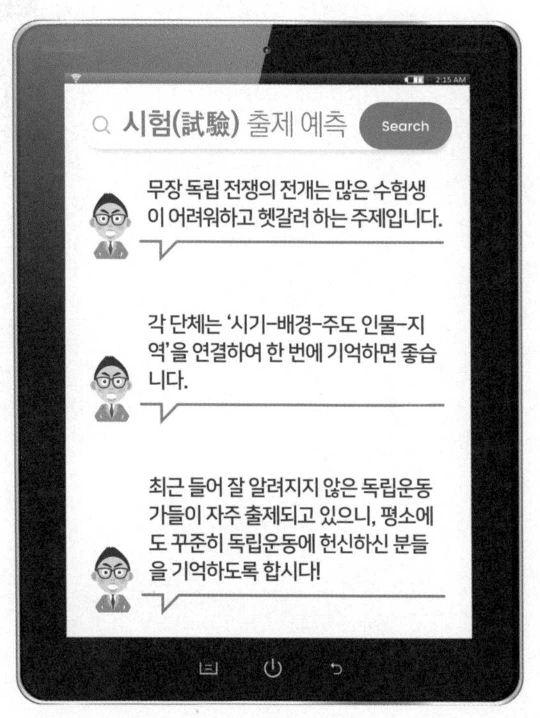

시험(試驗) 출제 예측
Search
무장 독립 전쟁의 전개는 많은 수험생이 어려워하고 헷갈려 하는 주제입니다.
각 단체는 '시기-배경-주도 인물-지역'을 연결하여 한 번에 기억하면 좋습니다.
최근 들어 잘 알려지지 않은 독립운동가들이 자주 출제되고 있으니, 평소에도 꾸준히 독립운동에 헌신하신 분들을 기억하도록 합시다!

20 | 국내의 사회 · 경제적 민족 운동

● 사회주의 운동의 전개

3·1 운동

사회주의

청년 운동

6·10 만세 운동

- 배경 : 사회주의 운동의 확산 + 순종의 죽음
- 전개 : 사회주의계 + 천도교계 + 학생 준비
  → 사회주의계 + 천도교계 사전 검거
  → 학생 중심 시위 전개
- 의의 : 민족 유일당 운동의 계기(신간회 결성의 계기)

광주 학생 항일 운동

- 발단 : 한·일 학생 간 충돌
- 전개 : 광주 학생 총궐기
  → 신간회의 지원을 받아 전국적으로 확산
- 의의 : 3·1 운동 이후 최대 규모의 항일 민족 운동

소년 운동

- 주도 : 방정환의 천도교 소년회, 색동회
- 활동 : 어린이날 제정, 잡지『어린이』발간

형평 운동

- 배경 : 백정에 대한 사회적 차별
- 조선 형평사(1923) : 진주에서 백정 이학찬 등이 조직

여성 운동

- 배경 : 여성 계몽과 차별 철폐 추구
- 목표 : 여성의 단결과 지위 향상
- 근우회(1927) : 신간회 자매단체, 기관지『근우』발간

노동·농민 운동

- 1920년대 노동·농민 운동
  - 특징 : 생존권 투쟁
  - 대표 사건 : 암태도 소작 쟁의(1923), 원산 총파업(1929)
- 1930년대 노동·농민 운동
  - 특징 : 항일 투쟁
  - 대표 사건 : 평양(을밀대) 강주룡의 고공 농성(1931)

설쌤의 한(韓)판 정리

● 실력 양성 운동의 전개

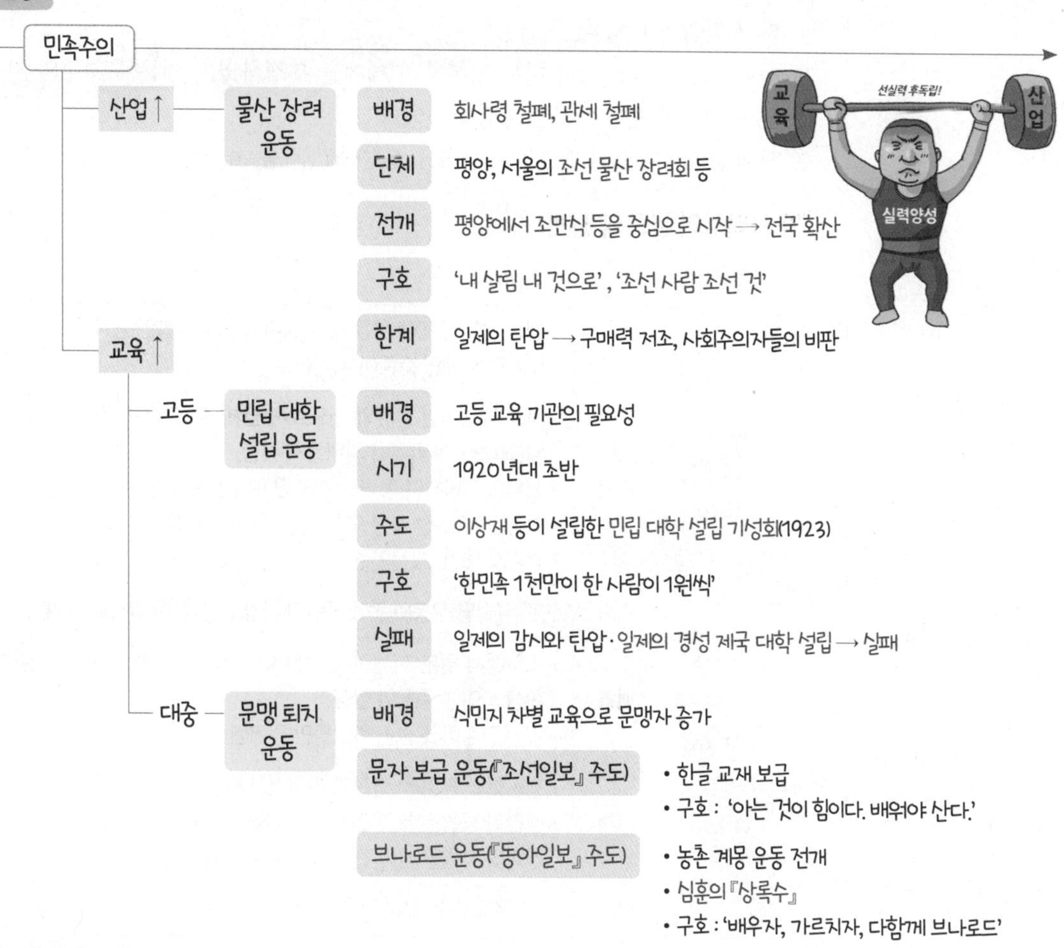

- 3·1 운동
  - 민족주의
    - 산업↑ — 물산 장려 운동
      - 배경: 회사령 철폐, 관세 철폐
      - 단체: 평양, 서울의 조선 물산 장려회 등
      - 전개: 평양에서 조만식 등을 중심으로 시작 → 전국 확산
      - 구호: '내 살림 내 것으로', '조선 사람 조선 것'
      - 한계: 일제의 탄압 → 구매력 저조, 사회주의자들의 비판
    - 교육↑
      - 고등 — 민립 대학 설립 운동
        - 배경: 고등 교육 기관의 필요성
        - 시기: 1920년대 초반
        - 주도: 이상재 등이 설립한 민립 대학 설립 기성회(1923)
        - 구호: '한민족 1천만이 한 사람이 1원씩'
        - 실패: 일제의 감시와 탄압·일제의 경성 제국 대학 설립 → 실패
      - 대중 — 문맹 퇴치 운동
        - 배경: 식민지 차별 교육으로 문맹자 증가
        - 문자 보급 운동(『조선일보』 주도)
          - 한글 교재 보급
          - 구호 : '아는 것이 힘이다. 배워야 산다.'
        - 브나로드 운동(『동아일보』 주도)
          - 농촌 계몽 운동 전개
          - 심훈의 『상록수』
          - 구호 : '배우자, 가르치자, 다함께 브나로드'

● 민족 유일당 운동의 전개

- 신간회 결성 배경
  - 국내
    - 민족주의 진영의 분열 : 자치론(이광수 등, 타협적 민족주의) vs. 비타협적 민족주의
    - 6·10 만세 운동 → 사회주의 진영과 민족주의 진영 간에 공감대 형성
    - 조선 민흥회 결성과 정우회 선언 발표
  - 국외
    - 중국의 제1차 국·공 합작 → 안창호·원세훈 주도하에 한국 독립 유일당 북경 촉성회 결성
    - 참의부·정의부·신민부의 3부 통합 운동 → 국민부, 혁신 의회 결성
    - 코민테른의 승인

신간회	
결성	비타협적 민족주의자 + 사회주의자
조직	초대 회장 이상재, 부회장 홍명희
강령	1. 정치적·경제적 각성을 촉구함 2. 단결을 공고히 함 3. 기회주의를 배격함
활동	광주 학생 항일 운동 외 여러 운동 지원, 지회 설립, 순회강연회 개최
해소	내부적 이념 갈등과 사회주의자들의 이탈(코민테른의 노선 변경)

헤어져!
안재~
코민테른
안재홍

1 사회주의 운동의 전개

(1) 사회주의 유입과 사회주의 운동의 특징

① 유입 : 3·1 운동 이후 유입된 사회주의 사상은 일부 청년과 지식인에게 적극 수용되었다.

② 일제를 타도하려는 목적을 가지고 있었기 때문에 1925년에 일제가 제정한 치안 유지법에 따라 탄압을 받았다.

③ 사유 재산 제도를 인정하는 자본주의 체제를 부정하였기 때문에 지주와 자본가가 중심이 된 민족주의 운동과 대립하였다.

④ 사회주의자들은 각지에서 청년회를 결성하고 각종 사회 운동을 주도하였다.

(2) 사회주의 운동의 전개

① 청년 운동

<table>
<tr><td rowspan="3">6·10
만세 운동
(1926)</td><td>배경</td><td>• 청년 운동과 학생 운동 등 사회주의 운동이 확산됨
• 마지막 황제인 순종이 서거함</td></tr>
<tr><td>전개</td><td>• 사회주의 계열 단체와 천도교계 단체, 학생 단체 등이 순종(융희 황제)의 인산일(장례식)에 맞추어 시위를 계획함
• 시위를 준비하던 중 사회주의 단체와 천도교계 단체가 일본 경찰에 사전 검거됨
• 학생 단체(조선 학생 과학 연구회 등)를 중심으로 만세 운동이 전개됨
• 검거자 탈환, 조선인 본위의 교육 제도 시행 등을 주장함</td></tr>
<tr><td>의의</td><td>민족 유일당 운동이 전개되는 계기가 됨(신간회 결성의 계기)</td></tr>
<tr><td rowspan="3">광주 학생
항일 운동
(1929)</td><td>배경</td><td>• 기차에서 일본 학생이 조선인 여학생의 머리를 잡아당긴 일을 계기로 한·일 학생 사이에 충돌이 발생함
• 일본 경찰이 조선인 학생들만 검거함</td></tr>
<tr><td>전개</td><td>• 성진회와 광주 각 학교의 독서회를 중심으로 광주 학생들이 총궐기함
• 신간회 중앙 본부가 진상 조사단을 파견하고 민중 대회 개최를 계획하는 등 신간회의 지원을 받아 전국적인 시위로 확대됨</td></tr>
<tr><td>의의</td><td>3·1 운동 이후 최대 규모의 항일 민족 운동</td></tr>
</table>

서거
죽어서 세상을 떠나는 것이다.

민족 유일당 운동
민족주의 세력과 사회주의 세력이 연대하여 전개하는 운동이다.

한·일 학생 사이에 충돌
일본인 학생 후쿠다가 한국인 여학생 박기옥과 이광춘의 댕기를 잡아당기는 등 희롱하였다. 이에 이 사건을 목격한 박기옥의 사촌 동생 박준채 등 한국인 학생들과 후쿠다 등 일본 학생들 간에 싸움이 벌어졌다. 이때 일본 경찰이 한국인 학생들만 검거하자, 분노한 광주 고보와 광주 중학교 학생들이 가두시위를 전개하였다.

국사(國史)편찬위원회에서 출제한 자료 ● 6·10 만세 운동 격문

왕조의 마지막 군주였던 창덕궁 주인이 58세의 나이로 지난 4월 25일 서거하였다. …… 지금 우리 민족의 통곡과 복상은 군주의 죽음 때문이 아니고 경술년 8월 29일 이래 사무친 슬픔 때문이다. …… 슬퍼하는 민중들이여! 하나가 되어 혁명 단체 깃발 밑으로 모이자! 금일의 통곡복상의 충성과 의분을 모아 우리들의 해방 투쟁에 바치자!

국사(國史)편찬위원회에서 출제한 자료 ● 광주 학생 항일 운동 격문

조선 청년 대중이여! 궐기하라. 제국주의적 침략에 대한 반항적 투쟁으로서 광주 학생 사건을 지지하고 성원하라. …… 저들은 소위 사법 경찰을 총동원하여 광주 조선 학생 동지 400여 명을 참혹한 철쇄에 묶어 넣었다. 여러분! 궐기하라! 우리들이 흘리는 선혈의 마지막 한 방울까지 조선 학생의 이익과 약소민족의 승리를 위하여 항쟁적 전투에 공헌하라!

② 소년 운동

주도	• 천도교의 **방정환**·김기전 등은 동학 제2대 교주 최시형의 '어린이를 때리는 것은 한울님을 때리는 것'이라는 가르침을 이어받아 소년 운동을 주도함 • **천도교 소년회**와 함께 **색동회**가 주도적인 역할을 담당함
구호	'잘살려면 어린이를 위하라'
활동	• 방정환은 천도교 소년회를 결성하여 어린이날을 제정하고 잡지 『어린이』를 발간함 • 조선 소년 연합회가 결성되어 소년 운동을 전개함(1927)

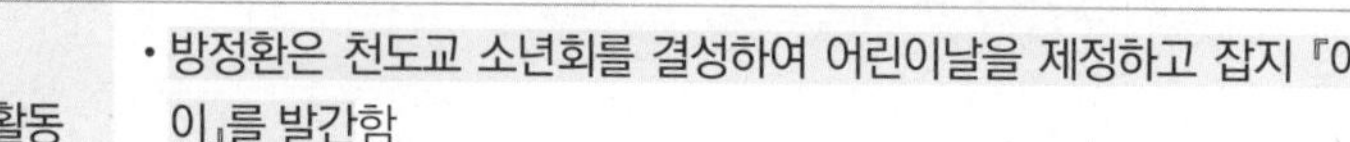

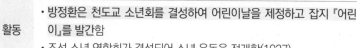

어린이날 표어

방정환

③ **형평 운동**

배경	신분 제도가 없어졌으나 백정에 대한 사회적 차별이 여전히 존재함
구호	'천차만별의 천시(賤視)를 철폐하자!'
주도	• **진주**에서 백정 이학찬 등이 **조선 형평사(1923)를 조직**하여 '모욕적인 칭호 철폐' 등을 주장하며 형평 운동을 전개함 • **조선 형평사 창립 대회**를 개최함

형평 운동 포스터

국사(國史)편찬위원회에서 출제한 자료 ●조선 형평사 취지문

공평은 사회의 근본이고 애정은 인류의 본령이다. 그러한 까닭으로 우리는 계급을 타파하고 모욕적 칭호를 폐지하여, 교육을 장려하고 우리도 참다운 인간이 되는 것을 기하자는 것이 우리의 주장이다. 지금까지 조선의 백정은 어떠한 지위와 압박을 받아 왔는가? 과거를 회상하자면 종일 통곡하고도 피눈물을 금할 수 없다. ……

④ **여성 운동**

배경	여성의 사회적 진출이 활발해지며 여성 계몽의 필요성과 여성에 대한 차별 철폐 인식이 확산됨
목표	**여성의 공고한 단결과 지위 향상을 추구함**
주도	**신간회의 자매단체인 근우회(1927)**가 강연회를 개최하고 기관지 『근우』를 발간하는 등 여성 계몽 운동을 전개함

『근우』와 『여자시론』

국사(國史)편찬위원회에서 출제한 자료 ●근우회 강령

1. 여성에 대한 사회적·법률적 일체 차별 철폐
2. 일체 봉건적 인습과 미신 타파
3. 조혼 폐지 및 결혼의 자유
4. 인신매매 및 공창(公娼) 폐지
5. 농민 부인의 경제적 이익 옹호
6. 부인 노동의 임금 차별 철폐 및 산전, 산후 임금 지불 ……

⑤ 농민 운동

1920년대	• 성격 : 소작료 인하 등 생존권 투쟁을 전개함 • 대표적 사건 : 암태도 소작 쟁의(1923) • 조선 농민 총동맹을 결성함(1927)
1930년대	• 성격 : 식민지 지주제 철폐와 일제 타도를 주장하는 등 항일 투쟁을 전개함 • 농촌 진흥 운동(1932~1940) : 소작 쟁의를 무마하기 위한 일제의 허구적 관제 운동임

암태도 소작 쟁의(1923)
전남 신안군 암태도 소작인회를 중심으로 전개되었다. 70% 이상의 고율 소작료를 징수하는 지주 문재철의 횡포에 맞서, 1년여에 걸친 투쟁 끝에 소작료를 40%로 인하하는 등 자신들의 요구를 대부분 관철하였다.

⑥ 노동 운동

1920년대	• 성격 : 노동 조건의 개선 등 생존권 투쟁을 전개함 • 조선 노동 공제회(1920), 조선 노동 총동맹을 결성함(1927) • 대표적 사건 : 경성 고무 여자 직공 조합의 아사 동맹(1923), 원산 총파업(1929)
1930년대	• 성격 : 일제의 탄압에 반발하며 사회주의 세력과 연대하여 항일 투쟁을 전개함 • 대표적 사건 : 평양(을밀대) 강주룡의 고공 농성(1931)

원산 총파업(1929)
1928년 9월에 원산 인근의 영국계 석유 회사인 '라이징 선'사에서 일본인 현장 감독이 한국인 노동자를 자주 구타하는 사건이 발생하였다. 이에 분노한 노동자들은 열악한 노동 조건 개선과 감독 파면을 요구하면서 파업을 벌였다. 원산 총파업은 일본, 중국, 프랑스 등지의 노동 단체로부터 격려 전문을 받았다.

2 실력 양성 운동의 전개

(1) 실력 양성론 대두

① 3·1 운동 이후 국외 정세 및 조선 총독부의 통치 방식이 변화하였다.

② 즉각적인 독립이 어렵다고 판단한 일부 지식인은 사회 진화론을 수용하여 독립에 앞서 실력을 양성하여야 한다고 판단하였다.

(2) 물산 장려 운동

물산 장려 운동 포스터

배경	• 회사령이 철폐(1920)되며 한국 기업이 증가하였으나 일본 자본에 밀려 어려움을 겪는 가운데 관세가 철폐됨(1923) • 민족 기업의 육성을 통한 경제적 자립을 추구하고자 함
단체	평양과 서울에 조선 물산 장려회, 서울에 토산 애용 부인회, 지방에 자작회 등이 설립됨
전개	• 평양에서 조만식 등의 주도로 토산품 애용 운동, 금주·단연 운동 등이 시작됨 • 전국적인 운동으로 확산됨
구호	'내 살림 내 것으로', '조선 사람 조선 것'
한계	• 일제의 탄압으로 구매력이 저조함 • 사회주의자들은 자본가와 상인의 이익만을 추구하는 이기적인 운동이라고 비판함

국사(國史)편찬위원회에서 출제한 자료 ● 조선 물산 장려회 궐기문

보아라! 우리의 먹고 입고 쓰는 것이 거의 다 우리의 손으로 만든 것이 아니었다. 이것이 세상에서 제일 무섭고 위태한 일인 줄을 오늘에야 우리는 깨달았다. …… 입어라! 조선 사람이 짠 것을, 먹어라! 조선 사람이 만든 것을, 써라! 조선 사람이 지은 것을, 조선 사람·조선 것.

(3) 민립 대학 설립 운동

제1회 전조선야구대회에서 시구하는 이상재의 모습
월남 이상재는 민립 대학 설립 운동과 민족 유일당 운동을 주도하였다.

배경	• 일제의 식민지 우민화 교육에 반발함 • 고등 교육을 통하여 민족의 실력을 양성할 필요성이 대두됨
주도	1920년대 초에 이상재 등이 설립한 조선 민립 대학 기성회가 주도함
전개	대학 설립을 위한 모금 활동을 전개함
구호	'한민족 1천만이 한 사람이 1원씩'
결과	• 일제의 감시 및 탄압과 지속된 자연재해로 모금 성과가 저조함 • 일제의 경성 제국 대학 설립으로 실패함

국사(國史)편찬위원회에서 출제한 자료 ● 민립 대학 설립 기성회의 발기 취지서

우리들의 운명을 어떻게 개척할까? 정치냐, 외교냐, 산업이냐? 물론 이러한 사업들이 모두 다 필요하도다. 그러나 그 기초가 되고 요건이 되며 가장 급무가 되고 가장 선결의 필요가 있으며 가장 힘 있고 가장 필요한 수단은 교육이 아니면 불능하도다. …… 대학의 설립을 빼고는 다른 길이 없도다.

(4) 문맹 퇴치 운동

① 배경 : 일제의 우민화 교육 정책에 대항하여 언론 기관을 중심으로 문맹을 퇴치하기 위한 농촌 계몽 운동이 전개되었다.

② 문자 보급 운동(1929~1934)

㉠ 『조선일보』가 주도하여 한글 교재를 보급하고 순회강연을 개최하였다.

㉡ 구호 : '아는 것이 힘이다. 배워야 산다.'를 주장하였다.

③ **브나로드 운동(1931~1934)**

㉠ **『동아일보』**가 주도하여 농촌 계몽 운동을 전개하였다.

㉡ **브나로드 운동을 소재로 한 심훈의 「상록수」** 등 계몽 소설이 등장하였다.

㉢ 구호 : **'배우자, 가르치자, 다함께 브나로드'**를 주장하였다.

④ 결과 : 조선 총독부는 민족의식 고취 등을 이유로 문맹 퇴치 운동을 금지하였다(1935).

『한글 원본』

『조선일보』가 보급한 문자 보급 운동 교재이다.

브나로드 운동 포스터

'브나로드'는 러시아어로 '민중 속으로'라는 의미이다.

3 민족 유일당 운동의 전개

(1) 국내 정세

① 민족 운동의 분열

㉠ 3·1 운동 이후 사회주의가 유입되며 민족주의 계열은 민족 해방을 목표로 하였으나, 사회주의 계열은 계급 해방을 목표로 여러 운동을 전개하였다.

㉡ 일제가 전개한 문화 통치의 영향으로 이광수와 최린 등은 일제로부터 자치를 인정받자는 자치론을 주장하였다.

㉢ 민족주의자 세력은 자치론에 찬성하는 타협적 민족주의자와 이를 비판하는 비타협적 민족주의자로 분열되었다.

국사(國史)편찬위원회에서 출제한 자료 ● 이광수, 「민족적 경륜」

지금의 조선 민족에게는 왜 정치적 생활이 없는가? …… 병합 이래로 조선인은 일본의 통치권을 승인해야만 할 수 있는 모든 정치적 활동, 즉 참정권, 자활권 운동 같은 것은 물론이요, 일본 정부를 상대로 하는 독립운동조차 원치 아니하는 강렬한 절개 의식이 있었던 것이 둘째 원인이다. …… 지금까지 해 온 정치적 운동은 모두 일본을 적대시하는 운동뿐이었다. 이런 종류의 운동은 해외에서나 할 수 있는 일이고, 조선에서는 허용되는 범위 내에서 정치적 결사를 조직하여야 한다는 것이 우리의 주장이다.

② 6·10 만세 운동으로 **사회주의 진영과 민족주의 진영 사이에 연대 가능성이 제시**되었다.

(2) 국외 정세

① 제1차 국·공 합작(1924) : 중국에서 국민당과 공산당이 군벌과 제국주의를 타도하기 위하여 제1차 국·공 합작을 이루었다.

② 3부 통합 운동 : 만주 지역의 3부(참의부·정의부·신민부)가 민족 유일당 운동을 전개하여 3부 통합을 시도하였다.

코민테른
레닌이 주도하여 1919년에 조직한 국제 공산당 단체이다.

③ **코민테른의 승인** : 코민테른이 제국주의에 대항하기 위하여 민족 통일 전선에 우호적인 입장을 표명하였다.

④ **한국 독립 유일당 북경 촉성회(1926)** : 안창호는 상하이와 베이징 일대에 있는 독립운동 단체의 대동단결을 주장하며 베이징의 원세훈과 연합하여 한국 독립 유일당 북경 촉성회를 조직하였다.

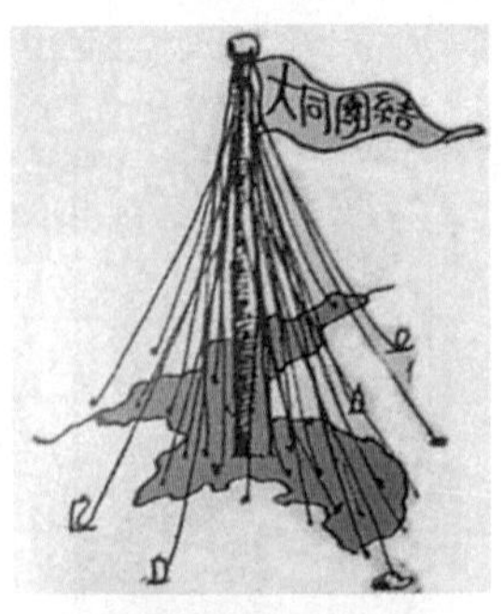

신간회 결성 포스터

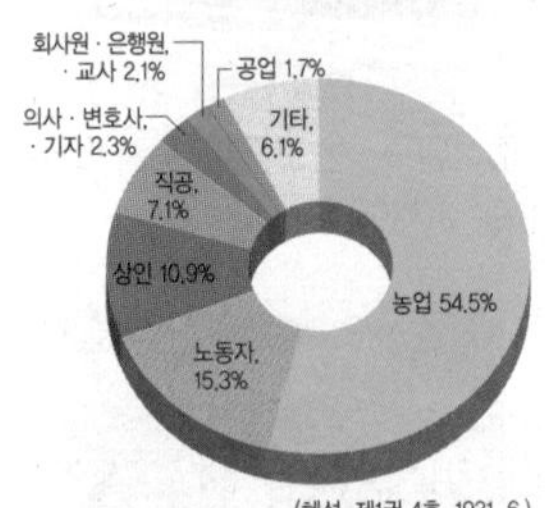

신간회 회원의 직업별 구성

(3) 신간회(1927~1931)

① 배경

㉠ 조선 민흥회 결성(1926) : 조선 물산 장려회 중심의 민족주의 계열과 서울 청년회 중심의 사회주의 계열이 제휴하여 결성되었다.

㉡ **정우회 선언 발표**(1926) : 사회주의 진영에서 비타협적 민족주의 세력과 제휴하겠다는 의사를 밝혔다.

> **국사(國史)편찬위원회에서 출제한 자료** ● 정우회 선언(1926)
>
> 민족주의적 세력에 대하여는 그 부르주아 민주주의적 성질을 명백하게 인식하는 동시에 또 과정적 동맹을 맺을 수 있음을 충분히 인정하여 그것이 타락한 형태로 나타나지 아니하는 것에 한하여 적극적으로 제휴하여 대중의 개량적 이익을 위해서도 종래의 소극적 태도를 버리고 분연히 싸워야 할 것이다. -『조선일보』-

② 조직

㉠ 비타협적 **민족주의자와 사회주의자가 연대**하여 창립하였다.

㉡ **초대 회장에 이상재**, 부회장에 홍명희가 임명되었다.

③ 강령

㉠ 우리는 정치적·경제적 각성을 촉구함

㉡ 우리는 단결을 공고히 함

㉢ 우리는 기회주의를 일체 부인함

④ 활동

㉠ 서울에 본부를 두고 **전국 주요 도시에 지회 140여 개를 설립**하였다.

㉡ **순회강연회를 개최**하여 민중을 계몽하고 민족의식을 고취하였다.

㉢ 여러 사회 운동 지원 : 청년·여성·형평·노동·**농민 운동 등을 지원**하였다.

ⓐ **광주 학생 항일 운동에 진상 조사단을 파견**하고 민중 대회 개최를 계획하였다.

ⓑ 원산 총파업을 지원하였다.

⑤ 해소

㉠ 민중 대회 개최 계획이 일제에 발각되어 탄압받으면서 새로운 집행부가 구성되었다.

㉡ 새로운 집행부가 일제와 타협하려는 움직임을 보이자 사회주의자들은 신간회의 해소를 주장하였다.

㉢ 코민테른은 중국 내 국·공 합작 실패를 계기로 민족 협동 전선의 해체를 결정하였다.

⑥ 의의 : 최대 규모의 합법적 민족 유일당 단체로 민중의 절대적인 지지를 받았다.

능력(能力) 향상을 위한 OX

			정답
01	6·10 만세 운동으로 일제는 통치 방식을 문화 통치로 전환하였다.	( )	×
02	물산 장려 운동은 신간회의 지원을 받아 전국으로 확산되었다.	( )	×
03	민립 대학 설립 운동은 사회주의 세력으로부터 비판을 받았다.	( )	×
04	정우회 선언을 계기로 신간회가 결성되었다.	( )	○

검정(檢定)된 기출문제

정답 및 해설 P. 395

01

밑줄 그은 '이 운동'에 대한 설명으로 옳은 것은?

이것은 안동에 있는 '항일구국열사 권오설 선생 기적비'이다. 권오설은 사회주의 진영의 중심인물로서, 순종 인산일을 기회로 삼아 천도교 계열과 사회주의 계열이 함께 준비한 이 운동을 기획하는 데 주도적인 역할을 하였다. 정부는 그의 애국 애족 정신을 기리기 위하여 2005년에 건국 훈장 독립장을 추서하였다.

① 치안 유지법이 제정되는 결과를 가져왔다.
② 백정에 대한 사회적 차별 철폐를 목적으로 하였다.
③ 일제가 이른바 문화 통치를 실시하는 배경이 되었다.
④ 국내에서 민족 유일당 운동이 전개되는 계기가 되었다.
⑤ 배우자 가르치자 다 함께 브나로드를 구호로 내세웠다.

02

다음 자료를 발표한 단체에 대한 설명으로 옳은 것은?

○○○○ 기념 행사

10년 후의 조선을 생각하라

- 어린 사람을 헛말로 속이지 말아 주십시오.
- 어린 사람을 늘 가까이하시고 자주 이야기하여 주십시오.
- 어린 사람에게 경어를 쓰시되 늘 부드럽게 하여 주십시오.
- 나쁜 구경을 시키지 마시고 동물원에 자주 보내 주십시오.

1922년 5월 1일

① 잡지 근우를 발간하였다.
② 김기전, 방정환 등이 주도하였다.
③ 발명 학회와 과학 문명 보급회를 창립하였다.
④ 가갸날을 제정하고 기관지인 한글을 발행하였다.
⑤ 대성 학교와 오산 학교를 설립하여 민족 교육을 실시하였다.

03

밑줄 그은 '이 운동'에 대한 설명으로 옳은 것을 〈보기〉에서 고른 것은?

이것은 1929년 11월 한일 학생 간의 충돌을 계기로 시작된 이 운동을 기념하는 탑입니다. 당시 민족 차별에 분노한 광주 지역 학생들이 대규모 시위를 전개하였고, 전국의 많은 학교가 동맹 휴학으로 동참하였습니다. 이 기념탑은 학생들의 단결된 의지를 타오르는 횃불로 형상화한 것입니다.

보기

ㄱ. 조선인 본위의 교육 제도 확립 등을 요구하였다.
ㄴ. 대한매일신보의 후원 속에 전국으로 확산하였다.
ㄷ. 신간회에서 진상 조사단을 파견하여 지원하였다.
ㄹ. 일제가 이른바 문화 통치를 실시하는 배경이 되었다.

① ㄱ, ㄴ ② ㄱ, ㄷ ③ ㄴ, ㄷ ④ ㄴ, ㄹ ⑤ ㄷ, ㄹ

04

다음 대화에 나타난 사건에 대한 설명으로 옳은 것은?

저 여성은 을밀대 지붕 위에 올라가 무엇을 하고 있는 것이오?
평양의 평원 고무 공장에서 일하는 강주룡이 항의 농성을 하고 있는 중입니다.

① 조선 노동 총동맹 결성으로 이어졌다.
② 원산 총파업이 일어나는 계기가 되었다.
③ 대한매일신보 등 언론 단체들이 참여하였다.
④ 임금 삭감 반대, 노동 조건 개선을 주장하였다.
⑤ 백정에 대한 사회적 차별 철폐를 목적으로 하였다.

05

(가) 민족 운동에 대한 설명으로 옳은 것은?

> (가) 에 대한 반대 측 의견을 종합하건대 크게 두 가지 논점이 있는 것 같다. 하나는 일본인 측이나 또는 관청의 일부분에서 일종의 일본 제품 배척 운동으로 간주하고 불온한 사상이라고 공격하는 것이다. 또 하나는 소위 사회주의자 중 일부 논객이 주장하는 것인데, (가) 은/는 유산 계급의 이익을 위한 것이며 무산 계급에는 아무 관련이 없으니 유산 계급만의 운동으로 남겨 버리자는 것이다.
>
> – 동아일보 –

① 조선 노동 총동맹의 주도로 추진되었다.
② 진주에서 시작되어 전국으로 확산되었다.
③ 국민의 성금을 모아 국채를 갚고자 하였다.
④ 조선 사람 조선 것이라는 구호를 내세웠다.
⑤ 농민 단체를 결성하여 소작 쟁의를 전개하였다.

06

다음 취지서를 발표한 민족 운동에 대한 설명으로 옳은 것은?

> **발기 취지서**
>
> 우리의 운명을 어떻게 개척할까? …… 민중의 보편적 지식은 보통 교육으로도 가능하지만 심오한 지식과 학문은 고등 교육이 아니면 불가하며, 사회 최고의 비판을 구하며 유능한 인물을 양성하려면 최고 학부의 존재가 가장 필요하도다. …… 그러므로 우리는 이에 느낀바 있어 감히 만천하 동포에게 향하여 민립 대학의 설립을 제창하노니, 형제자매는 와서 찬성하고 나아가며 이루라.

① 근우회를 중심으로 진행되었다.
② 중국의 5·4 운동에 영향을 주었다.
③ 이상재 등이 주도하여 모금 활동을 전개하였다.
④ 어린이날을 제정하고 잡지 어린이 등을 발간하였다.
⑤ '배우자 가르치자 다 함께 브나로드' 등의 구호를 내세웠다.

07

(가) 단체에 대한 설명으로 옳은 것은?

> 지난 3일 전남 광주에서 일어난 고보학생 대 중학생의 충돌 사건에 대하여 종로에 있는 (가) 본부에서는 제19회 중앙상무집행위원회의 결의로 장성·송정·광주 세 지회에 대하여 긴급 조사 보고를 지령하는 동시에 사태의 진전을 주시하고 있던바, 지난 8일 밤 중요 간부들이 긴급 상의한 결과, 사건 내용을 철저히 조사하고 구금된 학생들의 석방도 교섭하기 위하여 중앙집행위원장 허헌, 서기장 황상규, 회계 김병로 세 최고 간부를 광주까지 특파하기로 하고 9일 오전 10시 특급 열차로 광주에 향하게 하였다더라.
>
> – 동아일보 –

① 조선 혁명 선언을 활동 지침으로 삼았다.
② 민족 유일당 운동의 일환으로 창립되었다.
③ 조선학 운동을 전개하여 여유당전서를 간행하였다.
④ 조소앙의 삼균주의를 기초로 기본 강령을 발표하였다.
⑤ 대성 학교와 오산 학교를 세워 민족 교육을 전개하였다.

21 | 민족 문화 수호 운동

설쌤의 한(韓)판 정리

● 역사 연구

식민 사학
- 조선사 편수회
- 청구 학회

실증주의 사학
- 이병도(진단 학회)
- 실증, 객관성 중시

식민 사관
- 정체성론
- 당파성론
- 타율성론
- 일선동조론

vs.

사회 경제 사학
- 백남운
- 유물 사관

민족주의 사학
- 박은식(국혼), 신채호(낭가), 정인보(얼), 문일평(조선 심)
- 정신 사관

백남운	• 『조선사회경제사』, 『조선봉건사회경제사』 저술 • 식민 사관 중 정체성론 비판
이병도	진단 학회 조직 → 『진단 학보』 발간
박은식	• 대한민국 임시 정부 제2대 대통령 • 임시 사료 편찬회에서 한·일 관계 사료집 편찬 • 근대사 연구 : 『한국통사』, 『한국독립운동지혈사』
신채호	고대사 연구 : 『독사신론』, 『조선 상고사』, 『조선사연구초』 등
조선학 운동	• 실학 재평가 • 문일평·안재홍·정인보 주도 • 다산 정약용 서거 99주년 기념 『여유당전서』 간행

● 국어 연구

국문 연구소(1907)
- 학부에 설치된 최초의 국어 연구 기관
- 『국어문법』(주시경)
- 「국문 연구 의정안」(지석영)

조선어 연구회(1921)
- 잡지 『한글』 간행
- '가갸날(한글날)' 제정

조선어 학회(1931)
- 표준어 제정
- 한글 맞춤법 통일안 제정(1933)
- 『우리말 큰 사전(조선말 큰 사전)』 편찬 착수 → 광복 이후 완성

조선어 학회 사건(1942)

일제가 조선어 학회를 독립운동 단체로 규정하고 치안 유지법 위반을 적용하여 탄압함 → 해산

● 문예 활동

1910년대

문학 : 「무정」(이광수)

1920년대
- 저항 문학 : 「진달래꽃」(김소월), 「님의 침묵」(한용운), 「빼앗긴 들에도 봄은 오는가」(이상화)
- 동인지 간행 : 『백조』, 『폐허』 등
- 신경향파 문학(프로문학) : 사회주의의 영향, 카프(KAPF) 문학 단체 결성 → 계급 문학 확산
- 연극 : 토월회(1923)
- 영화 : 나운규의 「아리랑」(1926)

1930년대
- 순수 문학 : 청록파(조지훈, 박두진, 박목월)
- 농촌 계몽 문학 : 「상록수」(심훈)
- 사회주의 문학 : 「고향」(이기영)
- 안익태 : 애국가 작곡

1940년대
- 친일 문학 : 최남선, 이광수, 서정주
- 저항 문학 : 「절정」·「광야」(이육사), 「별 헤는 밤」·「서시」·유고집 『하늘과 바람과 별과 시』(윤동주)
- 미술 : 「소」(이중섭)

● 종교 활동

- 대종교 : 중광단 → 북로 군정서 조직
- 천도교 : 제2의 독립 선언 운동(6·10 만세 운동) 계획, 소년 운동, 잡지 『개벽』·『신여성』
- 개신교 : 일제의 신사 참배 강요에 거부 운동 전개
- 천주교 : 의민단 조직, 『경향신문』 창간(1906)
- 원불교 : 박중빈 창시, 새 생활 운동 전개
- 불교 : 한용운의 조선 불교 유신회 조직, 사찰령 폐지 운동

● 일제의 언론 정책

- 1910년대 : 언론의 자유 X
- 1920년대 : 『조선일보』·『동아일보』 발행 허가 → 검열
- 1930년대 : 손기정 일장기 말소 사건(1936)
- 1940년대 : 『조선일보』·『동아일보』 폐간

1 역사 연구

(1) 식민 사관

① 일제는 우리 역사를 왜곡하여 일제의 한국 병합과 식민 통치를 합리화하고자 하였다.
② 일제는 조선 총독부 산하에 **조선사 편수회**를 조직하여 식민 사관을 구체화하고 체계화한 『조선사』를 편찬하였다.
③ 경성 제국 대학 교수들은 **청구 학회**를 결성하여 식민 사관을 널리 알리고자 하였다.

정체성론	한국이 중세 봉건 사회를 거치지 못하고 고대 사회에 머물러 있다는 주장
당파성론	조선 시대의 붕당 정치를 당파 싸움으로 규정하여 당파성을 민족 성향으로 일반화한 주장
타율성론	한국의 역사가 주체적이고 자발적으로 발전하지 않았으며 외세에 영향을 받아 변화하였다는 주장
일선동조론	조선인과 일본인은 서로 같은 조상을 가진 민족이라는 주장
사대성론	한국의 문화와 역사가 오로지 중국에 대한 사대로써 만들어진 것일 뿐이라는 주장

(2) 민족주의 사학

민족주의 사학자들은 독립운동의 일환으로 역사를 연구하여 한국 역사의 발전 주체가 우리 민족임을 밝히고 민족정신을 강조하였다.

박은식

신채호

정인보

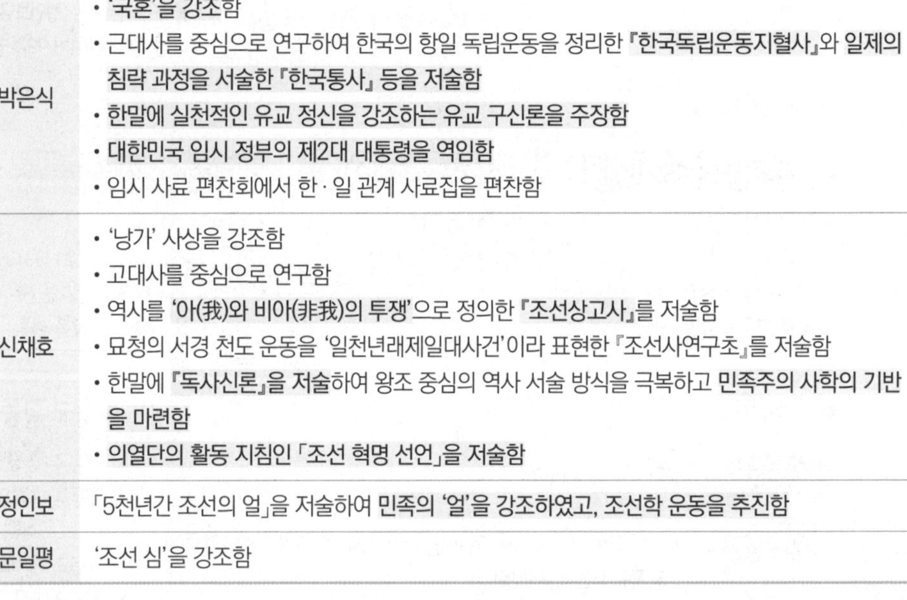

박은식	• '국혼'을 강조함 • 근대사를 중심으로 연구하여 한국의 항일 독립운동을 정리한 『한국독립운동지혈사』와 일제의 침략 과정을 서술한 『한국통사』 등을 저술함 • 한말에 실천적인 유교 정신을 강조하는 유교 구신론을 주장함 • 대한민국 임시 정부의 제2대 대통령을 역임함 • 임시 사료 편찬회에서 한·일 관계 사료집을 편찬함
신채호	• '낭가' 사상을 강조함 • 고대사를 중심으로 연구함 • 역사를 '아(我)와 비아(非我)의 투쟁'으로 정의한 『조선상고사』를 저술함 • 묘청의 서경 천도 운동을 '일천년래제일대사건'이라 표현한 『조선사연구초』를 저술함 • 한말에 『독사신론』을 저술하여 왕조 중심의 역사 서술 방식을 극복하고 민족주의 사학의 기반을 마련함 • 의열단의 활동 지침인 「조선 혁명 선언」을 저술함
정인보	「5천년간 조선의 얼」을 저술하여 민족의 '얼'을 강조하였고, 조선학 운동을 추진함
문일평	'조선 심'을 강조함

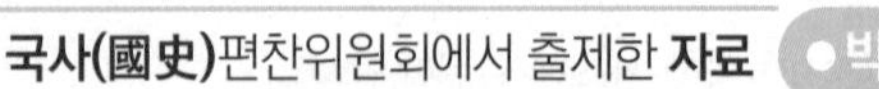
국사(國史)편찬위원회에서 출제한 자료 ● 박은식의 『한국통사』

대륙의 원기는 동으로 바다에 뻗어 백두산으로 솟았고, 북으로는 요동 평야를 열었으며, 남으로는 한반도를 이루었다. …… 저들이 일찍이 우리를 스승으로 섬겨왔는데, 이제는 우리를 노예로 삼았구나. …… 옛 사람이 이르기를, 나라는 없어질 수 있으나 역사는 없어질 수 없다고 하였으니, 그것은 나라는 형체이고 역사는 정신이기 때문이다. 이제 한국의 형체는 허물어졌으나 정신만이라도 오로지 남아 있을 수 없는 것인가. …… 다행히 우리 동포들이 국혼(國魂)이 담겨 있는 것임을 인정하고 버리거나 내던지지 않기를 바랄 뿐이다.
– 태백광노(太白狂奴) 지음 –

국사(國史)편찬위원회에서 출제한 자료 ● 신채호의 『조선상고사』

역사란 무엇이뇨? 인류 사회의 아(我)와 비아(非我)의 투쟁이 시간부터 발전하여, 공간부터 확대하는 심적 활동 상태의 기록이며, 세계사라 하면 세계 인류의 그리 되어 온 상태의 기록이며, 조선사라 하면 조선 민족의 그리 되어 온 상태의 기록이니라. 무엇을 '아'라 하며 무엇을 '비아'라 하느뇨? …… 이를테면 조선인은 조선을 '아'라 하고 영국·미국·프랑스·러시아 등을 '비아'라 하지만, 영국·미국·프랑스·러시아 등은 각기 제 나라를 '아'라 하고 조선을 '비아'라 하며, …… 그러므로 역사는 '아'와 '비아'의 투쟁의 기록이니라.

(3) 조선학 운동

① 실학을 활발히 연구하고 재평가하였으며, 문일평·안재홍·정인보 등이 주도하였다.

② 1930년대에 정약용 서거 99주년을 기념하여 **『여유당전서』를 간행**하였다.

(4) 사회 경제 사학

① 마르크스의 **유물 사관에 입각하여 역사를 연구**하였으며, 대표적인 인물로 『조선봉건사회경제사』를 저술한 백남운이 있다.

② **백남운**은 저서 **『조선사회경제사』**에서 우리나라도 세계사의 보편적인 법칙에 따라 발전하였음을 강조함으로써 **식민주의 사학의 정체성론을 비판**하였다.

국사(國史)편찬위원회에서 출제한 자료 ● 백남운의 『조선사회경제사』

우리 조선의 역사적 발전의 전 과정은 …… 외관상의 이른바 특수성이 다른 문화 민족의 역사적 발전 법칙과 구별될 만큼 독자적인 것은 아니며, 세계사적인 일원론적 역사 법칙에 의하여 다른 여러 민족과 거의 같은 궤도의 발전 과정을 거쳐 왔던 것이다. …… 여기에서 조선사 연구의 법칙성이 가능하게 되며, 그리고 세계사적 방법론 아래서만 과거의 민족 생활 발전사를 내면적으로 이해함과 동시에 현실의 위압적인 특수성에 대해 절망을 모르는 적극적인 해결책을 발견할 수 있을 것이다.

백남운

간송 전형필
자신의 재산으로 문화재를 수집하여 1938년 서울 성북구에 최초의 사설 박물관인 간송 미술관을 설립하여 전시하였다.

(5) 실증주의 사학

① 역사가의 주관적인 판단 없이 사실을 있는 그대로 기술하는 것을 강조하였으며, 대표적인 인물로 이병도, 손진태 등이 있다.

② **이병도 등은 진단 학회를 조직**하고 **『진단학보』를 발간**하였으며, 문헌 고증을 중시하여 **실증에 입각한 객관적인 역사 서술을 강조**하였다.

2 국어 연구

국문 연구소 (1907)	• **한글 연구를 목적으로 학부 아래에 설치된 최초의 국어 연구 기관** • **지석영** : 「국문 연구 의정안」을 작성함 • **주시경** : 『국어문법』을 저술함
조선어 연구회 (1921)	• '가갸날(한글날)'을 제정하고 잡지 『한글』을 간행함 • 강연회와 강습회를 개최하였으며 이후 조선어 학회로 발전함
조선어 학회 (1931)	• **한글 맞춤법 통일안과 표준어를 제정함** • **기관지 『한글』을 간행함** • **『우리말 큰사전(조선말 큰사전)』 편찬을 시도함**
조선어 학회 사건(1942)	일제가 함흥 사건을 구실로 조선어 학회를 독립운동 단체로 간주하고 **치안 유지법을 적용하여 탄압함**

● 국문 연구소
주시경을 중심으로 국문을 정리하고 철자법을 연구하는 등 한글을 체계적으로 연구하였다.

● 함흥 사건
함흥영생고등여학교 학생 박영옥은 기차에서 친구와 한국어로 대화한 것이 경찰에게 발각되어 취조를 받았다. 일본은 취조 결과 이들에게 민족주의를 심어준 자가 『우리말 큰사전』을 편찬하는 정태진임을 파악하고, 장지영·최현배·이극로·이윤재·한징 등을 구속하였다.

3 문예 활동

(1) 1910년대

이광수는 최초의 현대적 장편 소설인 「무정」을 편찬하였다.

(2) 1920년대

① 문학

저항 문학	김소월의 「진달래꽃」, **한용운의 「님의 침묵」**, 이상화의 「빼앗긴 들에도 봄은 오는가」 등 작품이 발표됨
동인지	『백조』, 『폐허』 등이 간행됨
신경향파 문학 (프로 문학)	• 1920년대 중반에 사회주의의 영향을 받음 • 1925년에 임화 등이 카프(KAPF)라는 문학 단체를 결성하여 계급 문학을 확산시킴

② 연극 : 1923년에 김기진 등이 **토월회를 조직하여 근대 연극이 시작**되었다.

③ 영화 : 1926년 **단성사**에서 우리나라 최초의 영화인 **나운규의 「아리랑」**이 발표되었다.

(3) 1930년대

① 문학

순수 문학	청록파 시인 조지훈 · 박두진 · 박목월이 순수 문학을 추구함
농촌 계몽 문학	**심훈의 「상록수」**가 출간됨
사회주의 문학	신경향파 **이기영**은 소설 **「고향」**(1933)에서 일제 강점기 농촌을 사실적으로 표현함

② 음악 : 안익태가 코리아 환상곡에 들어 있는 합창곡인 애국가를 작곡하였다.

(4) 1940년대

① 문학

친일 문학	최남선, 이광수, 서정주 등이 일제의 강요를 받아 친일 문학가로 활동함
저항 문학	**이육사의 「절정」 · 「광야」**, 윤동주의 **「별 헤는 밤」 · 「서시」** 등 작품이 발표됨

② 그림 : 이중섭이 민족의 아픔을 '소'를 소재로 표현하였다.

4 종교 활동

대종교	• **중광단을 조직하여 항일 무장 투쟁을 전개함** • 중광단은 3 · 1 운동 이후 북로 군정서로 개편됨
천도교	• 제2의 독립 선언 운동(6 · 10 만세 운동)을 계획함 • **소년 운동을 주도함** • 잡지 『개벽』 · 『신여성』 등을 발행함
개신교	일제의 신사 참배 강요에 반발하여 이에 거부하는 운동을 전개함
천주교	• **의민단을 조직하여 항일 무장 투쟁을 펼침** • 『경향신문』(1906~1910)을 발행함
원불교	**박중빈이 창시하였으며 간척 사업을 추진하고 새 생활 운동을 전개함**
불교	• 한용운 등이 조선 불교 유신회를 조직함 • **사찰령 폐지 운동을 전개함** • **한용운은 월간지 『유심』을 발간하여 불교 개혁 운동에 힘씀**

카프(KAPF)
한국 프롤레타리아 예술가 동맹(Korea Artista Proleta Federatio)의 약칭이다.

나운규의 「아리랑」

나운규는 우리나라 최초의 영화인 「아리랑」의 제작 · 감독 및 영화 속 주인공인 영진 역을 맡았다.

심훈

1930년 기미 독립 선언일을 기념하여 일제 강점기 대표적인 저항시인 「그날이 오면」을 지었다.

이육사
본명은 이원록으로 1932년 중국으로 건너가 김원봉이 세운 조선 혁명 군사 정치 간부 학교 제1기생으로 입교하여 독립운동에 힘썼다.

윤동주(1917~1945)와 유고집 『하늘과 바람과 별과 시(詩)』
북간도 명동촌에서 태어나 연희전문학교를 졸업하였다. 일본 유학 중 반일 운동 혐의로 체포되어 후쿠오카 형무소에서 생을 마쳤다.

5 일제의 언론 정책

(1) 1910년대

민족 언론은 신문지법으로 탄압받았고 『대한매일신보』의 후신인 『매일신보』만 존속하였다. 이후 『매일신보』는 총독부의 기관지로 전락하였다.

(2) 1920~1930년대

① 국외 : 대한민국 임시 정부가 상하이에서 『독립신문』을 발간하였다.

② 국내

㉠ 민족 언론의 등장 : 3·1 운동 직후 일제의 식민 통치 방식이 변화하여 1920년대에 『조선일보』, 『동아일보』 등 일간지가 창간되었다.

㉡ 조선 총독부의 검열 : 한국인 언론사의 신문 발행을 허용하였으나, 조선 총독부는 엄격한 검열제를 시행하였다.

㉢ **손기정 일장기 말소 사건(1936) : 손기정의 마라톤 우승 사진에서 일본 국기를 삭제한 채 보도한 『동아일보』**를 탄압하였다.

(3) 1940년대

① 탄압 : 만주 사변부터 **태평양 전쟁**에 이르기까지 일제가 언론을 탄압하는 강도가 더욱 높아져 많은 언론인이 체포되었다.

② 『조선일보』·『동아일보』 폐간 : 일제가 『조선일보』와 『동아일보』의 폐간을 강요함으로써 두 신문은 자진 폐간 형식으로 문을 닫게 되었다.

● 손기정 일장기 말소 사건(1936)

1936년에 열린 베를린 올림픽 마라톤 경기에서 손기정 선수가 금메달을 획득하였다. 이때 『동아일보』와 『조선중앙일보』는 손기정 선수의 일장기를 의도적으로 말소하였고, 이것이 문제가 되어 두 신문이 정간되었다.

6 과학 대중화 운동

(1) 배경

일제의 식민지 교육에 반발하여 과학 진흥의 필요성이 대두되었다.

(2) 전개

① 1922년에 안창남이 고국 방문 비행을 하였다.

② 1924년에 김용관 등이 과학 기술과 발명의 필요성을 강조하며 서울에 발명 학회를 창설하였으며, 같은 해 일본 도쿄(동경)에서는 한국인 유학생들이 주도하여 과학 문명 보급회를 창립하고 『과학전서』 등 서적을 출판하였다.

③ 1933년에 발명 학회가 우리나라 최초의 과학 잡지인 『과학조선』을 발행하였다.

④ 1934년에 발명 학회 간부들과 서울 시내 중등학교 교사 등이 과학 지식 보급회를 창설하였다.

『과학조선』

능력(能力) 향상을 위한 OX

			정답
01	박은식은 국혼을 강조하였으며, 『한국독립운동지혈사』 등을 저술하였다.	( )	○
02	신채호는 대한민국 임시 정부 산하의 임시 사료 편찬회에서 한·일 관계 사료집을 간행하였다.	( )	×
03	국문 연구소는 한글 맞춤법 통일안과 표준어를 제정하였다.	( )	×
04	토월회가 조직된 시기에 신경향파 문학을 중심으로 카프(KAPF)가 결성되었다.	( )	○
05	나철이 창시한 대종교는 의민단을 조직하여 항일 무장 투쟁을 전개하였다.	( )	×

검정(檢定)된 기출문제

01

(가)~(마)에 들어갈 내용으로 옳은 것은?

〈수행 평가 보고서〉

1. 주제 : 민족 문화 수호를 위한 노력
2. 내용 : 일제의 역사 왜곡과 동화(同化) 정책에 맞서 우리의 말과 역사를 지키고자 헌신한 인물들의 활동에 대하여 조사하였다.

인물	활동
신채호	(가)
백남운	(나)
정인보	(다)
이윤재	(라)
최현배	(마)

① (가) – 잡지 한글의 간행을 주도하였다.
② (나) – 한글 맞춤법 통일안 제정에 참여하였다.
③ (다) – 민족의 얼을 강조하고 조선학 운동을 추진하였다.
④ (라) – 애국심 고취를 위하여 을지문덕전을 집필하였다.
⑤ (마) – 조선사회경제사에서 식민 사학의 정체성론을 반박하였다.

02

(가), (나) 인물의 활동으로 옳은 것은?

옛 사람이 말하기를 나라는 멸망할 수 있으나 그 역사는 없어질 수 없다고 했으니, 이는 나라가 형체라면 역사는 정신이기 때문이다.

(가)

(나)

우리 조선의 역사는 세계사적·일원론적인 역사 법칙에 의하여 다른 민족과 거의 같은 궤도로 발전 과정을 거쳐 왔다.

① (가) – 한국독립운동지혈사에서 독립 투쟁 과정을 서술하였다.
② (가) – 유물 사관을 토대로 식민 사학의 정체성론을 반박하였다.
③ (나) – 진단 학회를 창립하여 실증주의 사학을 발전시켰다.
④ (나) – 독사신론을 발표하여 민족을 역사 서술의 중심에 두었다.
⑤ (가), (나) – 조선학 운동을 주도하며 여유당전서를 간행하였다.

03

(가) 단체의 활동으로 옳은 것은?

> **예심 종결 결정문**
>
> 주문(主文)
> 피고 이극로, 최현배 외 10명은 함흥 지방 법원 공판에 부친다. 피고 장지영 외 1명은 면소(免訴)한다.
>
> 이유(理由)
> 본 건(件) (가) 은/는 1919년 만세 소요 사건의 실례에 비추어 조선의 독립을 장래에 기약하는 데는 문화 운동에 의하여 민족정신의 환기와 실력 양성을 급무로 삼아서, 피고인 이극로를 중심으로 하여 문화 운동 중 그 기초적 중심이 되는 어문 운동의 방법을 취하여 그 이념으로써 지도 이념을 삼아 겉으로 문화 운동의 가면을 쓰고, 조선 독립을 목적한 실력 배양 단체로서 본 건이 검거되기까지 10여 년이나 오랫동안 조선 민족에 대하여 조선의 어문 운동을 전개해 왔다. ……

① 여유당전서 간행 사업을 계기로 조직되었다.
② 한글 맞춤법 통일안과 표준어를 제정하였다.
③ 국어의 이해 체계 확립을 위하여 국문 연구소를 세웠다.
④ 개벽, 신여성 등의 잡지를 간행하여 민족의식을 높였다.
⑤ 인재 육성의 일환으로 민립 대학 설립 운동을 전개하였다.

04

밑줄 그은 '이 사건' 이후의 사실로 옳은 것은?

이 사진은 베를린 올림픽에서 우승한 손기정 선수의 시상식 모습입니다. 일부 신문들이 손기정 선수의 가슴에 있던 일장기를 삭제하였는데, 이 사건으로 해당 신문들은 무기 정간을 당하거나 자진 휴간하였습니다.

① 일제에 의하여 경성 제국 대학이 설립되었다.
② 신경향파 작가들이 카프(KAPF)를 결성하였다.
③ 나운규가 제작한 영화 아리랑이 처음 개봉되었다.
④ 여성 계몽과 구습 타파를 주장하는 근우회가 창립되었다.
⑤ 일제가 한글 학자들을 구속한 조선어 학회 사건이 일어났다.

05

다음 영화가 처음 개봉되었던 당시에 볼 수 있는 모습으로 가장 적절한 것은?

이 사진은 나운규가 감독·주연을 맡아 제작한 영화의 장면과 제작진의 모습입니다. 단성사에서 개봉된 이 영화는 식민 지배를 받던 한국인의 고통스런 삶을 표현한 작품입니다.

① 카프(KAPF)에서 활동하는 신경향파 작가
② 원각사에서 은세계 공연을 관람하는 학생
③ 육영 공원에서 영어를 가르치는 미국인 교사
④ 전차 개통식에 참여하는 한성 전기 회사 직원
⑤ 손기정 선수의 올림픽 우승 소식을 보도하는 기자

06

(가) 인물에 대한 설명으로 옳은 것은?

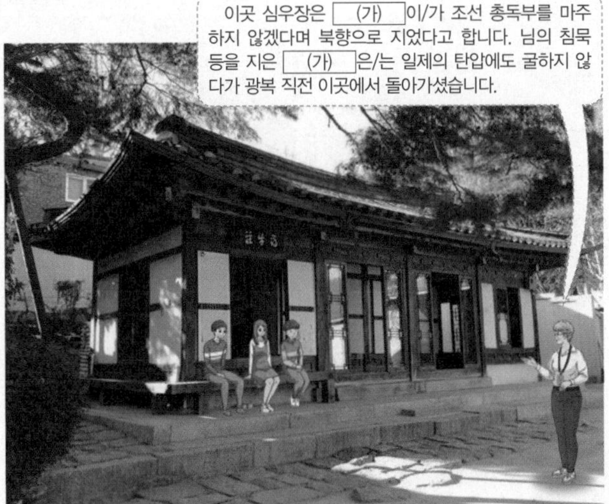

이곳 심우장은 (가) 이/가 조선 총독부를 마주하지 않겠다며 북향으로 지었다고 합니다. 님의 침묵 등을 지은 (가) 은/는 일제의 탄압에도 굴하지 않다가 광복 직전 이곳에서 돌아가셨습니다.

① 우리말 큰사전 편찬 사업을 추진하였다.
② 유교 개혁을 주장하는 유교 구신론을 제창하였다.
③ 월간지 유심을 발간하여 불교 개혁 운동에 힘썼다.
④ 진단 학회를 설립하여 실증주의 사학을 발전시켰다.
⑤ 독사신론을 저술하여 민족주의 사학의 기반을 마련하였다.

07

(가) 종교에 대한 설명으로 옳은 것은?

기획 전시

방정환이 꿈꾼 어린이를 위한 나라

우리 박물관에서는 『어린이』 창간 100주년을 기념하는 특별전을 준비하였습니다. 동학을 계승한 종교인 (가) 계열의 방정환 등이 어린이들에게 다양한 읽을거리를 제공하기 위해 발간한 잡지 『어린이』의 전시와 함께 여러 체험 행사를 준비하였으니 많은 관심 바랍니다.

- 기간: 2023. ○○. ○○. ~ ○○. ○○.
- 장소: △△ 박물관 특별 전시실
- 전시 자료 소개

▲ 『어린이』 제7권 제3호

▲ 『어린이』 제9권 제1호

① 한용운 등이 사찰령 폐지를 주장하였다.
② 만세보를 발행하여 민중 계몽에 앞장섰다.
③ 박중빈을 중심으로 새생활 운동을 펼쳤다.
④ 배재 학당을 세워 신학문을 보급하고자 힘썼다.
⑤ 의민단을 조직하여 항일 무장 투쟁을 전개하였다.

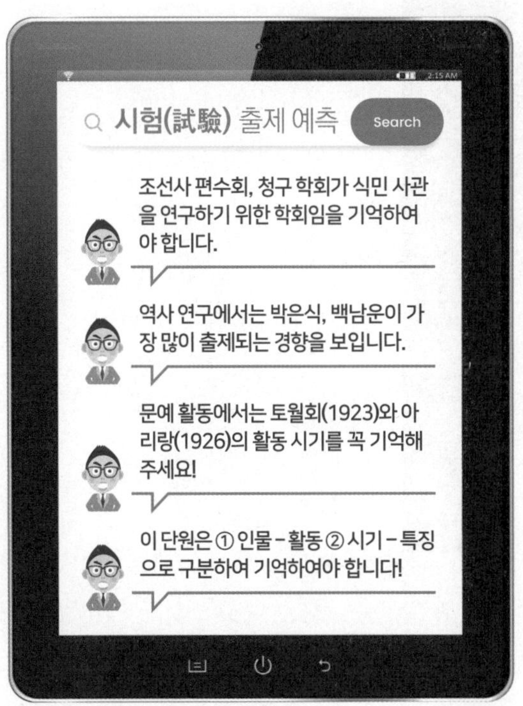

조선사 편수회, 청구 학회가 식민 사관을 연구하기 위한 학회임을 기억하여야 합니다.

문예 활동에서는 토월회(1923)와 아리랑(1926)의 활동 시기를 꼭 기억해 주세요!

22 대한민국 정부 수립과 6 · 25 전쟁

23 자유 민주주의의 시련과 발전

24 고도성장과 사회 · 문화의 변화와 통일 정책

VI

대한민국의 발전과 현대 세계의 변화

22 | 대한민국 정부 수립과 6 · 25 전쟁

● 광복 전후 국제회의

1945년 8월 15일

카이로 회담 (1943. 11.)
- 참여 : 미·영·중
- 최초로 독립 약속('적절한 시기')

얄타 회담 (1945. 2.)
- 참여 : 미·영·소
- 소련 참전 약속
- 신탁 통치 밀약

포츠담 회담 (1945. 7.)
- 참여 : 미·영·중·소
- 일본의 무조건 항복 요구
- 독립 재확인

미·소의 38도선 분할 점령
- 소련 : 북(8월)
- 미국 : 남(9월)

모스크바 3국 외상 회의 (1945. 12.)
- 참여 : 미·영·소
- 결의
  - 한반도 임시 정부 수립
  - 미·소 공동 위원회 설치
  - 최고 5년간 신탁 통치

  → 좌익(찬탁) vs. 우익(반탁)

● 국내외 건국 준비

대한민국 임시 정부 (충칭)
- 김구(주석), 김규식(부주석)
- 조소앙의 삼균주의
- 한국광복군

조선 독립 동맹 (옌안)
- 김두봉(주석)
- 보통 선거, 공화정
- 조선 의용군

조선 건국 동맹 (경성)

여운형(위원장)

목표 : 민주 공화정 수립

광복 ➡

조선 건국 준비 위원회(경성)
- 여운형과 조선 총독부 행정권 이양 교섭
- 여운형(위원장), 안재홍(부위원장)
- 전국에 지부 설치, 치안대 조직
- 조선 인민 공화국 수립

  → 미군정이 인정 X

한국 민주당
- 송진우·김성수 등이 결성
- 미군정이 인정 X

대한민국 임시 정부
- 미군정이 인정 X
- 개인 자격으로 입국

독립 촉성 중앙 협의회
- 미국에서 귀국한 이승만 주도
- 미군정이 인정 X

● 대한민국 정부 수립

1946년 — 1947년

제1차 미·소 공동 위원회(1946. 3.)
- 개최 장소 : 덕수궁 석조전
- 임시 정부 수립 논의
  - 소련 : 찬탁 세력 참여
  - 미국 : 모든 단체 참여

  → 의견 차이로 무기한 휴회

이승만의 정읍 발언(1946. 6.)

남한 단독 정부 수립 주장

좌우 합작 운동 (1946. 7.~1947. 12.)
- 주도 : 중도파(여운형, 김규식 등)
- 좌우 합작 위원회 결성 : 미군정의 지원
- 좌우 합작 7원칙 발표
  - 임시 정부 수립
  - 미·소 공동 위원회 속개
  - 친일파 처단, 토지 개혁
- 실패 : 미군정 지원 철회, 극우·극좌 불참, 여운형 암살 등

제2차 미·소 공동 위원회(1947. 5.)

성과 없이 결렬

유엔 총회 결의(1947. 11.)

미국이 한반도 문제를 유엔에 상정 → 남북한 인구 비례 총선거 결정, 유엔 한국 임시 위원단 파견

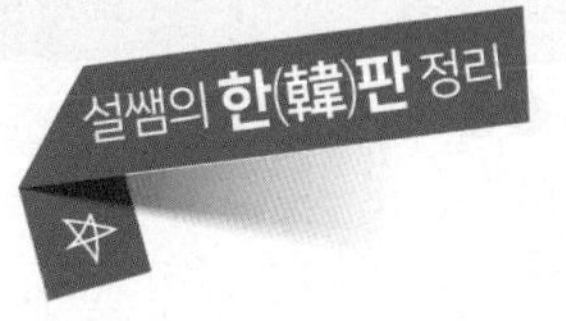

1948년

유엔 소총회 결의(1948. 2.)
- 소련 : 유엔 한국 임시 위원단 입북 거부
- 시행 가능한 지역(남한)에서만 총선거 시행 결의

남북 협상(1948. 4.)
- 배경 : 분단 위기, 김구·김규식 제의
- 협상 내용 : 단독 선거 반대, 미·소 양국 군 철수
- 관련 자료 : 김구의 「삼천만 동포에게 읍고함」

→ 제주 4·3 사건(1948)

대한민국 정부 수립(1948. 8. 15.)
- 5·10 총선거 시행 : 최초의 보통 선거 → 제헌 국회(임기 2년) 구성
- 제헌 국회 : 헌법 제정(1948. 7. 17.), 대통령 이승만·부통령 이시영 선출 → 대한민국 정부 수립

→ 여수·순천 10·19 사건(1948)

● 친일파 청산과 농지 개혁

	친일파 청산	농지 개혁
북한	성공	무상 몰수·무상 분배
남한	• 미군정기 : 친일 관리 및 경찰 중용 • 제헌 국회 : 반민족 행위 처벌법 제정 • 활동 : 반민족 행위 특별 조사 위원회(반민 특위) 구성 → 친일파 청산 노력 → 이승만 정부의 소극적 태도·반민 특위 습격 사건 • 결과 : 큰 성과 X	• 미군정기 : 3·1 소작제, 신한 공사 설립(1946) • 제헌 국회 : 농지 개혁법 제정(1949) • 내용 - 경자유전 원칙 - 한 가구당 농지 소유를 3정보로 제한 - 유상 매수·유상 분배 • 결과 : 지주제가 거의 사라짐 국가 / 지가 증권 유상 매입 ↔ 지주 / 땅 유상 분배 ↔ 소작농 유상 매수·유상 분배

● 6·25 전쟁

배경
- 미·소 양국 군대 철수 → 북한과 소련, 중국의 군사 비밀 협정 체결
- 애치슨 선언 : 미국의 극동 방위선에서 한반도와 타이완 제외

전개 과정

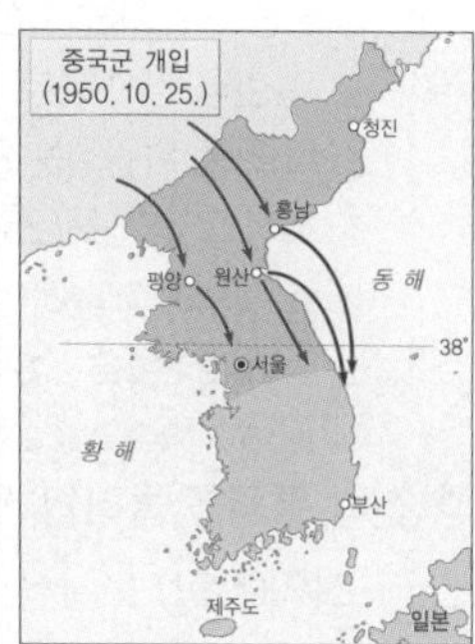

6·25 전쟁 시작(1950. 6. 25.) → 유엔군 참전(1950. 7. 1.) → 인천 상륙 작전(1950. 9. 15.) → 서울 수복(1950. 9. 28.) → 국군의 압록강 진격(1950. 10. 24.) → 중국군 개입(1950. 10. 25.) → 흥남 철수(1950. 12. 15. ~ 1950. 12. 23.) → 1·4 후퇴(1951. 1. 4.) → 서울 재수복(1951. 3. 14.) → 정전 회담 개최(1951. 7.) → 이승만의 반공 포로 석방(1953. 6.) → 정전 협정(1953. 7. 27.) → 한·미 상호 방위 조약(1953. 10. 1.)

결과

국토 황폐화, 인적·물적 피해, 분단 고착화

1 광복 전후 국제회의

(1) 카이로 회담(1943. 11.)

① 참여 : 미국의 루스벨트 대통령, 영국의 처칠 수상, 중국의 장제스 총통이 이집트 카이로에 모여 회담을 개최하였다.

② 결의 내용 : 최초로 한국의 독립을 약속한 국제 회담이었으나, '적절한 시기(in due course)'에 독립을 보장하겠다는 표현으로 훗날 신탁 통치의 빌미를 제공하였다.

(2) 얄타 회담(1945. 2.)

① 참여 : 미국의 루스벨트 대통령, 영국의 처칠 수상, 소련의 스탈린 서기장이 우크라이나 얄타에 모여 회담을 개최하였다.

② 결의 내용 : 소련의 대일전 참전과 한국에 대한 신탁 통치를 밀약하였다.

(3) 포츠담 회담(1945. 7.)

8·15 광복

① 참여 : 미국의 트루먼 대통령, 영국의 처칠 수상, 중국의 장제스 총통이 독일 포츠담에 모여 회담을 개최하였다.

② 결의 내용

㉠ 일본의 전후 처리 방침과 일본의 '무조건 항복'을 요구하는 정책을 결의하였고 이후 소련이 서명하였다.

㉡ 카이로 회담에서 결정된 한국의 독립을 재확인하였다.

(4) 모스크바 3국 외상 회의(1945. 12.)

① 참여 : 미국·영국·소련이 전후 문제를 처리하고자 러시아 모스크바에서 회담을 개최하였다.

② 결의 내용

> 1. 조선을 독립 국가로 재건하여 민주주의적 원칙하에 발전시키는 동시에 일본의 가혹한 정치의 잔재를 급속히 청소하기 위하여 조선 민주주의 임시 정부를 수립한다. → 민주주의 임시 정부 수립
> 2. 조선에 임시 정부 수립을 실현하며 이에 대한 방침을 강구하기 위하여 남조선의 미국군 사령부 대표와 북조선의 소련군 사령부 대표로서 공동 위원회를 설치한다. 이에 대한 제안을 준비하기 위하여 공동 위원회는 조선 민주주의 정당과 사회단체와 협의할 것이다.
> → 한국 임시 정부 수립을 위한 미·소 공동 위원회 개최
> 3. 위 공동 위원회는 조선 민주주의 임시 정부를 기타 각 민주주의 단체와 협력하여 조선을 정치적, 사회적 및 경제적으로 발전시키며 …… 공동 위원회 제안은 조선 임시 정부와 타협한 후 미·소·영·중 정부에 제출하여 최고 5년간의 4개국 조선 신탁 통치에 관한 협정을 할 것이다.
> → 미국·영국·중국·소련의 4개국이 공동 관리하는 최고 5년 기한의 신탁 통치

신탁 통치 반대 운동

③ 신탁 통치를 둘러싼 좌익과 우익의 분열

㉠ 좌익(찬탁) : 처음에는 신탁 통치를 반대하였으나 소련 측 제안에 따라 신탁 통치를 한국에 대한 연합국의 후원으로 해석하여 총체적인 지지를 표명하였다.

㉡ 우익(반탁) : 신탁 통치를 또 다른 형태의 식민지 지배로 해석하여 적극 반대하였다.

능력(能力) 향상을 위한 OX

			정답
01	카이로 회담에서는 국제회의 최초로 한국의 독립을 약속하였다.	( )	○
02	포츠담 회담에서는 일본의 전후 처리 방침과 일본의 무조건 항복을 요구하는 정책을 결의하였다.	( )	○

2 국내외 건국 준비

(1) 국내

① **조선 건국 동맹**(1944) : **일제의 패망과 광복에 대비**하여 경성(서울)에서 **여운형**을 중심으로 결성되었다.

② 여운형은 일제가 패망하기 직전 조선 총독부 경무총감 엔도와 행정권 이양 교섭을 하였다.

③ **조선 건국 준비 위원회**(1945. 8. 15.)

구분	내용
개편	행정권을 이양받은 여운형이 조선 건국 동맹을 조선 건국 준비 위원회로 개편함
조직	위원장은 여운형, 부위원장은 안재홍이 맡음
활동	• 전국에 지부를 두어 과도기 상태에서 정부의 역할을 대신함 • 질서를 유지하기 위하여 치안대를 조직함
해체	• 좌익 세력을 중심으로 운영되자 안재홍 등 우익 세력이 이탈함 • 미군이 들어온다는 소식을 듣고 국가 체제를 갖추기 위하여 조선 인민 공화국을 수립하였으나, 이후 미군정의 인정을 받지 못하고 해체됨

(2) 국외

① 대한민국 임시 정부 : 충칭에서 김구를 중심으로 활동하였다.

② **조선 독립 동맹** : **옌안(연안)**에서 **김두봉**을 중심으로 활동하였다.

(3) 38도선 설정과 미·소 군정

① 미·소 군정 : 소련은 38도선 이북을, 미국은 38도선 이남을 차지한 뒤 군정을 시행하였다.

② 활동 단체 : 아래 세 단체 모두 미군정으로부터 인정받지 못하였다.

단체	내용
한국 민주당	조선 건국 준비 위원회에 참여하지 않은 송진우·김성수 등이 결성한 단체
대한민국 임시 정부	김구 등이 개인 자격으로 귀국함
독립 촉성 중앙 협의회	미국에서 돌아온 이승만이 조직한 단체

(4) 대한민국 정부 수립

① **제1차 미·소 공동 위원회(1946. 3.)**

㉠ 개최 : 모스크바 3국 외상 회의에서 결정한 사항에 따라 **덕수궁 석조전에서 개최**되었다.

㉡ 내용

ⓐ 소련 : 임시 민주 정부 수립을 위한 협상 대상으로 모스크바 3국 외상 회의의 결정을 지지하는 세력만 참여시키자고 주장하였다.

ⓑ 미국 : 신탁 통치를 반대하는 세력까지 포함시키자고 주장하였다.

㉢ 결과 : 제1차 미·소 공동 위원회는 양국의 의견 차이를 좁히지 못하고 **결렬**되었다.

② **이승만의 정읍 발언(1946. 6.)** : 이승만은 전라북도 정읍에서 **남한만이라도 단독으로 정부를 수립**하여야 한다고 주장하였다.

국사(國史)편찬위원회에서 출제한 자료 ● 이승만의 정읍 발언(1946. 6.)

이제 우리는 무기 휴회된 미·소 공동 위원회가 다시 열릴 기색도 보이지 않으며, 통일 정부를 고대하나 여의치 않게 되었다. 우리는 남한만이라도 임시 정부 또는 위원회 같은 것을 조직하여 38도선 이북에서 소련이 물러나도록 세계 여론에 호소하여야 될 것이니, 여러분도 결심하여야 할 것이다. -「조선민보」-

몽양 여운형

● **행정권 이양 교섭**
여운형은 조선 총독부로부터 정치범 석방, 3개월분의 식량 확보 등을 약속받았다.

조선 건국 준비 위원회 강령
1. 우리는 완전한 독립 국가의 건설을 기함
2. 우리는 전 민족의 정치적·경제적·사회적 기본 요구를 실현할 수 있는 민주주의 정권의 수립을 기함
3. 우리는 일시적 과도기에 있어서 국내 질서를 자주적으로 유지하며 대중 생활의 확보를 기함

● **조선 인민 공화국**
여운형이 기존의 조선 건국 준비 위원회를 해체하고 수립한 국가이다. 그는 전국 각 지역에 인민 위원회를 조직하고 주석에는 이승만을 선임하고 본인은 부주석을 맡았다. 참고로 이승만은 주석 취임을 거부하였다.

● **제1차 미·소 공동 위원회**

덕수궁 석조전에서 개최되었다.

南方만의臨時政府
或은委員會組織이必要
李博士講演
單獨政府樹立說에
우리는贊成不能

이승만의 정읍 발언

③ 좌우 합작 운동(1946. 7. ~ 1947. 12.)

㉠ **좌우 합작 위원회** : 여운형·김규식 등 중도파가 주도하여 미군정의 지원 아래 조직하였다.

㉡ 활동 : 통일 정부 수립 운동을 전개하고 **좌우 합작 7원칙을 발표**하였다.

국사(國史)편찬위원회에서 출제한 자료 ● 좌우 합작 7원칙

1. 3상 회의 결정에 따라 남북을 통한 좌우 합작으로 민주주의 임시 정부를 수립할 것.
   → 민주주의 임시 정부 수립
2. 미·소 공동 위원회의 속개를 요청하는 공동 성명을 발할 것. → 미·소 공동 위원회 속개
3. 토지 개혁에 있어 몰수·유조건 몰수·체감 매상 등으로 토지를 회수하여 농민에게 무상으로 나누어 주며, 중요 산업을 국유화할 것. → 토지 개혁
4. 친일파, 민족 반역자를 처리할 조례를 본 위원회에서 제안한 입법 기구가 심의 결정하여 실시하게 할 것. → 친일파 처단

㉢ 실패 : 이승만 등 우익과 박헌영 등 좌익이 불참하였으며, 좌우 합작 운동을 주도하던 여운형이 암살당하였다(1947. 7.). 또한 미군정이 지원을 철회하고 미국이 트루먼 독트린을 발표한 이후 냉전이 심화되며 좌우 합작 운동은 실패로 끝났다.

● 트루먼 독트린
미국 대통령 트루먼이 선언한 외교 정책 원칙으로, 1947년 3월에 공산주의 세력에 위협을 당하고 있는 국가에 대한 경제 원조를 약속하였다.

④ **제2차 미·소 공동 위원회**(1947. 5.) : **의견 차이로 또다시 결렬**되었다.

⑤ **유엔 총회** 결의(1947. 11.)

㉠ 배경 : 미국이 한반도 문제를 유엔에 상정하였다.

㉡ 결과 : **인구 비례에 따른 남북한 총선거가 의결**되어 총선거를 감독하고자 **유엔 한국 임시 위원단이 파견**되었으나, 북측은 임시 위원단의 입북을 거부하였다.

제2차 미·소 공동 위원회

⑥ **유엔 소총회 결의**(1948. 2.) : **선거가 가능한 지역에서만 단독 총선거 시행을 결의**하였다.

⑦ **제주 4·3 사건**(1948. 4. 3.~9. 21.)

㉠ 발발 : 제주도의 좌익 세력이 5·10 총선거를 앞두고 **남한만의 단독 선거 저지**와 통일 정부 수립을 주장하여 봉기하였다.

㉡ 결과 : 제주도 내 선거구 세 곳 중 두 곳에서 선거가 시행되지 못하였고, 몇 개월에 걸친 **토벌대의 진압 과정에서 무고한 제주도민이 희생**되는 피해가 발생하였다.

㉢ 2000년에 **희생자들의 명예를 회복시키기 위하여 「제주 4·3 사건 진상규명 및 희생자 명예회복에 관한 특별법」이 제정되었다.**

⑧ **남북 협상(1948. 4. 19.~4. 30.)**

㉠ 배경

ⓐ 남북이 분단될 위기가 오자 김구는 「삼천만 동포에게 읍고함」(1948. 2.)을 발표하고 남북 협상을 준비하였다.

ⓑ **김구**는 **김규식**과 함께 북측의 김일성과 김두봉에게 협상을 제의하였다.

남북 협상을 위하여 평양으로 떠나는 김구

국사(國史)편찬위원회에서 출제한 자료 ● 김구의 삼천만 동포에게 읍고함(1948. 2.)

현시(現時)에 있어서 나의 유일한 염원은 3천만 동포와 손을 잡고 통일된 조국의 달성을 위하여 공동 분투하는 것뿐이다. …… 나는 통일된 조국을 건설하려다 38도선을 베고 쓰러질지언정 일신에 구차한 안일을 위하여 단독 정부를 세우는 데는 협력하지 아니하겠다.

㉡ 결정 사항 : 미·소 양국 군대의 철수와 남한 단독 선거 시행 반대에 합의하여 **「전조선 정당 사회단체 지도자 협의회의 공동 성명서」를 발표**하였다.

㉢ 결과 : 특별한 성과는 없었다.

국사(國史)편찬위원회에서 출제한 자료 ●「전조선 정당 사회단체 지도자 협의회의 공동 성명서」(1948. 4. 30.)

1. 소련이 제의한바와 같이 우리 강토에서 외국 군대가 즉시 철거하는 것은 우리 조선에서 조정된 곤란한 상황하에서 조선 문제를 해결하는 가장 정당하고 유일한 방법이다. 미국은 이 정당한 제의를 수락하고 자기 군대를 남조선에 철수시킴으로써 조선 독립을 실질적으로 원조하지 않으면 안 된다.
2. 남북 정당 사회단체 지도자들은 우리 강토에서 외국 군대가 철수한 후에 내전이 발생할 수 없다는 것을 확인하며 또한 그들은 통일에 대한 조선인민의 지망에 배치되는 어떠한 무질서의 발생도 용허하지 않을 것이다.
4. 상기 사실에 의거하여 본 성명에 서명한 제 정당 사회단체들은 남조선 단독선거의 결과를 결코 인정하지 않으며 지지하지 않을 것이다. - 전조선 정당 사회단체 지도자 협의회 -

⑨ 대한민국 정부 수립(1948. 8. 15.)

㉠ **5·10 총선거(1948. 5. 10.)**

ⓐ 21세 이상 모든 국민에게 투표권이 부여된 **우리나라 최초의 민주적 보통 선거**로, 유엔 한국 임시 위원단의 감시하에 시행되었다.

ⓑ 제주도 내 선거구 두 곳을 제외하고 국회 의원 198명이 선출되었다.

㉡ **초대 국회(제헌 국회)**

ⓐ 임기 2년의 초대 국회 의원으로 구성되었다.

ⓑ 국호를 '대한민국'으로 정하고 7월 17일에 대한민국 헌법을 제정하였다.

ⓒ 대통령을 행정부의 수반으로 규정하였으며 대통령에 이승만, 부통령에 이시영을 간선제로 선출하였다.

ⓓ **반민족 행위 처벌법과 농지 개혁법, 귀속 재산 처리법 등을 제정**하였다.

㉢ 1948년 12월에 열린 제3차 유엔 총회에서 한반도에서 성립된 유일한 합법 정부임을 인정받았다.

⑩ 북한 정부 수립(1948. 9. 9.) : 조선 민주주의 인민 공화국을 수립하였다.

⑪ **여수·순천 10·19 사건**(1948. 10. 19.) : 이승만 정부가 **여수에 주둔한 군부대에 제주도로 출동하라는 명령을 내리자**, 부대 내 좌익 세력은 '제주도 출동 반대', '통일 정부 수립' 등의 구호를 내세우며 **무장 봉기하였다**.

5·10 총선거

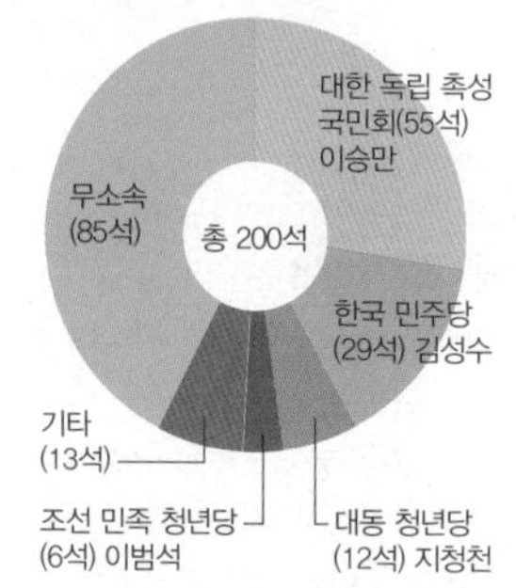

- 대한민국 국회, "국회 개원 50년" -

제헌 국회 의석 분포

대한민국 정부 수립

3 친일파 청산과 농지 개혁

(1) 북한

① 친일파 청산 : 북조선 임시 인민 위원회의 위원장이 된 김일성은 친일파를 모두 청산하였다.

② 토지 개혁 : 5정보를 초과하는 토지를 무상 몰수하여 농민에게 무상 분배하였다.

(2) 대한민국

① 친일파 청산

㉠ 미군정기 : 조선 총독부 체제를 유지하고 친일 관리 및 경찰을 중용하였다.

㉡ **반민족 행위 처벌법**(반민법, 1948. 9.) : 초대 국회(제헌 국회)에서 친일파를 처단하기 위하여 제정하였다. 반민법은 형벌 불소급의 원칙을 적용받지 않는 소급법으로서 제헌 헌법의 특별 규정에 따라 제정되었다.

㉢ **반민족 행위 특별 조사 위원회(반민 특위)** 구성 : 독립운동가를 고문한 노덕술, 이토 히로부미의 수양딸로 밀정 노릇을 하던 배정자 등 친일파를 체포 및 조사하였다.

국사(國史)편찬위원회에서 출제한 자료 ● 반민족 행위 처벌법

제1조 일본 정부와 통모하여 한일 합병에 적극 협력한 자, 한국의 주권을 침해하는 조약 또는 문서에 조인한 자와 모의한 자는 사형 또는 무기 징역에 처하고 그 재산과 유산의 전부 혹은 2분의 1 이상을 몰수한다.

제3조 일본 치하 독립운동자나 그 가족을 악의로 살상, 박해한 자 또는 이를 지휘한 자는 사형, 무기 또는 5년 이상의 징역에 처하고 그 재산의 전부 혹은 일부를 몰수한다.

㉣ 실패

ⓐ 이승만 정부는 친일파 청산보다는 반공이 우선이라고 주장하며 반민 특위의 활동을 공개적으로 반대하였다.

ⓑ 일부 경찰은 반민 특위 사무실을 습격하여 위원들을 불법 연행하기도 하였으며, **반민 특위에 소속된 국회 의원 일부가 남로당의 지시를 받은 프락치라고 주장하며 이들 중 10명을 체포하는 사건**도 발생하였다.

ⓒ 반민족 행위자에 대한 공소 시효를 1950년 6월에서 1949년 8월로 단축하는 개정안이 통과되며 친일파 청산은 사실상 좌절되었다.

② 농지 개혁

㉠ 미군정기

ⓐ **신한 공사(1946. 3.)** : 미군정은 신한 공사를 세워 미 군정청에 귀속된 동양 척식 주식회사 및 일본인의 재산을 관리하고자 하였다.

ⓑ **3·1 소작제 시행** : 소작료가 수확량의 1/3을 초과할 수 없도록 제한하였다.

㉡ **농지 개혁법(1949. 6.)** : 초대 국회(제헌 국회)에서 제정되었다.

● 농지 개혁법

제5조 정부는 다음에 의하여 농지를 취득한다.

2. 다음의 농지는 본법 규정에 의하여 정부가 매수한다.

(가) 농가 아닌 자의 농지

(나) 자경하지 않는 자의 농지

(다) 본법 규정의 한도를 초과하는 부분의 농지

제6조 다음의 농지는 본법으로써 매수하지 않는다.

1. 농가로서 자경 또는 자영하는 1가호당 총면적 3정보 이내의 소유 농지

㉢ 내용

ⓐ **경자유전** : 실제로 경작하는 농민이 토지를 소유하여야 한다는 원칙에 따랐다.

ⓑ **유상 매수·유상 분배** : 국가가 지가 증권을 발행하여 3정보를 초과하는 농지를 매수하고, 매입한 농지를 소작농에게 분배하여 매년 평균 생산량의 1.5배를 5년 동안 현물로 상환하도록 하였다.

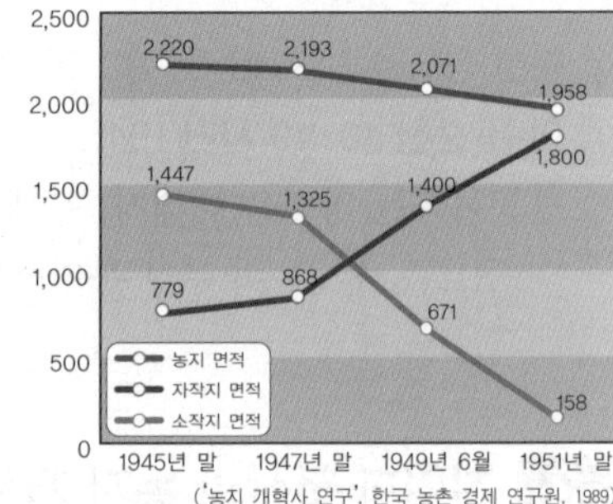

('농지 개혁사 연구', 한국 농촌 경제 연구원, 1989)

농지 개혁 시행 전후 소작 면적 변화

㉣ **결과** : 지주제가 거의 사라지고 농민 중심의 토지 소유가 확립되었다.

㉤ 한계

ⓐ 농지 개혁이 지연되자 지주들이 토지를 미리 처분하였다.

ⓑ 6·25 전쟁의 발발로 지가 증권을 헐값에 처분하는 등 개혁 추진에 어려움을 겪었다.

능력(能力) 향상을 위한 OX

			정답
01	이승만은 일제의 패망과 광복에 대비하여 조선 건국 동맹을 결성하였다.	( )	×
02	조선 건국 준비 위원회는 미·소 공동 위원회의 속개를 요구하였다.	( )	×
03	미국이 한반도 문제를 유엔에 상정하자, 유엔 총회에서는 인구 비례에 의한 남북한 총선거 시행을 결의하였다.	( )	○
04	초대 국회(제헌 국회)는 반민족 행위 처벌법과 농지 개혁법을 제정하였다.	( )	○
05	대한민국 정부는 무상 몰수, 무상 분배를 원칙으로 하는 농지 개혁을 단행하였다.	( )	×

4 6·25 전쟁

(1) 배경

① 북한은 대한민국의 공산화를 위하여 남침을 준비하며 인민군을 조직하는 한편, 소련·중국과 군사 비밀 협정(북한에 군사적 지원을 약속)을 체결하였다.

② 이승만 정부는 북진 통일을 주장하며 38선 인근에서 벌어지는 북한의 무력 도발에 강경하게 대응하였다.

③ 미국과 소련은 군대를 철수하였고, 중국의 국공 내전에서 공산당이 승리하며 중국에 중화 인민 공화국이 수립되었다.

④ **애치슨 선언**(1950. 1.) : **미국 국무 장관 애치슨이 태평양 극동 방위선에서 한국과 타이완 등을 제외한다고 발표**하였다.

(2) 전개 과정

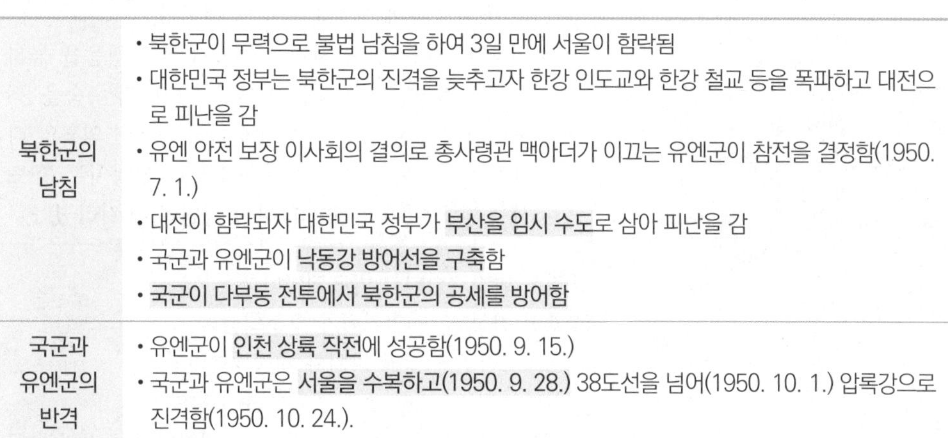

북한군의 남침	• 북한군이 무력으로 불법 남침을 하여 3일 만에 서울이 함락됨 • 대한민국 정부는 북한군의 진격을 늦추고자 한강 인도교와 한강 철교 등을 폭파하고 대전으로 피난을 감 • 유엔 안전 보장 이사회의 결의로 총사령관 맥아더가 이끄는 유엔군이 참전을 결정함(1950. 7. 1.) • 대전이 함락되자 대한민국 정부가 **부산을 임시 수도**로 삼아 피난을 감 • 국군과 유엔군이 **낙동강 방어선을 구축**함 • **국군이 다부동 전투에서 북한군의 공세를 방어함**
국군과 유엔군의 반격	• 유엔군이 **인천 상륙 작전**에 성공함(1950. 9. 15.) • 국군과 유엔군은 **서울을 수복하고(1950. 9. 28.)** 38도선을 넘어(1950. 10. 1.) 압록강으로 진격함(1950. 10. 24.).
중국군의 참전	• 중국군의 개입(1950. 10. 25.)으로 동부 전선의 국군과 피난민이 **흥남 부두에서 해상 철수**함(1950. 12. 15. ~ 1950. 12. 23.) • 서울을 빼앗기고 후퇴(1·4 후퇴)하였으나 다시 수복함 • **국민 방위군** 고위 장교들이 군수품을 부정 착복하여 많은 장병들이 죽는 사건이 발생함 • 38도선 부근에서 전선이 교착 상태를 보임
정전 협정 체결	• 소련의 제안에 따라 개성에서 열린 첫 번째 회담을 시작으로 **정전 회담이 개최됨(1951. 7.)** • 군사 분계선 설정을 두고 유엔군은 현 전선을, 북한은 38선을 제시하여 의견이 충돌함 • 포로 교환 방식을 두고 유엔군은 자유 송환 방식을, 북한은 자동 소환 방식을 주장하며 결국 2년 동안 회담이 지연됨 • 이승만은 범국민 운동을 전개하고 **반공 포로를 석방**하는(1953. 6. 18.) 등 정전 협정에 강력한 반대 의사를 표시함 • **정전 협정이 체결(1953. 7. 27.)**됨에 따라 군사 분계선이 확정되고 비무장 지대가 설정되었으며, 미국은 **한·미 상호 방위 조약을 체결**하여 미군을 한국에 주둔시킴(1953. 10. 1.)

(3) 결과

① 국토가 황폐화되고 수많은 인명 피해와 물적 피해가 발생하였다.

② 남북 간 적대감이 심화되어 분단이 고착화되었다.

능력(能力) 향상을 위한 OX

정답

01 미국 국무장관 애치슨은 미국의 태평양 극동 방위선에서 한국과 타이완 등을 제외하는 애치슨 선언을 발표하였다. ( ) ○

애치슨 라인

한강 인도교 폭파

인천 상륙 작전

흥남 철수

정전 협정 조인

한·미 상호 방위 조약(1953)
전쟁 후인 1953년 10월 1일 한국 방위를 위하여 한국과 미국 간에 체결된 조약이다. 전쟁 이전인 1950년 1월 26일에는 한·미 상호 방위 원조 협정이라 하여 한국과 미국 간 경제 및 군사 원조에 관한 협정이 발효되었으나, 1950년 북한의 남침을 저지하는 데 도움이 되지는 못하였다.

검정(檢定)된 기출문제

정답 및 해설 P. 399

01

(가) 인물에 대한 설명으로 옳은 것은?

> **□□ 일보**
>
> 제△△호 2023년 ○○월 ○○일
>
> **'몽양 (가) 장례식 만장' 117점 국가등록문화재 등록 예고**
>
> 1918년 중국에서 신한 청년당을 조직하고 해방 후 좌우 합작 운동을 추진한 (가) 선생의 마지막 길에 내걸린 만장(輓章)이 국가등록문화재가 된다. 만장이란 망자를 추모하는 글을 비단이나 종이에 적어 만든 깃발로, 1947년 거행된 그의 장례식에는 각계각층이 애도하는 만장이 내걸렸다.
>
> 이 만장은 독립운동에 헌신하고 광복 후 좌우대통합을 위해 노력했던 그에 대한 대중들의 인식과 평가를 담은 자료로서 중요한 역사적 가치가 있다.

① 조선 건국 동맹을 결성하였다.
② 한국독립운동지혈사를 저술하였다.
③ 권업회의 초대 회장으로 선출되었다.
④ 대한 광복회를 조직하여 친일파를 처단하였다.
⑤ 백산 상회를 설립하여 독립운동 자금을 마련하였다.

02

밑줄 그은 '위원회'에 대한 설명으로 옳은 것은?

> 본 위원회는 합작 원칙에 합의하여 다음 사항을 알립니다.
> 첫째, 모스크바 3국 외상 회의 결정에 의하여 좌우 합작으로 민주주의 임시 정부를 수립할 것
> ……
> 셋째, 토지 개혁에 있어 몰수, 유조건 몰수, 체감 매상 등으로 토지를 농민에게 무상으로 분여할 것
> ……

① 통일 정부 구성을 위한 남북 협상을 추진하였다.
② 유엔 감시하에 치러진 남북한 총선거에 참여하였다.
③ 여운형, 김규식 등 중도 세력을 중심으로 결성되었다.
④ 반민족 행위 처벌을 위한 특별 조사 위원회의 활동을 방해하였다.
⑤ 귀속 재산 처리법을 제정하여 일본인들이 남기고 간 재산을 처리하였다.

03

(가), (나) 사이의 시기에 있었던 사실로 옳은 것은?

> (가) 이제 우리는 무기 휴회된 공위가 재개될 기색도 보이지 않으며 통일 정부를 고대하나 여의치 않게 되었으니, 우리는 남방만이라도 임시 정부 혹은 위원회 같은 것을 조직하여 38도선 이북에서 소련이 철퇴하도록 세계 공론에 호소하여야 될 것이다.
>
> (나) 귀국한 이래 3년이 지난 오늘까지 온갖 잡음을 물리치고 남북통일과 독립을 이루고자 나머지 목숨을 38도선에 내놓은 김구의 얼굴에 이제 아무런 의혹의 티가 없었다. …… 이윽고 김구를 태운 자동차는 38도선을 넘어 멀리 평양을 향하여 성원 속에 사라졌다.

① 좌우 합작 7원칙이 발표되었다.
② 조선 건국 준비 위원회가 결성되었다.
③ 모스크바 3국 외상 회의가 개최되었다.
④ 반민족 행위 특별 조사 위원회가 구성되었다.
⑤ 유상 매수, 유상 분배 원칙의 농지 개혁법이 제정되었다.

04

(가)에 들어갈 내용으로 옳은 것은?

> 한국사 특강
>
> 우리 연구회에서는 '제헌 헌법으로 출범한 제○공화국'이라는 주제로 시민들을 위한 한국사 특강을 마련하였습니다. 많은 관심과 참여 바랍니다.
>
> ▣ 특강 내용 ▣
>
> 제1강 (가)
> 제2강 농지 개혁법의 제정 과정
> 제3강 정전 협정의 체결
>
> - 기간: 2021년 10월 ○○일~○○일
> - 시간: 매주 목요일 15:00~17:00
> - 장소: □□ 연구회

① 삼청 교육대의 설치
② 새마을 운동의 추진
③ 한·일 기본 조약의 비준
④ 지방 자치제의 전면 실시
⑤ 반민족 행위 처벌법의 제정

05

(가) 사건에 대한 설명으로 옳은 것은?

> 1948년 제주섬에서는 국제법이 요구하는, 문명사회의 기본 원칙이 무시되었다. 특히, 법을 지켜야 할 국가 공권력이 법을 어기면서 비무장 인간들을 살상한 점, 특히 어린이와 노인까지도 살해한 점은 중대한 인권 유린이며 과오이다. 결론적으로 제주도는 냉전의 최대 희생지였다고 판단된다. 바로 이 점이 (가) 의 진상 규명을 50년 동안 억제해 온 요인이 되기도 했다.
>
> – (가) 진상 조사 보고서(2003) –

① 4·13 호헌 조치에 저항하며 일어났다.
② 장면의 민주당 정권이 들어서는 계기가 되었다.
③ 전개 과정에서 3·1 민주 구국 선언이 발표되었다.
④ 3·15 부정 선거에 항의하는 시위에서 비롯되었다.
⑤ 희생자들의 명예 회복을 위하여 특별법이 제정되었다.

06

(가)~(다)의 전선을 전쟁이 진행된 순서대로 옳게 나열한 것은?

① (가) – (나) – (다)
② (가) – (다) – (나)
③ (나) – (가) – (다)
④ (나) – (다) – (가)
⑤ (다) – (가) – (나)

07

(가), (나) 발표 사이의 시기에 있었던 사실로 옳은 것은?

> (가) 우리는 다음 달에 입국할 유엔 한국 임시 위원단을 환영하는 동시에, 그들로 하여금 우리가 원하는 자주 독립의 통일 정부를 수립하는 임무를 완수하도록 최선을 다하여야 할 것이다. 우리는 어떠한 경우든지 단독 정부는 절대 반대할 것이다.
>
> (나) 올해 10월 19일 제주도 사건 진압 차 출동하려던 여수 제14연대 소속 3명의 장교 및 30여 명의 하사관들은 각 대대장의 결사적 제지에도 불구하고 남로당 계열 분자 지도하에 반란을 일으켰다. 동월 20일 8시 여수를 점령하는 한편, 좌익 단체 및 학생들을 인민군으로 편성하여 동일 8시 순천을 점령하였다.

① 제1차 미·소 공동 위원회가 결렬되었다.
② 모스크바 삼국 외상 회의가 개최되었다.
③ 좌우 합작 위원회에서 좌우 합작 7원칙이 발표되었다.
④ 유상 매수, 유상 분배 원칙의 농지 개혁법이 시행되었다.
⑤ 우리나라 최초의 보통 선거인 5·10 총선거가 실시되었다.

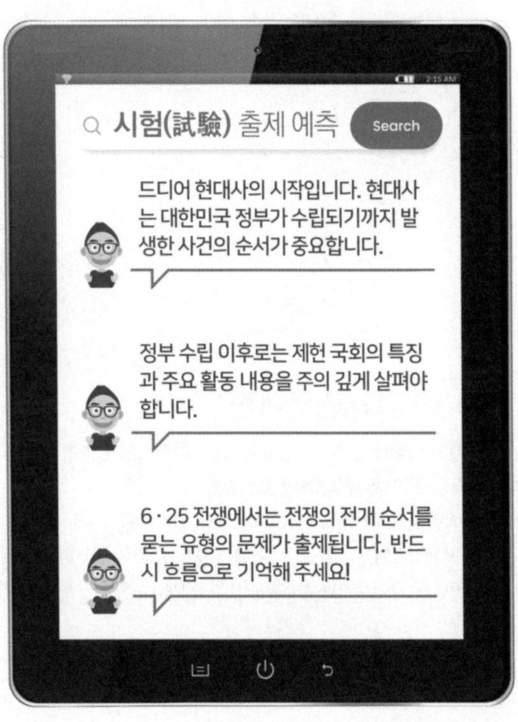

23 | 자유 민주주의의 시련과 발전

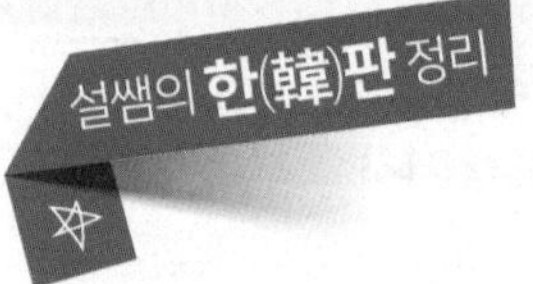

● 제1공화국

1950년
6·25 전쟁 발발

1951년
자유당 창당

1952년
- 부산 정치 파동
- 1차 개헌(발췌 개헌)
  : 대통령 간선제
  → 대통령 직선제
- 제2대 대통령 선거
  : 이승만 당선

1954년
2차 개헌(사사오입 개헌)
- 초대 대통령에 한하여 중임 제한 철폐
- $203 \times \frac{2}{3} = 135.333\cdots$

1956년
제3대 대통령 선거

	자유당	민주당	무소속
대통령	이승만(당선)	신익희 → 선거 전 사망	조봉암(약 30% 득표)
부통령	이기붕	장면(당선)	

- 진보당 창당(1956, 조봉암)
  → 진보당 사건(1958) : 조봉암 사형
- 보안법 파동 : 신국가 보안법 제정
- 『경향신문』 폐간(1959)

1960년
제4대 대통령 선거(1960. 3. 15.)

	자유당	민주당
대통령	이승만(당선)	조병옥 → 선거 전 사망
부통령	이기붕(당선)	장면

- 3·15 부정 선거 → 이승만(대통령), 이기붕(부통령) 당선
- 4·19 혁명(1960)
  - 배경 : 3·15 부정 선거
  - 전개 : 마산 시위 → 김주열 시신 발견 → 전국 확산 → 비상계엄령 선포
    → 대학 교수단의 시국 선언 및 시위 → 이승만 하야
  - 결과 : 허정 과도 정부 수립 → 3차 개헌(내각 책임제, 양원제)
- 제4대 대통령 선거 재시행(1960) : 윤보선(대통령), 장면(국무총리)

● 제2공화국(장면 내각)

- 4차 개헌(1960) : 3·15 부정 선거 관련 소급 특별법 제정
- 제1차 경제 개발 5개년 계획 수립
- 지방자치제 시행 : 지방자치단체장 선거 시행 → 5·16 군사 정변으로 효과 X
- 각계각층의 민주화 요구 : 평화 통일 운동, 학원 민주화 운동 등
- 민주당 내부 분열 : 구파(윤보선 등, 신민당 창당) vs. 신파(장면)

● 5·16 군사 정변과 제3·4공화국

1961년
- 5·16 군사 정변
  - 배경 : 장면 내각의 무능 + 사회 혼란
  - 전개 : 박정희 군정 시행(민정 이양 약속)
- 군정 정책
  - 국가 재건 최고 회의 출범, 중앙정보부 설치
  - 사회 정화 사업 : 정당 및 사회단체 해산, 폭력배 소탕, 언론 탄압 등
  - 화폐 개혁 : 환 → 원
  - 제1차 경제 개발 5개년 계획 시행

1962년
- 5차 개헌 : 대통령 중심제(4년 중임), 단원제, 국민 투표
- 민주 공화당 창당, 박정희가 육군 대상으로 전역

1963년
- 제5대 대통령 선거 : 박정희 vs. 윤보선 → 박정희 당선(제3공화국)

1964년
- 6·3 시위
  - 배경 : 한·일 국교 정상화 반대
  - 주장 : 굴욕적 대일 외교 반대
  - 결과 : 제1차 인민 혁명당 사건, 한·일 협정(한·일 기본 조약) 체결(1965)
- 베트남 파병(1964~1973) : 브라운 각서 체결(1966)
- 서독에 간호사·광부 파견

1967년
- 제6대 대통령 선거 : 박정희 vs. 윤보선 → 박정희 당선

1968년
- 향토 예비군 창설
- 국민 교육 헌장 발표

1969년
- 6차 개헌(3선 개헌) : 대통령 3선 연임 허용 vs. 3선 개헌 반대 투쟁

1971년
- 제7대 대통령 선거 : 박정희 vs. 김대중 → 박정희 당선

1972년
- 7차 개헌(유신 헌법) vs. →
  - 배경 : 닉슨 독트린, 7·4 남북 공동 성명
  - 내용 : 대통령 간선제(통일 주체 국민 회의), 임기 6년, 연임 제한 철폐, 긴급 조치권, 국회 해산권, 국회 의원 1/3 추천 등
- 제8대 대통령 선거 : 간선제 → 박정희 당선(제4공화국)

(대립)
- 유신 헌법 개헌 청원 100만 인 서명 운동(1973)
- 3·1 민주 구국 선언(1976)

1973년
- 경범죄 처벌법 개정 : 장발, 미니스커트 단속

1974년
- 인민 혁명당 재건 위원회 사건(제2차 인민 혁명당 사건)

1978년
- 제9대 대통령 선거 : 간선제 → 박정희 당선

1979년
- YH 무역 사건 → 김영삼 제명 사건 → 부·마 민주화 운동 → 10·26 사태

● 제5공화국

1979년
- 제10대 대통령 선거 : 간선제(통일 주체 국민 회의) → 최규하 당선
- 최규하 정부 → 12·12 사태 → 신군부(전두환) 집권 → 신군부 퇴진 요구 시위 전개

1980년
- 서울의 봄 → 5·17 비상계엄 전국 확대
- 5·18 민주화 운동
  - 배경 : 신군부의 비상계엄 확대
  - 전개 : 광주 시위대 무력 진압 → 시민군 결성 vs. 계엄군
  - 특징 : 관련 기록물이 유네스코 세계 기록 유산으로 등재(2011)
- 국가 보위 비상 대책 위원회 설치
- 제11대 대통령 선거 : 간선제(통일 주체 국민 회의) → 전두환 당선
- 8차 개헌 : 대통령 간선제(대통령 선거인단), 임기 7년, 단임제

1981~1987년
- 제12대 대통령 선거(1981) : 간선제(대통령 선거인단) → 전두환 당선
- 전두환 정부(1981~1988. 2.)
  - 유화책 : 두발 및 교복 자율화, 해외여행 자유화, 야간 통행금지 해제, 프로 스포츠 경기 도입
  - 탄압책 : 삼청 교육대, 언론 탄압(통폐합 및 보도 지침)
  - 7·30 교육조치(1980) : 과외 전면 금지, 대학 졸업 정원제 시행
  - 공직자 윤리법 제정(1981)
  - 중학생 의무 교육 시행에 관한 규정(1985)
- 6월 민주 항쟁(1987)
  - 전개 : 대통령 직선제 개헌 시위 → 박종철 고문치사 사건 → 4·13 호헌 조치 → 이한열 사망 → 6·10 국민 대회
  - 결과 : 6·29 민주화 선언
- 9차 개헌 : 임기 5년 단임제의 대통령 직선제

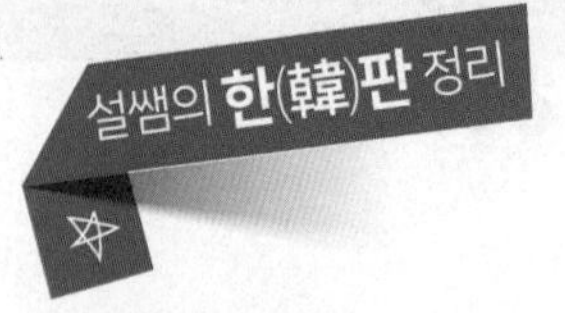

● 제6공화국

노태우 정부(1988~1993)

- 제13대 대통령 선거(1987) : 노태우 당선
- 서울 올림픽 개최(1988)
- 북방 외교 : 소련, 중국 및 동유럽 국가와 수교
- 지방 자치제 부분적 시행
- '여소야대' → 5공 청문회
- 3당 합당(민주 정의당 노태우 + 통일 민주당 김영삼 + 신민주 공화당 김종필) → 민주 자유당 창당

김영삼 정부(1993~1998)

- 제14대 대통령 선거(1992) : 김영삼 당선(최초 문민정부)
- 지방 자치제 전면 시행
- 역사 바로 세우기 운동 : 조선 총독부 청사 철거, 국민학교 → 초등학교, 5·18 민주화 운동 등에 관한 특별법 제정 → 전두환·노태우 구속
- 금융 실명제 시행(1993)
- 세계 무역 기구(WTO) 가입(1995)
- 경제 협력 개발 기구(OECD) 가입(1996)
- 외환 위기 초래(1997) → 국제 통화 기금(IMF)에 구제 금융 요청
- 전국 민주 노동조합 총연맹 창립

김대중 정부(1998~2003)

- 제15대 대통령 선거(1997) : 김대중 당선
- 최초의 평화적 여·야 정권 교체
- 노사정 위원회 설치
- 햇볕 정책 → 남북 정상 회담(2000)
- 「국민 기초 생활 보장법」 제정(1999)
- 외환 위기 극복(IMF 조기 상환, 2001)
- 국가 인권 위원회 설립

노무현 정부(2003~2008)

- 제16대 대통령 선거(2002) : 노무현 당선
- 제2차 남북 정상 회담(2007)
- 과거사 정리 사업
- 칠레, 유럽 연합(EU), 미국과 자유 무역 협정(FTA) 체결
- 호주제 폐지(2005)
- 노인 장기 요양 보호법 제정(2007)
- 질병 관리 본부 설치
- 아시아·태평양 경제 협력체(APEC) 정상 회의 주최
- 행정 중심 복합 도시 건설 시작
- 대통령 탄핵 심판 청구 기각
- 친일 반민족 행위 진상 규명 위원회 설치

이명박 정부(2008~2013)

- 제17대 대통령 선거(2007) : 이명박 당선
- G20 서울 정상 회의 개최(2010)
- 미국과 자유 무역 협정(FTA) 추가 체결, 발표(2012)

박근혜 정부(2013~2017)

- 제18대 대통령 선거(2012) : 박근혜 당선
- 최초의 여성 대통령

문재인 정부(2017~2022)

제19대 대통령 선거(2017) : 문재인 당선

1 제1공화국(1948 ~ 1960)

(1) 이승만 정부의 장기 집권

① **자유당 창당(1951)** : 1950년 5월에 치러진 제2대 국회 의원 선거에서 이승만 정부에 비판적인 무소속 의원들이 과반수 이상으로 당선되자, 이승만 정부는 임시 수도 부산에서 자유당을 창당하여 지지 세력을 규합하고자 하였다.

② **1차 개헌(발췌 개헌, 1952)**

구분	내용
배경	이승만 정부는 제2대 국회 의원에 의한 간선제로는 이승만이 대통령 당선이 어렵다고 판단함
전개	• 직선제 개헌안을 국회에 제출하였으나, 찬성 19표와 반대 143표로 부결됨 • **부산 정치 파동** : 이승만 정부는 비상계엄을 선포하고 개헌에 반대하는 야당 의원들의 통근 버스를 크레인으로 견인하여 헌병대에 연행하는 등 파동을 일으킴 • 부산 정치 파동에 항의하여 제2대 부통령 김성수가 사퇴함
결과	부산에서 기립 표결로 대통령 직선제를 골자로 하는 개헌안을 통과시킴

국사(國史)편찬위원회에서 출제한 자료 ● 부산 정치 파동(1952)

5월 26일, 부산에서 국회 의원 통근 버스가 헌병대로 강제 연행되어 탑승한 야당 의원 50여 명이 구금당하는 사태가 벌어졌다. 내각 책임제를 추진하던 주동 의원들이 체포되었으며, 국제 공산당 사건 혐의로 10여 명의 국회 의원이 구속되었다.

③ **제2대 대통령 선거(1952)** : 이승만이 대통령 직선제로 재집권에 성공하였다.

④ **2차 개헌(사사오입 개헌, 1954)**

구분	내용
배경	• 기존 헌법에 따르면 대통령은 두 번까지만 중임할 수 있었음 • 제1대, 제2대 대통령을 중임한 이승만은 제3대 대통령 선거에 출마할 수 없었음
전개	• 이승만 대통령과 여당인 자유당은 영구 집권을 위하여 초대 대통령에 한하여 중임 제한을 철폐한다는 내용을 골자로 하는 개헌안을 제출함 • 개헌이 이루어지기 위해서는 국회 의원 3분의 2의 동의를 얻어야 하나, 한 표가 부족하여 개헌안이 통과되지 못함
결과	사사오입 논리를 내세워 개헌안을 통과시킴

국사(國史)편찬위원회에서 출제한 자료 ● 2차 개헌(사사오입 개헌, 1954)

개혁안에 대한 국회 표결 결과, 재적 의원 203명, 재석 의원 202명, 찬성 135표, 반대 60표, 기권 7표였다. 이것은 헌법 개정에 필요한 의결 정족수(재적 의원의 3분의 2 이상)인 136표에 1표가 부족한 135표 찬성이므로 부결된 것이었다. …… 그러나 자유당 간부회는 재적 의원 203명의 3분의 2는 135.333…이므로 이를 사사오입하면 135명이 개헌 정족수가 된다고 주장하였다. 이들은 이 주장을 자유당 의원 총회에서 채택하고, 국회에서 야당 의원들이 퇴장한 가운데 '번복 가결 동의안'을 상정하여 통과시켰다.

⑤ 제3대 대통령 선거

㉠ 출마

	자유당	민주당	무소속
대통령	이승만	신익희	조봉암
부통령	이기붕	장면	

● **제2대 부통령**
제1대 부통령 이시영은 6·25 전쟁 중인 1951년에 일어난 국민 방위군 사건에 책임감을 느끼고 자진 사퇴하였다.

● **사사오입**
넷 이하는 버리고 다섯 이상은 열로 하여 윗 자리에 끌어올려 계산하는 법이다.

호헌 동지회
2차 개헌(사사오입 개헌)에 반대하는 범야당 연합 모임으로 통합 야당의 창당을 위한 토대가 되었고, 우여곡절 끝에 민주당 창당으로 이어졌다.

제3대 대통령 선거 당시 민주당 선거 포스터
자유당은 이에 대항하여 "갈아 봤자 별 수 없다. 구관이 명관이다"라는 구호를 내세웠다.

진보당 사건으로 재판을 받고 있는 조봉암

ⓒ 전개

ⓐ 민주당 신익희 후보가 선거 전에 사망하며 이승만이 대통령으로 당선되었다.

ⓑ 무소속으로 대통령 선거에 출마한 조봉암이 약 30%(200만 표 이상)를 득표하였다.

ⓒ 제4대 부통령으로 장면이 당선되었다.

ⓒ 결과

ⓐ **진보당 사건(1958)** : 조봉암의 득표에 위기를 느낀 이승만 정부는 제3대 대통령 선거 이후 **진보당을 창당(1956)**하여 평화 통일론을 주장하는 **조봉암에게 간첩 혐의를 씌워 사형**시켰다.

ⓑ 진보당 사건 이후에는 **보안법 파동을 일으켜 기존의 국가 보안법을 개정한 신국가 보안법을 제정**하였다.

ⓒ 이승만 정부에 비판적인 기사를 보도한 **『경향신문』을 폐간**시켰다(1959).

⑥ 제4대 대통령 선거(1960)

㉠ 출마 : 민주당 조병옥 후보가 선거 전에 사망하며 이승만의 당선이 확실해졌다.

	자유당	민주당
대통령	이승만	조병옥
부통령	이기붕	장면

㉡ **3·15 부정 선거(1960)**

배경	• 당시 대통령의 신변에 문제가 생길 경우 부통령이 대통령직을 대행함 • 자유당은 당시 이승만이 85세의 고령이었기 때문에 대통령 승계를 위하여 무조건 이기붕을 부통령으로 당선시키고자 함
내용	• **4할 사전 투표** : 투표용지의 40%를 사전에 투표하여 투표함에 넣어둠 • **3인조·9인조 투표** : 3명에서 9명씩 조를 편성하여 조장이 조원의 표를 확인하도록 함 • 유권자의 명부를 조작하거나 완장 부대를 동원하여 위협함 • 야당 참관인을 축출하고 투표함을 바꿔치기함

㉢ 결과 : 대통령에 이승만, **부통령에 이기붕이 당선**되었다.

3·8 민주 의거
장면 부통령 후보 유세를 기회 삼아 대전 지역 고등학생 주도로 일어난 학생 의거로서, 대구의 2·28 민주 운동, 마산의 3·15 의거와 더불어 4·19 혁명이 전국으로 확산되는 계기가 되었다.

(2) 4·19 혁명(1960)

배경	이승만 정부가 3·15 부정 선거를 저지름
전개	• 선거 당일부터 마산에서 부정 선거를 규탄하는 시위가 벌어짐 • **경무대(청와대)로 향하던 시위대가 경찰의 총격을 받음** • 경찰이 총격으로 죽은 김주열의 시신을 마산 앞바다에 유기함 • 김주열의 시신이 마산 앞바다에서 발견(1960. 4. 11.)되며 시위가 격화됨 • 이승만이 전국에 계엄령을 선포함 • **대학 교수단이 대통령 하야를 요구하며 시국 선언을 하고 시위 행진을 벌임** • **이승만이 하야 성명을 발표하고 대통령직에서 물러남(1960. 4. 26.)**
결과	• **허정을 수반으로 하는 과도 정부가 수립됨** • **3차 개헌 : 의원 내각제(내각 책임제)와 양원제를 골자로 하는 개헌안이 통과됨** • **제4대 대통령 선거 재시행** : 대통령에 윤보선, 국무총리에 장면이 선출됨
의의	• 국민의 힘으로 독재 정권을 몰아낸 민주주의 혁명이자 민주주의 발전에 기반이 된 사건 • **대통령 중심제에서 의원 내각제로 바뀌는 계기로 작용**

4·19 혁명 당시 대학 교수단의 시위
대학 교수단은 시국 선언을 한 뒤 '학생의 피에 보답하라'는 현수막을 들고 가두시위를 전개하였다.

양원제
의회가 두 개의 합의체로 구성된 통치 체제로, 지역 대표성에 따라 구성된 참의원(상원)과 인구 비례에 따라 구성된 민의원(하원)이 있었다.

국사(國史)편찬위원회에서 출제한 자료 ●서울대학교 문리대 학생의 4·19 선언문

상아의 진리탑을 박차고 거리에 나선 우리는 질풍과 같은 역사의 조류에 자신을 참여시킴으로써 이성과 진리, 그리고 자유의 대학정신을 현실의 참담한 박토(薄土)에 뿌리려 하는 바이다. …… 나이 어린 학생 김주열의 참혹한 시신을 보라! 그것은 가식 없는 전제주의 전횡의 발가벗은 나상(裸像)밖에 아무것도 아니다. …… 나가자! 자유의 비결은 용기일 뿐이다. 우리의 대열은 이성과 양심과 평화, 그리고 자유에의 열렬한 사랑의 대열이다. 모든 법은 우리를 보장한다.

2 제2공화국(장면 내각, 1960 ~ 1961)

① 4차 개헌(1960) : 3·15 부정 선거 관련자 및 부정 축재자를 처벌하기 위하여 소급 특별법을 제정하였다.
② 제1차 경제 개발 5개년 계획을 수립하였다.
③ 지방 자치 단체장 선거를 시행하였으나, 1년 뒤 일어난 5·16 군사 정변으로 큰 효과는 없었다.
④ 평화 통일 운동, 학원 민주화 등 각계각층의 민주화 요구가 표출되었다.
⑤ 민주당 내에 분열이 일어나자 윤보선 등은 탈당하고 신민당을 창당(구파)하여 장면 내각(신파)과 싸움을 벌였다.

장면

3 5·16 군사 정변과 제3·4공화국

(1) 5·16 군사 정변(1961)

① 배경 : 박정희를 중심으로 한 군부 세력은 장면 내각의 무능과 사회 혼란을 이유로 군사 정변을 일으켰다.
② 전개 : **박정희는 반공을 천명하고 과업을 성취한 후 민정에 이양하겠다는 내용을 담은 혁명 공약을 발표**하였다.
③ 군정이 시행한 정책
㉠ **국가 재건 최고 회의를 설치**하여 군정을 시행하였다.
㉡ **중앙정보부를 설치**하여 군정에 비판적인 정치인과 학생 운동 지도자 등을 감시하고 비판적인 언론도 탄압하였다.
㉢ 사회 정화 사업이라는 명목으로 정당 및 사회단체를 해산시키고 폭력배를 소탕하였으며, 언론을 탄압하였다.
㉣ 경제를 개발하기 위하여 환을 원으로 바꾸는 화폐 개혁을 단행하였다.
㉤ 장면 내각 때 수립된 **제1차 경제 개발 5개년 계획을 시행**하여 자립 경제를 구축하고자 하였다.
㉥ 부정 축재 혐의로 구속된 재벌들을 경제 개발을 명분으로 풀어 주기도 하였다.
④ 5차 개헌(1962) : 임기 4년의 중임이 가능한 대통령 중심제와 단원제 국회 구성을 골자로 하는 개헌안이 국민 투표에 의하여 통과되었다.
⑤ 민정 이양 약속 불이행 : 박정희는 비밀리에 민주 공화당을 창당한 후 민정 이양의 약속을 저버리고 육군 대장으로 전역하여 제5대 대통령 선거에 출마하였다.
⑥ 제5대 대통령 선거(1963) : 박정희가 대통령에 당선되었다.

5·16 군사 정변

● 혁명 공약
첫째, 반공을 국시의 제1의로 삼고 지금까지 형식적이고 구호에만 그친 반공 체제를 재정비 강화할 것입니다. …… 여섯째, 이와 같은 우리의 과업이 성취되면 참신하고도 양심적인 정치인들에게 언제든지 정권을 이양하고 본연의 임무에 복귀할 준비를 갖추겠습니다.

(2) 제3공화국(1963~1972)

① **한·일 국교 정상화**

㉠ 배경 : 박정희 정부가 경제 개발 자금을 마련하고자 하는 찰나, 미국이 북한·중국·소련을 견제하고자 한국·미국·일본의 동맹을 요구하였다.

㉡ 한·일 회담 : 중앙정보부장 김종필은 박정희 군정 시절부터 일본 외무 장관 오히라와 비밀리에 회담을 진행하여 일본으로부터 배상액으로 무상 3억 달러, 유상 2억 달러, 민간 차관 1억 달러 이상을 받기로 약속하였다.

박정희 대통령

김종필(좌)과 오히라(우)

국사(國史)편찬위원회에서 출제한 자료 ● 김종필·오히라 메모(1962)

1. 무상 원조에 대해 한국 측은 3억 5천만 달러, 일본 측은 2억 5천만 달러를 주장한바 3억 달러를 10년에 걸쳐 공여하는 조건으로 양측 수뇌에 건의함
3. 수출입 은행 차관에 대해 …… 양측 합의에 따라 국교 정상화 이전이라도 협력하도록 추진할 것을 양측 수뇌에 건의함

㉢ **6·3 시위(1964)**

배경	• 공개된 김종필 오히라 메모에 '독립 축하금 명목', '개인 청구권 포기' 등의 문구가 포함됨 • 식민지 지배에 대한 사과와 일본군 '위안부', 강제 징병과 징용 등에 대한 배상이 제대로 이루어지지 않음
전개	• 국민들이 '**굴욕 외교 결사반대**' 등의 구호를 내세우며 **한·일 국교 정상화에 반대하는 시위를 벌임** • 박정희 정부는 비상계엄을 선포하고 군대를 동원하여 진압함
결과	• 제1차 인민 혁명당 사건이 발생함 • 한국과 일본 사이에 한·일 협정(**한·일 기본 조약**)이 체결됨(1965)

6·3 시위

제1차 인민 혁명당 사건
비상계엄을 확대한 정부가 한·일 협정 반대 시위를 전개하는 자들을 구속하였다. 중앙정보부는 구속된 이들을 두고 북한의 지령을 받아 국가 변란을 시도한 인민 혁명당을 적발하였다고 발표한 뒤 기소하였다. 2015년에 대법원에서 무죄로 판결하였다.

국사(國史)편찬위원회에서 출제한 자료 ● 한·일 협정(한·일 기본 조약, 1965)

제1조 양 체약 당사국 간에 외교 및 영사 관계를 수립한다.
제2조 1910년 8월 22일 및 그 이전에 대한 제국과 일본 제국 간에 체결된 모든 조약 및 협정이 이미 무효임을 확인한다.

② **베트남 파병(1964~1973)**

㉠ 배경 : **미국**이 반공과 자유 민주주의를 확고히 한다는 명분으로 한국군의 파병을 요구하였다.

㉡ 파병 : **1964년부터 파병**하였고, **1966년에는 미국과 브라운 각서를 체결**하여 베트남 파병의 대가로 군사적·경제적 지원을 약속받았다.

㉢ 한계

ⓐ 5천여 명의 전사자와 부상자가 발생하였으며 일부는 고엽제 후유증을 겪었다.

ⓑ 베트남 민간인이 희생되고 라이따이한 문제가 발생하였다.

라이따이한
베트남에 파병된 한국인과 베트남 여성 사이에서 태어난 혼혈아이다.

능력(能力) 향상을 위한 OX

			정답
01	3·15 부정 선거로 일어난 민주화 운동에서 시민군이 조직되었다.	( )	×
02	4·19 혁명은 양원제 국회와 장면 내각이 출범하는 계기가 되었다.	( )	○
03	베트남 파병의 대가로 브라운 각서가 체결되어 군사적·경제적으로 지원을 받았다.	( )	○

국사(國史)편찬위원회에서 출제한 **자료** ● 브라운 각서(1966)

1. 군사 원조
   - 한국에 있는 대한민국 국군의 현대화 계획을 위하여 앞으로 수년 동안 상당량의 장비를 제공한다.
   - 월남에 파견되는 추가 병력에 필요한 장비를 제공하며 또한 파월 추가 병력에 따르는 일체의 추가적 원화 경비를 부담한다.
2. 경제 원조
   - 파월 대한민국 부대에 소요되는 보급물자 용역 및 장비를 실행할 수 있는 한도까지 대한민국에서 구매하고 파월 미군과 월남군을 위한 물자 중에 결정된 구매 품목은 한국에서 발주한다.
   - 1965년 5월에 대한민국에 대하여 이미 약속한 바 있는 1억 5천만 달러 AID차관에 추가하여 …… 대한민국 경제 발전을 지원하기 위하여 추가 AID차관을 제공한다.

③ 서독에 간호사·광부 파견 : 서독으로부터 차관을 제공받았다.

④ 제6대 대통령 선거(1967) : 박정희는 한·일 국교 정상화와 베트남 파병 등으로 확보한 자금을 바탕으로 경제 개발에 성공하여, 윤보선 후보를 제치고 대통령에 당선되었다.

⑤ **향토 예비군 창설(1968)** : **1·21 사건**과 푸에블로호 나포 사건을 계기로 자주방위 태세를 확립하기 위하여 창설하였다.

⑥ **국민 교육 헌장 발표(1968)** : **우리나라 교육이 지향하는 이념과 목표를 밝혔다.**

⑦ **6차 개헌(3선 개헌, 1969)**
   ㉠ 배경 : 기존 헌법에 따라 박정희는 더 이상 대통령 선거에 출마할 수 없었다.
   ㉡ 전개 : 국민과 야당은 3선 개헌을 반대하는 운동을 전개하였다.
   ㉢ 결과 : 국가 안보와 경제 성장을 앞세워 **대통령 3선 연임을 허용하는 개헌안을 통과**시켰다. 이로써 박정희가 **장기간 집권할 수 있는 토대가 마련**되었다.

⑧ **제7대 대통령 선거**(1971) : 통과된 3선 개헌을 바탕으로 제7대 대통령 선거에 출마한 **박정희**는 야당 후보 **김대중**을 힘겹게 누르고 당선되었다.

⑨ **7차 개헌(유신 헌법, 1972)**

구분	내용
배경	• 제7대 대통령 선거에서 야당 후보 김대중과의 표 차이가 크지 않자, 장기 집권을 원하는 박정희 정부는 위기감을 느낌 • 닉슨 독트린(1969)으로 냉전 체제가 완화되어 국내의 야당 지지율이 증가하자, 반공을 국시로 내세웠던 박정희 정부는 위기감을 느낌 • 국제 원유 가격이 상승하는 등 세계 경제 불황으로 국내 경제가 침체됨 • 미군은 박정희 정부에 남북 대화를 요구하는 한편, 주한 미군 중 일부를 철수시킴 • 이후 박정희 정부는 북한에 남북 대화를 제안하고, 이산가족 찾기를 위한 남북 적십자 회담을 추진함 • 북한과 자주·평화·민족적 대단결의 원칙에 합의한 7·4 남북 공동 성명을 발표함
전개	• 전국에 비상계엄령을 선포하고 국회를 해산시키는 등 모든 정치 활동을 금지함 • 국회 의사당과 야당 당사에 탱크를 배치하고, 국가 안보와 경제 성장을 명분으로 삼아 새로운 헌법 제정을 예고함 • 10월 27일에 비상 국무 회의에서 헌법 개정안을 의결하였고, 이후 국민 투표를 거쳐 새로운 헌법(유신 헌법)이 통과됨
내용	• 대통령의 임기를 6년으로 늘리고 출마 횟수에 제한을 없앰 • 대통령을 통일 주체 국민 회의에서 간선제로 선출하도록 함 • 대통령이 국회 의원의 3분의 1을 추천할 수 있음 • 대통령에게 법관 인사권, 국회 해산권 등을 부여함 • 대통령에게 국민의 기본권을 제한할 수 있는 긴급 조치권을 부여함 • 대통령이 헌법 일부의 효력을 정지할 수 있음

● **1·21 사건(1968)**
김신조를 비롯한 북한 특수 부대원 31명이 청와대 습격을 시도한 사건이다.

● **푸에블로호 나포 사건(1968. 1.)**
미국 해군 장교와 민간인 등 80여 명을 태운 미국 첩보함 푸에블로호가 북한에 나포된 사건이다.

3선 개헌 반대 운동

● **닉슨 독트린(1969)**
미국 대통령 닉슨이 선언한 아시아와 아프리카에 대한 미국의 외교 정책 원칙으로, 아시아 및 아프리카 국가에 더 이상 군사적 개입을 하지 않겠다는 내용을 담고 있다.

유신 헌법 공포식

● **대통령에게 법관 인사권, 국회 해산권 등을 부여**
대통령이 입법·사법·행정에 대한 모든 권한을 장악하였다.

국사(國史)편찬위원회에서 출제한 자료 ● 유신 헌법(1972)

제39조 ① 대통령은 통일 주체 국민 회의에서 토론 없이 무기명 투표로 선거한다.
제40조 ① 통일 주체 국민 회의는 국회 의원 정수의 3분의 1에 해당하는 수의 국회 의원을 선거한다.
제47조 대통령의 임기는 6년으로 한다.
제59조 ① 대통령은 국회를 해산할 수 있다.
제53조 대통령은 천재지변 또는 중대한 재정·경제상의 위기에 처하거나, 국가의 안전 보장 또는 공공의 안녕질서가 중대한 위협을 받거나 받을 우려가 있어 신속한 조치를 할 필요가 있다고 판단할 때에는 내정·외교·국방·경제·재정·사법 등 국정 전반에 걸쳐 필요한 긴급 조치를 할 수 있다.

⑩ 제8대 대통령 선거(1972) : 통일 주체 국민 회의에서 박정희를 대통령으로 선출하였다.

(3) 제4공화국(1972~1979)

① **유신 반대 운동**

㉠ **개헌 청원 100만 인 서명 운동(1973)** : 장준하·함석헌·김수환 추기경 등은 서울 YMCA에서 개헌 청원 운동 본부를 발족하고 100만 인 서명 운동을 전개하였다.

개헌 청원 100만 인 서명 운동 당시 유신 반대 성명을 발표하는 장준하

㉡ **3·1 민주 구국 선언(1976)** : 유신 헌법에 반대하는 함석헌·김대중·윤보선 등은 **긴급 조치 철폐**, 박정희 정권의 퇴진과 민주 인사 및 학생들의 석방을 요구하며 명동 성당에서 3·1 민주 구국 선언을 발표하였다.

㉢ **인민 혁명당 재건 위원회 사건(제2차 인민 혁명당 사건, 1974)**

ⓐ 유신 반대 운동을 전개한 전국 민주 청년 학생 총연맹(민청학련)의 배후 조직으로 인민 혁명당 사건 관계자들이 지목되어 체포되었다.

ⓑ 대법원은 인민 혁명당을 재건하려 하였다는 혐의로 기소된 도예종·여정남·서도원 등 8명에게 1975년에 사형 판결을 내리고 18시간 만에 사형을 집행하였다.

ⓒ 2007년에 대법원은 해당 사건과 관련된 8인에게 무죄를 선고하였다.

② 경범죄 처벌법 개정(1973) : 장발과 미니스커트를 단속하였다.

● 경범죄 처벌법
1954년에 처음 제정되었다. 박정희 정부는 장발과 미니스커트 등이 미풍양속을 해치는 퇴폐적인 풍조라고 여기며 이를 거리에서 단속할 수 있도록 경범죄 처벌법을 개정하였다.

③ 제9대 대통령 선거(1978) : 통일 주체 국민 회의에서 박정희를 대통령으로 선출하였다.

④ **YH 무역 사건(1979)** : 가발 업체인 YH 무역이 부당한 폐업을 공고하자 노동자들은 신민당 당사에서 농성을 벌였고, 신민당 총재 김영삼은 기자 회견에서 유신 체제를 비판하였다.

⑤ **부·마 민주화 운동(1979)** : 박정희 정부가 국가를 모독하였다는 이유로 **야당 총재 김영삼을 국회 의원직에서 제명**하자, 김영삼의 정치 기반인 부산과 마산 일대에서 시위가 일어났다. 이에 정부는 계엄령을 선포하여 이를 강경하게 진압하였다.

⑥ 10·26 사태(1979) : 중앙정보부장 김재규가 박정희 대통령과 차지철 대통령 경호실장을 총으로 저격하며 박정희 정부의 장기 집권이 종결되었다.

4 제5공화국(1981~1988)

(1) 신군부의 등장

● 신군부
군부 출신인 박정희 이후 등장한 정치군인을 신군부라 부른다.

① 제10대 대통령 선거(1979) : 통일 주체 국민 회의에서 최규하를 대통령으로 선출하였다.

② 12·12 사태(1979) : 보안 사령관 전두환이 노태우 등과 쿠데타를 일으켜 정권을 장악하였다.

③ 서울의 봄(1979. 10. 26.~1980. 5. 17.)

㉠ 10·26 사태 이후 민주화를 요구하는 분위기가 형성되어 국민들이 신군부 퇴진과 비상계엄령 철폐를 요구하는 민주화 운동을 전개하였다.

㉡ 신군부는 오히려 **비상계엄령을 전국으로 확대**하고 모든 정치 활동을 금지하였다.
㉢ 대학생들은 비상계엄 철폐와 학원 민주화 등을 요구하며 시위를 전개하였다.

(2) 5·18 민주화 운동(1980)

① 배경 : **신군부의 정권 장악과 비상계엄령의 전국 확대에 반발**하였다.
② 전개
㉠ 광주의 학생과 시민들이 신군부 퇴진을 요구하며 시위를 전개하였다.
㉡ 신군부가 파견한 **계엄군이 시위를 무력 진압하며 많은 사상자가 발생**하였다.
㉢ 시위대는 **시민군을 조직**하여 대항하였으나 계엄군에게 진압되었다.
③ 특징 : **관련 기록물이 2011년에 유네스코 세계 기록 유산으로 등재**되었다.

광주 금남로 시위

국사(國史)편찬위원회에서 출제한 자료 ● 위르겐 힌츠페터의 기사

광주 시민들에 따르면 공수 부대가 학생들의 시위에 잔인하게 대응하면서 상호 간에 폭력적인 결과를 가져왔다고 한다. 계엄령 해제와 수감된 야당 지도자의 석방을 요구하는 학생들이 행진하면서 돌을 던졌다고 하지만, 그렇게 폭력적이지는 않았다고 한다. 광주에 거주하는 미국인들 – 대부분 선교사, 교사, 평화봉사단 단원들 중 한 사람은 "가장 놀랐던 것은 군인들이 저지른 무차별적 폭력이었다."라고 증언하였다.

● **위르겐 힌츠페터(1937~2016)** '푸른 눈의 목격자'라고 불리는 독일의 기자이다. 1980년 5월에 일본 특파원으로 재직할 당시 목숨을 걸고 광주에 들어가 계엄군이 일으킨 참사 현장을 촬영하여, 전 세계에 5·18 민주화 운동의 참상을 알렸다.

(3) 제5공화국

① 성립
㉠ 신군부가 **국가 보위 비상 대책 위원회를 설치하였다**(1980).
㉡ 제11대 대통령 선거(1980) : 신군부의 압박으로 최규하 대통령이 사퇴하고 통일 주체 국민 회의에서 전두환을 대통령으로 선출하였다.
㉢ **8차 개헌(1980)** : **대통령 선거인단이 7년 단임의 대통령을 간선제로 선출**하는 내용을 담은 개헌안이 통과되었다.
㉣ 제12대 대통령 선거(1981) : 대통령 선거인단이 전두환을 대통령으로 선출하였다.
② 전두환 정부의 정책
㉠ 유화책 : 학생의 두발과 교복 자율화, 해외여행 자율화, **야간 통행금지 해제**, **프로 스포츠 경기 도입** 등 유화 정책을 펼쳤다.
㉡ 탄압책 : **삼청 교육대를 설립**하였으며, **언론 기본법을 제정**하여 **언론 기관을 통폐합**하고 보도 지침을 내리는 등 언론을 탄압하였다.
㉢ 7·30 교육조치(1980) : 입시 및 사교육비 부담을 줄이고자 제정하였으며 이에 따라 **과외 전면 금지**, 대학 입시 본고사 폐지, **대학 졸업 정원제 도입**이 이루어졌다.
㉣ **공직자 윤리법(1981)** : 공직자의 부정행위를 방지하기 위하여 **재산 등록을 의무화**하였다.
㉤ 중학교 의무 교육 실시에 관한 규정(1985) : 도서·벽지의 중학생부터 의무 교육이 시행되었다.
③ 민주화 추진 협의회(1984) : 김영삼, 김대중 등 정계에서 배제당한 야당 인사들을 중심으로 조직되었다.

● **삼청 교육대** 폭력배 등 사회 질서를 문란하게 하는 사람들을 소탕하기 위하여 설립되었으나 무고한 사람들이 검거되는 경우가 많았다.

● **박종철 고문치사 사건**

당시 경찰은 박종철의 죽음에 대하여 '책상을 탁 치니 억 하고 죽었다.'라고 허위로 발표하였다.

(4) 6월 민주 항쟁(1987)

① 전개
㉠ **박종철 고문치사 사건** : 국민들이 대통령 **직선제 개헌을 요구하는 시위**를 전개하던 중, 서울대학교 학생 **박종철**이 치안 본부 남영동 대공분실에서 **수사관의 고문으로 사망하였다**.

6월 민주 항쟁

ⓒ **4·13 호헌 조치** : 전두환 정부가 기존 헌법인 대통령 간선제를 유지한다는 내용의 4·13 호헌 조치를 발표하였다.

ⓒ **이한열 사망** : 6월 9일에 연세대학교 학생 **이한열**이 4·13 호헌 조치에 반대하는 시위 도중 최루탄을 맞고 쓰러져 뇌사 상태에 빠졌다가 사망하였다.

ⓔ **6·10 국민 대회** : 국민들이 **호헌 철폐와 독재 타도** 등의 구호를 내세우며 시위를 전국적인 민주화 운동으로 발전시켰다.

국사(國史)편찬위원회에서 출제한 자료 ●6·10 국민 대회 선언문

국민 합의를 배신한 4·13 호헌 조치는 무효임을 전 국민의 이름으로 선언한다. 오늘 우리는 전 세계 이목이 우리를 주시하는 가운데 40년 독재 정치를 청산하고 희망찬 민주 국가를 건설하기 위한 거보를 전 국민과 함께 내딛는다. 국가의 미래요 소망인 꽃다운 젊은이를 야만적인 고문으로 죽여 놓고 그것도 모자라 뻔뻔스럽게 국민을 속이려 했던 현 정권에게 국민의 분노가 무엇인지를 분명히 보여 주고, 국민적 여망인 개헌을 일방적으로 파기한 4·13 폭거를 철회시키기 위한 민주장정을 시작한다. ……

– 호헌 반대 민주 헌법 쟁취 국민운동 본부 –

② 결과

㉠ 6·29 민주화 선언 : 여당 대표 노태우가 대통령 직선제 개헌 등을 주요 내용으로 하는 선언을 발표하였다.

ⓛ **9차 개헌(1987)** : **임기 5년 단임의 대통령 직선제를 규정한 개헌안이 통과**되었다.

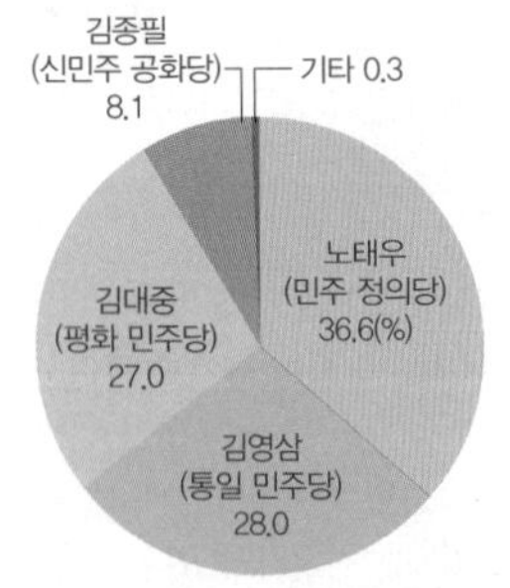

6·29 민주화 선언

국사(國史)편찬위원회에서 출제한 자료 ●6·29 민주화 선언

여야 합의하에 조속히 대통령 직선제 개헌을 하고 새 헌법에 의한 대통령 선거를 통하여 1988년 2월 평화적 정부 이양을 실현토록 해야 하겠습니다. …… 국민은 나라의 주인이며, 국민의 뜻은 모든 것에 우선하는 것입니다.

김종필 (신민주 공화당) 8.1
기타 0.3
노태우 (민주 정의당) 36.6(%)
김대중 (평화 민주당) 27.0
김영삼 (통일 민주당) 28.0
(중앙선거관리위원회)

제13대 대통령 선거 후보자별 득표율

5 제6공화국(1988~현재)

(1) 노태우 정부(1988~1993)

① 제13대 대통령 선거(1987) : 대통령 직선제로 노태우가 당선되었다.

② **서울 올림픽(1988)** : 제24회 하계 올림픽을 성공적으로 개최하였다.

③ **경제 정의 실천 시민 연합 창립 대회가 개최되었다(1989).**

④ **북방 외교**

㉠ 노태우 정부는 서울 올림픽을 계기로 공산권 국가들과 외교 관계를 확대하였다.

ⓛ **소련(1990), 중국(1992) 및 동유럽 국가와 외교 관계**를 맺었다.

⑤ **지방 자치제 부분 시행** : 5·16 군사 정변으로 중단된 **지방 자치제를 부분적으로 시행**하였다.

⑥ 5공 청문회 시행 : 제13대 총선거(1988)에서 야당이 국회 의석 과반을 차지하며 여소야대 국회가 구성되자, 야당 주도로 5·18 민주화 운동의 진상을 규명하고 전두환 정부의 비리를 밝히기 위한 5공 청문회가 개최되었다.

⑦ 3당 합당 : 노태우 정부는 여소 야대 상황을 극복하기 위하여 여당인 민주 정의당과 김영삼의 통일 민주당, 김종필의 신민주 공화당을 합당하여 민주 자유당을 창당하였다.

서울 올림픽(1988)

(2) 김영삼 정부(1993~1998)

① 제14대 대통령 선거(1992) : 5·16 군사 정변 이후 처음으로 민간인 출신인 김영삼이 대통령에 당선되었다(문민정부).

국사(國史)편찬위원회에서 출제한 자료 ● 김영삼 대통령 취임사

친애하는 7천만 국내외 동포 여러분, 노태우 대통령을 비롯한 전직 대통령, 그리고 이 자리에 참석하신 내외 귀빈 여러분. 오늘 우리는 그렇게도 애타게 바라던 문민 민주주의의 시대를 열기 위하여 이 자리에 모였습니다. …… 마침내 국민에 의한, 국민의 정부를 이 땅에 세웠습니다. 오늘 탄생되는 정부는 민주주의에 대한 대한국민의 불타는 열망과 거룩한 희생으로 이루어졌습니다. ……

② **지방 자치제 전면 시행** : 부분적으로 시행되던 **지방 자치제를 전면적으로 시행**하였다.

③ **금융 실명제(1993)** : 사회 정의 실현과 경제 활성화를 위하여 시행하였다.

④ 역사 바로 세우기 운동

㉠ **1995년**에 광복 50주년을 맞이하여 일제 식민 통치의 잔재로서 경복궁을 가로막고 있던 **조선 총독부 청사를 폭파 및 철거**하였고, **국민학교의 명칭을 초등학교로 변경**하였다.

㉡ 5·18 민주화 운동 등에 관한 특별법을 제정(1995)하여 신군부 세력을 내란 및 내란 목적 살인죄로 기소함으로써 전두환과 노태우를 구속하였다.

⑤ 세계화 현상 수용 : **1995년 세계 무역 기구(WTO), 1996년 경제 협력 개발 기구(OECD)에 가입**하였다.

⑥ 외환 위기 초래 : 외환 보유고가 부족하여 국제 통화 기금(IMF)에 금융 지원을 요청하였다(1997).

● 김영삼 정부
1995년에 전국 민주 노동조합 총연맹(민주 노총)이 창립되었다.

(3) 김대중 정부(1998~2003)

① 제15대 대통령 선거(1997) : 김대중이 대통령에 당선되며 최초로 여야 간에 평화적인 정권 교체가 이루어졌다.

② 햇볕 정책

㉠ 적극적인 **대북 화해 및 남북 협력 정책**을 추진하여 남북 관계를 개선시켰다.

㉡ 제1차 남북 정상 회담(2000) : 최초의 남북 정상 회담을 개최하여 6·15 남북 공동 선언을 발표하였다.

㉢ 노벨 평화상 수상(2000) : 민주주의 발전 및 남북 화해 협력에 기여한 점을 인정받았다.

③ **국민 기초 생활 보장법(1999)** : 외환 위기로 어려워진 국민들의 삶의 질을 향상시키고자 제정하였다.

④ **외환 위기 극복(2001)** : **국제 통화 기금(IMF)**으로부터 지원받은 195억 달러를 3년 앞당겨 **조기 상환**하였다.

● 김대중 정부
- 국민 인권을 보호하기 위하여 국가 인권 위원회가 설립되었다.
- 고용보험·산재보험·건강보험·국민연금 등 4대 보험의 틀을 갖추었다.

(4) 노무현 정부(2003~2008)

① 제16대 대통령 선거(2002) : 노무현이 대통령으로 당선되었다.

② 제2차 남북 정상 회담(2007) : 10·4 남북 공동 선언을 발표하였다.

③ 과거사 정리 사업 : **진실·화해를 위한 과거사 정리 위원회가 처음으로 출범**하여 항일 독립운동·해외 동포사·광복 이후 일어난 반인권적 사건 등을 조사하였다.

④ **칠레**·유럽 연합(EU)·미국 등과 **자유 무역 협정(FTA)을 체결**하였다.

⑤ **호주제 폐지(2005)** : 양성평등을 실현하고자 하였다.

⑥ **노인 장기 요양 보험법이 제정**되었다(2007).

● 노무현 정부
- 질병 관리 본부가 설치되었다.
- 아시아·태평양 경제 협력체(APEC) 정상 회의를 주최하였다.
- 행정 중심 복합 도시 건설을 시작하였다.
- 대통령 탄핵 심판 청구를 기각하였다.
- 친일 반민족 행위 진상 규명 위원회를 설치하였다.

(5) 이명박 정부(2008~2013)

① 제17대 대통령 선거(2007) : 이명박이 대통령으로 당선되었다.
② **서울에서 G20 정상 회의를 개최**하여 세계 금융 문제 해결에 앞장섰다(2010).
③ **미국과 자유 무역 협정(FTA)을 추가로 체결**하고 발효하였다(2012).

● **박근혜 정부**
2015년 중국과의 자유 무역 협정(FTA)이 체결되었다.

(6) 박근혜 정부(2013~2017)

① 제18대 대통령 선거(2012) : 박근혜가 최초의 여성 대통령으로 당선되었다.
② 국정 농단, 뇌물 수수 의혹 등으로 인하여 발의된 탄핵 소추안이 통과되었고, 헌법 재판소는 2017년 3월 10일에 박근혜를 대통령직에서 파면시켰다.

문재인 대통령

(7) 문재인 정부(2017~2022)

① 제19대 대통령 선거(2017) : 문재인이 대통령으로 당선되었다.
② 평창 동계올림픽 개최(2018) : 제23회 동계올림픽을 개최하였다.
③ **5·18 민주화 운동 진상규명을 위한 특별법을 제정하였다(2018).**
④ **제3차 남북 정상 회담(2018. 4.)** : **판문점** 통일각에서 김정은 국무위원장과 정상 회담을 개최하여 4·27 판문점 선언을 발표하였다.
⑤ 제4차 남북 정상 회담(2018) : 4·27 판문점 선언의 조속 이행을 약속하였다.
⑥ **미국과 자유 무역 협정(FTA) 개정에 합의**하였다(2019).
⑦ 사회 통합을 위한 **다문화 가족 지원법을 제정**하였다(2020).

국사(國史)편찬위원회에서 출제한 자료 ● 대한민국 개헌사

연도	개헌	주요 내용
1948	제헌 헌법	• 대통령 중심제, 간선제 • 1회 중임 가능(임기 4년)
1952	1차 개헌(발췌 개헌)	부산 정치 파동 → 대통령 직선제
1954	2차 개헌(사사오입 개헌)	초대 대통령에 한하여 중임 제한 철폐
1960	3차 개헌(허정 과도 정부)	내각 책임제, 국회 양원제
1960	4차 개헌(장면 내각)	3·15 부정 선거 관련자, 부정 축재자 처벌 소급 특별법 제정
1962	5차 개헌	• 대통령 중심제, 대통령 직선제 • 국회 단원제
1969	6차 개헌(3선 개헌)	대통령 3선 허용
1972	7차 개헌(유신 헌법)	• 통일 주체 국민 회의에서 간선제(임기 6년)로 대통령 선출 • 대통령의 연임 제한 철폐 • 대통령이 국회 의원 1/3 임명 및 국회 해산 가능
1980	8차 개헌	대통령 선거인단에 의한 간선제(대통령 임기 7년 단임제)
1987	9차 개헌	대통령 직선제(대통령 임기 5년 단임제)

능력(能力) 향상을 위한 OX 정답

01 김영삼 정부는 5·18 민주화 운동 등에 관한 특별법을 제정하여 전두환, 노태우 등을 구속하였다. ( ) ○
02 김영삼 정부 때 중국, 소련 및 동유럽 국가와 외교 관계를 맺었다. ( ) ×
03 김영삼 정부는 생활이 어려운 국민들을 돕기 위하여 국민 기초 생활 보장법을 제정하였다. ( ) ×

검정(檢定)된 기출문제

01

다음 상황 이후에 전개된 사실로 옳은 것은?

5월 26일, 부산에서 국회 의원 통근 버스가 헌병대로 강제 연행되어 탑승한 야당 의원 50여 명이 구금당하는 사태가 벌어졌다. 내각 책임제를 추진하던 주동 의원들이 체포되었으며, 국제 공산당 사건 혐의로 10여 명의 국회 의원이 구속되었다.

① 북한의 전면적인 남침으로 6·25 전쟁이 발발하였다.
② 경찰이 반민족 행위 특별 조사 위원회를 습격하였다.
③ 정·부통령 직접 선거를 주 내용으로 하는 개헌이 이루어졌다.
④ 전조선 정당 사회단체 지도자 협의회가 성명서를 발표하였다.
⑤ 일제가 남긴 재산 처리를 위한 귀속 재산 처리법이 처음 제정되었다.

02

다음 민주화 운동에 대한 설명으로 옳은 것은?

○○○○년 ○○월 ○○일

학생 대표의 연설이 끝나자 우리는 단단하게 스크럼을 짜고 교문 밖으로 행진했다. 3·15 부정 선거에 대한 분노와 얼마 전 마산에서 일어난 규탄 대회에서 김주열 군이 최루탄에 눈 부분을 맞고 마산 앞바다에 죽은 채 떠올랐다는 소문이 파다하게 퍼져있던 터였다. …… 시위대의 물결이 경무대로 향했다. 그때 귀청을 뚫을 듯한 총소리가 연발로 들렸다. 얼마나 지났을까. 총소리가 멈춘 후 고개를 들고 주위를 둘러 보다가 벌떡 일어나고 말았다. 같은 반 친구가 바지가 찢어진 채 피를 흘리며 쓰러져 있었다. 나는 정신없이 달려가 그를 안았다. 그러나 그는 이미 사지를 축 늘어뜨린 채 힘이 없었다.

① 시민군이 조직되어 계엄군에 저항하였다.
② 당시 대통령이 하야하는 결과를 가져왔다.
③ 호헌 철폐, 독재 타도 등의 구호를 내세웠다.
④ 3선 개헌 반대 범국민 투쟁 위원회가 주도하였다.
⑤ 장기 독재를 비판하는 3·1 민주 구국 선언이 발표되었다.

03

(가) 정부 시기에 있었던 사실로 옳은 것은?

(가) 정부의 민주화 운동 탄압 사례 중의 하나로 알려진 전국 민주 청년 총연맹 사건의 관련 기록물이 세상에 나왔습니다. 국가기록원은 사건이 발생한 지 40여 년 만에 관련 인물 180명의 재판 기록과 수사 기록을 공개했습니다.
'민청학련 사건' 기록물, 세상 밖으로

① 정부에 비판적인 경향신문이 폐간되었다.
② 국민의 요구에 굴복하여 대통령이 하야하였다.
③ 민주화 시위 도중 대학생 강경대가 희생되었다.
④ 장기 독재에 저항한 3·1 민주 구국 선언이 발표되었다.
⑤ 기존의 헌법을 유지하는 4·13 호헌 조치가 선언되었다.

04

밑줄 그은 '이 사건'의 계기로 가장 적절한 것은?

민주화 운동 사진전
사진 속 외국인이 '푸른 눈의 목격자'로 불리는 독일 기자이지?
맞아. 위르겐 힌츠페터야. 그는 1980년에 택시 기사 김사복과 함께 광주로 가서 이 사건을 취재하여 세계에 알렸어.

① 3·15 부정 선거가 실시되었다.
② 베트남 파병에 관한 브라운 각서가 체결되었다.
③ 대통령의 3선이 가능하도록 헌법이 개정되었다.
④ 신군부 세력이 쿠데타를 일으켜 권력을 장악하였다.
⑤ 국민의 직선제 요구를 거부한 4·13 호헌 조치를 발표하였다.

05

밑줄 그은 '선거' 이후의 사실로 옳은 것은?

김대중 후보는 이번 선거에서 정권 교체를 못하면 박정희 후보가 영구 집권하는 총통 시대가 온다고 말했다네.
장충단 유세에서 박정희 후보는 자신을 한 번 더 뽑아달라는 정치 연설은 이번이 마지막이라며 지지를 호소했다더군.

① 정부 형태가 내각 책임제로 바뀌었다.
② 평화 통일을 주장한 진보당의 조봉암이 처형되었다.
③ 대통령의 3선 연임을 허용하는 개헌하는 통과되었다.
④ 한·일 국교 정상화에 반대하는 6·3 시위가 전개되었다.
⑤ 국회 해산과 헌법의 일부 효력 정지를 담은 유신이 선포되었다.

06

다음 선언문을 발표한 민주화 운동에 대한 설명으로 옳은 것은?

> **국민 합의 배신한 4·13 호헌 조치는 무효임을 전 국민의 이름으로 선언한다.**
>
> 오늘 우리는 전 세계 이목이 우리를 주시하는 가운데 40년 독재 정치를 청산하고 희망찬 민주 국가를 건설하기 위한 거보를 전 국민과 함께 내딛는다. 국가의 미래요 소망인 꽃다운 젊은이를 야만적인 고문으로 죽여 놓고 그것도 모자라 뻔뻔스럽게 국민을 속이려 했던 현 정권에게 국민의 분노가 무엇인지를 분명히 보여 주고, 국민적 여망인 개헌을 일방적으로 파기한 4·13 폭거를 철회시키기 위한 민주 장정을 시작한다.

① 장면 내각이 출범하는 배경이 되었다.
② 5년 단임의 대통령 직선제 개헌을 이끌어 냈다.
③ 3·15 부정 선거에 항의하는 시위에서 시작되었다.
④ 신군부의 비상계엄 확대가 원인이 되어 일어났다.
⑤ 3·1 민주 구국 선언을 통하여 긴급 조치 철폐 등을 요구하였다.

07

(가)~(라)의 헌법을 공포된 순서대로 옳게 나열한 것은?

> (가) 제69조 ① 대통령의 임기는 4년으로 한다.
> ② 대통령이 궐위된 경우의 후임자는 전임자의 잔임 기간 중 재임한다.
> ③ 대통령의 계속 재임은 3기에 한한다.
>
> (나) 제39조 ① 대통령은 통일 주체 국민 회의에서 토론 없이 무기명 투표로 선거한다.
> ⋮
> 제47조 대통령의 임기는 6년으로 한다.
>
> (다) 제39조 ① 대통령은 대통령 선거인단에서 무기명 투표로 선거한다.
> ⋮
> 제45조 대통령의 임기는 7년으로 하며, 중임할 수 없다.
>
> (라) 제67조 ① 대통령은 국민의 보통·평등·직접·비밀 선거에 의하여 선출한다.
> ⋮
> 제70조 대통령의 임기는 5년으로 하며, 중임할 수 없다.

① (가) – (나) – (다) – (라)
② (가) – (다) – (라) – (나)
③ (나) – (가) – (라) – (다)
④ (나) – (라) – (가) – (다)
⑤ (다) – (라) – (나) – (가)

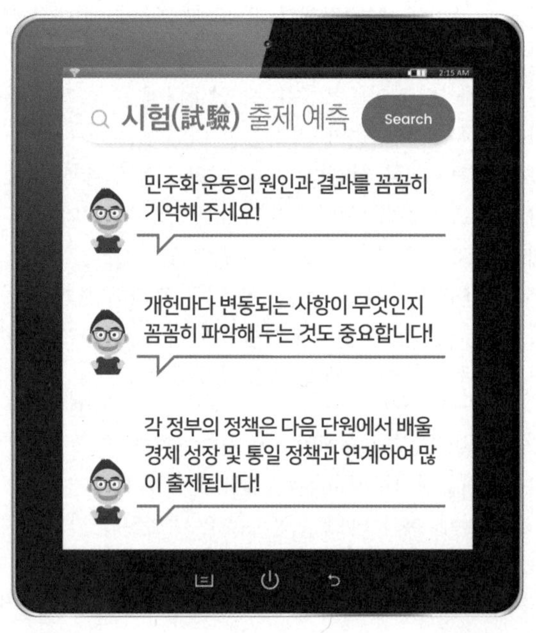

시험(試驗) 출제 예측
Search
민주화 운동의 원인과 결과를 꼼꼼히 기억해 주세요!
개헌마다 변동되는 사항이 무엇인지 꼼꼼히 파악해 두는 것도 중요합니다!
각 정부의 정책은 다음 단원에서 배울 경제 성장 및 통일 정책과 연계하여 많이 출제됩니다!

24 | 고도성장과 사회 · 문화의 변화와 통일 정책

● 현대의 경제 성장과 사회 변화

이승만 정부

- 한·미 원조 협정 체결(1948) → 원조 경제
- 삼백 산업(제분·제당·면방직) : 소비재 산업 발달
- 귀속 재산 처리법(1949) 제정

박정희 정부

1960년대 경공업 중심

- 베트남 파병, 서독 광부·간호사 파견 → 경제 개발 자본 획득
- 제1차·제2차 경제 개발 5개년 계획 추진 → 도로·항만 등 사회 간접 자본 확충, 수출 위주의 경공업 발전에 주력

1970년대 중화학 공업 중심

- 경부 고속 국도 준공, 개통(1970) • 8·3 조치
- 제1차 석유 파동 → 중동 건설로 극복
- 제3차 경제 개발 5개년 계획 추진(1972)
- 수출 100억 달러 달성(1977)
- 제2차 석유 파동 → 경제 불황 심화
- 제4차 경제 개발 5개년 계획 추진
- 산업화·도시화 → 도시와 농촌 간 소득 격차 심화 → 새마을 운동(1970) : 농촌 근대화
- 전태일 분신 사건(1970)

전두환 정부

- 3저 호황 : 저금리·저유가·저달러
- 최저 임금법(1986) 제정

김영삼 정부

- 금융 실명제 시행
- 세계 무역 기구(WTO) 가입(1995)
- 경제 협력 개발 기구(OECD) 가입(1996)
- 외환 위기 초래(1997)

김대중 정부

- 외환 위기 극복 : 기업 구조 조정, 노사정 위원회 설치(1998), 금 모으기 운동
- 2002 한·일 월드컵 개최

노무현 정부

- 자유 무역 협정(FTA) 체결
- 개성 공단 완공 : 남북한 경제 교류

● 통일을 위한 노력

장면 내각

남북 학생 회담 요구 집회(1961)

박정희 정부

- 남북 적십자 회담
- 7·4 남북 공동 성명(1972)
  - 원칙 : 자주, 평화, 민족적 대단결
  - 특징 : 서울과 평양에서 동시 발표, 남북 조절 위원회 설치

전두환 정부

이산가족 고향 방문단·예술 공연단(1985) : 최초의 이산가족 고향 방문

노태우 정부

- 남북한 유엔(UN) 동시 가입
- 남북 기본 합의서(1991)
  - 배경 : 제5차 고위급 회담의 결실
  - 내용 : 남북 사이의 화해와 불가침 및 교류 협력에 관한 합의서
- 한반도 비핵화 공동 선언

김대중 정부

- 정주영 소떼 방북(1998)
- 금강산 해로 관광 시작(1998)
- 제1차 남북 정상 회담 개최 : 최초
- 6·15 남북 공동 선언(2000) : 남한의 연합제 안과 북한의 낮은 단계로의 연방제 안이 서로 공통성이 있음을 인정
- 경의선 복구 사업·개성 공업 지구(개성 공단) 건설 합의

노무현 정부

- 금강산 육로 정식 관광 시작(2003)
- 경의선 복구 완성
- 개성 공단 착공식, 완공
- 제2차 남북 정상 회담 개최
- 남북 관계 발전과 평화 번영을 위한 선언(10·4 남북 공동 선언, 2007. 10. 4.)

문재인 정부

- 제3차 남북 정상 회담 개최
- 판문점 선언(2018)

1 현대의 경제 성장과 사회 변화

(1) 이승만 정부

① 원조 경제

㉠ 배경

ⓐ **한·미 원조 협정** : 1948년 8월 15일에 정부가 수립됨에 따라 미국의 원조를 이끌어 내기 위하여 체결하였다.

ⓑ 6·25 전쟁으로 생산 공장과 시설이 대부분 파괴되자 전후 복구와 경제 재건을 위하여 미국의 원조에 의존하였다.

㉡ 문제점

ⓐ 미국으로부터 농산물이 대량 유입되어 국내 농산물 가격이 폭락하였다.

ⓑ 초기에는 무상 원조였으나, 1957년에 유상 차관으로 전환되어 경제가 침체되었다.

② **삼백 산업** : 미국의 원조 물품을 가공하는 제분·제당·면방직 등 소비재 산업이 발달하였다.

③ **귀속 재산 처리법 제정(1949)**

㉠ 광복 이후 한반도에 남아 있는 일본의 공유 및 사유 재산을 처리할 필요가 있었다.

㉡ 미군정은 일본 소유의 재산을 미군정청의 '귀속 재산'으로 접수하였다.

㉢ **미군정은 1946년 신한 공사를 설립하여 귀속 재산을 불하**하였고, 대한민국 정부가 수립된 후 **이승만 정부는 귀속 재산 처리법을 제정**하여 미군정청에게서 이양받은 재산을 불하하였다.

미군정의 6-3-3 학제
미국에서 시행되던 6-3-3 학제를 국내에 처음으로 도입하였다.

● 불하
국가 또는 단체가 행정적인 목적의 사용이 끝난 토지나 건물 등 재산을 국민들에게 매각하는 행위이다.

이승만 정부의 문맹 국민 완전 퇴치 5개년 계획
휴전 협정 이후 학령기 아동이 초등 수준 의무 교육을 받을 수 있도록 교육 제도를 정비하고자 문맹 국민 완전 퇴치 5개년 계획을 수립하여 추진하였다(1954~1958).

(2) 박정희 정부

① 1960년대(경공업 중심)

㉠ 자금 확보 : 한·독 근로자 채용 협정을 체결하여 서독에 광부와 간호사를 파견하였다.

㉡ 제1·**2차 경제 개발 5개년 계획 추진**

ⓐ 자립 경제 구축을 내세우며 도로·항만 등 사회 간접 자본 확충에 주력하였다.

ⓑ 국내 노동력을 바탕으로 의류·신발·가발 등 수출 위주의 경공업 발전에 주력하였다.

② 1970년대(중화학 공업 중심)

㉠ **경부 고속 국도를 준공 및 개통하였다(1970).**

㉡ 제1차 석유 파동(1973)으로 위기를 겪었으나, 중동 건설 사업에서 외화를 벌어들여 극복하였다.

㉢ 제3·4차 경제 개발 5개년 계획 추진

ⓐ 철강·금속·조선·기계·전자·화학 등 6개 산업을 전략 업종으로 선정하고 집중적으로 지원하며, 중화학 공업 육성 정책을 시행하였다.

ⓑ 대표적으로 **포항 종합 제철 공장이 건설(1973)**되어 정부의 지원을 받았다.

㉣ **최초로 수출액 100억 달러를 달성하였다(1977).**

㉤ **제2차 석유 파동(1978)으로 경기 침체가 심화**되어 경제 위기를 겪었다.

③ 산업화와 도시화

㉠ 경제가 발전하며 급속도로 진행된 산업화와 도시화로 이촌향도 현상이 나타났다.

㉡ 도시 빈민 발생과 도시와 농촌 간 소득 차이 심화 등 문제점을 초래하였다.

㉢ **광주 대단지 사건(1971)** : 경기도 광주 대단지에서 주민 5만여 명이 정부의 무계획적인 도시 정책과 졸속 행정에 반발하여 도시를 점거하였다.

④ **새마을 운동(1970)** : 농촌 환경 개선과 소득 증대를 목표로 하는 농촌 근대화 운동으로, 농촌에서 시작되어 도시로 확산되었다.

박정희 정부의 중학교 무시험 제도
1968년 문교부는 중학교 입시 지옥으로 인한 수업의 폐단을 근절하고 학부형 사교육비 부담 과중 등을 해소하기 위하여 중학교 시험 제도를 폐지하고 추첨제를 시행하는 등 1969학년도부터 무시험 진학 제도를 시행하겠다고 발표하였다.

경부 고속 국도 개통(1970)

100억 달러 수출 기념 아치 (1977)

새마을 운동

⑤ 전태일 분신 사건(1970) : 전태일이 근로 기준법 준수를 요구하며 분신자살하였다.

(3) 전두환 정부

① **3저 호황** : **저금리 · 저유가 · 저달러**의 3저 호황을 맞이하여 연간 성장률 10% 규모를 유지하였으며, 수출 부진과 외채 위기를 극복하였다.

② 최저 임금법(1986) : 노동자의 생활을 안정시키고 노동력의 질을 향상시킨다는 명목으로 도입하였다. 다음 해 **최저 임금 결정을 위한 최저 임금 위원회를 설치**하였다.

(4) 김영삼 정부

① **금융 실명제**(1993) : 금융 거래의 투명성을 확보하기 위하여 **대통령 긴급 명령으로 시행**하였다.

② 1995년에 세계 무역 기구(WTO)가 출범하자 이에 가입하였다.

③ 1996년에 **경제 협력 개발 기구(OECD)에 가입**하였다.

④ 외환 위기(1997) : 국제 통화 기금 (IMF)에 금융 지원을 요청하여 외환 위기를 초래하였다.

(5) 김대중 정부

① **외환 위기 극복**(2001) : **기업 구조 조정과 노사정 위원회 설치(1998), 금 모으기 운동 등을 통하여 외환 위기를 극복**하였고, **한 · 일 월드컵을 개최하였다**(2002).

② **개성 공단 건설 합의** : **남북한 경제 교류 및 협력**의 기반을 마련하였다.

(6) 노무현 정부

① **자유 무역 협정(FTA)** : **칠레** · 유럽 연합(EU) · **미국** 등과 협정을 체결하였다.

② **개성 공단 완공** : 남북한 경제 교류를 시행하였다.

8 · 3 조치
공식 명칭은 '경제의 안정과 성장에 관한 긴급 명령'으로 사채를 동결하는 등 기업에 특혜를 제공한 조치이다.

2 통일을 위한 노력

(1) 장면 내각

1961년에 민족 통일 연맹에서 '가자 북으로! 오라 남으로!' 등의 슬로건을 내걸고 **남북 학생 회담을 요구**하는 학생 집회가 전개되었다.

(2) 박정희 정부

① **7 · 4 남북 공동 성명**(1972)

㉠ 배경 : 닉슨 독트린(1969)의 영향으로 냉전이 완화되면서 남북 관계가 개선되었고, 이산가족 상봉을 위한 남북 적십자 회담이 개최되었다(1971).

㉡ 과정 : 남한의 이후락 중앙정보부장과 북한의 박성철 제2부수상 등이 평양과 서울에서 비밀 회담을 하여 회담 내용에 합의하고 서명하였다.

㉢ 발표 : 자주 · 평화 · 민족적 대단결의 평화 통일 3대 원칙에 합의한 뒤 서울과 평양에서 동시에 발표하였다.

㉣ 결과 : 평화 통일 3대 원칙을 실현하기 위하여 **남북 조절 위원회가 설치**되었다.

㉤ 의의 : 남북한 정부가 최초로 합의한 평화 통일 원칙으로, 이후 남북통일을 논의하는 데 기반이 되었다.

㉥ 한계 : 남한에서는 유신 헌법, 북한에서는 사회주의 헌법이 제정되어 남북한 정권을 강화하는 데 이용되었다.

7 · 4 남북 공동 성명을 발표하는 이후락 중앙정보부장
북한의 박성철 제2부수상 등이 평양과 서울에서 비밀 회담을 개최하여 공동 성명문에 합의하였다.

> **국사(國史)편찬위원회에서 출제한 자료** ● 7·4 남북 공동 성명(1972)
>
> 1. 통일은 외세에 의존하거나 외세의 간섭을 받음이 없이 자주적으로 해결한다.
> 2. 통일은 서로 상대방을 반대하는 무력행사에 의거하지 않고 평화적인 방법으로 실현한다.
> 3. 사상과 이념, 제도의 차이를 초월하여 우선 하나의 민족으로서 민족적 대단결을 도모한다.

(3) 전두환 정부

남북 이산가족 고향 방문

① 집중 호우로 서울에 수해가 발생하자 북한이 원조 물자를 보내왔다(1984).

② 적십자 본회담에서 합의한 내용을 바탕으로 남북 분단 이후 **최초로 이산가족 및 예술단이 판문점을 통과하여 서울과 평양을 방문하였다(1985)**.

(4) 노태우 정부

남북 기본 합의서 체결

① **7·7 선언**(민족 자존과 통일 번영을 위한 특별 선언, 1988) : 북한을 적대 관계가 아닌 동반자 관계로 규정하였고, 남북한이 함께 민족 번영을 이루어 나가야 한다고 발표하였다.

② 대한민국과 조선 민주주의 인민 공화국이 **유엔(UN)에 동시 가입**하였다(1991).

③ **남북 기본 합의서(남북 사이의 화해와 불가침 및 교류·협력에 관한 합의서**, 1991)

㉠ 배경

ⓐ 노태우 정부가 북방 외교를 추진하여 **중국 헝가리·소련 등 사회주의 국가와 수교**하였다.

ⓑ 냉전이 해제되는 과정에서 남북한은 고위급 회담을 개최하여 남북 관계 개선을 논의하였다.

㉡ 내용 : 남북한 사이의 화해와 불가침 및 교류 협력에 관한 내용이 담겨 있다.

㉢ 의의

ⓐ 다섯 차례의 고위급 회담을 통하여 공식 합의된 최초의 문서이다.

ⓑ 상대방의 실체를 인정하였으며, 상호 교류와 협력을 통한 평화 통일의 기틀을 마련하였다.

> **국사(國史)편찬위원회에서 출제한 자료** ● 남북 기본 합의서(1991)
>
> 남과 북은 7·4 남북 공동 성명의 원칙을 재확인하고, …… 무력에 의한 침략과 충돌을 막고 긴장 완화와 평화를 보장하며, 다각적인 교류·협력을 실현하여 공동의 이익과 번영을 도모하며, 쌍방의 관계가 나라와 나라 사이의 관계가 아닌 통일을 지향하는 과정에서 잠정적으로 형성되는 특수 관계라는 것을 인정하고, 평화 통일을 성취하기 위한 공동의 노력을 경주할 것을 다짐하면서, 다음과 같이 합의하였다.
>
> 제1조 남과 북은 서로 상대방의 체제를 인정하고 존중한다.
> 제4조 남과 북은 상대방을 파괴·전복하려는 일체 행위를 하지 아니한다.
> 제9조 남과 북은 상대방에 대하여 무력을 사용하지 않으며 무력으로 침략하지 아니한다.
> 제15조 남과 북은 민족 경제의 통일적이며 균형적인 발전과 민족 전체의 복리 향상을 도모하기 위하여 자원의 공동 개발, 민족 내부 교류로서의 물자 교류, 합작 투자 등 경제 교류와 협력을 실시한다.

④ **한반도 비핵화 공동 선언(1991) : 한반도 비핵화에 관한 공동 선언에 서명하였다.**

능력(能力) 향상을 위한 OX

			정답
01	이승만 정부 시기에 제분·제당·면방직의 삼백 산업이 발달하였다.	( )	○
02	제3차 경제 개발 5개년 계획을 시행한 정부는 농촌 근대화를 위하여 새마을 운동을 전개하였다.	( )	○
03	3저 호황을 누렸던 시기의 정부는 수출 100억 달러를 달성하였다.	( )	×

(5) 김대중 정부

① **금강산 해로 관광(1998)** : 정주영 회장 소떼 방북 등 햇볕 정책의 영향으로 시작되었다.

② **제1차 남북 정상 회담을 개최**하였다(2000).

③ 6·15 남북 공동 선언

㉠ 내용 : 남한의 연합제 안과 북한의 낮은 단계로의 연방제 안이 서로 공통성이 있음을 인정하였다.

㉡ 결과 : **경의선 복구 사업과 개성 공업 지구(개성 공단) 건설 등에 합의**하였으며, **경의선 복원 공사가 시작**되었다.

> **정주영 회장 소떼 방북**
> 1998년 6월과 10월, 정주영 현대그룹 명예회장이 두 차례에 걸쳐 소떼 1,001마리를 이끌고 판문점을 넘어 북한을 방문하였다. 이 사건으로 남북 관계 개선과 민간 차원의 경제 협력 등에 기반이 마련되었으며, 금강산 관광 및 최초의 남북 정상 회담이 이루어졌다.

국사(國史)편찬위원회에서 출제한 자료 ● 6·15 남북 공동 선언(2000)

1. 남과 북은 나라의 통일 문제를 그 주인인 우리 민족끼리 서로 힘을 합쳐 자주적으로 해결해 나가기로 하였다.
2. 남과 북은 나라의 통일을 위한 남측의 연합제 안과 북측의 낮은 단계의 연방제 안이 서로 공통성이 있다고 인정하고 앞으로 이 방향에서 통일을 지향해 나가기로 하였다.
3. 남과 북은 올해 8·15에 즈음하여 흩어진 가족, 친척 방문단을 교환하며 비전향 장기수 문제를 해결하는 등 인도적 문제를 조속히 풀어 나가기로 하였다.

(6) 노무현 정부

① 금강산 육로 관광 : 경의선이 복구되고 금강산 육로 관광이 정식으로 시행되었다.

② 개성 공단 착공·완공 : **개성 공단의 착공식을 거행**하고 개성 공단을 완공함으로써 남북한 경제 교류를 실현하였다(2003).

③ **제2차 남북 정상 회담을 개최**하였다(2007).

④ 남북 관계 발전과 평화 번영을 위한 선언(**10·4 남북 공동 선언**, 2007) : 6·15 남북 공동 선언의 정신을 계승하고 재확인하였다.

> **금강산 육로 관광**
> 김대중 정부 때 시범적으로 이루어지다가 노무현 정부 때 정식으로 시행되었다.

국사(國史)편찬위원회에서 출제한 자료 ● 남북 관계 발전과 평화 번영을 위한 선언(10·4 남북 공동 선언, 2007)

1. 6·15 공동 선언을 고수하고 적극 구현해 나간다.
4. 현 정전 체제를 종식시키고 항구적인 평화 체제를 구축하기 위한 종전 선언을 협력하여 추진하기로 하였다.
5. 경제 협력 사업을 적극 활성화하기로 하였다.
   - 서해 평화 협력 특별 지대를 설치하여 공동 어로 구역과 평화 수역 설정, 민간 선박의 해주 직항로 통과, 한강 하구 공동 이용 등을 적극 추진해 나가기로 하였다.
   - 개성 - 신의주 철도와 개성 - 평양 고속 도로를 공동으로 이용하기 위하여 개보수 문제를 협의·추진하기로 하였다.

(7) 문재인 정부

① 제3차 남북 정상 회담을 개최하였다(2018).

② 판문점 선언(2018) : 한반도의 평화와 번영, 통일을 위한 선언이다.

능력(能力) 향상을 위한 OX

		정답
01	제2차 남북 정상 회담을 개최한 정부 때 금강산 해로 관광이 처음 시행되었다. ( )	×
02	노무현 정부는 남한의 연합제 안과 북한의 낮은 단계로의 연방제 안이 서로 공통성이 있음을 인정하는 내용의 6·15 남북 공동 선언을 발표하였다. ( )	×

검정(檢定)된 기출문제

01

다음 협정이 적용된 시기 우리나라의 경제 상황으로 옳은 것은?

대한민국 정부는 대한민국의 경제적 위기를 방지하며 국력 부흥을 촉진하고 국내 안정을 확보하기 위하여 미합중국 정부에 재정적, 물질적, 기술적 원조를 요청하였으며, 미합중국 의회는 …… 대한민국 국민에게 원조를 제공할 권한을 미합중국 대통령에게 부여하였고, 대한민국 정부 및 미합중국 정부는 대한민국 정부의 독립과 안전 보장에 합치되는 조건에 의한 그 원조의 제공이 …… 한국 국민과 미국 국민 간의 우호적 연대를 일층 강화할 것을 확신하므로 …… 아래와 같이 협정하였다. ……

– 한·미 원조 협정 –

① 경부 고속 국도를 개통하였다.
② 경제 협력 개발 기구(OECD)에 가입하였다.
③ 제분·제당·면방직의 삼백 산업이 성장하였다.
④ 3저 호황으로 물가가 안정되고 수출이 증가하였다.
⑤ 대통령의 긴급 명령으로 금융 실명제를 실시하였다.

02

다음 뉴스의 사건이 일어난 정부 시기의 경제 상황으로 옳은 것은?

오늘 서울에서는, 국교 정상화 추진을 위하여 열리는 한·일 회담에 반대하는 시위가 일어났습니다. 여기서 학생과 시민들은 정부가 굴욕적 회담을 추진하고 있다고 거세게 비판하면서 '민족적 민주주의 장례식'을 거행하였습니다.

① 경제 협력 개발 기구(OECD)에 가입하였다.
② 칠레와 자유 무역 협정(FTA)이 체결되었다.
③ 금융 거래의 투명성을 확보하고자 금융 실명제가 실시되었다.
④ 세계 무역 기구(WTO)의 출범으로 시장 개방이 가속화되었다.
⑤ 자립 경제 구축을 내세운 제1차 경제 개발 5개년 계획이 진행되었다.

03

밑줄 그은 '정부' 시기에 있었던 사실로 옳은 것은?

이것은 당시 <u>정부</u>가 100억 달러 수출 달성을 축하하고자 광화문 사거리에 설치한 조형물입니다. 10억 달러 수출을 달성한 지 7년 만에 100억 달러 수출을 이룬 눈부신 경제 성장을 상징합니다.

① 경제 협력 개발 기구(OECD)에 가입하였다.
② 미국과 자유 무역 협정(FTA)을 체결하였다.
③ YH 무역 노동자들의 농성을 강경 진압하였다.
④ 대통령 긴급 명령으로 금융 실명제가 실시되었다.
⑤ 대통령 직속 자문 기구인 노사정 위원회가 구성되었다.

04

다음 발표가 있었던 시기를 연표에서 옳게 고른 것은?

정부는 최근 겪고 있는 금융·외환 시장의 어려움을 극복하기 위해 국제 통화 기금(IMF)에 유동성 조절 자금을 지원해 줄 것을 요청하기로 결정하였습니다. …… 유동성 부족 상태가 조속한 시일 안에 해결될 것으로 기대합니다. 정부는 국제 통화 기금과 참여국의 지원과 함께 우리 스스로도 원활한 외화 조달을 위한 다각적인 대책을 함께 적극 추진해 나갈 계획입니다.

1949		1965		1977		1988		1998		2007
	(가)		(나)		(다)		(라)		(마)	
농지 개혁법 제정		한일 기본 조약 체결		100억 달러 수출 달성		서울 올림픽 개최		노사정 위원회 구성		한미 자유 무역 협정(FTA) 체결

① (가) ② (나) ③ (다) ④ (라) ⑤ (마)

05

다음 자료를 발표한 정부의 통일 정책으로 옳은 것을 〈보기〉에서 고른 것은?

> 국민 여러분! 나는 오늘 다시 이 자리를 빌어 북괴에 대해 지금이라도 늦지 않았으니 우리의 평화 통일 제의를 하루 속히 수락하고, 무력과 폭력을 포기할 것을 거듭 촉구하면서 평화 통일만이 우리가 추구하는 통일의 길임을 다시 한 번 천명하는 바입니다. …… 특히 이번에 우리 대한 적십자사가 제의한 인도적 남북 회담은 1천만 흩어진 가족을 위해서 뿐만 아니라, 5천만 동포들의 오랜 갈증을 풀어 주는 복음의 제의로서 나는 이를 여러분과 함께 환영하며 그 성공을 빌어 마지않습니다.
>
> – 제26주년 광복절 경축사 중에서 –

보기

ㄱ. 남북 조절 위원회를 구성하였다.
ㄴ. 남북 기본 합의서를 채택하였다.
ㄷ. 7·4 남북 공동 성명을 발표하였다.
ㄹ. 한반도 비핵화 공동 선언에 합의하였다.

① ㄱ, ㄴ ② ㄱ, ㄷ ③ ㄴ, ㄷ ④ ㄴ, ㄹ ⑤ ㄷ, ㄹ

06

(가), (나) 사이의 시기에 있었던 사실로 옳은 것은?

> (가) 남북 간의 제반 문제를 개선, 해결하며 나라의 통일 문제를 다루는 남북 조절 위원회가 정식으로 발족하였다. 남북 조절 위원회는 판문점에 공동 사무국을 두기로 하였으며, 회의는 서울과 평양에서 번갈아 진행하기로 하였다.
>
> (나) 서울에서 열린 제5차 남북 고위급 회담에서 남북 사이의 화해와 불가침 및 교류·협력 등을 주요 내용으로 하는 남북 기본 합의서를 채택하였다. 특히 이번 합의서에서는 분단 이후 처음으로 남북 양측의 국호를 사용하였다.

① 금강산 육로 관광이 시작되었다.
② 6·15 남북 공동 선언이 발표되었다.
③ 평창 동계 올림픽에 남북 단일팀이 참가하였다.
④ 남북 경제 협력을 위한 개성 공업 지구가 조성되었다.
⑤ 남북 이산가족 고향 방문단의 교환 방문이 최초로 성사되었다.

07

밑줄 그은 '정부'의 통일 노력으로 옳은 것은?

> □□신문
>
> 제△△호 ○○○○년 ○○월 ○○일
>
> **개성 공단 착공식 개최**
>
> 정부는 30일 11시 개성 공단 착공식이 북한 개성 현지 1단계 지구에서 남측과 북측 인사 300여 명이 참석한 가운데 열린다고 발표하였다. 남북이 분단 이후 처음으로 공동 조성하는 대규모 수출 공업 단지인 개성 공단은 남측의 기술력 및 대외 무역 능력과 북측의 노동력을 바탕으로 만들어지는 남북 경협의 마중물이 될 것으로 기대된다.

① 남북한이 한반도 비핵화 공동 선언을 채택하였다.
② 최초의 이산가족 고향 방문과 예술 공연단 교환이 이루어졌다.
③ 남북한 간 최초의 공식 합의서인 남북 기본 합의서를 교환하였다.
④ 7·4 남북 공동 성명을 실천하기 위한 남북 조절 위원회를 구성하였다.
⑤ 제2차 남북 정상 회담을 개최하고, 10·4 남북 공동 선언을 발표하였다.

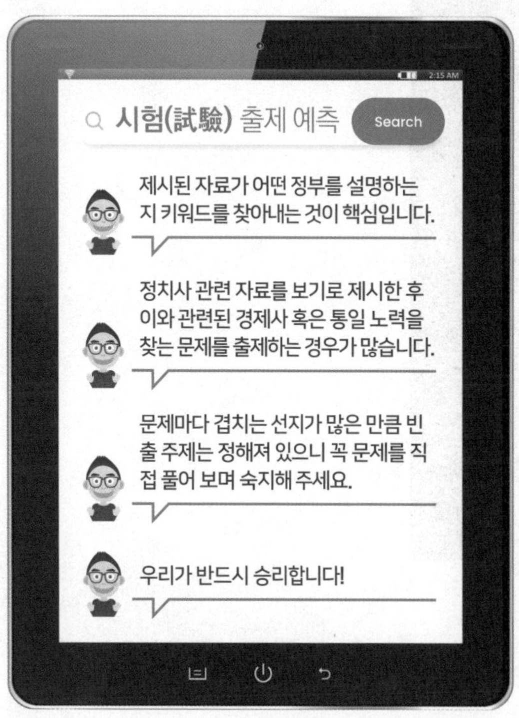

2:15 AM
시험(試驗) 출제 예측
Search
제시된 자료가 어떤 정부를 설명하는지 키워드를 찾아내는 것이 핵심입니다.
정치사 관련 자료를 보기로 제시한 후 이와 관련된 경제사 혹은 통일 노력을 찾는 문제를 출제하는 경우가 많습니다.
문제마다 겹치는 선지가 많은 만큼 빈출 주제는 정해져 있으니 꼭 문제를 직접 풀어 보며 숙지해 주세요.
우리가 반드시 승리합니다!

01 유네스코 세계 유산

02 우리나라의 세시 풍속

03 도성과 문화유산

설민석
한국사능력검정시험
개념완성

심화편

부록

01 | 유네스코 세계 유산

유네스코(UNESCO) 세계 유산이란?

세계 유산은 우리가 선조로부터 물려받아 앞으로 우리 자손에게 물려주어야 할 중요한 자산이다. 이에 유네스코는 인류가 함께 보존할 가치가 있는 귀중한 유산을 세계 유산, 인류 무형 문화유산, 세계 기록 유산으로 나누어 보호하고 있다.

1 세계 유산(문화유산 · 자연유산 · 복합유산)

유네스코는 자연재해나 전쟁 등으로 위험에 처한 유산을 보호하고 복구 활동을 하여 인류의 문화유산 및 자연 유산을 지키기 위하여 세계 유산을 지정하고 있다. 세계 유산은 '문화유산'과 '자연유산', 그리고 문화와 자연의 특수성을 모두 가진 '복합유산'으로 분류하며, 유적이나 자연물을 대상으로 한다.

합천 해인사 장경판전(1995)

경남 합천군 가야산에 위치하며, 13세기에 제작된 팔만대장경을 보관하기 위하여 지은 목판 보관용 건축물이다. 이곳에 팔만대장경이라고 불리는 대장경판 81,258장이 보관되어 있다.

종묘(1995)

조선 왕조 역대 왕과 왕비의 신주를 모신 사당으로, 조선 시대를 대표하는 웅장하고 엄숙한 건축물이다.

석굴암과 불국사(1995)

신라 시대에 건축한 고대 불교 유적으로, 두 유산 모두 경주 토함산에 있다. 석굴암은 토함산 언덕의 암벽 위에 만든 인공 석굴이며, 불국사는 인공적으로 쌓은 석조 기단 위에 지은 목조 건축물이다.

창덕궁(1997)

태종 5년(1405)에 경복궁의 이궁(離宮)으로 지은 궁궐이다. 흥선 대원군이 선조 25년(1592)에 임진왜란으로 불에 탄 경복궁을 다시 만들기 전까지 조선의 법궁(法宮) 역할을 하였다.

수원 화성(1997)

경기도 수원시에 있는 조선 시대 성곽이다. 조선 제22대 왕 정조가 아버지 사도(장헌) 세자의 묘를 옮기며 신도시를 건설하기 위하여 만들었다. 수원 화성은 군사적 기능과 상업적 기능을 함께 지녔으며, 구조가 과학적이고 실용적이다.

고창 · 화순 · 강화의 고인돌 유적(2000)

우리나라의 고인돌은 거대한 바위를 이용하여 만든 거석 기념물로서 일종의 무덤이다. 고창 · 화순 · 강화의 고인돌 유적에는 많은 고인돌이 밀집되었으며, 다양한 형식의 고인돌이 발견되고 있다.

경주 역사 유적 지구(2000)

조각·탑·절터·궁궐터·왕릉과 같은 신라 시대의 여러 뛰어난 불교 유적과 생활 유적이 집중적으로 분포되어 있다.

- **남산 지구** : 경주 배동 석조여래 삼존 입상, 나정, 포석정
- **월성 지구** : 계림, 첨성대
- **대릉원 지구** : 황남 대총, 노동리 고분군, 노서리 고분군, 천마총
- **황룡사 지구** : 황룡사지, 분황사
- **산성 지구** : 명활산성

제주 화산섬과 용암 동굴(2007)

제주도의 화산섬과 용암 동굴은 세계에서 가장 아름다운 동굴계로 꼽히는 거문오름 용암 동굴계, 바다에서 솟아올라 마치 천연 요새처럼 장관을 연출하는 성산 일출봉, 한국에서 가장 높은 한라산 천연보호구역으로 구성된다. **제주도의 자연 유산은 빼어난 아름다움과 생물의 다양성 보전 측면에서 가치를 인정받았다.**

조선 왕릉(2009)

조선의 왕과 왕비 및 추존된 왕과 왕비의 무덤을 일컫는다. 우리나라 18개 지역에 흩어져 있고 총 40기에 달한다(북한에 있는 2기는 제외한다). 왕릉은 대체로 남쪽에는 물이 흐르고, 뒤로는 언덕에 둘러싸인 이상적인 곳에 위치해 있다.

한국의 역사 마을 : 하회와 양동(2010)

한국을 대표하는 역사적인 씨족 마을로 14~15세기에 조성되었다. 하회마을은 17세기부터 류 씨 단독 씨족 마을이 되었으며, 양동마을은 이 씨와 손 씨의 혼인으로 형성되었다.

남한산성(2014)

조선 시대에 유사시를 대비하여 임시 수도로서 역할을 하도록 건설되었다. 백제 온조왕의 성으로도 알려져 있으며, **병자호란 때 인조가 이곳으로 피신하기도 하였다.** 17세기 초에는 청의 위협에 맞서기 위하여 여러 차례 고쳐 쌓았다.

백제 역사 유적 지구(2015)

백제의 주요 도시인 공주시·부여군·익산시 3개 지역은 백제의 화려한 문화와 역사를 보여 준다.

- **공주 역사 지구** : **공산성, 송산리 고분군**
- **부여 역사 지구** : **관북리 유적, 부소산성, 정림사지, 능산리 고분군, 부여 나성**
- **익산 역사 지구** : 왕궁리 유적, **미륵사지**

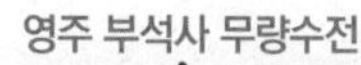

산사, 한국의 산지 승원
[한국의 산사(山寺) 7곳, 2018]

통도사·부석사·봉정사·법주사·마곡사·선암사·대흥사 등 전국에 분포하는 7개 사찰로 구성되었다. 승가 공동체의 신앙·수행·일상생활 기능을 가진다.

한국의 서원(2019)

소수 서원(경북 영주), 남계 서원(경남 함양), 옥산 서원(경북 경주), 도산 서원(경북 안동), 필암 서원(전남 장성), 도동 서원(대구 달성), 병산 서원(경북 안동), 무성 서원(전북 정읍), 돈암 서원(충남 논산)이 등재되었다. 서원은 조선 시대에 성리학을 교육하던 시설로, 주로 사림에 의하여 16세기 중반부터 17세기 중반까지 만들어졌다.

한국의 갯벌(2021)

서천 갯벌, 고창 갯벌, 신안 갯벌, 보성·순천 갯벌이 세계 자연 유산으로 등재되었다. 한국의 갯벌은 생태계 보전과 다양한 생물의 서식지로서 가치를 인정받았다.

가야 고분군(2023)

경북 고령의 지산동 고분군, 경남 김해의 대성동 고분군, 함안의 말이산 고분군, 창녕의 교동과 송현동 고분군, 고성의 송학동 고분군, 합천의 옥전 고분군, 전북 남원의 유곡리와 두락리 고분군은 고대 문명의 다양성을 보여주는 중요한 증거임을 인정받았다.

2 인류 무형 문화유산

※ 2024년 12월, 고추장·된장·간장 등을 만드는 '한국의 장 담그기 문화'가 한국의 23번째 유네스코 인류 무형 문화유산으로 등재가 확정되었음.

종묘 제례 및 종묘 제례악(2001)

종묘 제례란 종묘에서 역대 왕들에게 행하는 세향 의식이며, 종묘 제례악은 종묘에서 제사를 지낼 때 연주하는 기악과 노래, 춤 등을 말한다.

판소리(2003)

소리꾼 한 명과 고수(북치는 사람) 한 명이 음악으로 이야기를 엮어 가는 장르이다. 초기 판소리에는 열두 마당이 있었지만, 현재는 춘향가·심청가·수궁가·흥보가·적벽가의 다섯 마당만 전한다.

강릉 단오제(2005)

단오를 전후로 펼쳐지는 강릉 지방만의 의식이다. 산신령과 여러 수호신에게 제사를 지내며, 전통 음악과 민요, 그네, 씨름, 관노 가면극, 수리취떡 만들어 먹기, 창포물에 머리 감기 등 다양한 민속놀이가 개최된다.

강강술래(2009)

우리나라 남서부 지방에서 풍작과 풍요를 기원하며 행하던 풍속이다. 음력 8월 한가위에 보름달이 뜨면 마을 처녀 수십 명이 모여 손을 맞잡아 둥글게 원을 만들어 돌며 '강강술래' 노래를 불렀다.

남사당놀이(2009)

'남자들로 구성된 유랑 광대극'이라는 뜻으로 본래 유랑 예인들이 여기저기 떠돌면서 행하던 전통 민속 공연이다.

영산재(2009)

한국 불교문화의 중심 요소로서 부처가 영취산에서 불법을 가르치던 모습을 재현한 불교 의식이다. 주로 사람이 죽은 지 49일이 되는 날 영혼을 극락으로 이끄는 의식을 말한다.

제주 칠머리당 영등굿(2009)

바다의 평온과 풍작 및 풍어를 기원하기 위하여 음력 2월에 행하는 제주의 풍속이다. 대표적으로 제주시 건입동 칠머리당에서는 바람의 여신(영등할망)·용왕·산신 등을 위하여 제사를 지낸다.

처용무(2009)

궁중 연례에서 악귀를 몰아내고 평온을 기원하거나 음력 섣달그믐에 악귀를 쫓는 의식인 나례를 행할 때 추는 탈춤이다. '처용'은 동해 용왕의 아들로 태어나 사람의 모습으로 노래를 부르고 춤을 추어 천연두를 옮기는 나쁜 귀신으로부터 인간 아내를 구해 냈다는 설화의 주인공이다.

가곡(2010)

소규모 관현악 반주에 맞추어 남성이나 여성이 부르던 한국 전통 성악이다. 처음에 가곡은 상류층이 즐기던 음악 장르였으나, 점차 대중음악으로 발전하였다. 현재 전승되는 가곡은 남창 26곡, 여창 15곡 등 모두 41곡이다.

대목장(2010)

과거에는 나무를 이용하여 무언가를 만드는 사람을 주로 목장·목공·목수라고 불렀다. 이 가운데 궁궐이나 사찰·가옥 등 건축과 관계된 일을 하는 사람을 '대목' 또는 '대목장'이라고 불렀다.

매사냥(2010)

매나 기타 맹금류를 길들여 야생 상태에 있는 사냥감을 잡도록 하는 정통 사냥법이다. 야산에 매 그물을 쳐서 매를 잡고, 숙달된 봉받이(매 조련사)가 야성이 강한 매를 길들인 후 사냥감을 모는 몰이꾼(털이꾼), 매를 다루는 봉받이, 매가 날아가는 방향을 봐 주는 배꾼이 매를 활용해 사냥을 한다.

줄타기(2011)

우리나라의 전통 공연 예술로 두 지점 사이에 매단 줄 가운데서 노래·춤·곡예 등을 늘어놓는 예술이다. 주로 단오, 추석 등 명절에 공연이 이루어졌다.

택견(2011)

몸의 탄력을 이용하여 유연한 동작으로 상대를 제압하거나 자신을 방어하는 우리나라 전통 무술이다. 삼국 시대 이전부터 행하였다고 추정되며, 조선 시대에는 서민을 포함한 더 폭넓은 계층에서 성행하였다.

실잣기

한산 모시 짜기(2011)

충남 서천군 한산 지역에서 만드는 한산 모시는 다른 지역보다 품질이 우수하여 모시의 대명사로 불린다. 모시 짜기는 수확, 모시풀 삶기, 표백, 실잣기, 베틀 짜기 등 여러 과정으로 이루어진다.

영화 「아리랑」 포스터

아리랑(2012)

우리나라의 대표 민요로서 예로부터 여러 세대를 거치며 대중의 공동 노력으로 창조한 결과물이다. 시대와 지역에 따라 다양한 후렴구와 리듬 등이 발달하여 전승되고 있다. 현재 전승되는 아리랑은 약 60여 종, 3,600여 곡으로 추정된다.

김장 문화(2013)

한국인이 겨울을 나기 위하여 많은 양의 김치를 담그는 일련의 과정이다. 기록에 따르면 760년 이전에도 한국인의 식단에 김치가 있었다고 한다. 김장은 공동체 간 협력을 증진시키고 정체성을 확인하는 중요한 행사이기도 하다.

농악(2014)

공동체 의식과 농촌 사회의 여흥 활동에서 유래한 대중 공연 예술이다. 각 지역 농악 연주자들은 화려한 의상을 입고 타악기를 연주하며 농사의 풍요와 마을의 번성을 기원하기 위하여 공연하였다.

영산 줄다리기

줄다리기(2015)

풍요로운 농사를 기원하며 행하는 행사이다. 두 팀으로 나뉜 사람들은 줄을 반대 방향으로 당겼는데, 이때 승부에 연연하기보다는 공동체의 풍요와 편안을 바라는 데 집중하였다. 또한 공동체 구성원들은 줄다리기를 하며 결속과 단결을 강화하였다.

제주 해녀 문화(2016)

제주 해녀는 산소 공급 장치 없이 10미터 정도 깊이의 바닷속으로 약 1분간 잠수하여 해산물을 채취한다. 해녀는 한 번 잠수한 후 숨을 길게 내뱉으며 매우 특이한 소리를 내는데, 이를 '숨비 소리'라고 한다. 현재는 노를 저어 바다로 물질을 나가던 시절에 부른 '해녀 노래'가 전승되고 있다.

씨름(2018)

한국 전역에서 널리 향유되는 대중적 놀이로서 선수 두 명이 서로의 허리띠를 잡고 상대를 바닥에 넘어뜨리기 위하여 여러 기술을 사용하는 일종의 레슬링이다. 씨름은 마을에 있는 모래밭 어디에서나 이루어지며, 축제, 명절 등 다양한 시기에 행하였다. 또한 모든 연령이 참여할 수 있어 마을 구성원의 협동심을 강하게 하였다.

연등회(2020)

신라에서 시작되어 고려 시대에 국가적 행사로 자리 잡은 불교 행사이다. 석가모니의 탄생을 기념하는 종교 의식이었으나 현재는 남녀노소 참여할 수 있는 대표적인 봄 축제가 되었다.

한국의 탈춤(2022)

춤, 노래, 연극을 아우르는 종합 예술로, 관객과 적극적인 환호와 야유를 주고받으며 비판할 것은 비판하되 크게 하나 됨을 지향하는 유쾌한 상호 존중의 공동체 유산이다.

3 세계 기록 유산

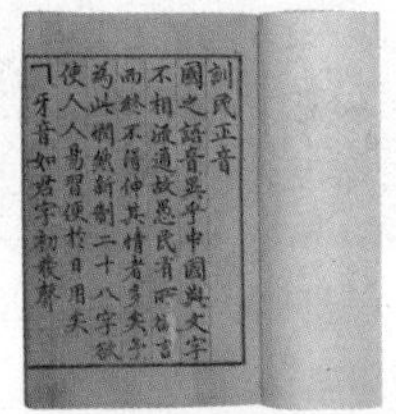

『훈민정음(해례본)』(1997)

조선 시대에는 세종의 명으로 한글이 창제되고 정인지 등 집현전 학사들이 한글에 대한 해설과 용례를 작성하였는데, 이를 『훈민정음(해례본)』이라 한다. 현재 간송 미술관에 보관되어 있다.

『조선왕조실록』(1997)

조선을 건립한 태조 이성계부터 제25대 임금인 철종까지 472년간의 역사를 편년체로 기록한 책이다. 사초와 시정기, 『승정원일기』, 조보 등을 모아 편찬하였으므로, 당시 정치·외교·군사·제도·법률 등 각 분야의 정보를 망라한다.

『승정원일기』(2001)

승정원에서 왕과 신하 간에 오고 간 문서와 왕의 일과를 매일 기록한 책이다. 『승정원일기』는 원본이 한 부밖에 없는 세계 최대의 연대 기록물이며, 당시의 정치·경제·사회·문화 등 생생한 역사를 그대로 기록하였다는 점을 인정받았다.

『불조직지심체요절』 하권(2001)

고려 공민왕 때 백운 화상이 저술한 『불조직지심체요절』을 1377년 7월에 **청주 흥덕사에서 금속 활자로 인쇄**한 것이다. **현존하는 세계에서 가장 오래된 금속 활자본**으로 공인되었다. 현재 **프랑스 국립 도서관에 보관**되어 있다.

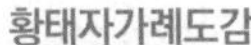

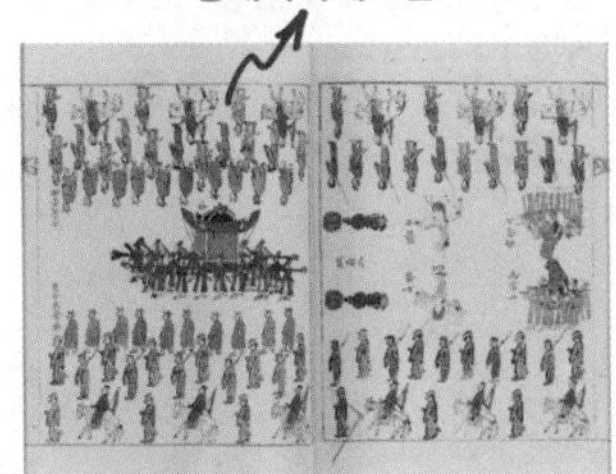

조선 왕조 『의궤』(2007)

조선 왕실의 주요 행사와 나라의 건축 사업 진행 과정 등을 그림과 글로 기록한 책으로, 행사에 사용된 도구·복식이 그림으로 상세히 표현되었다.

고려대장경판 및 제경판(2007)

부처님의 가르침을 담은 경장, 승단의 계율을 담은 율장, 고승과 불교 학자들이 남긴 주석을 모은 논장을 집대성하여 재구성한 것이다. '고려대장경'은 아시아 본토에 현전하는 유일하고 완전한 경전이다.

『동의보감』(2009)

1613년에 조선 시대 의학자 허준이 선조의 명으로 저술한 백과사전식 의서이다. 일반 민중이 쉽게 이용할 수 있는 최초의 보건 의서로서 가치를 인정받아 세계 기록 유산에 등재되었다.

『일성록』(2011)

『일성록』은 조선 정조가 세손 시절 쓴 일기인 『존현각일기』에서 유래한 것으로, 1760년~1910년까지 국왕의 동정과 국정에 관한 제반 사항을 기록하였다.

1980년 인권기록유산 5·18 광주 민주화 운동 기록물(2011)

5·18 민주화 운동의 발발과 진압, 그리고 이후 진상 규명 및 보상 과정과 관련하여 정부·국회·시민단체, 그리고 미국 정부 등에서 생산한 방대한 자료의 모음이다.

『난중일기』 이순신 장군의 진중일기(2013)

이순신 장군이 임진왜란이 발발한 1592년 1월부터 노량 해전에서 전사하기 직전인 1598년 11월까지 거의 날마다 적은 기록으로, 총 7책 205장의 필사본으로 엮어져 있다. 상세한 전투 과정과 당시 기후·지형·일반 서민의 삶이 자세히 기록되었다.

새마을 운동 기록물(2013)

1970년~1979년까지 대한민국에서 전개된 새마을 운동에 관한 기록물이다. 대통령 연설문과 결재 문서, 행정 부처의 새마을 사업 공문, 마을 단위의 사업 서류, 새마을 지도자들의 성공 사례와 편지 등 관련 사진과 문서, 영상 자료들을 총칭한다.

한국의 유교 책판(2015)

조선 시대에 유교 서적 718종을 간행하기 위하여 판각한 책판으로, 305개 문중과 서원에서 기탁한 책판 총 64,226장으로 구성되었다.

KBS 특별 생방송 '이산가족을 찾습니다' 방송기념 음반(LP)

KBS 특별 생방송 '이산가족을 찾습니다' 기록물(2015)

KBS가 1983년 6월 30일 밤 10시 15분부터 11월 14일 새벽 4시까지 138일 453시간 45분 동안 생방송한 비디오 녹화 원본 테이프 463개와 담당 프로듀서의 업무 수첩, 이산가족이 직접 작성한 신청서, 일일 방송 진행표, 큐시트, 기념 음반, 사진 등 20,522건의 기록물을 총칭한다.

어보 어책

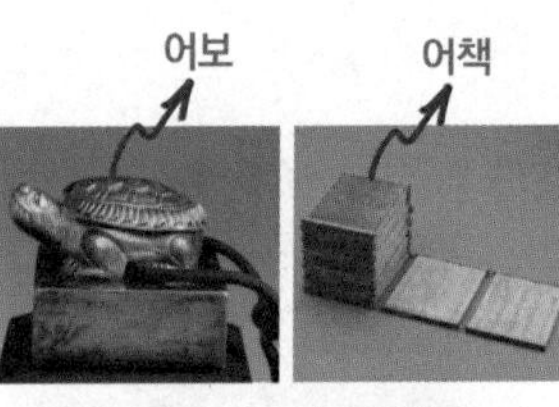

조선 왕실 어보와 어책(2017)

조선 왕실에서 왕비나 왕세자 등에게 봉작을 내리기 위하여 제작한 예물이다. 어보는 재질에 따라 금보·옥보로도 불렸으며, 봉작의 정통성과 권위를 증명하기 위하여 어책과 함께 내려졌다. 어보를 주석한 어책은 당대 문화를 파악하는 중요한 자료로 활용되기도 한다.

국채 보상 운동 기록물(2017)

1907년부터 1910년까지 일어난 국채 보상 운동의 전 과정을 보여 주는 기록물이다. 당시 남성들은 술과 담배를 끊었고 여성들은 반지와 비녀를 내어놓았으며, 기생과 거지, 심지어 도적들까지도 참여하였다. 국가적 위기에 대응하는 시민 의식의 진면목을 보여 주는 역사적 기록물로서 매우 큰 의미를 지닌다.

「조선 통신사 행렬도」

조선 통신사에 관한 기록(2017)

1607년부터 1811년까지, 일본에도 막부의 초청으로 12회에 걸쳐 일본으로 파견된 외교 사절단에 관한 자료를 총칭한다. 조선 통신사는 임진왜란 이후 단절된 국교를 회복하고, 양국 사이에 평화적인 관계를 만들고 유지하는 데 크게 공헌하였다. 이 기록은 외교뿐만 아니라 여정 기록·문화 기록 등을 포함하는 종합 자산이며, 이를 통하여 당시의 상업·문화도 알 수 있다.

4·19 혁명 기록물(2023)

1960년대 봄, 대한민국에서 학생들이 주도한 민주화 운동 관련 기록물 1019점으로, 1960년대 세계 학생 운동에 미친 중요성을 인정받아 등재되었다.

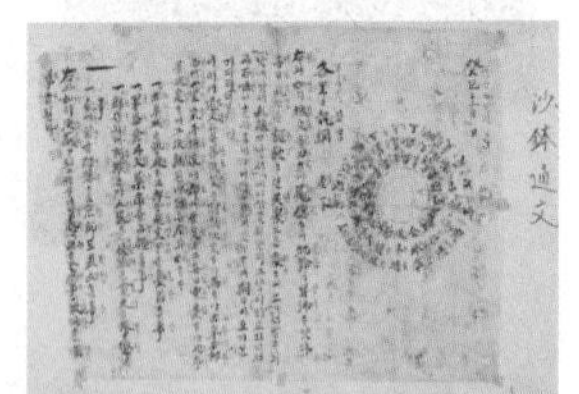

동학 농민 혁명 기록물(2023)

1894~1895년 조선에서 발발한 동학 농민 혁명 관련 기록물 185점으로, 백성이 주체가 되어 자유·평등·인권의 보편적 가치를 지향하며 공정 사회를 건설하기 위해 노력했던 세계사적 중요성을 인정받았다.

02 | 우리나라의 세시 풍속

세시 풍속이란?

- 우리나라의 세시 풍속은 매년 주기적으로 반복되는 농경의례를 모태로 한다. 즉, 1년 동안의 생산 과정과 그 중간에 해당하는 휴식 과정이 지역 풍토에 맞게 전승되며 형성된 것이다.
- 우리나라는 사계절이 뚜렷하여 계절 및 농업 생산 활동과 밀접하게 연관된 월령(月令)에 따라 매달 명절 풍습이 정해진다.

1 주요 농사 일정

2 우리나라 세시 풍속

명칭과 시기	내용
설날 (음력 1월 1일)	• 음력 정월 초하룻날 • 설빔을 지어 입고 웃어른들에게 세배를 올리며 덕담을 나눈다. 성묘를 하고, 새해 운수를 점치기도 한다. • **풍습** : 차례, 세배, 성묘, 복조리 걸기, 떡국 먹기, 윷놀이, 널뛰기
정월 대보름 (음력 1월 15일)	• 음력 1월 14일 밤에는 액년이 든 사람들이 짚으로 사람 모양 인형인 '제웅'을 만들어 길가에 버린다. • 음력 1월 15일에는 건강을 기원하며 밤·호두·잣 등 부럼을 깨물고 오곡밥을 지어 먹는다. 또 귀밝이술이라 하여 데우지 않은 술을 한 잔 마신다. 아침에 일어나 처음 만난 사람에게 "내 더위~!" 하고 더위를 팔면 그해 여름에는 더위를 타지 않는다고 한다. 밤이 되면 아이들은 들에 나가 쥐불놀이를 한다. • **풍습** : 귀밝이술, 널뛰기, 투호, 줄다리기, 쥐불놀이, 연날리기, 달집태우기, 오곡밥 먹기, 볏가릿대 세우기, 다리밟기, 부럼 깨기 제웅 투호
입춘 (양력 2월 4일 혹은 5일 즈음)	• 24절기 가운데 첫 절기 • 새해의 봄이 시작되는 날을 기리고 다가오는 일 년 동안 대길(大吉)·다경(多慶)하기를 기원하는 뜻에서 갖가지 의례를 베푼다. • **풍습** : 입춘첩(입춘대길), 세화 붙이기
머슴날 (음력 2월 1일)	• 음력 2월 초하룻날 • 겨우내 쉬던 머슴들을 농가에 다시 불러들여 일 년 농사를 부탁하고 위로하는 뜻에서 술과 음식을 푸짐하게 대접하여 하루를 즐기도록 한 머슴들의 명절이다. 지역에 따라 머슴날·노비일·일꾼날·하리아드랫날·영등할머니 제삿날이라고도 부른다. • **풍습** : 볏가릿대 내리기, 콩 볶아 먹기, 나이떡 해먹기, 영등굿
경칩 (양력 3월 5일 혹은 6일 즈음)	• 동지에서 74일째 되는 날 • 우수와 경칩이 지나면 대동강물이 풀려 완연한 봄을 느끼며, 초목의 싹이 돋아나고 동면하던 벌레들도 땅속에서 나온다고 믿는다. 이날 농촌에서는 산이나 논의 물이 고인 곳을 찾아 몸이 건강해지기를 바라며 개구리(혹은 도롱뇽)알을 건져다 먹는다. • **풍습** : 개구리알 먹기
한식 (양력 4월 5일 혹은 6일 즈음)	• 동지에서 105일째 되는 날 • 설날·단오·추석과 함께 우리나라의 4대 명절 중 하나로, 일정 기간 동안 불의 사용을 금하며 찬 음식을 먹는 중국 풍습에서 유래되었다. • 음력을 기준으로 하는 명절이 아니다 보니 음력 2월 또는 음력 3월에 있을 수 있어 이 둘을 구분하기도 한다. • **풍습** : 성묘, 산신제, 개사초(묘에 잔디를 입히는 것), 제기차기, 그네타기, 갈고리 던지기
삼짇날 (답청절, 음력 3월 3일)	• 봄을 알리는 명절로서 이날 장을 담그면 맛이 좋다고 하였으며, 화전을 먹으며 집을 수리하기도 하고 농경제를 지내 풍년을 기원하기도 하였다. • 이날을 답청절이라고도 하는데, 들판에 나가 꽃놀이를 하고 새 풀을 밟으며 봄을 즐기기 때문에 붙여진 이름이다. • **풍습** : 활쏘기, 닭싸움, 화전 지져 먹기, 장 담그기, 국수·쑥떡 먹기 신윤복의 「연소답청」
초파일 (부처님 오신 날, 음력 4월 8일)	• 불교의 개조(開祖)인 석가모니의 탄생일이다. 이날은 '부처님 오신 날'이라고도 하며 각지에서 불교 행사 또는 연등 축제를 거행한다. • 불교 기념일인 초파일이 민족 명절로 자리 잡은 것은 예전부터 전래되어 온 연등 행사와 불교의 연등 공양이 합쳐진 때부터이다. • **풍습** : 연등 달기, 탑돌이 연등

단오 (음력 5월 5일)	• 음력 5월 초닷새 • 수릿날 · 천중절이라고도 하며, 숫자 '5'가 두 번 겹쳐 일 년 중 양기가 가장 왕성한 날이라고 여겼다. • 씨뿌리기가 끝난 5월에 신에게 풍년을 기원하며 벌이는 축제이자 환절기에 나쁜 기운을 막고자 하는 주술적 성격을 담고 있다. • 왕이 무더위를 잘 견디라는 의미로 신하들에게 부채를 선물하였다는 기록이 있다. • 풍속 : 씨름, 그네뛰기, 널뛰기, 창포물에 머리감기, 수리취떡 만들어 먹기, 강릉 단오굿 신윤복의 「단오풍정」
유두 (음력 6월 15일)	• 음력 6월 보름날 • 물과 관련 깊은 명절로, 이날은 일가친지가 맑은 시내나 폭포에서 목욕을 하였다. 또한 가지고 간 음식을 먹고 나서 하루 동안 서늘하게 지내면 여름에 질병을 물리치고 더위를 먹지 않는다고 믿었다. • 풍습 : 흐르는 물에 머리 감기, 탁족 놀이, 수단 만들기, 유두천신, 천렵, 물맞이
삼복 (음력 6월에서 7월 사이 절기)	• '삼복'은 초복 · 중복 · 말복을 통틀어 이르는 말로, 복날은 장차 일어나고자 하는 음기가 양기에 억눌려 있는 날이라는 뜻이다. 이날은 개를 잡아먹으며 몸을 보신하였는데, 성안의 개를 잡아 해충을 방지하고자 한 이유도 있었다. • 풍습 : 농신제, 복달임(개장, 삼계탕)
칠석 (음력 7월 7일)	• 칠석은 헤어져 있던 견우와 직녀가 만나는 날이라고도 한다. 이날 여인들은 별을 보며 바느질 솜씨가 좋아지게 해 달라고 기원하였다. • 풍습 : 칠석고사
백중 (음력 7월 15일)	• 여름철 농사를 쉬는 기간에 농부들이 휴식을 취하는 날이다. 이 날은 남녀가 모두 모여 온갖 음식을 갖추어 먹으며 노래를 부르고 춤추었다. 또한 머슴들에게도 일손을 쉬게 하고 돈을 주어 하루를 즐기도록 하였다. • 풍습 : 백중놀이, 호미씻이, 백중장, 우란분재 백중놀이(밀양)
추석 (한가위/가배, 음력 8월 15일)	• 추석은 음력 8월 보름 가을의 한가운데 달 또는 팔월의 한가운데 날이라는 뜻을 지닌다. 또한 1년 중 가장 으뜸으로 치는 명절이다. • 다른 말로는 가배 · 가배일 · 가위 · 한가위 · 중추 · 중추절 · 중추가절이라고도 한다. • 풍습 : 차례, 성묘, 송편, 강강술래 · 줄다리기 · 거북놀이 · 소싸움 · 닭싸움, 소놀임굿 송편
중양절 (음력 9월 9일)	• 중국에서 유래한 명절이다. 우리나라에서도 고려 시대부터 과거 시험과 같은 국가적 행사를 중양절에 행하였다. • 풍습 : 중양제, 국화전 해 먹기, 국화주 마시기, 단풍놀이 국화전
상달 (음력 10월)	• 음력 10월을 1년 중 가장 신성하게 여겨 '시월상달'이라고 부른다. 일 년 농사가 마무리되는 이 날은 햇곡식과 햇과일을 수확하여 하늘과 조상에게 감사의 제사를 올린다. • 우리나라에서는 전통적으로 고구려의 동맹 · 동예의 무천 · 마한의 계절제 등이 추수에 감사하는 의미를 담아 10월에 행해졌다. • 풍습 : 성주맞이
동지 (양력 12월 22일이나 23일 즈음)	• 24절기 중에 스물두 번째 절기 • 일 년 중 밤이 가장 길고 낮이 가장 짧은 날로 민간에서는 동지를 아세(亞歲) 또는 작은설이라고도 하였다. 또한 동지는 '호랑이 장가가는 날'이라고도 한다. 이날은 나쁜 기운을 물리치기 위하여 팥죽을 쑤어 먹거나 집안 곳곳에 뿌리기도 하였다. • 풍습 : 동지 고사, 동지 팥죽 쑤어 먹기 팥죽
섣달그믐 (음력으로 한 해의 마지막 날)	• 새벽닭이 울 때까지 잠을 자지 않고 새해를 맞이한다. '수세'라고 하는 이러한 풍습은 옛 것을 보내고 새로운 것을 맞이한다는 의미로 우리나라에 역법(曆法)이 들어온 후 지속되었다. 또한 지나간 시간을 반성하고 새해를 설계하고 맞이하는 의례로서, 마지막이 아닌 새로운 시작이라는 의미가 담겨 있다 • 풍습 : 묵은세배, 수세, 만두 차례, 나례, 약 태우기, 대청소, 학질 예방

03 | 도성과 문화유산

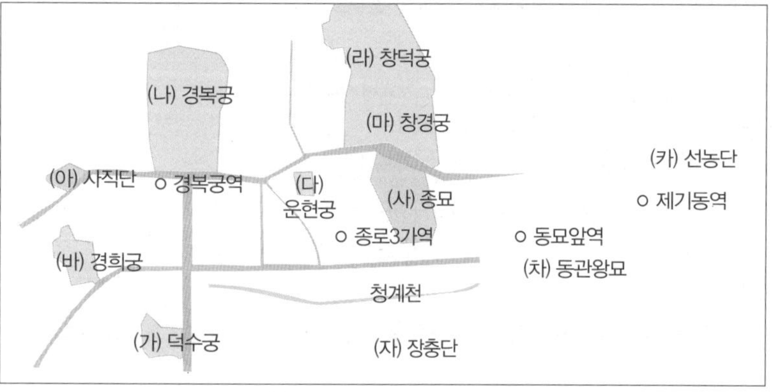

서울 시내 조선의 도성과 문화유산

(가) 덕수궁 중화전

(가) 덕수궁 석조전

(나) 경복궁 근정전

(다) 운현궁

(라) 창덕궁 돈화문

(마) 창경궁 명정전

도성/문화유산	내용
(가) 덕수궁	원래는 정릉동 행궁이라고 불리다가 임진왜란 때 피난을 떠났다 돌아온 선조가 머무르며 궁으로 사용되었고, 광해군 때 경운궁이라는 이름으로 불렸다. **광해군 때 선조의 계비인 인목 대비가 유폐된 장소**이자 훗날 조선 고종이 러시아 공사관에서 환궁한 장소이기도 하다. 고종은 대한 제국을 선포하고 이곳을 법궁으로 삼았으며, 고종이 순종에게 양위한 1907년에 이름이 덕수궁으로 바뀌었다. 특히 덕수궁 석조전은 대표적인 서양식 건축물로, 후일 **미·소 공동 위원회가 이곳에서 개최**되었다. **덕수궁 중명전에서 1905년에 을사늑약이 체결**되기도 하였다.
(나) 경복궁	조선 왕조 최초의 궁궐이자 법궁으로 **태조 때 한양으로 천도하며 창건**되었다. 명성 황후가 일본 낭인들에게 시해된 장소이기도 하다. **일제는 경복궁 안에 조선 총독부 건물을 세웠**으며, 경복궁을 **조선 물산 공진회 개최 장소로 이용**하였다.
(다) 운현궁	흥선 대원군의 사저로 고종 재위 초에 흥선 대원군의 개혁 정책이 실현된 장소이다.
(라) 창덕궁	**조선의 역대 왕들이 가장 많이 머문 궁궐**로서 임진왜란 때 소실된 경복궁을 대신하여 조선 후기에 정궁의 기능을 담당하였다. **창덕궁 후원에 위치한 주합루는 정조가 왕실 도서관인 규장각으로 활용하였다**. 구성된 건물로는 국가적 중요 행사를 담당하는 **정전인 인정전**, 왕의 편전인 희정당, 왕비가 거처하는 대조전, 순조의 아들인 효명 세자가 지은 **접견실인 연경당** 등이 있다(유네스코 세계 문화유산으로 지정). 또한 숙종 때 명의 신종을 제사하려고 지은 대보단이 있고, 어진(임금의 초상)을 봉안한 선원전이 있다. **부용지 일곽에 있는 건물은 정원의 일부이며, 물 위에 반쯤 떠 있는 부용정은 정원이자 자연 그 자체이다.**
(마) 창경궁	창경궁의 본래 이름은 수강궁이다. 세종이 상왕인 태종을 모시기 위하여 지었으나, **성종이 세 대비[세조 비 정희 왕후, 덕종 비 소혜 왕후(인수 대비), 예종 비 안순 왕후]를 모시기 위하여 수강궁을 수리하고 이름을 창경궁으로 바꾸었다.**
(바) 경희궁	인조의 아버지인 정원군의 집이 있던 곳으로 광해군 때 왕궁을 지어 경덕궁이라 불렀다. 1760년에 경희궁으로 이름을 바꾸었고, 280여 년 동안 동궐인 창덕궁, 창경궁과 더불어 서궐의 위치에서 양대 궁궐의 자리를 지켜 왔다.
(사) 종묘	조선 왕조 역대 왕과 왕비의 신주를 모신 조선 왕조의 사당이다. 태조가 한양으로 도읍을 옮긴 뒤 완공하였으며, 임진왜란 이후 불탔으나 광해군 때 재건되었다.
(아) 사직단	농업이 주 산업인 조선에서 토지신(사)과 곡물신(직)에게 제사를 지낸 공간이다.
(자) 장충단	을미사변 때 죽은 이경직과 홍계훈 등 충신·열사의 넋을 기리는 제단이다.
(차) 동관왕묘	촉의 장수인 관우에게 제사를 지내는 사당이다.
(카) 선농단	**왕이 신농씨·후직씨에게 풍년을 기원하는 의례를 행하는 곳이다.**

정답 및 해설

I 우리 역사의 형성과 고대 국가의 발전

01 선사 시대의 문화

정답 01 ④ 02 ② 03 ④

01 청동기 시대의 생활 모습

자료분석
'고인돌', '민무늬 토기' 등의 내용을 통해 (가) 시대가 청동기 시대임을 알 수 있다. 청동기 시대에는 농경에 따른 잉여생산물이 생기고 사유재산이 발생하면서 계급이 등장하였다. 이는 곧 지배 계급에 의한 고인돌 건설로 이어졌다.

정답 찾기
④ 청동기 시대에는 비파형 동검과 청동 거울인 거친무늬 거울 등을 제작하였다.

오답 피하기
① 초기 철기 시대에는 철제 무기가 보급되어 정복 전쟁이 활발히 진행되었다.
② 구석기 시대에는 이동 생활을 하면서 주로 동굴이나 막집을 짓고 거주하였다.
③ 초기 철기 시대에는 소를 이용한 농경법인 우경이 시행되었고, 이후 소를 이용한 깊이갈이가 점차 확대되었다.
⑤ 신석기 시대에는 농경이 시작되면서 음식을 저장할 이른 민무늬 토기, 빗살무늬 토기, 덧무늬 토기, 눌러찍기무늬 토기 등이 제작되었다.

정답 ④

02 신석기 시대 생활 모습

자료분석
'이른 민무늬 토기', '농경과 정착 생활이 시작'이라는 내용을 통하여 (가) 시대가 신석기임을 알 수 있다.

정답찾기
② 신석기 시대에는 가락바퀴를 이용하여 실을 뽑고, 뼈바늘을 이용하여 옷을 지어 입거나 그물을 제작하였다.

오답피하기
① 구석기 시대에는 사냥·채집·고기잡이를 위하여 이동 생활을 하였기 때문에 주로 바위 동굴에 거주하거나 막집을 지어 살았다.
③ 철기 시대에는 중국과 활발하게 교류하였는데, 이를 보여 주는 대표적인 유물로 명도전·반량전·오수전 등 중국 화폐가 있다.
④ 철기 시대에는 철제 농기구와 무기를 제작하여 사용하였는데, 특히 철제 농기구를 사용하며 농업 생산력이 크게 향상되었다.
⑤ 청동기 시대에는 청동 거울, 청동 방울 등 장신구를 제작하였다. 이러한 청동기는 주로 제사장이나 군장(족장)과 같은 지배 계급의 권위를 보여 주는 용도로 사용되었다.

정답 ②

03 청동기 시대 생활 모습

자료분석
'민무늬 토기', '반달 돌칼' 등을 통하여 (가) 시대가 청동기 시대임을 알 수 있다.

정답찾기
④ 청동기 시대에는 많은 인력을 동원하여 군장의 무덤인 고인돌을 축조하였다. 이를 통하여 청동기 시대에 계급이 발생하였음을 알 수 있다.

오답피하기
① 구석기 시대 사람들은 동굴이나 바위 그늘에서 살거나 물을 얻기 쉬운 강가에 막집을 짓고 살았다.
② 구석기와 신석기 시대에는 지배와 피지배 관계가 발생하지 않았다. 해당 시대는 연장자나 경험이 많은 자가 부족을 이끌어 나가는 평등 사회였다.
③ 오수전·화천은 철기 시대에 사용한 중국 화폐이다. 이를 통하여 철기 시대에 중국과 교류하였음을 알 수 있다.
⑤ 신석기 시대에 처음으로 가락바퀴와 뼈바늘을 이용하여 옷이나 그물을 만들었다.

정답 ④

02 고조선과 여러 나라의 성장

정답 01 ⑤ 02 ② 03 ③

01 고조선

자료분석
'왕검성', '우거왕', '한 무제'를 통하여 밑줄 그은 '이 나라'는 고조선임을 알 수 있다.

정답찾기
⑤ 고조선에는 사회 질서를 유지하기 위한 8조법이 있었다. 8조법은 사유 재산, 계급, 생명 중시 등의 내용으로 구성되었으며 현재 3개 조항만 전한다.

오답피하기
① 백제는 정사암에 모인 좌평들이 귀족 회의인 정사암 회의를 열고 국가 중대사를 결정하였다.
② 고구려는 매년 10월마다 국동대혈에 모여 동맹이라는 제천 행사를 거행하였다.
③ 동예는 다른 부족의 영역을 침입하는 것을 엄격하게 금지하여 만약 이를 어겼을 경우 소나 말로 배상하게 하는 '책화'라는 풍습이 있었다.
④ 삼한은 제정 분리 사회로서 정치를 담당하는 신지·읍차 등과 더불어 소도를 다스리는 제사장인 '천군'이 있었다.

정답 ⑤

02 위만

자료분석
'무리 천여 명을 모아 상투를 틀고 오랑캐 복장을 하고서 동쪽으로 도망' 등을 통하여 (가) 인물은 위만임을 알 수 있다.

정답찾기

ㄱ. 위만은 준왕을 몰아내고 스스로 왕이 된 뒤 철기 문화를 본격적으로 수용하였다.

ㄷ. 위만 조선은 우세한 무력을 바탕으로 활발한 정복 활동을 전개하여 주변의 진번(황해도), 임둔(함경남도) 등을 복속하였다.

오답피하기

ㄴ. 고조선의 마지막 왕인 우거왕은 한 무제의 침략에 맞서 1차 접전(패수)에서 대승을 거두는 등 완강하게 저항하였으나 지배층 사이에 내분이 발생하고 왕검성이 함락되는 과정에서 전사하였다.

ㄹ. 고조선은 위만이 망명하기 전인 기원전 3세기 무렵에 연의 장수 진개의 침입으로 랴오닝(요령) 지방을 잃고 평양으로 중심지를 이동하였다.

정답 ②

03 고구려와 삼한

자료분석

'동맹', '서옥' 등을 통하여 (가) 나라는 고구려, '해마다 5월이면 씨뿌리기를 마치고 귀신에게 제사를 지낸다.', '10월에 농사일을 마치고 나서도 이렇게 한다.'라는 내용을 통하여 (나) 나라는 삼한임을 알 수 있다.

정답찾기

③ 삼한은 정치와 종교가 분리되어 제사장인 천군이 신성 지역인 소도에서 농경과 종교에 대한 의례를 주관하였다.

오답피하기

① 『삼국지』 동이전에 따르면 삼한은 왜(倭)와 가까운 지역으로 남녀가 문신(文身)을 한다는 내용이 기록되어 있다.

② 변한은 철이 많이 생산되어 교역에서 철을 화폐처럼 사용하였고, 낙랑군과 왜 등에 수출하였다.

④ 동예는 씨족 사회의 전통이 남아 있어 족외혼을 엄격하게 지켰으며, 다른 부족의 영역을 함부로 침범하였을 때는 책화라고 하여 노비나 소, 말로 배상하게 하였다.

⑤ 부여와 고구려에는 남의 물건을 훔치면 물건값의 12배를 배상하게 하는 1책 12법이 있었다.

정답 ③

03 삼국 및 가야의 성립과 발전

정답 01 ④ 02 ② 03 ① 04 ④ 05 ② 06 ① 07 ①

01 4~5세기 삼국의 정세

자료분석

(가)는 '백제 왕이 병력 3만을 거느리고 평양성을 공격', '왕이 군대를 내어 막다가 흐르는 화살(流失)에 맞아' 등을 통하여 4세기에 백제 근초고왕의 평양성 공격을 막아 내는 과정에서 전사한 고구려 고국원왕에 대한 내용임을, (나)는 '거련', '경', '아들 문주', '백제가 이미 (고구려에) 함락되었고' 등을 통하여 5세기에 고구려 장수왕이 백제 한성을 함락시키는 내용임을 알 수 있다.

정답찾기

④ 고구려 광개토 대왕은 북방의 거란과 동부여, 숙신(말갈) 등을 정벌한 뒤 후연을 공격하여 요동 지역까지 차지하였다.

오답피하기

① 고구려는 미천왕 때 낙랑을 완전히 몰아내어 남쪽으로 진출하는 기반을 마련하였다. 미천왕은 고국원왕 이전에 재위한 왕으로 (가) 이전의 사실이다.

② 당은 신라와 연합하여 668년에 고구려를 멸망시킨 뒤 평양에 안동도호부를 설치하였다. (나) 이후의 사실이다.

③ 고구려에서는 일찍부터 『유기』가 편찬되었으며, 영양왕 때 이문진이 이를 간추려 『신집』 5권을 편찬하였다. (나) 이후의 사실이다.

⑤ 3세기 고구려 동천왕 때 관구검이 이끄는 위의 군대가 고구려를 공격하였다. (가) 이전의 사실이다.

정답 ④

02 고구려 소수림왕

자료분석

불교를 수용하고 전진에 사신을 파견한 고구려 왕은 소수림왕이다. 소수림왕은 불교를 수용하며 태학을 설립하고, 율령을 반포하였다.

정답 찾기

② 고구려 소수림왕은 태학을 설립하여 인재 육성의 기반을 닦았다.

오답 피하기

① 도읍을 국내성에서 평양으로 옮긴 왕은 고구려 장수왕이다.

③ 낙랑과 중국의 연결을 끊기 위하여 서안평을 공격하고, 낙랑과 대방을 병합한 왕은 고구려 미천왕이다.

④ '연가(延嘉)' 연호는 고구려 제20대 국왕인 장수왕 또는 제23대 국왕인 안원왕(533~539)의 연호로 추정된다. 둘 중 안원왕의 연호라고 보는 견해가 더욱 일반적이다.

⑤ 신라를 구원하기 위하여 군대를 파견한 왕은 고구려 광개토 대왕이다.

정답 ②

03 백제 성왕

자료분석

웅진에서 사비로 도읍을 옮기고 관산성에서 목숨을 잃었다는 사실을 통해 백제 성왕임을 알 수 있다. 백제 성왕은 무령왕의 뒤를 이어 백제를 다시 일으키고자 웅진에서 사비로 천도하였다. 이후 신라 진흥왕과 동맹을 맺고 고구려가 차지하던 한강 하류 지역을 회복하였다. 그러나 신라의 배신으로 한강 하류를 빼앗기면서 분개한 성왕은 신라로 쳐들어갔고 관산성에서 전사하였다.

정답 찾기

① 백제 성왕은 도읍을 옮기면서 국정을 쇄신하고자 국호를 남부여로 개칭하였다.

오답 피하기

② 금마저(익산)에 미륵사를 창건한 인물은 백제 무왕이다.

③ 고흥에게 역사서인 『서기』를 편찬하게 한 인물은 백제 근초고왕이다.

④ 윤충을 보내 신라의 대야성을 함락하여 김춘추의 딸과 사위를 살해한 인물은 백제 의자왕이다.

⑤ 동진에서 온 마라난타를 통해 불교를 수용한 인물은 백제 침류왕이다. 정답 ①

04 신라 법흥왕

자료분석
'율령을 반포', '관리들의 공복(公服)을 제정', '상대등의 관직은 이때 처음 생겼는데'라는 내용을 통하여 해당 정책을 시행한 왕이 신라 법흥왕(514~540)임을 알 수 있다.

정답찾기
④ 신라 법흥왕은 이차돈의 순교를 계기로 불교를 공인하였다.

오답피하기
① 신라 지증왕은 이사부를 파견하여 우산국을 정벌하도록 하였다.
② 통일 신라 신문왕은 문무 관리에게 관료전을 지급하고 수조권과 함께 노동력 징발이 가능하던 녹읍을 폐지함으로써 귀족의 경제적 기반을 약화시키고 왕권을 강화하였다.
③ 신라 진흥왕은 거칠부에게 명하여 역사서인『국사』를 편찬하게 하였다.
⑤ 신라 선덕 여왕은 경주 분황사 모전 석탑을 세웠으며, 승려 자장의 건의를 수용하여 외적 방어의 염원을 담은 황룡사 구층 목탑을 건립하였다. 정답 ④

05 신라 진흥왕

자료분석
'국사(國史)', '거칠부 등에게 명하여 …… 편찬'이라는 내용을 통하여 밑줄 그은 '왕'은『국사』를 편찬한 신라 진흥왕임을 알 수 있다.

정답찾기
② 신라 진흥왕은 화랑도를 개편하여 국가적인 조직으로 확대시켰다.

오답피하기
① 통일 신라 성덕왕은 백성에게 정전(丁田)을 지급하였다.
③ 통일 신라 신문왕은 유학 교육 기관인 국학을 설립하여 인재를 양성하였다.
④ 신라 내물 마립간은 최고 지배자의 칭호를 '이사금(연장자)'에서 '마립간(대군장)'으로 바꾸었다.
⑤ 통일 신라 문무왕은 지방 행정을 통제하고 지방 관리를 감찰하기 위하여 외관직으로 '외사정'을 파견하였다. 정답 ②

06 금관가야

자료분석
'시조 수로왕', '왕비 허황옥' 등을 통하여 (가) 나라는 금관가야임을 알 수 있다.

정답찾기
① 김해의 금관가야는 변한 때부터 철이 많이 생산되어 철을 왜 등에 수출하였고, 덩이쇠 등을 화폐로 사용하였다.

오답피하기
② 신라 귀족들은 만장일치제로 운영된 화백 회의에서 국가의 중요한 일을 결정하였다.
③ 고구려 고국천왕은 재상 을파소의 건의를 받아들여 춘대추납을 원칙으로 하는 빈민 구휼 제도인 진대법을 시행하였다.
④ 백제 무령왕은 중앙의 지방 통제력을 강화시키기 위하여 지방에 22담로를 설치하고 왕족을 파견하였다.
⑤ 신라는 내물 마립간 때 김씨에 의한 왕위 계승이 확립되기 전까지 박, 석, 김씨 등 3성이 교대로 왕위를 차지하였다. 정답 ①

07 대가야

자료분석
'경상북도 고령군 지산동 고분군', '이진아시왕을 시조로'라는 내용을 통하여 (가) 국가는 대가야임을 알 수 있다.

정답찾기
① 전기 가야 연맹의 맹주인 금관가야가 4세기 후반에 고구려 광개토대왕의 공격을 받아 쇠퇴하자, 대가야가 후기 가야 연맹을 이끌었다.

오답피하기
② 고려는 중앙군으로 2군 6위를 설치하여 궁궐과 수도 개경을 수비하도록 하였다.
③ 통일 신라는 지방 조직을 정비하는 과정에서 전국을 9주로 나누고 주요 지역에 5소경을 설치함으로써 수도 금성(경주)이 한반도 동남쪽에 치우친 것을 보완하고자 하였다.
④ 신라에는 귀족 합의체인 화백 회의가 있었다. 화백 회의는 상대등이 의장이 되어 만장일치를 원칙으로 운영되었다.
⑤ 백제는 왕족인 부여씨와 귀족인 8개 성씨가 지배층을, 하호와 노비가 피지배층을 이루는 사회 구조를 갖추고 있었다. 정답 ①

04 통일 신라와 발해의 발전

정답 01 ④ 02 ② 03 ③ 04 ① 05 ④ 06 ③ 07 ①

01 고구려 부흥 운동

자료분석
'검모잠', '안승', '신라 왕은 그들을 금마저에 정착하게 하였다.' 등을 통하여 고구려 부흥 운동 당시 상황임을 알 수 있다.

정답 찾기
④ 668년에 고구려가 멸망한 후 검모잠과 안승은 황해도 재령 지역에 있는 한성에서 고구려 부흥 운동을 전개하였다. 정답 ④

02 7세기의 한반도 정세와 신라의 삼국 통일

자료분석
(가)는 '김춘추', '태종이 …… 군사의 출동을 허락' 등에서 나·당 동맹이 체결된 648년임을, (나)는 '평양성', '이적', '남건' 등에서 고구려가 멸망한 668년임을 알 수 있다.

정답찾기
② 663년에 나·당 연합군이 백제 부흥군의 본거지를 향하여 진군하자

부흥군은 일본의 지원군 4만여 명과 함께 금강 하구의 백강에서 전투를 벌였다. 그러나 백제 부흥군은 백강 전투에서 크게 패하였고, 부흥군의 거점인 주류성도 함락되었다.

오답피하기

① 신라는 676년에 전개된 기벌포 전투 이후 당군을 한반도에서 축출하고 대동강에서 원산만 이남 지역을 통일하였다. 또 평양에 위치한 안동도호부를 요동 지역으로 이동시켰다.

③ 675년에 당 장수 이근행이 군사 20만 명을 거느리고 매소성에 주둔하자, 신라는 이들을 공격하여 쫓아냈다.

④ 674년에 신라는 당의 한반도 지배 야욕을 저지하고자 안승의 원조 요청을 받아들여, 그를 금마저(익산)에 머물게 하고 보덕국왕으로 책봉하는 등 고구려 부흥 운동을 지원하였다.

⑤ 고구려 영류왕이 당의 공격에 대비하기 위하여 축조하기 시작한 천리장성은 보장왕 때인 647년에 완성되었다. 정답 ②

03 통일 신라 문무왕

자료분석

'당이 신라를 계림대도독부로 삼고 왕에게 대도독의 관작을 내리다', '안승을 임금으로 받들어 귀순하자 이들을 금마저에 머물게 하다' 등을 통하여 (가) 왕이 통일 신라 문무왕임을 알 수 있다.

정답찾기

③ 통일 신라 문무왕은 아버지인 태종 무열왕에 이어 신라의 삼국 통일 전쟁을 진행하였고, 매소성·기벌포에서 당의 군대를 격파함으로써 삼국 통일을 완수하였다.

오답피하기

① 통일 신라 성덕왕은 국가의 역을 담당하는 백성에게 정전을 지급하였다.

② 신라 지증왕은 이사부를 보내 우산국을 복속시켰다.

④ 통일 신라 신문왕은 유학 교육을 위하여 국립 대학인 국학을 설립하였다.

⑤ 통일 신라 원성왕은 국학의 기능을 강화하였으며 일종의 인재 선발 제도로 독서삼품과를 시행하였다. 정답 ③

04 통일 신라 신문왕

자료분석

'설총', '화왕(花王)', '만파식적' 등을 통하여 밑줄 그은 '왕'이 통일 신라 신문왕임을 알 수 있다.

정답찾기

① 통일 신라 신문왕은 687년에 문무 관리에게 관료전을 지급하였으며 689년에는 귀족의 경제적 기반인 녹읍을 폐지하였다.

오답피하기

② 통일 신라 원성왕은 인재를 등용하기 위하여 유교 경전의 이해 능력을 시험 보는 독서삼품과를 시행하고자 하였다.

③ 신라 법흥왕은 병부와 상대등을 설치하고 관제를 정비함으로써 통치 체제를 정비하였다.

④ 신라 선덕 여왕은 승려 자장의 건의를 받아들여 황룡사 구층 목탑을 건립하였다.

⑤ 통일 신라 진성 여왕은 각간 위홍과 승려 대구 화상에게 『삼대목』을 편찬하도록 하였다. 정답 ①

05 통일 신라 말의 상황

자료분석

제시문은 통일 신라 혜공왕 피살과 관련된 내용이다. 신라 중대의 마지막 왕이라 할 수 있는 혜공왕이 진골 귀족들에 의해 시해되면서 본격적으로 신라 하대에 접어들게 되었다. 이 시기에는 왕권이 약해지면서 많은 왕들이 교체되었고, 중앙 정부의 지방 통제가 약화되었다.

정답 찾기

④ 신라 하대 흥덕왕 때 장보고는 청해진을 설치하여 해상 무역을 전개하고, 강력한 군사력을 바탕으로 신라의 왕위 쟁탈전에 참여하여 신무왕을 옹립하였다.

오답 피하기

① 신라 중대 신문왕 때 왕의 장인인 김흠돌이 반란을 일으켰다.

② 신라 상대 지증왕 때 이사부를 시켜 우산국을 복속하였다.

③ 신라 중대 경덕왕 때 김대성 등이 불국사 조성을 주도하였다.

⑤ 신라 상대 진흥왕 때 거칠부가 역사서인 『국사』를 편찬하였다.

정답 ④

06 발해 무왕

자료분석

'인안', '발해의 제2대 왕', '일본에 사신과 국서를 보내 교류를 시작' 등을 통하여 (가)에 들어갈 내용이 발해 무왕과 관련된 것임을 알 수 있다.

정답찾기

③ 발해 무왕은 영토 확장에 주력하여 동북방으로 진출하였고, 북만주 일대를 장악하였다. 그러던 중 흑수 말갈이 세력을 확장하고 당과 연합하여 발해를 압박해 오자, 장문휴가 이끄는 수군을 당에 파견하여 산둥 지방의 국제 무역항인 등주를 선제공격하였다.

오답피하기

① 고구려 미천왕은 중국 세력인 낙랑군과 대방군을 한반도에서 완전히 축출함으로써 대동강 일대를 확보하였다.

② 백제 성왕은 중흥을 위하여 국호를 남부여로 고치고, 수도를 웅진(공주)에서 사비(부여)로 옮겼다.

④ 발해 문왕은 중앙 통치 체제를 정비하기 위하여 당의 제도를 수용하되, 명칭과 운영을 독자적으로 하는 3성 6부제를 마련하였다.

⑤ 발해 선왕은 지방 행정 제도로 5경 15부 62주를 확립하였다. 이때 발해는 중국으로부터 '바다 동쪽의 융성한 국가'라는 의미의 해동성국이라 불렸다. 정답 ③

07 발해

자료분석

'정효 공주 묘지'의 내용을 통해 (가) 국가가 발해임을 알 수 있다. 정효 공주는 발해 제3대 문왕의 넷째 딸로 이른 나이에 요절하였다. 따라서 발해에 대한 설명으로 옳은 것을 고르는 문제이다.

정답 찾기

① 발해 문왕은 국립 교육 기관인 주자감을 설치하여 유교 경전을 가르치며 인재를 양성하였다.

오답 피하기

② 신라 사회는 골품제라는 엄격한 신분제가 존재하여 일상생활에서부터 관직 진출에 이르기까지 차별을 두었다.
③ 백제는 정사암 회의를 열어 재상을 선출하고 귀족이 국가의 중요 정책을 결정하였다.
④ 통일 신라 원성왕은 유교 경전 독해 능력을 시험하여 상·중·하로 등급을 나누는 독서삼품과를 시행하여 관리를 채용하고자 하였다.
⑤ 고려 예종은 관학을 진흥하고자 양현고라는 장학 재단을 설치하는 한편, 청연각과 보문각을 두어 학문 연구에 몰두하도록 하였다.

정답 ①

05 고대 국가의 경제·사회·문화

정답 01 ① 02 ② 03 ② 04 ④ 05 ④ 06 ② 07 ④ 08 ① 09 ② 10 ②

01 통일 신라의 토지 제도

자료분석

(가)는 '관료전을 지급'으로 신문왕의 관료전 지급과 관련된 내용임을 알 수 있고 (나)는 '녹읍을 폐지'로 신문왕의 녹읍 폐지와 관련된 내용임을 알 수 있으며, (다)는 '정전을 나누어 주었다.'로 성덕왕의 정전 지급과 관련된 내용임을 알 수 있다. 마지막으로 (라)는 '다시 녹읍을 주었다'로 경덕왕 때 녹읍이 부활한 것과 관련된 내용임을 알 수 있다.

정답찾기

① 해당 문제는 신문왕이 관료전을 지급하고 녹읍을 폐지한 순서만 명확히 알고 있으면 쉽게 정답을 찾을 수 있다.

정답 ①

02 발해의 경제

자료분석

'62개주', '일본 등 대외 교류' 등을 통하여 (가) 국가는 발해임을 알 수 있다.

정답찾기

② 발해는 명마·모피·녹용 등을 생산하여 수출하였으며, 특히 솔빈부의 말은 주요 수출품 중 하나였다.

오답피하기

① 신라는 경주와 가까운 울산항이 국제 무역항으로 크게 번성하였다. 울산항에는 당·일본 상인은 물론 이슬람 상인까지 드나들었다.
③ 9세기 전반에 신라의 장보고는 완도에 청해진을 설치하고 해적을 소탕하여 해상 무역을 장악하였다.
④ 고려 성종은 최초의 철전인 건원중보를 발행하여 화폐 유통을 추진하였다.
⑤ 신라 지증왕은 시장을 관리하기 위한 관청으로 동시전을 설치하였다.

정답 ②

03 화랑도

자료분석

'국선도', '풍월도', '세속 5계' 등을 통하여 (가) 단체는 화랑도임을 알 수 있다.

정답찾기

② 화랑도는 신라 진흥왕 때 국가적인 조직으로 정비되었다.

오답피하기

① 고구려 사람들은 경당에서 글과 활쏘기를 배웠다.
③ 통일 신라 경덕왕 때 국학을 태학(감)으로 고치고 박사와 조교를 두어 논어와 효경 등 유교 경전을 가르쳤다.
④ 백제 귀족들은 정사암에 모여 국가의 중대사를 결정하였다.
⑤ 신라 화백 회의는 귀족들로 구성되어 만장일치제로 운영되었다.

정답 ②

04 신라 하대의 사회상

자료분석

'빈공과에 합격', '계원필경'을 통하여 해당 글을 작성한 자가 9세기 신라 하대 인물인 최치원임을 알 수 있다.

정답찾기

④ 통일 신라 진성 여왕 때는 전국에 흉년이 들고 전염병이 돌았으며, 지배층의 사치로 인한 수탈이 극심하였다. 이에 889년에 사벌주(상주)에서 원종과 애노의 난이 일어났다. 당시 최치원은 신라로 귀국하여 진성 여왕에게 시무 10여 조를 올렸으나 귀족의 반대에 부딪혀 실현되지 않았다.

오답피하기

① 통일 신라 신문왕 때 왕의 장인 김흠돌을 중심으로 진골 귀족들이 반란을 도모하였다. 김흠돌의 난을 진압한 신문왕은 강력한 전제 왕권을 확립하였다.
② 고려 성종 때 최승로는 유교적 통치 체제 확립을 건의하기 위하여 시무 28조를 제시하였고, 성종은 이를 바탕으로 여러 체제를 정비하였다.
③ 승려 원광은 신라 진평왕에게 화랑이 지켜야 할 계율인 '세속 오계'를 지어 올렸다.
⑤ 7세기 중반에 김춘추가 최초의 진골 출신 왕으로 즉위하였다. 정답 ④

05 골품제

자료분석

'아찬에서 더 이상 올라갈 수 없다는 것' 등을 통하여 밑줄 그은 '이 제도'는 신라의 신분 제도인 골품제임을 알 수 있다.

정답 찾기

④ 신라의 골품제는 골품에 따라 관등 승진, 집과 수레의 크기 등 일상생활까지 규제하였다.

오답 피하기

① 신라의 화랑도는 원화(源花)에 기원을 두고 있다.

② 을파소의 건의로 고구려 고국천왕 때 진대법이 처음 마련되었다.

③ 조선 시대에는 서얼금고법을 제정하여 서얼의 관직 진출을 법으로 제한하였다.

⑤ 고려 시대에는 문무 5품 이상 관리의 자손은 과거를 거치지 않고 관직에 등용하는 음서가 있었다. 정답 ④

06 신라 승려

정답찾기

② 자장은 선덕 여왕에게 황룡사 구층 목탑 건립을 건의하였다. 황룡사 구층 목탑에는 외적을 물리치고 나라를 평안하게 한다는 기원이 담겨 있다.

오답피하기

① 신라 하대에 도선은 중국에서 유행한 풍수지리설을 들여왔다.

③ 의상은 영주에 부석사를 창건하였다.

④ 원광은 화랑도의 행동 규범이자 화랑이 지녀야 할 마음가짐의 기준으로 세속 오계를 지었다.

⑤ 원효는 『대승기신론소』, 『금강삼매경론』, 『십문화쟁론』 등을 저술하였다. 정답 ②

07 고대 고분 양식

자료분석

(가)는 '나무로 덧널을 만들고 그 위에 돌을 쌓은 후 흙을 덮은 무덤'으로 돌무지덧널무덤임을 알 수 있고, (나)는 '돌로 널길과 널방을 만들고'로 굴식 돌방무덤임을 알 수 있다.

정답찾기

④ 굴식 돌방무덤 내부의 천장과 벽에 그림을 그리기도 하였다.

오답피하기

① 굴식 돌방무덤은 모줄임천장 구조로 되어 있다.

② 김유신 묘의 둘레돌에 12지 신상이 새겨져 있다.

③ 대표적인 돌무지덧널무덤으로 황남 대총과 천마총이 있다.

⑤ 중국 남조의 영향을 받아 만들어진 무덤은 벽돌무덤이다. 대표적인 벽돌무덤으로 백제 무령왕릉이 있다. 정답 ④

08 경주 감은사지 동서 삼층 석탑

자료분석

'쌍탑', '문무왕의 유업을 이어받아 아들인 신문왕이 완공하였다.'는 내용에서 (가)에 들어갈 문화유산이 경주 감은사지 동서 삼층 석탑임을 알 수 있다.

정답찾기

① 통일 신라 신문왕 때 제작된 경주 감은사지 동서 삼층 석탑은 이중 기단 위에 3층으로 탑을 쌓는 전형적인 통일 신라 시대 석탑 양식이며, 동탑과 서탑의 쌍탑으로 만들어졌다.

오답피하기

② 경주 불국사 다보탑은 통일 신라의 높은 예술성과 건축 기술을 보여 준다.

③ 돌을 벽돌 모양으로 다듬어(모전) 쌓은 경주 분황사 모전 석탑은 신라 선덕 여왕 때 건립되었다.

④ 평창 월정사 팔각 구층 석탑은 고려 시대에 송의 영향을 받아 건축된 석탑이다.

⑤ 익산 미륵사지 석탑은 백제 무왕이 건립하였다고 전하는 미륵사에 있는 탑으로, 탑 내부에서 사리봉안기가 발견되었다. 정답 ①

09 공주와 부여

자료분석

첫 번째 지도의 '송산리 고분군'에서 (가) 지역은 공주임을, 두 번째 지도의 '능산리 고분군'에서 (나) 지역은 부여임을 알 수 있다.

정답찾기

ㄱ. 공주 송산리에는 중국 남조의 영향을 받은 무령왕릉이 있다.

ㄷ. 부여 능산리 근처 절터에서 국보로 지정된 금동 대향로가 출토되었다.

오답피하기

ㄴ. 목탑 양식을 계승한 미륵사지 석탑이 있는 곳은 익산이다.

ㄹ. 고구려에서 남하한 온조가 도읍으로 삼은 곳은 서울이다. 정답 ②

10 신라의 문화유산

자료분석

천마총, 첨성대, 동궁과 월지, 분황사지, 불국사 등 제시된 신라의 문화유산에 대한 설명으로 옳은 것을 골라야 한다.

정답찾기

② 신라 선덕 여왕 때 승려 자장의 건의에 따라 건립된 문화유산은 황룡사 구층 목탑이다. 첨성대는 신라 선덕 여왕 때 만들어진 천체 관측 기구이다.

오답피하기

① 돌무지덧널무덤인 천마총 내부에서 말다래의 뒷면에 그려진 「천마도」가 수습되었다.

③ 경주 동궁과 월지에서 귀족들이 가지고 놀던 나무로 만든 14면체 주사위가 출토되었다.

④ 분황사지에는 돌을 깎아 벽돌 모양으로 다듬어 쌓아 올린 분황사 모전 석탑이 남아 있다.

⑤ 경주 불국사 삼층 석탑을 해체 및 복원하는 과정에서 현존하는 가장 오래된 목판 인쇄물인 무구정광대다라니경이 발견되었다. 정답 ②

Ⅱ 고려 귀족 사회의 형성과 변천

06 고려의 건국과 정치 발전

정답 01 ② 02 ① 03 ④ 04 ④ 05 ② 06 ③ 07 ③ 08 ② 09 ③ 10 ④ 11 ①

01 궁예

자료분석
'신라 왕족 출신', '양길의 휘하', '송악을 도읍으로 나라를 세우다', '국호를 마진', '철원 천도' 등을 통하여 (가) 인물이 후고구려를 세운 궁예임을 알 수 있다.

정답찾기
② 한반도 중부와 북부를 장악하여 후고구려를 건국한 궁예는 최고 중앙 기구로 광평성을 설치하였다.

오답피하기
① 후백제 견훤은 중국 오월과 후당에 사신을 파견하였다.
③ 통일 신라 흥덕왕 때 장보고는 청해진을 설치하여 해상 무역을 전개하였다.
④ 고려 왕건은 일리천 전투에서 신검의 군대를 격퇴하였다.
⑤ 후백제 견훤은 신라의 수도 금성을 습격하여 경애왕을 죽게 하였다.

정답 ②

02 고려 광종

자료분석
광덕, 준풍 등의 연호와 황도 등의 내용을 통해 (가) 왕이 고려 광종임을 알 수 있다. 고려 광종은 고려가 중국과 대등한 국가라는 자주 의식을 표현하고 '광덕'·'준풍'이라는 독자적 연호를 사용하였다. 또한 수도 개경을 '황도'라 칭하였다.

정답 찾기
① 고려 광종은 후주에서 귀화한 쌍기의 건의를 받아들여 과거제를 시행하여 인재를 양성하였다.

오답 피하기
② 고려 태조 왕건은 빈민을 구제하기 위해 흑창을 운영하였다.
③ 고려 경종은 전시과 제도(시정 전시과)를 처음 시행하였다.
④ 고려 인종의 명으로 김부식은 『삼국사기』를 편찬하였다.
⑤ 고려 성종은 전국에 12목을 두고 지방관을 파견하였다.

정답 ①

03 고려의 중앙 통치 체제

자료분석
(가) 기구는 '문하시중'이라는 내용을 통하여 고려의 중서문하성, (나) 기구는 '어사대부'라는 내용을 통하여 고려의 어사대임을 알 수 있다.

정답찾기
ㄴ. 중서문하성은 고려의 중앙 통치 체제에서 국정을 총괄하는 최고 관서이다.
ㄹ. 어사대의 관원은 중서문하성의 낭사들과 함께 '대간(臺諫)'이라 불렸으며, 이들은 국왕의 잘못을 비판하는 '간쟁'과 잘못된 왕명을 거부하는 '봉박', 관리에 대한 임명 동의권인 '서경'을 행사할 수 있었다.

오답피하기
ㄱ. 고려 시대에 화폐·곡식의 출납과 회계를 담당한 기구는 삼사이다.
ㄷ. 원 간섭기에 도평의사사로 개편되어 권한이 더욱 강해진 기구는 도병마사이다.

정답 ④

04 고려의 과거 제도와 음서 제도

자료분석
(가)는 '제술업·명경업', '시험을 쳐서 벼슬길에 나아가게 하였다.' 등을 통하여 과거 제도임을, (나)는 '조상의 공로[蔭]로 벼슬길에 나아가는 자' 등을 통하여 음서 제도임을 알 수 있다.

정답찾기
ㄴ. 고려 시대의 향리 중 상층 향리는 과거를 통하여 중앙의 귀족이 될 수 있었다. 이들은 대대로 호장과 부호장 등을 배출하면서 지방을 실질적으로 통치하였으며, 중앙의 문벌 귀족과 비교하였을 때 과거 응시 자격 등에 차등이 없었다.
ㄹ. 고려 시대에는 부모의 유산이 대체로 자녀에게 골고루 분배되었으며, 사위나 외손자에게 음서의 혜택이 적용되기도 하였다.

오답피하기
ㄱ. 고려 시대에는 여성의 재가가 비교적 자유로웠으며, 재가녀 소생의 자식이라도 사회적 진출에 차별을 두지 않았다.
ㄷ. 광종 때 후주 출신 귀화인 쌍기의 건의로 과거제가 도입되어 유교적 소양과 실무에 뛰어난 학자들이 문신 관료로서 중앙에 진출할 수 있었다. (가)에 대한 설명이다.

정답 ④

05 고려 현종 재위 기간 중의 사실

자료분석
'강조의 정변을 구실로 침입', '나주에 도착한 왕' 등의 내용을 통해 (가) 왕이 고려 현종임을 알 수 있다. 강조가 정변을 일으켜 고려 목종을 폐위시키고 현종을 즉위시켰다. 그러자 거란은 이를 구실로 두 번째 침략을 일으켰다. 거란의 제2차 침입으로 고려는 수도 개경을 함락당하고 현종은 전라도 나주까지 피란을 떠나게 되었다. 따라서 고려 현종 시기에 있었던 역사적 사실을 고르는 문제이다.

정답 찾기
② 거란의 침략을 불심으로 물리치고자 고려 현종은 초조대장경 조판을 시작하였다.

오답 피하기
① 거란 사신을 유배 보내고, 가져온 낙타를 굶겨 죽인 만부교 사건은 고려 태조 왕건 때 일어났다.
③ 몽골의 사신 저고여가 귀국 길에 압록강변에서 살해당한 시기는 고려 고종 때이다.

④ 무신 정권의 학정을 견디지 못하고 일어난 망이·망소이의 난은 고려 명종 때 일이다.
⑤ 신돈을 중심으로 전민변정 사업이 추진된 시기는 고려 공민왕 때이다. 정답 ②

06 동북 9성 반환 이후의 사실

자료분석

'9성을 여진에게 돌려주었으며'라는 내용을 통하여 해당 상황이 고려 예종(1105~1122) 때 윤관의 별무반이 여진족을 정벌하고 동북 9성을 쌓았으나, 유지가 어려워 다시 반환한 시기임을 알 수 있다.

정답찾기

③ 동북 9성을 반환받은 후 더욱 강성해진 여진은 1115년에 금을 건국한 뒤 1125년에 거란의 요를 멸망시키고 고려에 군신 관계를 요구해 왔다. 이때 고려의 최고 집권자인 이자겸은 자신의 권력을 유지하기 위하여 금의 사대 요구를 수용하였다.

오답피하기

① 1019년에 일어난 귀주 대첩은 고려 현종의 친조 불이행과 강동 6주 반환을 명분으로 거란이 제3차 침입을 하자, 강감찬이 귀주에서 거란군을 섬멸한 사건이다.
② 1009년에 일어난 강조의 정변은 김치양의 난을 진압한 강조가 고려 목종을 폐위하고 현종을 새로운 왕으로 옹립한 사건이다.
④ 993년에 거란이 송과의 국교 단절을 요구하며 고려를 침입하자, 서희는 거란 장수 소손녕을 만나 외교 담판을 벌인 끝에 강동 6주를 확보하였다.
⑤ 고구려 영류왕 때 당의 공격에 대비하고자 부여성부터 비사성에 이르는 천리장성을 축조하기 시작하여 보장왕 때 완성하였다. 정답 ③

07 묘청의 서경 천도 운동

자료분석

'서경 천도와 금국 정벌을 주장', '천개', '대위국' 등을 통하여 대화에 나타난 사건은 묘청의 서경 천도 운동임을 알 수 있다. 신채호는 묘청의 서경 천도 운동을 '조선 역사상 일천년래 제일 대사건'이라 평가하였다.

정답 찾기

③ 묘청은 서경 천도 운동이 무산되자 대위국을 선포하여 난을 일으켰으나(1135), 김부식이 이끄는 관군에게 진압되었다.

오답 피하기

① 고려 현종은 거란의 제2차 침입 당시 나주까지 피란하였다.
② 고려 현종 때 거란의 침입을 물리치려는 염원을 담아 초조대장경을 제작하기 시작하였다.
④ 이성계는 위화도 회군(1388) 이후 최영 등을 제거하고 정권을 장악하였다.
⑤ 고려 숙종은 윤관의 건의에 따라 신기군, 신보군, 항마군의 별무반을 결성하였다. 정답 ③

08 최충헌

자료분석

이의민을 제거했다는 사실을 통해 (가) 인물이 최충헌임을 알 수 있다. 무신 집권자 이의민을 축출하며 권력을 독점한 최충헌은 고려 명종에게 봉사 10조를 올리며 정치 개혁을 주장하였다. 그러나 그는 곧 명종을 폐위하고 신종을 비롯한 여러 국왕을 옹립하고 폐위하기를 반복하였다.

정답 찾기

② 최충헌은 최고 정치 기구로 교정도감을 설치하고 교정별감 자리에 올라 권력을 행사하였다.

오답 피하기

① 고려 공민왕은 즉위 직후 인사권을 장악하기 위하여 최우 집권기부터 존속하던 정방을 폐지하였다.
③ 고려 원종 때 김통정, 배중손 등은 삼별초를 이끌고 거병하여 진도와 제주도 등으로 이동하며 몽골에 항전하였다.
④ 고려 우왕 때 최무선은 화약과 화포 제작을 위한 화통도감 설치를 건의하였다.
⑤ 고려 태조는 서거하기 직전에 후대 왕들이 지켜야 할 정책 방향을 훈요 10조로 남겼다. 정답 ②

09 몽골의 침입과 고려의 대응

자료분석

첫 번째 자료에서 '장수 합진과 찰랄', '거란을 토벌', '조충, 김취려' 등의 내용과 두 번째 자료에서 '저고여를 죽이고'라는 내용을 통하여 (가) 국가는 13세기에 고려를 침입한 몽골임을 알 수 있다.

정답찾기

③ 고려 우왕 때 최무선은 새로 발명한 화포를 이용하여 전라도 진포(군산)에 침입한 왜선 100여 척을 격파하였다(진포 대첩).

오답피하기

① 몽골이 제1차 침입 이후 막대한 공물을 요구해 오자, 당시 최고 집권자 최우는 몽골의 간섭으로부터 벗어나기 위하여 강화도로 천도하여 항전하였다.
② 몽골이 침입하자 승려 김윤후는 처인성에서 부곡민들과 합세하여 몽골 장수 살리타를 사살하고 몽골군을 퇴각시켰다.
④ 고려의 백성과 별초군은 몽골의 침입에 맞서 저항하였는데, 대표적으로 충주 다인철소 백성들이 몽골군을 격퇴하였다.
⑤ 고려 정부는 부처의 힘으로 몽골의 침입을 극복하고자 팔만대장경을 조판하기 시작하였다. 정답 ③

10 고려의 정치 흐름

정답찾기

(나) 고려 광종은 후주 출신 쌍기의 건의를 받아 과거제를 시행하였다.
(가) 무신 집권기 당시 최우는 자신의 집에 정방을 설치하여 인사 행정을 담당하도록 하였다.
(라) 정치도감은 고려 충목왕이 권문세족의 폐해 등 고려 사회의 모순을 시정하기 위하여 설치한 정치 개혁 기구이다.

(다) 고려 공민왕은 불법적으로 토지를 빼앗기고 억울하게 노비가 된 자를 양민으로 해방시키기 위하여 전민변정도감을 설치하고 책임자로 신돈을 등용하였다. 정답 ④

11 고려 공민왕

자료분석
'노국 대장 공주'를 통하여 밑줄 그은 '이 왕'이 고려 공민왕임을 알 수 있다.

정답찾기
① 고려 공민왕은 반원 자주 정책의 일환으로 유인우, 이자춘으로 하여금 화주를 공격하게 함으로써 원이 설치한 쌍성총관부를 무력으로 수복하였다.

오답피하기
② 고려 우왕은 최무선의 화통도감에서 만든 화포의 위력을 시험하고자 나세 · 심덕부 · 최무선을 진포에 보내 왜구를 공격하도록 하였다. 이들은 진포 대첩에서 왜구의 전선 500여 척을 침몰시키는 등 대승을 거두었다.
③ 고려 고종 때 최고 집권자 최우는 자신의 사병 기관으로 삼별초를 조직하였다.
④ 고려 성종 때인 993년에 거란의 제1차 침입이 일어나자, 서희는 적장 소손녕을 찾아가 외교 담판을 진행함으로써 강동 6주를 확보하였다.
⑤ 고려 우왕 때 명이 철령위를 설치하겠다고 통보해 오자, 이에 반발하여 최영을 중심으로 요동 정벌을 추진하였다. 정답 ①

07 고려의 경제와 사회

정답 01 ④ 02 ② 03 ③

01 고려의 토지 제도

자료분석
주어진 자료 중 (가)는 시정 전시과, (나)는 개정 전시과, (다)는 경정 전시과에 대한 설명이다.

정답찾기
④ 전시과 제도하에 지급한 토지는 지역을 경기로 한정하지 않았다.

오답피하기
① 시정 전시과는 인품과 공복을 기준으로 토지를 지급하였다.
② 개정 전시과로 개정되며 토지 지급 기준에서 인품이 삭제되었다.
③ 경정 전시과부터 현직 관리에 한하여 토지를 지급하였다.
⑤ 전시과 제도로 지급한 토지는 토지의 수조권을 지급한 것이다.
정답 ④

02 고려의 경제

자료분석
'수도인 강화', '교정별감' 등의 내용을 통하여 (가) 국가는 고려임을 알 수 있다. 고려는 최우 집권기에 몽골의 침입에 대항하여 강화도로 천도하였다.

정답 찾기
② 고려 숙종은 의천의 건의에 따라 주전도감을 설치하여 해동통보, 활구 등의 화폐를 발행하였다.

오답 피하기
① 신라 지증왕은 동시전을 설치하여 시장을 감독하였다.
③ 조선 후기에 감자, 고구마 등의 구황 작물이 재배되었다.
④ 통일 신라 흥덕왕 때 장보고의 건의에 따라 청해진이 설치되었고, 청해진을 중심으로 해상 무역이 전개되었다.
⑤ 조선 세종은 계해약조를 맺어 일본과의 무역을 규정하였다. 정답 ②

03 의창

자료분석
'흑창(黑倉)을 설치하셨다.', '쌀 1만 석을 더 보태고' 등을 통하여 (가)는 의창임을 알 수 있다.

정답찾기
③ 의창에서는 흉년이 일어나면 백성들에게 양식이나 종자 등을 빌려주었다.

오답피하기
① 재해가 발생하였을 때 임시 기구로 설치한 기구는 구제도감 · 구급도감이다.
② 개경의 동쪽과 서쪽에 설치하여 환자를 치료한 기구는 동서 대비원이다.
④ 국학에 설치하여 관학 진흥을 위한 재정을 뒷받침한 기구는 양현고이다.
⑤ 백성들에게 약을 나눠 준 기구는 혜민국이다. 정답 ③

08 고려의 문화

정답 01 ④ 02 ① 03 ⑤ 04 ② 05 ③ 06 ④ 07 ③ 08 ① 09 ④ 10 ⑤

01 국자감

자료분석
'국자학생', '태학생', '사문학생' 등의 내용을 통해 (가)에 들어갈 교육 기관이 고려 시대의 국자감임을 알 수 있다. 고려 성종 시기에 정비된 국자감은 크게 유학부와 기술학부로 구분되어 있었고, 유학부는 다시 국자학, 태학, 사문학으로 나누어져 있었다.

정답 찾기
④ 고려 예종 때 사학이 흥하고 관학이 침체되자, 예종은 관학을 진흥하고자 양현고라는 장학 재단을 설치하였고 청연각과 보문각을 두어 학문 연구에 몰두하도록 하였다.

오답 피하기

① 해동공자 최충은 9재 학당(문헌공도)을 세워 유학 교육에 힘썼다.
② 조선 시대 향교에 중앙에서 교관으로 교수 혹은 훈도를 파견하였다.
③ 조선 시대 향교는 지방민의 교화를 위하여 전국의 모든 부·목·군·현에 하나씩 설립되었다.
⑤ 조선 시대에 사가독서제를 운영하여 국가의 유능한 인재를 양성하고자 젊은 문신들에게 휴가를 주어 학문에 전념할 수 있게 하였다.

정답 ④

02 대각 국사 의천

자료분석

'문종의 아들', '신편제종교장총록' 등을 통하여 (가) 인물은 의천임을 알 수 있다.

정답찾기

① 의천은 흥왕사를 근거지로 삼아 화엄종을 중심으로 법상종을 비롯한 각지의 교종을 통합하고자 하였다. 또한 교종을 중심으로 선종까지 통합하기 위하여 국청사를 창건하고 해동 천태종을 창시하였다.

오답피하기

② 요세는 진정으로 참회하는 법화 신앙에 중점을 두어 강진 백련사에서 백련 결사를 제창하였다.
③ 고려의 승려 지눌은 정혜사를 결성하고 불교 개혁 운동을 전개하였다. 그는 선종을 중심으로 교종을 포용하는 선·교 일치 사상 체계를 정립하였으며, 수행 방법으로 돈오점수와 정혜쌍수를 내세웠다.
④ 혜심은 심성의 도야를 강조하는 유불일치설을 주장하였으며, 이로써 고려에 성리학이 수용될 수 있는 토대가 마련되었다.
⑤ 『해동고승전』은 교종 승려 각훈이 고종 2년(1215)에 편찬한 책으로서 삼국 시대 승려 30여 명의 전기를 수록하였으며, 민족 문화에 대한 자주성을 바탕으로 한국 불교를 중국 불교와 대등한 입장에서 파악하였다.

정답 ①

03 보조 국사 지눌

자료분석

'불일보조국사', '수선사 결사'의 내용에서 해당 인물이 고려 후기 승려인 보조 국사 지눌임을 알 수 있다.

정답찾기

⑤ 지눌은 동료들과 함께 정혜결사를 조직하여 노동과 수행, 독경의 병행과 정혜쌍수·돈오점수를 주장하였다. 이후 결사가 커지가 수선사를 결사하고 이를 바탕으로 조계종을 창시하였다.

오답피하기

① 원효는 불교 대중화를 위하여 아미타 신앙을 전도하였으며, 무애가를 지어 부르면서 백성들을 교화하였다.
② 의상은 당 유학을 마치고 돌아와 『화엄일승법계도』를 저술하여 '일즉다 다즉일(一卽多多卽一)' 사상을 주장하였다.
③ 의천은 교종을 중심으로 선종을 통합하기 위하여 국청사를 창건하고 해동 천태종을 창시하였다.
④ 혜초는 인도와 중앙아시아 등을 순례하고 당으로 돌아와 『왕오천축국전』을 저술하였다.

정답 ⑤

04 고려의 문화유산

자료분석

'국호 제323호', '고려 시대 최대 규모의 불상', '은진 미륵' 등을 통하여 (가)에 해당하는 문화유산이 논산 관촉사 석조 미륵보살 입상임을 알 수 있다.

정답찾기

② 고려 전기에는 논산 관촉사 석조 미륵보살 입상(은진 미륵)이나 안동 이천동 석불처럼 사람들이 많이 지나는 길목에 지역 특색이 잘 드러난 거대 불상이 건립되기도 하였다.

오답피하기

① 서산 용현리 마애여래 삼존상은 부드러운 모습과 온화한 미소가 특징으로, '백제인의 미소'라고도 불린다.
③ 합천 치인리 마애여래 입상 통일 신라 시기에 세운 불상으로 '중봉 마애불'이라고도 불린다.
④ 고려 전기에 제작된 파주 용미리 석불 입상에는 지방색이 강하게 남아 있다.
⑤ 경주 배동 석조여래 삼존 입상은 부드럽고 푸근한 모습과 온화한 미소가 특징이며, 신라 불상 조각의 정수로 평가된다.

정답 ②

05 팔만대장경(재조대장경)

자료분석

'최씨 무신 정권의 후원', '부처의 힘으로 외세를 물리치고자 하는 염원'을 통하여 (가)가 팔만대장경(재조대장경)임을 알 수 있다.

정답찾기

③ 팔만대장경(재조대장경)은 2007년에 유네스코 세계 기록 유산으로 등재되었다.

오답피하기

① 선덕 여왕은 자장의 건의에 따라 황룡사 구층 목탑을 건설하였다.
② 현존하는 최고(最古)의 금속 활자본은 고려 말에 청주 흥덕사에서 간행된 직지심체요절이다.
④ 박병선 박사에 의하여 프랑스 국립 도서관에 보관되어 있던 직지심체요절이 세상에 알려졌다.
⑤ 불국사 삼층 석탑을 보수하는 도중 2층 탑신부에서 무구정광대다라니경이 발견되었다.

정답 ③

06 상감 청자

자료분석

'상감 기법', '고려 시대에 제작한 문화유산' 등을 통하여 밑줄 그은 '이 자기'는 상감 청자임을 알 수 있다.

정답찾기

④ 상감 청자는 고려 무신 집권기에 절정을 이루다가 원 간섭기에 퇴조하였다.

오답피하기

① 달 항아리로 백자의 일종이다.

② 청자 참외모양 병으로 순수청자(순청자)이다.

③, ⑤ 청화 백자이다. 정답 ④

07 고려의 과학 기술

자료분석

'직지심체요절이 간행', '사천대'의 내용을 통하여 고려 시대 과학 기술에 대한 설명으로 옳은 것을 찾는 문제임을 알 수 있다.

정답찾기

ㄴ. 1377년(우왕 3)에 최무선의 건의를 수용하여 설치된 화통도감에서 화포와 화약을 제작하였다.

ㄷ. 고려 말에 우리나라에서 현존하는 가장 오래된 의학서인 『향약구급방』이 저술되었다.

오답피하기

ㄱ. 조선 후기 정조 때 정약용은 『기기도설』을 참고하여 거중기를 제작하였고, 이를 활용하여 수원 화성을 축조하였다.

ㄹ. 조선 후기에 서유구는 농업과 관련된 각종 지식 및 정보를 망라한 백과사전인 『임원경제지』를 서술하였다. 정답 ③

08 평창 월정사 팔각 구층 석탑

자료분석

강원도 평창군에 소재한 고려의 다각 다층 석탑이라는 내용을 통하여 해당 문화유산이 평창 월정사 팔각 구층 석탑임을 알 수 있다.

정답찾기

① 평창 월정사 팔각 구층 석탑은 송의 영향을 받은 고려 전기의 대표 석탑이다.

오답피하기

② 개성 경천사지 십층 석탑은 대리석으로 제작된 고려 후기의 대표 탑으로 원의 영향을 받았다. 일본에 반출되었다가 다시 환수되어 현재는 국립중앙박물관에 보관되어 있다.

③ 통일 신라의 경주 불국사 다보탑은 제작 시 정밀한 수학적 계산이 활용되었다.

④ 백제의 정림사지 오층 석탑은 부여에 있으며, 당 장수 소정방이 백제 정벌을 기념하여 새긴 평제문이 있어 '평제탑'이라고도 불린다.

⑤ 8세기 통일 신라 시대에 지어진 안동 신세동 칠층 전탑이다. 신세동 칠층 전탑은 현재 우리나라에 남아 있는 전탑 가운데 가장 크고 웅대하다. 정답 ①

09 고려의 역사서

자료분석

고려 시대 역사서에 대한 알맞은 설명을 고르는 문제이다.

정답 찾기

④ 이승휴는 단군부터 고려 충렬왕까지의 역사를 서사시로 서술한 『제왕운기』를 편찬하였다.

오답 피하기

① 일연이 편찬한 『삼국유사』에는 불교사를 중심으로 고대의 민간 설화가 수록되어 있다.

② 사초, 시정기 등을 바탕으로 실록청에서 편찬한 서적은 『조선왕조실록』이다.

③ 김부식은 고려 인종의 명을 받아 유교 사관에 입각하여 기전체 형식으로 『삼국사기』를 편찬하였다.

⑤ 강목체로 고려 왕조의 역사를 정리한 서적은 고려 충숙왕 때 민지 등이 편찬한 『본조편년강목』이다. 정답 ④

10 삼국유사와 제왕운기

자료분석

(가)는 일연의 『삼국유사』이며 (나)는 이승휴의 『제왕운기』이다.

정답찾기

⑤ 『삼국유사』와 『제왕운기』에는 단군의 건국 이야기가 수록되어 있다.

오답피하기

① 시정기와 사초 등을 토대로 편찬된 것은 『조선왕조실록』이다.

② 청주 흥덕사에서 금속 활자본으로 간행된 것은 『직지심체요절』이다.

③ 『제왕운기』는 유네스코 세계 기록 유산으로 등재되지 않았다.

④ 조선 시대에 기사본말체로 쓰인 대표적인 사서로 『연려실기술』이 있다.

정답 ⑤

Ⅲ 조선 유교 사회의 성립과 변화

09 조선의 정치

정답 01 ② 02 ③ 03 ⑤ 04 ② 05 ④ 06 ⑤ 07 ④ 08 ④ 09 ① 10 ⑤ 11 ③ 12 ① 13 ⑤ 14 ② 15 ⑤

01 정몽주 피살 이후의 사실

자료분석

'이방원이 정몽주를 죽였다고 말하자'의 내용을 통해 온건파 사대부인 정몽주의 피살 이후의 사실임을 알 수 있다. 정몽주는 고려 왕실을 지키며 점진적인 개혁을 추구하였으나 역성혁명을 원한 이방원에 의해 선죽교에서 피살되고 말았다. 이후 급진 개혁파가 이성계를 왕으로 추대하여 조선을 세웠다. 따라서 조선 건국 이후의 사실을 고르는 문제이다.

정답 찾기

② 조선 태종 때 권근 등의 건의로 국왕과 세자의 시위대를 제외한 모든 사병을 혁파하였다.

오답 피하기

① 고려 성종은 최승로의 시무 28조를 수용하여 유교적 정치 이념을 채택하였다.

③ 고려 공민왕은 안우, 이방실 등으로 하여금 홍건적을 격파하도록 하였다.

④ 고려 명종 때 망이·망소이가 공주 명학소에서 봉기하였다.

⑤ 고려 광종 때 중국 후주 출신인 쌍기의 의견을 수용하여 과거제를 시행하였다.

정답 ②

02 조선 성종

자료분석

'국조오례의'를 통하여 (가) 왕이 조선 성종임을 알 수 있다.

정답찾기

③ 조선 성종은 세조 때부터 편찬하기 시작한 『경국대전』을 완성하였다. 『경국대전』은 조선 건국 이래로 축적되어 온 여러 법령을 모아 6전 체제로 편찬한 법전으로, 이를 통하여 조선 통치 체제의 기반을 확립하였다.

오답피하기

① 조선 광해군은 경기 지역에 한하여 공물을 특산물(현물)이 아닌 쌀·동전·옷감으로 납부하도록 하는 대동법을 시행하였다.

② 조선 세종은 학문과 정책을 연구하는 기관으로 집현전을 설치하였다.

④ 조선 태종은 관제를 개혁하면서 문하부의 낭사를 사간원이라는 이름으로 독립시켜 간쟁을 담당하도록 하였다.

⑤ 조선 중종 때 조광조 등 사림 세력은 인재를 추천하는 관리 선발 방법인 현량과의 시행을 건의하여 신진 사림들을 정계에 진출시키고자 하였다.

정답 ③

03 사헌부

자료분석

'관리 감찰', '대사헌' 등을 통하여 (가) 기구는 사헌부임을 알 수 있다.

정답찾기

⑤ 왕에게 진언을 올리는 일을 담당하는 사간원과 관리들을 감찰하는 사헌부는 대간이라 하여 5품 이하 관리를 임명하는 과정에서 서경권을 행사하였다.

오답피하기

① 조선 중종 때 사림은 성리학에 입각하여 도교 행사를 주관하던 소격서를 혁파하고, 유교식 의례를 강조하였다.

② 승정원은 국왕의 비서 기관으로서 국가 기밀과 왕명 출납을 담당하였으며, 장(長)은 정3품 도승지였다.

③ 조선 정조는 친위 부대인 장용영을 설치하여 왕권을 뒷받침하는 군사 기반으로 삼았다. 장용영은 내영(內營)과 외영(外營)으로 구성되었는데, 내영은 서울, 외영은 수원에 배치되었다.

④ 홍문관은 궁중의 서적과 문서를 관리하였으며, 국왕의 자문에 응하며 경연을 주관하였다. 사헌부는 관리의 잘못을 규찰하고 풍속을 교정하는 일을 담당하였다.

정답 ⑤

04 수령

자료분석

대화에 제시된 '8도'는 조선 시대의 지방 행정 조직이며, 조선 시대에 부·목·군·현에 파견된 관리는 '수령'이다.

정답찾기

② 수령은 지방에서 행정권·사법권·군사권을 행사하였다.

오답피하기

① 직역이 대대로 세습된 것은 향리이다.

③ 6조 직계제의 시행으로 권한이 약화된 것은 의정부이다.

④ 유향소의 우두머리로 향회에서 선출된 이들은 좌수·별감이다.

⑤ 호장·기관·장교·통인 등으로 분류된 이들은 향리이다.

정답 ②

05 훈련도감

자료분석

'난리를 겪는 2년 동안', '명의 군대만을 바라보며' '활을 익히기도 하고 조총을 쏘기도 하여' 등을 통하여 (가) 군사 조직이 임진왜란 도중에 설치된 훈련도감임을 알 수 있다.

정답찾기

④ 훈련도감은 포수·살수·사수의 삼수병으로 구성되었으며, 급료를 받는 상비군이 주축을 이루었다.

오답피하기

① 조선 정조가 국왕 친위 부대로 설치한 장용영은 내영와 외영으로 나뉘었다.

② 국경 지대인 양계에 설치된 군사 조직은 고려 시대 주진군이다.

③ 후금과의 항쟁 과정에서 창설된 군사 조직은 5군영 중 어영청·총융청·수어청이다.

⑤ 응양군과 용호군으로 구성된 친위 부대는 고려 시대 2군이다.

정답 ④

06 무오사화와 기묘사화 사이의 사실

자료분석

(가) '김종직의 조의제문', '김종직 부관참시' 등의 내용을 통해 조선 연산군 시기 조의제문을 계기로 일어난 무오사화임을 알 수 있고, (나) '조광조를 의금부에서 잡아다가 조사하고 밝히라'의 내용을 통해 조선 중종 시기 '주초위왕' 사건을 계기로 일어난 기묘사화임을 알 수 있다.

정답 찾기

⑤ 조선 성종 시기 폐비 윤씨 사사 사건을 빌미로 김굉필 등을 처형한 사건은 갑자사화이다.

오답 피하기

① 정여립 모반 사건으로 기축옥사가 일어난 시기는 조선 선조 때이다.
② 외척 간의 권력 다툼으로 윤임이 제거된 시기는 을사사화이다.
③ 조선 효종과 그의 비가 사망한 뒤에 벌어진 예송 논쟁은 현종 때 일어난 사실이다.
④ 붕당의 권력 다툼을 넘어 세력이 교체되는 환국은 조선 숙종 때 일어난 사실이다.

정답 ⑤

07 조선 명종

자료분석

'양재역에 벽서', '윤원형' 등을 통하여 밑줄 그은 '임금'은 조선 명종임을 알 수 있다.

정답찾기

④ 조선 명종 때 외척 간 대립으로 을사사화가 발생하였다.

오답피하기

① 조선 순조 때 신유박해로 천주교인들이 처형되었다.
② 조선 선조 때 척신 정치 청산 문제와 이조 전랑 자리를 두고 사림이 동인과 서인으로 분화되었다.
③ 조선 순조 때 홍경래 등이 봉기하여 정주성을 점령하였다.
⑤ 조선 현종 때 자의 대비의 복상 문제로 두 차례 예송 논쟁이 일어났다.

정답 ④

08 비변사

자료분석

변방 일을 위하여 설치하였다는 내용에서 (가) 기구는 비변사임을 알 수 있다.

정답찾기

ㄴ. 비변사는 임진왜란 이후 군사와 관련된 업무를 총괄하였고, 국정 전반을 관리하는 기구로 위상이 높아졌다. 이 과정에서 기존에 국가 정책을 결정하던 의정부와 정책을 실행하던 6조는 기능이 약화되어 유명무실해졌다.
ㄹ. 세도 정치기에 안동 김씨 등 세도 가문들은 비변사의 요직을 독점하고 훈련도감을 비롯한 군영의 지휘권을 장악하여 정권을 유지하는 토대로 삼았다.

오답피하기

ㄱ. 승정원은 국왕의 비서 기관으로서 국가 기밀과 왕명 출납을 담당하였다.
ㄷ. 조광조를 비롯한 사림 세력은 성리학에 입각하여 도교 행사를 주관하던 소격서를 폐지하였다.

정답 ④

09 임진왜란 전개 과정

자료분석

왼쪽 자료는 선조가 의주로 피난을 떠나는 상황이고, 오른쪽 자료는 조 · 명 연합군이 평양성을 탈환한 상황이다.

정답찾기

① 선조가 의주로 피난을 떠난 후 이순신이 한산도 대첩에서 승리하였다.

오답피하기

② 선조가 의주로 피난 가기 전에 정발이 부산진성 전투에서 전사하였다.
③ 조 · 명 연합군이 평양성을 탈환한 이후 진행된 휴전 회담이 결렬되어 정유재란이 일어났다.
④ 조선 광해군 때 명의 요청으로 강홍립 부대가 파견되었다.
⑤ 조선 인조 때 발생한 정묘호란 당시 정봉수와 이립이 의병을 이끌고 활약하였다.

정답 ①

10 병자호란

자료분석

'최명길', '남한산성' 등을 통하여 해당 자료는 조선 인조 때 일어난 병자호란 당시 상황임을 알 수 있다.

정답찾기

⑤ 조선 인조는 병자호란이 일어나자 남한산성으로 피신하여 청군에 대항하였으나, 포위되어 45일 만에 항복하였다. 이에 인조가 삼전도로 나와 청 태종에게 '삼배구고두례'를 함으로써 조선과 청이 군신 관계를 체결하였고, 이를 상징하는 삼전도비가 건립되었다.

오답피하기

① 고려 후기에 삼별초는 몽골과의 강화에 끝까지 반대하며 강화도, 진도, 제주도로 거점을 옮기며 몽골군에 결사 항전하였다.
② 통신사는 조선 시대에 일본에 보낸 공식 외교 사절로, 임진왜란 이전에는 주로 왜구 문제를 해결하고자 파견된 반면, 조선 후기에는 주로 전쟁과 관련된 교섭이나 포로 송환 문제를 다루고자 파견되었다.
③ 고려 말에 요동을 정벌하기 위하여 떠난 이성계는 요동 정벌이 불가능하다고 판단하여 압록강 위화도 인근에서 군사를 돌려 정권을 장악하는 위화도 회군을 일으켰다.
④ 조선 세종은 왜구의 침입을 막고자 대마도주와 계해약조를 체결하였다. 계해약조는 한양과 삼포에 왜관을 설치하는 대신 세견선(무역선)과 입국 가능 인원, 체류 가능 기간, 세사미두 등을 제한한 조약이다.

정답 ⑤

11 조선 후기 군사 조직

자료분석

(가) 조선 인조 때 발생한 이괄의 난 이후 수도 외곽의 방어를 위하여 총융청을 설치하였다.
(나) 조선 선조 때 발생한 임진왜란 도중 삼수병 체제로 구성된 훈련도감을 조직하였다.
(다) 조선 숙종 때 금위영을 설치하여 5군영 체제를 완성하였다.

정답 찾기

③ (나) 훈련도감 조직(선조) - (가) 총융청 설치(인조) - (다) 금위영 설치(숙종) 순으로 전개되었다. 정답 ③

12 나선 정벌

자료분석

(가)는 병자년(1636)에 청이 조선에 군신 관계를 요구하자, 청의 요구를 수용하여 전쟁을 피하자고 주장한 최명길의 주화론이다. (나)는 조선 숙종 때 조선과 청의 대표가 백두산 일대를 답사하고 백두산정계비를 세워 서쪽으로 압록강, 동쪽으로 토문강을 경계로 삼는 내용이다.

정답찾기

① 조선은 효종 때인 1654년과 1658년에 청의 요청으로 조총 부대를 파견하여 남하하는 러시아군을 정벌하였다(나선 정벌).

오답피하기

② 후금이 명에 전쟁을 선포하자, 명은 조선에 원군을 요청하였다. 광해군은 강홍립을 도원수로 삼아 명을 지원하되 적극적으로 나서지 말고 상황에 따라 대처하도록 하였다. (가) 이전에 전개된 사실이다.
③ 인조반정 때 큰 공을 세운 이괄은 논공행상에 불만을 품고 1624년에 반란을 일으켰지만 관군에게 진압되었다. (가) 이전에 전개된 사실이다.
④ 정묘호란(1627) 때 정봉수와 이립 등은 용골산성에서 의병을 이끌고 항전하였다. (가) 이전에 전개된 사실이다.
⑤ 임진왜란 때인 1593년에 유성룡의 건의로 포수(砲手), 사수(射手), 살수(殺手)의 삼수병으로 구성된 훈련도감이 설치되었다. (가) 이전에 전개된 사실이다. 정답 ①

13 기사환국

자료분석

'송시열', '감히 원자의 명호를 정한 것이 너무 이르다고 하였으니' 등을 통하여 기사환국의 배경이 된 송시열의 세자 책봉 반대와 관련된 상황임을 알 수 있다.

정답찾기

⑤ 조선 숙종 때 발생한 기사환국의 결과 인현 왕후가 폐위되고 희빈 장씨가 왕비로 책봉되었다.

오답피하기

① 조선 인조 때 공신 책봉에 불만을 품은 이괄이 난을 일으켰다.
② 조선 선조 때 정여립 모반 사건으로 옥사가 발생하였다(기축옥사).
③ 조선 숙종 때 발생한 경신환국의 결과 허적과 윤휴 등 남인들이 대거 축출되었다.
④ 조선 광해군 때 북인이 서인과 남인을 배제하고 권력을 장악하였다.
정답 ⑤

14 조선 영조

자료분석

청계천을 준설하고 신문고를 다시 설치하였다는 내용을 통하여 밑줄 친 '이 왕'이 조선 영조임을 알 수 있다.

정답찾기

② 조선 광해군 때 일본과 기유약조를 체결하여 세견선 20척, 세사미두 100석을 중심으로 하는 제한적 무역을 허용하였다.

오답피하기

① 조선 영조는 성종 때 편찬된 『경국대전』에서 빠진 부분을 보충하여 『속대전』을 편찬함으로써 통치 체제를 정비하였다.
③ 조선 영조는 조선의 각종 문물제도를 백과사전 형식으로 분류 및 정리한 서적인 『동국문헌비고』를 편찬하였다.
④ 조선 영조는 백성의 군역 부담을 줄여 주기 위하여 한 사람당 16개월에 2필씩 징수하던 군포를 12개월에 1필로 축소하는 균역법을 시행하였다.
⑤ 조선 영조는 각 당파에서 온건하고 타협적인 인물(탕평파)을 중심으로 정국을 운영하는 탕평책을 펼쳤다. 또한 탕평책에 대한 의지를 알리기 위하여 탕평비를 건립하였다. 정답 ②

15 임술 농민 봉기

자료분석

'진주의 난민', '백낙신' 등을 통하여 밑줄 친 '소란'이 1862년에 전개된 임술 농민 봉기임을 알 수 있다.

정답찾기

⑤ 1862년에 진주에서 몰락한 양반인 유계춘을 중심으로 삼정의 문란과 경상 우병사 백낙신의 수탈에 항의하는 농민 봉기가 일어났다. 이후 농민 봉기는 삼남 지방을 중심으로 전개되었으며, 북쪽의 함흥부터 남쪽의 제주에 이르기까지 전국적으로 확대되었다. 정답 ⑤

10 조선의 경제와 사회

정답 01 ⑤ 02 ⑤ 03 ② 04 ⑤ 05 ② 06 ④ 07 ④

01 대동법

자료분석

'선혜청', '김육' 등을 통하여 밑줄 그은 '이 법'은 대동법임을 알 수 있다.

정답찾기

⑤ 대동법은 관청에 필요한 물품을 납부하는 공인이 등장하는 배경이 되었다.

오답피하기

① 흥선 대원군은 호포제를 시행하여 양반도 군포를 납부하도록 하였다.

② 조선 세종 때 풍흉에 따라 9등급으로 나누어 전세를 부과하는 연분9등법이 제정되었다.

③ 균역법의 시행으로 농민의 군포 부담이 2필에서 1필로 줄어들었다. 이로써 부족해진 군사비를 어장세 · 염전세 · 선박세 등을 거두어 충당하였다.

④ 균역법의 시행으로 생긴 재정 부족 문제를 해결하기 위하여 지주에게 결작이라는 이름으로 1결당 2두씩 징수하였다. 정답 ⑤

02 조선 후기의 모습

자료분석

가상 대화에서 '만상', '중국 상인들이 연행사를 따라오는 상인들에게 인삼을 대량 구매' 등의 내용을 통해 조선 후기의 모습임을 알 수 있다. 조선 후기에 경강상인, 송상, 만상, 내상, 유상 등의 사상이 성장하였다. 특히 만상은 중국과의 무역을 통해 부를 축적하였고, 송상은 인삼을 재배하여 인삼 무역을 하였다.

정답 찾기

⑤ 솔빈부의 특산품인 말을 거래하는 모습은 남북국 시대 발해의 경제 상황이다.

오답 피하기

① 조선 후기에는 인삼 · 면화 · 담배 · 감자 · 고구마 등 상품 작물 재배가 확산되었다.

② 조선 후기에는 대동법의 실시로 관청에 필요한 물품을 납부하는 공인이 등장하였다.

③ 조선 후기에 중인은 시사(詩社)를 조직하여 문예 활동을 전개하였다.

④ 조선 후기에는 흥부가, 춘향가 등 판소리와 탈놀이가 유행하였다.

정답 ⑤

03 조선 후기의 경제

자료분석

'설점', '잠채' 등을 통하여 해당 시기가 조선 후기임을 알 수 있다. 조선 후기에 설점수세제(개인의 광산 개발을 허용하면서 세금을 받아 내는 정책)가 시행되면서 광산을 몰래 개발하는 잠채가 성행하였다.

정답찾기

② 사계절의 농사와 농작물의 필요 사항 등을 기술한 농서인 『금양잡록』은 조선 성종 때 강희맹이 저술하였다. 정답 ②

04 중인

자료분석

'신분에 따른 사회적 차별에 불만이 많았는데', '시사(詩社)를 조직하는 등의 문예 활동'이라는 내용을 통하여 (가) 신분은 조선 시대 중인임을 알 수 있다.

정답찾기

⑤ 18~19세기에 중인들은 주로 기술직에 종사하며 축적한 재산과 탄탄한 실무 경력을 바탕으로 신분 상승을 추구하였으며, 대규모 소청 운동을 전개하였다.

오답피하기

① 조선 시대에 천민 계층 중 가장 높은 비중을 차지한 노비는 매매 · 증여 · 상속의 대상이었다.

② 장례원은 노비 문서를 관리하고 노비 소송과 관련된 문제를 담당하였다.

③ 조선 시대의 상민 계층은 농업 · 수공업 · 상업 등에 종사하였는데, 이들 중 수공업자는 공장안에 등록된 후 중앙 관청과 지방 관청에 배속되어 수공업 제품을 생산하였다.

④ 수군 · 역졸 · 봉수군 등의 직종에 종사하는 신량역천(칠반천역)은 신분은 상민이지만 천한 대우를 받았다. 정답 ⑤

05 서원

자료분석

'풍기 군수 주세붕', '국왕으로부터 현판', '흥선 대원군에 의하여 정리' 등을 통하여 (가)는 조선 시대 교육 기관인 서원임을 알 수 있다.

정답 찾기

② 서원은 사설 교육 기관으로 선현의 제사와 유학 교육을 담당하였다.

오답 피하기

① 전국의 모든 군현에 하나씩 존재한 것은 향교이다.

③ 고려의 국립 기관인 국자감에 전문 강좌인 7재가 설치되어 운영되었다.

④ 중앙에서 교수와 훈도를 교관으로 파견한 것은 향교이다.

⑤ 소과에 합격한 생원과 진사가 들어간 곳은 조선의 교육 기관인 성균관이다. 정답 ②

06 신유박해

자료분석

'사학징의', '순조' 등을 통하여 (가) 사건이 순조 때 일어난 신유박해(1801)임을 알 수 있다.

정답찾기

④ 신유박해 때 이승훈, 정약용 등이 연루되어 처벌되었다.

오답피하기

① 조선 선조 때 정여립 모반 사건과 정철의 건저의 사건을 계기로 동인이 북인과 남인으로 분화되었다.

② 조선 후기에 동학의 창시자 최제우가 혹세무민의 죄로 처형되었다.

③ 조선 순조 때인 1811년에 서북민에 대한 차별 대우에 반발하여 홍경래가 난을 일으켰다.

⑤ 조선 철종 때 발생한 임술 농민 봉기를 수습하기 위하여 박규수가 안핵사로 파견되었다. 정답 ④

07 동학

자료분석

'경주 사람 최복술', '양학(洋學)이 갑자기 퍼지는 것을 차마 보고 앉아 있을 수 없어서' 등을 통하여 (가) 종교는 동학임을 알 수 있다.

정답찾기

④ 동학에는 마음속에 한울님을 모시는 시천주와 사람이 곧 하늘이라는 인내천 사상을 강조하였다.

오답피하기

① 개신교 선교사 아펜젤러는 배재 학당을 세워 신학문 보급에 기여하였다.
② 박중빈은 원불교를 창시하여 개간 사업 등 새 생활 운동을 추진하였다.
③ 불교는 일제가 사찰령을 제정하여 사찰을 탄압하자 이에 맞서 사찰령 폐지 운동을 전개하였다.
⑤ 천주교 신자 황사영은 정부의 천주교 탄압에 대항하여 외국 군대의 출병을 요청하는 백서를 작성하였으나 적발되었다. 정답 ④

11 조선의 문화

정답 01 ⑤ 02 ③ 03 ② 04 ① 05 ④ 06 ③ 07 ①

01 『고려사』

자료분석

제시문은 조선 시대에 편찬된 『고려사』와 관련된 내용이다. 조선의 편찬자들은 과거 고려의 제도가 중국의 제도와 유사했음을 참람하다고 비판하면서 사료의 구성 및 일부 호칭 등을 개작하였다.

정답 찾기

⑤ 『고려사』는 조선 세종 때 편찬되어 문종 때 완성되었다. 조선의 편찬자들은 조선 건국의 정당성을 부여하기 위해 우왕과 창왕을 신돈의 핏줄이라 하여 신우 · 신창으로 표현하였다.

오답 피하기

① 조선 후기에 유득공은 『발해고』를 저술하여 '남북국'이라는 용어를 쓰면서 발해사를 우리의 역사로 보았다.
② 고려 시대에 이규보가 저술한 『동국이상국집』 「동명왕편」은 고구려 건국 시조의 일대기를 서사시로 표현하였다.
③ 고려 시대에 승려 일연이 『삼국유사』를 편찬하면서 불교사를 중심으로 고대의 민간 설화나 전래 기록을 수록하였다.
④ 조선 전기에 서거정 등은 『동국통감』을 저술하여 고조선부터 고려 말까지의 역사를 다루었다. 정답 ⑤

02 이황

자료분석

'퇴계', '풍기 군수', '사액을 조정에 건의', '기대승과 사단 칠정 논쟁', '예안 향약을 시행'의 내용을 통하여 해당 인물이 퇴계 이황임을 알 수 있다.

정답찾기

③ 이황은 조선 선조에게 군왕의 도리와 유학의 가르침을 10개 도식으로 설명한 『성학십도』를 지어 올렸다.

오답피하기

① 조선 후기에 정제두는 지행합일(知行合一)을 주장하는 양명학을 연구하여 사상적 체계를 마련함으로써 강화 학파를 형성하였다.
② 조선 후기에 송시열은 새로 즉위한 국왕 효종에게 시무 및 성리학적 정치 이념을 13개 조항으로 다룬 「기축봉사」를 올렸다. 송시열은 「기축봉사」에서 정치를 잘하여 오랑캐(청)를 물리치는 것이 명에 대한 의리를 지키는 것이라는 점을 강조하였다.
④ 조선 시대에 이이는 왕도 정치에 대한 설명과 이상적인 보습을 문답 형태로 제시한 『동호문답』을 저술하여 선조에게 바쳤다.
⑤ 정도전은 조선 태조에게 조선 왕조를 다스리는 기준과 방법을 다룬 사찬 법전인 『조선경국전』을 작성하여 바쳤다. 정답 ③

03 김정희

자료분석

'진흥왕의 고비(古碑)로 정하고 보니, 1200년 전의 고적(古蹟)임이 밝혀져 무학비라고 하는 황당무계한 설이 깨지게 되었다.' 등을 통하여 해당 글은 쓴 인물은 북한산비가 진흥왕 순수비임을 밝혀낸 김정희임을 알 수 있다.

정답 찾기

② 김정희는 역대 명필을 연구하여 추사체를 창안하였다.

오답 피하기

① 홍대용은 『담헌서』를 통하여 과거제 폐지를 주장하였다.
③ 박제가는 『북학의』를 저술하여 수레와 배의 이용을 권장하였다.
④ 이긍익은 『연려실기술』에서 조선의 역사를 실증적이고 객관적으로 서술하였다.
⑤ 최석정은 주역을 바탕으로 수론을 전개한 수학책인 『구수략』을 저술하였다. 정답 ②

04 홍대용

자료분석

'의산문답' 등을 통하여 해당 글을 쓴 인물은 홍대용임을 알 수 있다.

정답찾기

① 홍대용은 지구가 하루에 한 번씩 회전한다는 지전설과 지구가 우주의 중심이 아니라는 무한우주론을 주장하였다.

오답피하기

② 유득공은 『발해고』에서 신라와 발해를 병립시켜 '남북국'이라는 용어를 처음으로 사용하였다.
③ 김정희는 『금석과안록』을 지어 서울 북한산비가 진흥왕 순수비임을 고증하였다.
④ 정조 때 유득공 · 박제가 · 이덕무 등 서얼 출신이 규장각 검서관으로 활동하였다. 홍대용은 노론 출신으로 서얼에 해당하지 않는다.
⑤ 정약용은 한 마을을 단위로 토지를 공동으로 소유하고 경작하여 수확량을 노동량에 따라 분배하는 일종의 공동 농장 제도인 여전제를 주장하였다. 정답 ①

05 정제두

자료분석

지(知)와 행(行)은 하나라는 내용과 '스승인 박세채, 윤증' 등을 통하여 (가) 인물은 양명학을 연구한 정제두임을 알 수 있다.

정답찾기

④ 정제두는 양명학을 연구하여 강화 학파로 발전시켰다.

오답피하기

① 계유정난을 계기로 김종서, 황보인 등 고명대신이 축출되었다.
② 신숙주는 일본에 다녀와서 『해동제국기』라는 견문록을 편찬하였다.
③ 조선 정조 때 서얼 출신인 유득공 · 이덕무 · 박제가 등이 규장각 검서관에 임용되었다.
⑤ 이이는 『성학집요』를 저술하여 군주가 수양하여야 할 덕목을 제시하였다.

정답 ④

06 조선 성종

자료분석

'서거정', '동국통감' 등을 통하여 해당 대화의 왕이 조선 성종임을 알 수 있다.

정답찾기

③ 조선 성종 때 음악 이론 등을 집대성한 『악학궤범』이 간행되었다.

오답피하기

① 조선 태종 때 주자소가 설치되어 계미자가 주조되었다.
② 조선 광해군 때 전통 한의학을 정리한 『동의보감』이 완성되었다.
④ 조선 태종 때 세계 지도인 「혼일강리역대국도지도」가 제작되었다.
⑤ 조선 세종 때 한양을 기준으로 한 역법서인 『칠정산』이 편찬되었다.

정답 ③

07 김홍도

자료분석

호는 단원으로 도화서 화원으로 있었으며, 연풍 현감에 올랐던 인물은 김홍도이다.

정답찾기

① 김홍도의 「무동」이다. 김홍도는 산수화와 풍속화에 뛰어난 재능을 가졌다. 영조의 어진을 그리는 데 참여하기도 하였으며, 정조의 총애를 받아 벼슬을 받았다.

오답피하기

② 강희안의 「고사관수도」이다. 선비가 수면을 바라보며 무념무상에 잠긴 모습을 담고 있다.
③ 신사임당의 「초충도」이다. 이이의 어머니이기도 한 신사임당의 초충도는 5만 원권 지폐에 그려져 있다.
④ 정선의 「인왕제색도」이다. 정선은 조선의 풍경을 사실적으로 담은 진경산수화를 그렸다.
⑤ 신윤복의 「상춘야흥」이다. 신윤복은 양반과 부녀자의 생활상과 유흥 모습을 감각적으로 그려 낸 화가이다.

정답 ①

Ⅳ 국제 질서의 변동과 근대 국가 수립 운동

12 제국주의 열강의 침략적 접근과 조선의 대응

정답 01 ⑤ 02 ③ 03 ①

01 흥선 대원군

자료분석

'나라 안의 서원과 사묘(祠廟)를 모두 철폐하고', '서원 철폐령' 등을 통하여 (가) 인물은 흥선 대원군임을 알 수 있다.

정답찾기

⑤ 흥선 대원군은 삼정의 문란을 시정하기 위하여 양전 사업과 호포제, 사창제를 시행하였다.

오답피하기

① 조선 효종은 북벌을 위하여 양성한 조총 부대를 나선 정벌에 파견하였다.
② 조선 숙종은 관원을 파견하여 청과의 경계를 정한 뒤 백두산정계비를 건립하였다.
③ 조선 순조 때 신유박해가 일어나 많은 천주교도들이 처형되었다.
④ 조선 정조는 『대전통편』을 편찬하여 통치 체제를 정비하였다.

정답 ⑤

02 흥선 대원군

자료분석

'운현궁', '그의 아들인 고종' 등의 내용을 통하여 (가) 인물이 흥선 대원군임을 알 수 있다.

정답찾기

③ 흥선 대원군은 삼정의 문란을 시정하기 위하여 양반들에게도 군포를 부과하는 호포제를 시행하였다.

오답피하기

① 조선 태종은 활자 주조를 전담하는 주자소를 설치하여 계미자를 만들도록 하였다.
② 조선 영조는 『경국대전』 이래로 새롭게 마련된 법제를 정비하기 위하여 『속대전』을 편찬하였다.
④ 조선 철종 때 임술 농민 봉기가 발생하자 안핵사로 박규수를 파견하였다. 이후 농민들의 요구를 수용하여 삼정의 문란을 시정하기 위하여 삼정이정청을 설치하였다.
⑤ 조선 정조는 육의전 이외 시전 상인들의 금난전권을 폐지하는 신해통공을 시행하였다.

정답 ③

03 병인박해(1866)와 척화비 건립(1871) 사이의 사실

자료분석

(가)는 '프랑스인 주교 2명과 선교사 9명, 조선인 사제 7명과 무수히 많은 남녀노소 천주교도들이 학살'의 내용을 통하여 병인박해(1866) 시

기임을 알 수 있다. (나)는 '돌을 캐러 종로에 비석을 세웠다.', '서양 오랑캐가 침범하는데 싸우지 않으면 즉 화친하는 것이요, 화친을 주장함은 나라를 팔아먹는 짓' 등을 통하여 척화비 건립(1871) 시기임을 알 수 있다.

정답찾기

① 1868년에 독일 상인 오페르트는 덕산(충남 예산)에 있는 흥선 대원군의 아버지 남연군의 묘를 도굴하려 하였다.

오답피하기

② 1875년에 일본 군함 운요호가 강화도 초지진과 영종도를 공격하였다.
③ 1885년에 영국은 러시아의 남하를 견제하기 위하여 거문도를 불법 점령하였다.
④ 1886년에 조선과 프랑스는 천주교 선교 활동 보장, 교인 보호 등에 합의하여 조·프 통상 조약을 체결하였다.
⑤ 1881년에 『조선책략』에 반발하여 이만손 등이 영남 만인소를 올렸다.

정답 ①

13 문호 개방과 근대적 개혁의 추진

정답 01 ④ 02 ③ 03 ③ 04 ① 05 ④ 06 ① 07 ③

01 강화도 조약(조·일 수호 조규, 1876)

자료분석

'우리 측 대표 신헌과 일본 측 대표 구로다', '운요호 사건을 빌미로' 등을 통하여 밑줄 그은 '조약'은 강화도 조약(1876)임을 알 수 있다.

정답찾기

④ 강화도 조약의 체결로 부산·원산·인천이 개항되었다.

오답피하기

① 조·일 통상 장정(개정, 1883)에는 방곡령을 선포할 수 있는 조항이 명시되었다.
② 제1차 한·일 협약(1904)의 체결로 메가타가 재정 고문으로, 스티븐스가 외교 고문으로 파견되었다.
③ 조·미 수호 통상 조약(1882)은 최혜국 대우를 처음으로 규정한 조약이다.
⑤ 제2차 한·일 협약(을사늑약, 1905)의 체결로 대한 제국의 외교권이 박탈되자, 고종은 조약의 부당함을 알리기 위하여 네덜란드 헤이그에 특사를 파견하였다.

정답 ④

02 통리기무아문

자료분석

'개화 정책을 총괄하기 위하여 1880년에 설치', '12사'의 내용을 통하여 밑줄 그은 '이 기구'는 통리기무아문임을 알 수 있다.

정답찾기

③ 조선 정부는 통리기무아문을 설치하여 개화 정책을 추진하였다. 그 과정에서 종래의 5군영을 축소하여 무위영·장어영의 2영으로 개편하고 신식 군대인 별기군을 창설하였다.

오답피하기

① 제2차 갑오개혁으로 재판소가 설치되어 사법권이 독립되었다.
② 1898년에 대한 제국 황실은 미국과 합작하여 한성 전기 회사를 설립하였다.
④ 흥선 대원군은 경복궁 중건에 필요한 자금을 마련하기 위하여 당백전을 발행하였다.
⑤ 제2차 갑오개혁 때 교육입국 조서를 반포하고 외국어 학교 관제를 마련하였다.

정답 ③

03 조·미 수호 통상 조약(1882)

자료분석

'대조선국 군주와 대미국 대통령', '미국과 그 상인이 종래 점유하지 않고 이 조약에 없는 것 또한 미국 관민이 일체 균점하도록 승인한다.'의 내용을 통하여 해당 조약이 조·미 수호 통상 조약(1882)임을 알 수 있다.

정답찾기

③ 청의 알선으로 체결한 조·미 수호 통상 조약은 우리나라가 서양 국가와 맺은 최초의 조약이다.

오답피하기

① 조·일 무역 규칙(1876)에는 곡물의 무제한 유출을 허용하는 조항과 더불어 일본 선박에 대한 무항세 조항, 일본 수출입 상품에 대한 무관세 조항이 포함되어 있다.
② 조·청 상민 수륙 무역 장정(1882)은 최초로 외국 상인의 내지 통상을 허용하였다.
④ 제1차 한·일 협약(1904)이 체결되어 재정 고문으로 메가타가, 외교 고문으로 스티븐스가 임명되었다.
⑤ 강화도 조약(1876, 조·일 수호 조규)의 체결로 부산·원산·인천에 개항장이 설치되었다.

정답 ③

04 영남 만인소 이후의 사실

자료분석

'황준헌'을 통하여 해당 상소가 『조선책략』이 유포된 이후에 작성된 영남 만인소(1881)임을 알 수 있다.

정답찾기

① 『조선책략』이 유포되자 조선 정부는 청의 알선을 통하여 미국과 조·미 수호 통상 조약(1882)을 체결하였다.

오답피하기

② 1871년에 미국이 강화도를 침공하는 신미양요가 일어나자 어재연 부대가 결사 항전하였다.
③ 1875년에 일본 군함 운요호가 강화도 초지진과 영종도를 공격하였다.
④ 1866년에 발생한 병인양요 당시, 퇴각하던 프랑스군이 외규장각에 보관하던 도서들을 약탈해 갔다.
⑤ 1880년에 제2차 수신사로 일본에 파견된 김홍집은 황준헌의 『조선책략』을 기증받아 고종에게 바쳤다.

정답 ①

05 임오군란

자료분석

'난군(亂軍)이 궐을 침범'하였으며, 군인에게 몇 개월 동안 봉급을 지급하지 못하였다는 내용으로 해당 사건은 1882년에 발생한 임오군란임을 알 수 있다. 임오군란은 신식 군대인 별기군에 비하여 차별 대우를 받던 구식 군인들이 일으킨 사건으로, 구식 군인들은 선혜청 당상 민겸호의 저택을 파괴한 후 별기군의 일본인 교관을 살해하고 일본 공사관을 습격하였다. 이로 인하여 흥선 대원군이 재집권하였으나 청이 흥선 대원군을 납치하며 사건이 마무리되었다.

정답찾기

④ 임오군란의 결과 조선은 일본과 제물포 조약을 체결하여 일본 공사관에 경비병 주둔을 허용하였다.

오답피하기

① 국채 보상 운동은 일본 통감부의 방해로 실패하였다.
② 조선 정부는 1880년에 개화 정책을 담당하는 기구로 통리기무아문을 설치하였다.
③ 제2차 갑오개혁 당시 조선 고종은 국정 개혁의 기본 강령인 홍범 14조를 반포하였다.
⑤ 조선 정부는 개화 정책의 일환으로 1876년 김기수를 일본에 수신사로 파견하였다. 정답 ④

06 갑신정변

자료분석

'홍영식이 우정국에서 개업식을 명목으로', '독립당이 정권을 획득', '박영효, 김옥균, 서광범' 등을 통하여 갑신정변(1884)에 대한 내용임을 알 수 있다.

정답 찾기

① 갑신정변의 결과 조선은 일본과 한성 조약(1885)을 체결하고 일본에 배상금을 지급하였다.

오답 피하기

② 1881년 신식 군대인 별기군이 창설되었다.
③ 1881년 김윤식이 청에 영선사로 파견되었다.
④ 1875년 일본 군함 운요호가 영종도를 공격하는 운요호 사건이 발생하였다. 이는 강화도 조약이 체결되는 계기가 되었다.
⑤ 1880년 개화 정책을 총괄하는 통리기무아문이 설치되었다. 정답 ①

07 거문도 사건

자료분석

'영국군이 이 섬에 들어와 병영을 짓고', '영국이 러시아의 남진을 막는다는 구실로' 등을 통하여 제시된 자료는 거문도 사건(1885)에 대한 내용임을 알 수 있다.

정답 찾기

③ 갑신정변(1884) 이후 조선에 대한 러시아의 영향력이 커지자 영국은 러시아의 남하를 견제하고자 거문도를 불법 점령하였다(거문도 사건, 1885). 정답 ③

14 구국 운동과 근대 국가 수립 운동의 전개

정답 01 ① 02 ⑤ 03 ④

01 동학 농민 운동의 전개 과정

자료분석

(가)는 황룡촌 전투와 남접 · 북접의 논산 집결 사이에 발생한 사실임을 알 수 있다.

정답찾기

① 조선 정부는 황토현 · 황룡촌 전투에서 승리하고 전주성까지 점령한 동학 농민군을 진압하기 위하여 청에 군사 파병을 요청하였다. 그러나 톈진 조약에 근거하여 일본군이 동시에 출병하자, 정부와 동학 농민군은 서둘러 전주 화약을 체결하였다.

오답피하기

② 교조 최제우의 억울함을 풀어 달라고 요구한 삼례 집회는 제1차 동학 농민 운동 이전에 발생한 사실이다.
③ 황토현 전투는 황룡촌 전투보다 먼저 발생한 사실이다.
④ 고부 민란이 발생하자 조정에서는 안핵사로 이용태를 파견하였다.
⑤ 고부 군수 조병갑이 학정을 일삼자, 전봉준은 사발통문을 돌려 농민들을 이끌고 고부 관아를 습격하는 고부 민란을 일으켰다. 정답 ①

02 제2차 갑오개혁

자료분석

'홍범 14조', '김홍집과 박영효의 연립 내각이 주도'의 내용을 통하여 밑줄 그은 '이 개혁'은 제2차 갑오개혁임을 알 수 있다.

정답찾기

⑤ 제2차 갑오개혁 때 교육입국 조서가 반포되었고, 이에 따라 한성 사범 학교 관제가 마련되었다.

오답피하기

① 고종은 황제로 즉위한 뒤 광무개혁을 추진하여 양전 사업을 시행하고 지계를 발급해 주었다.
② 1883년에 인천에 대동 상회가, 서울에 장통 상회가 설립되었다.
③ 고종 황제는 대한국 국제를 반포하고 황제의 군사권을 강화하기 위하여 원수부를 설치하였다.
④ 1881년에 청의 근대식 무기 제조술 및 군사 훈련술을 배우기 위하여 청에 영선사를 파견하였다. 정답 ⑤

03 광무개혁

자료분석

'고종이 황제로 즉위한 이후 구본신참에 입각하여 추진한 정책' 등을 통하여 (가)에 들어갈 내용이 대한 제국 수립(1897) 이후 전개된 광무개혁의 내용임을 알 수 있다.

정답 찾기

④ 대한 제국의 고종은 황제의 군 통수권을 강화하기 위하여 원수부를 창설하였다.

오답 피하기

① 조선 정부는 1883년 통역관 양성을 위한 동문학을 설립하였다.

② 1894년 제2차 갑오개혁 때 고종이 개혁의 방향을 제시한 홍범 14조를 반포하였다.

③ 조선 정부는 개화 정책을 추진하기 위하여 1880년 통리기무아문을 설치하였다.

⑤ 1894년 제2차 갑오개혁 때 23부로 지방 제도를 개편하고 근대적 재판소를 설치하여 지방관의 권한을 축소하였다. 정답 ④

15 일제의 침략과 국권 수호 운동의 전개

정답 01 ④ 02 ④ 03 ⑤ 04 ① 05 ④ 06 ② 07 ①

01 러·일 전쟁 기간의 상황

자료분석

'일본이 전쟁을 일으키고 나서 한성을 장악하고 한·일 의정서 체결을 강요', '우리나라의 국외 중립 선언' 등을 통하여 밑줄 그은 '전쟁'이 러·일 전쟁임을 알 수 있다.

정답찾기

ㄴ. 러·일 전쟁 도중 일본은 전략적 요충지로서 독도를 일본 영토로 불법 편입하였다.

ㄹ. 러·일 전쟁 도중에 체결된 제1차 한·일 협약에 근거하여 메가타가 대한 제국의 재정 고문으로 부임하였다.

오답피하기

ㄱ. 1898년에 러시아가 절영도 조차를 요구하자, 독립 협회는 만민 공동회를 개최하여 러시아의 요구를 저지하였다.

ㄷ. 을미사변 이후인 1896년에 고종이 러시아 공사관(아관)으로 거처를 옮겼다. 정답 ④

02 한·일 의정서(1904)와 한·일 신협약(1907) 사이의 사실

자료분석

(가) 조약은 '군사 전략상 필요한 지점을 수시로 사용'이라는 내용을 통하여 러·일 전쟁 중에 체결된 한·일 의정서(1904)임을 알 수 있다. (나) 조약은 '통감이 추천하는 일본인을 한국 관리에 임명'이라는 내용을 통하여 한·일 신협약(1907)임을 알 수 있다.

정답찾기

④ 1907년에 고종은 을사늑약(제2차 한·일 협약) 체결의 부당함을 국제 사회에 알리기 위하여 만국 평화 회의가 열리는 네덜란드 헤이그에 이준·이위종·이상설을 특사로 파견하였다. 일제는 이 일을 구실로 고종을 강제 퇴위시킨 뒤, 한·일 신협약을 체결하고 대한 제국의 군대를 해산시켰다.

오답피하기

① 안중근은 1909년에 만주 하얼빈에서 민족의 적인 이토 히로부미를 사살하였다.

② 1909년에 일본은 국내의 의병 세력을 완전히 진압하고자 남한 대토벌 작전을 단행하였다.

③ 1894년에 톈진 조약에 의거하여 조선에 파병된 일본군은 경복궁을 불법으로 점령하고 내정 개혁을 요구하였다.

⑤ 1885년에 영국은 러시아의 남하를 견제하기 위하여 거문도를 불법으로 점령하였다. 정답 ④

03 일제의 국권 침탈 과정

자료분석

(가)는 '메가타가 탁지부의 재정 고문'으로 조선에 온다는 내용을 통해 1904년 체결된 제1차 한·일 협약과 관련된 사실임을 알 수 있다. (나)는 '군대를 해산한다는 조칙이 발표' 등을 통하여 1907년 체결된 한·일 신협약 부속 조약에 대한 내용임을 알 수 있다.

정답 찾기

⑤ 1907년 고종이 을사늑약 체결의 부당성을 알리기 위해 헤이그에 특사를 파견하였다. 그러자 일제는 고종을 강제로 퇴위하고 한·일 신협약(1907, 정미 7조약)을 체결한 뒤 부속 조약에 따라 대한 제국의 군대를 강제로 해산하였다.

오답 피하기

① 한·일 병합 조약(1910) 체결 이후 데라우치가 초대 총독으로 부임하였다. (나) 이후의 사실이다.

② 정미의병에 해산된 군인들이 참여하며 조직력과 전투력이 강화되었다. 이후 의병들은 13도 창의군을 결성하여 서울 진공 작전(1908)을 전개하였으나 실패하였다. (나) 이후의 사실이다.

③ 1909년 기유각서를 통해 일제에 사법권을 박탈당하였다. (나) 이후의 사실이다.

④ 1898년 상권 수호를 위해 황국 중앙 총상회가 조직되었다. (가) 이전의 사실이다. 정답 ⑤

04 을미의병

자료분석

유인석이 국모의 원수를 갚기 위하여 일으킨 의병이라는 내용을 통하여 밑줄 그은 '의병'이 을미의병(1895)임을 알 수 있다.

정답찾기

① 을미의병은 명성 황후가 시해된 사건인 을미사변과 단발령 시행에 반발하여 일어났다.

오답피하기

② 민종식은 을사의병(1905) 때 활약한 의병장이다. 을사의병은 을사조약 체결에 따른 외교권 박탈에 반발하여 일어났다.

③ 정미의병(1907) 때 의병 부대는 13도 관찰사와 서울 주재 각 영사관에 의병을 국제법상 교전 단체로 승인할 것을 요청하였다.

④ 정미의병(1907) 때 의병 간 연대를 강화하고 일제에 효과적으로 대응하기 위하여 13도 창의군이 결성되었다. 이후 13도 창의군은 서울 진공 작전을 전개하였다(1908).

⑤ 한·일 병합(1910) 이후 독립 의군부(1912)는 조선 총독부에 국권

반환 요구서를 제출하고자 하였으나 사전에 발각되어 실패하였다.

정답 ①

05 13도 창의군

자료분석

'허위', '한·일 신협약 체결과 군대 해산에 반발', '각지의 유생 의병장이 중심이 되어 결성한 의병 부대' 등을 통하여 (가)는 13도 창의군임을 알 수 있다.

정답찾기

④ 13도 창의군은 양주에 집결한 뒤 서울 진공 작전을 추진하여 동대문 밖 30리까지 진격하였다.

오답피하기

① 홍범도가 이끄는 대한 독립군은 여러 독립군 부대와 연합하여 봉오동 전투에서 일본군을 격퇴하였다.

② 대한민국 임시 정부는 독립 공채를 발행하여 독립운동 자금을 마련하였다.

③ 명성 황후 시해 사건과 단발령에 반발하여 일어난 을미의병은 단발령 철회와 고종의 해산 권고에 따라 해산하였다.

⑤ 임병찬이 고종의 밀명을 받아 조직한 독립 의군부는 조선 총독부에 국권 반환 요구서를 제출하려 하였다.

정답 ④

06 안중근

자료분석

'뤼순에서 재판', '동양 평화론을 저술하던 중 순국' 등으로 해당 인물이 도마 안중근임을 알 수 있다.

정답찾기

② 안중근은 1909년 만주 하얼빈 역에서 이토 히로부미를 사살하였다.

오답피하기

① 의열단 단원 나석주는 동양 척식 주식회사에 폭탄을 투척하였다.

③ 김구는 1931년에 상하이에서 한인 애국단을 결성하여 의거 활동을 전개하였다.

④ 김원봉은 1932년 중국 국민당 정부의 지원을 받아 조선 혁명 간부 학교를 세우고 독립군을 양성하였다.

⑤ 이재명은 1909년 명동 성당 앞에서 이완용을 습격하여 중상을 입혔다.

정답 ②

07 신민회

자료분석

'평양에 있던 대성 학교', '안창호, 양기탁' 등을 통하여 (가) 단체가 신민회(1907~1911)임을 알 수 있다. 신민회는 안창호, 양기탁 등을 중심으로 조직된 비밀 결사 단체로서 공화정 체제의 근대 국민 국가 건설을 목표로 하였다.

정답 찾기

ㄱ. 신민회는 태극 서관과 자기 회사를 운영하여 민족 산업을 육성하고자 하였다.

ㄴ. 신민회는 일제가 데라우치 총독 암살 미수 사건인 105인 사건(1911)을 조작하는 과정에서 해체되었다.

오답 피하기

ㄷ. 대한민국 임시 정부는 아일랜드계 영국인 조지 루이스 쇼가 운영하는 이륭양행(1919)에 국내 통신 연락을 담당하는 교통국을 설치하였다.

ㄹ. 신민회는 최초로 민주 공화정 체제의 근대 국가 건설을 지향한 단체이다.

정답 ①

16 개항 이후의 경제와 사회·문화의 변화

정답 01 ④ 02 ④ 03 ⑤ 04 ⑤ 05 ⑤ 06 ① 07 ⑤ 08 ⑤ 09 ⑤ 10 ④ 11 ④

01 조·청 상민 수륙 무역 장정 체결 결과

자료분석

'공주, 전주 등에도 장이 열리면 청 상인들이 물건을 팔러 온다', '상권을 빼앗긴 조선 상인' 등을 통하여 해당 상황이 조·청 상민 수륙 무역 장정(1882) 체결 이후의 사실임을 알 수 있다.

정답찾기

④ 임오군란의 결과 조선은 청과 조·청 상민 수륙 무역 장정을 체결하여 청 상인의 내지 통상을 허용하였다. 이 조약의 체결로 청을 비롯한 외국 상인들은 부산·원산·인천과 같은 개항장뿐만 아니라 전국의 시장에서 허가를 받은 뒤 상행위를 할 수 있었다.

오답피하기

① 동양 척식 주식회사는 일제가 대한 제국의 토지와 재산을 약탈하기 위하여 1908년에 설립하였다.

② 3·1 운동을 기점으로 조선 총독부는 이른바 문화 통치를 표방하며 회사 설립 시 조선 총독의 허가를 받아야 하는 회사령을 철폐하고 신고제로 전환하였다.

③ 고종은 을미사변 이후 신변의 위협을 느끼고 세자와 함께 러시아 공사관으로 피신하였다.

⑤ 제1차 한·일 협약으로 파견된 재정 고문 메가타는 1905년에 구(舊) 백동화를 일본의 제일 은행권으로 교환하는 화폐 정리 사업을 시행하였다.

정답 ④

02 국채 보상 운동

자료분석

'일제로부터 도입한 차관을 갚기 위하여 일어난', '대구'로 밑줄 그은 '이 운동'은 국채 보상 운동임을 알 수 있다.

정답찾기

④ 대구에서 시작된 국채 보상 운동은 『대한매일신보』 등 언론의 지원을 받아 전국으로 확산되었다.

오답피하기

① 시전 상인들은 황국 중앙 총상회를 조직하여 외국 상인의 불법적인 상업 행위를 규탄하는 등 상권 수호 운동을 주도하였다.
② 독립 협회는 만민 공동회를 개최하여 러시아의 절영도 조차 요구에 반대하였다.
③ 국채 보상 운동은 조선 통감부의 방해와 탄압으로 실패하였다. 조선 총독부의 방해와 탄압으로 실패한 운동은 1920년대에 일어난 물산 장려 운동, 민립 대학 설립 운동 등이 대표적이다.
⑤ 열악한 노동 조건 개선과 한국인 구타를 일삼는 현장 감독의 파면을 요구한 원산 총파업은 일본·프랑스 등 외국의 노동 단체로부터 격려 전문을 받았다. 정답 ④

03 아관 파천 이후 경제적 구국 운동

자료분석

아관 파천 직후 독립 협회·황국 중앙 총상회·보안회·국채 보상 기성회가 펼친 경제적 구국 운동과 관련된 내용을 묻고 있다.

정답찾기

ㄷ. (다) 일제가 러·일 전쟁 도중 한국의 토지를 약탈하기 위하여 황무지 개간권 양도를 요구하자, 보안회가 황무지 개간권 요구 철회 운동을 전개하였다.
ㄹ. (라) 한국은 통감부가 설치된 이후 일본에 진 빚이 크게 늘어나 채무가 대한 제국의 1년 예산과 맞먹는 1,300만 원에 이르렀다. 이에 국채 보상 기성회는 일제의 경제적 예속을 피하기 위하여 금주·금연을 통한 차관 갚기 운동인 국채 보상 운동(1907)을 전개하였다.

오답피하기

ㄱ. (가) 대동 상회와 장통 상회는 1880년대에 설립되었다. 독립 협회는 1896년에 설립된 단체이다.
ㄴ. (나) 러시아의 절영도 조차 요구를 저지한 단체는 독립 협회이다. 황국 중앙 총상회는 시전 상인들을 중심으로 1898년에 조직된 단체이다. 정답 ⑤

04 경복궁 전등 가설(1887) 이후의 사실

자료분석

1887년 경복궁 건청궁에 처음으로 전등이 가설되었다.

정답찾기

⑤ 1899년 일본에 의하여 노량진에서 제물포를 잇는 경인선이 개통되었다.

오답피하기

① 1885년 알렌의 건의로 서양식 병원인 광혜원이 세워졌다.
② 1883년 박문국이 설치되어 우리나라 최초의 신문인 『한성순보』의 발행이 시작되었다.
③ 청에 영선사를 파견한 일을 계기로 1883년에 근대식 무기 공장인 기기창이 설립되었다.
④ 1883년 조선 정부는 통역관을 양성하고자 외국어 교육 기관인 동문학을 세웠다. 정답 ⑤

05 근대 교육 기관

자료분석

'관립 교육 기관', '좌원'과 '우원', '영어, 산학, 지리 등' 등을 통하여 1886년 설립된 육영 공원에 대한 내용임을 알 수 있다.

정답 찾기

⑤ 육영 공원은 미국인 교사 헐버트, 길모어 등을 초빙하여 영어 교육을 실시하였다.

오답 피하기

① 고려 예종 때 관학 진흥을 위하여 7재라는 전문 강좌가 개설되었다.
② 육영 공원은 1894년 폐교되었다. 조선 총독부의 설치 이전의 사실이다.
③ 제2차 갑오개혁 당시 공포된 교육 입국 조서에 근거하여 한성 사범 학교 등이 세워졌다.
④ 조선의 국립 교육 기관인 성균관의 주요 건물로 대성전과 명륜당 등이 있었다. 정답 ⑤

06 근대 언론 기관의 발달

자료분석

보기로 제시된 신문의 특징을 묻는 문제이다.

정답찾기

① 정부에서 발행한 순한문 신문이자 우리나라 최초의 신문인 『한성순보』는 주로 국내외 시사 문물을 소개하였다.

오답피하기

② 『대한매일신보』는 국채 보상 운동을 적극적으로 후원하였다. 이외에 국채 보상 운동을 후원한 신문으로 『황성신문』, 『제국신문』이 있다.
③ 외국인이 읽을 수 있도록 영문으로도 발행된 신문에는 서재필이 만든 『독립신문』과 베델과 양기탁이 만든 『대한매일신보』가 있다.
④ 국권 피탈 후 총독부의 기관지로 전락한 신문은 『대한매일신보』이다.
⑤ 최초로 상업 광고가 게재된 신문은 『한성주보』이다. 『한성주보』는 1886년부터 1888년까지 발행되었다. 정답 ①

07 한성순보

자료분석

'1883년 박문국에서 창간된 근대 신문'은 『한성순보』이다.

정답 찾기

⑤ 『한성순보』는 순 한문 신문으로 열흘마다 발행하였다.

오답 피하기

① 한성의 양반 부인들이 여성의 권리를 선언한 『여권통문』은 1898년에 발표되었다.
② 『대한매일신보』 등이 국채 보상 운동(1907)의 확산에 기여하였다. 『한성순보』는 국채 보상 운동 발생 이전에 폐간되었다.
③ 『대한매일신보』는 의병 투쟁에 호의적인 기사를 게재하였다.
④ 『독립신문』은 외국인이 읽을 수 있도록 영문으로도 발행되었다.
정답 ⑤

08 교육입국 조서 반포 이후의 사실

자료분석

'학교를 널리 세우고 인재를 양성하는 것.', '나라를 사랑하는 마음으로 덕성, 체력, 지혜를 기르라.'라는 내용을 통하여 해당 조서는 고종이 1895년 2월에 반포한 교육입국 조서임을 알 수 있다.

정답찾기

⑤ 교육입국 조서의 영향으로 한성 사범 학교가 건립되었다.

오답피하기

① 박문국은 인쇄와 출판에 관한 사무를 관장하기 위하여 1883년에 설치되었다.

② 육영 공원은 강화도 조약의 체결로 근대 교육의 필요성이 대두되어 1886년에 설립된 근대식 관립 교육 기관이다.

③ 조사 시찰단은 일본의 문물을 배울 필요가 있다는 주장에 따라 1881년에 일본으로 파견되었다.

④ 통리기무아문은 변화하는 국내외 정세에 대응하고 국내외 군국기무를 총괄하기 위하여 1880년에 설치되었다.

정답 ⑤

09 원각사

자료분석

'한국 최초의 서양식 극장'이라는 설명과 운영 시기(1908~1909년), 소실된 시점(1914년) 등을 통하여 (가)에 들어갈 내용이 원각사와 관련된 설명임을 알 수 있다.

정답찾기

⑤ 원각사에서는 은세계, 치악산 등의 신극이 공연되었다.

오답피하기

① 알렌의 건의로 1885년에 광혜원(제중원)이 설립되었다.

② 아리랑은 1926년에 단성사에서 개봉되었다.

③ 신간회 창립 대회는 1927년에 서울에 있는 서울 기독교 청년 회관에서 개최되었다.

④ 환구단(원구단)에서 고종의 황제 즉위식이 거행되었다.

정답 ⑤

10 주시경

자료분석

'한힌샘', '백천(白泉)', '국어문법' 등을 통하여 해당 인물이 주시경임을 알 수 있다.

정답찾기

④ 주시경은 1907년에 설치된 국문 연구소에서 한글 연구를 체계화하였다.

오답피하기

① 조선어 연구회와 조선어 학회는 잡지 『한글』을 간행하였다.

② 한글 맞춤법 통일안을 제정한 단체는 조선어 학회이다.

③ 가갸날을 제정하고 기념식을 거행한 단체는 조선어 연구회이다.

⑤ 조선어 학회 회원들은 1942년에 발생한 조선어 학회 사건으로 구속되어 옥고를 치렀다. 대표적인 조선어 학회 인물로 이극로와 최현배 등이 있다.

정답 ④

11 대종교

자료분석

'나철이 창시'라는 내용을 통하여 (가) 종교가 대종교임을 알 수 있다.

정답찾기

④ 대종교도인 서일 등을 중심으로 조직된 중광단은 만주에서 무장 투쟁을 전개하였다.

오답피하기

① 천도교는 『개벽』, 『신여성』 등의 잡지를 발행하였다.

② 천도교는 『만세보』를 발행하여 민중을 계몽하고자 하였다.

③ 개신교 선교사인 스크랜턴은 여성 교육을 위하여 이화 학당을 설립하였다.

⑤ 원불교의 창시자 박중빈을 중심으로 새 생활 운동이 추진되었다.

정답 ④

V 일제의 강점과 민족 운동의 전개

17 일제의 식민 정책과 민족의 수난

정답 01 ③ 02 ③ 03 ②

01 1910년대 무단 통치기

자료분석

'회사를 설립할 때 조선 총독의 허가를 받도록 하는 법령'의 내용을 통해 밑줄 그은 '법령'이 회사령임을 알 수 있다. 회사령은 무단 통치기인 1910년에 제정되었다.

정답 찾기

③ 1910년대 무단 통치기에 토지 조사 사업이 실시되었다.

오답 피하기

① 일제는 1907년 신문지법을 제정하여 언론을 탄압하였다.
② 1925년 일제와 만주 군벌 사이에 미쓰야 협정이 체결되어 만주의 독립군을 탄압하였다.
④ 1920년대 민립 대학 설립 운동의 영향으로 1924년 경성 제국 대학이 설립되었다.
⑤ 민족 말살 통치기인 1941년에 조선 사상범 예방 구금령이 시행되었다.

정답 ③

02 1930~1940년대 일제의 정책

자료분석

'중·일 전쟁', '강제 동원된 한국인'의 내용을 통하여 밑줄 그은 '이 시기'는 1938년 이후임을 알 수 있다.

정답찾기

③ 1941년에 일제는 독립운동을 사전에 차단한다는 목적으로 조선 사상범 예방 구금령을 제정하여 실제로 행동을 하지 않더라도 범죄를 일으킬 우려가 있다는 판단만으로도 사람들을 체포할 수 있도록 하였다.

오답피하기

① 1912년에 일제는 조선 태형령을 제정하여 한국인에 한하여 태형을 집행하였다.
② 1910년에 일제는 민족 자본의 성장을 억제하고자 회사령을 제정하여, 회사 설립 시 조선 총독의 허가를 받도록 하였다.
④ 1910년에 일제는 제1차 조선 교육령을 발표하여 한국인의 보통학교 수업 연한을 4년으로 하는 우민화 정책을 시행하였다.
⑤ 1910년부터 1918년까지 일제는 근대적 토지 소유권 확립을 구실로 토지 조사 사업을 시행하였다.

정답 ③

03 1910년대 일제의 무단 통치

자료분석

(가)는 1910년 국권 피탈의 시기이며, (나)는 3·1 운동 이후 일제가 이른바 문화 통치를 시행하기 위하여 발표한 것이다. 따라서 (가)와 (나) 발표 사이의 시기는 1910년대 일제의 무단 통치기이다.

정답 찾기

② 조선 태형령은 무단 통치기인 1912년에 시행되었다.

오답 피하기

① 중·일 전쟁(1937) 이후 일제는 민족 말살 통치의 일환으로 침략 전쟁에 필요한 물자를 확보하기 위하여 미곡 공출제를 시행하였다.
③ 일제는 전쟁 준비에 필요한 노동력을 수탈하고자 1939년에 국민 징용령을 시행하였다.
④ 문화 통치기인 1924년에 경성 제국 대학이 설립되었다.
⑤ 민족 말살 통치기인 1937년에 일제의 황국 신민화 정책의 일환으로 황국 신민 서사 암송이 강요되었다.

정답 ②

18 3·1 운동과 대한민국 임시 정부

정답 01 ⑤ 02 ⑤ 03 ②

01 3·1 운동

자료분석

'1일 새벽 경성에서 조선 독립에 관한 선언서를 발견함', '천도교, 기독교 신도들의 서명' 등을 통하여 밑줄 그은 '시위 운동'이 1919년 발생한 3·1 운동임을 알 수 있다.

정답 찾기

⑤ 도쿄 유학생들을 중심으로 발표된 2·8 독립 선언은 3·1 운동이 발생하는 배경이 되었다.

오답 피하기

① 일제는 봉오동, 청산리 전투에 대한 보복으로 1920년 간도 참변을 일으켜 민간인을 학살하였다.
② 대한민국 임시 정부는 독립운동의 방략을 논의하기 위하여 1923년 상하이에서 국민 대표 회의를 개최하였다.
③ 1930년 문맹 퇴치 운동의 일환으로 동아일보의 주도로 브나로드 운동이 전개되었다.
④ 1927년 조선 노동 총동맹과 조선 농민 총동맹이 결성되었다. 정답 ⑤

02 대한민국 임시 정부

자료분석

'3·1 운동 직후 상하이로 망명', '안창호' 등을 통하여 (가) 단체가 대한민국 임시 정부임을 알 수 있다.

정답찾기

⑤ 신민회는 태극 서관을 설립하여 조선 광문회에서 발간한 서적을 보급하였다.

오답피하기

① 대한민국 임시 정부의 초대 대통령 이승만은 구미 위원부를 설치하여 외교 활동을 추진하였다.

② 대한민국 임시 정부의 침체를 벗어나기 위하여 김구의 주도로 한인 애국단이 조직되었다.
③ 대한민국 임시 정부는 조지 루이스 쇼가 중국 단둥(안동)에서 운영하는 이륭양행에 교통국을 설치하여 국내와 연락을 취하였다.
④ 대한민국 임시 정부는 임시 사료 편찬회를 설치하여 박은식 등을 중심으로 한·일 관계 사료집을 편찬하였다. 정답 ⑤

03 대한민국 임시 정부 4차 개헌(1940) 이후의 사실

자료분석
'주석은 일반 국무를 처리함에는 총리격', '국군을 총감하는 권리를 설정' 등을 통하여 해당 공고가 발표된 시기가 대한민국 임시 정부에 주석제를 도입한 4차 개헌(1940) 시기임을 알 수 있다.

정답찾기
② 대한민국 임시 정부는 1941년에 조소앙의 삼균주의에 기초하여 대한민국 건국 강령을 제정하였다.

오답피하기
① 1919년에 신한 청년당 김규식은 파리 강화 회의에 독립 청원서를 제출하였다.
③ 1923년에 대한민국 임시 정부는 중국 지안(집안)에 임시 정부 직할 부대인 육군 주만 참의부를 조직하였다.
④ 1923년에 대한민국 임시 정부의 방향을 두고 국민 대표 회의가 개최되었다.
⑤ 1919년에 대한민국 임시 정부 산하의 임시 사료 편찬회에서 한·일 관계 사료집을 편찬하였다. 정답 ②

19 무장 독립 전쟁의 전개

정답 01 ② 02 ② 03 ① 04 ④ 05 ② 06 ④ 07 ②

01 대한 광복회

자료분석
'박상진', '국권 회복을 위한 자금 조달' 등을 통하여 (가) 단체가 1915년 국내에서 결성된 비밀 단체, 대한 광복회임을 알 수 있다.

정답 찾기
② 대한 광복회는 군대식 조직을 갖춘 비밀 결사였다.

오답 피하기
① 대한 광복회는 중일 전쟁 발발(1937) 이전인 1915년에 결성되었다.
③ 상하이의 신한 청년당은 김규식을 파리 강화 회의에 대표로 파견하였다.
④ 신민회(1907)는 일제가 조작한 105인 사건(1911)으로 와해되었다.
⑤ 독립 협회(1898)는 만민 공동회를 열어 열강의 이권 침탈을 비판하였다. 정답 ②

02 연해주에서 전개된 민족 운동

자료분석
'전로 한족회 중앙 총회', '대한 광복군 정부', '대한 국민 의회' 등을 통하여 연해주 지역의 민족 운동에 대한 내용임을 알 수 있다. 따라서 (가)에는 연해주에서 전개된 민족 운동 내용이 들어가야 한다.

정답 찾기
② 권업회(1911)는 연해주에서 결성된 독립운동 단체이다. 기관지로 『권업신문』을 발행하고 교민의 단결과 지위 향상을 위하여 노력하였다.

오답 피하기
① 신흥 강습소(1911)는 이회영 등이 서간도(남만주) 지역에 설립하였다. 신흥 강습소는 이후 신흥 무관 학교로 발전하였다.
③ 숭무 학교(1910)는 멕시코 지역에 설립되었다.
④ 한인 비행 학교는 미주에 설립되었다.
⑤ 조선 독립 동맹은 중국 화북 지방(옌안)에서 김두봉을 중심으로 결성되었다. 정답 ②

03 연해주 지역 독립운동가 최재형의 활동

자료분석
연해주 지역에서 활동한 독립운동가 최재형의 활동을 찾아야 한다.

정답찾기
① 최재형은 1911년에 러시아 연해주 신한촌에서 권업회를 조직하였다. 권업회는 표면적으로는 서로의 생활을 독려하는 단체였으나, 실질적으로는 연해주 한인들의 권익을 보호하고 항일 독립운동을 주도하였으며, 기관지로 권업신문을 발행하였다.

오답피하기
② 북간도 용정에서 이상설 등을 중심으로 설립된 서전서숙은 이주 한인 자녀들의 교육을 담당하였다.
③ 신민회 회원인 이회영과 그 형제들은 전 재산을 쾌척하여 만주 삼원보에 신흥 강습소(신흥 무관 학교의 전신)를 설립하고 독립군을 양성하였다.
④ 대한민국 임시 정부의 김구는 임시 정부의 침체를 극복하기 위하여 한인 애국단을 조직하고 항일 의거 활동을 전개하였다.
⑤ 김규식은 상하이에서 신한 청년당을 결성하였고, 이후 파리 강화 회의에 참석하였다. 정답 ①

04 1920년대 만주 지역의 독립운동

정답 찾기
(나) 1920년 6월 홍범도의 대한 독립군 등이 봉오동에서 일본군을 격파하고 크게 승리하였다(봉오동 전투).
(다) 1920년 10월 일본군이 봉오동 전투의 패배에 보복하려 하자 김좌진의 북로 군정서와 홍범도의 대한 독립군 등이 연합하여 청산리 일대에서 일본군에 대승을 거두었다(청산리 대첩).

(가) 자유시 참변(1921)으로 피해를 입은 독립군은 민정 조직과 군정 기관을 갖춘 참의부(1923), 정의부(1924), 신민부(1925)를 조직하였다. 정답 ④

05 한인 애국단

자료분석

첫 번째 의거는 '일왕', '한인(韓人) 한 명이 뛰쳐나와 행렬을 향하여 수류탄을 투척'의 내용을 통하여 이봉창의 의거, 두 번째 의거는 '일왕의 생일인 천장절 기념식장에 폭탄을 투척'의 내용을 통하여 윤봉길의 의거임을 알 수 있다. 이봉창과 윤봉길은 모두 김구의 주도로 결성된 한인 애국단 소속이다.

정답찾기

② 김구는 임시 정부의 침체를 극복하기 위하여 1931년에 상하이에서 항일 의거 단체인 한인 애국단을 조직하였다.

오답피하기

① 중·일 전쟁 이후에 창설된 대표적인 부대로 조선 의용대(1938)와 한국광복군(1940)이 있다.
③ 김원봉의 주도로 1919년에 만주 지린(길림)에서 결성된 의열단은 신채호가 작성한 「조선 혁명 선언」을 활동 지침으로 삼았다.
④ 의열단 단원 김익상은 조선 총독부에 폭탄을 투척하였고, 김상옥은 종로 경찰서에 폭탄을 투척하는 의거를 일으켰다.
⑤ 신민회는 1911년에 일제가 확대 조작한 105인 사건을 계기로 해체되었다. 정답 ②

06 조선 혁명군과 조선 의용대

자료분석

(가) 부대는 '만주의 중국 의용군과 연합하여 한·중 연합군을 편성'의 내용을 통하여 양세봉이 이끄는 조선 혁명당의 산하 부대인 조선 혁명군임을 알 수 있다. (나) 부대는 '1938년 조선 민족 전선 연맹 산하의 군사 조직' 등의 내용을 통하여 김원봉이 최초로 중국 관내에서 결성한 한인 부대인 조선 의용대임을 알 수 있다.

정답찾기

④ 김원봉이 이끄는 조선 의용대는 중국 국민당 정부의 지원을 받아 최초로 중국 관내에서 결성된 한인 무장 부대이다.

오답피하기

① 만주 일대의 독립군들은 간도 참변 등을 피하여 서일을 총재로 하는 대한 독립 군단을 조직하였다. 이들은 조직을 재정비하기 위하여 러시아로 이동하였으나, 자유시 참변(1921)으로 큰 피해를 입었다.
② 대한민국 임시 정부 산하 부대인 한국광복군은 연합군의 일원으로 인도, 미얀마 전선에서 활약하였다.
③ 지청천이 이끄는 한국 독립군은 중국 호로군과 연합하여 쌍성보·대전자령·사도하자 전투 등에서 승리를 거두었다.
⑤ 대한민국 임시 정부의 산하 부대인 한국광복군은 미국 전략 정보국(OSS)과 연합하여 국내 진공 작전을 계획하였다. 정답 ④

07 지청천

자료분석

'한국광복군 총사령관', '한국 독립군의 총사령관으로 대전자령 전투를 지휘' 등을 통하여 (가) 인물이 지청천임을 알 수 있다.

정답찾기

② 지청천이 이끄는 한국 독립군은 중국 호로군과 연합하여 쌍성보·대전자령·사도하자 전투 등에서 승리를 거두었다.

오답피하기

① 1910년에 이근영, 조병하가 중심이 되어 멕시코 메리다(Merida) 중심지에 한인 무관 양성 학교인 숭무 학교를 설립하였다.
③ 대한민국 임시 정부의 군무 총장인 노백린은 미주의 대한인 국민회의 지원을 받아 1920년에 한인 비행사 양성소(윌로우스 비행 학교)를 설립하였다.
④ 김좌진의 북로 군정서군과 홍범도의 대한 독립군 등은 여러 독립군 부대와 연합하여 청산리에서 일본군을 격퇴하였다.
⑤ 여운형은 일제의 패망과 광복에 대비하여 1944년에 조선 건국 동맹을 결성하였다. 정답 ②

20 국내의 사회·경제적 민족 운동

정답 01 ④ 02 ② 03 ② 04 ④ 05 ④ 06 ③ 07 ②

01 6·10 만세 운동

자료분석

'순종 인산일을 기회로 삼아 천도교 계열과 사회주의 계열이 함께 준비'의 내용을 통하여 밑줄 그은 운동이 6·10 만세 운동(1926)임을 알 수 있다.

정답찾기

④ 6·10 만세 운동을 계기로 국내에서 민족주의와 사회주의가 연대하는 민족 유일당 운동이 전개되었다.

오답피하기

① 치안 유지법은 1925년에 제정되었다.
② 1923년에 진주에서 이학찬 등을 중심으로 조선 형평사를 창립하고 백정에 대한 사회적 차별 철폐를 주장하는 형평 운동을 전개하였다.
③ 일제는 1919년에 일어난 3·1 운동을 계기로 통치 방식을 무단 통치에서 문화 통치(민족 분열 통치)로 전환하였다.
⑤ 『동아일보』는 1931년부터 1934년까지 '배우자 가르치자 다 함께 브나로드'를 구호로 내걸고 일종의 농촌 계몽 운동인 브나로드 운동을 전개하였다. 정답 ④

02 천도교 소년회

자료분석

'어린 사람', '5월 1일' 등을 통하여 해당 자료를 발표한 단체가 소년 운동을 주도한 천도교 소년회임을 알 수 있다.

정답찾기

② 김기전, 방정환 등은 천도교 소년회를 조직하여 어린이날을 제정하고 잡지 『어린이』를 발간하였다.

오답피하기

① 신간회의 자매단체인 근우회는 기관지로 잡지 『근우』를 발간하였다.

③ 1924년에 김용관 등은 과학 기술과 발명의 필요성을 강조하며 서울에 발명 학회를 창설하였다. 이후 발명 학회는 1933년에 우리나라 최초의 과학 잡지인 『과학조선』을 발행하였다. 같은 해 일본 도쿄(동경)에서는 한국인 유학생들이 주도하여 과학 문명 보급회를 창립하고 『과학전서』 등 서적을 출판하였다.

④ 조선어 연구회는 기관지로 잡지 『한글』을 발간하고, 1926년에 가갸날을 제정하였다.

⑤ 신민회는 계몽을 위한 민족 교육을 시행하고자 평양에 대성 학교, 정주에 오산 학교를 설립하였다. 정답 ②

03 광주 학생 항일 운동

자료분석

'1929년 11월 한일 학생 간의 충돌을 계기로 시작', '광주 지역 학생들' 등을 통하여 밑줄 그은 '이 운동'이 광주 학생 항일 운동(1929)임을 알 수 있다.

정답 찾기

ㄱ. 광주 학생 항일 운동 당시 학생들은 조선인 본위의 교육 제도 확립 등을 요구하였다.

ㄷ. 신간회(1927)는 광주 학생 항일 운동에 진상 조사단을 파견하여 지원하였다.

오답 피하기

ㄴ. 국채 보상 운동(1907)은 『대한매일신보』 등의 후원을 통해 전국으로 확산되었다.

ㄹ. 3·1 운동(1919)을 계기로 일제가 이른바 문화 통치를 실시하였다.

정답 ②

04 강주룡의 평양 을밀대 고공 농성

자료분석

평양에 소재한 평원 고무 공장에서 여공으로 일하던 강주룡은 1931년에 공장 측에서 2,300명의 임금을 삭감하자, 이에 반발하여 을밀대에 올라가 고공 농성을 최초로 전개하였다.

정답찾기

④ 강주룡은 부당한 임금 삭감과 노동 환경 개선을 주장하며 단식 파업을 시행하였으나, 일본 경찰에 의하여 공장에서 쫓겨나자 평양의 을밀대 지붕으로 올라가 무산층의 단결과 노동자들의 열악한 환경을 호소하며 고공 농성을 전개하였다.

오답피하기

① 1920년대 중반에 사회주의에 대한 인식이 심화되고 소작 쟁의·노동 쟁의가 증가하자, 노동자들은 노동 운동을 보다 조직적으로 전개하기 위하여 1927년에 조선 노동 총동맹을 결성하였다.

② 원산 총파업(1929)은 문평 라이징 선 석유 회사에서 일본인 감독관의 지속적인 구타 및 욕설에 분노한 노동자들이 파업한 사건이다.

③ 1907년에 일어난 국채 보상 운동은 대한매일신보, 황성신문 등 언론의 지원을 받았다.

⑤ 1923년에 진주에서 이학찬 등을 중심으로 조직된 조선 형평사는 백정에 대한 사회적 차별 철폐를 주장하며 형평 운동을 전개하였다.

정답 ④

05 물산 장려 운동

자료분석

'일본 제품 배척', '유산 계급의 이익을 위한 것' 등을 통하여 (가) 민족 운동이 물산 장려 운동임을 알 수 있다.

정답찾기

④ 물산 장려 운동은 '조선 사람 조선 것', '내 살림 내 것으로' 등의 구호를 외치며 민족 경제 활성화를 위하여 토산품 애용, 절약 등을 실천하였다.

오답피하기

① 물산 장려 운동은 조선 물산 장려회가 주도하였다.

② 물산 장려 운동은 평양에서 조만식 등의 주도로 시작하여 전국으로 확산되었다. 진주에서 시작되어 전국으로 확산된 운동은 백정의 사회적 차별을 철폐하고자 시작된 형평 운동이다.

③ 1907년에 대구에서 김광제·서상돈 등을 중심으로 시작된 국채 보상 운동은 대한 제국의 국채 1,300만 원을 갚는 것을 목표로 하였다.

⑤ 물산 장려 운동은 소작 쟁의와 관련이 없다. 정답 ④

06 민립 대학 설립 운동

자료분석

'고등 교육', '민립 대학의 설립을 제창' 등을 통하여 해당 취지서를 발표한 민족 운동이 1920년대 초반에 이상재 등을 중심으로 전개된 민립 대학 설립 운동임을 알 수 있다.

정답찾기

③ 이상재 등이 중심이 되어 조직한 민립 대학 설립 기성회는 민립 대학을 설립하기 위하여 활발하게 모금 활동을 전개하였으나, 일제가 경성 제국 대학을 설립하여 방해하면서 큰 성과 없이 끝났다.

오답피하기

① 신간회의 자매단체인 근우회를 중심으로 여성 운동이 전개되었다.

② 3·1 운동은 중국의 5·4 운동과 인도의 비폭력·불복종 운동에 영향을 주었다.

④ 방정환은 천도교 소년회를 조직하여 어린이날을 제정하고 잡지 『어린이』를 발간하였다.

⑤ 『동아일보』는 1931년부터 1934년까지 '배우자 가르치자 다 함께 브나로드' 등을 구호로 내걸고 일종의 농촌 계몽 운동인 브나로드 운동을 전개하였다. 정답 ③

07 신간회

자료분석
'전남 광주에서 일어난 고보학생 대 중학생의 충돌 사건', '종로에 있는 …… 본부', '지회', '긴급 조사' 등을 통하여 (가) 단체는 신간회임을 알 수 있다.

정답찾기
② 신간회는 사회주의 계열과 비타협적 민족주의 계열이 민족 유일당 운동의 결과로 결성한 단체이다.

오답피하기
① 만주 지린(길림)에서 김원봉 등이 조직한 의열단은 신채호의 「조선 혁명 선언」을 활동 지침으로 삼았다.
③ 정인보, 문일평, 안재홍 등은 조선학 운동을 전개하여 다산 정약용 서거 99주기를 맞아 『여유당전서』를 간행하였다.
④ 대한민국 임시 정부는 조소앙의 삼균주의를 기초로 하여 1941년에 대한민국 임시 정부 건국 강령을 제정하였다.
⑤ 신민회는 계몽을 위한 민족 교육을 시행하고자 평양에 대성 학교, 정주에 오산 학교를 설립하였다. 정답 ②

21 민족 문화 수호 운동

정답 01 ③ 02 ① 03 ② 04 ⑤ 05 ① 06 ③ 07 ②

01 민족 문화 수호를 위한 노력

자료분석
신채호와 정인보는 민족주의 사학자로서 신채호는 '낭가'를, 정인보는 민족의 '얼'을 강조하였다. 백남운은 사회 경제 사학자로 유물 사관에 입각하여 역사를 연구하고 일제의 식민 사관 중 정체성론을 비판하였다. 이윤재와 최현배는 조선어 학회의 회원으로 국어 연구에 힘썼다.

정답찾기
③ 민족주의 사학자 정인보는 「5천 년간 조선의 얼」을 저술하여 민족의 얼을 강조하였으며, 문일평·안재홍 등과 함께 조선학 운동을 주도하였다.

오답피하기
① 조선어 학회 회원인 이윤재, 최현배 등은 잡지 『한글』의 간행을 주도하여 국어 연구를 발전시켰다.
② 이윤재, 최현배 등 국어 학자들은 조선어 학회를 조직하여 한글 맞춤법 통일안과 표준어를 제정하고, 『조선말 큰사전』 편찬을 시도하기도 하였다.
④ 신채호는 한말에 애국심 고취를 위하여 『을지문덕전』, 『이순신전』을 저술하였다.
⑤ 백남운은 저서 『조선사회경제사』에서 우리나라도 세계사의 보편적인 법칙에 따라 발전하였음을 강조함으로써 식민 사학의 정체성론을 반박하였다. 정답 ③

02 박은식과 백남운

자료분석
(가) 인물은 '나라가 형체라면 역사는 정신'이라는 내용을 통하여 민족주의 사관을 바탕으로 역사 연구를 진행한 박은식임을 알 수 있다. (나) 인물은 '조선의 역사는 세계사적·일원론적인 역사 법칙에 의하여 다른 민족과 거의 같은 궤도로 발전'이라는 내용을 통하여 유물 사관을 바탕으로 역사 연구를 진행한 백남운임을 알 수 있다

정답찾기
① 박은식은 『한국독립운동지혈사』를 저술하여 한국인의 독립 투쟁 과정을 기록하였다.

오답피하기
② 백남운은 유물 사관을 바탕으로 식민 사학의 정체성론을 반박하였다.
③ 이병도는 실제 증거에 바탕한 역사 연구를 강조하며 진단 학회를 설립하여 실증주의 사학을 발전시켰다.
④ 신채호는 『독사신론』, 『조선상고사』 등을 저술하여 한국의 역사를 고대사를 중심으로 연구하였다.
⑤ 정인보·문일평·안재홍 등은 조선학 운동을 전개하여 다산 정약용 서거 99주기를 맞아 『여유당전서』를 간행하였다. 정답 ①

03 조선어 학회

자료분석
'이극로', '최현배', '함흥', '조선의 어문 운동' 등을 통하여 (가) 단체는 조선어 학회임을 알 수 있다.

정답찾기
② 조선어 학회는 한글 맞춤법 통일안과 표준어를 제정하였다.

오답피하기
① 정인보·안재홍·문일평 등이 주도한 조선학 운동은 다산 정약용 서거 99주기를 기념하여 『여유당전서』를 간행하는 사업을 계기로 전개되었다.
③ 주시경 등은 대한 제국 학부 산하에 국문 연구소를 조직하여 국어를 연구하였다.
④ 천도교는 『개벽』, 『신여성』 등의 잡지를 발행하여 민족의식을 높이고자 하였다.
⑤ 이상재 등은 민립 대학 설립 기성회를 조직하고 모금 활동을 하여 민립 대학을 설립하고자 하였다. 정답 ②

04 『동아일보』와 『조선중앙일보』의 일장기 말소 사건(1936) 이후의 사실

자료분석
'베를린 올림픽에서 우승한 손기정 선수', '일부 신문들이 손기정 선수의 가슴에 있던 일장기를 삭제' 등을 통하여 해당 사건이 1936년에 『동아일보』와 『조선중앙일보』가 주도한 일장기 말소 사건임을 알 수 있다.

정답찾기
⑤ 1942년에 일제는 한글 연구를 추진하고 『우리말 큰사전』 편찬을 준비하던 조선어 학회를 민족의식을 고양시켰다는 죄목으로 탄압하는

조선어 학회 사건을 일으켰다.

오답피하기

① 1924년에 일제는 민립 대학 설립 운동을 방해하려는 목적으로 서울에 경성 제국 대학을 설립하였다.

② 1920년대 중반에 사회주의가 유입되자 신경향파 문학이 등장하였다. 임화 등은 카프(KAPF)라는 문학 단체를 결성하여 계급 문학을 확산시켰다.

③ 1926년에 나운규가 제작한 영화 아리랑이 단성사에서 처음 개봉하였다.

④ 1927년에 신간회의 자매단체로 여성 계몽과 구습 타파를 주장하는 근우회가 창립되었다. 정답 ⑤

05 영화 아리랑 개봉(1926) 당시 사회 모습

자료분석

영화 아리랑이 처음 개봉된 1926년 무렵의 사실을 찾아야 한다.

정답찾기

① 1920년대 중반에 사회주의가 유입되자 신경향파 문학이 등장하였다. 임화 등은 카프(KAPF)라는 문학 단체를 결성하여 계급 문학을 확산시켰다.

오답피하기

② 1908년에 설립된 최초의 서양식 극장인 원각사에서 은세계, 치악산 등의 극이 공연되었다.

③ 1886년에 설립된 육영 공원은 1894년에 폐교될 때까지 고위 관료의 자제들을 교육하였다.

④ 1899년에 한성 전기 회사의 주도로 서대문 ~ 청량리 구간에 전차가 개통되었다.

⑤ 1936년에 열린 베를린 올림픽 마라톤 종목에서 손기정 선수가 금메달을, 남승룡 선수가 동메달을 수상하였다. 정답 ①

06 한용운

자료분석

'님의 침묵'을 지었다는 내용을 통하여 (가) 인물이 만해 한용운임을 알 수 있다.

정답 찾기

③ 한용운은 월간지 『유심』을 발간하여 불교 개혁 운동에 힘썼다.

오답 피하기

① 『우리말 큰사전』 편찬 사업을 추진한 단체는 조선어 학회이다. 조선어 학회 사건(1942)으로 편찬이 중단된 『우리말 큰사전』은 광복 이후인 1957년에 완간되었다.

② 박은식은 유교 구신론을 제창하며 유교 개혁을 주장하였다.

④ 이병도, 손진태 등 실증주의 사학자를 중심으로 진단 학회(1934)가 조직되었다.

⑤ 『독사신론』을 저술하여 민족주의 사학의 기반을 마련한 인물은 신채호이다. 정답 ③

07 천도교

자료분석

'방정환', '동학을 계승한 종교' 등을 통하여 (가) 종교가 천도교임을 알 수 있다.

정답 찾기

② 천도교는 기관지인 『만세보』를 발행하여 민중 계몽에 앞장섰다.

오답 피하기

① 한용운은 불교의 자주성을 되찾기 위하여 사찰령 폐지를 주장하였다.

③ 박중빈이 창시한 원불교는 새생활 운동을 전개하였다.

④ 개신교 선교사인 아펜젤러는 배재 학당을 세워 신학문을 보급하고자 하였다.

⑤ 천주교는 의민단을 조직하여 항일 무장 투쟁을 전개하였다. 정답 ②

VI 대한민국의 발전과 현대 세계의 변화

22 대한민국 정부 수립과 6·25 전쟁

정답 01 ① 02 ③ 03 ① 04 ⑤ 05 ⑤ 06 ⑤ 07 ⑤

01 여운형

자료분석

'몽양', '해방 후 좌우 합작 운동 추진' 등을 통하여 (가) 인물이 여운형임을 알 수 있다.

정답 찾기

① 여운형은 일제의 패망과 광복에 대비하여 조선 건국 동맹을 결성하였다(1944).

오답 피하기

② 박은식이 『한국독립운동지혈사』를 저술하였다.
③ 최재형이 권업회의 초대 회장으로 선출되었다.
④ 박상진 등이 국내에 대한 광복회(1915)를 조직하여 친일파를 처단하였다.
⑤ 안희제가 백산 상회를 설립하여 독립운동 자금을 마련하였다.

정답 ①

02 좌우 합작 위원회

자료분석

'좌우 합작으로 민주주의 임시 정부를 수립', '토지 개혁에 있어 몰수, 유조건 몰수, 체감 매상' 등을 통하여 밑줄 그은 '위원회'는 여운형, 김규식 등이 주도하여 조직한 좌우 합작 위원회(1946)임을 알 수 있다.

정답찾기

③ 1946년에 이승만이 정읍 발언으로 남한 지역의 단독 정부 수립을 주장하자, 여운형과 김규식 등 중도 세력이 주도하여 좌우 합작 운동을 전개하였다.

오답피하기

① 김구, 김규식은 남한 단독 총선거 시행에 반대하여 북측의 김일성, 김두봉에게 제안하여 남북 협상을 추진하였다.
② 좌우 합작 위원회는 1947년에 여운형이 암살되면서 해체되었다. 또한 유엔의 감시하에 총선거가 치러진 시기는 1948년 5월로 시기상 맞지 않다.
④ 1948년에 5·10 총선거로 구성된 초대 국회(제헌 국회)에서 반민족 행위 처벌법을 제정하고, 반민족 행위 특별 조사 위원회를 구성하였다.
⑤ 1949년에 이승만 정부는 귀속 재산 처리법을 제정하여 일본인들이 한반도에 남기고 간 재산(적산)을 미군정으로부터 이관받아 처분하였다.

정답 ③

03 이승만의 정읍 발언(1946)과 김구의 남북 협상(1948)

자료분석

'남방만이라도 임시 정부 혹은 위원회 같은 것을 조직'의 내용을 통하여 (가)는 이승만의 정읍 발언(1946)임을 알 수 있다. '남북통일과 독립을 이루고자 나머지 목숨을 38도선에 내놓은 김구', '평양'의 내용을 통하여 (나)는 김구, 김규식 등이 주도한 남북 협상(1948)임을 알 수 있다.

정답찾기

① 이승만의 정읍 발언을 계기로 여운형, 김규식 등 중도 세력을 중심으로 좌우 합작 운동이 추진되었다. 이들은 좌우 합작 위원회를 설치하고 좌우 합작 7원칙을 발표하였다.

오답피하기

② 1945년 8월 15일에 여운형은 조선 건국 동맹을 조선 건국 준비 위원회로 개칭하고 엔도 정무총감과 행정권 이양 교섭을 진행하였다.
③ 1945년 12월에 미국·영국·소련이 참석한 모스크바 3국 외상 회의가 개최되었다.
④ 1948년에 5·10 총선거로 구성된 초대 국회(제헌 국회)에서 반민족 행위 처벌법이 제정되고 반민족 행위 특별 조사 위원회가 구성되었다.
⑤ 1948년에 5·10 총선거로 구성된 초대 국회(제헌 국회)에서 유상 매수, 유상 분배를 원칙으로 하는 농지 개혁법을 제정하였다.

정답 ①

04 이승만 정부

자료분석

제헌 헌법으로 출범한 이승만 정부에 대한 내용이다. 이승만 정부 시기에 농지 개혁법(1949)이 제정되었으며 6·25 전쟁의 결과 정전 협정(1953. 7. 27.)이 체결되었다.

정답 찾기

⑤ 이승만 정부 출범 이후 친일파 청산의 필요성이 대두되어 제헌 국회에서 반민족 행위 처벌법(1948)을 제정·공포하였다.

오답 피하기

① 삼청 교육대는 신군부 집권기에 설치되었다.
② 새마을 운동은 박정희 정부 시기인 1970년부터 추진되었다.
③ 박정희 정부 시기인 1965년에 한·일 기본 조약이 체결되어 한·일 국교가 정상화되었다.
④ 김영삼 정부 시기인 1995년에 지방 자치 단체장 선거를 포함한 지방 자치제가 전면적으로 시행되었다.

정답 ⑤

05 제주 4·3 사건

자료분석

'1948년 제주섬', '국가 공권력이 법을 어기면서 비무장 인간들을 살상' 등을 통하여 (가) 사건은 제주 4·3 사건임을 알 수 있다.

정답찾기

⑤ 제주 4·3 사건으로 무고하게 살해당한 희생자들의 명예를 회복시키기 위하여 2000년에 '제주 4·3 사건 진상규명 및 희생자 명예회

복에 관한 특별법'이 제정되었다.

오답피하기

① 대통령 간선제를 유지한다는 내용의 4·13 호헌 조치에 반발하여 6월 민주 항쟁(1987)이 일어났다.

② 3·15 부정 선거에 반발하여 일어난 4·19 혁명으로 이승만과 자유당 정권은 붕괴하였고, 허정 과도 정부를 거쳐 장면 내각이 수립되었다.

③ 유신 헌법 개헌에 반대하여 1976년에 3·1 민주 구국 선언이 발표되었다.

④ 4·19 혁명(1960)은 3·15 부정 선거를 규탄하는 시위에서 비롯되었다. 정답 ⑤

06 6·25 전쟁

자료분석

6·25 전쟁의 전개 과정을 나열할 수 있어야 한다.

정답찾기

⑤ 북한군의 기습 남침(1950. 6. 25.)으로 6·25 전쟁이 발발하여, 국군은 최후 방어선인 낙동강 방어선까지 후퇴하였다(다). 이후 인천 상륙 작전(1950. 9.)이 성공하여 국군과 유엔군은 압록강 근처까지 북진하였다(가). 그러나 중국군의 참전으로 1·4 후퇴를 거치며 다시 서울을 빼앗겼다(나). 이후 38도선 부근에서 전선이 교착 상태를 보였으며, 소련의 제의로 정전 회담이 시작되었다. 정답 ⑤

07 대한민국 정부 수립 과정

자료분석

(가)는 1947년 유엔 총회에서 남북한 인구 비례에 따른 총선거 실시가 결의되자 단독 정부 수립에 반대하여 발표된 것이고, (나)는 대한민국 정부 수립 이후 발생한 여수·순천 10·19 사건(1948)에 관련된 내용이다.

정답 찾기

⑤ 1948년 2월 유엔 소총회의 결의에 따라 우리나라 최초의 보통 선거인 5·10 총선거가 실시되었다.

오답 피하기

① 모스크바 3국 외상 회의의 결과 1946년 3월에 제1차 미·소 공동 위원회가 개최되었지만, 임시 민주 정부 수립에 참여할 단체의 범위를 둘러싸고 미·소 양국의 입장 차이로 결국 결렬되었다.

② 1945년 12월 한반도 문제 협의를 위하여 모스크바 3국 외상 회의가 개최되었다.

③ 제1차 미·소 공동 위원회가 결렬되고 이승만의 정읍 발언이 제기되자 김규식, 여운형을 중심으로 1946년 좌우 합작 위원회가 결성되어 좌우 합작 7원칙이 발표되었다.

④ 대한민국 정부 수립 이후 제헌 국회에서 농지 개혁법을 시행하였다.

정답 ⑤

23 자유 민주주의의 시련과 발전

정답 01 ③ 02 ② 03 ④ 04 ④ 05 ⑤ 06 ② 07 ①

01 부산 정치 파동

자료분석

'부산에서 국회 의원 통근 버스가 헌병대로 강제 연행', '국회 의원이 구속' 등을 통하여 부산 정치 파동(1952) 당시 상황임을 알 수 있다.

정답찾기

③ 이승만 정부는 제2대 총선거에서 지지자들이 대거 낙선하자, 대통령 간선제로는 재선이 어렵다고 여기고 개헌을 하고자 하였다. 그러나 야당 국회 의원들이 심하게 반대하자, 부산 정치 파동을 일으켜 야당 국회 의원들을 대거 체포 및 구금한 뒤, 정·부통령 직선제를 골자로 하는 발췌 개헌(1952)을 통과시켰다.

오답피하기

① 1950년 6월 25일에 북한이 기습 남침을 함으로써 6·25 전쟁이 발발하였다.

② 제헌 국회(초대 국회)에서 제정한 반민족 행위 처벌법에 따라 반민족 행위 특별 조사 위원회(반민 특위)가 조직되었다. 그러나 반민 특위가 친일 이력이 있는 경찰들을 조사하기 시작하자, 1949년에 경찰이 반민 특위를 습격하는 사건이 발생하면서 대한민국 정부는 친일파 청산에 실패하였다.

④ 1948년에 김구·김규식·김일성·김두봉을 중심으로 진행된 남북 협상에서 결의된 내용을 전조선 정당 사회단체 지도자 협의회가 성명으로 발표하였다.

⑤ 1949년에 이승만 정부는 일본인들이 남기고 간 재산들을 처분하기 위하여 귀속 재산 처리법을 제정하였다. 정답 ③

02 4·19 혁명

자료분석

'3·15 부정 선거', '김주열' 등을 통하여 이승만 정부 시기 발생한 4·19 혁명(1960)에 대한 내용임을 알 수 있다. 1960년 이승만 정부의 주도 아래 부정 선거가 치러지자 이에 반발하는 시위가 마산을 중심으로 전개되었고, 그 과정에서 학생 김주열이 희생되었다. 이에 분노한 시민들이 4·19 혁명을 일으켰다.

정답 찾기

② 4·19 혁명의 결과 이승만 대통령이 하야하였다.

오답 피하기

① 5·18 민주화 운동(1980) 당시 시민군이 조직되어 계엄군에 저항하였다.

③ 6월 민주 항쟁(1987) 당시 시민들은 호헌 철폐, 독재 타도 등의 구호를 내세웠다.

④ 박정희 정부가 3선 개헌(1969)을 단행하자 3선 개헌 반대 범국민 투쟁 위원회가 주도하여 3선 개헌 반대 운동을 전개하였다.

⑤ 박정희 정부의 유신 체제에 반발하여 3·1 민주 구국 선언(1976)이 발표되었다. 정답 ②

03 박정희 정부 시기의 사실

자료분석

'민청학련 사건'은 유신 헌법을 선포한 박정희 정부가 유신 반대 운동을 전개하는 세력을 탄압한 사건이다.

정답 찾기

④ 박정희 정부 시기인 1976년 유신 독재에 반대하며 3·1 민주 구국 선언이 발표되었다.

오답 피하기

① 이승만 정부는 정부에 비판적인 『경향신문』을 폐간하였다.
② 4·19 혁명(1960)의 결과 이승만이 대통령직에서 하야하였다.
③ 노태우 정부 때 대학생 강경대가 민주화 시위 도중 희생되었다.
⑤ 전두환 정부는 국민들의 직선제 개헌을 무시하고 기존의 헌법을 유지한다는 4·13 호헌 조치를 선언하였다. 정답 ④

04 5·18 민주화 운동

자료분석

'푸른 눈의 목격자', '광주' 등을 통하여 밑줄 그은 '이 사건'이 5·18 민주화 운동(1980)임을 알 수 있다.

정답찾기

④ 전두환 등 신군부 세력이 12·12 사태를 일으켜 정권을 장악하자, 전국적으로 민주화를 요구하는 시위가 전개되었다(서울의 봄). 이에 신군부가 비상계엄을 확대하는 조치를 발표하고 광주에 계엄군을 파견하여 무력 진압을 시작하자, 광주 시민들은 시민군을 조직하고 5·18 민주화 운동을 전개하였다.

오답피하기

① 이승만 정부는 3·15 부정 선거를 시행하여 부통령에 이기붕을 당선시키고자 하였다. 이에 부정 선거에 반발하는 시위가 마산을 중심으로 전개되었고, 그 과정에서 학생 김주열이 희생되었다. 이에 분노한 학생·시민·대학 교수 등은 4·19 혁명을 일으켰다.
② 베트남 파병 및 브라운 각서 체결은 박정희 정부 때의 사실이다.
③ 박정희 정부 때 3선 개헌안이 통과되자 3선 개헌 반대 투쟁이 전개되었다.
⑤ 전두환 정부 때 일어난 6월 민주 항쟁(1987) 당시 시민들은 호헌 철폐와 독재 타도를 구호로 외치며 대통령 직선제 개헌을 요구하였다.

정답 ④

05 박정희 정부

자료분석

밑줄 그은 '선거'는 1971년에 시행된 제7대 대통령 선거로 박정희 후보가 김대중 후보를 누르고 대통령으로 당선되었다.

정답 찾기

⑤ 박정희가 제7대 대통령으로 당선된 이후인 1972년에 유신 헌법이 선포되었다.

오답 피하기

① 1960년 4·19 혁명 이후 3차 개헌에 의하여 정부 형태가 내각 책임제로 바뀌었다.
② 제3대 대통령 선거(1956)에서 선전한 조봉암이 진보당을 창당하자 위기감을 느낀 이승만은 조봉암을 간첩 혐의로 구속하였고(진보당 사건, 1958) 조봉암은 1959년 사형되었다.
③ 1969년 6차 개헌에 의하여 대통령의 3선 연임이 허용되었다.
④ 1964년에 한·일 국교 정상화에 반대하는 6·3 시위가 전국적으로 전개되었다. 정답 ⑤

06 6월 민주 항쟁

자료분석

'4·13 호헌 조치', '젊은이를 야만적인 고문으로 죽여 놓고' 등을 통하여 이 선언문을 발표한 민주화 운동이 6월 민주 항쟁(1987)임을 알 수 있다.

정답찾기

② 6월 민주 항쟁의 결과 여당 대표 노태우는 6·29 선언을 발표하여 대통령 직선제 및 임기 5년 단임제로의 개헌을 약속하였다.

오답피하기

① 4·19 혁명(1960)의 결과 허정 과도 정부를 거쳐 장면 내각이 출범하였다.
③ 4·19 혁명은 이승만 정부의 3·15 부정 선거에 반발하여 일어났다.
④ 5·18 민주화 운동(1980)은 신군부의 집권과 비상계엄 확대 조치에 반발하여 일어났다.
⑤ 유신 헌법에 반발하여 3·1 민주 구국 선언이 발표되었다. 정답 ②

07 헌법 공포 순서

자료분석

(가)는 '대통령의 임기는 4년', '계속 재임은 3기에 한한다.'의 내용을 통하여 6차 개헌(1969)임을 알 수 있다. (나)는 '통일 주체 국민 회의', '임기는 6년'의 내용을 통하여 유신 헌법(7차 개헌, 1972)임을 알 수 있다. (다)는 '대통령 선거인단', '임기는 7년'의 내용을 통하여 8차 개헌(1980)임을 알 수 있다. (라)는 '국민의 보통·평등·직접·비밀 선거에 의하여 선출', '임기는 5년으로 하며, 중임할 수 없다.'의 내용을 통하여 9차 개헌(1987)임을 알 수 있다.

정답찾기

① (가) 6차 개헌(1969) – (나) 유신 헌법(7차 개헌, 1972) – (다) 8차 개헌(1980) – (라) 9차 개헌(1987) 정답 ①

24 고도성장과 사회·문화의 변화와 통일 정책

정답 01 ③ 02 ⑤ 03 ③ 04 ④ 05 ② 06 ⑤ 07 ⑤

01 이승만 정부 때의 경제 상황

자료분석

'한·미 원조 협정'이라는 출처를 통하여 이승만 정부 때의 사실임을 알 수 있다.

정답찾기

③ 이승만 정부 때는 미국으로부터 제공받은 원조 물품을 가공하는 제분·제당·면방직의 삼백 산업이 성장하였다.

오답피하기

① 박정희 정부 때인 1970년에 경부 고속 국도가 개통되었다.
② 김영삼 정부 때인 1996년에 경제 협력 개발 기구(OECD)에 가입하였다.
④ 전두환 정부 때는 저금리·저달러·저유가의 3저 호황으로 물가가 안정되고 수출이 증가하면서 경제가 발전하였다.
⑤ 김영삼 정부 때인 1993년에 '금융실거래 및 비밀보장에 관한 긴급 명령'을 발표하면서 금융 실명제가 시행되었다. 정답 ③

02 박정희 정부 때의 경제 상황

자료분석

'국교 정상화 추진을 위하여 열리는 한·일 회담', '굴욕적 회담' 등을 통하여 이 사건이 일어난 시기가 박정희 정부 시기임을 알 수 있다.

정답찾기

⑤ 박정희 정부는 장면 내각 때 수립된 제1차 경제 개발 5개년 계획을 진행하였다.

오답피하기

① 김영삼 정부 때인 1996년에 경제 협력 개발 기구(OECD)에 가입하였다.
② 노무현 정부 때 칠레·미국·유럽 연합의 여러 국가들과 자유 무역 협정(FTA)을 체결하였다.
③ 김영삼 정부 때인 1993년에 '금융실거래 및 비밀보장에 관한 긴급 명령'을 발표하면서 금융 실명제가 시행되었다.
④ 김영삼 정부 때인 1995년에 세계 무역 기구(WTO)가 출범하자, 대한민국도 이에 가입하였다. 정답 ⑤

03 박정희 정부 때의 경제 상황

자료분석

'100억 달러 수출 달성'으로 밑줄 그은 '정부'가 박정희 정부임을 알 수 있다. 우리나라는 박정희 정부 시기인 1977년에 최초로 수출액 100억 달러를 달성하였다.

정답찾기

③ 1979년 박정희 정부는 부당한 폐업에 반대하며 농성을 벌인 YH 무역 노동자들을 강경하게 진압하였다.

오답피하기

① 김영삼 정부 때인 1996년에 경제 협력 개발 기구(OECD)에 가입하였다.
② 노무현 정부 때 미국과 자유 무역 협정(FTA)을 체결하였으며, 이명박 정부 때 미국과 자유 무역 협정에 관한 추가 조항을 체결하고 발효시켰다.
④ 김영삼 정부 때 금융 거래의 투명성을 확보하기 위하여 대통령 긴급 명령으로 금융 실명제가 시행되었다.
⑤ 김대중 정부 때인 1998년에 대통령 직속 자문 기구인 노사정 위원회가 구성되었다. 정답 ③

04 외환 위기

자료분석

'금융·외환 시장의 어려움을 극복하기 위해 국제 통화 기금(IMF)에 유동성 조절 자금을 지원해 줄 것을 요청'의 내용을 통해 김영삼 정부 시기인 1997년 발생한 외환 위기임을 알 수 있다.

정답 찾기

④ 김대중 정부는 노사정 위원회 구성, 금 모으기 운동 등을 전개하여 외환 위기를 극복하였다. 정답 ④

05 박정희 정부 때의 통일 노력

자료분석

'대한 적십자사가 제의한 인도적 남북 회담', '제26주년 광복절 경축사'의 내용을 통하여 해당 자료는 박정희 정부 때인 1971년에 발표된 것임을 알 수 있다.

정답찾기

ㄱ. 박정희 정부 때인 1972년에 7·4 남북 공동 성명을 발표한 뒤, 합의 사항을 추진하고 남북 관계를 개선하고자 남북 조절 위원회를 설치하였다.
ㄷ. 박정희 정부 때인 1972년에 자주·평화·민족적 대단결의 3대 원칙에 합의한 7·4 남북 공동 성명을 발표하였다.

오답피하기

ㄴ. 노태우 정부 때인 1991년에 남북 기본 합의서를 채택하였다.
ㄹ. 노태우 정부 때인 1991년에 한반도 비핵화 공동 선언에 합의하였다.

정답 ②

06 통일을 위한 노력

자료분석

(가)는 '남북 조절 위원회'가 발족되었다는 것으로 보아 박정희 정부 때 체결된 7·4 남북 공동 성명(1972)에 대한 내용임을 알 수 있다.
(나)는 노태우 정부 시기인 1991년 채택한 남북 기본 합의서에 대한 내용이다.

정답 찾기

⑤ 전두환 정부 때인 1985년 남북 이산가족 고향 방문단의 교환 방문이 최초로 성사되었다.

오답 피하기

① 노무현 정부 때인 2003년 금강산 육로 관광이 시작되었다.

② 김대중 정부 시기 이뤄진 제1차 남북 정상 회담의 결과 6·15 남북 공동 선언(2000)이 발표되었다.

③ 문재인 정부 때 평창 동계 올림픽에 남북 단일팀이 참가하였다(2018).

④ 노무현 정부 때 개성 공업 지구가 조성되었다. 정답 ⑤

07 노무현 정부 때의 통일 노력

자료분석

2003년에 열린 '개성 공단 착공식'을 통하여 밑줄 그은 '정부'는 노무현 정부임을 알 수 있다.

정답찾기

⑤ 노무현 정부 때인 2007년에 제2차 남북 정상 회담을 개최하고 10·4 남북 공동 선언(남북 관계 발전과 평화 번영을 위한 선언)을 채택하였다.

오답피하기

① 노태우 정부 때인 1991년에 한반도 비핵화 공동 선언에 합의하였다.

② 전두환 정부 때인 1985년에 최초의 이산가족 고향 방문이 실현되었다.

③ 노태우 정부 때인 1991년에 남북 기본 합의서를 채택하였다.

④ 박정희 정부 때인 1972년에 서울과 평양에서 동시에 7·4 남북 공동 성명을 발표하고, 합의한 내용을 실천하기 위하여 남북 조절 위원회를 구성하였다. 정답 ⑤

색인

ㄴ

ㄷ

ㅁ

ㅂ

ㅅ

ㅇ

ㅈ

ㅊ

ㅋ

ㅌ

ㅍ

ㅎ

기타

설민석 한국사능력검정시험 개념완성 심화(1·2·3급)

발행일 2024년 12월 17일 개정5판 1쇄
저자 설민석 편저
발행인 설민석
발행처 (주)단꿈아이
기획·구성 김준창·김지혜·박정환
개발 신민용
디자인·제작 성림기획
영업 박민준, 최연수, 황단비
출판등록 제 2019-000111호
주소 경기도 성남시 분당구 판교로 242, 씨동 701호 일부 701-2호(삼평동)
대표전화 1670-0285
팩스 031-602-1277
ISBN 979-11-93031-84-1 (13910)